ŒUVRES COMPLÈTES

DE VOLTAIRE

TOME QUARANTE-TROISIÈME

PARIS
LIBRAIRIE HACHETTE ET Cie
79, BOULEVARD SAINT-GERMAIN, 79

À LA MÊME LIBRAIRIE

ŒUVRES
DES PRINCIPAUX ÉCRIVAINS FRANÇAIS

VOLUMES IN-18 JÉSUS

On peut se procurer chaque volume de cette série relié en percaline, sans être rogné, moyennant 50 cent.; en demi-reliure, dos en chagrin, tranches jaspées, moyennant 1 fr. 50 cent.; et avec tranches dorées, moyennant 2 fr. en sus du prix marqué.

1re Série à 1 franc 25 c. le volume.

Barthélemy : *Voyage du jeune Anacharsis en Grèce dans le milieu du IVe siècle avant l'ère chrétienne*. 3 volumes.
— *Atlas* pour le Voyage du jeune Anacharsis, dressé par J.-D. Barbié du Bocage, revu par A.-D. Barbié du Bocage. In-8, 4 fr. 50 c.
Boileau : *Œuvres complètes*. 2 vol.
Bossuet : *Œuvres choisies*. 5 vol.
Corneille : *Œuvres complètes*. 7 vol.
Fénelon : *Œuvres choisies*. 4 vol.
La Fontaine : *Œuvres complètes*. 3 volumes.
Marivaux : *Œuvres choisies*. 2 vol.
Molière : *Œuvres complètes*. 3 vol.
Montaigne : *Essais*, précédés d'une lettre à M. Villemain sur la vie de Montaigne, par P. Chéruel. 2 vol.
Montesquieu : *Œuvres complètes*. 3 volumes.
Pascal : *Œuvres complètes*.
Racine : *Œuvres complètes*.
Rousseau (J.-J.) : *Œuvres complètes*. 13 volumes.
Saint-Simon (le duc de) : *Mémoires complets et authentiques sur le siècle de Louis XIV et la Régence, collationnés sur le manuscrit original* par M. Chéruel, et précédés d'une notice de M. Sainte-Beuve, de l'Académie française.
Sedaine : *Œuvres choisies*.
Voltaire : *Œuvres complètes*.

2e Série à 3 francs 50 cent. le volume.

Chateaubriand : *Le Génie du Christianisme*. 4 vol.
— *Les Martyrs*; — *le Dernier des Abencerrages*. 1 vol.
— *Atala*; — *René*; — *les Natchez*. 1 vol.
Fléchier : *Mémoires sur les Grands-Jours d'Auvergne en 1665*, annotés par M. Chéruel et précédés d'une notice par M. Sainte-Beuve. 1 vol.
Malherbe : *Œuvres poétiques*, réimprimées pour le texte sur la nouvelle édition des *Œuvres complètes* de Malherbe, publiées par M. Lalanne dans la Collection des GRANDS ÉCRIVAINS DE LA FRANCE. 1 vol.
Sévigné (Mme de) : *Lettres de Mme de Sévigné, de sa famille et de ses amis*, réimprimées pour le texte sur la nouvelle édition publiée par M. Monmerqué dans la Collection des GRANDS ÉCRIVAINS DE LA FRANCE. 8 vol.

COULOMMIERS. — TYPOGRAPHIE PAUL BRODARD.

ŒUVRES COMPLÈTES

DE VOLTAIRE

COULOMMIERS
Imprimerie PAUL BRODARD

ŒUVRES COMPLÈTES

DE VOLTAIRE

TOME QUARANTE-TROISIÈME

PARIS
LIBRAIRIE HACHETTE ET Cⁱᵉ
79, BOULEVARD SAINT-GERMAIN, 79

1893

CORRESPONDANCE.

(SUITE.)

MMMMMDCCXLVI. — A M. COLINI.

22 janvier.

La médaille de Mgr l'électeur est parfaite, mon cher ami : c'est un chef-d'œuvre. Votre médailliste[1] est très-bon de travailler pour la face blême d'un cadavre, après avoir gravé un si beau visage.

Vous ne m'avez pas mandé que vous avez quatre filles. Que ne puis-je un jour servir à les marier toutes quatre! Il y a un mois que nous savons l'aventure portugalienne; mais ce n'est rien que cela.

Mettez-moi aux pieds de Mgr l'électeur. Je vous embrasse de tout mon cœur.
V.

MMMMMDCCXLVII. — A M. LE COMTE D'ARGENTAL.

24 janvier.

C'est pour dire à mes anges que, dans l'idée de les amuser, et au risque de les ennuyer, j'ai envoyé un énorme paquet que j'ai pris la liberté d'adresser à M. le duc de Praslin. Ce paquet contient une pièce qui a l'air d'être du temps passé, et qu'on attribue à l'abbé de Château-neuf, ou à Raymond le Grec, comme on voudra.

Cet énorme paquet doit être actuellement arrivé à l'hôtel des anges. Ils s'aperçoivent que, par une juste providence, une pièce, dont le principal personnage est un caissier dévot, vient tout juste dans le temps des cilices du sieur Billard et des confessions de l'abbé Grizel. Je ne bénirai pourtant pas la Providence, *si questa coglioneria* n'amuse pas mes anges.

J'ai lu le livre de l'abbé Galiani[2]. O le plaisant homme! ô le drôle de corps! on n'a jamais eu plus gaiement raison. Faut-il qu'un Napolitain donne aux Français des leçons de plaisanterie et de police! Cet homme-là ferait rire la grand'chambre; mais je ne sais s'il viendrait à bout de l'instruire.

J'ai vraiment lu *Bayard* et *Hamlet*. Je me réfugie sous les ailes de mes anges.

MMMMMDCCXLVIII. — A M. ÉLIE DE BEAUMONT.

A Ferney, 24 janvier.

Mon cher Cicéron, je reçois les papiers que vous avez eu la bonté de m'envoyer. Vous voyez bien qu'il n'y a là qu'un ménage de gâté. J'entends fort mal les affaires; mais je ne crois pas la sentence du lieutenant civil, qui ordonne qu'on enfermera chez des moines, par avis

---

1. Wachter. (ÉD.) — 2. *Dialogues sur le commerce des blés*. (ÉD.)

de parents, un fils de famille [1], en cas que le roi lui rende la liberté puisse subsister après dix ans, quand le père et la mère sont morts, quand le fils de famille est père de famille, quand il a cinquante-trois ans, quand sa mère s'est opposée à cette étonnante sentence, et l'a fait son légataire universel.

Ma foi, juge et plaideurs, il faudrait tout lier.
Racine, les *Plaideurs*, acte I, scène VIII.

J'ignore encore si l'homme aux cinquante-trois ans ne ressemble pas aux nèfles, qui ne mûrissent que sur la paille. Je me suis chargé par pitié de deux personnes fort extraordinaires : l'une est cet original, l'autre est une nièce de l'abbé Nollet, qui lui est attachée depuis quatorze ans, et qu'on va tâcher de marier.

L'affaire principale est d'achever de payer le peu de dettes contractées dans ce pays par le sieur interdit, de procurer audit interdit des meubles, et de ne lui pas laisser toucher un denier, attendu que je suis prêt à signer avec les parents qu'il a la tête un peu légère, avec l'air posé d'un homme capable.

Je vous supplie très-instamment, mon cher Cicéron, de me donner des nouvelles positives des deux mille écus, afin que je prenne des mesures justes, et qu'après l'avoir

Alimenté, rasé, désaltéré, porté [2]

pendant un an, on ne m'accuse pas d'avoir la tête aussi légère que lui.

Point de nouvelles de Sirven, sinon qu'il est à Toulouse, et qu'on veut y jouer les *Guèbres*. Autre tête encore que ce Sirven ! Le monde est fou.

Mille tendres respects à vous et à Mme de Canon, à vous les deux sages, et les deux sages aimables.

MMMMMDCCXLIX. — DE M. DALEMBERT.

A Paris, ce 25 janvier.

Mon cher confrère, mon cher maître, mon cher ami, je vous prie d'en croire mon tendre attachement pour vous: soyez sûr qu'on ne vous a pas dit vrai sur la personne [3] qu'on a accusée auprès de vous. Il est vrai qu'un de vos amis et des miens me dit, il y a environ trois ou quatre mois, avoir entendu quelques morceaux d'un poëme intitulé *Michaud et Michel*, mais il ne m'en dit pas un seul vers, et n'ajouta absolument rien qui pût me faire connaître ou même me faire soupçonner l'auteur. Il est d'ailleurs trop de vos amis pour qu'il puisse jamais avoir à se reprocher la moindre imprudence à votre égard, à plus forte raison l'ombre même de la calomnie. Personne ne vous rend justice avec plus de connaissance, et j'ajoute avec plus de courage ; il vous en a donné des

---

1. Durey de Morsan, alors âgé de cinquante-trois ans. (ÉD.)
2. Vers du *Joueur*, acte III, scène IV. (ÉD.) — 3. Turgot. (ÉD.)

preuves publiques dans cette capitale des Welches, où ceux mêmes qui courent en foule à vos pièces de théâtre n'osent encore vous donner la place que vous méritez; et on peut dire de lui: *Repertus erat qui efferret quæ omnes animo agitabant* [1].

À cette occasion, je veux vous faire part de ce que je pensais, il y a quelques jours, en lisant vos vers, et en les comparant à ceux de Despréaux et de Racine. Je pensais donc qu'en lisant Despréaux on *conclut* et on *sent* que ses vers lui ont coûté; qu'en lisant Racine, on le *conclut* sans le *sentir*, et qu'en vous lisant on ne le *conclut* ni ne le *sent*; et je concluais, moi, que j'aimerais mieux être vous que les deux autres.

Je n'ai point lu le *Plan* ou *Prospectus* des *Suppléments à l'Encyclopédie*. L'impertinence des libraires ne m'étonne pas; j'en dirai pourtant un mot à Panckoucke; et je vous invite aussi à lui faire sur ce sujet une petite correction fraternelle ou magistrale.

Je crois que l'affaire de Luneau de Boisjermain s'en ira en fumée. On voudrait bien, je crois, donner gain de cause aux libraires; mais on craint un peu le cri des gens de lettres, et c'est quelque chose que ce cri retienne un peu les gens en place.

Avez-vous lu un ouvrage intitulé *Dialogues sur le commerce des blés*? il excite ici une grande fermentation. Cet ouvrage pourrait être de meilleur goût à certains égards; mais il me parait plein d'esprit et de philosophie. Je voudrais seulement que l'auteur fût moins favorable au despotisme; car, depuis les premiers commis jusqu'aux libraires, j'ai presque autant d'aversion que vous pour les despotes.

Nous avons bien des confrères qui menacent ruine, l'abbé Alary, le président Hénault, Paradis de Moncrif, qui sera bientôt Moncrif de paradis. Ne vous avisez pas d'être leur compagnon de voyage, vous n'êtes pas fait pour cette compagnie; attendez plutôt que nous partions ensemble : pour peu que vous soyez pressé, je crois que je ne vous ferai pas attendre : j'ai des étourdissements et un affaiblissement de tête qui m'annoncent le détraquement de la machine. Je vais essayer de vivre en bête pendant trois ou quatre mois; car je ne connais de remède que le régime et le repos. Adieu, mon cher ami, je vous embrasse de toute mon âme. Quand je me verrai prêt à mourir, je vous manderai, si je puis, le jour que j'aurai retenu ma place au coche.

MMMMMDCCL. — A M. DE LA HARPE.

26 janvier.

Dieu et les hommes [2] vous en sauront gré, mon cher confrère, d'avoir mis en drame l'aventure de cette pauvre novice [3] qui, en se mettant une corde au cou, apprit aux pères et aux mères à ne jamais forcer

---

1. Tacite, *Annales*, VI, IX. (ÉD.)
2. Sous le titre de *Dieu et les hommes*, Voltaire avait publié depuis peu un opuscule. (ÉD.)
3. C'est le sujet du drame de La Harpe intitulé *Mélanie*. (ÉD.)

leurs filles à prendre un malheureux voile. Cela est digne de l'auteur de la *Réponse* à ce fou mélancolique de *Rancé*.

Savez-vous bien que cette réponse est un des meilleurs ouvrages que vous ayez jamais faits? On l'imprime actuellement dans un recueil qu'on fait à Lausanne. Savez-vous bien ce que vous devriez faire, si vous avez quelque amitié pour moi? me faire envoyer votre *École des pères et mères*, acte par acte; nous la lirons, Mme Denis et moi. Nous méritons tous deux de vous lire.

Je suis bien étonné que Panckoucke ne vous ait rien dit au sujet de la partie littéraire du nouveau *Dictionnaire encyclopédique*; mais il était engagé avec M. Marmontel, qui fera tout ce qui regarde la littérature. Peut-être donnera-t-on dans quelque temps un petit supplément[1]; mais vous savez que les libraires mes voisins ne sont pas gens à encourager la jeunesse, comme on fait à Paris. Je craindrais fort que vous ne perdissiez votre temps; et je vous conseille de l'employer à des choses qui vous soient plus utiles. Je voudrais que chacune de vos lignes vous fût payée comme aux Robertson[2].

J'ai lu un petit ouvrage de M. de Falbaire[3] où il fait voir que, depuis les premiers commis des finances jusqu'au portier de la Comédie, tout le monde est bien payé, hors les auteurs.

Je viens de recevoir le *Mercure*. Je vous suis bien obligé d'avoir séparé ma cause de celle de mon prédécesseur Garnier. Je vous embrasse de tout mon cœur.

MMMMMDCCLI. — A M. THIERIOT.

26 janvier.

Mon ancien et oublieux ami, je crois que vous vous êtes coupé la gorge et la bourse en laissant répandre un faux bruit que j'ai quelque part à cette pièce[4] que vous m'avez envoyée, laquelle est, dites-vous, de l'abbé de Châteauneuf et de Raymond le Grec. Vous sentez bien que si on se borne à s'ennuyer aux ouvrages des morts, on se plaît fort à siffler ceux qui sont attribués aux vivants; mais il y a remède à tout. Je sais que vous avez une copie très-informe de cette comédie. Je sais, à n'en pouvoir douter, qu'il y en a une beaucoup plus ample et beaucoup plus correcte entre les mains de M. d'Argental. C'est sur celle-là qu'il faudrait vous régler. La copie que vous m'avez envoyée n'aurait certainement pas passé à la police. Plus le monde est devenu philosophe, plus cette police est délicate: les mots de dévotion seraient d'autant plus mal reçus, que la dévotion est plus méprisée; mais on m'assure que ce qui pourrait trop alarmer est très-sagement déguisé dans l'exemplaire de M. d'Argental. Informez-vous-en; faites comme vous pourrez.

Si vous voyez M. Diderot, faites mes compliments à ce digne soutien de la philosophie, à cet immortel vainqueur du fanatisme.

---

1. *Les Questions sur l'Encyclopédie*. (ÉD.)
2. Auteur de l'*Histoire de Charles-Quint*. (ÉD.)
3. *L'Avis aux gens de lettres*. (ÉD.) — 4. *Le Dépositaire*. (ÉD.)

MMMMMDCCLII. — A MADAME LA MARQUISE DU DEFFAND.

A Ferney, 28 janvier.

Qui? moi, madame, que je n'aie point répondu à une de vos lettres! que je n'aie pas obéi aux ordres de celle qui m'honore depuis si longtemps de son amitié! de celle pour qui je travaille jour et nuit? malgré tous mes maux! Vous sentez bien que je ne suis pas capable d'une pareille lâcheté. Tout ours que je suis, soyez persuadée que je suis un très-honnête ours.

Je n'ai point du tout entendu parler de M. Crawford; si j'avais su qu'il fût à Paris, je vous aurais suppliée très-instamment de me protéger un peu auprès de lui, et de faire valoir les sentiments d'estime et de reconnaissance que je lui dois.

Vous m'annoncez, madame, que M. Robertson veut bien m'envoyer sa belle *Histoire de Charles-Quint*, qui a un très-grand succès dans toute l'Europe, et que vous aurez la bonté de me la faire parvenir Je l'attends avec la plus grande impatience; je vous supplie d'ordonner qu'on la fasse partir par la guimbarde de Lyon.

C'était autrefois un bien vilain mot que celui de guimbarde; mais vous savez que les mots et les idées changent souvent chez les Français, et vous vous en apercevez tous les jours.

Vous avez la bonté, madame, de m'annoncer une nouvelle cent fois plus agréable pour moi que tous les ouvrages de Robertson. Vous me dites que votre grand-papa, le mari de votre grand'maman, se porte mieux que jamais; j'étais inquiet de sa santé, vous savez que je l'aime comme M. l'archevêque de Cambrai aimait Dieu, pour lui-même. Votre grand'maman est adorable. Je m'imagine l'entendre parler quand elle écrit : elle me mande qu'elle est fort prudente; de là je juge qu'elle n'a montré qu'à vous les petits versiculets de M. Guillemet.

Si je retrouve un peu de santé dans le triste état où je suis, je vais me remettre à travailler pour vous. Je ne vous écrirai point de lettres inutiles, mais je tâcherai de faire des choses utiles qui puissent vous amuser. C'est à vous que je veux plaire; vous êtes mon public. Je voudrais pouvoir vous désennuyer quelques quarts d'heure, quand vous ne dormez pas, quand vous ne courez pas, quand vous n'êtes pas livrée au monde. Vous faites très-bien de chercher la dissipation, elle vous est nécessaire comme à moi la retraite.

Adieu, madame; jouissez de la vie autant qu'il est possible, et soyez bien sûre que je suis à vous, que je vous appartiens jusqu'au dernier moment de la mienne.

MMMMMDCCLIII. — A M. DALEMBERT.

31 janvier.

Rétablissez votre santé, mon très-cher philosophe; j'en connais tout le prix, quoique je n'en ai jamais eu : *porro unum est necessarium*[1];

---

1. Luc, x, 42. (ÉD.)

et, sans ce nécessaire, adieu tout le plaisir, qui est plus nécessaire encore. Je me souviens que je n'ai pas répondu à une galanterie de votre part qui commençait par *Sic ille vir :* soyez sûr que *vir ille* n'a jamais trempé dans l'infâme complot dont vous avez entendu parler. Il n'est pas homme à demander ce que certaines personnes avaient imaginé de demander pour lui ; mais il désirerait fort de vous embrasser et de causer avec vous.

Je vous avais bien dit que l'aventure de Martin était véritable. Le procureur général travaille actuellement à réhabiliter sa mémoire ; mais comment réhabilitera-t-on les Martins qui l'ont condamné ? le pauvre homme a expiré sur la roue, et le tout par une méprise. Qu'on me dise à présent quel est l'homme qui est assuré de n'être pas roué !

Voici l'édit des libraires, tel que je l'ai reçu ; c'est à vous à voir si vous l'enregistrerez. Pour moi, je déclare d'abord que je ne souffrirai pas que mon nom soit placé avant le vôtre et celui de M. Diderot dans un ouvrage qui est tout à vous deux. Je déclare ensuite que mon nom ferait plus de tort que de bien à l'ouvrage, et ne manquerait pas de réveiller des ennemis qui croiraient trouver trop de liberté dans les articles les plus mesurés. Je déclare, de plus, qu'il faut rayer mon nom, pour l'intérêt même de l'entreprise.

Je déclare enfin que, si mes souffrances continuelles me permettent l'amusement du travail, je travaillerai sur un autre plan qui ne conviendra pas peut-être à la gravité d'un *Dictionnaire encyclopédique.*

Il vaut mieux d'ailleurs que je sois le panégyriste de cet ouvrage que si j'en étais le collaborateur.

Enfin ma dernière déclaration est que si les entrepreneurs veulent glisser dans l'ouvrage quelques-uns des articles auxquels je m'amuse, ils en seront les maîtres absolus, quand mes fantaisies auront paru. Alors ils pourront corriger, élaguer, retrancher, amplifier, supprimer tout ce que le public aura trouvé mauvais ; je les en laisserai les maîtres.

Vous pourrez, mon très-cher philosophe, faire part de ma résolution à qui vous jugerez à propos ; tout ce que vous ferez sera bien fait : mais surtout portez-vous bien. Mme Denis vous fait ses compliments ; nous vous embrassons tous deux de tout notre cœur.

MMMMMDCCLIV. — A Frédéric II, roi de Prusse.

Janvier.

Mon cher Lorrain[1], je ne sais pas comment vous vous appelez aujourd'hui, mais au bout de dix-huit ans j'ai reconnu votre écriture. Je vois que vous avez travaillé sous un grand maître. Vous êtes donc de l'Académie de Berlin ; assurément vous en faites l'ornement et l'instruction. Vous me paraissez un grand philosophe dans le séjour des revues, des canons, et des baïonnettes. Comment avez-vous pu allier des

1. Cette lettre est une réponse à l'envoi d'un ouvrage manuscrit du roi de Prusse, sur les principes de la morale. M. de Voltaire l'adresse au copiste de cet ouvrage, dont il suppose qu'il a reconnu l'écriture. (*Éd. de Kehl.*)

objets si contraires? Il n'y a point de cour en Europe où l'on associe ces deux ennemis. Vous me direz peut-être que Marc Aurèle et Julien avaient trouvé ce secret, qu'il a été perdu jusqu'à nos jours, et que vous viviez auprès d'un maître qui l'a ressuscité. Cela est vrai, mon cher Lorrain; mais ce maître ne donne pas le génie.

Il faut que vous en ayez beaucoup pour que vous ayez enfin montré par votre écrit la vraie manière d'être vertueux sans être un sot et sans être un enthousiaste.

Vous avez raison, vous touchez au but. C'est l'amour-propre bien dirigé qui fait les hommes de bon sens véritablement vertueux. Il ne s'agit plus que d'avoir du bon sens; et tout le monde en a sans doute assez pour vous comprendre, puisque votre écrit est, comme tous les bons ouvrages, à la portée de tout le monde.

Oui, l'amour-propre est le vent qui enfle les voiles, et qui conduit le vaisseau dans le port. Si le vent est trop violent, il nous submerge; si l'amour-propre est désordonné, il devient frénésie. Or il ne peut être frénétique avec du bon sens. Voilà donc la raison mariée à l'amour-propre : leurs enfants sont la vertu et le bonheur. Il est vrai que la raison a fait bien des fausses couches avant de mettre ces deux enfants au monde. On prétend encore qu'ils ne sont pas entièrement sains, et qu'ils ont toujours quelques petites maladies; mais ils s'en tirent avec du régime.

Je vous admire, mon cher Lorrain, quand je lis ces paroles [1] : « Qu'y a-t-il de plus beau et de plus admirable que de tirer, d'un principe même qui peut mener au vice, la source du bien et de la félicité publique? »

On dit que vous faites aussi aux Welches l'honneur d'écrire en vers dans leur langue; je voudrais bien en voir quelques-uns. Expliquez-moi comment vous êtes parvenu à être poëte, philosophe, orateur, historien, et musicien. On dit qu'il y a dans votre pays un génie qui apparaît les jeudis à Berlin, et que, dès qu'il est entré dans une certaine salle, on entend une symphonie excellente, dont il a composé les plus beaux airs. Le reste de la semaine il se retire dans un château bâti par un nécroman; de là il envoie des influences sur la terre. Je crois l'avoir aperçu il y a vingt ans; il me semble qu'il avait des ailes, car il passait en un clin d'œil d'un empire à un autre. Je crois même qu'il me fit tomber par terre d'un coup d'aile.

Si vous le voyez ou sur un laurier ou sur des roses (car c'est là qu'il habite), mettez-moi à ses pieds, supposé qu'il en ait, car il ne doit pas être fait comme les hommes. Dites-lui que je ne suis pas rancunier avec les génies. Assurez-le que mon plus grand regret à ma mort sera de n'avoir pas vécu à l'ombre de ses ailes, et que j'ose chérir son universalité avec l'admiration la plus respectueuse.

1. C'est un passage de l'*Essai sur l'amour-propre envisagé comme principe de morale*, opuscule de Frédéric. (ÉD.)

CORRESPONDANCE.

MMMMMDCCLV. — A CATHERINE II.

A Ferney, 2 février.

Madame, Votre Majesté daigne m'apprendre que les hospodars de Valachie et de Moldavie ne feront pas leur carnaval à Venise; mais Votre Majesté ne pourrait-elle pas les faire souper avec quelque amiral de Tunis et d'Alger? On dit que ces animaux d'Afrique se sont approchés un peu trop près de quelques-uns de vos vaisseaux, et que vos canons les ont mis fort en désordre : voilà un bon augure; voilà Votre Majesté victorieuse sur les mers comme sur la terre, et sur des mers que vos flottes n'avaient jamais vues.

Non, je ne veux plus douter d'une entière révolution. Les sultanes turques[1] ne résisteront pas plus que les Algériens. Pour les sultanes du sérail de Moustapha, elles appartiennent de droit aux vainqueurs.

On m'assure que Votre Majesté très-impériale est à présent maîtresse de la mer Noire, que M. de Tottleben fait des merveilles avec les Mingréliennes et les Circassiennes, que vous triomphez partout. Je suis plus heureux que vous ne pensez, madame; car bien que je ne sois ni sorcier ni prophète, j'avais soutenu violemment qu'une partie de ces grands événements arriverait, non pas tout : je ne prévoyais pas qu'une flotte partirait de la Néva pour aller vers la mer de Marmara.

Cette entreprise vaut mieux que les chars de Cyrus, et surtout que ceux de Salomon, qui ne lui servirent à rien; mes chars, madame, baissent pavillon devant vos vaisseaux.

Mais, en faisant la guerre d'un pôle à l'autre, Votre Majesté n'aurait-elle pas besoin de quelques officiers? Le roi de Sardaigne vient de réformer un régiment huguenot qui le sert lui et son père depuis 1689. La religion l'a emporté sur la reconnaissance : peut-être quelques officiers, quelques sergents de ce régiment ambitionneraient la gloire de servir sous vos drapeaux. Ils pourraient servir à discipliner des Monténégrins, si vos belliqueuses troupes ne voulaient pas d'étrangers. Je connais un de ces officiers, jeune, brave, et sage, qui aimerait mieux se battre pour vous que pour le Grand-Turc et ses amis, s'il en a. Mais, madame, je ne dois qu'admirer et me taire.

Daignez agréer la joie excessive, la reconnaissance sans bornes, le profond respect du vieil ermite des Alpes.

Votre Majesté Impériale a trop de justice pour ne pas gronder M. le chambellan comte de Schowalow, qui n'a point répondu à mes lettres d'enthousiasme.

MMMMMDCCLVI. — A M. DE CHABANON.

6 février.

Mon cher ami, nous vous sommes trop attachés, Mme Denis et moi, pour souffrir que vous épuisiez votre génie à faire *Alceste* après Quinault. Vous êtes obligé d'en retrancher tout le pittoresque et tout le

---

[1] On entend ici par *sultanes* les vaisseaux commandants des flottes ottomanes. (*Éd. de Kehl.*)

merveilleux, afin d'éviter la ressemblance. Vous vous mettez vous-même à la gêne; vous vous privez du pathétique, et vous affaiblissez l'intérêt. Le comique, qui était encore à la mode dans nos premiers opéras, est réprouvé aujourd'hui. Vous ne tombez pas dans ce défaut, et c'est probablement ce qui vous a séduit. Mais à ce comique il faut substituer la tendresse, un nœud qui attache, du brillant, du théâtral. Et quand même vous jetteriez ces beautés avec profusion dans les premiers actes, jamais on ne vous pardonnera d'avoir supprimé les enfers et le retour d'Alceste.

Tout le monde sait par cœur ces beaux vers d'Alcide à Pluton :

Si c'est te faire outrage
D'entrer par force dans ta cour,
Pardonne à mon courage,
Et fais grâce à l'amour.
Alceste, acte IV, scène v.

J'ai toujours été étonné que Quinault n'ait pas osé imiter Euripide, et fait présenter Alceste voilée à son mari. Ce serait cette hardiesse d'Euripide qu'il faudrait imiter. Nous présumons qu'elle aurait un grand succès, si on avait à l'Opéra des acteurs comme on y a des chanteurs. Voilà ce que nous avons pensé, Mme Denis et moi.

Si vous voulez absolument traiter ce sujet après Quinault, vous êtes tenu étroitement de donner un ouvrage admirable dans toutes ses parties, et d'amener des fêtes charmantes prises dans le fond du sujet.

Nous ne parlerions pas si hardiment à tout autre qu'à vous. Nous vous disons ce que nous croyons la vérité, parce que vous méritez qu'on vous la dise. Nous pouvons nous tromper, mais nous ne voulons pas certainement vous tromper. Reconnaissez la tendre amitié que nous avons pour vous à la liberté que nous prenons; nous croyons vous en donner une preuve en vous parlant à cœur ouvert. Pardonnez-nous et aimez-nous.

J'ai lu une partie de la traduction des *Géorgiques*[1]; j'y ai vu l'extrême mérite de la difficulté surmontée. Je ne m'attendais pas à voir tant de poésie dans la gêne d'une traduction. Je crois que cet ouvrage aura une très-grande réputation parmi les amateurs des anciens et des modernes.

Je vous supplie, mon cher ami, de vouloir bien assurer M. Delille de ma reconnaissance et de ma très-sincère estime.

MMMMMDCCLVII. — A M. LE RICHE, A AMIENS.

6 février.

Vous avez quitté, monsieur, des Welches pour des Welches[2]. Vous trouverez partout des barbares têtus. Le nombre des sages sera toujours petit: il est vrai qu'il est augmenté; mais ce n'est rien en comparaison

1. Par Delille. (ÉD.)
2. M. Le Riche avait été directeur des domaines à Besançon. (*Éd. de Kehl.*)

des sots; et, par malheur, on dit que Dieu est toujours pour les gros bataillons. Il faut que les honnêtes gens se tiennent serrés et couverts. Il n'y a pas moyen que leur petite troupe attaque le parti des fanatiques en rase campagne.

J'ai été très-malade, je suis à la mort tous les hivers; c'est ce qui fait, monsieur, que je vous ai répondu si tard. Je n'en suis pas moins touché de votre souvenir. Continuez-moi votre amitié; elle me console de mes maux et des sottises du genre humain. Recevez les assurances, etc.

MMMMMDCCLVIII. — A M. ***.

Au château de Ferney, par Genève, 6 février.

Vous vous adressez, monsieur, à un vieillard malade, qui a presque oublié sa langue. Messieurs vos oncles auraient bien mieux décidé que moi la question que vous me proposez. Je me souviens seulement que dans le *Don Quichotte* il est dit que Sancho-Pança *enfile* des proverbes. Je crois même que, dans la comédie du *Menteur*, il est parlé des mensonges que Dorante *enfile*, parce qu'en effet Dorante en débite plusieurs, et son valet peut lui dire : *Comme vous les enfilez !* Mais on ne peut jamais se servir du mot *enfiler* tout seul, pour signifier mentir. Voilà, monsieur, tout ce que je sais, et c'est bien peu de chose. Je ne vous fais point un mensonge en vous disant que j'ai été très-sensible à l'honneur que vous m'avez fait. J'ai celui d'être avec tous les sentiments que je vous dois, monsieur, votre très-humble et très-obéissant serviteur, VOLTAIRE, *gentilhomme de la chambre du roi*.

MMMMMDCCLIX. — A M. LE CARDINAL DE BERNIS.

A Ferney, le 9 février.

Vous me tenez rigueur, monseigneur; mais permettez-moi de vous dire que Votre Éminence a tort : tout fâché que je suis contre vous, je ne laisse pas de vous donner ma bénédiction; recevez-la avec autant de cordialité que je vous la donne. Si vous êtes cardinal, je suis capucin. Le général qui est à Rome m'en a envoyé la patente; un gardien me l'a présentée. Je me fais faire une robe de capucin assez jolie. Il est vrai que la robe ne fait pas le moine, et que je ne peux m'appliquer ces vers charmants :

> Je ne dis rien de mon sommeil;
> On sait bien que les gens du monde
> N'en connaissent point de pareil.

A l'égard de Joad, vous pensez comme moi; mais vous ne devez pas me le dire : aussi ne me le dites-vous pas, et vous devez être très-sûr que je vous garderai le secret, même sur votre silence. Permettez seulement qu'un vieillard de soixante-seize ans vous aime de tout son cœur, indépendamment de son respect.

Vous êtes bien heureux dans la ville aux sept collines, dans le temps que je suis entre quarante montagnes glacées. Il ne me manque que la femme de neige [1] de saint François.

Frère VOLTAIRE, *capucin indigne.*

MMMMMDCCLX. — A M. LE MARÉCHAL DUC DE RICHELIEU.

9 février.

Je présume, monseigneur, que vous reçûtes en son temps le petit livre de Mme de Caylus, que j'eus l'honneur de vous envoyer. Vos occupations et vos plaisirs ne vous ont pas laissé le temps de m'en instruire. C'est un livre fort rare : je ne crois pas qu'il y en ait encore à Paris d'autre exemplaire que le vôtre. Vous y aurez vu que M. le duc votre père mettait les portraits de ses anciens serviteurs au grenier; mais si j'étais dans votre grenier, je me tiendrais encore très-heureux.

Je suis très-fâché de mourir sans avoir pu vous donner ma bénédiction. Vous êtes tout étonné du terme dont je me sers, mais il me sied très-bien; j'ai l'honneur d'être capucin. Notre général, qui est à Rome, m'a envoyé mes patentes signées de sa vénérable main. Je suis du tiers ordre, mes titres sont *fils spirituel de saint François, et père temporel.*

Dites-moi laquelle de vos défuntes maîtresses vous voulez que je tire du purgatoire, et je vous réponds sur ma barbe qu'elle n'y sera pas vingt-quatre heures.

Je dois vous dire qu'en qualité de capucin j'ai renoncé aux biens de ce monde, et que, parmi quelques arrangements que j'ai faits avec ma famille, je lui ai abandonné ce qui me revenait, tant sur la succession de Mme la princesse de Guise que sur votre intendant; mais je n'ai point prétendu vous gêner, et je serais au désespoir de vous causer le moindre embarras. Ma famille recevra vos ordres, et les recevra comme des bienfaits.

Vous me parliez, monseigneur, dans votre dernière lettre, de votre beau jardin de Paris; et je suis entouré actuellement de quatre-vingts lieues de neiges. J'aimerais mieux vous faire ma cour dans votre palais de Richelieu que dans tout autre; mais vous n'habiterez jamais Richelieu. Vous êtes fait pour aller briller tantôt à Versailles, tantôt à Bordeaux. J'admire comme vous éparpillez votre vie. Souffrez que, du fond de ma caverne, je vous renouvelle mon très-tendre respect, et que Mme Denis le fasse valoir auprès de vous.

Recevez la bénédiction de V., capucin indigne, qui n'a point de bonne fortune de capucin.

(1. Saint Bonaventure, chap. v, p. 61, de sa *Vie de saint François d'Assise,* qui fait partie du second volume d'octobre des Bollandistes, publié en 1768, parle d'une femme de neige qui apparut à saint François d'Assise pendant qu'il se flagellait pour vaincre sa concupiscence. (*Note de M. Beuchot.*)

MMMMMDCCLXI. — A M. MARENZI[1].

A Ferney, 12 février.

Je vous aurais remercié plus tôt de l'honneur que vous me faites, si j'avais été assez heureux pour être en état de lire la traduction dans laquelle vous m'embellissez. Des fluxions très-dangereuses, qui me tombent sur les yeux dans le temps des neiges, me privent alors entièrement de la vue.

Dès que je les ai pu ouvrir, ils m'ont servi à lire votre belle traduction. Je suis partagé entre l'estime et la reconnaissance. Je compte bien faire imprimer votre ouvrage à Genève. Il est bien flatteur pour la France que l'Italie, la mère des beaux-arts, daigne nous traiter en sœur; mais elle sera toujours notre sœur aînée. Pour moi, je la regarderai toujours comme ma mère.

Agréez mes sincères remercîments, et tous les sentiments avec lesquels j'ai l'honneur d'être, monsieur, votre très-humble et très-obéissant serviteur,

VOLTAIRE, *gentilhomme ordinaire de la chambre du roi.*

MMMMMDCCLXII. — A M. L'ABBÉ AUDRA.

Le 14 février.

Je suis plus étonné que jamais, mon cher philosophe, de n'avoir aucune nouvelle de Sirven. M. de La Croix avait eu la bonté de me mander qu'il travaillait à un mémoire en sa faveur, mais que ce Sirven voulait faire l'entendu, et qu'il dérangeait ses mesures. Je commence à croire qu'il a pris son parti, et qu'il ne songe qu'à rétablir le petit bien qu'on lui a rendu. Il a ses deux filles à quelques lieues de moi. S'il veut avoir ses deux filles auprès de lui, je leur donnerai de quoi faire leur voyage honnêtement. Si le père a besoin d'argent, je lui en donnerai aussi pour achever de réparer ses malheurs.

Je vous demande en grâce de vouloir bien faire mes compliments et mes remercîments à M. de La Croix, et l'assurer de la véritable estime que je conserverai pour lui toute ma vie.

Qu'est devenue votre *Histoire universelle?* êtes-vous toujours bien content de Toulouse? avez-vous reçu un petit paquet que j'adressai pour vous à Lyon, il y a quelques mois, à l'adresse que vous m'avez donnée?

Je vous embrasse sans cérémonie, en philosophe et en ami.

MMMMMDCCLXIII. — A M. DE JARDIN [2].

A Ferney, 15 février.

Vous avez bien voulu, monsieur, servir de tuteur à M. Durey de Morsan. Je partage cet emploi depuis une année entière. Mme de Sau-

---

1. Jean Marenzi, à qui est adressée la lettre MMMMMDCCXXIX, qui avait envoyé à Voltaire une traduction de *Zaïre*, lui envoya ensuite une traduction en vers blancs italiens de *la Henriade*. (ÉD.)
2. Greffier en chef du Châtelet. (ÉD.)

vigny m'ayant chargé, par deux de ses lettres, de le voir et de lui parler, j'exécutai ses ordres. Je sus qu'il ne touchait deux mille écus de revenu que depuis peu de temps, et qu'il avait fait quelques dettes à Neuchâtel : je payai les dettes qui vinrent à ma connaissance; je l'ai gardé chez moi pendant une année entière, et je puis assurer toute sa famille que, pendant cette année, il s'est conduit avec la plus grande circonspection. Il m'a paru qu'il sentait ses fautes, et qu'il voulait passer le reste de sa vie à les réparer. Il est nécessaire que sa conduite ne fasse jamais rougir sa famille.

Premièrement il a quelques dettes criardes à payer; en second lieu, il doit donner à sa fille naturelle, qui est dans la misère, un secours dont elle a besoin; il faut aussi qu'il aide un peu une demoiselle Nollet, nièce de M. l'abbé Nollet, de l'Académie des sciences, qui va se marier convenablement; elle lui est attachée depuis plus de dix années, sans que jamais elle ait eu d'appointements. Une légère somme, en cette occasion, est la moindre chose qu'il puisse faire. Tout cela doit être pris sur les six mille livres d'extraordinaire que lui donne la commission nommée juridiquement pour payer ses dettes.

Je présume que ces détails monteront à cent louis d'or ou environ il en restera assez pour acheter les meubles nécessaires, et le faire subsister honorablement à Neuchâtel, avec sa pension de deux mille écus, qui doit augmenter avec le temps.

Il est convenable que le frère de Mme de Sauvigny jouisse de quelque considération dans la retraite qu'il s'est choisie.

J'ai tout lieu de me flatter que sa famille et lui seront entièrement en repos. Je ne crains que la facilité de M. Durey. Je l'ai mandé à Mme de Sauvigny. C'est principalement cette facilité qui a causé ses fautes et ses malheurs. Son âge de cinquante-trois ans, et ses réflexions, me donnent pourtant beaucoup d'espérance.

Quoi qu'il en soit, monsieur, je me chargerai des six mille livres accordées par ses créanciers qu'à condition que toutes ses dettes seront payées, Mlle Nollet récompensée honnêtement, mais avec économie, et qu'on lui fera acheter préalablement les meubles indispensables pour s'établir à Neuchâtel, et pour ne plus payer de loyer en chambre garnie.

Je lui ai servi de père pendant un an; mais je le renoncerais, s'il ne se rendait pas digne de la famille dont il est, et de celle à laquelle il est allié.

J'ai cru ne devoir me charger de rien sans vous avoir donné ces éclaircissements. J'attends l'honneur de votre réponse. J'ai celui d'être avec tous les sentiments que je vous dois, monsieur, etc.

MMMMMDCCLXIV. — A M. HENNIN.

16 février.

Ne l'avais-je pas toujours bien dit, monsieur, que vous êtes le plus aimable homme du monde? Je vois plus que jamais la bonté de votre cœur; le mien vous remercie bien tendrement.

Il se peut très-bien faire qu'il y ait des lettres de mon ami Wagnière entre les mains des assassins[1]. Mais je ne crois pas qu'il y en ait de moi. Je me souviens très-bien que, lorsque vous arrivâtes dans le séjour de la discorde, et quelques mois après, les natifs s'adressèrent à à moi, et que je les renvoyai à vous, comme de raison.

Lorsqu'on parla de bâtir Versoix, dix-huit natifs vinrent m'apporter leurs signatures, et s'engagèrent à y bâtir des maisons. J'envoyai leurs propositions à M. le duc de Choiseul, et je leur dis de s'adresser à vous uniquement.

Voilà la seule correspondance que j'aie eue avec eux.

Auzière, d'ailleurs, est un philosophe qui a une petite bibliothèque composée de livres suspects, hérétiques, sentant l'hérésie, remplis de propositions malsonnantes et offensant les oreilles chastes. Il sera sans doute brûlé comme Servet avec ses livres.

Sérieusement je crains pour cet homme. Comme il est le premier qui ait voulu se retirer à Versoix, il mérite la protection de M. le duc de Choiseul. Je suis persuadé qu'il trouvera très-bon que vous le favorisiez autant qu'il pourra être en vous, sans vous compromettre.

J'ai vu Genève pendant quatre ou cinq ans une ville très-agréable. Les choses sont bien changées. Je ne crois pas que rien doive vous empêcher de causer avec Mme Denis, qui vous fait les plus tendres compliments.

En vous remerciant mille fois.

MMMMMDCCLXV. — A M. ÉLIE DE BEAUMONT.

16 février.

J'ignore, mon cher Cicéron, si les désordres de Genève permettront que ma lettre aille jusqu'à la poste. Les bourgeois tuèrent hier trois habitants, et l'on dit, dans le moment, qu'ils en ont tué quatre ce matin. Les battus payent l'amende dans la coutume de Lori; mais, dans la coutume de Genève, les battus sont pendus, et l'on assure qu'on pendra trois ou quatre habitants dont les compagnons ont été tués. Toute la ville est en armes, tout est en combustion dans cette sage république; il y a quatre ans qu'on s'y dévore.

Nos philosophes ont vraiment bien pris leur temps pour faire l'éloge de ce beau gouvernement! Cela ne m'empêche pas de prendre un vif intérêt à l'horrible aventure des Perra. Vous pouvez, mon cher Cicéron, m'envoyer votre mémoire en deux ou trois paquets, par la poste, adressés à Ferney par Lyon et Versoix.

Je n'entends pas plus parler de ce pauvre entêté de Sirven que s'il n'avait jamais eu de procès criminel.

A l'égard de l'interdit démarié, j'ai écrit à M. de Jardin, greffier en chef du Châtelet, son tuteur, que je ne me chargerais des deux mille écus qu'à condition que toutes les dettes criardes qu'il a faites dans ce

---

1. Voltaire désigne ainsi les habitants de Genève, à cause des meurtres commis dans cette ville. (ÉD.)

pays-ci, et toutes les dettes de bienséance et d'honneur, seraient préalablement acquittées, que je lui ferais acheter un lit et quelques meubles, afin qu'il pût reparaître d'une manière décente et honorable dans le pays de Neuchâtel, et que le frère de Mme l'intendante de Paris ne fît point de honte à sa famille dans les pays étrangers. J'ai laissé en dépôt, chez M. de Laleu, les deux mille écus, et je ne ferai rien sans être autorisé de son tuteur. Je crois devoir cette attention à sa famille. J'espère que, moyennant les arrangements que je prendrai, et moyennant les cinq cents francs qu'il touchera par mois dorénavant, somme qui augmentera toutes les années, il pourra se donner la considération que doit avoir un homme si bien allié. Il ne peut réparer ses fautes passées que par la plus grande sagesse.

Je vous supplie, monsieur, de parler à MM. les avocats de la commission, si vous les rencontrez, et à M. Boudot, en conformité de ce que j'ai l'honneur de vous mander.

Permettez que je vous donne ma bénédiction en qualité de capucin. J'ai non-seulement l'honneur d'être nommé père temporel des capucins de Gex, mais je suis associé, affilié à l'ordre, par un décret du révérend père général. Jeanne la pucelle, et la tendre Agnès Sorel, sont tout ébaubies de ma nouvelle dignité.

Mille respects et mille bénédictions à Mme de Beaumont.

MMMMMDCCLXVI. — A M. HENNIN.

(16 février, à une heure.)

Ceci devient sérieux, monsieur; je regarde Auzière et tous ceux qui ont signé comme des sujets du roi. Ils se sont soumis à venir à Versoix au premier ordre de M. le duc de Choiseul. Ce n'est pas leur faute si, au lieu de bâtir des maisons nécessaires, on a fait une galère dont on pouvait se passer.

J'imagine que vous pourriez écrire sur-le-champ à M. le duc de Choiseul, et lui demander ses ordres. Il y a parmi les prisonniers un parent de mon ami Wagnière que vous protégez : je n'ai pas besoin de vous le recommander. Pour moi, je donne hardiment un asile à tous ceux qui viennent m'en demander; et fussent-ils Turcs échappés des mains des Russes, je leur donnerais le couvert.

Je n'écris point à M. le duc de Choiseul. Je n'entre point dans les querelles de Genève; je ne ferai rien que par votre avis. Je vois avec horreur tout ce qui se passe.

Ne viendrez-vous pas voir Mme Denis, qui ne se porte pas trop bien ?

Recevez les assurances de ma tendre amitié.

MMMMMDCCLXVII. -- DE FRÉDÉRIC II, ROI DE PRUSSE.

A Potsdam, le 17 février.

Le pauvre Lorrain, dont vous vous souvenez, trouve une grande différence des copies qu'il fait à présent à celles qu'il faisait autrefois.

A présent, il écrit pour le temps; il y a dix-huit ans, c'était pour l'immortalité. Il n'en est pas moins flatté de l'approbation que vous donnez à son ouvrage[1], qui roule sur des idées dont on trouve le germe dans l'*Esprit* d'Helvétius et dans les *Essais* de Dalembert. L'un écrit avec une métaphysique trop subtile, et l'autre ne fait qu'indiquer ses idées.

Le pauvre Lorrain sent qu'il vous a importuné par l'envoi des rêveries de son maître; mais, par une suite de l'élévation où se trouve le patriarche de Ferney, il doit s'attendre à ces sortes d'hommages et d'importunités. Le patriarche demande des vers en welche d'un auteur tudesque, il en aura; mais il se repentira de les avoir demandés. Ces vers sont adressés à une dame qu'il doit connaître[2]; ils ont été faits à l'occasion d'un propos de table, où cette dame se plaignait de la difficulté de trouver un juste milieu entre le trop et le trop peu. Ce sont de ces vers de société dont Paris fournissait autrefois d'amples recueils, qui commencent à devenir plus rares.

Le pauvre Lorrain est bien embarrassé à découvrir le génie dont vous lui parlez; il l'a cherché partout. Ce n'est pas sans raison: les roses et les lauriers ont tous été transplantés en Russie; de sorte qu'il le cherche en vain. Ce Lorrain suppose que la brillante imagination qui triomphe à Ferney du temps et des infirmités de l'âge a tracé de fantaisie le tableau de ce génie, et qu'il en est comme du jardin des Hespérides et de la fontaine de Jouvence, que la grave antiquité a si longtemps recherchés inutilement.

Si cependant il était question d'un bon vieux radoteur de philosophe qui habite une vigne de ces environs, il a chargé le Lorrain de vous assurer qu'il regrette fort le patriarche de Ferney, qu'il voudrait qu'il fût possible encore de le recueillir chez lui, et de l'associer à ses études; qu'au moins ce patriarche peut être assuré que personne n'apprécie mieux son mérite, et n'aime plus que lui son beau génie. FÉDÉRIC.

MMMMMDCCLXVIII. — A M. HENNIN.

18 février.

Ma foi, monsieur, ayant bien pesé tout ce que vous avez la bonté de m'écrire, je prends le parti de faire une élégie en prose que j'envois à M. le duc de Choiseul. La Motte faisait bien des odes en prose. J'y ajouterai une exhortation pathétique pour bâtir quelques maisons. Je ne sais si, après cette aventure, les maisons de Genève seront bien louées. Je ne crois pas que les étrangers s'empressent à envoyer leurs enfants étudier à l'Académie de Genève, ni que beaucoup de metteurs en œuvre viennent offrir leurs services aux citoyens marchands de montres. La colère de Dieu éclatera sur la maison de Jacob, et je m'imagine que M. le duc de Choiseul sera l'Amalécite dont Dieu se servira pour châtier son peuple.

1. *Essai sur l'amour-propre envisagé comme principe de morale;* pièce du roi de Prusse. (ÉD.)
2. *Épître* (en cinquante-quatre vers) *sur le trop et le trop peu*, à *Mme de Morian;* elle fait partie des *OEuvres posthumes de Frédéric*, qui l'avait composée en mars 1785. (ÉD.)

Mme Denis attend avec bien de l'impatience le moment de vous voir. Vous savez que nous ne dînons plus; je n'ose vous promettre de vous (donner) des œufs frais, attendu qu'on vient de me voler mes poules. Je n'ose en accuser le conseil de Genève, car il faut être juste.

En vérité, le monde est bien méchant. Vous souvenez-vous d'un grand homme assez bien bâti nommé Bougroz et de sa prétendue femme Bougroz, qui sont venus vous demander des passe-ports? C'étaient des voleurs, ne vous déplaise, et pis que des voleurs de poules. Mais comme je suis capucin, je mets cela au pied de mon crucifix. Daignez agréer ma bénédiction.   † Frère V., *capucin indigne.*

MMMMMDCCLXIX. — A Mécénas-atticus, duc de Choiseul.

A Ferney, 18 février.

La voix de Jean criant dans le désert vous dit ces choses :

Ce n'est pas assez que vous ayez fait des pactes de famille, donné un royaume[1] à l'aîné de la famille, fait un pape madré ou non madré, et mis les soldats d'Israël sur un meilleur pied qu'ils n'ont jamais été ; tout cela n'est rien sans la charité. Le Dieu d'Israël est irrité contre les enfants de Jacob, qui assassinent dans les rues des vieillards de quatre-vingts ans, des innocents destitués d'armes, blessent des femmes grosses, et se préparent à pendre ceux qu'ils n'ont pu assassiner.

C'est une des suites de l'insolence avec laquelle ils en ont usé envers l'ambassadeur de l'oint du Seigneur et envers Messala-Atticus, premier ministre de cet oint. Le sanhédrin n'est pas moins coupable d'avoir fomenté, préparé, autorisé les abominations des enfants de Bélial.

Voici ce que dit le Seigneur : Si vous aviez seulement fait bâtir à Versoix une cinquantaine de maisons de boue, vous auriez actuellement dans Versoix quatre cents habitants qui ne savent où coucher, qui vous seraient attachés pour jamais, et qui probablement iront habiter l'Angleterre, que mon cœur réprouve, ou la Hollande, que je vomis de ma bouche, parce qu'elle est tiède[2].

J'ai ordonné à mon serviteur François V., capucin indigne, d'avoir soin de ces malheureux, en attendant que votre rosée puisse les consoler.

Je sais que mon serviteur, chargé de la bourse commune, loge le diable dans sa bourse, c'est-à-dire rien, et qu'il ne pourra donner cent mille sicles pour bâtir des maisons.

Mon serviteur François V. est encore plus pauvre pour le moment présent; mais vous pourriez trouver quelque bon ami, non pas de cour, mais de finance, qui prêterait des sicles pour bâtir des maisons. Il n'est pas besoin d'édit pour donner à qui voudra de quoi reposer sa tête.

Vous avez une galère dans un port qui n'est pas fait : mais des familles ne peuvent coucher dans une galère, à moins que ce ne soit la famille de Fréron.

L'esprit de charité pourrait vous porter encore à empêcher qu'on ne

---

1. La Corse, dont Théodore avait été roi. (ÉD.) — 2. *Apocalypse*, III, 16. (ÉD.)

pend» plusieurs de vos serviteurs qui se sont engagés à vous, dont vous avez la signature, qui se sont soumis à coucher dans les maisons que vous n'avez pas bâties, qui se sont déclarés Français, et qui, pour cette raison, sont présumés avoir incessamment la hart au cou.

Je vous dis donc de la part du Seigneur : Faites comme vous voudrez; car vous avez l'œil de l'aigle [1] et la prudence du serpent.

Signé JEAN, prédicateur du désert.

Et plus bas: FRANÇOIS V., capucin indigne, admis à la dignité de capucin par frère Amatus d'Alamballa[2], général des capucins, résident à Rome; et de plus, déclaré père temporel des capucins de Gex.

Lequel François prie Dieu pour vous et pour votre digne épouse.

MMMMMDCCLXX. — A M. LE COMTE D'ARGENTAL.

19 février.

Mon cher ange, les vieillards de quatre-vingts ans qu'on assassine à Genève n'ont pas laissé de m'affecter un peu, attendu que les gens de soixante-seize ans sont réputés octogénaires. Je n'aime pas non plus qu'on blesse les femmes grosses, qu'on tue du monde dans les rues, sans savoir pourquoi. On veut pendre aussi ceux qui voulaient se retirer à Versoix, ville que M. le duc de Choiseul fait bâtir. Je ne crois pas qu'il trouve toute cette aventure fort honnête. Tout cela nous a fait frémir d'horreur, Mme Denis et moi. Quoique j'aie fait beaucoup de tragédies, nos scènes tragiques à ma porte me paraissent abominables; c'est pis que ce qui se passe en Pologne.

La comédie du *Dépositaire* est plus consolante. On y a rapetassé une trentaine de vers qu'on vous enverra très-fidèlement.

Il vaut mieux payer des dixièmes que d'être aux portes de Genève. Ces gens-là sont devenus des fous barbares. Je suis très-convaincu que si vous aviez été plénipotentiaire chez eux, vous auriez adouci leur esprit, et que rien de ce qui arrive aujourd'hui ne serait arrivé.

Du moins en France vous payez vos dixièmes paisiblement; vous lisez paisiblement *Gabrielle de Vergi;* vous allez dans vos petites loges; vous n'avez pas vingt pieds de neige, votre plus grand malheur est de vous ennuyer aux pièces nouvelles et aux livres nouveaux.

M. le duc de Praslin a eu encore la bonté de m'écrire, et de daigner faire de nouvelles tentatives pour faire rendre les diamants pris par les corsaires de Tunis, quoiqu'il n'en espère rien. Je vous supplie de lui bien dire combien je suis pénétré de ses bontés. Vous aviez bien raison, quand vous me disiez qu'il était plus essentiel que bruyant. Je lui serai attaché jusqu'au dernier moment de ma pauvre vie.

Je suis bien malade, mon cher ange. Mille tendres respects à Mme d'Argental, et mille vœux pour sa santé. Je vous donne à tous deux ma bénédiction. Frère V., *capucin indigne.*

Si vous êtes surpris de ma signature, sachez que je suis non-seulement père temporel des capucins de Gex, mais encore agrégé au corps

1. Matthieu, x, 16. (ÉD.) — 2. Aimé de Lamballe. (ÉD.)

par le général Amatus d'Alamballa, résidant à Rome. Voilà ce que m'a valu saint Cucufin. Vous voyez que Dieu n'abandonne pas ses dévots.

MMMMMDCCLXXI. — A M. COLINI.

Ferney, 20 février.

En me proposant, mon cher ami, le voyage dont vous me parlez, vous oubliez que j'ai soixante-seize ans, et que je ne sortirai de mon lit que pour aller *nella bara*[1]; mais vous verrez que je ne vous ai point oublié.

Vous pouvez dire à Waechter que non-seulement je lui achèterai des médailles, mais que je le lui en ferai vendre. Le triste état de ma santé ne me permet pas de vous écrire une plus longue lettre.

Je vous embrasse de tout mon cœur. V.

MMMMMDCCLXXII. — A MADAME LA MARQUISE DU DEFFAND.

21 février.

J'ai reçu, madame, le *Charles-Quint* anglais[2]; je n'en ai pu lire que quelques pages; mes yeux me refusent le service, tant que la neige est sur la terre. Il est bien étrange que je m'obstine à rester dans ma solitude pour y être aveugle pendant quatre mois; mais la difficulté de se transplanter à mon âge est si grande et si désagréable, que je n'ai pu encore me résoudre à passer mon hiver dans des climats plus chauds. Je me suis consolé en me regardant comme votre confrère; et puisque vous souffrez une privation totale, j'ai cru qu'il y aurait de la pusillanimité à n'en pas supporter une passagère.

Je voulais vous remercier plus tôt; les éclaboussures de Genève m'ont dérangé pendant quelques jours. On s'est mis à tirer sur les passants dans la sainte cité de maître Jean Calvin. On a tué tout roide quatre ou cinq personnes en robe de chambre; et moi, qui passe ma vie en robe de chambre, comme Jean-Jacques, je trouve fort mauvais qu'on respecte si peu les bonnets de nuit. On a tué un vieillard de quatre-vingts ans, et cela me fâche encore; vous savez que j'approche plus de quatre-vingts que de soixante-dix, et vous n'ignorez pas combien la réputation d'octogénaire me flatte et m'est nécessaire. Vous êtes très-coupable envers moi d'avoir étriqué mon âge, au lieu de lui donner de l'ampleur. Vous m'avez réduit malignement à soixante-quinze ans et trois mois, cela est infâme; donnez-moi, s'il vous plaît, soixante-dix-sept ans, pour réparer votre faute.

On a encore appuyé la baïonnette sur le ventre ou dans le ventre d'une femme grosse; je crois qu'elle en mourra : tout cela est abominable; mais les prédicants disent que c'est pour avoir la paix. Il a fallu avoir quelques soins des battus qui se sont enfuis; car, quoique je sois capucin, je ne laisse pas d'avoir pitié des huguenots.

Mais, mon Dieu, madame, saviez-vous que j'étais capucin? c'est une

1. Au cercueil. (ÉD.) — 2. Par G. Robertson. (ÉD.)

dignité que je dois à Mme la duchesse de Choiseul et à saint Cucufin. Voyez comme Dieu a soin de ses élus, et comme la grâce fait des tours de passe-passe avant que d'arriver au but. Le général m'a envoyé de Rome ma patente. Je suis capucin au spirituel et au temporel, étant d'ailleurs père temporel des capucins de Gex.

Tant de dignités ne m'ont point tourné la tête ; les honneurs chez moi ne changent point les mœurs. Vous pouvez toujours compter, madame, sur mon attachement, comme si je n'étais qu'un homme du monde. Il est vrai que je n'ai pas les bonnes fortunes du capucin de Mme de Forcalquier, mais on ne peut pas tout avoir. Recevez ma bénédiction.
† Frère V., *capucin indigne*.

MMMMMDCCLXXIII. — A M. LE CHEVALIER DE MONTFORT, A FLORAC EN GÉVAUDAN.

21 février.

Monsieur, celui à qui vous avez écrit se sent très-indigne des éloges que vous voulez bien lui donner, mais il est touché de votre mérite, et du soin que vous avez pris de vous instruire.

La dissertation de Calmet[1], dont vous parlez, est une de ses plus faibles. Il vous suffira d'un coup d'œil pour juger des paroles de ce pauvre homme.

« Je pourrais avancer que le voyage de saint Pierre à Rome est prouvé par saint Pierre même, qui marque expressément qu'il a écrit sa lettre de Babylone, c'est-à-dire de Rome, comme nous l'expliquons avec les anciens; cette preuve seule suffirait pour trancher la difficulté. »

Vous voyez, monsieur, combien il serait ridicule de dire qu'une lettre datée de Paris vient de Toulouse.

Le premier qui écrivit ce prétendu voyage et les aventures de Simon Barjone avec Simon, qu'on disait magicien, est un nommé Abdias, fort au-dessous des historiens de *Robert le Diable* et des *quatre fils Aymon*. Marcel, autre auteur digne de la *Bibliothèque bleue*, suivit Abdias; Hégésippe enchérit encore sur eux. C'est ce même Hégésippe qui écrivit que Domitien, ayant su que les petits-fils de Jude étaient à Rome, qu'ils étaient parents de Jésus, et descendants de David en droite ligne, les fit venir devant lui, dans la crainte qu'ils ne s'emparassent du royaume de Jérusalem, auquel ils avaient un droit incontestable, etc., etc., etc.

Soyez très-sûr que l'histoire ecclésiastique n'a pas été écrite autrement jusqu'au xvi⁰ siècle. Mais puisque tout cela vaut cent mille écus de rente à certains abbés, des souverainetés à d'autres hommes, il ne faut pas se plaindre.

L'artillerie, dans laquelle vous êtes officier, ne peut rien contre les remparts que l'erreur s'est bâtis ; mais le bon esprit sert à ne se laisser pas subjuguer par ces erreurs. J'ai l'honneur d'être, etc.

1. Sur le voyage de saint Pierre à Rome. (ÉD.)

MMMMDCCLXXIV. — A M. PANCKOUCKE.

21 février.

Consolez-vous, monsieur; il est impossible que les captifs qui sont à Alger[1] ne soient pas délivrés par les mathurins quand le temps sera favorable : puisqu'on a rendu les premiers, on rendra les seconds; les cadets ne peuvent être traités plus durement que les aînés.

J'ai dû à M. Dalembert et à M. Diderot la politesse que j'ai eue pour eux. Il n'était pas juste que mon nom parût avant le leur, et il faut surtout qu'il n'y paraisse point. Ceux qui travaillent à deux ou trois volumes de *Questions sur l'Encyclopédie* croient vous rendre un très-grand service. Ils donnent les plus grands éloges à la première édition, ils annoncent la seconde; ils espèrent décréditer un peu les contrefaçons, et ils s'amusent.

Je n'ai point vu mon ami Cramer. Tout est en combustion dans Genève, tout est sous les armes; on a assassiné sept ou huit personnes juridiquement dans les rues, dans les maisons; un vieillard de quatre-vingts ans a été tué en robe de chambre; une femme grosse, bourrée à coups de crosse de fusil, est mourante; une autre est morte. Cramer commande la garde. Il faut espérer que son magasin ne sera pas brûlé. Le diable est partout. J'espère que je l'exorciserai, en qualité de capucin; car il faut que vous sachiez que je suis agrégé à l'ordre des capucins par notre général Amatus d'Alamballa, résidant à Rome, qui m'a envoyé mes lettres patentes. C'est une obligation que j'ai à saint Cucufin, et j'en sens tout le prix. Je prie Dieu pour vous. Recevez ma bénédiction. Fr. FRANÇOIS V., *capucin indigne.*

MMMMDCCLXXV. — DE M. DALEMBERT.

A Paris, ce 22 février.

Que vous êtes heureux, mon cher et illustre maître, de pouvoir, à votre âge de soixante-seize ans, vous occuper encore plusieurs heures par jour! Pour moi, je suis obligé depuis six semaines de renoncer à toute espèce de travail, grâce à une faiblesse de tête qui me permet à peine de vous écrire. Elle me tourne presque autant qu'au nouveau contrôleur général[2], dont vous aurez appris les belles opérations, et aux pauvres libraires de l'*Encyclopédie*, dont vous aurez appris la déconfiture. Je voudrais bien aller partager votre solitude; mais je ne puis, dans l'état où je suis, m'exposer à changer de place, quoique je ne me trouve pas trop bien à la mienne.

Vous n'êtes que trop bien informé de l'affaire de Martin : il est très-vrai que le procureur général travaille à réhabiliter sa mémoire : cela fera grand bien au pauvre roué et à sa malheureuse famille dispersée et sans pain. En vérité, notre jurisprudence criminelle est le chef-d'œuvre de l'atrocité et de la bêtise. A propos, on dit que les Sirven

---

1. Les volumes de l'*Encyclopédie* détenus à la Bastille. (*Éd. de Kehl.*)
2. Terray. (ÉD.)

ont été déclarés innocents au parlement de Toulouse ; on ajoute que la tragédie des *Guèbres* a été ou doit être représentée sur le théâtre de cette ville. C'est ici le cas des poltrons révoltés, et on pourrait dire :

Quid domini facient, audent quum talia fures?
Virg., ecl. III, v. 13.

Connaissez-vous le nouvel ouvrage de La Harpe [1], dont le sujet est une autre atrocité arrivée, il y a deux ans, dans un couvent de Paris, grâce encore à l'humanité et à la sagesse de nos lois ecclésiastiques, bien dignes de figurer avec nos lois criminelles? Cet ouvrage me paraît bien supérieur à tout ce qu'il a fait jusqu'à présent, et pourrait bien lui ouvrir incessamment les portes de l'Académie. Que dites-vous de la traduction des *Géorgiques* de l'abbé Delille? je doute que celle de Simon Le Franc soit meilleure. A propos de vers, je me console dans mon inaction en lisant les vôtres, et je persiste dans ce que je vous disais il n'y a pas longtemps, que Despréaux me paraît forger très-habilement les siens, ou, si vous voulez, les travailler fort bien au tour ; Racine, les jeter parfaitement en moule ; et vous, les créer.

Vous ne m'avez rien répondu sur ce que je vous ai mandé pour justifier un de vos plus zélés admirateurs [2], accusé très-injustement auprès de vous ; aurais-je eu le malheur de ne vous pas détromper ? vous pouvez cependant être bien sûr que je vous ai dit la pure vérité. Qu'est-ce qu'une Mme Maron de Meilhonat qui vous a, dit-on, envoyé des vers charmants? serait-ce une descendante de Virgile Maron?

Vous faites donc l'*Encyclopédie* à vous tout seul? Vous avez bien raison de dire qu'on a employé trop de manœuvres à cet ouvrage, et qu'on y a trop mis de déclamations. En vérité on est bien bon d'en avoir tant de peur, et de ruiner par ce motif de pauvres libraires. C'est un habit d'arlequin, où il y a quelques morceaux de bonne étoffe, et trop de haillons. Bonjour, mon cher et illustre maître ; aimez-moi, et portez-vous bien ; mes respects à Mme Denis. Le chevalier de La Tremblaye est en peine de savoir si vous avez reçu, il y a quelques mois, les remercîments qu'il vous a faits au sujet, je crois, de vos Œuvres, que vous lui avez envoyées.

MMMMMDCCLXXVI. — A MADAME LA DUCHESSE DE CHOISEUL.

Ferney, 24 février.

Madame, tout l'ordre des capucins n'a pas assez de bénédictions pour vous. Je n'osais ni espérer ni demander ce que vous avez daigné faire pour ce pauvre canonnier Fabry. Nous avons bien des saintes en paradis, mais il n'y en a pas une qui soit aussi bienfaisante que vous l'êtes Je suis à vos pieds, non pas à ces pieds de quatorze pouces dont vous m'avez envoyé les souliers, mais à ces pieds de quatre pouces et demi tout au plus, qui portent un corps aussi aimable, dit-on, que votre âme.

1. *Mélanie.* (ÉD.) — 2. Turgot. (ÉD.)

ANNÉE 1770.

La dernière lettre que j'eus l'honneur de vous écrire était au sujet du brigandage de Genève, et des meurtres qui se sont commis dans cette abominable ville. On ne tue plus à présent, mais on pille. M. le duc de Choiseul, mon bienfaiteur, est instruit par M. le résident Hennin de toutes les horreurs qui s'y passent. J'achève mes jours dans un bien triste voisinage; j'ai de quoi fournir à notre patriarche saint François plus d'un million de femmes de neige. C'est ainsi qu'il les aimait tant il avait de feu; mais pour moi, pauvre moine, trente lieues de neige dont je suis entouré, et des assassinats à ma porte, ne sont pas une perspective agréable. Vos extrèmes bontés, madame, font ma consolation.

Je ne crois pas que ce soit en abuser que de vous présenter les respects et la reconnaissance de mon gendre Dupuits, et d'oser même vous supplier de daigner le recommander en général à M. Bourcet[1]. Mon gendre est votre ouvrage; c'est vous, madame, qui l'avez placé. Il ne s'est pas assurément rendu indigne de votre protection. Il sert bien, il est actif, sage, intelligent, et de la meilleure volonté du monde. M. Bourcet en paraît fort content. Mon gendre ne demande qu'un mot de votre bouche qui témoigne que vous l'êtes aussi. Toute ma famille ainsi que notre couvent se regardent comme vos créatures.

Agréez, madame, notre attachement respectueux et inviolable; j'y ajoute mes ferventes prières et ma bénédiction.

Frère FRANÇOIS, *capucin indigne.*

MMMMMDCCLXXVII. — A M. HENNIN.

24 février.

J'ai encore écrit aujourd'hui, monsieur, à Mme la duchesse de Choiseul; mais un mot de votre main à M. le duc fera plus que toutes mes lettres. J'ai actuellement plusieurs familles à Ferney.

Je ne sais pas trop ce que je ferai du chartreux que vous m'envoyez. Mais, en qualité de capucin, il faut bien que je l'héberge pendant quelque temps, et j'aurai pour lui tous les égards que je dois à un homme recommandé par vous.

Il court une lettre charmante de l'empereur. La voici; elle pourra entrer dans vos recueils; quand vous l'aurez fait copier, ayez la bonté de me la renvoyer.

Mme Denis vous fait ses compliments. Recevez les bénédictions du frère François, capucin indigne.

P. S. Je rengaine la lettre de l'empereur, car je la trouve dans la *Gazette.*

MMMMMDCCLXXVIII. — A M. ROBERTSON.

26 février.

Il y a quatre jours que j'ai reçu le beau présent dont vous m'avez honoré; je le lis malgré les fluxions horribles qui me font craindre de

1. Le duc de Choiseul. (*Éd. de Kehl.*)

perdre entièrement les yeux. Il me fait oublier tous mes maux. C'est à vous et à M. Hume qu'il appartient d'écrire l'histoire. Vous êtes éloquent, savant, et impartial : je me joins à l'Europe pour vous estimer.

VOLTAIRE.

MMMMMDCCLXXIX. — A M. HENNIN.

26 février.

Vous savez, monsieur, qu'hier cinquante émigrants ont écrit à M. le duc de Choiseul qu'ils n'étaient persécutés que pour avoir fait, il y a plus d'un an, leur soumission d'aller habiter Versoix à ses ordres. Rien n'est plus vrai, et nous en avons tous ici des preuves indubitables.

Vous savez que tous les jours, pour les empêcher de s'établir en France, on leur disait que M. le duc de Choiseul était déplacé. Vous connaissez assurément mieux que personne le peu d'affection qu'on a dans Genève pour la France, très-compatible avec l'amour extrême qu'on y porte aux louis d'or de France.

Vous êtes instruit qu'on refuse de payer ce qu'on doit aux émigrants. Si on persiste dans ce refus, il se pourrait très-bien faire que M. le duc de Choiseul les fît payer sur les quatre millions cinq cent mille livres que les Génevois tirent tous les ans de ce pays, qu'ils haïssent si fort.

Sapienti pauca.

MMMMMDCCLXXX. — A M. DALEMBERT.

28 février.

Je suis bien étonné et bien affligé, mon cher philosophe, de ne pas recevoir de vos nouvelles. Vous avez dû voir, par ma dernière lettre, que j'avais besoin des vôtres.

Panckoucke m'écrit son désastre. Il s'imagine qu'on fait une petite *Encyclopédie*; il se trompe, et je vous prie de le lui dire. On fait, par ordre alphabétique, un ouvrage qui n'a rien de commun avec le *Dictionnaire encyclopédique*, et dans lequel on rend à cet ouvrage immense la justice qui lui est due. On y parle de vous comme vous méritez qu'on en parle; ce sont des médailles qu'on frappe à votre honneur.

Voilà de quoi il est question. Vous devriez bien donner signe de vie à ceux qui ne vivent que pour vous témoigner leur zèle.

La ville de Genève n'est plus socinienne, elle est iroquoise; on s'y égorge, on y assassine des femmes grosses, des vieillards de quatre-vingts ans; huit personnes ont été assassinées, quatre en sont mortes; tout est en combustion, tout est en armes, et ce n'est pourtant pas au nom du Seigneur.

Tout capucin que je suis, j'étends ma miséricorde jusque sur Genève; car vous savez peut-être que non-seulement j'ai reçu mes lettres patentes de frère Amatus d'Alamballa, notre général, résidant à Rome, mais que je suis père temporel des capucins de mon petit pays. Je vous donne ma malédiction si vous ne me mandez pas ce que vous savez de l'assemblée du clergé.

Avez-vous lu *la Religieuse* de la Harpe ?   † Frère V., *capucin indigne*

MMMMMDCCLXXXI. — Du cardinal de Bernis.

A Rome, ce 28 février.

J'ai tort, mon cher confrère, je l'avoue, mais je ne savais pas que vous étiez capucin. Le général a bien fait de vous en envoyer la patente. Cela prouve que l'ordre séraphique rend justice aux grands talents. Le bon abbé de Saint-Pierre dit, dans ses prophéties : *Un jour viendra que les capucins auront plus d'esprit que les jésuites.* Ce jour est venu. Sans aucun mystère, je conviendrai que j'ai lu vos *Guèbres* avec plaisir, et qu'*Athalie* ne m'a jamais paru un ouvrage supérieur que par le style. Je n'osais pas le dire, mais j'ai toujours été révolté qu'on eût permis de mettre un semblable sujet sur notre théâtre.

J'ai dit au pape ce que vous m'écriviez il y a quelque temps : « Comment donc, votre pape paraît avoir une bonne tête ! depuis qu'il règne, il n'a pas fait encore une sottise. » Sa Sainteté écouta cette plaisanterie avec plaisir ; elle me parla avec éloge de la supériorité de vos talents. Si vous finissez par être un bon capucin, le pape osera vous aimer autant qu'il vous estime. Ne me boudez pas. Écrivez-moi, quand vous n'avez rien à faire ; et soyez sûr que je serai toujours autant votre serviteur que votre admirateur.

MMMMMDCCLXXXII. — De Catherine II.

Le 18 février-1ᵉʳ mars.

Monsieur, en réponse à votre lettre du 2 février, je vous dirai que le hospodar de Moldavie est mort ; que celui de Valachie, qui se trouve ici, a beaucoup d'esprit ; que nous continuons à être les maîtres de ces deux provinces, malgré les gazettes qui nous en chassent souvent.

Le sultan avait fait un nouvel hospodar *in partibus infidelium*, auquel il avait ordonné d'aller avec une armée innombrable se mettre en possession de Bucharest : il ne trouva que six à sept mille hommes, avec lesquels il fut battu comme il faut au mois de janvier, et il pensa être fait prisonnier. La semaine passée, j'ai reçu la nouvelle de la prise de Giorgione sur le Danube, et de la défaite d'un corps turc de seize mille hommes sous cette place. Nous avons chanté le *Te Deum* pour cet avantage, et pour tant d'autres remportés depuis le 4 de janvier.

On dit ma flotte partie de Mahon. Il faut espérer que nous en entendrons parler bientôt, et qu'elle prendra la liberté de donner un démenti à ceux qui soutiennent qu'elle est hors d'état d'agir. Je trouve très-plaisant que l'envie ait recours au mensonge pour en imposer au monde. Un pareil associé est toujours prêt à faire banqueroute. Le peu de vaisseaux turcs qui existent manquent de matelots. Les musulmans ont perdu l'envie de se laisser tuer pour les caprices de Sa Hautesse.

M. Tottleben a passé le Caucase, et il est en quartier d'hiver en Géorgie. Mais comme la mauvaise saison est courte dans ces pays, j'espère qu'il ouvrira bientôt la campagne.

Lorsque la première division de ma flotte relâcha en Angleterre, le comte Czernischef, alors ambassadeur à cette cour, était inquiet de ce que quelques vaisseaux avaient besoin de radoub, etc. L'amiral anglais lui dit de n'être point inquiet. « Jamais expédition maritime de quelque importance, ajoute-t-il, ne s'est faite sans de pareils inconvénients : cela est neuf pour vous; chez nous, c'est l'affaire de tous les jours. »

Je souhaite, monsieur, que vous ayez le plaisir de voir vos prophéties s'accomplir : peu de prophètes peuvent se vanter d'un tel avantage.

Soyez assuré, monsieur, de mon amitié et de ma considération la plus distinguée.
CATERINE.

MMMMMDCCLXXXIII. — A M. DE LA HARPE.

2 mars.

J'allais vous écrire, mon cher confrère, tout occupé et tout languissant que je suis, lorsque j'ai reçu votre lettre du 23 février. Je tremble pour *la Religieuse*, si elle n'est pas imprimée avant l'assemblée du clergé; mais les cris du public feront taire ceux qui oseront murmurer. Votre ouvrage a enchanté tout Paris; M. Dalembert en est idolâtre. Vous avez pour vous les philosophes et les femmes : avec cela on va loin.

Je regarde la prison des quatre mille volumes in-folio comme une lettre de cachet qu'on donne à un fils de famille pour le mettre à la Bastille, de peur que le parlement ne le mette sur la sellette.

Il m'est tombé il y a quelques mois, entre les mains, un ouvrage philosophique et honnête, intitulé *Dieu et les hommes*. On le dit imprimé en Hollande; mais l'extrême honnêteté dont il est fait qu'on n'ose pas l'envoyer par la poste, de peur des curieux malhonnêtes.

Vous avez bien raison de dire que la philosophie gagne, et que les arts se perdent. Heureux ceux qui, comme vous, font une *Religieuse* dont la philosophie fait verser des larmes !

Vraiment vous ne connaissez pas toutes mes dignités. Non-seulement je suis père temporel des capucins, mais je suis capucin moi-même. Je suis reçu dans l'ordre, et je recevrai incessamment le cordon de saint François, qui ne me rendra pas la vigueur de la jeunesse.

A l'égard du cordon dont on régale actuellement bien des gens à Constantinople, je ne puis mieux faire que d'en envoyer une aune à Martin Fréron.

Mme Denis vous fait mille compliments. Je vous embrasse aussi tendrement que je vous félicite de vos succès. Mes hommages à Mme de La Harpe.

Vous savez qu'on s'est un peu égorgé à Genève; on y a assassiné jusqu'à des femmes : tout cela ne sera rien.

MMMMMDCCLXXXIV. — A M. DALEMBERT.

3 mars.

Je commence à être dans le cas de notre pauvre Damilaville, mon cher philosophe, malgré mon cordon de saint François.

J'ai reçu votre lettre dans le temps même que je venais de me plaindre de vous; elle m'a bien consolé.

Vraiment je serai très-satisfait, pourvu qu'on ne m'impute pas ce qui n'est pas de moi. Vous sentez bien que, dans les circonstances où je suis, une telle accusation me serait plus mortelle que la grosseur qui me vient à la gorge. Je m'en rapporte à votre prudence, et je suis persuadé que celui qui vous a confié son ouvrage [1] le tiendra secret. Il ne servirait qu'à lui attirer la haine de deux cents personnes, toujours très-redoutables quand elles sont réunies : cela pourrait l'empêcher d'être de l'Académie. Je l'aime, je l'estime, je suis son partisan le plus déclaré et le plus invariable : je compte sur son amitié. Les philosophes doivent se tenir serrés comme la phalange macédonienne.

Sirven va prendre ses premiers juges à partie au parlement de Toulouse. On l'y protége hautement ; mais ce qui vous surprendra, c'est que l'abbé Audra, parent et ami de l'abbé Morellet, docteur de Sorbonne comme lui, professeur d'histoire à Toulouse, enseigne publiquement mon *Histoire générale*. Il a fait plus, il l'a fait imprimer à l'usage des colléges, avec privilége. Un vicaire l'a brûlée devant sa porte ; le premier président l'a envoyé prendre par deux huissiers, et l'a menacé du cachot en pleine audience. Presque tout le parlement court aux leçons de l'abbé Audra. On ne reconnaît plus ce corps ; la philosophie commence à expier le sang des Calas : quel plaisir pour un pauvre capucin comme moi !

Voici la première feuille d'un ouvrage[2] qu'on imprime en Hollande ; elle m'est tombée entre les mains. Je me flatte, mon très-cher et très-véritable philosophe, que vous m'en direz votre avis. Je vous embrasse en saint François et en saint Cucufin.

MMMMMDCCLXXXV. — A MADAME LA MARQUISE DE FLORIAN.

Le 3 mars.

Je vous prie, ma chère nièce, de me faire un très-grand plaisir. J'implore surtout l'assistance de M. le grand écuyer de Cyrus, qui est un homme ingambe et serviable.

J'ai le plus grand et le plus pressant besoin des livres dont vous trouverez la note sur un petit billet. Je ne sais où ils se vendent. M. de Florian, en allant à la Comédie, peut aisément les acheter, et donner ordre qu'on me les envoie par les guimbardes de Lyon.

Croiriez-vous qu'un docteur de Sorbonne, ami et parent de l'abbé Morellet, professeur d'histoire à Toulouse, enseigne publiquement mon *Histoire générale* ; que tout le parlement vient l'écouter ; qu'il l'a fait imprimer pour l'usage des colléges, en y retranchant seulement quelques petites libertés philosophiques ; qu'un prêtre fanatique l'a brûlée devant sa porte, pour faire amende honorable à la sainte Église ; que le premier président l'a fait prendre par deux huissiers, et l'a menacé du cachot en pleine audience ; que la fille du premier président m'a écrit d'assez jolis vers ; que Sirven va demander la permission de prendre ses premiers juges à partie ; que la philosophie expie, au bout de huit ans, l'assassinat de Calas ?

1. *Michuut et Michel.* (Éd.) — 2. *Questions sur l'Encyclopédie.* (Éd.)

Allons, courage, monsieur le Turc[1], monsieur du parlement de Paris[2], mettez la philosophie, l'humanité, à la mode. Que fera-t-on pour Martin ?

J'ai obtenu deux mille écus des créanciers de Durey, par les bons offices de M. de Beaumont. J'ai marié Mlle Nollet, qui l'avait suivi dans tous ses malheurs depuis douze ans, et que l'abbé Nollet son oncle reniait comme un beau diable. Durey, dans le fond, n'est pas à beaucoup près aussi coupable qu'on le dit; c'est un bon homme très-serviable, très-faible, qui a fait de très-mauvais marchés, et dont le plus grand crime est d'avoir demandé par écrit à sa femme, en grâce, de le faire cocu. Je vous jure, d'ailleurs, qu'il n'a jamais empoisonné personne.

Avez-vous lu le dernier mémoire d'Élie? n'est-il pas bien fort, bien convaincant, bien utile ? La Harpe vous a-t-il récité sa *Religieuse?* avez-vous pleuré ? avez-vous vu l'opéra-comique[3] de Marmontel ? comment vous portez-vous tous tant que vous êtes? J'ai une enflure à la gorge qui n'est point du tout plaisante au milieu de quarante ou cinquante lieues de neige. Sur ce, je vous donne à tous ma bénédiction.

Frère FRANÇOIS, *capucin indigne.*

MMMMMDCCLXXXVI. — A M. TABAREAU, A LYON.

3 mars.

M. Tabareau et M. Vasselier savent sans doute ce qui se passe à Genève : on y assassine dans les rues des vieillards de quatre-vingts ans et des femmes grosses; la sainte cité est devenue un enfer. Grâce au ciel, on ne voit point de pareilles horreurs à Lyon.

Je réciterai pour vous la prière des voyageurs; je ne cesserai de demander au ciel qu'il vous rende l'argent que vous avez perdu au billard. J'espère tout obtenir par l'intercession de mon confrère saint Cucufin.

Je vois que vous n'étiez pas instruit de ma fortune. Non-seulement je suis père temporel des capucins de Gex, mais j'ai l'honneur d'être capucin moi-même. J'ai droit de porter le cordon et l'habit; j'ai reçu ma patente de notre R. P. général Amatus d'Alamballa, à qui sans doute vous vous êtes confessé quand vous étiez à Rome.

Oserais-je vous demander ce que c'est que cette équipée de saisir toutes les rescriptions aux particuliers? on m'a pris le seul argent dont je pouvais disposer. Dieu veuille que vous ne soyez pas traité de même! Je n'entends rien à cette nouvelle opération de finance, car je suis fort ignorant. J'avais écrit, il y a quelques semaines, à M. de La Borde, qui avait eu lui-même la bonté de placer en rescriptions toute la fortune dont je pouvais disposer; je crois qu'il a été si embarrassé pour lui-même qu'il ne m'a point encore fait de réponse; il attend apparemment qu'il y ait quelque chose de décidé. On m'avait écrit, il y a quelques mois, que M. de La Borde était exilé; mais je crois qu'il n'y a de banni que l'argent de la caisse d'escompte.

1. L'abbé Mignot. (ÉD.) — 2. M. d'Hornoy. (ÉD.) — 3. *Sylvain.* (ÉD.)

Permettez à votre bibliothécaire de demander justice contre toutes les lettres simples qu'on me fait payer doubles. Je suis d'ailleurs assassiné de lettres d'inconnus que je suis obligé de renvoyer. Pardonnez à un pauvre capucin, à qui M. l'abbé Terray ravit deux cent mille francs dans sa besace, de ménager quatre sous. Vous me dites que le ministère veut protéger l'agriculture; il ne devait donc pas dépouiller un laboureur de deux cent mille francs qui sont tout son patrimoine. Il faut mettre ces petites aventures, comme bien d'autres, au pied de son crucifix. Voici des *Oremus* de frère François, capucin indigne.

MMMMMDCCLXXXVII. — A M. LE COMTE D'ARGENTAL.

5 mars.

Mon cher ange, je devrais m'adresser à saint Cucufin mon confrère, mais je vous donne la préférence. M. Bouvart vient souvent chez vous; je vous prie de lui communiquer ma petite requête. Il conduit si bien la santé de Mme d'Argental, que j'ai en lui une extrême confiance. Je sais bien qu'il ne l'a point mise au lait de chèvre; mais comme je suis plus sec, plus vieux, plus attaqué que Mme d'Argental, je veux absolument tâter du lait de chèvre, et que M. Bouvart soit de mon avis. Ainsi je vous demande votre protection; plaidez pour ma chèvre, je vous en prie.

Vous avez vu sans doute la belle pancarte du roi d'Espagne, signée d'*Aranda*, par laquelle on coupe les ongles jusqu'au vif au très-révérend grand inquisiteur, archevêque de Pharsale. Cet archevêque me paraît être l'aumônier de Pompée. Le voilà battu sans ressource.

Tout capucin que je suis, je ne laisse pas de bénir Dieu de cette petite mortification donnée à M. de Pharsale.

Vous devez savoir si cet archevêque de Pharsale n'est pas confesseur du roi. Ayez la bonté, je vous prie, de me le mander; car je m'intéresse vivement à toutes les affaires ecclésiastiques.

Je crois que vous n'ignorez pas ma nouvelle dignité. J'en ai la première obligation à Mme la duchesse de Choiseul. Si elle a la ceinture de Vénus, j'ai le cordon de saint François.

On dit que si M. l'abbé Terray continue son petit train, nombre d'honnêtes gens seront obligés de quêter comme mes confrères.

Croiriez-vous qu'on a imprimé à Toulouse une certaine *Histoire générale des mœurs et de l'esprit des nations*, à l'usage des colléges, avec privilége du roi; qu'un docteur de Sorbonne, professeur en histoire, l'enseigne publiquement, et que tout le parlement va l'entendre? Vous voyez comme Dieu bénit ceux qui sont à lui.

Mille tendres respects à mes deux anges.

† Frère FRANÇOIS, *capucin indigne*.

MMMMMDCCLXXXVIII. — A M. BOUVART.

5 mars.

Un vieillard de soixante-seize ans, attaqué depuis longtemps d'une humeur scorbutique qui l'a toujours réduit à une très-grande maigreur, qui lui a enlevé presque toutes ses dents, qui s'attache quelquefois aux amygdales, qui lui cause souvent des borborygmes, des insomnies, etc., attachés à cette maladie ;

Supplie M. Bouvart de vouloir bien avoir la bonté d'écrire au bas de ce billet s'il pense que le lait de chèvre pourrait procurer quelques soulagements.

Il est ridicule peut-être de prétendre guérir à cet âge ; mais le malade ayant quelques affaires qui ne pourront être finies que dans six mois, il prend la liberté de demander si le lait de chèvre pourrait le mener jusque-là ?

Il demande si on a l'expérience que le lait de chèvre, avec quelques purgations absolument nécessaires, ait fait quelque bien en cas pareil ?

MMMMMDCCLXXXIX. — A M. DE LA HARPE.

7 mars.

J'avais grand besoin de ce que je viens de recevoir. Je suis très-malade, mon cher enfant, mais j'ai oublié mes maux en vous lisant. Voilà le vrai style, clair, naturel, harmonieux, point d'ornement recherché ; tous les vers frappés et sentencieux naissent du fond du sujet, et se présentent d'eux-mêmes : grande simplicité, grand intérêt ; on ne peut quitter la pièce dès qu'on en a lu quatre vers, et les yeux se mouillent à mesure qu'ils lisent. Il faut jouer cette pièce dans tous les couvents, puisqu'on ne la jouera pas sur le théâtre ; mais je suis persuadé qu'on la jouera dans trente familles : je dis plus, je parie qu'elle fera beaucoup de bien, et que plus d'une fille vous aura l'obligation de n'être point religieuse.

J'ai reçu cette semaine deux pièces qui m'ont bien consolé. Premièrement la vôtre, et ensuite celle de M. le comte d'Aranda, qui porte le dernier coup à l'inquisition.

En voici une troisième non moins agréable que je trouve dans le paquet avec *Mélanie :* c'est votre joli envoi [1]. Je ne suis pas en état de vous payer en même monnaie. Votre jeune et brillante muse me prend trop à son avantage. Il m'est plus aisé, dans mes souffrances, de sentir votre mérite que d'y répondre.

Mme Denis m'arrache *Mélanie*, et va pleurer comme moi.

MMMMMDCCXC. — A M. DE CHABANON.

7 mars.

Vous m'avez fait un grand plaisir, mon cher confrère. Comme vous savez que j'ai l'honneur d'être capucin, vous devez présumer que je n'aime pas les dominicains. Nous ne pouvons souffrir, nous autres serviteurs de Dieu, les gens qui se croient en droit de venir voir ce que nous faisons dans nos couvents.

Je remercie bien M. le duc de Villa-Hermosa ; je bénis M. le comte d'Aranda ; je fais mes compliments de condoléance à la sainte inquisi-

1. Imprimé en tête de *Mélanie*. (ÉD.)

tion. Cette petite anecdote trouvera sa place avant qu'il soit peu. Il y a d'honnêtes gens qui ne laissent rien échapper. J'avais besoin d'une consolation; je suis dans un état assez triste. Une humeur de soixante-seize ans s'est jetée sur mes glandes, et le contrôleur général sur mes rescriptions. Je vous embrasse de toute mon âme. Sœur Denis vous est toujours très-dévouée. Frère FRANÇOIS.

MMMMMDCCXCI. — A FRÉDÉRIC II, ROI DE PRUSSE.

A Ferney, 9 mars.

C'en est *trop* d'avoir tout ce feu
Qui si vivement vous inspire,
Qui luit, qui plaît, et qu'on admire,
Quand les autres en ont *trop peu*.

Sur les humains *trop* d'avantages,
Dans vos exploits, dans vos écrits,
Étonnent les grands et les sages,
Qui devant vous sont *trop petits*.

J'eus *trop* d'espoir dans ma jeunesse,
Et dans l'âge mûr *trop* d'ennuis;
Mais dans la vieillesse où je suis,
Hélas! j'ai *trop peu* de sagesse.

De France on dit que, dans ce temps,
Quelques muses se sont bannies :
Nous n'avons pas *trop* de savants;
Nous avons *trop peu* de génies.

Vivre et mourir auprès de vous,
C'eût été pour moi *trop* prétendre;
Et si mon sort est *trop peu* doux,
C'est à lui que je veux m'en prendre.

Sire, il est clair que vous avez *trop* de tout, et moi *trop peu*. Votre *Épître à Mme de Morian* sur ce sujet est charmante. Il y a plus de trente ans que vous m'étonnez tous les jours. Je conçois bien comment un jeune Parisien oisif peut faire de jolis vers français, quand il n'a rien à faire le matin que sa toilette; mais qu'un roi du Nord, qui gouverne tout seul une vingtaine de provinces, fasse sans peine des vers à la Chaulieu, des vers qui sont à la fois d'un poëte et d'un homme de bonne compagnie, c'est ce qui me passe. Quoi! vous nous battez en Thuringe, et vous faites des vers mieux que nous! c'est là qu'il y a du *trop;* et vous me causez trop de regrets de ne pas mourir auprès de Votre Majesté héroïque et poétique.

MMMMDCCXCII. — A M. AUDIBERT.

A Ferney, le 9 mars.

Savez-vous bien, monsieur, que vous avez assisté le serviteur de Dieu? Sans y penser vous avez fait une œuvre pie, tout maudit huguenot que vous êtes. Je suis capucin; j'ai le droit de porter le cordon de saint François. Le général des capucins m'a envoyé de Rome ma patente; n'en riez point, rien n'est plus vrai. Cela m'a porté bonheur, car Dieu a été sur le point de m'appeler à lui, et j'aurais été infailliblement canonisé. M. le marquis de Saint-Tropez n'y aurait gagné qu'une rente de cinq cent quarante livres, qui ne vaut pas la vie éternelle. Il est vrai que j'ai prêché la tolérance; mais cela n'a pas empêché qu'on ne s'égorge à Genève. Dieu merci, ce n'est pas pour des arguments de théologie; il ne s'agit que d'une querelle profane; ainsi elle ne durera pas longtemps. S'il était question de controverse, nous en aurions pour trente années.

Vous savez sans doute que le pouvoir de l'inquisition vient d'être anéanti en Espagne; il n'en reste plus que le nom : c'est un serpent dont on a empaillé la peau. Le roi d'Espagne, par un édit, a défendu que l'inquisition fît jamais emprisonner aucun de ses sujets. Nous voilà enfin parvenus au siècle de la raison, depuis Pétersbourg jusqu'à Cadix; et ce qui vous surprendra, c'est qu'il y a des philosophes dans le parlement de Toulouse. Je ne vois pas qu'il se soit jamais fait une révolution plus prompte dans les esprits. La canaille est et sera toujours la même; mais tous les honnêtes gens commencent à penser d'un bout de l'Europe à l'autre.

Mme Denis vous fait les plus sincères compliments. Agréez, monsieur, de votre, etc.

MMMMDCCXCIII. — De M. DALEMBERT.

A Paris, ce 9 mars.

Nos lettres se sont croisées, mon cher et illustre maître. Vous avez dû voir par la mienne que si je ne vous ai pas répondu plus tôt, c'est que depuis six semaines j'ai l'honneur d'être imbécile; plaignez-moi donc, et ne me grondez pas. Tous nos amis communs sont témoins de mon tendre attachement pour vous : aux sentiments de qui rendriez-vous justice, si vous ne la rendiez pas aux miens?

Je verrai Panckoucke, et je le tranquilliserai, si cependant un pauvre diable, qui a cent mille écus en papier sous un hangar à la Bastille, peut être dûment tranquillisé. Je ne comprends pas, je vous l'avoue, pourquoi on veut empêcher de répandre dans le royaume et en Europe quatre mille exemplaires de l'*Encyclopédie*, lorsqu'il y en a déjà quatre mille de distribués.

On s'égorge donc dans Genève, et, Dieu merci, ce n'est pas pour la consubstantialité ou consubstantiabilité du Verbe. A quoi pense l'orateur Vernet de ne pas faire comme ce philosophe dont parle Tacite[1], d'aller se mettre entre les deux armées, *bona pacis et belli mala disserens?* il y attraperait quelque coup de fusil ou de broche, et ce serait grand dommage.

Oui vraiment je sais que vous êtes devenu capucin, et je vous fais mon compliment sur cette nouvelle dignité séraphique. Ne vous avisez pas au moins de vous faire jésuite, surtout en Bretagne, car ils y sont actuellement très-mal menés, et on vient de les en chasser pour prix des troubles qu'ils y excitent depuis trois à quatre ans. Le roi de Prusse me mande qu'il est le meilleur ami du cordelier pape[2] et que le successeur de Barjone le regarde, tout hérétique qu'il est, comme le soutien de sa garde prétorienne-ignatienne, que les autres majestés très-chrétienne et très-catholique voudraient lui faire chasser. Je ne doute point que le nouveau sujet de frère Amatus d'Alamballa ne devienne bientôt aussi le meilleur ami du frère Ganganelli. Si vous allez jamais lui baiser les pieds et servir sa messe, avertissez-moi, je vous prie, car je veux au moins l'aller sonner.

On est bien plus occupé en ce moment du contrôleur général[3] et de ses opérations (vraiment chirurgicales) que de l'assemblée du clergé. Je ne doute point que cette assemblée ne se passe, comme toutes les autres, à payer, à clabauder, et à se faire moquer d'elle. Quand on aura son argent, on lui dira comme Harpagon : « Nous n'avons que faire de vos écritures[4]; » et tout le monde s'en ira content.

Oui, j'ai lu *la Religieuse* de La Harpe, et je trouve qu'il n'a rien fait qui en approche. Ne pensez-vous pas de même ? Adieu, mon cher et illustre ami ; croyez que je suis et serai toujours *tuus ex animo*.

Que dites-vous des *Géorgiques* de l'abbé Delille et du livre de l'abbé Galiani ?

MMMMMDCCXCIV. — A CATHERINE II.

A Ferney, 10 mars.

Madame, j'aurais eu l'honneur de remercier plus tôt Votre Majesté Impériale, si je n'avais pas été cruellement malade. Je n'ai pas la force de vos sujets, il s'en faut de beaucoup. Je me flatte surtout qu'ils auront celle de continuer à bien battre les Turcs.

Votre Majesté m'a dit un grand mot : *Je ne manque ni d'hommes ni d'argent :* je m'en aperçois bien, puisqu'elle fait acheter des tableaux à Genève, et qu'elle les paye fort cher. La cour de France ne vous ressemble pas ; elle n'a point d'argent, et elle nous prend le nôtre.

La lettre dont Votre Majesté a daigné m'honorer m'était bien nécessaire pour confondre tous les bruits qu'on affecte de répandre. Je me donne le plaisir de mortifier les conteurs de mauvaises nouvelles.

Le roi de Prusse vient de m'envoyer cinquante vers français fort jolis[5]; mais j'aimerais mieux qu'il vous envoyât cinquante mille hom-

---

1. *Histoires*, III, 81. (ÉD.) — 2. Clément XIV. (ÉD.)
3. L'abbé Terray. (ÉD.) — 4. *L'Avare*, acte V, scène VI. (ÉD.)
5. *L'Épître à Mme de Morian*. (ÉD.)

mes pour faire diversion, et que vous tombassiez sur Moustapha avec toutes vos forces réunies. Toutes les gazettes disent que ce gros cochon va se mettre à la tête de trois cent mille hommes; mais je crois qu'il faut bien rabattre de ce calcul. Trois cent mille combattants, avec tout ce qui suit pour le service et la nourriture d'une telle armée, monteraient à près de cinq cent mille. Cela est bon du temps de Cyrus et de Tomyris, et lorsque Salomon avait quarante mille chars de guerre, avec deux ou trois milliards de roubles en argent comptant, sans parler de ses flottes d'Ophir.

Voici le temps où les flottes de Votre Majesté, qui sont un peu plus réelles que celles de Salomon, vont se signaler. La terre et les mers vont retentir, ce printemps, de nouvelles vraies et fausses. J'ose supplier Votre Majesté Impériale de daigner ordonner qu'on m'envoie les véritables. Écrire un code de lois d'une main, et battre Moustapha de l'autre, est une chose si neuve et si belle, que vous excusez sans doute, madame, mon extrême curiosité.

J'ai encore une autre grâce à vous demander, c'est de vouloir bien vous dépêcher d'achever ces deux grands ouvrages, afin que j'aie le plaisir d'en parler à Pierre le Grand, à qui je ferai bientôt ma cour dans l'autre monde.

J'espère lui parler aussi d'un jeune prince Gallitzin qui me fait l'honneur de coucher ce soir dans ma chaumière de Ferney. Je suis toujours enchanté de l'extrême politesse de vos sujets. Ils ont autant d'agrément dans l'esprit que de valeur dans le cœur. On n'était pas si poli du temps de Catherine Ire. Vous avez apporté dans votre empire toutes les grâces de Mme la princesse votre mère, que vous avez embellies.

Vivez heureuse, madame; achevez tous vos ouvrages; soyez la gloire du siècle et de l'Europe. Je recommande Moustapha à vos braves troupes : ne pourrait-il pas aller passer le carnaval de 1771 à Venise avec Candide?

Je reçois une lettre de M. le comte de Schowalow, votre chambellan, qui me fait voir qu'il a reçu les miennes, et que la pétaudière polonaise ne les a pas arrêtées.

Que Votre Majesté Impériale daigne toujours agréer mon profond respect, mon admiration, et mon enthousiasme pour elle.

MMMMMDCCXCV. — A M. HENNIN.

Dimanche.

Je vous supplie, monsieur, de vouloir bien me mander s'il est vrai que M. Cramer le conseiller soit envoyé par le *magnifique* conseil au petit duc de Choiseul, dans la petite cour de France, pour représenter au roi l'insolence de ses ministres. Je ne doute pas que s'il va donner des ordres à Versailles, il ne soit reçu avec toute la soumission qu'un roi doit à la république romaine. En attendant il s'agit d'avoir à Versoix du bœuf, du mouton, du veau, du bois, et de la chandelle; cela est plus important que l'ambassade de Flaminius Cramer.

Je suis toujours dans mon lit, d'où je contemple tranquillement les orages; mais je vous avoue que mon orgueil est bien flatté de voir un de mes libraires aller donner des ordres à votre cour.

Vous devriez bien venir coucher chez nous quand vous serez de loisir.

MMMMMDCCXCVI. — De M. Dalembert.

À Paris, ce 11 mars.

Nos lettres vont toujours se croisant, mon cher et illustre confrère. J'ai reçu le cahier[1] que vous m'avez envoyé. Je suis touché, comme je le dois, de votre confiance, et je vous envoie, puisque vous le voulez, mes petites observations.

Page 7. Ce n'est point à la tête du troisième volume de l'*Encyclopédie*, mais à la tête du septième, que se trouve l'éloge de du Marsais.

Page 8. Je crois cette digression déplacée pour plusieurs raisons : 1° parce que les secours dont il s'agit, si je suis bien instruit, ont été très-modiques, et, si je ne me trompe, pour une seule personne, et de plus accordés de mauvaise grâce, et en déclarant qu'on[2] n'aime point les gens de lettres ni les philosophes; c'est en effet ce qu'on a prouvé en plus d'une occasion; 2° parce que je crois qu'un homme en place, qui aide les gens de lettres du *bien de l'État*, pense et agit plus noblement pour elles et pour l'État que celui qui leur donne des secours de son propre bien, surtout s'ils sont donnés comme je viens de le dire ; 3° parce que je crains que ces éloges, donnés dès le commencement d'un dictionnaire, dans un article qui ne les amène pas, et à propos de la voyelle *A*, ne paraissent de l'adulation, et ne préviennent le lecteur contre un ouvrage d'ailleurs excellent.

Page 9. Les remarques sur l'orthographe de *françois* sont très-justes; mais on ferait peut-être bien d'ajouter que *françois* ne représente guère mieux la prononciation, et qu'on devrait écrire *francés*, comme *procès*. C'est un autre abus de notre écriture que cet emploi d'*ai* pour *è*.

Page 12. Les *hiatus* sont sans doute un défaut en général; mais 1° il y a des hiatus à chaque moment au milieu des mots, et ces hiatus ne choquent point; croit-on qu'*ilia*, intestins, soit plus choquant qu'*il y a* dans notre langue ? 2° Ne devrait-on pas dire que c'est une puérilité, et souvent un défaut contraire à la simplicité et à la naïveté du style que le soin minutieux d'éviter des hiatus dans la prose, comme le pratique l'abbé de La Bletterie ? Cicéron se moque, dans son *Orator*, de l'historien Théopompe, qui s'était trop occupé de ce soin ridicule. Il me semble qu'au mot *hiatus* ou *bâillement* on pourrait faire à ce sujet un article plein de goût. 3° Notre poésie même me paraît ridicule sur ce point; on rejette : *J'ai vu mon père immolé à mes yeux*, et on admet : *J'ai vu ma mère immolée à mes yeux*, quoique l'hiatus du second vers soit beaucoup plus rude. 4° Il a *Antoine* en aversion n'est point proprement le concours de deux *a*, parce que *an* est une voyelle

---

[1]. La première feuille des *Questions sur l'Encyclopédie*. (Éd.)
[2]. Cet on désigne le duc de Choiseul. (Éd.)

nasale très-différente de *a*. 5° Pourquoi est-ce un défaut qu'un verbe ne soit qu'une seule lettre? qu'importe qu'on y emploie une seule lettre ou plusieurs? Le seul défaut, c'est l'identité de la préposition *à* et du verbe *a*.

Page 13. Vers la fin, ne faut-il pas dire : *Vous voyez très-rarement dans Virgile une voyelle suivie du mot commençant* PAR LA MÊME *voyelle?* car rien n'est plus commun, ce me semble, dans Virgile et dans tous les poëtes, qu'une rencontre de *deux voyelles différentes*. D'ailleurs il y a, ce me semble, dans Virgile, et assez fréquemment, des élisions encore plus rudes que *arma amens*[1], comme *multum ille et terris*[2], etc., et mille autres semblables. Voilà bien du bavardage dont j'aurais dû me dispenser, en songeant au proverbe *Ne sus Minervam*[3]. L'auteur devrait bien consoler mon imbécillité (qui dure toujours), en m'envoyant la suite de l'ouvrage, si elle lui tombe entre les mains. J'embrasse de tout mon cœur mon illustre et respectable confrère, et je lui fais mon compliment sur le succès de Sirven, dont l'humanité lui est uniquement redevable. J'ai reçu, il y a quelque temps, par l'abbé Audra lui-même, l'*Histoire générale abrégée*, et je lui ai écrit une lettre de remercîments, de félicitation, et d'encouragement.

MMMMMDCCXCVII. — A M LE COMTE DE ROCHEFORT.

Ferney, 12 mars.

Vous avez bien raison, monsieur, de demander ma bénédiction; car enfin je suis capucin : j'ai reçu mes patentes de notre général qui réside à Rome. J'ai le droit de porter le cordon de saint François, et j'aurais baptisé mademoiselle votre fille très-proprement, et tout aussi bien qu'un curé, si j'avais été à Paris. J'ai prié Dieu avec ferveur pour la santé de l'accouchée, et pour la prospérité de toute la famille.

J'ai vu avec horreur mes voisins les Génevois s'égorger. L'église abhorre le sang ! nous avons beaucoup d'émigrants dans le pays de Gex; cela peuplera la colonie de M. le duc de Choiseul. On aligne aujourd'hui les rues de la ville qu'il fait bâtir. Je n'aurai pas la satisfaction de voir cette ville; je suis dans toute la faiblesse de la décrépitude, et malade au lit; mais mon cœur bat très-fortement pour vous, et sera à vous deux tant qu'il battra.

Le paquet que je vous avais envoyé il y a trois mois n'est pas le seul qui ait été perdu. Dieu soit béni !

Recevez la bénédiction du frère François.

MMMMMDCCXCVIII. — A M. HENNIN.

13 mars.

Le pauvre vieux malade est bien étonné de n'avoir point reçu de nouvelles de M. Hennin; il ne s'agissait que d'un oui ou d'un non, pour savoir si une nouvelle était fausse ou vraie.

1. *Æn.*, II, 314. (ÉD.) — 2. *Æn.*, I, 7. (ÉD.)
3. En tête de la fable IX du livre V des *Fables de Phèdre*. (ÉD.)

On m'a dit que c'était un nommé Mercier qui appelait toujours M. le duc de Choiseul *le petit duc*. Je ne sais si ce Mercier n'est pas un prêtre. Je vais loger deux familles dans mon château, qui l'appelleront le grand duc.

M. Hennin sera toujours mon cher résident, titre que je ne donnerai pas à l'abbé Terray, qui m'a pris mon argent[1].

MMMMMDCCXCIX. — AU MÊME.
16 mars.

Vraiment, monsieur, je ne me plains point de Bougros; mais je plains beaucoup ceux qu'il a volés. Sa femme et lui sont fort adroits. Ils enlevèrent tous leurs meubles pendant la nuit, sous le nez de leur hôtesse, emportèrent la clef de l'appartement, laissèrent pour environ six cents livres de dettes, et vinrent tranquillement vous demander un passe-port.

Ce Bougros a été garde du corps dans la compagnie de Noailles, chassé probablement pour des tours semblables, et envoyé en Amérique. Il se fit depuis chirurgien, médecin, et apothicaire. Il est très-violemment soupçonné d'avoir empoisonné à Ferney une pauvre fille de Suisse qu'il disait sa femme.

Tout ce qu'on pourrait faire en faveur de celle qu'il a emmenée en Languedoc, et avec laquelle il a fait un contrat en Suisse, serait de l'exhorter à n'être jamais purgée de sa façon.

Je pense d'ailleurs que vous pourriez lui faire envoyer son attestation de divorce, mais avec une boîte de contre-poison.

Voilà tout ce que je sais de Bougros.

Quant à M. l'ambassadeur, si c'est M. le baron de Philibert[2], il est bon qu'on en soit instruit à Versailles pour le recevoir selon sa dignité.

On prétend que M. le duc est fort mécontent de M. l'abbé[3], je le défie de l'être plus que moi; j'aiderai pourtant la colonie autant que je le pourrai, quoiqu'on m'ait pris une somme terrible.

Il y a deux émigrants à Ferney, l'un nommé Vaucher, l'autre Gaubiac, qui veulent ravoir leurs femmes et leurs effets. On les a menacés de la prison, s'ils reviennent à Genève, parce qu'ils n'ont pas fait le serment. Je pense que vous pourriez leur accorder un passe-port comme à des Français; mais, en attendant, j'envoie leur placet à M. le duc, et je le prie de vous le renvoyer apostillé.

On m'a assuré que l'ambassadeur, qui est séduisant, séduirait M. de Taulès contre vous, et que tous deux séduiraient M. de Bournonville, lequel séduirait M. le duc. Je doute beaucoup de toutes ces séductions. Vous savez avoir raison et plaire. Vous avez séduit mon cœur pour tout le temps qu'il battra dans ma pauvre machine.

---

1. Il lui avait pris deux cent mille francs. (ÉD.)
2. Philibert Cramer, l'un des imprimeurs de Voltaire. (ÉD.)
3. L'abbé Terray. (ÉD.)

Comme le pape me fait des compliments par M. le cardinal de Bernis, je vous prie, monsieur, de recevoir ma bénédiction séraphique.

† Frère François, *capucin indigne*.

MMMMMDCCC. — A M. LE DUC DE CHOISEUL.

A Ferney, 17 mars.

Notre protecteur, vous ne croyez donc pas aux femmes grosses assassinées? Tenez, voyez, lisez. Il y a huit jours que je n'ai vu votre résident; il se peut faire qu'on vous ait caché une partie des horreurs qui se sont passées à Genève. Très-souvent on ne sait pas dans une rue ce qu'on a fait dans l'autre. Pour moi, qui suis bien malade, et qui paraîtrai bientôt devant Dieu, je vous dis la vérité telle qu'on me l'a dite. Je n'en aime pas moins mon libraire Philibert Cramer, conseiller de Genève.

Je pardonnerai, à l'article de la mort, et pas plus tôt, à M. l'abbé Terray; et je ne pardonnerai ni dans ce monde ni dans l'autre à ceux qui voudraient vous contrecarrer: voilà ma dernière volonté. Mes petits-neveux verront Versoix, mais moi je verrai Dieu face à face: je vous aurais donné volontiers la préférence. Agréez le profond respect du capucin, et moquez-vous de lui si vous voulez.

MMMMMDCCCI. — A MADAME LA DUCHESSE DE CHOISEUL.

17 mars.

Madame, il ne s'agit point ici de capucins, il s'agit de femmes grosses; vous devez les protéger; et plût à Dieu que vous le fussiez (car *la fussiez* n'est pas françois, régulièrement parlant)! je ferais une belle offrande à saint François mon patron. Oui, madame, on a assassiné des femmes grosses à Genève, et je vous demande justice de monseigneur votre époux. Je vous demande en grâce de lui faire lire cette lettre, quoiqu'il n'ait pas beaucoup de temps à perdre.

Je ne veux pas abuser du vôtre et de vos bontés; je suis très-malade; ma dernière volonté est pour votre salut; et, si je réchappe, je compte avoir l'honneur de vous envoyer des œufs de Pâques. En attendant, daignez agréer le respect paternel, les prières et les bénédictions de frère François, capucin indigne.

MMMMMDCCCII. — A M. LE COMTE D'ARGENTAL.

17 mars.

Je reçois, mon cher ange, aujourd'hui 17 mars, votre lettre du 27 de février. Cela est aussi difficile à concilier que la chronologie de la *Vulgate* et des *Septante*.

Quoique votre lettre vienne bien tard, je ne laisse pas d'envoyer sur-le-champ à M. le duc de Choiseul les attestations de la mort de femmes grosses. Je prétends qu'on me croie quand je dis la vérité. Un capucin est fait pour être cru sur sa parole, qui est celle de Dieu. D'ailleurs on ne ment point quand on est aussi malade que je le suis; on a sa conscience à ménager.

Si les choses de ce monde profane me touchaient encore, je vous parlerais de M. l'abbé Terray, votre ancien confrère, qui, sans respecter votre amitié pour moi, m'a pris, dans la caisse de M. de La Borde, tout ce que j'avais, tout ce que je possédais de bien libre, toute ma ressource. Je lui donne ma malédiction séraphique. Mais, plaisanterie à part, je suis très-fâché et très-embarrassé. Je n'ai assurément ni assez de santé ni assez de liberté dans l'esprit pour songer au *Dépositaire*. Mon dépositaire est contrôleur général; mais il n'est pas marguillier. J'ai soupçonné que, dans toute cette affaire, il y avait eu quelque malin vouloir; et vous pouvez, en général, me mander si je me trompe.

Je vous ai envoyé une petite consultation pour M. Bouvart; elle arrivera peut-être au mois d'avril, comme votre lettre de février est arrivée en mars. Je voulais savoir s'il avait des exemples que le lait de chèvre eût fait quelque bien à des pauvres diables de mon âge, attaqués de la maladie qui me mine. N'ayant point de réponse, j'ai consulté une chèvre; et si elle me trompe, je la quitterai.

J'imagine qu'à présent vous avez quelques beaux jours à Paris, et que Mme d'Argental s'en trouve mieux. Je vous souhaite à tous deux tous les plaisirs, toutes les douceurs, tous les agréments possibles. Vous pouvez être toujours sûrs de ma bénédiction. Non-seulement je suis capucin, mais je suis si bien avec les autres familles de saint François, que frère Ganganelli m'a fait des compliments.

Vraiment oui, j'ai lu *la Religieuse*, et ce n'a pas été avec des yeux secs. Tout ce qui intéresse les couvents me touche jusqu'au fond de l'âme.

Recommandez-vous bien aux saintes prières de frère François, capucin indigne.

MMMMMDCCCIII. — AU MÊME.

18 mars.

Je reçois la lettre du 13 de mars, mon cher ange. Il n'y a point eu de retardement à celle-ci. Il faut que la première, du 27 de février, ait traîné dans quelque bureau; ce qui arrive quelquefois.

Je ne suis pas assurément en état de travailler au *Dépositaire* pour le moment présent; mais j'espère que Dieu m'exaucera quand j'aurai fait mes pâques. Jamais temps ne fut plus favorable pour des restitutions de dépôt. J'espère que la grâce se fera entendre au cœur de M. l'abbé Terray. Voudrait-il m'enlever mon seul bien de patrimoine, que j'avais en dépôt dans la caisse de M. de La Borde, le seul bien qui puisse répondre à mes nièces des clauses de leurs contrats de mariage, le seul avec lequel je puisse récompenser mes domestiques? Dans quel tribunal une telle action serait-elle admise? en a-t-on un seul exemple, excepté dans les proscriptions de Sylla et du triumvirat? M. l'abbé Terray, qui sort de la grand'chambre, ne devrait-il pas distinguer entre ceux qui achètent du papier sur la place, et ceux qui déposent chez le banquier du roi leur bien paternel? Je vois bien qu'il faudra que je meure en capucin, tel que j'aurai vécu.

Dès que j'aurai chassé ces tristes idées de ma cervelle encapuchonnée, et que ma chèvre aura mis un peu de douceur dans mon sang, je vous parlerai de Ninon ; je vous dirai qu'elle ne serait pas Ninon, si elle ne formait pas les jeunes gens, et qu'alors il faudrait lui donner tout un autre nom. Le plaisant et l'utile, à mon gré, est qu'une coquette soit cent fois plus vertueuse qu'un marguillier, sans quoi il n'y a plus de pièce.

Je ne connais ni *Sylvain*, ni *les Trois capucins*. Je suis entièrement de votre avis sur *la Religieuse*[1]. C'est la seule pièce de théâtre qui nous tire de la barbarie welche; elle est écrite comme il faut écrire.

Je tremble sur la démarche de Mlle Daudet[2]. Comment l'envoyer dans un pays si orageux, pendant une guerre ruineuse, et qui peut finir d'une manière terrible, quoiqu'elle ait heureusement commencé ? En vérité je ne sais quel parti prendre. Mon avis est qu'on attende les événements de cette campagne; est-ce le vôtre ?

On dit qu'on ne pendra ni Billard le dévot, ni Grizel l'apôtre; c'est bien dommage que ce confesseur ne soit pas martyr. J'ai quelque envie de donner à M. Garant[3] le nom de Grizant au moins.

Mais si vous avez quelqu'un à pendre, je vous donne Fréron. Lisez, je vous prie, le mémoire ci-joint que m'a envoyé son beau-frère. Tâchez d'approfondir cette affaire, quand ce ne serait que pour vous amuser. On m'assure que Fréron est espion de la police, et que c'est ce qui le soutient dans le beau monde. Je me flatte que vous distribuerez des copies du petit mémoire du beau-frère. Il faut rendre justice aux gens de bien.

Nous faisons mille vœux ici pour la santé de Mme d'Argental ; vous savez si nos cœurs sont aux deux anges.

MMMMMDCCCIV. — A M. BERTRAND.

19 mars.

Je suis, monsieur, aussi honteux que reconnaissant; tous les bienfaits sont de votre côté, et tous les torts sont du mien. Je vous devais depuis longtemps une réponse à une lettre charmante que vous m'aviez écrite; mais que ne vous dois-je point pour l'article *Droit canonique*[4]! Je ne sais rien de mieux pensé, de plus méthodique, de plus vrai; vous avez un esprit juste et un cœur droit, et vous immolez la prêtraille à la vérité et à l'intérêt public : votre courage est aussi respectable que votre écrit est bien fait. Il y aura peut-être quelques endroits qu'on vous demandera la permission d'élaguer, parce qu'ils sont déjà traités dans quelques autres articles.

1. *Mélanie*. (Éd.) — 2. Fille de Mlle Lecouvreur. (Éd.)
3. L'un des personnages du *Dépositaire*. (Éd.)
4. C'est de Bertrand qu'est le préambule de l'article DROIT CANONIQUE dans les *Questions sur l'Encyclopédie*. (Éd.)

Si vous avez du loisir, si vous voulez rendre service au genre humain, donnez-nous encore quelque chose sur la primitive Église; sur l'égalité des prêtres et des évêques; sur les usurpations de la cour romaine, sur tout ce qui vous passera par la tête : tout ce qui sortira de cette tête achèvera d'éclairer les autres cervelles. Il faut que le feu de la vérité porte la lumière dans les yeux de tous les hommes honnêtes, et brûle les yeux des tyrans.

On ne peut vous estimer et vous aimer plus que votre collaborateur.

MMMMMDCCCV. — A M. ÉLIE DE BEAUMONT.

Le 19 mars.

Je crois, mon cher Cicéron, qu'il ne sera pas difficile de vous faire tenir les pièces de l'interrogatoire de Sirven par le nouveau juge nommé pour juger en première instance. J'attends ces pièces dans deux ou trois jours. Je les avais demandées inutilement pendant quatre mois. Vous verrez ce que vous en pourrez faire. Le fumier deviendra or entre vos mains.

Vous aurez le temps de faire votre mémoire pour Pâques; c'est après Pâques que l'affaire sera jugée.

Vous vous ressouvenez bien que Sirven était détenu très-rigoureusement au secret par l'ancien juge même de Mazamet, qui s'était fait le geôlier de son confrère subrogé à sa place. Il ne lui était pas permis de recevoir une lettre. Il a fallu que j'aie écrit au procureur général, et que je lui aie envoyé une lettre ouverte pour Sirven. Le procureur général a réprimandé le geôlier-juge; et le nouveau juge, nommé Astruc, forcé de reconnaître l'innocence de Sirven, n'a donné sa sentence que comme le diable est obligé de reconnaître la justice de Dieu.

Je crois qu'on a pillé un peu Sirven dans sa prison; car j'ai été obligé de lui envoyer de l'argent deux fois.

Je dévore votre factum pour M. de Lupé. J'en suis à l'endroit où la mère voit le portrait de Henri IV et de Louis XV. Si vous plaidiez devant eux, vous gagneriez bientôt votre cause avec dépens.

L'abbé Grizel n'était-il pas confesseur de Fréron? Que dites-vous de l'enlèvement de nos rescriptions? sont-elles plus justes que l'enlèvement du beau-frère de maître Aliboron? Saviez-vous que ce coquin était espion de la police, et que c'était cela seul qui le soutenait, et qui lui facilitait les moyens de vivre dans la plus infâme crapule?

Mon cher ami, je vous crois nécessaire dans Paris : plus les injustices sont atroces, plus on a besoin d'un homme comme vous.

Mme Denis et moi, qui sentons également votre mérite, nous vous bénissons tous deux, et je vous donne aussi mon autre bénédiction de capucin dans ce saint temps de carême.

P. S. Si vous voyez M. de La Harpe, dites-lui combien je l'aime, lui et sa *Religieuse*.

MMMMMDCCCVI. — A M. DALEMBERT.

19 mars.

Mon cher philosophe, mon cher ami, vous êtes assurément fort modeste, car vous traitez bien mal vos panégyristes, qui n'ont entrepris cet ouvrage que pour vous rendre hommage.

Si l'imprimeur a mis 3 pour 7, cela se corrigera aisément.

Vous avez toujours sur le bout du nez un certain homme[1]. Le contrôleur général vient de me prendre deux cent mille francs, seul bien libre que j'avais, et dont je pusse disposer; de sorte que, s'il ne me les rend point, je n'ai pas de quoi récompenser mes domestiques après ma mort. L'autre, au contraire, m'a accordé sur-le-champ toutes les grâces que je lui ai demandées, places, argent, honneurs, et je ne lui ai jamais rien demandé pour moi. Vous devriez me mépriser, si je ne l'aimais pas.

Il me paratt que *français* doit avoir la préférence sur *francès* :
1° parce que dans plusieurs livres nouveaux on emploie *français* et non pas *francès* ; 2° parce qu'on doit écrire je *fais*, tu *fais*, il *fait*, et non pas je *fès*, tu *fès*, il *fèt;* 3° parce que la diphthongue *ai* indique bien plus sûrement la prononciation qu'un accent qu'on peut mettre de travers, qu'on peut oublier, et que les provinciaux prononcent toujours mal ;

4° Parce que la diphthongue *ai* a bien plus d'analogie avec tous les mots où elle est employée;

5° Parce qu'elle montre mieux l'étymologie. Je *fais, facio ;* je *plais, placeo ;* je *tais, taceo.* Vous voyez qu'il y a toujours un *a* dans le latin.

Je fais une grande différence entre les bâillements des voyelles au milieu des mots et les bâillements entre les mots, parce que les syllabes d'un mot se prononcent tout de suite, et qu'on doit très-souvent, dans le discours soutenu, séparer un peu les mots les uns des autres.

Je fais encore une grande différence entre le concours des voyelles et le heurtement des voyelles. *Il y a longtemps que je vous aime* : *il y a* est fort doux ; *il alla à Arles* est un heurtement affreux.

Nous avons voyelle qui entre et voyelle qui n'entre point. Je dirais hardiment dans une comédie de bas comique : *Il y a plus d'un mois que je ne vous ai vu.*

Je n'aime point un verbe en monosyllabes. Nos barbares de Welches ont fait *il a* d'*habet.*

L'abbé Audra a à Toulouse un, etc.

J'avoue qu'il y a un peu d'arbitraire dans mon euphonie; chacun a l'oreille faite comme il peut.

Un *e* ne me paraît point choquer un *e*, comme *a* choque un *a*.

Immolée à mon père n'écorche point mon oreille, parce que les deux *e* font une syllabe longue. *Immolé à mon père* m'écorche, parce qu'*e* est bref. Je peux avoir tort en voyelles et en consonnes; mais je crois que si les vers des quatre *Saisons*[2] et de *la Religieuse*[3] flattent mon

---

1. Le duc de Choiseul. (Éd.)
2. De Saint-Lambert. (Éd.) — 3. La *Mélanie* de La Harpe. (Éd.)

oreille, et si tant d'autres vers la déchirent, c'est que MM. de Saint-Lambert et de La Harpe ont senti comme je sens.

Je vous demande très-humblement pardon de toutes ces pauvretés ; elles sont au-dessous de vous, je le sais bien ; il ne faut pas parler d'*a b c* à Newton. J'espère qu'il y aura quelques articles plus amusants pour votre imbécillité. Vous êtes imbécile, à ce que je vois, comme Archimède et Tacite, quand ils étaient las de travailler.

Ne m'oubliez pas auprès de M. de Saint-Lambert. Mme Denis et moi nous vous embrassons de tout notre cœur. V.

Voici une affaire qui n'est pas de grammaire : je vous prie instamment d'en conférer avec M. Duclos.

Vous me demandez ce que je pense de *la Religieuse*, des *Géorgiques*, et de *l'Exportation des blés*.

Je dis anathème à quiconque ne pleurera pas en lisant *la Religieuse*;

A quiconque ne rira pas des facéties de Galiani, lequel pourrait bien avoir raison sous le masque;

Et à quiconque ne sera pas charmé de voir *Virgile* traduit mot à mot avec élégance.

Puisque je suis en train d'excommunier, et que c'est mon droit, en qualité de capucin, j'excommunie aussi les gens sans goût et sans connaissance de la campagne, qui n'aiment pas les quatre *Saisons* de M. de Saint-Lambert.

Bonsoir, mon cher philosophe; je suis bien malade ; mais je prends cela *de la part d'où ça vient.*

Mémoire sur lequel M. Duclos est prié de dire son avis, et d'agir selon son cœur et sa prudence.

Le sieur Royou, avocat au parlement de Rennes, me mande de Londres, où il est réfugié, que le nommé Fréron, ayant épousé sa sœur depuis trois ans, a dissipé sa dot en débauches, et fait coucher sa femme sur la paille; qu'il la maltraite indignement, etc.

Qu'étant venu à Paris pour y mettre ordre, Fréron l'a accusé d'un commerce secret avec M. de La Chalotais, et a obtenu une lettre de cachet contre lui; que Fréron a conduit lui-même les archers dans son auberge, et lui a fait mettre les fers aux pieds et aux mains. *N. B.* Fréron tenait le bout de la chaîne.

Que, par un hasard singulier, le sieur Royou s'est échappé de sa prison; que Fréron a servi, pendant six mois, d'espion à Rennes; qu'il a depuis été espion de la police, et que c'est la seule chose qui l'a soutenu.

Qu'on peut s'informer de toutes les particularités de cette affaire au sieur Royou, père du déposant, lequel demeure à Quimper-Corentin; à M. Dupont, conseiller au parlement de Rennes; à M. Duparc, professeur royal en droit français à Rennes, à M. Chapelier, doyen des avocats à Rennes

La personne à qui le fugitif s'est adressé ne fera rien sans que M. Duclos ait pris des informations, qu'il ait donné son avis, et accordé sa protection au sieur Royou.

MMMMMDCCCVII. — A M. LE MARQUIS DE FLORIAN.

Le 21 mars.

Vraiment le grand écuyer de Cyrus est devenu un excellent ambassadeur. Je le remercie très-tendrement des livres qu'il veut bien me faire avoir, et que probablement je recevrai bientôt.

J'accable aujourd'hui toute ma famille de requêtes. Je recommande à M. d'Hornoy l'infortune d'un pauvre diable qui se trouve vexé par des fripons. J'ennuie le Turc du compte que je lui rends d'un mauvais chrétien. J'envoie un petit sommaire du désastre d'un beau-frère de Fréron, qui pourra vous paraître extraordinaire; mais je m'adresse à vous, monsieur, pour l'objet le plus intéressant.

M. l'abbé Terray me saisit tout le bien libre que j'avais en rescriptions, les seuls effets dont je pusse disposer, mon unique bien, tout le reste périssant avec moi. Il est un peu dur de se voir ainsi dépouillé à l'âge de soixante-seize ans, et de ne pouvoir aller mourir dans un pays chaud, s'il m'en prend fantaisie.

J'ai quelque curiosité de savoir comment on débrouillera le chaos où nous sommes. Vous me paraissez d'ordinaire assez bien instruit. Voici le temps des grandes nouvelles. Les Russes pourront bien être à Constantinople dans six mois, et les Français à l'hôpital.

La petite ville de Genève est toujours sous les armes, et les émigrants sont à Versoix sous des planches. J'en ai logé quelques-uns à Ferney. On aligne les rues de Versoix; mais il est plus aisé d'aligner que de bâtir; et, s'il arrivait malheur à M. le duc de Choiseul, adieu la nouvelle ville. Je vous embrasse tous deux du meilleur de mon cœur avec la plus vive tendresse.

MMMMMDCCCVIII. — A MADAME LA DUCHESSE DE CHOISEUL.

A Ferney, 26 mars.

Madame, j'ai envoyé bien vite à votre protégé, M. Fabry, la lettre que vous avez bien voulu faire passer par mes mains. Vous avez, comme M. le duc de Choiseul, le département de la guerre. Vous faites du bien aux pacifiques capucins et aux meurtriers canonniers. Je vous dois en outre mon salut; car c'est à vous, après Dieu et frère d'Alamballa, que je dois mon cordon. Frère Ganganelli espère beaucoup des opérations de la grâce sur ma personne; vous êtes, madame, le premier principe de tant de faveurs.

> Il faut avouer que la grâce
> Fait bien des tours de passe-passe
> Avant que d'arriver au but.

Je me flatte que quand Versoix sera bâti, monseigneur votre époux voudra bien me nommer aumônier de la ville. *Je suis encore un peu gauche à la messe, mais on se forme avec le temps, et l'envie de vous plaire donne des talents.*

Un de nos frères, qui fait des vers, m'a envoyé ces petits quatrains [1], et m'a prié de vous les présenter. Je m'acquitte de ce devoir en vertu de la sainte obédience.

Je vous supplie, madame, d'agréer toujours mon profond respect, ma reconnaissance, et ma bénédiction. Frère FRANÇOIS, *capucin par la grâce de Dieu et de Mme la duchesse de Choiseul.*

MMMMMDCCCIX. — A M. L'ABBÉ AUDRA

Le 26 mars.

Mon cher philosophe, c'est apparemment depuis que je suis capucin que vous me croyez digne d'entrer dans des disputes théologiques. Vous n'ignorez pas qu'ayant obtenu de M. le duc de Choiseul une gratification pour les capucins de mon pays, frère Amatus d'Alumballa, notre général résidant à Rome, m'a fait l'honneur de m'agréger à l'ordre; mais je n'en suis pas plus savant.

J'attends toujours, avec la plus grande impatience, le mémoire de M. de La Croix, en faveur de Sirven. Je vous prie de vouloir bien me mander si Sirven a reçu quinze louis d'or que je lui envoyai à la réception de votre dernière lettre.

Je suis toujours bien malade. La justification entière de Sirven, et ce coup essentiel porté au fanatisme, me feront plus de bien que tous les remèdes du monde. On m'a mis au lait de chèvre, mais j'aime mieux écraser l'hydre.

Amusez mes confrères, les maîtres des Jeux floraux, de ces petits versicules [2]; vous verrez qu'ils sont d'un capucin bien résigné.

Donnez-moi votre bénédiction, et recevez celle de frère François, capucin indigne.

P. S. M. D'alembert est bien content de votre Abrégé de mon *Essai sur l'histoire générale de l'esprit et des mœurs des nations.* Quelques fanatiques n'en sont pas si contents, mais c'est qu'ils n'ont ni esprit ni mœurs: aussi n'est-ce pas pour ces monstres que l'on écrit, mais contre ces monstres.

MMMMMDCCCX. — A M. LE COMTE D'ARGENTAL.

26 mars.

Mon cher ange, je vous remercie de tout mon cœur de la consultation de M. Bouvart; j'avais oublié de vous remercier de *Sémiramis*: c'est un vice de mémoire et non de cœur. Je vous ai envoyé un mémoire sur Fréron, qui m'a été adressé par son beau-frère, et qui me paraît bien étrange. Si vous découvrez quelque chose touchant cette affaire, ayez la bonté, je vous prie, de m'en instruire.

1. Les *Stances* à Mme de Choiseul. (ÉD.) — 2. Les *Stances* à M. Saurin. (ÉD.)

Je ne sais aucune nouvelle des grandes opérations de M. l'abbé Terray, je trouve seulement qu'il ressemble à M. Bouvart; il met au régime.

Je m'amuse actuellement à travailler à une espèce de petite *Encyclopédie*, que quelques savants brochent avec moi. J'aimerais mieux faire une tragédie, mais les sujets sont épuisés, et moi aussi.

Les comédiens ne le sont pas moins; on ne peut plus compter que sur un opéra-comique.

J'avais fait, il y a quelque temps, une petite réponse à des vers que m'avait envoyés M. Saurin : cela n'est pas trop bon ; mais les voici, de peur qu'il n'en coure des copies scandaleuses et fautives. Je ne voudrais déplaire pour rien du monde ni à mon bon patron saint François, ni à frère Ganganelli.

Comme l'ami Grizel n'est pas de notre ordre, je crois que la charité chrétienne ne me défend pas de souhaiter qu'il soit pendu, et que l'archevêque le confesse à la potence, ce qui ne sera qu'un rendu.

Je me flatte que la santé de Mme d'Argental se fortifie dans le printemps. Je me mets au bout des ailes de mes deux anges.

MMMMMDCCCXI. — A M. BOUVART.

26 mars.

Le vieux capucin de Ferney, qui a eu l'honneur de consulter M. Bouvart, le remercie très-sensiblement des conseils qu'il a bien voulu lui donner.

Il a eu précisément les gonflements sanglants dont M. Bouvart parle. Il prend le lait de chèvre avec beaucoup de retenue, dans un pays couvert de glaces et de neiges six mois de l'année, et où il n'y a point d'herbe encore.

Il croit qu'il sera obligé de chercher un climat plus doux l'hiver prochain, et, en ce cas, il demande à M. Bouvart neuf mois de vie au moins, au lieu de six, sauf à lui présenter une nouvelle requête après les neuf mois écoulés. Il en est de la vie comme de la cour; plus on en reçoit de grâces, plus on en demande. Il prie M. Bouvart de vouloir bien agréer les sentiments de reconnaissance dont il est pénétré pour lui.

MMMMMDCCCXII. — A MADAME LA MARQUISE DU DEFFAND.

26 mars.

Je ne vous ai point écrit, madame, depuis que j'ai obtenu ma dignité de capucin : ce n'est pas que les honneurs changent mes mœurs mais c'est que j'ai été entouré de massacres, et que les Génevois, qui n'ont pas voulu être tués, et qui se sont réfugiés chez moi, n'ont pas laissé que de m'occuper.

Je crains bien de ne pas vous tenir parole sur les rogatons que je vous avais promis pour vos pâques. De deux frères libraires qui avaient longtemps imprimé mes sottises, l'un[1] est devenu magistrat, et est ac-

---

1. Philibert Cramer. (ÉD.)

tuellement ambassadeur de la république à la cour, où il fera, dit-on, beaucoup d'*impression;* l'autre monte la garde soir et matin, et ne marche qu'au son du tambour. Ainsi vous courez grand risque de vous passer de ma petite *Encyclopédie.* D'ailleurs vous n'aimez guère que le plaisant; mon *Encyclopédie* est rarement plaisante. Je la crois sage et honnête, et puis c'est tout. Elle ne sera bonne que pour les pays étrangers, où l'on ne rit pas tant qu'en France, quoique à présent nous n'ayons pas trop de quoi rire.

Si M. l'abbé Terray vous a rogné un peu les ongles, il me les a coupés jusqu'au vif. J'avais en rescriptions tout le bien dont je pouvais disposer, toutes mes ressources sans exception. Vous verrez, par les petits quatrains[1] que je vous envoie, qu'il veut que je m'occupe uniquement de mon salut. J'y suis bien résolu, et je sens plus que jamais les vanités des choses de ce monde, d'autant plus que je suis malade depuis six semaines, et si malade que je n'ai pas consulté M. Tronchin. L'estomac, l'estomac, madame, est la vie éternelle. Je ne suis pas mal, heureusement, avec frère Ganganelli : c'est une petite consolation.

C'en est une fort grande que l'aventure de l'abbé Grizel : on dit que les dévotes se trémoussent prodigieusement à Paris et à Versailles. Je m'intéresse passionnément à ce saint homme; et, s'il est pendu, je veux avoir de ses reliques. Il y a quelques années qu'on fit cette cérémonie à un nommé l'abbé Fleur, bachelier de Sorbonne, qui, dit-on, ne prêchait pas mal.

Si les quatrains sur mon capuchon ne vous déplaisent pas absolument, il y en a d'autres encore plus mauvais qui sont entre les mains de votre grand'maman, et qu'elle pourra vous montrer. Elle a eu pour moi des bontés dont je suis confus. C'est à vous, madame, que je dois toutes les grâces dont elle m'a comblé. Je n'ai nulle idée de sa jolie figure; je ne la connais que par son soulier. Jouissez, pendant quarante ans, madame, d'une société si délicieuse ; je vous serai entièrement attaché tant que ma vie durera, mais elle ne tient à rien.

MMMMMDCCCXIII. — DE M. DALEMBERT.

A Paris, le 26 mars.

Mon cher et illustre ami, je pourrais vous dire comme Agrippine :

Non, non, mon intérêt ne me rend point injuste.
Racine, *Britannicus*, acte I, scène I.

Je sais que la personne dont vous me parlez[2] fait profession de haine pour la philosophie et les lettres; je ne sais pas non plus si l'État a plus à s'en louer que la philosophie; mais je lui reconnais des qualités très-louables, et je sais qu'en particulier vous avez à vous en louer beaucoup. Je trouve seulement que son éloge eût été mieux placé dans cent autres endroits du *Dictionnaire*, qu'il ne l'est à la première page, et à propos de la lettre *A*. A l'égard du contrôleur général (que Dieu

1. Les *Stances* a Saurin. (ÉD.) — 2. Le duc de Choiseul. (ÉD.)

absolve!), il me fait aussi perdre à moi environ cinq à six cents livres, et c'est le denier de la veuve. Jusqu'à présent nous voyons comment il sait prendre; le temps nous fera voir comment il saura payer. Tout mis en balance, la personne que vous louez me paraît en effet la plus louable de ses semblables; vous en avez loué d'autres qui assurément le meritaient moins, et dont vous n'avez pas eu depuis à vous louer beaucoup.

A l'égard de notre petite controverse poétique et grammaticale, je conviens d'abord que *françois* est absurde, et que *français* est plus raisonnable; mais pourquoi employer deux lettres *ai*, pour marquer un son simple comme celui de l'*e* dans *procès ?* La raison de l'étymologie me paraît faible, car il y a mille autres mots où l'orthographe fait faux bond à l'étymologie, et avec raison, parce que la première règle, et la seule raisonnable, est d'écrire comme on prononce : les Italiens nous en donnent l'exemple, et nous devrions le suivre.

Mon oreille est assurément la très-humble servante de la vôtre; mais *immolée à mes yeux* me paraît plus dur qu'*immolé à mes yeux*, par la raison même que vous apportez du contraire, celle de la prolongation de la voyelle. Croyez-vous d'ailleurs que *la hauteur, un héros, tout le camp ennemi,*

Disperse tout son camp à l'aspect de Jéhu,
Racine, *Athalie,* acte I, scène 1.

et mille autres heurtements semblables, ne soient pas plus écorchants qu'une simple rencontre de voyelles que nos règles interdisent ? Ces règles vous paraissent-elles bien conséquentes? Je conviens qu'il *alla à Arles* est affreux; mais je voudrais qu'on ne fît pas plus de grâce aux autres heurtements que j'ai cités, et qui me paraissent comme ces grands seigneurs qui ne se font respecter qu'à force de morgue.

Vous ne savez donc pas que notre secrétaire Duclos est absent depuis trois semaines? On prétend qu'il est allé négocier avec M. de La Chalotais; on assure même que sa négociation n'a pas réussi : je n'en sais pas plus là-dessus que le public, qui pourrait bien n'en rien savoir. Dès que Duclos sera de retour, je lui donnerai votre mémoire; au reste, je vous avertis que l'homme qui bat sa femme[1] et qui est espion de la police, est protégé au delà de tout ce que vous pouvez croire, et que la personne de France[2] la plus respectable après le maître lui a sauvé, en dernier lieu, le For-Lévêque, ou Fort-l'Evêque, qu'il avait mérité, pour je ne sais quelle impertinence nouvelle.

Priez Dieu pour l'âme de l'archidiacre Trublet, mort à Saint-Malo le 14, après avoir porté l'aumusse pendant quatre ans avec grande édification. Son *Journal chrétien* a dû lui faire ouvrir les deux battants du paradis. J'espère que nous aurons Saint-Lambert à sa place, et qu'il pourra nous consoler de cette perte.

Priez Dieu surtout, mon cher ami, pour ma pauvre tête, car je n'en

1. Fréron. (ÉD.) — 2. Le duc de Choiseul. (ÉD.)

ai plus; il ne me reste qu'un cœur pour vous aimer, et une plume pour vous le dire.

MMMMMDCCCXIV. — A M. DUPONT.

A Ferney, 30 mars.

Mon cher ami, vous avez été bien étonné peut-être que je n'aie point répondu à votre dernière lettre, et que je ne vous aie point envoyé ce que vous m'avez demandé. Mais figurez-vous que mon libraire[1] est sous les armes depuis environ six semaines; que toute la ville monte la garde; qu'on a assassiné des vieillards de mon âge, des femmes grosses; que presque toutes les boutiques sont fermées, dans cette anarchie horrible; que plusieurs habitants sont sortis de la ville, qu'on ne sait où les loger, et que tout est en combustion. Le Cramer[2] que vous avez vu à Colmar chez moi est actuellement conseiller à grande perruque. Sa république l'a envoyé en qualité d'ambassadeur à la cour de France pour justifier les petits procédés de Genève. On disait qu'étant libraire, il ferait beaucoup d'*impression* à la cour; cependant il n'en a fait aucune; il n'a pas même vu les ministres.

Je ne sais si je vous ai fait mon compliment sur la cure de monsieur votre fils; je m'offre à l'aider dans ses fonctions quand il voudra; car il faut que vous appreniez que je suis capucin.

J'avais rendu, je ne sais comment, de petits services à des capucins, mes voisins, auprès de M. le duc de Choiseul; notre révérend père général m'a sur-le-champ envoyé de Rome de belles lettres patentes de capucin. Il ne me manque que la vertu du cordon de saint François. Le pape m'en a fait des compliments par le cardinal de Bernis; mais M. le contrôleur général n'a pas été si poli que le pape; il m'a pris tout le bien que j'avais à Paris, dès qu'il a su que j'avais renoncé à ceux de ce monde. Je me suis trouvé englobé dans la saisie des rescriptions, sur quoi je me suis récrié, en mettant cette déconvenue au pied de mon crucifix:

> Dès que monsieur l'abbé Terray
> A su ma capucinerie,
> De mes biens il m'a délivré.
> Que servent-ils dans l'autre vie?
> J'aime fort cet arrangement;
> Il est leste et plein de prudence.
> Plût à Dieu qu'il en fît autant
> A tous les moines de la France!

Je vous embrasse de tout mon cœur, vous et toute votre famille.

Frère FRANÇOIS V., *capucin indigne.*

1. Gabriel Cramer. (ÉD.) — 2. Philibert Cramer. (ÉD.)

MMMMMDCCCXV. — De Catherine II.

A Pétersbourg, 20-31 mars

Monsieur, j'ai reçu, il y a trois jours, votre lettre du 10 de mars. Je souhaite que celle-ci trouve votre santé tout à fait rétablie, et que vous parveniez à un âge plus avancé que celui de Mathusalem. Je ne sais pas au juste si les années de cet honnête homme avaient douze mois; mais je veux que les vôtres en aient treize, comme l'année de la liste civile en Angleterre.

Vous verrez, monsieur, par la feuille ci-jointe, ce que c'était que notre campagne d'été et celle d'hiver, sur le compte desquelles je ne doute point qu'on ne débite mille faussetés. C'est la ressource d'une cause faible et injuste que de faire flèche de tout bois. Les gazettes de Paris et de Pologne ayant mis sur notre compte tant de combats perdus, et l'événement leur ayant donné le démenti, elles se sont avisées de faire mourir mon armée par la peste. Ne trouvez-vous pas cela très-plaisant? Au printemps apparemment les pestiférés ressusciteront pour combattre. Le vrai est qu'aucun des nôtres n'a eu la peste.

Je ne puis qu'être très-sensible à votre amitié, monsieur; vous voudriez armer toute la chrétienté pour m'assister. Je fais grand cas de l'amitié du roi de Prusse, mais j'espère que je n'aurai pas besoin des cinquante mille hommes que vous voulez qu'il me donne contre Moustapha.

Puisque vous trouvez trop fort le compte de trois cent mille hommes à la tête desquels on prétend que le sultan marchera en personne, il faut que je vous parle de l'armement turc de l'année passée; il vous fera juger de ce fantôme selon sa vraie valeur. Au mois d'octobre, Moustapha trouva à propos de déclarer la guerre à la Russie; il n'y était pas plus préparé que nous. Lorsqu'il apprit que nous nous défendions avec vigueur, cela l'étonna; car on lui avait fait espérer beaucoup de choses qui n'arrivèrent pas. Alors il ordonna que des différentes provinces de son empire, un million cent mille hommes se rendraient à Andrinople pour prendre Kiovie, passer l'hiver à Moscou, et écraser la Russie.

La Moldavie seule eut ordre de fournir un million de boisseaux de grains pour l'armée innombrable des musulmans. Le hospodar répondit que la Moldavie dans l'année la plus fertile n'en recueillait pas tant, et que cela lui était impossible. Mais il reçut un second commandement d'exécuter les ordres donnés; et on lui promit de l'argent.

Le train d'artillerie pour cette année était à proportion de la multitude. Il devait consister en six cents pièces de canon qu'on assigna des arsenaux; mais lorsqu'il s'agit de les mettre en mouvement, on laissa là le plus grand nombre, et il n'y eut qu'une soixantaine de pièces qui marchèrent.

Enfin, au mois de mars, plus de six cent mille hommes se trouvèrent à Andrinople; mais comme ils manquaient de tout, la désertion commença à s'y mettre. Cependant le vizir passa le Danube avec quatre cent mille hommes. Il y en avait cent quatre-vingt mille sous Choczin le 28 d'auguste. Vous savez le reste. Mais vous ignorez peut-être que le vizir repassa, lui septième, le pont du Danube, et qu'il n'avait pas cinq mille hommes lorsqu'il se retira à Balada. C'était tout ce qui lui restait de cette prodigieuse armée. Ce qui n'avait pas péri s'était enfui, dans la résolution de retourner chez soi.

Notez, s'il vous plaît, qu'en allant et en venant ils pillaient leurs propres provinces, et qu'ils brûlèrent les endroits où ils trouvèrent de la résistance. Ce que je vous dis est vrai; et j'ai plutôt diminué qu'augmenté les choses, de peur qu'elles ne parussent fabuleuses.

Tout ce que je sais de ma flotte, c'est qu'une partie est sortie de Mahon, et qu'une autre va quitter l'Angleterre, où elle a hiverné. Je crois que vous en aurez plus tôt des nouvelles que moi. Cependant je ne manquerai pas de vous faire part, en son temps, de celles que je recevrai, avec d'autant plus d'empressement que vous le souhaitez. L'ouvrage du code est un peu retardé par tous les faits de guerre; il est devenu cause seconde : il faut espérer que le temps viendra qu'il reprendra sa première place parmi mes occupations.

Vous me priez, monsieur, d'achever incessamment et la guerre et les lois, afin que vous en puissiez porter la nouvelle à Pierre le Grand dans l'autre monde : permettez que je vous dise que ce n'est pas le moyen de me faire finir de sitôt. A mon tour, je vous prie bien sérieusement de remettre cette partie le plus longtemps que faire se pourra. Ne chagrinez pas vos amis de ce monde pour l'amour de ceux qui sont dans l'autre. Si là-bas ou là-haut chacun a le choix de passer son temps avec telle compagnie qu'il lui plaira, j'y arriverai avec un plan de vie tout prêt, et composé pour ma satisfaction. J'espère bien d'avance que vous voudrez bien m'accorder quelques quarts d'heure de conversation dans la journée : Henri IV sera de la partie, Sulli aussi, et point Moustapha.

Je suis bien aise, monsieur, que vous soyez content de nos Russes qui viennent chez vous. Ceux qui retournent chez eux des pays étrangers sans avoir été à Ferney en sont toujours aux regrets. Notre nation, en général, a les plus heureuses dispositions du monde. Il n'y a rien de plus aisé que de leur faire goûter le bon, le raisonnable. Je ne sais d'où vient qu'on s'est trompé souvent dans les moyens : volontiers je mettrai le tort du côté du gouvernement, qui s'y est pris gauchement. Quand on connaîtra plus cette nation en Europe, on reviendra de beaucoup d'erreurs et de préventions qu'on a sur le compte de la Russie.

Je vois toujours avec bien du plaisir le souvenir que vous avez de ma mère, qui est morte bien jeune, et à mon grand regret.

Soyez assuré, monsieur, de tous les sentiments que vous me connaissez, et de l'estime distinguée que je ne cesserai d'avoir pour vous.

CATERINE.

MMMMDCCCXVI. — A madame Necker.

Vers mars.

Il me paraît, madame, que le plaisir de servir le public est un excellent remède pour M. Necker. On dit qu'il a parlé avec la plus grande éloquence à la séance de la compagnie des Indes. Je vois de plus en plus que vous êtes faits l'un pour l'autre.

J'ai lu l'abbé Galiani[1]. On n'a jamais été si plaisant à propos de famine. Ce drôle de Napolitain connaît très-bien notre nation : il vaut encore mieux l'amuser que la nourrir. Il ne fallait aux Romains que *panem et circenses*[2] ; nous avons retranché *panem*, il nous suffit de *circenses*, c'est-à-dire de l'Opéra-Comique.

Vous êtes bien bonne, madame, de tenir pour l'ancien goût de la tragédie. Soyez bien persuadée que vos lettres me font beaucoup plus de plaisir que les battements de mains du parterre ; vous êtes mon public.

J'ai l'honneur d'être, etc.
VOLTAIRE.

MMMMDCCCXVII. — A M. le comte d'Argental.

Avril.

Je reçois, en ce moment, les faveurs de M. Bouvart, dont je vous remercie tous deux. J'ai renoncé à ma chèvre, mon cher ange ; le temps est trop affreux ; je suis plongé dans les neiges.

Je vous demande quelques mois de grâce pour *le Dépositaire* ; il m'est impossible de travailler dans l'état où je suis ; quand je serai en vie, à la bonne heure, je serai assurément à vos ordres.

Les petits versiculets faits pour Mme la duchesse de Choiseul et pour M. Saurin n'étaient faits que pour eux.

C'est apparemment pour faire sa cour à M. l'abbé Terray qu'on les a montrés.

Voulez-vous me faire un plaisir ? informez-vous, je vous en prie, si on a *fulminé*, le jeudi de l'absoute, la bulle *In cœna Domini*. Quel mot, *fulminé !* cela m'est important pour fixer mes idées sur Ganganelli ; il faut avoir des idées nettes.

Mais surtout dites à Mme de Choiseul que vous vous êtes chargé expressément de la gronder.

Me pardonnez-vous tout ce bavardage ?

MMMMDCCCXVIII. — A M. le marquis de Florian.

Le 7 avril.

Mon cher grand écuyer, il faut que le frère François mette tout au pied de son crucifix. Les livres qui font ma consolation ne me viennent point, il faut que l'abbé Terray ait arrêté les guimbardes avec les res-

---

1. *Dialogues sur le commerce des blés*, 1770. (Éd.)
2. Juvénal, satire X, vers 81. (Éd.)

criptions. Il m'a pris tout mon bien de patrimoine, et fort au delà. Non-seulement il me traite en capucin, mais il me traite en évêque. Il veut que je meure banqueroutier comme la plupart de nosseigneurs. Le bon Dieu soit loué! La fin de la vie est triste, le milieu n'en vaut rien, et le commencement est ridicule.

M. de Laleu a trop d'affaires pour m'avoir jamais entendu. Je lui ai toujours dit que le plaisir que me faisait M. de La Borde était de m'épargner sept à huit pour cent, pour le change et pour la conversion de l'argent de Genève en argent de France.

Au reste, je trouve très-bon qu'on prenne les rescriptions des financiers qui ont gagné beaucoup en pillant l'État; mais je trouve très-mauvais qu'on prenne le patrimoine des particuliers, et qu'on ruine des familles innocentes. Vous vous en sentirez comme moi, messieurs; je vous exhorte à entrer, à mon exemple, dans l'ordre des capucins.

Je remercie bien le conseiller du parlement[1] de la bonté qu'il a pour l'affaire de mon benêt de Franc-Comtois. Je le prie de vouloir bien me mander combien cela aura coûté de frais. J'enverrai sur-le-champ une lettre de change, en dépit de M. l'abbé Terray.

Si j'avais des rescriptions sur le Grand-Turc, l'impératrice de Russie me les ferait bien payer. Je crois vous avoir dit qu'elle m'a mandé qu'elle ne manquerait ni d'hommes ni d'argent; tout le monde n'en peut pas dire autant.

Genève se dépeuple, mais le contrôleur général de France leur paye toujours quatre millions cinq cent mille livres de rente. Pourquoi ne pas prendre cet argent, au lieu du nôtre?

Allez au plus vite jouir des douceurs de la campagne avec Mme de Florian. Nous sommes enchantés d'apprendre que sa santé s'est rétablie.

Nous vous embrassons vous et elle, et le grand conseil et le parlement.

Frère FRANÇOIS.

MMMMMDCCCXIX — À MADAME LA DUCHESSE DE CHOISEUL.

A Ferney, 9 avril.

Madame, en attendant que vous veniez faire votre entrée dans votre nouvelle ville, qu'il est si difficile de fonder; avant que je vous harangue à la tête des capucins; avant que je vous présente le vin de ville, le plus détestable vin qu'on ait jamais bu; avant que je vous affuble du cordon de saint François, que je vous dois; avant que je mette mon vieux cœur à vos pieds; pendant que les tracasseries sifflent à vos oreilles, pendant que des polissons sont sous les armes dans le trou de Genève, pendant que tout le monde fait son jubilé chez les catholiques apostoliques romains, pendant que votre ami Moustapha tremble d'être détrôné par une femme, je chante en secret ma bienfaitrice, dans le fond de mes déserts; et comme on ne vous peut écrire que pour vous louer et vous remercier, je vous remercie de ce que vous avez bien voulu faire pour mon gendre Dupuits-Corneille.

1. D'Hornoy, petit-neveu de Voltaire, et fils de la première femme de Florian. (ÉD.)

J'ai eu l'insolence d'envoyer à vos pieds et à vos jambes les premiers bas de soie qu'on ait jamais faits dans l'horrible abîme de glaces et de neiges où j'eu la sottise de me confiner. J'ai aujourd'hui une insolence beaucoup plus forte. A peine Mgr Atticus-Corsicus-Pollion a dit, en passant dans son cabinet : « Je consens qu'on reçoive les émigrants, » que sur-le-champ j'ai fait venir des émigrants dans ma chaumière. A peine y ont-ils travaillé, qu'ils ont fait assez de montres pour en envoyer une petite caisse en Espagne. C'est le commencement d'un très-grand commerce (ce qui ne devrait pas déplaire à M. l'abbé Terray). J'envoie la caisse à Mgr le duc par ce courrier, afin qu'il voie combien il est aisé de fonder une colonie quand on le veut bien. Nous aurons, dans trois mois, de quoi remplir sept ou huit autres caisses; nous aurons des montres dignes d'être à votre ceinture, et Homère ne sera pas le seul qui aura parlé de cette ceinture.

Je me jette à vos gros et grands pieds, pour vous conjurer de favoriser cet envoi, pour que cette petite caisse parte sans délai pour Cadix, soit par l'air, soit par la mer; pour que notre protecteur, notre fondateur, daigne donner les ordres les plus précis. J'écris passionnément à M. de La Ponce pour cette affaire, dont dépend absolument un commerce de plus de cent mille écus par an. Je glisse même dans mon paquet un placet pour le roi. J'en présenterais un à Dieu, au diable, s'il y avait un diable; mais j'aime mieux présenter celui-ci aux Grâces.

O Grâces! protégez-nous!

C'est à vous qu'il faut s'adresser en vers et en prose.

Agréez, madame, le profond respect, la reconnaissance, le zèle, l'impatience, les sentiments excessifs de votre très-humble et très-obligé serviteur, Frère FRANÇOIS, *capucin plus indigne que jamais.*

MMMMMDCCCXX. — A CATHERINE II.

A Ferney, 10 avril.

Madame, mon enthousiasme a redoublé par la lettre du premier mars, dont Votre Majesté Impériale a daigné m'honorer. Il n'y a point de prêtre grec qui soit plus enchanté de votre supériorité continuelle sur les circoncis, que moi misérable baptisé dans l'Église romaine. Je me crois né dans les anciens temps héroïques, quand je vois une de vos armées au delà du Caucase; les autres, sur les bords du Danube; et vos flottes dans la mer Égée. Je plains fort le hospodar de la Moldavie. Ce pauvre Gète n'a pas joui longtemps de l'honneur de voir Tomyris. Pour le hospodar de la Valachie, puisqu'il a de l'esprit, il restera à votre cour.

Il ne reste plus d'autre ressource à vos ennemis que de mentir.

Les gazetiers ressemblent à M. de Pourceaugnac, qui disait : « Il m'a donné un soufflet, mais je lui ai bien dit son fait[1]. »

Je m'imagine très-sérieusement que la grande armée de Votre Ma-

---

1. *Pourceaugnac*, acte I, scène VI. (ÉD.)

jesté Impériale sera dans les plaines d'Andrinople au mois de juin. Je vous supplie de me pardonner si j'ose insister encore sur les chars de Tomyris. Ceux qu'on met à vos pieds sont d'une fabrique toute différente de ceux de l'antiquité. Je ne suis point du métier des homicides. Mais hier deux excellents meurtriers allemands m'assurèrent que l'effet de ces chars était immanquable dans une première bataille, et qu'il serait impossible à un bataillon ou à un escadron de résister à l'impétuosité et à la nouveauté d'une telle attaque. Les Romains se moquaient des chars de guerre, et ils avaient raison ; ce n'est plus qu'une mauvaise plaisanterie quand on y est accoutumé ; mais la première vue doit certainement effrayer, et mettre tout en désordre. Je ne sais d'ailleurs rien de moins dispendieux et de plus aisé à manier. Un essai de cette machine, avec trois ou quatre escadrons seulement, peut faire beaucoup de bien sans aucun inconvénient.

Il y a très-grande apparence que je me trompe, puisqu'on n'est pas de mon avis à votre cour ; mais je demande une seule raison contre cette invention. Pour moi, j'avoue que je n'en vois aucune.

Daignez encore faire examiner la chose ; je ne parle qu'après les officiers les plus expérimentés. Ils disent qu'il n'y a que les chevaux de frise qui puissent rendre cette manœuvre inutile ; car pour le canon, le risque est égal des deux côtés ; et, après tout, on ne hasarde de perdre, par escadron, que deux charrettes, quatre chevaux, et quatre hommes.

Encore une fois, je ne suis point meurtrier, mais je crois que je le deviendrais pour vous servir.

Il y a quinze jours que les officiers du régiment de Montfort, que j'avais engagés à servir Votre Majesté Impériale, ont pris parti : les uns sont rentrés au service savoyard, les autres sont allés en France ; il y en a un qui a l'honneur d'être capitaine dans l'armée de Genève, consistant en six cents hommes. Genève est actuellement le théâtre de la plus cruelle guerre en deçà du Rhin. Il y a eu même quatre personnes assassinées par derrière dans l'Église militante de Calvin. Je m'imagine que dorénavant l'Église grecque en usera ainsi, et qu'elle ne verra plus que le dos des musulmans ; en ce cas, les chars ne seront bons qu'à courir après eux.

Je me mets aux pieds de Votre Majesté, comme le hospodar de Valachie, et j'envie sa destinée.

Que Votre Majesté Impériale daigne toujours agréer le profond respect, la reconnaissance et l'admiration du vieil ermite de Ferney.

J'ai reçu une belle lettre de M. le comte de Schowalow, votre chambellan ; mais il ne me dit point le jour où votre cour sera dans Stamboul.

MMMMMDCCCXXI. — DE M. DALEMBERT.

A Paris, le 12 avril.

M. Duclos est arrivé il y a dix ou douze jours, mon cher et illustre maître. Je n'ai rien eu de plus pressé que de lui donner le mémoire sur le sieur Royou. Il m'a demandé un peu de temps pour faire des informations ; et c'est ce qui a retardé tant soit peu la réponse que je vous dois à ce sujet. Il s'est donc informé à différentes personnes de Bretagne, qui sont à Paris, et qui lui ont toutes assuré que ce Royou est à la vérité un homme de beaucoup d'esprit, mais un très-mauvais sujet. On a dû écrire, il y a quelques jours, en Bretagne, pour avoir plus de détails, et on attend la réponse, dont je ne manquerai pas de vous faire part. En attendant, M. Duclos, qui me charge de vous faire mille compliments et remercîments de votre confiance, vous exhorte à aller, comme on dit, bride en main, et à ne pas vous intéresser pour ce Royou, avant que de savoir s'il en est digne.

Vous n'ignorez pas, sans doute, que notre confrère était allé à Saintes, pour négocier avec M. de La Chalotais, qui n'a voulu entendre à rien, et qui ne demande qu'à être jugé et à retourner à ses fonctions. Voilà l'affaire de M. le duc d'Aiguillon entamée; elle pourrait devenir très-sérieuse; mais elle pourrait bien aussi n'aboutir à rien, comme il n'arrive que trop dans ce drôle de pays.

Le libraire Panckoucke, qui voit toujours ses cent mille écus en l'air, par la déconfiture de l'*Encyclopédie*, se propose d'aller incessamment vous rendre ses hommages. C'est un honnête garçon dont je crois qu vous serez content, quoiqu'il ait fait, pendant quelque temps, comme vous le lui avez dit, la litière de maître Aliboron, qui même lui doit encore beaucoup d'argent.

Nous attendons de belles fêtes[1] qui seront, à ce qu'on dit, magnifiques; en attendant, nous n'avons pas le sol ou le sou; nous danserons bien, et nous rirons tant bien que mal; mais nous mourrons de faim. Quant à moi, j'ai toujours assez peu d'envie de rire, attendu mon imbécillité, qui continue; mais cette imbécillité ne m'empêchera pas de vous chérir et de vous honorer comme je le dois.

MMMMMDCCCXXII. — A M. TABAREAU.

(14 avril.)

Je fais toujours de sincères vœux, dans ce saint temps de Pâques, pour la délivrance de saint Grizel et de saint Billard; mais je fais encore plus de vœux pour être en état de vous recevoir à Versoix ou à Ferney. Si les nouveaux établissements vous engagent à faire encore quelque voyage dans notre pays, vous y trouverez des amis véritables; car vous êtes aimé partout où vous allez, et surtout de Mme Denis et de frère François.

Je ne sais s'il me serait permis de représenter à M. le contrôleur général que c'est mon patrimoine que j'avais mis en rescriptions; que ce n'est point une affaire de finance, que c'est un bien dont je suis comptable à ma famille, etc. Probablement il ne m'écouterait pas; ventre affamé n'a point d'oreilles; il faut en France souffrir et se taire.

J'ai bien peur, monsieur, que vous ne soyez pas payé de ce que vous doit saint Billard. Que ne vous rejetez-vous sur le saint confesseur[2],

---

1. Pour le mariage du Dauphin, depuis Louis XVI. (Éd.)
2. L'abbé Grizel. (Éd.)

qui, de ma connaissance, a volé cinquante mille francs à la fille de M. le duc de Villars qu'il a faite religieuse ? Par le mémoire que M. Vasselier a bien voulu m'envoyer, je vois que l'affaire durera longtemps, et que saint Billard mériterait bien un bout de corde, au moins autant qu'une auréole.

Pigalle m'a fait pensant et parlant, mais il n'a pu empêcher que je ne fusse souffrant; les honneurs ne guérissent personne.

MMMMMDCCCXXIII. — A M. DE LA BORDE.

A Ferney, 16 avril.

Je n'ai l'honneur de vous connaître, monsieur, que par votre générosité. Vous commençâtes par m'aider à marier la petite-fille de Corneille; vous avez eu toujours la bonté de me faire toucher mes rentes, sans souffrir que je perdisse un denier par le change; vous avez bien voulu encore placer mon petit pécule: qu'ai-je fait pour vous? rien.

Si j'étais jeune, je viendrais en poste vous embrasser à la Ferté; mais j'ai bientôt soixante-dix-sept ans, et je suis très-malade.

Je ne savais pas un mot des belles choses qui se sont faites, quand je vous écrivis le 5 de mars. Je n'ai encore vu ni édit, ni déclaration; je suis enterré dans les neiges, où je meurs.

Je comprends un peu à présent, et je conçois qu'on a jeté sur votre maison une grosse bombe, dont un éclat est tombé sur ma chaumière. Dans ce désastre, vous voulez encore rétablir mon toit, que les ennemis ont brûlé. C'en est trop, monsieur, il ne faut pas que vous payiez tous les frais de la guerre; vous êtes trop noble. J'accepte tout ce que vous me proposez, excepté ce dernier trait de grandeur d'âme.

Oui, monsieur, votre idée des rentes sur la ville est très-bonne, et je vous supplie de donner ordre qu'on l'exécute.

Vous savez les desseins de M. le duc de Choiseul sur la fondation d'une ville dans mon voisinage. Vous êtes instruit des meurtres commis à Genève, et de la protection que la cour donne aux émigrants.

Je n'ai pas déplu à M. le duc de Choiseul, en recueillant chez moi plusieurs habitants de Genève. En six semaines ils ont fait des montres, j'en ai envoyé une caisse à M. le duc de Choiseul lui-même. J'établis une manufacture considérable; si elle tombe, je ne perdrai que l'argent que je prête sans aucun profit.

Les seize mille cinq cents livres dont vous me parlez viendraient très-bien au secours de notre manufacture au mois d'auguste.

Si vous pouvez m'indiquer quelque manière d'avoir de l'or d'Espagne en lingots ou espèces, vous me rendriez un grand service; il ne nous en faudra que pour environ mille louis par an. Les ouvriers disent que l'or est beaucoup trop cher à Genève, et qu'on perd trop sur les louis d'or; on donnerait des lettres sur Lyon pour chaque envoi de matière.

Tout cela est fort éloigné de mes occupations ordinaires; mais j'ai le plaisir de décupler les habitants de mon hameau, de faire croître du blé où il croissait des chardons, d'attirer des étrangers, et de faire voir au roi que je sais faire autre chose que l'*Histoire du siècle de Louis XIV*, et des vers.

Je sais surtout, monsieur, sentir tout votre mérite et toutes les obligations que je vous ai. Je vous crois fort au-dessus des revers que vous avez essuyés. Toutes les âmes nobles sont fermes.

J'ai l'honneur d'être, avec une reconnaissance inviolable, avec l'estime qu'on vous doit, avec l'amitié que vous m'inspirez, monsieur, etc.

MMMMMDCCCXXIV. — A M. LE MARÉCHAL DUC DE RICHELIEU.

Par Versoix, pour le château de Ferney, 20 avril.

Je suis enchanté quand vous avez la bonté de m'écrire, mais je ne me plains point quand vous me négligez. Il faudrait que je radotasse cent fois plus que je ne fais, pour exiger que mon héros, vice-roi d'Aquitaine, premier gentilhomme de la chambre, entouré d'enfants, de parents, d'amis, d'affaires considérables, domestiques et étrangères, eût du temps à perdre avec ce vieux solitaire qui vous sera attaché jusqu'à son dernier moment.

Je m'attendais bien, monseigneur, que les *Souvenirs de Mme de Caylus* vous en rappelleraient beaucoup d'autres. Ils ne disent presque rien ; mais ils rafraîchissent la mémoire sur tout ce que vous avez vu dans votre première jeunesse. Tout est précieux du siècle de Louis XIV, jusqu'aux bêtises du valet de chambre La Porte. Je ne crois pas qu'il y ait un seul nom des personnes dont sa cour était composée qui ne puisse exciter encore de l'attention, non-seulement en France, mais chez les étrangers.

Il faut à présent aller en Russie pour voir de grandes choses. Si on vous avait dit, dans votre enfance, qu'il y aurait à Moscou des carrousels d'hommes et de femmes plus magnifiques et plus galants que ceux de Louis XIV; si on avait ajouté que les Russes, qui n'étaient alors que des troupeaux d'esclaves, sans habits et sans armes, feraient trembler le Turc dans Constantinople, vous auriez pris ces idées pour des contes des *Mille et une nuits*.

L'impératrice me faisait l'honneur de me mander, il n'y a pas quinze jours, qu'elle ne manquait et ne manquerait ni d'hommes ni d'argent. Pour des hommes, il y en a en France ; et pour de l'argent, votre contrôleur général doit en avoir, car il nous a pris tout le nôtre. La bombe a crevé sur moi ; il m'a pris deux cent mille francs qui faisaient tout mon patrimoine, et que j'avais mis entre les mains de M. de La Borde. Si cet holocauste est utile à l'État, je fais le sacrifice sans murmurer.

J'avais déjà partagé mon bien comme si j'étais mort. Mes besoins se réduiront à peu de chose pour quelques jours que j'ai encore à vivre ; ainsi je ne regrette rien.

Vous avez eu trop de bonté de vous arranger si vite avec ma famille ; vous savez que j'étais bien éloigné de demander pour elle un payement si prompt. Je serais extrêmement affligé que vous vous fussiez gêné.

Je ne sais à quoi aboutiront toutes les secousses que l'on donne aux fortunes des particuliers. J'imagine toujours que le gouvernement sera prudent et équitable.

Je ne m'attendais pas que mon neveu, qui a eu l'honneur de vous parler, fût jamais juge de M. le duc d'Aiguillon; cela me paraît ridicule. Je suis entouré de ridicules plus sérieux. Vous savez sans doute qu'il y a eu du monde de tué à Genève, et que ces pauvres enfants de Calvin sont sous les armes depuis deux mois. Genève n'est plus ce que vous l'avez vue. Mon petit château, que vous avez daigné honorer de votre présence, et que j'ai beaucoup agrandi depuis, est plein actuellement de Génevois fugitifs à qui j'ai donné un asile. J'ai eu chez moi des blessés, la guerre a été à ma porte. La république a envoyé mon libraire en ambassade à Versailles; je m'imagine que le roi lui enverra son relieur pour mettre la paix chez elle.

Je conçois que vous avez des affaires qui doivent vous occuper davantage; les tracasseries de ce monde ne finissent point tant qu'on est sur le trottoir.

La Fontaine avait bien raison de dire:

Jamais un courtisan ne borna sa carrière.

On n'attrape jamais le repos après lequel tout le monde soupire; le repos n'est que dans le tombeau. J'ai été sur le point de le trouver au milieu de mes neiges, il n'y a pas longtemps; j'en suis encore entouré l'espace de quarante lieues; il y en a actuellement de trente pieds de hauteur dans les abîmes du mont Jura. La Sibérie est le paradis terrestre, en comparaison de ce petit morceau.

Franchement, j'aurais mieux aimé vous faire ma cour dans votre beau palais, qui est aussi brillant que votre place Royale était triste; mais je vois bien que je mourrai sans avoir eu la consolation de vous revoir, et cela me fâche.

Si vous êtes le doyen de notre Académie, je suis, moi, le doyen de vos courtisans; il n'y a personne en France qui puisse me disputer ce titre.

Je serais enchanté que vous pussiez rendre Mlle Clairon au théâtre. Je ne jouirais pas à la vérité de cette conversion, mais le public vous en saurait gré (si le public sait jamais gré de quelque chose). On passe sa vie à travailler pour des ingrats; on voit deux ou trois générations passer sous ses yeux; elles se ressemblent comme deux gouttes d'eau; j'entends par les vices du cœur, car pour les beaux-arts et le bon goût, c'est autre chose. Le bon temps est passé, il faut en convenir. Enveloppez-vous dans votre gloire et dans vos plaisirs, c'est assurément le meilleur parti. Vous pourriez très-bien, quand vous serez dans le royaume du prince Noir [1] vous donner l'amusement de faire jouer *les Guèbres*. Il y a là un jeune général, M. Dupaty, qui pétille d'esprit, et qui déteste cordialement les prêtres de Pluton. Il est idolâtre de la tolérance. Mon apostolat n'a pas laissé de faire fortune parmi les honnêtes gens; c'est ce qui berce ma vieillesse. Mais ce qui la bercerait

---

1. La Guyenne, dont Richelieu était gouverneur. (Éd.)

avec plus de charmes, ce serait de vous apporter ma maigre figure, avec mon très-tendre et très-profond respect.

En attendant, je prierai Dieu pour vous, en qualité de bon capucin. Cette nouvelle dignité, dont je suis décoré, a beaucoup réjoui Ganganelli, qui est en vérité un homme de beaucoup d'esprit.

Daignez recevoir ma bénédiction, comme vous la reçûtes à Notre-Dame de Cléry.   Frère FRANÇOIS, *capucin indigne*.

MMMMMDCCCXXV. — A M. DE SUDRE, AVOCAT A TOULOUSE.

20 avril.

Monsieur, quarante lieues de neige qui m'entourent, soixante-seize ans sur ma tête, ma vue presque entièrement perdue, trois mois de suite dans mon lit, m'ont privé de l'honneur de vous répondre plus tôt.

Il me semble qu'il est fort peu important que messieurs les avocats fassent un corps ou un ordre. Les ducs et pairs, les maréchaux de France, font un corps; on dit le corps du parlement, et non pas l'ordre du parlement. Les mots ne sont que des mots. Ce qui est essentiel, c'est que les juges ne fassent pas rouer un innocent, quand les avocats ont démontré son innocence; c'est qu'un gradué de village n'ait pas l'insolence de condamner à mort la famille de Sirven, sur les présomptions les plus absurdes ; c'est qu'on respecte plus la vie des citoyens, et que nos barbares usages qu'on appelle jurisprudence ne déshonorent pas notre nation.

Dieu merci, la française est la seule, dans l'univers entier, chez qui l'on achète le droit de juger les hommes, et chez qui les avocats ne parviennent pas à être juges par le seul mérite. Nous avons été Gaulois, Ostrogoths, Visigoths, Francs, et nous tenons encore beaucoup de notre ancienne barbarie dans le sein de la politesse.

Ce sont là mes griefs; et je souhaite passionnément que votre corps ou votre ordre puisse les corriger. Si cela était, ma lettre serait à M. le président de Sudre.

MMMMMDCCCXXVI. — A M. DE LA HARPE.

23 avril.

Mon cher enfant, n'espérez pas rétablir le bon goût. Nous sommes en tout sens dans le temps de la plus horrible décadence. Cependant soyez sûr qu'il viendra un temps où tout ce qui est écrit dans le style du siècle de Louis XIV surnagera, et où tous les autres écrits goths et vandales resteront plongés dans le fleuve de l'oubli. Les hommes veulent bien se tromper pour quelque temps, cabaler, en imposer; mais ils ne veulent point s'ennuyer.

Il est impossible de lire la plupart des ouvrages qu'on fait aujourd'hui; mais on lira toujours *la Religieuse*. Pourquoi? parce qu'elle est écrite dans le style de Jean Racine.

Je crois qu'à présent on ne lit guère dans Paris que les arrêts du conseil: l'auteur a bien senti qu'il fallait intéresser pour être lu, et parler aux passions. Je suis même persuadé que les écrits de M. le contrôleur général ont touché jusqu'aux larmes quatre ou cinq mille pères et mères de famille. Jamais Mlle Clairon ni Mlle Dumesnil n'en ont tant fait répandre; mais on ne peut pas dire à l'auteur, avec Horace et Boileau :

> Pour m'arracher des pleurs, il faut que vous pleuriez.
> Boileau, *Art. poét.*, ch. III, v. 142.

Celui qui vous a prié, dans sa lettre anonyme, de ne me point ressembler, a bien raison; ne ressemblez jamais qu'à vous-même.

Nous embrassons de tout notre cœur, Mme Denis et moi, le père et la marraine de *Mélanie*.

MMMMMDCCCXXVII. — A M. HENNIN.

24 avril.

Ce qui fait que je n'ai point répondu à mon très-aimable résident, c'est que j'étais mort. Nous avons tous été malades d'un catarrhe qui ne vaut rien du tout pour les gens de soixante-dix-sept ans et demi.

La prospérité du hameau de Ferney m'a ressuscité. J'ai actuellement une quarantaine d'ouvriers employés à enseigner à l'Europe quelle heure il est. Mais je suis bien indigné que M. le duc et Mme la duchesse de Choiseul n'aient point répondu à la lettre la plus importante et la plus ridicule que je pusse jamais leur écrire.

M. l'abbé Terray continue à faire des siennes; il continue à me ruiner, il m'écrase sans en rien savoir. Il faut avouer qu'il me met en grande compagnie. Vous savez le conte de l'homme qui criait au voleur quand il passait; cela est fort plaisant, mais cela ne rend l'argent à personne.

Si vous voulez que je vous dise des nouvelles, je n'en sais point d'autres, sinon que le roi de Prusse me mande qu'il protège vivement les jésuites auprès du pape, et qu'il compte sur la canonisation de saint Voltaire et de saint Frédéric. Il me place le premier comme le plus ancien, mais non comme le plus digne.

Pendant ce temps-là, Catherine suit toujours sa pointe, comme dit élégamment le P. Daniel; mais elle n'a point l'ambition de sa canonisation, comme le roi de Prusse.

Mme Denis vous fait mille tendres compliments.

MMMMMDCCCXXVIII. — A M. LEKAIN.

25 avril.

Mon très-grand et très-cher soutien de la tragédie expirante, on avait dit dans la chambre du roi que vous étiez mort; on me l'avait mandé, et, au lieu de vous répondre, je vous ai pleuré. Dieu merci, j'apprends que vous êtes en vie. La vérité ne se dit guère dans la chambre du roi.

Vous allez briller à Versailles, et faire voir à Mme la Dauphine ce que c'est que la tragédie française bien jouée. Elle n'en a sûrement pas l'idée.

Pigalle, mon cher ami, tout Pigalle, tout Phidias qu'il est, ne pourra jamais animer le marbre comme vous animez la nature sur le théâtre. Vous avez au-dessus des sculpteurs et des peintres un grand avantage, c'est celui de rendre tous les sentiments et toutes les attitudes, et ils n'en peuvent exprimer qu'un seul.

Nous savons à peu près ce que c'est que la petite drôlerie dont vous nous avez parlé; c'est une ancienne pièce qui n'est point du tout dans le goût d'à présent. Elle fut faite par l'abbé de Châteauneuf, quelque temps après la mort de Mlle Ninon de Lenclos. Je crois même qu'elle ne pourrait réussir qu'autant qu'on saurait qu'elle est du vieux temps. Ce serait aujourd'hui une trop grande impertinence d'entreprendre de faire rire le public, qui ne veut, dit-on, que des comédies larmoyantes.

Je crois qu'il n'y a dans Paris que M. d'Argental qui ait une bonne copie du *Dépositaire*. Je sais de gens très-instruits que celle qu'on a lue à l'assemblée est non-seulement très-fautive, mais qu'elle est pleine de petits compliments aux dévots que la police ne souffrirait pas. L'exemplaire de M. d'Argental est, dit-on, purgé de toutes ces horreurs.

Au reste, si on la joue, on pourra très-bien s'arranger en votre faveur avec Thieriot; mais il faut que le tout soit dans le plus profond secret, à ce que disent les parents de l'abbé de Châteauneuf, qui ont hérité de ses manuscrits.

Je ne crois pas, entre nous, que les eaux, de quelque nature qu'elles soient, puissent faire du bien; mais je crois que l'eau pure en fait beaucoup, et le régime encore davantage. Les voyages des eaux ont été inventés par des femmes qui s'ennuyaient chez elles.

Conservez votre santé malgré M. l'abbé Terray, et qu'il ne vous ôte pas ce bien inestimable.

MMMMMDCCCXXIX. — À M. LE COMTE D'ARGENTAL.

25 avril.

Mon cher ange, on m'avait mandé que Lekain était mort; passe pour moi, qui ai, comme vous savez, soixante-dix-sept ans, et qui n'en peux plus; mais il faut que Lekain vive, et qu'il fasse vivre mes enfants. Permettez que je vous adresse mes lettres pour lui.

Il me semble que les ciseaux de M. l'abbé Terray sont encore plus tranchants que ceux de la Parque. Ce diable d'homme, en deux coups, me dépouille de tout le bien que j'ai en France.

Je ne sais si vous avez vu milord Cramer, ambassadeur de la république de Genève; et si, en qualité de mon libraire, il a fait, comme on dit, *une grande impression* à Versailles. N'allez-vous pas les mardis dans ce pays-là?

Je vous demande très-instamment une grâce auprès des puissances; c'est de gronder beaucoup Mme la duchesse de Choiseul, et même, s'il le faut, monsieur son mari, et par-dessus le marché, M. de La Ponce, son secrétaire.

J'ai recueilli chez moi des horlogers français établis ci-devant à Genève; j'ai rendu une cinquantaine de familles à la patrie; j'ai établi une manufacture de montres; j'ai prêté de l'argent à tous ces ouvriers pour les aider à travailler; ils ont, en six semaines de temps, rempli de montres une boîte pour Cadix. J'ai pris la liberté de l'envoyer à M. le duc de Choiseul, comme un essai de ce qu'on pouvait faire dans sa nouvelle colonie. J'ai écrit la lettre la plus pressante à Mme la duchesse de Choiseul, et une autre non moins vive à M. de La Ponce. Si on ne me répond point, vous sentez bien qu'on ne survit point à ces outrages-là quand on est attaqué de la poitrine, au milieu des neiges, à la fin d'avril.

Si on ne favorise pas ma manufacture de toutes ses forces, il est certain que je n'ai pas huit jours à vivre. Il n'est pas juste que quand M. l'abbé Terray m'assassine à droite, M. le duc de Choiseul m'égorge à gauche. En vérité, sans saint Billard et saint Grizel, qui font mourir de rire, je crois que je mourrais de douleur.

Mettez-vous donc en fureur contre Mme la duchesse de Choiseul. On dit qu'elle est emportée comme vous dans la conversation, qu'elle n'a ni finesse ni agrément; c'est précisément ce qu'il vous faut.

Comment se porte Mme d'Argental ? Vous n'avez pas nos neiges, mais vous avez, dit-on, de la pluie et du froid.

Les solitaires de Ferney sont à vous plus que jamais.

Lisez, s'il vous plaît, cette réponse au frère de Fréron; et, si vous la trouvez bien, ayez la bonté de la faire mettre à la poste. Je crois qu'il faut affranchir pour Londres.

Je vous demande bien pardon de tant de peines; mais quand il s'agit de Fréron, il n'y a rien qu'on ne fasse.

Point du tout : ce pauvre diable, accusé par son beau-frère Fréron d'avoir cabalé à Rennes, est actuellement en Espagne. Dieu veuille délivrer la France de son cher beau-frère, et qu'il soit assisté en place de Grève par l'abbé Grizel !

MMMMMDCCCXXX. — A MADAME LA MARQUISE DU DEFFAND.

· 25 avril.

Vous voulez être taupe, madame : savez-vous bien qu'il y a un proverbe qui dit que les taupes servent d'exemple? *exemplum ut talpa*. Il est vrai que nous avons, vous et moi, quelque ressemblance avec ces animaux, qui passent pour aveugles. Je suis toujours de la confrérie, tant que les neiges couvrent nos montagnes : je ne vois guère plus qu'une taupe, et d'ailleurs j'irai bientôt dans leur royaume, en regrettant fort peu celui-ci, mais en vous regrettant beaucoup.

Vous avez deviné très-juste, madame, en devinant que M. l'abbé Terray m'a pris six fois plus qu'à vous; mais c'est à ma famille qu'il a fait cette galanterie : car il m'a pris tout le bien libre dont je pouvais disposer, et je ferai probablement, en mourant, banqueroute comme un évêque.

Vous voulez avoir cette prétendue *Encyclopédie* qui n'en est point une : c'est un ouvrage malheureusement fort sage (à ce que je crois), mais fort ennuyeux (à ce que j'affirme). Je serai mort avant qu'il soit imprimé, attendu que, de mes deux libraires, l'un est devenu magistrat et ambassadeur, l'autre monte la garde continuellement, en qualité de major, dans le *tripot* de Genève, qu'on appelle *république*.

Cependant, madame, afin que vous ne m'accusiez pas de négligence, voici trois feuilles qui me tombent sous la main. Faites-vous lire seulement les articles *Adam* et *Adultère*. Notre premier père est toujours intéressant, et adultère est toujours quelque chose de piquant. Vous pourriez aussi vous faire lire l'article *Adorer*, parce qu'il y a réellement une chanson composée par Jésus-Christ, qui est fort curieuse. Ce n'est point une plaisanterie; la chose est très-vraie. Vous verrez même que c'est une chanson à danser, et qu'on dansait alors dans toutes les cérémonies religieuses.

Quand vous vous serez amusée ou ennuyée de ces trois rogatons, n'oubliez pas, je vous prie, de gronder horriblement votre grand'maman. Elle m'a comblé de grâces, elle m'a fait capucin; elle a fait capitaine d'artillerie un homme[1] que j'ai pris la liberté de lui recommander sans le connaître; elle a donné une pension à un médecin[2] que je ne connais pas davantage, et que je ne consulte jamais; et ce qui est le plus essentiel, elle m'a écrit des lettres charmantes; mais elle est devenue une cruelle, une perfide qui m'abandonne dans ma plus grande détresse, dans une affaire très-importante, dans une manufacture que j'ai établie, et que j'ai mise sous sa protection.

C'est la plus belle entreprise qu'on ait faite dans le mont Jura depuis qu'il existe; cela est bien au-dessus de ma manufacture de soie. Je sers l'État, je donne au roi de nouveaux sujets, je fournis de l'argent même à M. l'abbé Terray; et on ne me fait pas le moindre remercîment; on ne répond point à mes lettres; on se moque de moi, et le mari de Mme Gargantua s'en moque tout le premier : voilà comme sont faites les puissances de ce monde. Je sais bien qu'elles ont d'autres affaires que celles du mont Jura; mais on peut faire écrire un mot, consoler, encourager un pauvre homme.

Enfin, madame, grondez votre grand'maman, si vous pouvez; mais on dit qu'il est impossible d'en avoir le courage. Portez-vous bien, madame; ayez du moins cette consolation. Qu'importent mon attachement inviolable et mon respect du mont Jura à Saint-Joseph? L'éloignement entre les gens qui pensent est horrible. Frère FRANÇOIS.

MMMMMDCCCXXXI. — A FRÉDÉRIC II, ROI DE PRUSSE.

A Ferney, 27 avril.

Sire, quand vous étiez malade, je l'étais bien aussi, et je faisais même tout comme vous de la prose et des vers, à cela près que mes vers et ma prose ne valaient pas grand'chose; je conclus que j'étais fait pour vivre et mourir auprès de vous, et qu'il y a eu malentendu si cela n'est pas arrivé.

1. Fabry. (ÉD.) — 2. Coste. (ÉD.)

Me voilà capucin pendant que vous êtes jésuite; c'est encore une raison de plus qui devait me retenir à Berlin; cependant on dit que frère Ganganelli a condamné mes œuvres, ou du moins celles que les libraires vendent sous mon nom.

Je vais écrire à Sa Sainteté que je suis un très-bon catholique, et que je prends Votre Majesté pour mon répondant.

Je ne renonce point du tout à mon auréole; et comme je suis près de mourir d'une fluxion de poitrine, je vous prie de me faire canoniser au plus vite : cela ne vous coûtera que cent mille écus : c'est marché donné.

Pour vous, sire, quand il faudra vous canoniser, on s'adressera à Marc Aurèle. Vos dialogues sont tout à fait dans son goût comme dans ses principes; je ne sais rien de plus utile. Vous avez trouvé le secret d'être le défenseur, le législateur, l'historien, et le précepteur de votre royaume; tout cela est pourtant vrai : je défie qu'on en dise autant de Moustapha. Vous devriez bien vous arranger pour attraper quelques dépouilles de ce gros cochon; ce serait rendre service au genre humain.

Pendant que l'empire russe et l'empire ottoman se choquent avec un fracas qui retentit jusqu'aux deux bouts du monde, la petite république de Genève est toujours sous les armes; mon manoir est rempli d'émigrants qui s'y réfugient. La ville de Jean Calvin n'est pas édifiante pour le moment présent.

Je n'ai jamais vu tant de neiges et tant de sottises. Je ne verrai bientôt rien de tout cela, car je me meurs.

Daignez recevoir la bénédiction de frère François, et m'envoyer celle de saint Ignace.

Restez un héros sur la terre, et n'abandonnez pas absolument la mémoire d'un homme dont l'âme a toujours été aux pieds de la vôtre.

MMMMMDCCCXXXII. — A M. Dalembert.

A Ferney, 27 avril.

Il n'y a pas d'apparence, mon cher philosophe, mon cher ami, que ce soit à Voltaire vivant[1]; ce sera à Voltaire mourant, car je n'en puis plus; et depuis quelques jours je sens que je suis au bout de mon écheveau. Je me regarde, dans votre entreprise illustre, comme votre prête-nom. On veut dresser un monument contre le fanatisme, contre la persécution; c'était vous, c'était Diderot qu'il fallait mettre là; je me tiens pierre d'attente.

N'allez pas, au reste, y mettre une barbe de capucin; car, tout capucin que je suis, je n'en porte point la barbe.

Il ne serait pas mal que Frédéric se mît au rang des souscripteurs; cela épargnerait de l'argent à des gens de lettres trop généreux qui n'en ont guère. Il me doit cette réparation, et vous êtes le seul qui soyez à portée de lui proposer cette bonne œuvre philosophique. Il vous a envoyé sans doute le petit ouvrage qu'il a composé en dernier lieu[2],

1. Voltaire parle de sa statue. (Éd.)
2. Le *Dialogue de morale à l'usage de la jeune noblesse*. (Éd.)

dans le goût de Marc Aurèle, pendant qu'il avait la goutte : cela sent encore plus son Frédéric que son Marc Aurèle.

Je vous suis très-obligé de l'article de M. Duclos. Je vous supplie de l'en bien remercier : il est clair, par ce nom même d'Audouer, qui est actuellement en fuite, qu'il y a beaucoup de turpitude dans cette affaire. On m'assure que Fréron jouait alors le rôle d'espion à Rennes, et qu'il l'est à Paris; voilà la source cachée de la protection qu'il obtient. L'anecdote de la chaîne, dont maître Aliboron tenait le bout, est curieuse, et tout à fait digne de ceux qui protégent ce maraud. Il est plaisant que que certain libraire[1] ait l'honneur d'être lié avec vous et avec M. Diderot, après avoir imprimé tant de sottises atroces contre vous deux dans les ordures de ce folliculaire. Il a eu même la bêtise d'imaginer d'en faire une édition nouvelle par souscription : l'excès de ce ridicule l'a couvert de honte. J'ai peur qu'il ne fasse une mauvaise fin.

Il est vrai que les feuilles de maître Aliboron eurent d'abord un cours prodigieux, et furent l'école de tous les petits provinciaux; mais cela est tombé au fond de la bourbe du fleuve de l'oubli avec les ouvrages extravagants de Jean-Jacques, qui vaut pourtant beaucoup mieux que lui.

Adieu, mon digne et illustre ami; et si mon mal de poitrine augmente, adieu pour toujours.

MMMMDCCCXXXIII. — A M. MARMONTEL.

27 avril.

Au sujet près, mon cher ami, jamais les gens de lettres, dans aucun pays, n'ont imaginé rien de plus noble. Les douze apôtres n'ont pas eu ce courage. Les douze personnes à qui cette étrange idée a passé par la tête sont dignes chacune de ce qu'elles veulent me donner.

Cet honneur est bien grand, tous l'ont su mériter.
Mais douze monuments et douze statuaires!
Ce serait un peu trop d'affaires.
Ils ont dit : « Choisissons, pour nous représenter,
Celui qui d'entre nous donna les étrivières
Le plus fort et le plus longtemps
Aux Grizels, aux Frérons, aux cuistres, aux pédants;
C'est notre prête-nom, c'est lui qui dans la troupe
Combattit en enfant perdu;
C'est notre vieux soldat, au service assidu :
Faisons son effigie avant qu'à notre insu
La friponne Atropos lui coupe
Le fil mal renoué dont on le tient pourvu;
On croira, quand on l'aura vu,
Que de nous tous on voit le groupe.
D'ailleurs, si nous l'aimons, certe il nous le rend **bien.**

1. Panckoucke. (ÉD.)

                        Vite, qu'on nous l'ébauche; allons, Pigal, dépêche;
                        Figure à ton plaisir ce très-mauvais chrétien;
                            Mais en secret nous craignons bien
                            Qu'un bon chrétien ne t'en empêche. »

Vous m'allez dire que ces petits versiculets familiers ne valent rien; je le sais tout comme vous; mais j'ai la poitrine attaquée; je n'en puis plus; et je vous conseille de mettre l'inscription : « A Voltaire mourant, » comme je le mande à M. Dalembert.

Bonsoir, mon très-cher confrère.   Frère FRANÇOIS.

MMMMMDCCCXXXIV. — A M. SENAC DE MEILHAN.

Au château de Ferney, le 1er mai.

Monsieur, si vous vous souvenez encore de moi, permettez que je recommande, avec la plus vive instance, à vos bontés, un citoyen de la Rochelle, qui, à la vérité, a le malheur d'être ministre du saint Évangile à Genève[1], mais qui est le plus doux, le plus honnête, le plus tolérant des hommes. Il ne vient dans sa patrie pour quelque temps que pour les intérêts de sa famille, et compte repartir dès qu'il les aura arrangés. Il ne s'agit ici en aucune manière de la parole de Dieu, qu'il prêche le plus rarement qu'il peut à Genève, et qu'il ne prêchera certainement point à la Rochelle. Il a été pasteur d'une église où j'avais un banc; et nous l'appelions *brebis* plutôt que pasteur. C'est le meilleur diable qui soit parmi les hérétiques. Je vous prie, monsieur, de lui accorder votre protection, et point d'eau bénite de cour, attendu qu'il n'aime l'eau bénite d'aucune façon. Je regarderai comme des faveurs faites à moi-même toutes les bontés que vous voudrez bien avoir pour lui.

J'ai l'honneur d'être avec respect, etc.

MMMMMDCCCXXXV. — A FRÉDÉRIC II, ROI DE PRUSSE.

A Ferney, 4 mai.

Sire, je me flatte que votre santé est entièrement raffermie. Je vous ai vu autrefois vous faire saigner à cloche-pied immédiatement après un accès de goutte, et monter à cheval le lendemain : vous faites encore plus aujourd'hui; vos dialogues à la Marc Aurèle sont fort au-dessus d'une course à cheval et d'une parade.

Je ne sais si Votre Majesté est encore autant dans le goût des tableaux qu'elle est dans celui de la morale. L'impératrice de Russie en fait acheter à présent de tous les côtés; on lui en a vendu pour cent mille francs à Genève; cela fait croire qu'elle a de l'argent de reste pour battre Moustapha. Je voudrais que vous vous amusassiez à battre Moustapha aussi, et que vous partageassiez avec elle; mais je ne suis chargé que de proposer un tableau à Votre Majesté, et nullement la guerre

1. Jean Perdriau, auteur de quelques *Éloges* et de quelques *Sermons*, ami de J. J. Rousseau. (ÉD.)

contre le Turc. M. Hennin, résident de France à Genève, a le tableau des *Trois Grâces*, de Vanloo, haut de six pieds, avec des bordures. Il le veut vendre onze mille livres : voilà tout ce que j'en sais. Il était destiné pour le feu roi de Pologne. S'il convient à votre nouveau palais, vous n'avez qu'à ordonner qu'on vous l'envoie, et voilà ma commission faite.

Comme j'ai presque perdu la vue au milieu des neiges du mont Jura, ce n'est pas à moi à parler de tableaux. Je ne puis guère non plus parler de vers dans l'état où je suis; car si Votre Majesté a eu la goutte, votre vieux serviteur se meurt de la poitrine. Nous avons l'hiver pour printemps dans nos Alpes. Je ne sais si la nature traite mieux les sables de Berlin, mais je me souviens que le temps était toujours beau auprès de Votre Majesté. Je la supplie de me conserver ses bontés, et de n'avoir point de goutte. Je suis plus près du paradis qu'elle, car elle n'est que protectrice des jésuites, et moi je suis réellement capucin; j'en ai la patente avec le portrait de saint François, tiré sur l'original.

Je me mets à vos pieds, malgré mes honneurs divins.

Frère FRANÇOIS VOLTAIRE.

MMMMMDCCCXXXVI. — A M. LE COMTE D'ARGENTAL.

4 mai.

Mon cher ange, je me plaignais à tort de l'indifférence de M. le duc de Choiseul pour ma manufacture. Il a eu plus de bonté et plus d'attention que je n'osais en espérer. J'ai poussé l'injustice jusqu'à gronder Mme la duchesse de Choiseul, qui ferait tout pour moi; j'étais, sans le savoir, le plus ingrat des hommes, et le plus difficile à vivre.

Voici une autre affaire qui pourra vous amuser, en attendant le mariage de votre prince. Vous êtes supplié de lire ce mémoire[1], et de nous dire si nous n'avons pas raison; et, en cas que nous ayons prodigieusement raison, comme je le crois, de recommander l'affaire à M. le duc de Praslin, qui est un des juges.

A propos, j'ai une fluxion horrible de poitrine qui m'empêche de faire usage de l'ordonnance de M. Bouvart. M'est avis, mes anges, que je m'en vais à tous les diables, avec mon cordon de saint François.

Portez-vous bien, et ne faites ce voyage que le plus tard que vous pourrez.

MMMMMDCCCXXXVII. — A MADAME LA MARQUISE DU DEFFAND.

A Ferney, 5 mai.

Je suis un ingrat, madame, indigne de vous et de votre grand'maman. Je ne mérite pas de voir le jour, aussi je ne le vois guère, car il tombe encore de la neige chez moi au 5 de mai.

Oui, j'ai tort si je vous ai dit
Qu'elle n'était qu'une volage,

---

1. *Au roi en son conseil, pour des sujets du roi qui réclament la liberté en France.* (ÉD.)

Fière du brillant avantage
De sa beauté, de son esprit,
Et se moquant de l'esclavage
De tous ceux qu'elle assujettit :
Cette image est trop révoltante;
Je crois qu'on peut la définir
Une adorable indifférente,
Faisant du bien pour son plaisir.

Figurez-vous, madame, que lorsque j'appelais votre grand'maman inconstante, volage, cruelle, elle me comblait tout doucement de bontés; elle les a poussées non-seulement jusqu'à protéger mes horlogers, mais jusqu'à protéger aussi mon sculpteur. Je ne peux pas vous dire ce que c'est que cette nouvelle faveur; car, s'il faut se livrer à la reconnaissance, il ne faut pas se livrer à la vanité. Je ne sais si elle a dans le moment présent beaucoup de temps à elle ; mais en avez-vous, madame, vous qui, malgré votre état de recueillement, passez votre vie à courir?

Je vous envoie l'article *Ame*, que vous pourrez jeter dans le feu, s'il ne vous plaît pas. Votre grand'maman vous dira, si elle le veut, ce que c'est que sa jolie âme; pour moi, je n'ai jamais su comment cet être-là était fait, et vous verrez que je le sais moins que jamais. Si vous voulez apprendre à ignorer, je suis votre homme. Je n'écris qu'à vous, et point à votre grand'maman, car je suis honteux devant elle.

J'aurai pourtant, je crois, dans quelques jours, une grâce à lui demander; mais il me sera impossible d'avoir cette hardiesse après mes injustices. Voici le fait :

Avant que les jésuites fussent devenus gens du monde, ils avaient un établissement à ma porte pour convertir les huguenots. Ils venaient d'arrondir leur domaine en achetant à vil prix le bien de neuf gentilshommes[1], sept frères et deux sœurs; sept étaient mineurs, et tous étaient ruinés. Tous les frères étaient au service du roi. Le plus jeune avait treize ans, et le plus vieux en avait vingt-cinq. Le procureur des jésuites, le plus grand fripon que j'aie jamais connu, obtint une pancarte du conseil pour s'emparer à jamais du bien de ces pauvres enfants. Ils vinrent me trouver; je me fis leur don Quichotte; ils rentrèrent dans leur bien, et j'eus le plaisir d'attraper les jésuites avant qu'ils fussent chassés. Je n'ai jamais eu en ma vie tant de satisfaction.

L'aîné des sept frères a une grâce à demander, il va même à Versailles dans le temps des fêtes. Ce n'est point à M. l'abbé Terray qu'il demandera cette grâce, car il ne s'agit point d'argent, et M. l'abbé le jette par les fenêtres; en un mot, je ne sais ce que c'est que cette grâce, et je ne prendrai certainement pas la liberté de la demander à votre grand'maman. Vous lui en parlerez si vous voulez, madame; mais, pour moi, Dieu m'en garde ! j'ai trop abusé de ses extrêmes bontés. Elle a encore en dernier lieu honoré de nouvelles faveurs mon gendre

1. Desprez de Crassi : l'affaire remonte à 1754. (ÉD.)

Dupuits. Il faut que je m'aille cacher, quand je pense à tout cela. C'est à vous, madame, que je dois tous ces agréments qui se répandent sur les derniers jours de ma vie; c'est vous qui m'avez présenté à votre grand'-maman, que je n'ai jamais eu le bonheur de contempler; c'est à vous que je dois son soulier et ses lettres : elle m'a fait capucin, je lui dois tout. Puissiez-vous jouir longtemps des charmes de son amitié et de sa conversation !

Quand il y aura quelques articles de belles-lettres moins ennuyeux que ceux de métaphysique, j'aurai l'honneur de vous les envoyer. Il ne s'agit, dans ce monde, que d'attraper la fin de la journée sans douleur et sans ennui, et encore la chose est-elle difficile. Je suis à vous, madame, jusqu'à mon dernier souffle, avec le plus tendre respect et la plus inutile envie de vous faire encore ma cour. Frère FRANÇOIS.

MMMMMDCCCXXXVIII. — A M. URIOT.

Au château de Ferney, 7 mai.

Il y a deux ans, monsieur, que je passe ma vie dans mon lit. Si ma vieillesse et mes maladies ne me retenaient pas dans cette triste situation, je viendrais remercier Mgr de Wurtemberg de tout le bien qu'il fait à ses sujets. Vous en avez rendu un compte si vrai et si touchant, que le voyage serait aussi pour vous.

Je ne puis vous dire à quel point je vous suis obligé de m'avoir gratifié d'un ouvrage [1] si intéressant, puisque c'est la vérité qui l'a dicté; il fait autant d'honneur au panégyriste qu'au prince.

Je vous prie de me mettre aux pieds de Son Altesse Sérénissime

J'ai l'honneur d'être avec tous les sentiments que vous méritez, etc.

VOLTAIRE.

MMMMMDCCCXXXIX. — A M. VERNES.

7 mai.

Mon cher prêtre philosophe, je ne connais point du tout *le Système de la nature* [2]. On a tant dit de sottises sur la nature, que je ne lis plus aucun de ces livres-là. C'est apparemment quelque livre impie contre ma chère religion catholique apostolique, et romaine. Il faudrait que je demandasse permission de le lire à mon gardien, selon les règles de notre patriarche François, et on ne l'accorderait pas; ainsi je ne pourrais le lire sans péché mortel.

A l'égard de la nature de mon individu, elle est toute délabrée, et s'en va à tous les diables : ce climat-ci me tue. Je veux aller passer l'hiver en Grèce, où Catherine II me donnera une bonne habitation.

Je vous souhaite joie et santé. Frère FRANÇOIS, *capucin indigne*.

1. *Discours sur la richesse et les avantages du duché de Wurtemberg.* (ÉD.)
2. Par le baron d'Holbach, sous le nom de Mirabaud. (ÉD.)

MMMMMDCCCXL. — A M. BERTRAND.

Ferney, 7 mai.

Je suis beaucoup plus malade, monsieur, que je ne l'étais lorsque j'ai eu la consolation de vous voir avec M. d'Osterwald. Si je reviens au monde, ce sera pour m'occuper de tout ce qui pourra servir à votre entreprise : elle m'est plus chère que la manufacture de montres que j'ai établie dans mon village, et qui prospère plus que je ne l'osais espérer.

Vous me ferez un extrême plaisir de m'envoyer la *Primauté du pape*, la *Législation du Divorce*, le *Traité de l'amitié perpétuelle entre la Pologne et Catherine*.

J'ai reçu ce que vous avez bien voulu m'envoyer par le coche. Vous me paraissez bien mieux fourni que les libraires de Genève, qui ne vendent que des romans de France et des opéras-comiques.

Je vous demande en grâce, monsieur, de ne vous point constituer en frais pour m'envoyer les livres dont vous me gratifiez. Permettez que je vous les rembourse, et envoyez-moi ce que vous croirez pouvoir contribuer à la petite *Encyclopédie* à laquelle j'aurais bien voulu travailler avec vous. J'attends surtout avec impatience le *Traité de l'amitié perpétuelle*; mais comme il est fait par un ennemi, je crois qu'il faut s'en défier : *audi et alteram partem*. Tout ce que je sais bien positivement, c'est que le prince Repnin lui-même a fourni tous les mémoires à M. Bourdillon [1], et qu'il a fait imprimer deux mille Bourdillons à la Haye.

Ne m'oubliez pas, je vous prie, auprès de M. d'Osterwald.

Votre très-fidèle ami V., sans cérémonies.

MMMMMDCCCXLI. — A M. LE COMTE DE SCHOMBERG.

8 mai.

Frère François, monsieur, est pénétré de la bonté que vous avez de mettre dans le tronc pour faire placer son image dans une niche; il vous supplie de ne pas oublier l'auréole.

Comme il sait qu'on ne canonise les gens qu'après leur mort, il se dispose à cette cérémonie. Une fluxion très-violente sur la poitrine le tient au lit depuis un mois. Il tombe encore de la neige au 8 de mai, et il n'y a pas un arbre qui ait des feuilles. Si j'étais moins vieux et plus alerte, je crois que j'irais passer la fin de mes jours en Grèce, dans le pays de mes maîtres Homère, Sophocle, Euripide, et Hérodote. Je me flatte qu'à présent Catherine II est maîtresse de ce pays-là. Les Lacédémoniens et les Athéniens reprennent courage sous ses ordres. Nous touchons au moment d'une grande révolution dont l'Opéra-Comique de Paris ne se doute pas. Saint Nicolas va chasser Mahomet de l'Europe; je dois en bénir Dieu en qualité de capucin.

---

1. C'est sous ce nom que Voltaire a donné son *Essai historique et critique sur les dissensions des églises de Pologne*. (ED.)

On dit que frère Ganganelli a supprimé la belle bulle *In cœna Domini*, le dernier jeudi de l'absoute; cela est d'un homme sage.

Si vous voyez mon cher commandant, je vous prie, monsieur, de vouloir bien entretenir la bienveillance qu'il veut avoir pour moi, et de me conserver la vôtre; elle fait ma consolation dans le triste état où je suis. Agréez mon tendre respect et ma bénédiction.

Frère FRANÇOIS, *capucin indigne*.

MMMMMDCCCXLII. — A M. LE CARDINAL DE BERNIS.

A Ferney, le 11 mai.

Quoique je sois, monseigneur, fort près d'aller voir saint François d'Assise, le patron du pape et le mien, il faut pourtant que je prenne la liberté de vous proposer une négociation mondaine, et que je vous demande votre protection.

Je ne sais si Votre Éminence est informée que M. le duc de Choiseul établit une ville nouvelle à deux pas de mon hameau. On a déjà construit sur le lac de Genève un port qui coûte cent mille écus. Les bourgeois de Genève, gens un peu difficiles à vivre, ont conçu une grande jalousie de cette ville, qui sera commerçante; et, depuis que je suis capucin, ils ont craint que je ne convertisse leurs meilleurs ouvriers huguenots, et que je ne transplantasse leurs ouailles dans un nouveau bercail, comme de fait, grâce à saint François, la chose est arrivée.

Vous n'ignorez pas qu'il y eut beaucoup de tumulte à Genève il y a trois mois. Les bourgeois, qui se disent nobles et seigneurs, assassinent quelques Génevois qui ne sont que natifs : les confrères des assassinés, ne pouvant se réfugier dans la ville de M. le duc de Choiseul, parce qu'elle n'est pas bâtie, choisirent mon village de Ferney pour le lieu de leur transmigration; ils se sont répandus aussi dans les villages d'alentour. Je les ai convertis à moitié, car ils ne vont plus au prêche : il est vrai qu'ils ne vont pas non plus à la messe; mais on ne peut pas venir à bout de tout en un jour, et il faut laisser à la grâce le temps d'opérer. Ce sont tous d'excellents horlogers; ils se sont mis à travailler dès que je les ai eu logés.

J'ai pris la liberté d'envoyer au roi de leurs ouvrages; il en a été très-content, et il leur accorde sa protection. M. le duc de Choiseul a poussé la bonté jusqu'à se charger de faire passer leurs ouvrages à Rome. Notre dessein est de ruiner saintement le commerce de Genève, et d'établir celui de Ferney.

Nos montres sont très-bien faites, très-jolies, très-bonnes, et à bon marché.

La bonne œuvre que je supplie Votre Éminence de faire est seulement de daigner faire chercher par un de vos valets de chambre, ou par quelque personne en qui vous aurez confiance, un honnête marchand, établi à Rome, qui veuille se charger d'être notre correspondant. Je vous réponds qu'il y trouvera son avantage.

Les entrepreneurs de la manufacture lui feront un envoi, dès que vous nous aurez accordé la grâce que nous vous demandons.

Je suis enchanté de mes nouveaux hôtes; ils sont tous d'origine française. Ce sont des citoyens que je rends à la patrie, et le roi a daigné m'en savoir gré. C'est cela seul qui excuse la liberté que je prends avec vous. Cette négociation devient digne de vous, dès qu'il s'agit de faire du bien. La plupart de ces familles sont *languedochiennes ;* c'est encore une raison de plus pour toucher votre cœur.

Si Catherine II prend Constantinople, nous comptons bien fournir des montres à l'Église grecque : mais nous donnons de grand cœur la préférence à la vôtre, qui est incomparablement la meilleure, puisque vous en êtes cardinal. La triomphante Catherine m'a donné rendez-vous à Athènes, et je n'y trouverai personne que je vous puisse comparer, quand il descendrait d'Homère ou d'Hésiode en droite ligne. Mais en trouverais-je beaucoup à Rome ?

Que Votre Éminence conserve ses bontés à frère François, *capucin indigne*

MMMMMDCCCXLIII. — A M. LE COMTE D'ARGENTAL.

16 mai.

Mon cher ange, je me hâte de vous remercier de votre lettre du 10 de mai. Je vous enverrai la copie de la lettre du beau-frère de Martin Fréron, dès que je l'aurai retrouvée dans le tas de paperasses que je mets en ordre; cela vous mettra entièrement au fait. Il est bon de rendre justice aux gens qui honorent le siècle et l'humanité.

Je suis bien fâché que les prémices de ma manufacture ne puissent être acceptées. J'avais envoyé à Mme la duchesse de Choiseul une petite boîte de six montres charmantes, et qui coûtent très-peu; ce serait d'assez jolis présents à faire à des artistes qui auraient servi aux fêtes. La plus chère est de quarante-six louis, et la moindre est de douze; tout cela coûterait le double à Paris. J'aurais voulu surtout que le roi eût vu les montres qui sont ornées de son portrait en émail, et de celui de Mgr le Dauphin. Je suis persuadé qu'il aurait été surpris et bien aise de voir que, dans un de ses plus chétifs villages, on eût pu faire, en aussi peu de temps, des ouvrages si parfaits; mais le voyage de Mme la duchesse de Choiseul à Chanteloup dérange toutes mes idées. Elle va aussi prendre soin de ses manufactures. C'est une philosophe pas plus haute qu'une pinte, et dont l'esprit me paraît furieusement au-dessus de sa taille.

Je songe comme vous à Mlle Le Couvreur-Daudet; je frémis de l'envoyer en Russie : mais qu'en faire ? a-t-elle au moins quatre ou cinq cents livres de rente? voilà ce que je voudrais savoir. J'aimerais mieux établir une manufacture de filles qu'une de montres; mais la chose est faite, je suis embarqué. Votre prince¹ donne un plus bel exemple; il établit une manufacture de comédies. Il faut que M. le duc d'Aumont en fasse une d'acteurs; cela devient impossible, on ne joue plus que des opéras-comiques dans les provinces. Il faut que tout tombe, quand tout s'est élevé; c'est la loi de la nature.

1. Le duc de Parme, dont le comte d'Argental était ministre plénipotentiaire près la cour de France. (Éd.)

Vous êtes tout étonné, mon cher ange, que je me vante de soixante-dix-sept ans, au lieu de soixante-seize : est-ce que vous ne voyez pas que, parmi les fanatiques mêmes, il y a des gens qui ne persécuteront pas un octogénaire, et qui pileraient, s'ils pouvaient, un septuagénaire dans un bénitier?

J'ai pensé comme vous sur frère Ganganelli, dès que j'ai vu qu'il ne faisait point de sottises.

N'allez-vous pas à Compiègne? attendez-vous à faire vos compliments à Versailles?

Voudriez-vous bien faire parvenir à M. le duc d'Aumont ma respectueuse reconnaissance de toutes les bontés qu'il me témoigne?

Je me doutais bien que Mme d'Argental se porterait mieux au mois de mai; mais c'est l'hiver, le fatal hiver qui me désespère. J'en éprouve encore d'horribles coups de queue. Une maudite montagne couverte de neige fait le malheur de ma vie.

Mme Denis et moi nous vous renouvelons à tous deux le plus tendre attachement qui fut jamais.

MMMMMDCCCXLIV. — A Catherine II.

A Ferney, ce 18 mai.

Madame, les glaces de mon âge me laissent encore quelque feu; il s'allume pour votre cause. On est un peu Moustapha à Rome et en France; je suis Catherin, et je mourrai Catherin. La lettre dont Votre Majesté Impériale daigna m'honorer, du 31 mars, me comblait de joie, les nouvelles qu'on répand aujourd'hui m'accablent d'affliction.

On parle de vicissitudes, et je n'en voulais pas; on dit que les Turcs ont repassé le Danube en force, et qu'ils ont repris la Valachie; il faudra donc les battre encore; mais c'était dans les plaines d'Andrinople que je voulais une victoire; ils envoient, dit-on, une flotte dans la Morée. On ajoute que les Lacédémoniens sont en petit nombre; enfin on me donne mille inquiétudes. Pour toute réponse, je maudis Moustapha, et je prie la sainte Vierge de secourir les fidèles. Je suis sûr que vos mesures sont bien prises en Grèce, que l'on a donné des armes aux Spartiates, que les Monténégrins se joignent à eux, que la haine contre la tyrannie turque les anime, que vos troupes marchant à leur tête les rendront invincibles.

Pour les Vénitiens, ils joueront votre jeu, mais quand vous aurez gagné la partie.

Si l'Égypte a secoué le joug de Moustapha, je ne doute pas que Votre Majesté n'ait quelque part à cette révolution; celle qui a pu faire venir des flottes de la Néva dans le Péloponèse aura bien envoyé un habile négociateur dans le pays des Pyramides. La mer Noire doit être couverte de vos saïques; ainsi Stamboul peut ne recevoir de vivres ni de l'Égypte, ni de la Grèce, ni du Voncara d'Enghis. Vous assaillez ce vaste empire depuis Colchos jusqu'à Memphis. Voilà mes idées; elles sont moins grandes que ce que Votre Majesté a fait jusqu'ici. Le revers annoncé de la Valachie m'ôte le sommeil, sans m'ôter l'espérance : le roman des chars de Cyrus me plaît toujours dans un terrain sec comme les plaines d'Andrinople et le voisinage de Stamboul.

Je ne trouve point que les tableaux génevois soient trop chers, je trouve seulement Votre Majesté Impériale trop généreuse; mais j'oserais désirer cent capitaines de plus, au lieu de cent tableaux. Je voudrais que tout fût employé à vous faire triompher, et que vous achevassiez votre code, plus beau que celui de Justinien, dans la ville où il le signa. Si Votre Majesté veut me rendre la santé et prolonger ma vie, je la conjure de vouloir bien me faire parvenir quelque bonne nouvelle qui ne plaira pas à frère Ganganelli, mais qui réjouira beaucoup le capucin de Ferney, tout prêt à étrangler les Turcs avec son cordon.

Je redouble mes vœux; mon âme est aux pieds de Votre Majesté Impériale.

MMMMMDCCCXLV. — A M. HENNIN.

A Ferney, 19 mai.

Je suis fâché de troubler vos fêtes par des plaintes. Le sieur Pierre Dufour-Vincent, domicilié à Ferney, sous la protection du roi, allant aujourd'hui à Genève pour les affaires de son commerce, a été insulté assez près de la porte, et battu outrageusement par le nommé Lalime fils, dit Vernion, à la tête de quelques séditieux. Il n'a pu pénétrer chez vous, craignant d'être massacré dans la rue.

De pareils excès arriveront fréquemment si on n'y met pas ordre. Les sujets du roi sont tous les jours insultés dans Genève, tandis que les Génevois sont reçus avec la plus grande honnêteté dans tout le pays de Gex.

Je vous supplie d'envoyer ma lettre au ministère, m'en rapportant d'ailleurs à votre prudence et à votre zèle.

J'ai l'honneur d'être avec les sentiments les plus respectueux, monsieur, etc.

MMMMMDCCCXLVI. — DE CATHERINE II.

Le 9-20 mai.

Monsieur, vos deux lettres, la première du 10, et la seconde du 14 d'avril, me sont parvenues l'une après l'autre avec leurs incluses. Tout de suite j'ai commandé deux chars selon le dessin et la description que vous avez bien voulu m'envoyer, et dont je vous suis bien obligée. J'en ferai faire l'épreuve en ma présence, bien entendu qu'ils ne feront mal à personne dans ce moment-là. Nos militaires conviennent que ces chars feraient leur effet contre des troupes rangées : ils ajoutent que la façon d'agir des Turcs dans la campagne passée était d'entourer nos troupes en se dispersant, et qu'il n'y avait jamais un escadron ou un bataillon ensemble. Les janissaires seuls choisissaient des endroits couverts, comme bois, chemins creux, etc., pour attaquer par troupes, et alors les canons font leur effet. En plusieurs occasions nos soldats les ont reçus à coups de baïonnette, et les ont fait rétrograder.

Vous avez raison, monsieur, l'Église grecque voit jusqu'ici partout le dos des musulmans, et même en Morée. Quoique je n'aie point encore de nouvelle directe de ma flotte, cependant les nouvelles publiques répètent tant qu'elle s'est emparée du Péloponèse, qu'à la fin il faudra bien croire qu'il en est quelque chose. La moitié de la flotte n'y était point encore lorsque la descente s'est faite.

Soyez assuré, monsieur, que je fais un cas infini de votre amitié, et des témoignages réitérés que vous m'en donnez. Je suis très-sensible encore à la part que vous prenez à cette guerre, qui finira comme elle pourra. Nous aurons affaire à Moustapha de près ou de loin, comme la Providence le jugera à propos.

Quoi qu'il en soit, je vous prie d'être persuadé que Catherine II ne cessera jamais d'avoir une estime et une considération particulière pour l'illustre ermite de Ferney.

MMMMMDCCCXLVII. — A M. LE COMTE D'ARGENTAL.

21 mai.

Mon cher ange, les bonnes actions ne sont jamais sans récompense, car Dieu est juste. On ne peut vous donner un prix qui soit plus suivant votre goût qu'une tragédie : en voici une qui m'est tombée entre les mains, et dont je viens de corriger moi-même toutes les fautes typographiques. C'est à vous à juger si M. Lantin[1] était aussi bon réparateur de *Sophonisbe* que M. Marmontel l'a été de *Venceslas*. Il y aura des malins qui diront que M. Lantin se moque du monde, et qu'il n'y a pas un mot dans *Sophonisbe* qui ressemble à celle de Mairet; mais il faut laisser dire ces gens-là, et ne pas s'en embarrasser.

Au reste, je serais au désespoir qu'on pût m'accuser d'avoir la moindre correspondance avec les héritiers de M. Lantin. M. Marin, qui a fait imprimer cette pièce, dont l'original est chez M. le duc de La Vallière, peut me rendre la justice qui m'est due; mais, si on fait une sottise dans Paris, tout aussitôt on me l'attribue. Je ne doute pas que votre amitié et votre zèle pour la vérité ne s'opposent à ce torrent de calomnies.

On a bien eu la cruauté de m'imputer *le Dépositaire*. Il faut que ce soit l'abbé Grizel qui ait débité cette imposture, et c'est ce qui m'empêche de donner la pièce. Je ferai écrouer l'abbé Grizel comme calomniateur impudent. Il avait volé cinquante mille francs à Mme d'Egmont, fille de M. le duc de Villars, lorsqu'il la convertit. Je ne sais pas au juste ce qu'il a volé depuis, pour la plus grande gloire de Dieu; mais je le tiens pour damné, s'il dit que *le Dépositaire* est de moi.

Voici un tarif très-honnête des montres que M. le duc de Praslin a bien voulu demander. On ne peut mieux faire que de s'adresser à nous, nous sommes bons ouvriers et très-fidèles. Si quelqu'un de vos ministres étrangers veut des montres à bon marché, qu'il s'adresse à Ferney. Secourez notre entreprise, mes chers anges; nous avons vingt familles à nourrir.

A l'égard des humeurs scorbutiques, je plains bien Mme d'Argental

1. Nom sous lequel Voltaire donna sa *Sophonisbe*. (ÉD.)

si son état approche de mon état. Portez-vous bien tous deux, jouissez d'une vie douce, conservez-nous vos bontés, protégez nos manufactures; mais protégez aussi celle de feu M. Lantin. Nous vous présentons nos cœurs, Mme Denis et moi.

MMMMMDCCCXLVIII. — A Madame Necker.

21 mai.

Ma juste modestie, madame, et ma raison me faisaient croire d'abord que l'idée d'une statue était une bonne plaisanterie : mais, puisque la chose est sérieuse, souffrez que je vous parle sérieusement.

J'ai soixante-seize ans, et je sors à peine d'une grande maladie qui a traité fort mal mon corps et mon âme pendant six semaines. M. Pigalle doit, dit-on, venir modeler mon visage : mais, madame, il faudrait que j'eusse un visage; on en devinerait à peine la place. Mes yeux sont enfoncés de trois pouces, mes joues sont du vieux parchemin mal collé sur des os qui ne tiennent à rien. Le peu de dents que j'avais est parti. Ce que je vous dis là n'est point coquetterie : c'est la pure vérité. On n'a jamais sculpté un pauvre homme dans cet état; M. Pigalle croirait qu'on s'est moqué de lui; et, pour moi, j'ai tant d'amour-propre, que je n'oserais jamais paraître en sa présence. Je lui conseillerais, s'il veut mettre fin à cette étrange aventure, de prendre à peu près son modèle sur la petite figure en porcelaine de Sèvres. Qu'importe, après tout, à la postérité, qu'un bloc de marbre ressemble à un tel homme ou à un autre ? Je me tiens très-philosophe sur cette affaire. Mais, comme je suis encore plus reconnaissant que philosophe, je vous donne, sur ce qui me reste de corps, le même pouvoir que vous avez sur ce qui me reste d'âme. L'un et l'autre sont fort en désordre; mais mon cœur est à vous, madame, comme si j'avais vingt-cinq ans, et le tout avec un très-sincère respect. Mes obéissances, je vous en supplie, à M. Necker.

MMMMMDCCCXLIX. — A M. de La Harpe.

23 mai.

Le capucin attaché à la paroisse du curé de Mélanie prie toujours Dieu, mon cher enfant, pour vos affaires temporelles; car pour les spirituelles, elles vont très-bien, Dieu merci.

Il est bien plaisant, bien digne des Welches qu'un Fréron ait le droit exclusif de dire son avis grossièrement sur les welcheries nouvelles, et qu'on vous conteste celui de dire le vôtre avec finesse et agrément. Il me semble qu'il n'y a jamais eu d'injustice plus ridicule, et que c'est le dernier degré d'ignominie dans laquelle les lettres sont tombées en France. Il est bien honteux qu'un misérable comme lui, chargé de crimes et d'opprobres, trouve de la protection. La lettre de son beau-frère Royou, dont vous avez, je pense, un extrait, suffirait seule pour le faire enfermer à Bicêtre; mais parce qu'il s'est fait hypocrite,

Fruitur dis
Iratis.

Juven., sat. I, v. 49.

Les anecdotes sur ce coquin m'intéressent moins que celles de Suétone sur ces coquins d'empereurs romains, qui ne valaient guère mieux.

Quand aurons-nous donc votre *Suétone?* Si vous l'enrichissez de remarques historiques et philosophiques, ce sera un livre dont aucun homme de lettres ne pourra se passer. Je l'attends avec le plus grand empressement : car, tout vieux et tout malade que je suis, j'ai encore les passions vives, surtout quand il s'agit de votre gloire.

MMMMMDCCCL. — DE FRÉDÉRIC II, ROI DE PRUSSE.

A Charlottembourg, le 24 mai.

Je vous crois très-capucin, puisque vous le voulez, et même sûr de votre canonisation parmi les saints de l'Église. Je n'en connais aucun qui vous soit comparable, et je commence par dire : *Sancte Voltarie, ora pro nobis!*

Cependant le saint-père vous a fait brûler à Rome. Ne pensez pas que vous soyez le seul qui ayez joui de cette faveur : l'*Abrégé* de Fleury a eu un sort tout semblable. Il y a je ne sais quelle affinité entre nous qui me frappe. Je suis le protecteur des jésuites, vous des capucins; vos ouvrages sont brûlés à Rome, les miens aussi. Mais vous êtes saint, et je vous cède la préférence.

Comment, monsieur le saint, vous vous étonnez qu'il y ait une guerre en Europe dont je ne sois pas! cela n'est pas trop canonique. Sachez donc que les philosophes, par leurs déclamations perpétuelles contre ce qu'ils appellent brigands mercenaires, m'ont rendu pacifique. L'impératrice de Russie peut guerroyer à son aise : elle a obtenu de Diderot, à beaux deniers comptants [1], une dispense pour faire battre les Russes contre les Turcs. Pour moi, qui crains les censures philosophiques, l'excommunication encyclopédique, et de commettre un crime de lèse-philosophie, je me tiens en repos. Et comme aucun livre n'a paru encore contre les subsides, j'ai cru qu'il m'était permis, selon les lois civiles et naturelles, d'en payer à mon allié, auquel je les dois; et je suis en règle vis-à-vis de ces précepteurs du genre humain qui s'arrogent le droit de fesser princes, rois, et empereurs qui désobéissent à leurs règles.

Je me suis refondu par la lecture d'un ouvrage intitulé *Essai sur les Préjugés* [2]. Je vous envoie quelques remarques [3] qu'un solitaire de mes amis a faites sur ce livre. Je m'imagine que ce solitaire s'est assez rencontré avec votre façon de penser, et avec cette modération dont vous ne vous départez jamais dans les écrits que vous avouez vôtres. Au reste, je ne pense plus à mes maux; c'est l'affaire de mes jambes de s'accoutumer à la goutte comme elles pourront. J'ai d'autres occupations : je vais mon chemin, clopinant ou boitant, sans m'embarrasser

---

1. Elle avait acheté sa bibliothèque. (ÉD.)
2. L'*Essai sur les préjugés* est du baron d'Holbach. On le donnait comme l'ouvrage de du Marsais. (ÉD.) — 3. *Examen de l'Essai sur les préjugés.* (ÉD.)

de ces bagatelles. Lorsque j'étais malade, en recevant votre lettre, le souvenir de Panétius me rendit mes forces. Je me rappelai la réponse de ce philosophe à Pompée, qui désirait de l'entendre : et je me dis qu'il serait honteux pour moi que la goutte m'empêchât de vous écrire.

Vous me parlez de tableaux suisses; mais je n'en achète plus depuis que je paye des subsides. Il faut savoir prescrire des bornes à ses goûts comme à ses passions.

Au reste, je fais des vœux sincères pour la corroboration et l'énergie de votre poitrine. Je crois toujours qu'elle ne vous fera pas faux bond sitôt. Contentez-vous des miracles que vous faites en vie, et ne vous hâtez pas d'en opérer après votre mort. Vous êtes sûr des premiers, et les philosophes pourraient suspecter les autres. Sur quoi je prie saint Jean du désert, saint Antoine, saint François d'Assise, et saint Cucufin, de vous prendre tous en leur sainte et digne garde. FÉDÉRIC.

MMMMMDCCCLI. — A MADAME LA MARQUISE DU DEFFAND.

25 mai.

Je soupçonne, madame, que vous vous souciez peu de la métaphysique; cependant il est assez curieux de chercher si on a une âme ou non, et de voir tous les rêves qu'on a faits sur cet être incompréhensible. Nous ressemblons tous au capitaine suisse qui priait dans un buisson avant une bataille, et qui disait : « Mon Dieu, s'il y en a un, ayez pitié de mon âme, si j'en ai une. » Vous me paraissez fort indifférente sur ces bagatelles; on s'endurcit en vivant dans le monde.

Vous avez voulu absolument que je vous envoyasse quelques chapitres; mais j'ai peur qu'ayant beaucoup lu et beaucoup réfléchi, vous ne soyez plus amusable, et que je ne sois point du tout amusant. Vous en savez trop pour que je vous donne du plaisir.

Voyez si les articles *Alchimiste*, *Alcoran*, *Alexandre*, qui sont remplis d'historiettes, pourront vous désennuyer un moment. Je suis avec vous comme Arlequin, à qui on disait¹ : « Fais-moi rire, » et qui ne pouvait en venir à bout.

J'imagine que votre grand'maman est une vraie philosophe; elle s'en va voir sa colonie, que vous appelez si bien Salente. Elle va faire le bonheur de ses vassaux, au lieu d'avoir la tête étourdie du fracas des fêtes, dont il ne reste que la lassitude quand elles sont passées. Je crois le fond de son caractère un peu sérieux, d'une couleur très-douce, toute brodée de fleurs naturelles. Je me figure qu'elle a une âme égale et constante, sans ostentation; qu'elle n'aime point à se prodiguer dans le monde; que chaque jour elle aimera davantage la retraite; qu'en connaissant les hommes par la supériorité de sa raison, elle aime à répandre des bienfaits par instinct; qu'elle est très-instruite, et ne veut point le paraître; voilà le portrait que je me fais de la souveraine d'Amboise, au pied de mes Alpes, où j'ai encore de la neige.

1. *La Vie est un songe*, comédie de Boissy. (ÉD.)

J'ai pris avec elle une étrange liberté ; j'ai mis sous sa protection des essais de ma manufacture de montres : que ne suis-je un de ses vassaux d'Amboise ! On dit que le blé a manqué jusque dans ses États ; nous n'en avons point dans notre pays barbare.

Je crois que les Russes mangeront bientôt celui des Turcs. Il me semble que voilà une révolution qui se prépare, et à laquelle personne ne s'attendait : c'est de quoi exercer la philosophie de votre grand'-maman.

La mienne consiste à souffrir patiemment, ce qui coûte un peu, et à vous être attaché, madame, avec le plus tendre respect. Il ne faut assurément nul effort pour vous aimer.

Voulez-vous bien, madame, avoir la bonté de me mettre aux pieds de votre grand'maman ?

MMMMMDCCCLII. — A M. HENNIN.

Samedi au soir.

Je crois que le bonhomme Homère [1]
Eût été très-flatté de dîner avec vous.
Mon destin n'est pas fait pour des plaisirs si doux :
Hélas ! je ne suis que Voltaire.

J'ai voulu m'essayer. J'ai été chez mes enfants [2] à Maconex aujourd'hui, en robe de chambre ; cela ne m'a pas réussi. Je ne puis mettre un justaucorps. Le canon me tuerait ; le dîner encore plus. Ma faiblesse augmente d'heure en heure. Je dînerai bientôt avec Homère dans les champs Élysées. Je présente ma misère et mon respect à madame votre sœur et à monsieur votre beau-frère [3].

MMMMMDCCCLIII. — DE CATHERINE II.

Le 16-27 mai.

Monsieur, un courrier parti de devant Coron en Morée, de la part du comte Féodor Orlof, m'a apporté l'agréable nouvelle qu'après que ma flotte eut abordé le 17 février à Porto-Vitello, mes troupes se joignirent aux Grecs, qui désiraient de recouvrer leur liberté. Ils se partagèrent en deux corps, dont l'un prit le nom de légion orientale de Sparte ; et le second, celui de légion du nord de Sparte. La première s'empara dans peu de jours de Passava, de Berdoni, et de Misistra, qui est l'ancienne Sparte. La seconde s'en alla prendre Calamata, Léontari et Arcadie. Ils firent quatre mille prisonniers turcs dans ces différentes places, qui se rendirent après quelque défense ; celle de Misistra surtout fut plus sérieuse que les autres.

1. Le billet de Hennin auquel répond celui de Voltaire commençait par ces deux vers :
Aux noces des enfants des dieux
Je voudrais inviter Homère. (ÉD.)
2. M. et Mme Dupuits. (ÉD.) — 3. M. et Mme Legendre. (ÉD.)

La plupart des villes de la Morée sont assiégées. La flotte s'était portée de Porto-Vitello à Coron; mais cette dernière ville n'était point prise encore le 29 de mars, jour du départ du courrier. Cependant on en attendait si bien la réduction dans peu, qu'on avait déjà dépêché trois vaisseaux pour s'emparer de Navarin. Le 28, on avait reçu la nouvelle devant Coron d'une affaire qui s'était passée entre les Grecs et les Turcs, au passage de l'isthme de Corinthe. Le commandant turc a été fait prisonnier en cette occasion.

Je me hâte de vous donner ces bonnes nouvelles, monsieur, parce que je sais qu'elles vous feront plaisir, et que cela est bien authentique, puisqu'elles me viennent directement. Je m'acquitte aussi par là de la promesse que je vous ai faite de vous communiquer les nouvelles aussitôt que je les aurais reçues. Soyez assuré, monsieur, de l'invariabilité de mes sentiments.

CATERINE.

Voilà la Grèce au point de redevenir libre, mais elle est bien loin encore d'être ce qu'elle a été : cependant on entend avec plaisir nommer ces lieux dont on nous a tant rebattu les oreilles dans notre jeunesse.

MMMMMDCCCLIV. — A M. LE COMTE DE SCHOMBERG.

A Ferney, 28 mai.

Monsieur, je persiste à croire que les philosophes m'ont daigné prendre pour leur représentant, comme une compagnie fait souvent signer pour elle le moindre de ses associés. Je consens de signer, quoique j'aie la main fort tremblante.

Vous avez donc la bonté, monsieur, d'être un des protecteurs de la statue. M. le duc de Choiseul y a de plus grands droits qu'on ne pense; il fait des vers plus jolis que ceux de nous autres faiseurs, et tient le cas secret; j'en ai de lui qui sont charmants.

Je ne sais comment reconnaître ses bontés : il protège une manufacture de montres que les émigrants de Genève ont établie dans mon hameau; il a bien voulu descendre jusqu'à leur faciliter le débit. Je ne verrai pas la ville qu'il va bâtir dans mon voisinage; mais je jouis déjà de tout le bien qu'il veut faire.

Je goûte à présent, malgré tous mes maux, le plus grand des plaisirs; je vois les fruits de la philosophie éclore. Soixante artistes huguenots, répandus tout d'un coup dans ma paroisse, vivent avec les catholiques comme des frères; il serait impossible à un étranger de deviner qu'il y a deux religions dans ce petit canton-là. En conscience, messieurs les moines, monsieur Rose, évêque de Senlis, messieurs les curés Aubry et Guincestre, cela ne vaut-il pas mieux que vos Saint-Barthélemy?

Peut-être l'impératrice de Russie opère-t-elle à présent une grande révolution chez les Turcs; mais j'aime mieux celle dont je suis témoin, et j'ai la mine de mourir content. Je crois que ces nouvelles ne déplairont pas au respectable M. Dalembert, l'appui de la tolérance et de la vertu, et si digne d'être votre ami.

Conservez vos bontés, monsieur, à votre très-humble, et très-obéissant, et très-reconnaissant serviteur, le languissant frère François, plus humain que tous les capucins du monde.

MMMMMDCCCLV. — DE M. DALEMBERT.

A Paris, ce 30 mai.

C'est M. Pigalle qui vous remettra lui-même cette lettre, mon cher et illustre maître. Vous savez déjà pourquoi il vient à Ferney, et vous le recevrez comme Virgile aurait reçu Phidias, si Phidias avait vécu du temps de Virgile, et qu'il eût été envoyé par les Romains pour leur conserver les traits du plus illustre de leurs compatriotes. Avec quel tendre respect la postérité n'aurait-elle pas vu un pareil monument, s'il avait pu exister ? Elle aura, mon cher et illustre maître, le même sentiment pour le vôtre. Vous avez beau dire que vous n'avez plus de visage à offrir à M. Pigalle; le génie, tant qu'il respire, a toujours un visage que le génie son confrère sait bien trouver ; et M. Pigalle prendra, dans les deux escarboucles dont la nature vous a fait des yeux, le feu dont il animera ceux de votre statue. Je ne saurais vous dire, mon cher et respectable confrère, combien M. Pigalle est flatté du choix qui a été fait de lui pour ériger ce monument à votre gloire, à la sienne, et à celle de la nation française. Ce sentiment seul le rend aussi digne de votre amitié, qu'il l'est déjà de votre estime. C'est le plus célèbre de nos artistes qui vient, avec enthousiasme, pour transmettre aux siècles futurs la physionomie et l'âme de l'homme le plus célèbre de notre siècle ; et (ce qui doit encore plus toucher votre cœur) qui vient de la part de vos admirateurs et de vos amis, pour éterniser sur le marbre leur attachement et leur admiration pour vous. Avec tant de titres pour être bien reçu, M. Pigalle n'a pas besoin de recommandation ; cependant il a désiré que je lui donnasse pour vous une lettre dont il est si fort en droit de se passer; mais ce désir même est une preuve de sa modestie, et par conséquent un nouveau titre pour lui auprès de vous. Adieu, mon cher et illustre et ancien ami ; renvoyez-nous M. Pigalle le plus tôt que vous pourrez, car nous sommes pressés de jouir de son ouvrage. Je ne vous dis rien de moi, sinon que je suis toujours imbécile; mais cet imbécile vous aimera, vous respectera, et vous admirera tant qu'il lui restera quelque faible étincelle de ce bon ou mauvais présent appelé *raison*, que la nature nous a fait. Je vous embrasse de tout mon cœur.

P. S. Un très-grand nombre de gens de lettres a déjà contribué, et un plus grand nombre a promis d'imiter leur exemple. M. le maréchal de Richelieu et plusieurs personnes de la cour ont contribué aussi ; M. le duc de Choiseul et beaucoup d'autres promettent de s'y joindre. Je ne doute pas que plus d'un prince étranger n'en fit autant, si vos compatriotes n'étaient jaloux d'être seuls ; cependant ils feraient volontiers à votre gloire le sacrifice de leur délicatesse. Adieu, adieu.

MMMMMDCCCLVI. — A MADAME LA DUCHESSE DE CHOISEUL.

Ferney, 1ᵉʳ juin.

Madame, je crois que vous avez fait une gageure d'exercer votre patience, et moi de pousser à bout vos bontés. J'ai eu l'honneur de vous parler, dans une de mes lettres, de sept frères, tous au service du roi, dont les jésuites avaient usurpé l'héritage, pour la plus grande gloire de Dieu. Voici, je pense, l'aîné de ces sept Machabées. Il prétend qu'ayant été auprès de vous, madame, le secrétaire des capucins, je dois, à plus forte raison, être celui des officiers qui ont été blessés au service. Je ne sais pas ce qu'il demande. Pour moi, je ne demanderais, à Versailles, que l'honneur et la consolation de vous entendre. Tout le monde croit, dans mon pays de neiges, que j'ai un grand crédit auprès de vous, depuis l'aventure des capucins, et surtout depuis celle des montres. Moi, qui suis excessivement vain, je ne les détrompe pas; il viennent tous me dire : « Allons, notre secrétaire, vite une lettre pour Mme la duchesse, qui *fait du bien pour son plaisir*. » Je baisse les oreilles, j'écris, et puis je suis tout honteux, et je voudrais m'aller cacher.

J'ai l'honneur d'être, avec un profond respect, et en rougissant de mes hardiesses, madame, votre très-humble, très-obéissant, et très-obligé serviteur.

MMMMMDCCCLVII. — A MADAME LA MARQUISE DU DEFFAND.

1ᵉʳ juin.

Vous avez dû voir, madame, que je consume ma pauvre vie dans mes déserts de neige pour vous récréer un quart d'heure, vous et votre grand'maman. Il y a des insectes qui sont trois ans à se former pour vivre quelques minutes : c'est le sort de la plupart des ouvrages en plus d'un genre. Je vous prie toutes deux de prêter un peu d'attention à l'article *Anciens et modernes*, c'est une affaire de goût : vous êtes juges en dernier ressort.

Quant aux choses scientifiques, je ne crois pas que tout ce qu'on ne peut comprendre soit inutile. Personne ne sait comment une médecine purge, et comment le sang circule vingt fois par heure dans les veines; cependant il est très-souvent utile d'être purgé et saigné.

Il est fort utile d'être défait de certains abominables préjugés, sans qu'on ait quelque chose de bien satisfaisant à mettre à la place. C'est assez qu'on sache certainement ce qui n'est pas, on n'est pas obligé de savoir ce qui est. Je suis grand démolisseur, et je ne bâtis guère que des maisons pour les émigrants de Genève. La protection de Mme la duchesse de Choiseul leur a fait plus de bien que leurs compatriotes ne leur ont fait de mal. Qui m'aurait dit que je lui devrais tout, et qu'un jour je fonderais au mont Jura une colonie qui ne prospérerait que par ses bontés? Et puis qu'on dise qu'il n'y a point de destinée! C'est vous, madame, qui m'avez valu cette destinée-là; c'est à vous que je dois votre grand'maman.

Je lui ai envoyé le mémoire des communautés de Franche-Comté, d'accord ; mais il est signé des syndics, et non pas de moi. Je ne suis point avocat : le fond du mémoire est de M. Christin, avocat de Besançon ; je l'ai un peu retouché. Il n'y a rien que de très-vrai. L'avocat au conseil chargé de l'affaire l'a approuvé, l'a donné à plusieurs juges. S'il n'est pas permis de soutenir le droit le plus évident, où fuir? Je tiens qu'il faut le soutenir très-fortement, ou l'abandonner.

Ce n'est point ici une grâce qu'on demande. Ces communautés sont précisément sur la route que M. le duc de Choiseul veut ouvrir de sa colonie en Franche-Comté. Ces gens-là seraient fort aises d'être les serfs du mari de votre grand'maman, mais ils ne veulent point du tout l'être des moines de Saint-Benoît, devenus chanoines. La prétention de saint Claude est absurde. Saint Claude est un grand saint, mais il est aussi ridicule qu'injuste ; du moins il me paraît tel. J'ai cru qu'il fallait faire sentir cette absurdité avant qu'on discutât des fatras de papiers que les ministres n'ont jamais le temps de lire.

J'avoue que mon nom est fatal en matière ecclésiastique ; mais je n'ai jamais prétendu que mon nom parût ; Dieu m'en préserve ! et d'ailleurs ceci est matière féodale. Le roi ne lit point ces factums préparatoires, on ne les met point sous ses yeux. Le rapporteur seul est écouté ; et comme tout dépend ordinairement de lui, il nous a paru essentiel que les juges fussent bien au fait. Ils jettent souvent un coup d'œil égaré sur ces pièces ennuyeuses ; j'ai voulu les intéresser par la tournure ; j'ai voulu les amuser, eux, et non pas le roi, qui a d'autres affaires, et qui très-communément laisse décider ces procès sommaires sans y assister, comme il arriva dans le procès des Sirven, où M. le duc de Choiseul fut net contre moi, et avec raison.

Enfin, si j'ai tort, on perdra de bons sujets, et j'en suis fâché ; mais je me résigne, car il faut toujours se résigner, et je ne suis pas capucin pour rien.

Résignez-vous, madame, à la fatalité qui gouverne ce monde. Horace recommandait cette philosophie, il y a quelque dix-huit cents ans ; il recommandait aussi l'amitié, et la vôtre fait le charme de ma vie.

MMMMMDCCCLVIII. — A M. LE COMTE D'ARGENTAL.

4 juin.

Mon cher ange, je vous dirai d'abord, pour m'insinuer dans vos bonnes grâces, que l'abbé de Châteauneuf s'est arrangé tout comme vous l'avez voulu avec *le Dépositaire*. Ninon n'a point couché avec le jeune Gourville ; et quant à M. Agnant, il n'est point un ivrogne à balbutiement et à hoquets ; c'est un buveur du quartier qui peut regarder les gens fixement et d'un air comique, en disant son mot ; mais qui n'est point du tout ivre : et, en cela même, il est un personnage assez neuf au théâtre.

Dès que messieurs du clergé seront prêts à plier bagage, je vous enverrai celui de Ninon ; l'*Encyclopédie* ne me laisse pas à présent à moi.

Venons maintenant au profane. Je crains bien que M. le duc de Praslin ne fasse pas sitôt des présents de montres aux janissaires et aux douaniers de la Porte ottomane. Vous savez comme on s'égorge dans la patrie de Sophocle et de Platon, comme on massacre et comme on pille. Cependant, si nos consuls restent, si M. le duc de Praslin veut des montres, nous sommes à ses ordres.

M. le duc de Choiseul a la bonté de nous en prendre. Favorisez-nous, je vous en conjure; engagez vos camarades, MM. les ministres étrangers, à nous donner la préférence. Si nous avions une estampe de votre prince [1], nous lui enverrions une montre avec son portrait en émail, qui ne serait pas chère.

Nous avons fait celui du roi et de Mgr le Dauphin, qui ont parfaitement réussi. Nous faisons à présent celui de M. le comte d'Aranda; c'est une entreprise très-considérable. M. l'abbé Terray en a fait une bien cruelle en me saisissant deux cent mille francs d'argent comptant qui n'avaient rien à démêler avec les deniers de l'État, et qui auraient servi à bâtir des maisons pour nos artistes, et à augmenter la fabrique. Il a fait un mal irréparable.

On avait bien trompé ou du moins voulu tromper M. le duc de Choiseul, quand on lui avait dit que les natifs de Genève massacrés par les bourgeois n'étaient que des gredins et des séditieux. Je vous assure que ceux qui travaillent chez moi sont les plus honnêtes gens du monde, les plus sages, les plus dignes de sa protection.

Dites bien, je vous prie, à MM. les ducs de Choiseul et de Praslin combien je leur suis attaché; mon cœur vous en dit toujours autant.

MMMMMDCCCLIX. — A TOUS LES AMBASSADEURS.

Ferney, le 5 juin.

Monsieur, j'ai l'honneur d'informer Votre Excellence que les bourgeois de Genève ayant malheureusement assassiné quelques-uns de leurs compatriotes, plusieurs familles de bons horlogers s'étant réfugiées dans une petite terre que je possède au pays de Gex, et M. le duc de Choiseul les ayant mises sous la protection du roi, j'ai eu le bonheur de les mettre en état d'exercer leurs talents. Ce sont les meilleurs artistes de Genève; ils travaillent en tout genre, et à un prix plus modéré qu'en toute autre fabrique. Ils font en émail, avec beaucoup de promptitude, tous les portraits dont on veut garnir les boîtes des montres. Ils méritent d'autant plus la protection de Votre Excellence qu'ils ont beaucoup de respect pour la religion catholique.

C'est sous les auspices de M. le duc de Choiseul que je supplie Votre Excellence de les favoriser, soit en leur donnant vos ordres, soit en daignant les faire recommander aux négociants les plus accrédités.

Je vous prie, monseigneur, de pardonner à la liberté que je prends, en considération de l'avantage qui en résulte pour le royaume.

J'ai l'honneur d'être avec beaucoup de respect, monsieur, de Votre Excellence, etc. VOLTAIRE, *gentilhomme ordinaire de la chambre du roi.*

1. Le prince de Parme. (ÉD.)

MMMMMDCCCLX. — A M. Delisle de Sales.

Ferney, 6 juin.

J'ai lu, monsieur, votre livre [1] avec enchantement. Je vous suis d'autant plus obligé que je le crois capable de faire le plus grand bien. Tous les gens sages le liront, et estimeront l'auteur; mais c'est principalement aux malades à lire les bons livres de médecine. Vous leur avez emmiellé les bords du vase, comme dit Lucrèce. Vous ne vous contentez pas de leur parler raison, vous y joignez l'éloquence, qui est son passe-port : *Utile dulci* est votre devise.

La lecture de votre ouvrage, monsieur, m'a fait oublier ma vieillesse et les maux dont je suis accablé. Vous êtes comme les anciens mages, qui guérissaient avec des paroles enchantées.

J'ai l'honneur d'être avec toute la reconnaissance et toute l'estime que je vous dois, etc.

MMMMMDCCCLXI. — A M. Thieriot.

Ferney, 6 juin.

Mon ancien ami, comme il y a un an que je n'ai reçu de vos nouvelles, j'ignore si vous demeurez aux Incurables ou au faubourg Saint-Antoine.

Je suppose que vous n'avez appris la mort de votre frère qu'au bout de trois mois, et que, dans deux ans, vous me manderez si vous avez touché quelque chose de sa succession. Il est bon de mettre de grands intervalles dans les affaires; cela donne le temps de réfléchir, et prévient les fausses démarches.

Vous avez peut-être rencontré depuis votre dernière lettre, c'est-à-dire depuis quinze mois, les héritiers de l'abbé de Châteauneuf, qui se sont arrangés avec vous pour le dépôt de la belle gardeuse de cassettes. Vous vous êtes accommodé sans doute avec l'assemblée du clergé, afin que, dès qu'elle sera dissoute, on puisse produire M. Billard et l'abbé Grizel sous le nom de M. Garant. Je crois qu'on mettra partout *Philosophie* à la place de *Théologie*, pour ne point effaroucher les âmes timorées. M. d'Argental et M. Marin se chargent de vos intérêts; car, si on s'en remettait à vous, nous n'en saurions des nouvelles que dans trois ans. Vous saurez que dans trois ans j'en aurai au moins quatre-vingts, s'il plaît à Dieu.

Je suppose que vous recevrez ma lettre en quelque endroit du monde que vous soyez gîté; je vous adresse celle que je dois à M. de Sales. Quelque louange que je lui donne, je ne lui ferai pas la moitié du plaisir qu'il m'a fait.

Faites bien mes compliments, je vous prie, à M. de Montmerci. Portez-vous bien, vivez longtemps, et aimez-moi.

1. *La Philosophie de la nature.* (Éd.)

ANNÉE 1770. 87

MMMMMDCCCLXII. — De Catherine II

À ma maison de campagne de Czarskozélo, le 26 mai-6 juin.

Monsieur, je me hâte de répondre à votre lettre du 18 mai, que j'ai reçue hier au soir, parce que je vous vois en peine. Les vicissitudes que les adhérents de Moustapha répandent que mon armée doit avoir essuyées, la perte de la Valachie, sont des contes dont je n'ai senti d'autre chagrin que celui de vous voir appréhender que cela ne soit vrai. Dieu merci, rien de tout cela n'existe. Je vous ai mandé, la poste passée, les nouvelles que j'ai reçues de la Morée, qui, pour premier début, paraissent assez satisfaisantes. J'espère que par votre intercession la sainte Vierge n'abandonnera pas les fidèles.

Dormez tranquillement, monsieur; les affaires de votre favorite (après ce que vous me dites, et l'amitié que vous ne cessez de me témoigner, je prends hardiment ce titre) vont un train très-honnête : elle-même en est contente, et ne craint les Turcs ni par terre ni par mer.

Cette flotte turque, dont on fait tant de bruit, est merveilleusement équipée ! Faute de matelots, on a mis sur les vaisseaux de guerre les jardiniers du sérail.

Après avoir bien bataillé, viendra la paix, temps pendant lequel j'espère achever mon code.

Frère Ganganelli a trop d'esprit pour être fâché, au fond de son cœur, de mes progrès. Nous n'avons rien à démêler ensemble. Je ne lui ai pris ni Avignon ni Bénévent. Ma cause, au bout du compte, est celle de la chrétienté. Il n'appartenait qu'à frère Rezzonico[1] de s'aveugler dans sa dévotion. Clément XIV me paraît plus éclairé. Les capucins, monsieur, ont, je pense, les mêmes droits que les cordeliers. Vous pouvez devenir pape; et même cela doit se faire pour le bien de l'Église; et voici pourquoi les deux chefs de l'Église grecque et de la romaine non-seulement seront en correspondance directe, mais encore on les verra liés par l'amitié; chose qui n'a pas existé jusqu'ici. J'en prévois déjà d'avance un grand bien pour la chrétienté. Je vous déclare que vous me trouverez modérée, mais ferme : n'allez pas prendre cette fermeté pour de l'opiniâtreté, au moins.

Adieu, monsieur; portez-vous bien, et soyez assuré qu'on ne saurait ajouter à la sensibilité que j'ai pour toutes les marques d'amitié que vous me donnez. Rien aussi n'égale l'estime que j'en fais. CATERINE.

MMMMMDCCCLXIII. — A M. La Combe.

Juin.

Ah! monsieur, que je suis content de *Mélanie!* voilà le style dont il faut écrire. Les Welches vont être débarbarisés.

Je ne regarde l'aventure de l'*Encyclopédie* que comme une défense aux rôtisseurs de Paris d'étaler des perdrix pendant le carême. Je suis persuadé qu'après Pâques on fera très-bonne chère. Je souhaite beaucoup

1. Clément XIII. (ÉD.)

la délivrance des volumes de l'*Encyclopédie* et des rescriptions. Les dernières m'intéressent très particulièrement.

Je vous remercie, mon cher monsieur, de la *Gazette littéraire* et de la lettre de M. de Fontanelle, et d'avoir purgé votre libraire des follicules de ce maraud de maître Aliboron. Vous imprimez le *Suétone* au lieu de l'*Ane littéraire*; c'est mettre un diamant à la place de la boue. Vous me faites un plaisir extrême de me dire que les remarques sont excellentes, je m'en doutais bien. Personne, à mon gré, n'a le jugement plus sûr que M. de La Harpe; son style est clair et vigoureux; il dit beaucoup en peu de mots; c'est le grand ennemi du fatras. Il faut absolument le mettre de l'Académie, quand il décampera quelque évêque ou moi. Je vous réponds de moi dans peu de temps.

Vous devez avoir vu une assez belle bibliothèque à Manheim. Vous êtes sans doute en correspondance avec M. Colini, mon ami. Je me flatte que je puis vous appeler du même nom. Vous devez bien compter sur tous les sentiments, etc.

MMMMMDCCCLXIV. — A FRÉDÉRIC II, ROI DE PRUSSE.

8 juin.

Quand un cordelier[1] incendie
Les ouvrages d'un capucin,
On sent bien que c'est jalousie
Et l'effet de l'esprit malin;
Mais lorsque d'un grand souverain
Les beaux écrits il associe
Aux farces de saint Cucufin,
C'est une énorme étourderie.
Le saint-père est un pauvre saint,
C'est un sot moine qui s'oublie :
Au hasard il excommunie.
Qui trop embrasse mal étreint.

Voilà Votre Majesté bien payée de s'être vouée à saint Ignace; passe pour moi chétif, qui n'appartiens qu'à saint François.

Le malheur, sire, c'est qu'il n'y a rien à gagner à punir frère Ganganelli : plût à Dieu qu'il eût quelque bon domaine dans votre voisinage, et que vous ne fussiez pas si loin de Notre-Dame de Lorette.

Il est beau de savoir railler
Ces arlequins faiseurs de bulles;
J'aime à les rendre ridicules;
J'aimerais mieux les dépouiller.

Que ne vous chargez-vous du vicaire de Simon Barjone, tandis que l'impératrice de Russie époussette le vicaire de Mahomet ? Vous auriez à vous deux purgé la terre de deux étranges sottises. J'avais autrefois conçu ces grandes espérances de vous; mais vous vous êtes contenté

1. Le pape Clément XIV avait été franciscain. (ÉD.)

ce vous moquer de Rome et de moi, d'aller droit au solide, et d'être un héros très-avisé.

J'avais dans ma petite bibliothèque l'*Essai sur les préjugés*, mais je ne l'avais jamais lu; j'avais essayé d'en parcourir quelques pages; et n'ayant vu qu'un verbiage sans esprit, j'avais jeté là le livre. Vous lui faites trop d'honneur de le critiquer; mais béni soyez-vous d'avoir marché sur des cailloux, et d'avoir taillé des diamants ! Les mauvais livres ont quelquefois cela de bon qu'ils en produisent d'utiles.

De la fange la plus grossière
On voit souvent naître des fleurs,
Quand le dieu brillant des neuf Sœurs
La frappe d'un trait de lumière.

Tâchez, je vous prie, sire, d'avoir pitié de mes vieux préjugés en faveur des Grecs contre les Turcs : j'aime mieux la famille de Socrate que les descendants d'Orcan, malgré mon profond respect pour les souverains.

Sire, vous savez bien que, si vous n'étiez pas roi, j'aurais voulu vivre et mourir auprès de vous.   LE VIEUX MALADE ERMITE.

Je vois que vous ne voulez point des Trois Grâces de M. Hennin; celles qui vous inspirent quand vous écrivez sont beaucoup plus grâces.

MMMMMDCCCLXV. — DE M. DALEMBERT.

A Paris, ce 8 juin.

Mon cher et illustre confrère, cette lettre vous sera remise par M. Panckoucke, que vous connaissez depuis longtemps, et dont vous m'avez souvent parlé, dans vos lettres, avec estime et intérêt. J'espère que cet intérêt augmentera encore, s'il est possible, par celui que je prends à M. Panckoucke, et par la connaissance que vous aurez de l'honnêteté de son caractère, et des sentiments de respect et d'attachement dont il est rempli pour vous. Il va à Genève pour des affaires qui l'intéressent, et je l'ai assuré que vous ne lui refuseriez pas vos bontés et vos conseils. Il vous contera tous les malheurs qu'a essuyés l'infortunée *Encyclopédie*, et le besoin qu'elle a que les honnêtes gens et les philosophes fassent un bataillon carré pour la soutenir. J'espère qu'il m'apprendra en quel état est l'ouvrage que vous avez entrepris[1], et qui sera si utile à la perfection du nôtre. Je vous recommande le Suisse de Félice et ses coopérateurs, au nombre desquels sont quelques polissons d'écrivailleurs français qui prétendent, à ce qu'on dit, élever autel contre autel. A en juger par les programmes ou prospectus qu'ils ont publiés, ce sera de la besogne bien faite; et je ne doute pas que cette société de gens de lettres, soi-disant, ne renferme plusieurs suisses de porte nouvellement arrivés de Zug ou d'Underwald. Quoi qu'il en soit, mon cher et illustre maître, je vous demande vos bontés et votre amitié pour M. Panckoucke; et j'espère que quand vous l'aurez vu,

1. Les *Questions sur l'Encyclopédie*. (ÉD.)

vous l'en trouverez digne, et que ma recommandation lui deviendra tout à fait inutile. Je vous embrasse de tout mon cœur.

MMMMMDCCCLXVI. — A M. DE BELLOY.

A Ferney, 11 juin.

En vérité, monsieur, vous travaillez pour l'honneur de la France, en prose comme en vers. Plus d'une ancienne maison du royaume vous a de très-grandes obligations; mais les lecteurs ne vous en ont pas moins. Vous avez bien mérité du public en tout genre. Les Duchesne et les Dupuy n'ont jamais mieux discuté que vous en généalogie. Les Coucy vous devront leur illustration par vos recherches[1] comme par votre tragédie.

Il est bien naturel, quand tous les Français vous doivent de la reconnaissance, que le maraud de Quimper-Corentin soit le serpent qui ronge votre lime. Celui qui fait honneur à notre littérature doit avoir pour ennemi celui qui en fait l'opprobre. Il est bon que vous connaissiez l'extrait d'une lettre de son beau-frère. Vous verrez qu'un homme qui fait un métier aussi infâme ne peut être qu'un scélérat. J'aurais voulu joindre à cet extrait des anecdotes qui m'ont été envoyées de Paris sur ce misérable; je tâcherai de vous les faire parvenir bientôt. *Oportet cognosci malos.*

Le triste état de ma santé m'empêche de vous en dire davantage. *Diligo probos.*

MMMMMDCCCLXVII. — A M. LE FRANÇAIS, ANCIEN OFFICIER DE CAVALERIE.

Ferney, 11 juin.

Le vieillard très-malade que M. Le Français a bien voulu honorer de son attention, et des meilleurs vers qu'on ait faits depuis longtemps, lui demande bien pardon de le remercier si tard, et de ne le remercier qu'en prose : soixante-seize ans, des montagnes pleines de neige qui lui font perdre la vue, et des maladies cruelles, sont une excuse trop valable; agréez-la, monsieur, avec la reconnaissance respectueuse que vous doit le solitaire honoré de vos bontés.

MMMMMDCCCLXVIII. — A M. DALEMBERT.

11 juin.

Mon cher ami, mon cher philosophe, êtes-vous toujours bien imbécile à la manière de Locke et de Newton? Prêtez-moi un peu de votre bêtise, j'en ai grand besoin. On dit que vous nous donnez pour confrère M. l'archevêque de Toulouse[2], qui passe pour une bête de votre façon, très-bien disciplinée par vous. Savez-vous quand les bêtes d'une

---

1. *Mémoire historique sur la maison de Coucy, sur la dame de Fayel, sur Eustache de Saint-Pierre,* 1770, in-8. (ÉD.)
2. Loménie de Brienne. (ÉD.)

autre espèce cesseront d'être assemblées ? cela est assez important pour ce pauvre Panckoucke.

Répondez, je vous prie, à une autre question.

Le roi de Prusse vous a envoyé, sans doute, son petit écrit contre un livre imprimé cette année, intitulé *Essai sur les Préjugés*; ce roi a aussi les siens, qu'il faut lui pardonner : on n'est pas roi pour rien. Mais je voudrais savoir quel est l'auteur de cet *Essai* contre lequel Sa Majesté Prussienne s'amuse à écrire un peu durement. Serait-il de Diderot ? serait-il de Damilaville ? serait-il d'Helvétius ? peut-être ne le connaissez-vous point ; je le crois imprimé en Hollande. L'auteur, quel qu'il soit, me paraît ressembler à Le Clerc de Montmercî; il a de la force, mais il fait trop de prose, comme l'autre fait trop de vers.

Il faut que je vous dise un mot de la plaisanterie de l'effigie. Le vieux magot que Pigalle veut sculpter sous vos auspices a perdu toutes ses dents, et perd ses yeux; il n'est point du tout sculptable; il est dans un état à faire pitié. Conseillez, je vous en prie, à votre Phidias de s'en tenir à la petite figure de porcelaine faite à Sèvres, qui lui servirait de modèle. J'aimerais bien mieux avoir votre buste que tout autre.

Bonsoir, mon très-cher philosophe ;. badinez avec la vie; elle n'est bonne qu'à cela.

MMMMMDCCCLXIX. — A M. Hennin.

A Ferney, lundi au soir, 11 juin.

La personne [1] à qui nous avons proposé des grâces en a tant, qu'elle ne se soucie pas d'en acheter des autres. D'ailleurs leur sexe est un empêchement dirimant.

Au surplus, le nommé Charles, huissier de je ne sais quels magnifiques et très-honorés seigneurs [2], s'est avisé d'assigner le sieur Dufour, directeur de la manufacture royale de Ferney, naturalisé Français, protégé spécialement par le roi, et si bien protégé, que le roi vient de lui acheter et de lui payer argent comptant six belles montres de sa façon, pour encourager ladite manufacture royale.

On ne voit pas de quel droit les magnifiques et très-honorés seigneurs assignent le très-magnifique et honoré Dufour.

Je vous prie réellement, monsieur, et raillerie à part, d'interposer votre autorité pour que dorénavant on s'abstienne de pareilles violations de territoire, sans quoi on serait obligé de traiter fort mal lesdites assignations, juridiquement parlant. Il est temps de mettre ordre à ces impertinences. Notre manufacture française, protégée par le roi, et travaillant pour le roi, doit être respectée.

Je vous demande en grâce d'en parler vertement. Vous savez que la loi est qu'on assigne à Gex ceux qui demeurent dans le territoire de Gex. Nous prévoyons que si on ne met pas un frein à ces polissonneries, elles reviendront tous les jours ; le temps de nos artistes est pré-

1. Le roi de Prusse. — 2. De la république de Genève. (Éd.)

cieux. Mme Denis se joint à moi pour vous prier avec la plus vive instance de soutenir les droits des Français. Vous n'avez pas besoin d'être prié.

Mille respects à madame votre sœur et à vous. V.

MMMMMDCCCLXX. — AU MÊME.

A Ferney, 16 juin.

« Va te faire f..... va gratter ton cul avec celui du résident; tu as du pain dans tes poches pour les grimauds; tu viens de la part de ces b....... de Français de Ferney, etc., etc., etc. »

Ce sont là, monsieur, les propres mots de la philippique prononcée aujourd'hui, 16 du mois de la jeunesse, contre Dalloz, commissionnaire de Ferney, porteur, non de pain pour les grimauds, mais d'une petite truite pour notre souper.

Ces galanteries arrivent fort souvent. Nous en régalerons M. le duc de Choiseul, à qui nous devons d'ailleurs des remerciments, pour avoir fait acheter et payer par le roi nos montres de grimauds. Je n'ai point vu le cul de Dalloz; je ne crois pas qu'il soit digne de gratter le vôtre. Passe encore pour celui[1] à qui vous destiniez vos Grâces. Mais franchement les bontés des Génevois deviennent trop fortes depuis le soufflet donné à tour de bras, dans la rue, au président du Tillet. On dit dans l'Europe que notre nation porte un peu au vent, et a l'air trop avantageux. Ces petits avertissements, que l'auguste république de Genève daigne lui donner, la corrigeront sans doute, et le roi lui en aura une très-grande obligation.

Nous vous prions, Mme Denis et moi, de vouloir bien présenter nos très-humbles remerciments à M. le syndic de la garde et à M. le commandant de la sublime porte de Cornevin[2].

On dit le pain ramendé dans la superbe ville de Gex, et que le blé n'y vaut plus que vingt-quatre livres la coupe, c'est-à-dire cinquante livres le setier; c'est marché donné. Rien ne fait mieux voir la haute prudence des Welches, qui vendirent tout leur blé en 1769, ne se doutant pas qu'ils auraient faim en 1770.

Bonsoir, monsieur. L'oncle et la nièce vous font les plus tendres compliments.

MMMMMDCCCLXXI. — AU MÊME.

A Ferney, dimanche matin, 17 juin.

Le plus aimable des résidents verra par la présente que ses blanches et potelées fesses ont été compromises avec les fesses de Dalloz, qui n'en sait pas assez pour inventer un tel épisode. Les gens de M. le résident ne firent que passer, et peuvent très bien n'avoir pas entendu tous les compliments, puisqu'on retint avec outrage Dalloz au corps de garde une demi-heure entière.

1. Le roi de Prusse. (ÉD.)
2. La porte par laquelle on sort de Genève pour aller à Ferney. (ÉD.)

Nous voyons avec douleur les chrétiens réformés appeler leurs frères Raca et b......, ce qui est expressément défendu dans l'Évangile, et ce qui attire infailliblement la géhenne du feu.

Nous irons le plus tôt que nous pourrons voir M. le résident et Mme Le Gendre[1] dans sa maison de campagne, quelque belle soirée, quand le vieux malade pourra un peu aller. Je leur présente mes très-humbles respects.
V.

P. S. Jean-Louis Tourte a été dépouillé à Collonge de dix-huit montres d'or.

Il n'est pas malheureusement domicilié au pays de Gex, mais je pense que s'il pouvait prendre un logement en ce pays, on lui rendrait ses montres.

Je m'en rapporte à M. Hennin, mieux instruit que moi, et qui est autorisé.

(La pièce jointe est une déposition faite par Dalloz, par-devant le greffier de la justice de Ferney, relativement aux injures qui lui avaient été dites à la porte de Cornevin.)

MMMMMDCCCLXXII. — A M. THIERIOT.
17 juin.

Mon ancien ami, c'est dommage que M. Guy-Duchesne ait imprimé avec tant de fautes de commission et d'omission la vieille *Sophonisbe* de Mairet, rajeunie par M. Lantin. Vous connaissez ce Lantin, auteur du conte de *la Fourmi*. Son neveu, qui demeure à Dijon, est bien indigné qu'on attribue à d'autres qu'à lui le rapetassage de cette vieille *Sophonisbe*. C'est, à ce que je vois, *le Rajeunissement inutile*[2]. On a une étrange rage dans Paris de vouloir toujours nommer au hasard les pères des enfants trouvés : sans cela vous auriez déjà Mlle Ninon[3] aux Tuileries.

Vous souvenez-vous d'une espèce de *Vie de Catherin Fréron*, dit Aliboron, que vous m'envoyâtes manuscrite il y a vraiment dix années ? Je ne savais ce qu'elle était devenue : je la trouve imprimée dans un recueil intitulé *les Choses utiles et agréables* ; mais on en a fait une autre édition particulière, à laquelle on ajoute la lettre du sieur Royou, beau-frère d'Aliboron, avocat au parlement de Rennes, lequel se plaint que son beau-frère, ayant servi d'espion dans les troubles de Bretagne, l'accusa d'avoir écrit en faveur de M. de La Chalotais, obtint une lettre de cachet contre lui, vint lui-même le saisir chez des archers, le fit enchaîner, et le conduisit en prison en tenant le bout de la chaîne. Fréron mettra apparemment cet événement dans son *Année littéraire*.

Portez-vous bien, mon ancien ami, et jouissez de l'hiver de la vie autant que vous le pourrez.

1. Sœur de M. Hennin. (ÉD.)
2. Titre d'une pièce de vers de Moncrif. (ÉD.)
3. *Le Dépositaire* ; c'était alors aux Tuileries que jouaient les comédiens français. (ÉD.)

MMMMMDCCCLXXIII. — A M. HENNIN.

A Ferney, dimanche au soir, 17 juin.

Permettez-moi, mon très-aimable résident, de ne point envoyer Dalloz devant un auditeur qui est Génevois. Nous n'attendons ni ne voulons aucune justice de ces messieurs. Nous pensons que c'est à M. le duc de Choiseul qu'il faut envoyer sa déposition, seulement pour l'amuser, en attendant qu'il rende aux vingt-quatre [1] et aux vingt-cinq [2] tout ce qu'il leur doit.

Pigalle est venu. Vous seriez charmant si vous vouliez venir quelqu'un de ces jours avec un recueil de vos plus belles estampes : vous raisonneriez peinture et sculpture avec un homme qui est assurément digne de vous entendre.

Maman vous fait mille compliments.

MMMMMDCCCLXXIV. — A MADAME LA MARQUISE DU DEFFAND.

A Ferney, 18 juin.

On fait ce qu'on peut, madame, dans nos déserts, pour vous faire passer quelques minutes à Saint-Joseph ; et, malgré la crainte de vous ennuyer, on vous envoie ces deux feuilles détachées. Imposez silence à votre lecteur, sitôt que vous vous sentirez la moindre envie de bâiller.

J'ignore tout ce qui se fait à présent sur la terre. Je ne sais pas même si Lacédémone appartient à Catherine II ou à Moustapha; je ne sais où est votre grand'maman, et c'est ce qui m'intéresse davantage. Si elle est dans son palais de Chanteloup, occupée de sa florissante colonie, je la déclare philosophe. J'entends surtout, par ce mot, philosophe-pratique; car ce n'est pas assez de penser avec justesse, de s'exprimer avec agrément, de fouler aux pieds les préjugés de tant de pauvres femmes, et même de tant de sots hommes, de connaître bien le monde, et par conséquent de le mépriser; mais se retirer de la foule pour faire du bien, encourager les arts nécessaires, être supérieur à son rang par ses actions comme par son esprit, n'est-ce pas là la véritable philosophie?

Je vous plains toutes deux de ne pouvoir pas aller ensemble dans le paradis terrestre de Chanteloup. Il faut toujours, madame, que je vous remercie de toutes les bontés dont elle m'a comblé, car sans vous elle m'aurait peut-être ignoré. Elle protége, du haut de sa colonie de Carthage, la colonie de mon hameau; elle me fait goûter chaque jour le plaisir de la reconnaissance. Je me flatte qu'elle était dans son royaume dans le temps que les badauds de Paris se tuaient au milieu des fêtes [3], assez près de son hôtel; elle aurait été trop sensiblement frappée de ce désastre. Est-il possible qu'on s'égorge pour aller voir des lampions !

---

1. C'était le nombre des commissaires nommés pour défendre la cause des représentants ou originaires génevois devant les médiateurs. (Éd.)
2. C'était le nombre des membres du petit conseil de la république de Genève. (Éd.)
3. Pour le mariage du Dauphin (depuis Louis XVI). Beaucoup de personnes périrent le 30 mai. (Éd.)

Adieu, madame; conservez du moins votre santé; la mienne est désespérée. Mille tendres respects.

MMMMMDCCCLXXV. — A M. HENNIN.

Lundi, à dix heures trois quarts.

Vous êtes trop bon, monsieur, et Dalloz est un animal. Je vous l'envoie tout malade qu'il est; je le suis aussi. Il jure toujours qu'il y a eu du cul dans cette affaire. Le mien est dans un piteux état; il n'est pas fait pour être sculpté par Pigalle. Prêtez-nous le vôtre, ou plutôt votre belle mine,

Consule Fabricio dignumque numismate vultum.

MMMMMDCCCLXXVI. — A M. L'ABBÉ AUDRA.

Le 19 juin.

Mon très-cher philosophe, vous m'avez raccommodé avec Sirven. Je vois avec plaisir qu'il poursuit son affaire; je ne doute pas qu'un homme aussi sage et aussi éloquent que M. de La Croix ne lui fasse remporter une victoire entière. Tous les honnêtes gens lui applaudiront. Dites-lui, je vous prie, qu'il ait la bonté d'adresser son mémoire à M. Vasselier, premier commis de la poste de Lyon. Il ne serait pas mal qu'il y en eût deux exemplaires dans le paquet, l'un pour M. Vasselier, l'autre pour moi. Vive désormais le parlement de Toulouse!

Je dois vous dire que j'ai prié M. de La Croix de gronder Sirven d'avoir été six mois entiers sans écrire à ses filles.

A l'égard de votre sage hardiesse, vous n'avez rien à craindre. Il n'y a pas un mot dans votre *Abrégé* sur lequel on puisse vous inquiéter. On sera fâché, mais comme les plaideurs qui ont perdu leur procès. Vous avez d'ailleurs un archevêque[1] qui pense comme vous, qui est prudent comme vous, et qui sera bientôt de l'Académie; il ne ressemble point du tout à Martin Le Franc de Pompignan.

Je vous demande votre bénédiction, mon cher docteur de Sorbonne; et je vous donne la mienne, en qualité de capucin.

MMMMMDCCCLXXVII. — A MADAME NECKER.

Ferney, 19 juin.

Quand les gens de mon village ont vu Pigalle déployer quelques instruments de son art: *Tiens, tiens,* disaient-ils, *on va le disséquer; cela sera drôle.* C'est ainsi, madame, vous le savez, que tout spectacle amuse les hommes; on va également aux marionnettes, au feu de la Saint-Jean, à l'Opéra-Comique, à la grand'messe, à un enterrement. Ma statue fera sourire quelques philosophes, et renfrognera les sourcils réprouvés de quelque coquin d'hypocrite ou de quelque poisson de folliculaire: vanité des vanités!

1. M. de Brienne. (ÉD.)

Mais tout n'est pas vanité; ma tendre reconnaissance pour mes amis et surtout pour vous, madame, n'est pas vanité.

Mille tendres obéissances à M. Necker.

MMMMMDCCCLXXVIII. — A. M. DALEMBERT.

21 juin

Vous qui, chez la belle Hypathie[1],
Tous les vendredis raisonnez
De vertu, de philosophie,
Et tant d'exemples en donnez,

Vous saurez que, dans ma retraite,
Aujourd'hui Phidias-Pigal
A dessiné l'original
De mon vieux et maigre squelette.

Chacun rit vers le mont Jura,
En voyant mes honneurs insignes;
Mais la France entière dira
Combien vous en étiez plus dignes.

C'est un beau soufflet, mon cher et vrai philosophe, que vous donnez au fanatisme et aux lâches valets de ce monstre. Vous employez l'art du plus habile sculpteur de l'Europe pour laisser un témoignage d'amitié à votre vieil enfant perdu, à l'ennemi des tyrans, des Pompignan et des Fréron, etc. Vous écrasez sous ce marbre la superstition, qui levait encore la tête.

M. le duc de Choiseul se joint à vous, et c'est en qualité d'homme de lettres; car je vous assure qu'il fait des vers plus jolis que tous ceux qu'on lui adresse; et soyez très-certain que sans Palissot, fils de son avocat, et sans Fréron, qui a été son régent au collège des jésuites, il aurait été votre meilleur ami; je le crois actuellement entièrement revenu.

Pour moi, je lui ai presque autant d'obligation qu'à vous. Vous savez dans quel affreux désordre est tombée cette malheureuse petite république de Genève. Les sociniens sont devenus assassins. J'ai recueilli vingt familles émigrantes; j'ai établi une manufacture de montres chez moi; M. le duc de Choiseul les a protégées, et a fait acheter par le roi plusieurs de leurs ouvrages. Vous voyez si son nom ne doit pas être placé à côté du vôtre dans l'affaire de la statue.

A l'égard de Frédéric, je crois qu'il est absolument nécessaire qu'il soit de la partie. Il me doit, sans doute, une réparation comme roi, comme philosophe, et comme homme de lettres; ce n'est pas à moi à la lui demander, c'est à vous à consommer votre ouvrage. Il faut qu'il donne peu. Pour quelque somme qu'il contribue, Mme Denis donnera toujours vingt fois plus que lui; elle est au rang des artistes les plus célèbres en fait de croches et de doubles croches.

1. Mme Necker. (ÉD.)

M. Pigalle m'a fait parlant et pensant, quoique ma vieillesse et mes maladies m'aient un peu privé de la pensée et de la parole; il m'a fait même sourire : c'est apparemment de toutes les sottises que l'on fait tous les jours dans votre grande ville, et surtout des miennes. Il est aussi bon homme que bon artiste : c'est la simplicité du vrai génie.

J'ai vu le dessin du mausolée du maréchal de Saxe; ce sera le plus grand et le plus beau morceau de sculpture qui soit peut-être en Europe. Il m'a fait l'honneur de me dire, avec sa naïveté dépouillée de tout amour-propre, qu'il avait conçu le dessin des accompagnements de la statue du roi, qu'il a faite pour Reims, sur ces paroles qu'il avait lues dans le *Siècle de Louis XIV* : « C'est un ancien usage des sculpteurs de mettre des esclaves aux pieds des statues des rois; il vaudrait mieux y représenter des citoyens libres et heureux. »

Il communiqua cette idée à M. Bertin, qui, en qualité de ministre d'État, et plus encore de citoyen, la saisit avec chaleur, et doubla sa récompense : ainsi c'est à lui que nous devons l'abolition de cette coutume barbare de sculpter l'esclavage aux pieds de la royauté. Il faut espérer du moins que cette lâcheté insultante à la nature humaine ne reparaîtra plus; il faut espérer aussi qu'en figurant des citoyens heureux bénissant leurs maîtres, jamais les artistes ne mentiront à la postérité.

Adieu, mon grand philosophe, mon cher ami, et mon soutien.

MMMMMDCCCLXXIX. — A M. LE COMTE DE SCHOMBERG.

23 juin.

Mon aimable commandant est ici, monsieur; ma consolation aurait été parfaite, si vous étiez venu avec lui. Pigalle a déjà modelé le squelette dont l'âme subsiste encore, et vous sera très-attachée jusqu'au moment où elle sera dissipée, et rendue à la matière subtile dont elle est venue.

Je vous sais bien bon gré de ne point aimer du tout ce fanatique de Joad. Je bénis Dieu de ce que le petit-fils de Henri IV pense comme vous sur ce barbare énergumène.

J'ai raisonné beaucoup avec Pigalle sur le veau d'or qui fut jeté en fonte, en une nuit, par cet autre grand prêtre Aaron; il m'a juré qu'il ne pourrait jamais faire une telle figure en moins de six mois. J'en ai conclu pieusement que Dieu avait fait un miracle pour ériger le veau d'or en une nuit, et pour avoir le plaisir de punir de mort vingt-trois mille Juifs qui murmuraient de ce qu'il était trop longtemps à écrire ses deux tables.

Agréez toujours, monsieur, ma tendre reconnaissance de toutes les bontés que vous me témoignez.

MMMMMDCCCLXXX. — A M. DE LA TOURETTE.

23 juin.

Vous savez peut-être, monsieur, qu'on a imprimé, dans la gazette de Berne, que Jean-Jacques Rousseau vous avait écrit une lettre, par laquelle il souscrivait entre vos mains pour certaine statue. Je vous prie de me dire si la chose est vraie. J'ai peur que les gens de lettres de Paris ne veuillent point admettre d'étranger. Ceci est une galanterie toute française. Ceux qui l'ont imaginée sont tous ou artistes ou amateurs. M. le duc de Choiseul est à la tête, et trouverait peut-être mauvais que l'article de la gazette se trouvât vrai.

Mme Denis vous fait les plus sincères compliments. Agréez, monsieur, les assurances de mon tendre attachement pour vous et pour toute votre famille.

MMMMMDCCCLXXXI. — À M. LE MARÉCHAL DUC DE RICHELIEU.

A Ferney, 25 juin.

J'apprends que le vainqueur de Mahon et le dictateur des Fourches-Caudines de Closter-Severn a bien voulu faire pour son serviteur ce que les Génois firent pour mon héros[1] : proportion gardée, s'entend, entre le héros et le barbouilleur de papier. Je le prie de recevoir les très-humbles remercîments du squelette de Ferney, que Pigalle a su rendre vivant. Ce squelette n'est en vie que pour sentir la reconnaissance qu'il doit à son doyen de l'Académie.

Comme vous serez un jour le doyen des pairs, permettez-moi de vous féliciter sur le succès indubitable du procès que M. le duc d'Aiguillon a voulu absolument avoir devant les pairs. Il ne tiendrait qu'à vous d'avoir la bonté de faire gagner le procès des *Guèbres* au parlement du parterre de Bordeaux. Un mot à l'avocat général M. Dupaty, qui est un franc guèbre, ferait l'affaire.

On dit que vous protégez prodigieusement une nouvelle pièce de Palissot, intitulée *le Satirique*; c'est un beau grenier à tracasseries. Je vois que vous faites la guerre aux philosophes, ne pouvant plus la faire aux Anglais et aux Allemands : cela vous amuse, et c'est toujours beaucoup. Puissiez-vous vous amuser pendant tout le siècle où nous sommes ! Vous en avez fait l'ornement, et vous en ferez la satire mieux que personne.

Je voudrais bien avoir une copie de votre statue, pour que la mienne fût aux pieds de la vôtre.

Agréez toujours, monseigneur, mon tendre respect.

MMMMMDCCCLXXXII. — À M. LE MARQUIS DE VILLEVIEILLE.

A Ferney, 25 juin.

Mon cher capitaine philosophe, je vous suis très-obligé de votre souvenir : Mme Denis partage ma reconnaissance. Je crois qu'il en est des Anglais comme de nous, leur bon temps en fait de génie est passé; ils n'ont plus ni d'Addison, ni de Pope, ni de Swift. A l'égard de leurs querelles intestines et de leurs projets militaires, comme je n'y entends rien, il ne m'appartient pas d'en parler.

1. Ils avaient élevé une statue à Richelieu. (ED.)

Je m'imagine que vous entrez dans leurs plaisirs sans entrer dans leurs dissensions : il y en a partout; on s'est assassiné à Genève.

Il est vrai que j'aimerais mieux votre climat de Languedoc que celui de nos glacières; mais il n'y a pas moyen de me transplanter à mon âge : je ne puis abandonner une maison que j'ai bâtie et une colonie que j'ai formée; il faut que je m'enterre dans ma caverne.

Ce pauvre malade, qui ne peut vous écrire de sa main, vous prie de lui conserver vos bontés, et de présenter ses respects à M. l'ambassadeur.

MMMMMDCCCLXXXIII. — A MADAME LA COMTESSE D'ARGENTAL.

25 juin.

Nous remercions bien tendrement Mme d'Argental de nous avoir écrit et de nous avoir rassurés; elle a rendu un compte bien net de la mêlée : peu d'écrivains font des récits de bataille plus précis et plus intéressants.

Nous envoyons, pour amuser les deux convalescents, un petit *Lantin*[1] bien corrigé. Le paquet serait trop gros si on y joignait *le Dépositaire*, qui est prêt depuis longtemps. Le neveu de l'abbé de Châteauneuf, auteur de cette pièce, croit avoir fait tout ce qu'on exigeait de lui. Il n'y a que le mot de dévot qu'il faudra peut-être changer dans un endroit où il est nécessaire; car j'ai ouï dire que les Welches étaient devenus bien plus difficiles que Louis XIV ne l'était du temps du *Tartufe*.

Nous envoyons à nos deux anges le panégyrique de Fréron[2]; il n'est pas fait par un homme bien éloquent; mais on dit que tout est dans la plus exacte vérité, et la vérité vaut mieux que l'éloquence.

Thieriot nous envoya ce chef-d'œuvre il y a environ huit ans. Je crois qu'il serait expédient que M. d'Argental eût la bonté de prier Thieriot de passer chez lui. Thieriot ne pourrait lui refuser de nommer l'auteur. Il faut enfin qu'on connaisse les méchants, et qu'on rougisse de protéger un pareil faquin. C'est par cette raison qu'on a joint au panégyrique un extrait fidèle de la lettre du sieur Royou, beau-frère du scélérat.

Nous ne perdons point de vue Mlle Daudet; mais nous sommes actuellement plongés dans les embarras d'un établissement très-considérable : s'il réussit, nous pourrons l'y intéresser. Nous pouvons aussi nous y ruiner, si nous ne sommes pas entièrement favorisés par le gouvernement. C'est une affaire qui peut aisément produire dix mille écus par an, mais qui peut aussi ruiner de fond en comble l'entrepreneur, un peu amoureux des choses extraordinaires. Il a tout fait à ses dépens, sans se réserver un denier de profit pour lui. C'en est un peu trop à la fois qu'une *Encyclopédie*, un *Dépositaire*, une *Sophonisbe*, une manufacture, et une construction de maisons sur deux cents pieds de face.

Pigalle a fait un chef-d'œuvre de squelette, et le squelette se couvre des ailes de ses deux anges.

1. C'est sous le nom de Lantin que Voltaire donnait sa *Sophonisbe*. (ÉD.)
2. *Anecdotes sur Fréron*. (ÉD.)

MMMMMDCCCLXXXIV. — DE M. DE LA TOURETTE.

Lyon, 26 juin.

Je n'ai pas vu, monsieur, la gazette dont vous me faites l'honneur de me parler ; mais, sur ce que vous en dites, il paraît que le fait dont il s'agit a été altéré dans quelques circonstances ; le voici tel qu'il est. J'étais, il y a quelque temps, chez Mme de ***, avec M. Rousseau ; il y avait beaucoup de monde ; on vint à parler de la statue qu'on projetait d'ériger à Paris ; il s'écria avec enthousiasme : « Cela honore la France et le siècle ! Je voudrais bien être admis au nombre des souscripteurs : comment faut-il s'y prendre ? » On lui répondit qu'il fallait s'adresser à M. Dalembert. Deux jours après, je fus fort étonné de recevoir un billet de M. Rousseau, qui me priait de faire passer à Paris sa souscription, et m'en envoyait le montant.

N'ayant pas l'honneur d'être en relation directe avec M. Dalembert, j'adressai la souscription et le billet à M. Bourgelat, son ami et le mien. Peu de temps après, M. Dalembert eut la bonté de m'écrire lui-même qu'il avait reçu la souscription de M. Rousseau pour la statue de M. de Voltaire, et qu'il la ferait remettre au notaire chargé du dépôt. « M. de Voltaire, ajouta-t-il, sera sûrement très-sensible à cette marque d'estime de la part de M. Rousseau ; je ne manquerai pas de l'en informer, etc. »

M. Rousseau était parti pour la Bourgogne lorsque je reçus cette lettre : je lui en envoyai sur-le-champ un extrait, pour lui rendre compte de la commission qu'il m'avait donnée. Ma lettre lui sera parvenue à Montbard, où je le crois encore.

Tandis qu'on vous élève, monsieur, des statues à Paris, nous apprenons que vous en méritez de nouvelles à Ferney. Les unes seront couronnées de lauriers ; celles-ci doivent porter la couronne de chêne, celle du citoyen qui fait des établissements utiles à sa patrie, et qui l'enrichit après l'avoir éclairée.

J'ai toujours différé, par discrétion, de vous demander une réponse sur la traduction de *la Henriade*, du chevalier Ceretesi, dont j'ai eu l'honneur de vous envoyer le manuscrit ; ce gentilhomme florentin m'en fait demander des nouvelles par tous ceux qui reviennent de Naples, où il s'est établi.

Je suis bien sensible au souvenir dont m'honore Mme Denis. J'ai l'honneur d'être avec un respectueux attachement, etc., etc.

LA TOURETTE.

MMMMMDCCCLXXXV. — DE FRÉDÉRIC, LANDGRAVE DE HESSE-CASSEL.

Wabern, le 30 juin.

Monsieur, l'intérêt que vous voulez bien prendre à ma convalescence me pénètre de la plus vive reconnaissance. Je n'en attendais pas moins de l'amitié que vous m'avez témoignée depuis longtemps. Que je serais charmé si je pouvais espérer de vous voir chez moi avec Mme Gallatin ! mais c'est un contentement auquel je ne saurais prétendre. Il ne me reste donc que l'espérance de vous aller voir à **Ferney**, de jouir de votre conversation, de vous admirer, et de vous assurer que personne ne saurait être plus de vos amis que celui qui sera toute sa vie, monsieur, votre très-humble et très-obéissant serviteur,

Frédéric, landgrave de Hesse.

MMMMMDCCCLXXXVI. — De M. Dalembert.

A Paris, ce 30 juin.

Vous avez dû, mon cher maître, recevoir une lettre de moi par M. Pigalle, et une autre par M. Panckoucke : celle-ci ne sera pas longue ; car à mon imbécillité continue s'est jointe, depuis quelques jours, une profonde mélancolie. Je crois que je serai votre précurseur dans l'autre monde, si cela continue ; je voudrais bien pourtant, après vous y avoir annoncé, ne pas vous y voir arriver de longtemps. Nous avons élu, lundi dernier, M. l'archevêque de Toulouse à la place du duc de Villars, et assurément nous ne perdons pas au change. Je crois cette acquisition une des meilleures que nous puissions faire dans les circonstances présentes. Il ne sera reçu qu'après l'assemblée du clergé, qui finira dans les derniers jours d'auguste.

Oui, le roi de Prusse m'a envoyé son écrit contre l'*Essai sur les préjugés*. Je ne suis point étonné que ce prince n'ait pas goûté l'ouvrage ; je l'ai lu depuis cette réfutation, et il m'a paru bien long, bien monotone, et trop amer. Il me semble que ce qu'il y a de bon dans ce livre aurait pu et dû être noyé dans moins de pages ; et je vois que vous en avez porté à peu près le même jugement. Nous avons eu des nouvelles de l'arrivée de Pigalle, et de la bonne réception que vous lui avez faite. Savez-vous que Jean-Jacques Rousseau m'a envoyé sa contribution, et que ce Jean-Jacques est actuellement à Paris ? Adieu, mon cher maître ; je n'ai pas la force de vous en écrire davantage ; mais je n'ai pas voulu tarder plus longtemps à répondre à vos questions. Je vous embrasse et vous aime de tout mon cœur.

MMMMMDCCCLXXXVII. — A M. le marquis de Jaucourt, commandant en Bresse.

Juin.

Mon très-généreux et très-cher commandant, je suis votre sujet plus que jamais. J'ai établi dans le hameau de Ferney-lez-Versoix une petite annexe de vos manufactures de montres de votre capitale de Bourg-en-Bresse. Cette salle de théâtre que vous connaissez est changée en ateliers ; on fond de l'or, on polit des rouages, là où on déclamait des vers ; il faut bâtir de nouvelles maisons pour les émigrants ; tous les ouvriers de Genève viendraient, s'il y avait de quoi les loger. Il faut songer que chacun veut avoir une montre d'or, depuis Pékin jusqu'à la Martinique, et qu'il n'y avait que trois grandes manufactures, Londres, Paris, et Genève.

Les âmes tolérantes et sensibles seront encore fort aises d'apprendre que soixante huguenots vivent avec mes paroissiens de façon qu'il ne serait pas possible de deviner qu'il y a deux religions chez moi; voilà qui est consolant pour la philosophie, et qui démontre combien l'intolérance est absurde et abominable. La révolution s'est faite tout doucement dans les têtes les moins instruites comme dans les plus éclairées; nous verrons la même chose dans dix ans en Turquie, si mon impératrice *pousse sa pointe*, comme dit le P. Daniel. Ma foi, le temps de la raison est venu, et j'en bénis Dieu, tout capucin que je suis : c'est dommage que je sois si vieux et si malade, car je me flatte que dans quelques années je verrais le vrai paradis de mon vivant.

Conservez-moi vos bontés, monsieur, elles sont un des ingrédients de mon paradis.   Frère FRANÇOIS.

Je lis actuellement tous les articles de M. le chevalier de Jaucourt; vous ne sauriez croire combien il me fait aimer sa belle âme, et comme je m'instruis avec lui.

MMMMMDCCCLXXXVIII. — A CATHERINE II.

A Ferney, 4 juillet.

Madame, j'ai reçu la lettre dont Votre Majesté Impériale m'honore, en date du 27 mai. Je vous admire en tout; mon admiration est stérile, mais elle voudrait vous servir : encore une fois je ne suis pas du métier, mais je parierais ma vie que, dans une plaine, ces chars armés, soutenus par vos troupes, détruiraient tout bataillon ou tout escadron ennemi qui marcherait régulièrement; vos officiers en conviennent : le cas peut arriver. Il est difficile que dans une bataille tous les corps turcs attaquent en désordre, dispersés, et voltigeant vers les flancs de votre armée; mais s'ils combattent d'une manière si irrégulière, en sauvages sans discipline, vous n'aurez pas besoin des chars de Tomyris; il suffira de leur ignorance et de leur emportement pour les faire battre comme vous les avez toujours battus.

Je ne conçois pas comment Votre Majesté n'est pas encore maîtresse de Brahilow et de Bender, au moment que je vous écris; mais peut-être ces deux places sont-elles prises, et nous n'en avons pas encore la nouvelle.

Les gazettes me font toujours une peine égale à mon attachement; je crains que les Turcs ne soient en force dans le Péloponèse.

Je n'entends plus parler de la révolution prétendue arrivée en Égypte; tout cela m'inquiète pour mes chers Grecs, et pour vos armées victorieuses, qui ne me sont pas moins chères.

La France envoie une flotte contre Tunis; j'aimerais encore mieux qu'elle envoyât trente vaisseaux de ligne contre Constantinople.

Votre entreprise sur la Grèce est sans contredit la plus belle manœuvre qu'on ait faite depuis deux mille ans; mais il faut qu'elle réussisse pleinement : ce n'est pas assez qu'elle vous fasse un honneur infini. *Où est le profit, là est la gloire*, disait notre roi Louis XI, qui ne vous égalait en rien.

Je donnerais tout ce que j'ai au monde pour voir Votre Majesté Impériale sur le sofa de Moustapha. Son palais est assez vilain, ses jardins aussi ; vous auriez bientôt fait de cette prison le lieu le plus délicieux de la terre. Daignez, je vous en conjure, me dire si vous espérez y parvenir. Il me semble qu'il ne faudrait qu'une bataille; elle serait décisive.

Je ne reviens point de ma surprise. Votre Majesté est obligée de diriger des armées en Valachie, en Pologne, dans la Bessarabie, dans la Géorgie; et elle trouve encore du temps pour daigner m'écrire : je suis stupéfait et confus autant que reconnaissant. Daignez toujours agréer mon profond respect et mon enthousiasme pour Votre Majesté Impériale. LE TRÈS-VIEUX ERMITE DE FERNEY.

MMMMMDCCCLXXXIX. — A M. HENNIN.

A Ferney, 4 juillet.

Le nommé Tourte, horloger de Genève, dont on saisit plusieurs montres à Collonge, il y a trois semaines, s'adressa sans doute à vous, et on me mande de Lyon que son affaire a été accommodée. C'est ce que j'ignore. Mais un négociant, nommé Maroy, domicilié à Lyon, était celui à qui les montres appartenaient. Il a déjà payé quatorze cents livres argent comptant à Tourte, et lui a donné pour deux mille livres de lettres de change; mais il n'a reçu aucune montre, et il n'est pas juste qu'il paye une marchandise qu'il n'a point reçue.

Je vous supplie de vouloir bien me mettre au fait de cette affaire: elle m'est recommandée très-vivement. J'ignore ce qu'il faut faire et ce que je dois répondre à ceux qui s'adressent à moi.

Êtes-vous dans votre maison de campagne?

Mille respects à Mme Le Gendre[1]. V.

MMMMMDCCCXC. — A M. DESPRÉS, ARCHITECTE ET PROFESSEUR DE DESSIN A L'ÉCOLE MILITAIRE.

A Ferney, le 6 juillet.

Si je n'avais point essuyé, monsieur, un violent accès d'une maladie à laquelle ma vieillesse est sujette, je vous aurais assurément remercié plus tôt de l'honneur que vous me faites. M. Pigalle était prêt à partir de ma petite retraite lorsque votre beau présent arriva[2]. Ce grand artiste lui donna l'approbation la plus complète; M. Hennin, résident de France à Genève, un des meilleurs connaisseurs que nous ayons, en fut enchanté; et moi j'eus la vanité de vouloir être enterré au plus vite dans ce beau monument. Je me flatte pourtant que vous vous occuperez plus à loger les vivants que les morts : je suis un peu architecte aussi; j'ai bâti la maison dans laquelle je finis mes jours. Je voudrais vous voir construire une salle de spectacle ou un hôtel de ville; alors

1. Sœur de M. Hennin. (ÉD.)
2. Després avait dédié à Voltaire son *Projet d'un temple funéraire destiné à honorer les cendres des rois et des grands hommes.* (ÉD.)

j'aurais autant d'envie de vous aller féliciter à Paris que j'en ai d'être éloigné d'une ville où tout un peuple s'écrase et se tue, pour aller voir des bouts de chandelles sur un rempart [1].

J'ai l'honneur d'être, avec toute l'estime et la reconnaissance que je vous dois, etc.

MMMMMDCCCXCI. — A M. VASSELIER.

6 juillet.

Mon cher correspondant, jamais Tourte n'a habité dans mes terres : il vint un jour me prier d'intercéder en sa faveur; je le renvoyai à M. Hennin, résident à Genève. J'écris à M. Hennin au moment que je reçois votre lettre. Il faut savoir si on a rendu à Tourte ses montres : en ce cas, il faut qu'il soit condamné à les remettre au sieur Maroy, auquel elles appartiennent, et c'est à quoi M. Hennin pourrait servir.

Si les montres sont encore confisquées, je pense que Maroy pourrait, avec quelque protection, s'accommoder avec les fermiers généraux. Je présume que cette affaire ne regarde qu'eux, et qu'elle n'est point du ressort de M. le duc de Choiseul. Mettez-moi bien au fait. Toutes les choses auxquelles la bonté de votre cœur s'intéresse intéresseront toujours le mien.

Mille tendres amitiés à M. Tabareau. Je vois que votre fou de Lyon n'aimait pas les têtes puantes; mais il ne faut pas pour cela donner des coups de couteau à un capucin; car qui tue un capucin pourrait bientôt tuer un homme.

MMMMMDCCCXCII. — A M. DALEMBERT.

7 juillet.

J'ai un petit moment pour répondre à la lettre du 2 de juillet, par le courrier de Lyon à Versoix. Il me paraît que la littérature est comme ce monde, il y a de l'or et de la fange. Vous êtes mon or, mon cher ami.

Je crois qu'il est très-convenable que le roi de Prusse souscrive, et qu'on rende à Jean-Jacques son denier; que la conduite de ce misérable Fréron soit approfondie, et que l'on connaisse ce folliculaire qui a été si longtemps l'oracle de Mme du Deffand.

Vous êtes l'ami de l'archevêque de Toulouse. Je suis persuadé que vous l'avez mis au rang des souscripteurs, puisqu'il est notre confrère; mais ce n'est pas assez, il faut qu'il soit au rang des vengeurs de l'innocence. Toute la jeunesse du parlement de Toulouse est devenue philosophe, et j'en reçois tous les jours des témoignages évidents; mais les vieux sont encore des druides barbares.

Mme Calas, que j'embrassai hier avec tous ses enfants, m'apprit que le procureur général Riquet avait conclu à la faire pendre, et à rouer un de ses fils avec Lavaysse. Nous avons contre nous ce procureur général de Belzébuth dans l'affaire de Sirven. Nous demandons des dé-

---

1. Le 30 mai 1770, aux fêtes pour le mariage du Dauphin. (ÉD.)

dommagements considérables, et on nous les doit. Riquet¹ s'y oppose. Pouvez-vous nous donner la protection de l'archevêque ? Il faut se lier quelquefois avec ses anciens ennemis contre des ennemis nouveaux.

Je suis un peu en guerre avec Genève, pour avoir recueilli chez moi une centaine de Génevois, et pour avoir établi sur-le-champ une manufacture considérable rivale de la leur. Je suis obligé de bâtir plus de maisons que je n'ai fait de livres. M. le duc de Choiseul me soutient de toutes ses forces, il fait son affaire de la mienne; Mme la duchesse de Choiseul l'encourage encore, et nous lui avons les dernières obligations. La tolérance universelle est établie chez moi plus qu'à Venise.

Mme de Choiseul est intime amie de Mme du Deffand.

Vous voyez d'un coup d'œil la situation délicate où je me trouve.

Elle l'est bien davantage par rapport à votre *Encyclopédie*; Panckoucke pourra vous en informer.

Voilà bien des fardeaux pour un malade de soixante-seize ans.

Mandez-moi, s'il vous plaît, si M. et Mme de Choiseul ont souscrit, ou s'ils l'ont oublié; il est très-nécessaire qu'ils souscrivent.

Portez-vous bien, mon grand et véritable philosophe, et vivez pour faire respecter la raison et l'esprit.

N. B. Je crois la Grèce entière libre, au moment que je vous parle; voulez-vous que nous allions y faire un tour ?

MMMMMDCCCXCIII. — DE FRÉDÉRIC II, ROI DE PRUSSE.

A Sans-Souci, le 7 juillet.

Que le saint-père ait fait brûler
Un gros tas de mes rapsodies,
Je saurai, pour m'en consoler,
Me chauffer à leurs incendies,
Et mettre aux pieds de Jésus-Christ,
En bon enfant de saint Ignace,
Tout ce que j'ai jamais écrit
Sans l'assistance de la grâce,
Suffisante comme efficace.

Mais ce suisse du paradis
Était ivre, ou du moins bien gris,
Lorsqu'il osa traiter de même
Les ouvrages de mon bon saint,
Nouveau patron de Cucufin.
J'appelle de cet anathème
Au corps du concile prochain.
Il paraît même très-plausible
Et, malgré Loyola, je crois
Que le saint-père en tels exploits
Ne fut jamais moins infaillible.

1. **Riquet de Bonrepos**, procureur général au parlement de Toulouse. (**ÉD.**)

Ce bon cordelier du Vatican n'est pas, après tout, aussi hargneux qu'on se l'imagine. S'il fait brûler quelques livres, c'est seulement pour que l'usage ne s'en perde pas; et d'ailleurs les nez romains aiment à flairer l'odeur de cette fumée.

Mais n'admirez-vous pas avec quelle patience digne de l'agneau sans tache il s'est laissé enlever le comtat d'Avignon[1] ? combien peu il y pense, et dans quelle concorde il vit avec le Très-Chrétien ? Pour moi, j'aurais tort de me plaindre de lui : il me laisse mes chers jésuites, que l'on persécute partout. J'en conserverai la graine précieuse pour en fournir un jour à ceux qui voudraient cultiver chez eux cette plante si rare. Il n'en est pas de même du sultan turc.

> Si monsieur le mamamouchi
> Ne s'était point mêlé des troubles de Pologne,
> Il n'aurait point avec vergogne
> Vu ses spahis mis en hachi,
> Et de certaine impératrice
> (Qui vaut seule deux empereurs)
> Reçu, pour prix de son caprice,
> Des leçons qui devraient rabaisser ses hauteurs.
> Vous voyez comme elle s'acquitte
> De tant de devoirs importants.
> J'admire, avec le vieil ermite,
> Ses immenses projets, ses exploits éclatants :
> Quand on possède son mérite,
> On peut se passer d'assistants.

C'est pourquoi il me suffit de contempler ses grands succès, de faire une guerre de bourse très-philosophique, et de profiter de ce temps de tranquillité pour guérir entièrement les plaies que la dernière guerre nous a faites, et qui saignent encore.

> Et quant à monsieur le vicaire
> (Je dis vicaire du bon Dieu),
> Je le laisse en paix en son lieu
> S'amuser avec son bréviaire.
> Hélas ! il n'est que trop puni
> En vivant de cette manière :
> Du sage en tout pays honni,
> Payé pour tromper le vulgaire,
> Et tremblant qu'un jour en son nid
> Il n'entre un rayon de lumière
> Dardé du foyer de Ferney.
> A son éclat, à ses attraits,
> Disparaîtrait le sortilége;
> Lors adieu le sacré collége,
> La sainte Église et ses secrets.

---

1. La prise d'Avignon est du 11 juin 1768. (ÉD.)

Lorette serait à côté de ma vigne, que certainement je n'y toucherais pas. Ses trésors pourraient séduire des Mandrin, des Conflans, des Turpin, des Richelieu, et leurs pareils. Ce n'est pas que je respecte des dons que l'abrutissement a consacrés, mais il faut épargner ce que le public vénère; il ne faut point donner de scandale : et, supposé qu'on se croie plus sage que les autres, il faut par complaisance, par commisération pour leurs faiblesses, ne point choquer leurs préjugés. Il serait à souhaiter que les prétendus philosophes de nos jours pensassent de même.

Un ouvrage de leur boutique m'est tombé entre les mains : il m'a paru si téméraire, que je n'ai pu m'empêcher de faire quelques remarques sur le *Système de la nature*, que l'auteur arrange à sa façon. Je vous communique ces remarques; et si je me suis rencontré avec votre façon de penser, je m'en applaudirai. J'y joins une élégie sur la mort d'une dame d'honneur de ma sœur Amélie, dont la perte lui fut très-sensible. Je sais que j'envoie ces balivernes au plus grand poëte du siècle, qui la dispute à tout ce que l'antiquité a produit de plus parfait : mais vous vous souviendrez qu'il était d'usage, dans les temps reculés, que les poëtes portassent leurs tributs au temple d'Apollon. Il y avait même du temps d'Auguste une bibliothèque consacrée à ce dieu, où les Virgile, les Ovide, les Horace, lisaient publiquement leurs écrits. Dans ce siècle où Ferney s'élève sur les ruines de Delphes, il est bien juste que l'on y envoie ses offrandes : il ne manque au génie qui occupe ces lieux que l'immortalité.

> Vous en jouirez bien par vos divins écrits;
> Ils sont faits pour plaire à tout âge,
> Ils savent éclairer le sage,
> Et répandre des fleurs sur les Jeux et les Ris.
> Quel illustre destin, quel sort pour un poëme,
> D'aller toujours de pair avec l'éternité!
> Ah! qu'à cette félicité
> Votre corps ait sa part de même !

Ce sont des vœux auxquels tous les hommes de lettres doivent se joindre; ils doivent vous considérer comme une colonne qui soutient par sa force un bâtiment prêt à s'écrouler, et dont les barbares sapent déjà les fondements. Un essaim de géomètres myrmidons persécute déjà les belles-lettres, en leur prescrivant des lois pour les dégrader. Que n'arrivera-t-il pas lorsqu'elles manqueront de leur unique appui, et lorsque de froids imitateurs de votre beau génie s'efforceront en vain de vous remplacer? Dieu me garde de n'avoir pour amusement que de courtes et arides solutions de problèmes plus ennuyeux encore qu'inutiles ! Mais ne prévenons point un avenir aussi fâcheux, et contentons-nous de jouir de ce que nous possédons.

> O compagnes d'une déesse !
> Vous que par des soins assidus
> Voltaire sut en sa jeunesse
> Débaucher des pas de Vénus,

Grâces, veillez sur ses années !
Vous lui devez tous vos secours;
Apollon pour jamais unit vos destinées,
Obtenez d'Alecto d'en prolonger le cours.

FRÉDÉRIC.

MMMMMDCCCXCIV. — A M. HENNIN.

A Ferney, 7 juillet.

M. Fabry, monsieur, ayant inquiété le menuisier Landry sur les bois qu'il a fait transporter à Prégny, sans avoir fait viser votre ordre, et ayant demandé à voir votre signature que j'ai entre les mains, je n'ai pas cru devoir m'en dessaisir sans votre permission expresse, d'autant plus qu'elle est la seule justification de Landry, et que si elle était perdue, il serait très-exposé. Je ne ferai rien sans vos ordres.

J'ai l'honneur d'être, monsieur, avec tous les sentiments que vous me connaissez, votre très-humble et très-obéissant serviteur.

VOLTAIRE.

P. S. Vous savez comme le parlement traite M. d'Aiguillon. Malgré les lettres patentes du roi, il ne veut point *obtempérer*.

MMMMMDCCCXCV. — A M. LE BARON GRIMM.

De Ferney, le 10 juillet.

Mon cher prophète, M. Pigalle, quoique le meilleur homme du monde, me calomnie étrangement; il va disant que je me porte bien, et que je suis gras comme un moine. Je m'efforçais d'être gai devant lui, et d'enfler les muscles buccinateurs pour lui faire ma cour.

Jean-Jacques est plus enflé que moi, mais c'est d'amour-propre. Il a eu soin qu'on mît dans plusieurs gazettes qu'il a souscrit, pour cette statue, deux louis d'or; mes parents et mes amis prétendent qu'on ne doit point accepter son offrande.

Je vous prie de me dire si vous avez lu le *Système de la nature*, et si on le trouve à Paris. Il y a des chapitres qui me paraissent bien faits, d'autres qui me semblent bien longs, et quelques-uns que je ne crois pas assez méthodiques. Si l'ouvrage eût été plus serré, il aurait fait un effet terrible; mais, tel qu'il est, il en fait beaucoup. Il est bien plus éloquent que Spinosa; mais Spinosa a un grand avantage sur lui, c'est qu'il admet une intelligence dans la nature, à l'exemple de toute l'antiquité, et que notre homme suppose que l'intelligence est un effet du mouvement et des combinaisons de la matière, ce qui n'est pas trop compréhensible. J'ai une grande curiosité de savoir ce qu'on en pense à Paris; vous, qui êtes prophète, vous en pourrez dire des nouvelles mieux que personne.

Ne m'oubliez pas auprès de ma philosophe et de vos amis.

MMMMDCCCXCVI. — A M. LE MARÉCHAL DUC DE RICHELIEU.

A Ferney, 11 juillet.

Monseigneur, j'ai reçu, comme j'ai pu, dans mon misérable état, M. le prince Pignatelli, mais avec tout le respect que j'ai pour son nom, et avec l'extrême sensibilité que son mérite m'a inspirée.

Je vous avoue que je suis flatté de ma statue posée au pied de la vôtre, plus que Mlle Lemaure ne l'était d'être dans le carrosse de Mme la Dauphine. Le carrosse et les chevaux ne sont plus; votre statue durera, et votre gloire encore davantage. Vous me pousserez à la postérité.

Mon héros, en me caressant d'une main, m'égratigne un peu de l'autre, selon sa louable coutume. Voici ce que je réponds à ces belles invectives contre la philosophie, à laquelle il vous plaît de déclarer la guerre par passe-temps. Lisez, je vous prie, cette page que je détache d'une feuille d'une *Encyclopédie* de ma façon; elle m'est apportée dans le moment; c'est le commencement d'un article où l'on réfute une partie des extravagances absurdes de Jean-Jacques. Je déteste l'insolence d'une telle philosophie, autant que vous la méprisez. Le système de l'égalité m'a toujours paru d'ailleurs l'orgueil d'un fou. Il n'en est pas de même de la tolérance. Non-seulement les philosophes qui méritent votre suffrage l'ont annoncée, mais ils l'ont inspirée aux trois quarts de l'Europe entière. Ils ont détruit la superstition jusque dans l'Italie et dans l'Espagne. Elle est si bien détruite, que dans mon hameau, où j'ai reçu plus de cent Génevois avec leurs familles, on ne s'aperçoit pas qu'il y ait deux religions. J'ai une colonie entière d'excellents artistes en horlogerie; j'ai des peintres en émail. Le roi a acheté plusieurs montres de ma manufacture. Cet établissement fait venir en foule des marchands de toute espèce. Je bâtis des maisons, je vivifie un désert. Si j'avais été assez heureux pour en faire autant dans les landes de Bordeaux, je suis sûr que vous m'en sauriez gré, et que vous appelleriez mes efforts du nom de véritable philosophie. Il était digne de vous de vous déclarer le protecteur des philosophes plutôt que celui de Palissot. Vous savez qu'ils ont un grand parti, et qu'on ambitionne leur suffrage. Je n'ai plus qu'un désir, c'est celui de vous renouveler mes très-tendres hommages, de vous entretenir, de vous ouvrir mon cœur, de vous faire voir qu'il n'est pas indigne de vos bontés. Il est vrai que la vie de Paris me tuerait en huit jours. Il y a plus d'un an que je suis en robe de chambre. J'ai bientôt soixante-dix-sept ans; je suis très-affaibli; mais je donnerais ma vie pour passer quelques jours auprès de vous, dès que ma colonie n'aura plus besoin de moi.

Il est plaisant qu'un garçon horloger, avec un décret de prise de corps, soit à Paris, et que je n'y sois pas.

Votre Paris est plein de tracasseries, tandis que celles de Catherine II vont à exterminer l'empire des Turcs. Croyez qu'elle est bien loin d'être dans la situation équivoque où de fausses nouvelles la représentent. Elle a fait deux légions de Spartiates qui ont tout le courage des héros de la guerre de Troie. Elle peut dans deux mois être maîtresse de la Grèce et de la Macédoine; et, à moins d'un revers qui n'est pas vraisemblable, vous verrez une grande révolution. Songez que cette même impératrice, dans son code qu'elle a daigné m'envoyer écrit de sa main, a établi la tolérance universelle pour la première de ses lois.

Je vous demande la vôtre. Vous savez si mon cœur est à vous, et quel est mon respect, ma passion, mon idolâtrie pour mon héros.

MMMMMDCCCXCVII. — A MADAME LA MARQUISE DU DEFFAND.

11 juillet.

Je vous ai parlé plus d'une fois à cœur ouvert, madame; il est actuellement fendu en deux, et je vous envoie les deux moitiés dans cette lettre.

L'Envie et la Médisance sont deux nymphes immortelles. Ces demoiselles ont répandu que certains philosophes, que vous n'aimez pas, avaient imaginé de me dresser une statue, comme à leur député; que ce n'était pas les belles-lettres qu'on voulait encourager, mais qu'on voulait se servir de mon nom et de mon visage pour ériger un monument à la liberté de penser. Cette idée, dans laquelle il y a du plaisant, peut me faire tort auprès du roi. On m'assure même que vous avez pensé comme moi, et que vous l'avez dit à une de vos amies. Cette pauvre philosophie est un peu persécutée. Vous savez que le gros recueil de l'*Encyclopédie* est prisonnier d'État à la Bastille avec saint Billard et saint Grizel; cela est de fort mauvais augure.

Je me trouve actuellement dans une situation où j'ai le plus grand besoin des bontés du roi. Je ne sais si vous savez que j'ai recueilli chez moi une centaine d'émigrants de Genève, que je leur bâtis des maisons, que j'établis une manufacture de montres; et, si le roi ne nous accorde pas des priviléges qui nous sont absolument nécessaires, je cours risque d'être entièrement ruiné, surtout après les distinctions dont M. l'abbé Terray m'a honoré.

Il est donc très-expédient qu'on n'aille point dire au roi, en plaisantant, à souper : « Les encyclopédistes font sculpter leur patriarche. » Cette raillerie, qui pourrait être trop bien reçue, me porterait un grand préjudice. Je pourrais offrir ma protection en Sibérie et au Kamtschatka; mais, en France, j'ai besoin de la protection de bien des gens, et même de celle du roi. Il ne faut donc pas que ma statue de marbre m'écrase. Je me flatte que les noms de M. et de Mme de Choiseul seront ma sauvegarde.

J'aurai l'honneur de vous envoyer, madame, les articles de la petite *Encyclopédie* que je croirai pouvoir vous amuser un peu; car il ne s'agit à nos âges que de passer le temps, et de glisser sur la surface des choses. On doit avoir fait ses provisions un peu avant l'hiver; et quand il est venu, il faut se chauffer doucement au coin du feu qu'on a préparé.

Adieu, madame; jouissez du peu que la nature nous laisse. Soumettons-nous à la nécessité qui gouverne toutes choses. Homère avoue que Jupiter obéissait au Destin; il faut bien que nos imaginations lui obéissent aussi. Mon destin est de vous être bien tendrement attaché, jusqu'à ce que mon faible corps soit changé en chou ou en carotte.

ANNÉE 1770.

MMMMMDCCCXCVIII. — A M. Hennin.

Le malade remercie M. Hennin de tout son cœur pour le déserteur qu'il n'a jamais eu l'honneur de voir, mais qu'il verra sans doute, et auquel il rendra la belle pancarte. Je me flatte qu'il ne désertera pas. Mme Denis fait mille tendres compliments à M. Hennin.

MMMMMDCCCXCIX. — A M. D'Alembert
16 juillet.

Mon très-cher philosophe, je vous prie de me dire ce que vous pensez du *Système de la nature*; il me paraît qu'il y a des choses excellentes, une raison forte, et de l'éloquence mâle, et que par conséquent il fera un mal affreux à la philosophie. Il m'a paru qu'il y avait des longueurs, des répétitions, et quelques inconséquences; mais il y a trop de bon pour qu'on n'éclate pas avec fureur contre ce livre. Si on garde le silence, ce sera une preuve du prodigieux progrès que la tolérance fait tous les jours. On s'arrache ce livre dans toute l'Europe.

Je persiste dans la prière que je vous ai faite de faire rendre à Jean-Jacques sa mise; c'est l'avis de M. de Saint-Lambert. Je ne peux voir cet homme dans la liste à côté de vous et de M. le duc de Choiseul; mais je vous recommande toujours Frédéric, non pas parce qu'il est roi, mais parce qu'il m'a fait du mal, et qu'il me doit une réparation.

Je vous prie instamment, mon cher ami, de me mander si vous lui avez écrit.

J'ai appris avec plaisir qu'on ne jouerait point cette infâme pièce intitulée *le Satirique*; ceux qui l'ont protégée doivent rougir.

Si vous voyez M. l'archevêque de Toulouse, dites-lui, je vous en prie, qu'on lui demandera sa protection pour les Sirven. Les Sirven plaident hardiment pour avoir des dépens, dommages et intérêts qu'on leur doit. La jeunesse du parlement est pour nous; mais nous avons contre nous un procureur général qui, dans ses conclusions sur le procès des Calas, requit qu'on pendît et qu'on brûlât Mme Calas. Cette bonne et vertueuse mère me vint voir ces jours passés; je pleurai comme un enfant. Portez-vous bien; vivez pour enseigner les sages et pour réprimer les fous.

Encore un petit mot. Je ne saurais m'accoutumer à voir un Fréron protégé; je pense qu'il est aussi important pour tous les gens de lettres de faire connaître ce lâche scélérat, qu'il l'était à tous les pères de famille de faire arrêter Cartouche. Thieriot ne sera pas assez lâche pour nier qu'il m'ait envoyé l'original des *Anecdotes* imprimées. Pour peu que La Harpe ou quelque autre se donne la peine d'interroger ceux qui sont nommés dans ces anecdotes, on découvrira aisément la vérité : le monstre sera reconnu, et je me charge, moi, de faire instruire tous ceux dont il a surpris la protection. Je trouve qu'il y aurait une faiblesse inexcusable à laisser jouir en paix ce monstre du fruit de ses crimes. Conférez-en, je vous en prie, avec M. de Marmontel; quand on a des armes pour tuer une bête puante, il ne faut pas les laisser rouiller; cependant portez-vous bien, vous dis-je.

MMMMMCM. — A M. DUPONT.

De Ferney, le 16 juillet.

M. Bérenger m'a fait le plaisir, monsieur, de m'apporter votre ouvrage, qui est véritablement d'un citoyen. Bérenger l'est aussi, et c'est ce qui fait qu'il est hors de sa patrie. Je crois que c'est lui qui a rectifié un peu les premières idées qu'on avait données d'abord sur Genève. Pour moi, qui suis citoyen du monde, j'ai reçu chez moi une vingtaine de familles génevoises, sans m'informer ni de quel parti ni de quelle religion elles étaient. Je leur ai bâti des maisons, j'ai encouragé une manufacture assez considérable, et le ministère et le roi lui-même m'ont approuvé. C'est un essai de tolérance et une preuve évidente que, dans le siècle éclairé où nous vivons, cette tolérance ne peut avoir aucun effet dangereux; car un étranger qui demeurerait trois mois chez moi ne s'apercevrait pas qu'il y a deux religions différentes. Liberté de conscience et liberté de commerce, monsieur, voilà les deux pivots de l'opulence d'un État petit ou grand.

Je prouve par les faits, dans mon hameau, ce que vous et M. l'abbé Roubaud [1] vous prouvez éloquemment par vos ouvrages.

J'ai lu, avec l'attention que mes maladies me permettent encore, tout ce que vous dites de curieux sur la compagnie des Indes et sur le système [2]. Tout cela n'est pas à l'honneur de la nation. Vous m'avouerez au moins que cet extravagant système n'aurait pas été adopté du temps de Louis XIV, et que Jean-Baptiste Colbert avait plus de bon sens que Jean Law.

A l'égard de la compagnie des Indes, je doute fort que ce commerce puisse jamais être florissant entre les mains des particuliers. J'ai bien peur qu'il n'essuie autant d'avanies que de pertes, et que la compagnie anglaise ne regarde nos négociants comme de petits interlopes qui viennent se glisser entre ses jambes. Les vraies richesses sont chez nous, elles sont dans notre industrie; je vois cela de mes yeux. Mon blé nourrit tous mes domestiques; mon mauvais vin, qui n'est point malfaisant, les abreuve; mes vers à soie me donnent des bas; mes abeilles me fournissent d'excellent miel et de la cire; mon chanvre et mon lin me fournissent du linge. On appelle cette vie patriarcale; mais jamais patriarche n'a eu de grange telle que la mienne, et je doute que les poulets d'Abraham fussent meilleurs que les miens. Mon petit pays, que vous n'avez vu qu'un moment, est entièrement changé en très-peu de temps.

Vous avez bien raison, monsieur, la terre et le travail sont la source de tout, et il n'y a point de pays qu'on ne puisse bonifier. Continuez à inspirer le goût de la culture, et puisse le gouvernement seconder vos vues patriotiques!

Mettez-moi, je vous prie, aux pieds de M. le duc de Saint-Mégrin, qui m'a paru fait pour rendre un jour de véritables services à sa patrie, et dont j'ai conçu les plus grandes espérances.

1. Collaborateur de Dupont de Nemours. (ÉD.)
2. Dans les *Éphémérides du citoyen*. (ÉD.)

J'ai l'honneur d'être avec la plus haute estime et tous les autres sentiments que je vous dois, monsieur, votre, etc.

P. S. Voulez-vous bien, monsieur, faire mes tendres compliments à M. l'abbé Morellet, quand vous le verrez?

MMMMMCMI. — A CATHERINE II.

A Ferney, 20 juillet.

Madame, votre lettre du 6 juin, que je soupçonne être du nouveau style, me fait voir que Votre Majesté Impériale prend quelque pitié de ma passion pour elle. Vous me donnez des consolations, mais aussi vous me donnez quelques craintes, afin de tenir votre adorateur en haleine. Mes consolations sont vos victoires, et ma crainte est que Votre Majesté ne fasse la paix l'hiver prochain.

Je crois que les nouvelles de la Grèce nous viennent quelquefois un peu plus tôt par la voie de Marseille qu'elles n'arrivent à Votre Majesté par les courriers. Selon ces nouvelles, les Turcs ont été quatre fois battus, et tout le Péloponèse est à vous.

Si Ali-Bey s'est en effet emparé de l'Égypte, comme on le dit, voilà deux grandes cornes arrachées au croissant des Turcs; et l'étoile du Nord est certainement beaucoup plus puissante que leur lune. Pourquoi donc faire la paix quand on peut pousser si loin ses conquêtes?

Votre Majesté me dira que je ne pense pas assez en philosophe, et que la paix est le plus grand des biens. Personne n'est plus convaincu que moi de cette vérité; mais permettez-moi de désirer très-fortement que cette paix soit signée de votre main dans Constantinople. Je suis persuadé que si vous gagnez une bataille un peu honnête en deçà ou en delà du Danube, vos troupes pourront marcher droit à la capitale.

Les Vénitiens doivent certainement profiter de l'occasion; ils ont des vaisseaux et quelques troupes. Lorsqu'ils prirent la Morée, ils n'étaient appuyés que par la diversion de l'empereur en Hongrie : ils ont aujourd'hui une protection bien plus puissante; il me paraît que ce n'est pas le temps d'hésiter.

Moustapha doit vous demander pardon, et les Vénitiens doivent vous demander des lois.

Ma crainte est encore que les princes chrétiens, ou soi-disant tels, ne soient jaloux de l'étoile du Nord : ce sont des secrets dans lesquels il ne m'est pas permis de pénétrer.

Je crains encore que vos finances ne soient dérangées par vos victoires mêmes; mais je crois celles de Moustapha plus en désordre par ses défaites. On dit que Votre Majesté fait un emprunt chez les Hollandais; le padisha turc ne pourra emprunter chez personne, et c'est encore un avantage que Votre Majesté a sur lui.

Je passe de mes craintes à mes consolations. Si vous faites la paix, je suis bien sûr qu'elle sera très-glorieuse, que vous conserverez la Moldavie, la Valachie, Azof, et la navigation sur la mer Noire, au moins jusqu'à Trébisonde. Mais que deviendront mes pauvres Grecs? que deviendront ces nouvelles légions de Sparte? Vous renouvellerez, sans doute, les jeux isthmiques, dans lesquels les Romains assurèrent aux Grecs leur liberté par un décret public; et ce sera l'action la plus glorieuse de votre vie. Mais comment maintenir la force de ce décret, s'il ne reste des troupes en Grèce? Je voudrais encore que le cours du Danube et la navigation sur ce fleuve vous appartinssent le long de la Valachie, de la Moldavie, et même de la Bessarabie. Je ne sais si j'en demande trop, ou si je n'en demande pas assez : ce sera à vous de décider, et de faire frapper une médaille qui éternisera vos succès et vos bienfaits. Alors Tomyris se changera en Solon, et achèvera ses lois tout à son aise. Ces lois seront le plus beau monument de l'Europe et de l'Asie; car, dans tous les autres États, elles sont faites après coup, comme on calfate des vaisseaux qui ont des voies d'eau; elles sont innombrables, parce qu'elles sont faites sur des besoins toujours renaissants; elles sont contradictoires, attendu que ces besoins ont toujours changé; elles sont très-mal rédigées, parce qu'elles ont presque toujours été écrites par des pédants, sous des gouvernements barbares. Elles ressemblent à nos villes bâties irrégulièrement au hasard, mêlées de palais et de chaumières dans des rues étroites et tortueuses.

Enfin que Votre Majesté donne des lois à deux mille lieues de pays, après avoir donné sur les oreilles à Moustapha!

Voilà les consolations du vieux ermite qui, jusqu'à son dernier moment, sera pénétré pour vous du plus profond respect, de l'admiration la plus juste, et d'un dévouement sans bornes pour Votre Majesté Impériale.

MMMMMCMII. — A M. Hennin.

Samedi au soir.

Il faut vite dépêcher le domestique de notre cher résident. Mme Denis lui fera demain les honneurs de Ferney. On lui conseille de se crever à dîner; car nous n'avons, Dieu merci, ni cuisinier, ni cuisinière; mais cela ne fait rien.

Allez, allez; comptez que ma Catau a tout ce qu'il lui faut. Ne la plaignez point; mais daignez plaindre un peu les pauvres malades.

Je recevrai votre voyageur comme je pourrai; il me pardonnera.

MMMMMCMIII. — De Catherine II.

A Pétersbourg, le 10-21 juillet.

Monsieur, en réponse à votre lettre et à vos questions du 4 juillet, je vous annonce que, selon vos souhaits, le comte Romanzof, qui commande mon armée en Moldavie, a remporté la victoire la plus complète sur nos ennemis, le 7 de ce mois, à douze lieues environ du Danube. Notre droite était appuyée au Pruth. Le camp turc était retranché de quatre retranchements qui furent tous emportés à la pointe du jour, la baïonnette à la main. Le carnage dura quatre heures, après lesquelles mes troupes se trouvèrent maîtresses du champ de bataille, du camp des Turcs, de trente canons de fonte, d'une grande quantité de provisions de bouche et de munitions de guerre, et de beaucoup de prisonniers.

Notre perte n'est point considérable : il n'y a pas même eu un officier de marque blessé ou tué. Au départ du courrier, on poursuivait encore les fuyards. L'armée turque était de quatre-vingt mille hommes, commandés par le kan de Crimée et par trois bachas.

Le comte Romanzof me marque qu'il a fait chanter le *Te Deum* dans la propre tente du kan de Crimée, qui doit être la plus belle des tentes possibles. Le siége de Bender doit être commencé dans ce moment, et puis nous verrons.

Je ne vous entretiendrais point de tous ces faits de guerre, si vous ne m'aviez paru désirer d'en être informé.

Soyez persuadé du cas que je fais de votre amitié ; j'y répondrai toujours avec empressement, quelque affaire que j'aie. CATERINE.

MMMMMCMIV. — DE M. D'ALEMBERT.

A Paris, ce 22 juillet.

Mon cher et illustre ami, j'ai reçu à la fois, par Marin, deux de vos lettres, et je me hâte de répondre aux articles essentiels; car je ne vous écrirai pas une longue lettre, étant toujours imbécile, triste, et presque entièrement privé de sommeil.

Je n'aime ni n'estime la personne de Jean-Jacques Rousseau, qui, par parenthèse, est actuellement à Paris: j'ai fort à me plaindre de lui; cependant je ne crois pas que ni vous ni vos amis deviez refuser son offrande. Si cette offrande était indispensable pour l'érection de la statue, je conçois qu'on pourrait se faire une peine de l'accepter; mais qu'il souscrive ou non, la statue n'en sera pas moins érigée; ce n'est plus qu'un hommage qu'il vous rend, et une espèce de réparation qu'il vous fait. Voilà du moins comme je vois la chose, et ceux de vos amis à qui j'ai fait part de votre répugnance me paraissent penser comme moi.

Quant à La Beaumelle, il n'en est pas de même ; c'est un homme décrié et déshonoré, ainsi que Fréron et Palissot ; il ne serait pas juste de mettre Jean-Jacques Rousseau dans la même classe : cependant si vous insistez, je verrai avec nos amis communs le parti qu'il faudra prendre. On ne pourrait lui rendre sa souscription que comme associé étranger, ce qui aurait un inconvénient, car alors comment y admettre le roi de Prusse ? Rousseau ne manquerait pas de jeter les hauts cris. Je vous invite donc à souffrir son offrande. A l'égard de Frédéric, je lui écrirai à ce sujet, puisque vous le désirez, et certainement je ne négligerai rien pour l'engager à se joindre à nous.

Je sais, mon cher maître, qu'on vous a écrit de Paris, pour tâcher d'empoisonner votre plaisir, que ce n'est point à l'auteur de *la Henriade*, de *Zaïre*, etc., que nous élevons ce monument, mais au destructeur de la religion. Ne croyez point cette calomnie ; et pour vous prouver, et à toute la France, combien elle est atroce, il est facile de graver sur la statue le titre de vos principaux ouvrages. Soyez sûr que Mme du Deffand, qui vous a écrit cette noirceur, est bien moins votre amie que nous ; qu'elle lit et applaudit les feuilles de Fréron, et qu'elle en cite avec éloge les méchancetés qui vous regardent : c'est de quoi j'ai été témoin plus d'une fois. Ne la croyez donc pas dans les méchancetés qu'elle vous écrit. Palissot avait fait une comédie intitulée *le Satirique*, dans laquelle il se déchirait lui-même à belles dents, pour pouvoir déchirer à son aise les philosophes. Comme il a su qu'on le soupçonnait d'être l'auteur de la pièce, il a écrit les lettres les plus fortes pour s'en disculper; la pièce a été refusée à la police, malgré la protection de votre ami M. de Richelieu, et pour lors Palissot s'en est déclaré l'auteur. Adieu, mon cher maître; je n'ai pas la force d'en écrire davantage.

MMMMMCMV. — A M. LE COMTE D'ARGENTAL.

22 juillet.

Mon cher ange, il y a longtemps que je ne vous ai écrit; la raison en est qu'étant très-malade, quoi qu'on die, et ayant une assez nombreuse colonie à conduire, ma tête, qui n'est pas plus grosse que celle d'un lapin, m'a un peu tourné. Il faut digérer et avoir une grosse tête pour bâtir des maisons et des comédies, et pour diriger les têtes des autres.

Je suis donc très-malade, vous dis-je, malgré les calomnies de Pigalle, qui répand partout que je me porte bien.

Je vous avertis qu'il faudrait jouer *le Dépositaire* avant qu'on piloriât saint Grizel et saint Billard; car, quand ils seront piloriés, la pitié succédera dans les cœurs à l'indignation, et ce qui aurait été plaisant pourra passer pour cruel : mais, comme messieurs du clergé, que Grizel confessait, ne se sépareront pas sitôt, je laisse le tout à votre prudence, et je vous enverrai, quand il vous plaira, *le Dépositaire* de l'abbé de Châteauneuf, et la *Sophonisbe* de M. Lantin, pour mettre avec *l'Écossaise* de M. Jérôme Carré.

Il me paraît que vos ambassadeurs ne font pas grand cas de nos montres de Ferney; cependant je compte qu'il y en aura une incessamment avec le portrait du comte d'Aranda, qu'il faudra bien que M. l'ambassadeur d'Espagne prenne.

J'ai reçu de mon mieux le prince Pignatelli, son fils, malgré mes maux, ma misère, et ma colonie.

Le beau-frère de Fréron[1] me persécute toujours pour lui avoir fait justice; mais je ne sais ce que c'est que son affaire. Ce beau-frère me paraît un bavard; et d'ailleurs on dit qu'il suffit d'être allié de Fréron pour ne valoir pas grand'chose.

Lekain nous a envoyé trois grandes lettres pour avoir deux copies de mon visage en plâtre. Je lui réponds par un petit billet, que je vous prie de lui faire tenir; on n'a pas de visage de plâtre si aisément qu'il le pense.

Je ne sais, mon cher ange, si vous êtes à Paris ou à Compiègne. Supposé que ce soit à Compiègne, je vous supplie de communiquer à M. le

1. Royou. (ÉD.)

ANNÉE 1770.

duc de Choiseul mon étonnement, dont je ne suis pas encore revenu. J'avais pris la liberté d'envoyer sous son enveloppe, en Espagne, une caisse des ouvrages de ma manufacture. Il daigna se charger de la faire passer par la poste à Bordeaux, et de l'adresser à un patron de vaisseau pour la rendre à Cadix; et voici qu'il m'envoie lui-même le reçu du patron : mon protecteur devient mon commissionnaire. Mons de Louvois n'aurait pas fait de ces choses-là; aussi je l'aime autant que je hais mons de Louvois.

Il a fait encore bien pis; il a acheté de nos montres pour le compte du roi. Nos émigrants l'adorent, et j'en fais tout autant. Il fera de notre petit pays, jusqu'à présent inconnu, un pays charmant. Mais que dites-vous de moi, qui risque de me ruiner pour établir chez moi des familles génevoises? L'ingénieur du roi de Narsingue[1] n'y faisait œuvre. Je sens bien que cela est un peu ridicule à mon âge et avec mes maladies.

Un octogénaire plantait.
Passe encor de bâtir; mais planter à cet âge!
La Fontaine, liv. XI, fab. VIII.

A quelque âge que ce soit, radoteur ou non, je serai tendrement attaché à mes deux anges jusqu'au dernier moment de ma drôle de vie.

Mme Denis se joint à moi pour vous dire les mêmes choses. Ce n'est pas qu'elle radote comme moi, elle n'en est pas là, mais elle vous aime comme moi.

MMMMMCMVI. — A M. ***.
22 juillet.

J'ai reçu, mon cher correspondant, les anecdotes manuscrites. Il y en a plusieurs que j'avais déjà dans mes paperasses, et dont je n'ai point fait usage dans l'*Histoire de la Russie*, parce qu'elles étaient fort suspectes, et très-contraires aux mémoires que l'impératrice Élisabeth m'avait fait remettre. Il y en a quelques-unes dans votre manuscrit qu'il faudra beaucoup adoucir, car assurément je ne veux pas déplaire à ma Catherine, qui venge l'Europe de l'insolence des Turcs.

Je voudrais qu'on vengeât le public d'un Fréron. On me mande que tout le fond de ce qu'on dit de lui est vrai. Si cela est, il faut donc le pilorier avec saint Billard et saint Grizel. Vous me feriez plaisir de m'instruire de tout ce que Thieriot a pu omettre, car je suis très-curieux.

Je tâcherai, mon cher correspondant, de vous avoir le meilleur parti possible de vos historiettes russes, et de tout ce que vous m'enverrez. Je suis à vous sans réserve. Je vous prie de m'envoyer la demeure de Jean-Jacques Rousseau.

MMMMMCMVII. — A M. DE FONTANELLE, A DEUX-PONTS.
23 juillet.

Votre lettre, monsieur, réjouit un vieux malade. Je vois que vous aimez la vérité et la liberté, deux choses excellentes, qui ont trouvé

---
[1]. Maupertuis (ÉD.)

jusqu'ici peu d'asile chez les hommes. Vous en jouissez sous la protection d'un prince, ce qui est encore plus rare.

Je crois que votre journal se distinguera de la foule de tous ceux dont l'Europe est remplie. Tous vos extraits m'ont paru très-bien faits. On vous aura déjà dit probablement qu'en changeant une lettre à votre nom, on pourra vous prendre pour celui qui faisait si bien les extraits de l'Académie des sciences.

On ne peut être plus sensible que je le suis aux faveurs que vous me faites. J'ai l'honneur d'être, avec toute l'estime que vous méritez, monsieur, votre très-humble et très-obéissant serviteur.

MMMMMCMVIII. — A M. TABAREAU.

Juillet.

Savez-vous quelque chose de l'effroyable nouvelle du Portugal? on dit qu'elle n'est venue que par Rome et par l'Angleterre. Si elle était vraie, ne la saurions-nous pas par l'ambassadeur de France à Lisbonne, par nos consuls, et par nos marchands? l'idée seule de cette aventure fait frémir.

Je vous remercie de tout mon cœur, monsieur, des bonnes nouvelles que vous me donnez du succès de vos affaires. Vous savez combien je m'y intéresse. Je trouve le procès de messieurs des postes très-bon, et je ne suis pas sûr qu'ils le gagnent. Vous savez que tout est arbitraire, et que le parlement aime un peu à dégraisser tout fermier du roi. Pour saint Billard et saint Grizel, j'opine au pilori.

A l'égard du procès du parlement avec le roi, il est curieux. Nous attendons le dénoûment. Je crois que rien ne pourra empêcher le factum de M. de La Chalotais de paraître. Le public s'amusera, disputera, s'échauffera; dans un mois tout finira, dans cinq semaines tout s'oubliera.

Est-on encore, monsieur, dans l'usage de prendre des rescriptions des postes en payant à Paris au caissier qui ne soit pas un saint? Mme Denis veut faire venir deux cents louis de Paris : pourriez-vous les lui faire tenir par la poste, etc.? Nous avons lu, dans le mémoire de MM. les fermiers des postes, que cet usage était établi; ainsi c'est à la fête de saint Billard et de saint Grizel que vous devez attribuer cette importunité.

Vraiment oui, je n'ai pas manqué d'écrire à M. le duc de Choiseul que j'envoyais une petite caisse de montres à Marseille par la poste. Il le trouve très-bon; et vous savez que lui-même a eu la bonté d'en faire parvenir une caisse à Cadix. Il est très-important de donner à notre manufacture naissante toute la faveur possible; c'est par là seul qu'elle peut se soutenir.

Versoix deviendra un lieu très-considérable, mais il ne l'est pas encore. Ferney est un petit entrepôt qui s'augmente de jour en jour. Nous faisons tout ce que nous pouvons pour reconnaître les bontés de M. le duc de Choiseul par notre zèle.

Adieu, monsieur; personne ne vous est plus tendrement attaché que l'ermite de Ferney.

MMMMMCMIX. — A M. COLINI.

Ferney, 25 juillet.

Mon cher ami, j'ai tort; je tombai malade il y a trois mois, quand j'allais vous écrire. Ma maladie fut un peu longue. Je fis comme le cardinal Dubois, qui, ayant beaucoup de lettres à répondre, les brûla, et dit : « Me voilà au courant. »

Il y a des débiteurs qui n'osent pas paraître devant leurs créanciers; mais moi, je vous avoue ma dette, et je vous la paye de tout mon cœur, en disant que je vous aimerai jusqu'au dernier moment de ma vie. Ma santé n'est guère meilleure à présent. Je suis né faible, et je suis bien vieux.

Adieu, mon cher ami; je vous souhaite tout le bonheur que vous méritez.
V.

MMMMMCMX. — DE M. D'ALEMBERT.

Ce 25 juillet.

Vous voulez savoir, mon cher maître, ce que je pense du *Système de la nature* ? Je pense, comme vous, qu'il y a des longueurs, des répétitions, etc., mais que c'est un terrible livre : cependant je vous avoue que, sur l'existence de Dieu, l'auteur me paraît trop ferme et trop dogmatique, et je ne vois en cette matière que le scepticisme de raisonnable. *Qu'en savons-nous ?* est, selon moi, la réponse à presque toutes les questions métaphysiques; et la réflexion qu'il y faut joindre, c'est que, puisque nous n'en savons rien, il ne nous importe pas sans doute d'en savoir davantage. Le roi de Prusse vous a-t-il envoyé une réfutation qu'il a faite de ce livre? A propos de ce prince, j'ai écrit [1], il y a quinze jours, et de la manière la plus pressante, et peut-être la plus efficace; demandez à Chabanon et au comte de Rochefort s'ils sont contents de ma lettre.

Quant à Jean-Jacques Rousseau, je vous ai déjà répondu sur sa souscription; je vous invite de nouveau à vous détacher de cette idée, que vos amis désapprouvent, quoiqu'ils ne veuillent rien faire qui vous déplaise.

Non, on ne jouera point cette infamie du *Satirique*; et je puis vous dire, sous le secret, que c'est à moi que la philosophie et les lettres ont cette obligation. J'ai fait parler à M. de Sartines par quelqu'un qui a du pouvoir sur son esprit, et qui lui a parlé de manière à le convaincre. Il était temps, car la pièce devait être annoncée le soir même, pour être jouée le lendemain.

On écrira ou l'on fera écrire au procureur général Riquet; soyez tranquille. La personne à qui vous me priez de recommander cette affaire m'a promis tout ce qui dépendra d'elle. Cette personne doit être chère à la philosophie par sa manière de penser; elle prêche hautement la tolérance et les vœux à vingt-cinq ans.

Fréron est un maraud digne des protecteurs qu'il a; mais il n'est pas digne de votre colère. Je crois les *Anecdotes* très-vraies, mais cela ne

---

[1] Pour l'engager à souscrire pour la statue de Voltaire. (ÉD.)

fera ni bien ni mal à ses feuilles, qui d'ailleurs vont en se décriant de jour en jour : il y a plus de douze ans que je n'en ai lu une seule.

Adieu, mon cher et illustre maître; nous avons déjà plus qu'il ne nous faut pour la statue, mais nous recevons toujours des souscriptions, car bien des honnêtes gens n'ont pas souscrit encore. Êtes-vous sûr que M. le duc de Choiseul ait souscrit ? je sais que c'est son dessein, mais je doute qu'il l'ait encore exécuté. Adieu; je vous embrasse de tout mon cœur.

MMMMMCMXI. — A M. DALEMBERT.

27 juillet.

Premièrement, mon cher philosophe, ayez soin de votre santé. Vie de malingre, vie insupportable, mort continuelle avec des moments de résurrection; j'en sais des nouvelles depuis plus de soixante ans.

2° Vous avez sans doute lu l'écrit du roi de Prusse contre le *Système de la nature;* vous voyez qu'il prend toujours le parti de son *tripot*, et qu'il est fâché que les philosophes ne soient pas royalistes. Je ne trouve pas ces messieurs adroits : ils attaquent à la fois Dieu et le diable, les grands et les prêtres. Que leur restera-t-il ?

Le *Système de la nature* est trop long, à mon avis; il y a trop de répétitions, trop d'incorrections.

C'est apparemment pour ne pas paraître écolier de Spinosa et de Straton qu'il n'admet point une intelligence éternelle répandue, je ne sais comment, dans ce monde. Il me semble qu'il y a de l'absurdité à faire naître des intelligences du mouvement et de la matière, qui ne le sont pas; au moins le roi de Prusse relève fort bien cette bizarrerie.

Voilà une guerre civile entre les incrédules. Je connais une autre réfutation[1] qui va, dit-on, être imprimée. Nos ennemis diront que la discorde est dans le camp d'Agramant.

Toutefois il faut que les deux partis se réunissent. Je voudrais que vous fissiez cette réconciliation, et que vous leur dissiez : « Passez-moi l'émétique, et je vous passerai la saignée. »

Le roi de Prusse ne me parle pas plus de certaine statue que de celle du *Festin de Pierre;* ne lui avez-vous pas écrit? ne vous a-t-il pas répondu?

Il ne me sied pas d'en parler à Catherine l'héroïne. Ce serait à Protagoras-Diderot d'en écrire à cette amazone, mais surtout il faudrait dire qu'on ne recevra que peu : on doit ménager sa bourse, que Moustapha épuise. Je ménagerai certainement celle de Jean-Jacques, et je réprimerai l'orgueil de Diogène. Je ne connais point de plus méprisable charlatan : quelle différence de ces joueurs de gobelets à vous!

Je vous embrasse bien fort, mon cher ami.

MMMMMCMXII. — A M. DE LA HARPE.

27 juillet.

Suétone ne voit-il pas que l'ami Lantin a voulu rire quand il a exhorté les jeunes gens à rapetasser les détestables pièces, et les détestables sujets du raisonneur ampoulé[2], qui ne fut jamais tragique

---

1. Il s'agit de la brochure intitulée DIEU, *Réponse au Système de la nature.* (ÉD.) — 2. Pierre Corneille. (ÉD.)

que dans trois ou quatre scènes, quand il fit un petit voyage en Espagne?

L'ami Lantin ne s'est amusé à ressemeler *Sophonisbe* que pour montrer qu'il y avait du tragique avant le raisonneur. Le cinquième acte de Mairet avait un très-grand fond de tragique ; mais on ne pouvait pas faire grand'chose de Massinisse ; il en a fallu faire un jeune imprudent qui se laisse prendre comme un sot. *Non est hîc vis tragica.*

Dans tout ce qui se passe aujourd'hui en France, il y a *comica*, mais non pas *vis*.

J'attends Suétone l'anecdotier ; et je me doute bien que l'esprit mâle et judicieux qui l'a traduit et commenté aura pesé toutes ces anecdotes dans la balance de la raison.

On va jouer *la Religieuse* à Lyon ; cela vaut mieux sans doute que vingt-quatre pièces du raisonneur, et cependant.... Oh! qu'il fait bon venir à propos!

MMMMMCMXIII. — A Frédéric II, roi de Prusse.

27 juillet.

Sire, vous et le roi de la Chine, vous êtes à présent les deux seuls souverains qui soient philosophes et poëtes. Je venais de lire un extrait de deux poëmes de l'empereur Kien-long, lorsque j'ai reçu la prose et les vers de Frédéric le Grand. Je vais d'abord à votre prose, dont le sujet intéresse tous les hommes, aussi bien que vous autres maîtres du monde. Vous voilà comme Marc-Aurèle, qui combattait par ses réflexions morales le système de Lucrèce.

J'avais déjà vu une petite réfutation du *Système de la nature* par un homme de mes amis. Il a eu le bonheur de se rencontrer plus d'une fois avec Votre Majesté : c'est bon signe quand un roi et un simple homme pensent de même ; leurs intérêts sont souvent si contraires, que quand ils se réunissent dans leurs idées, il faut bien qu'ils aient raison.

Il me semble que vos remarques doivent être imprimées : ce sont des leçons pour le genre humain. Vous soutenez d'un bras la cause de Dieu, et vous écrasez de l'autre la superstition. Il serait bien digne d'un héros d'adorer publiquement Dieu, et de donner des soufflets à celui qui se dit son vicaire. Si vous ne voulez pas faire imprimer vos remarques dans votre capitale, comme Kien-long vient de faire imprimer ses poésies à Pékin, daignez m'en charger, et je les publierai sur-le-champ.

L'athéisme ne peut jamais faire aucun bien, et la superstition a fait des maux à l'infini : sauvez-nous de ces deux gouffres. Si quelqu'un peut rendre ce service au monde, c'est vous.

Non-seulement vous réfutez l'auteur, mais vous lui enseignez la manière dont il devait s'y prendre pour être utile.

De plus, vous donnez sur les oreilles à frère Ganganelli et aux siens ; ainsi, dans votre ouvrage, vous rendez justice à tout le monde. Frère Ganganelli et ses arlequins devaient bien savoir avec le reste de l'Europe de qui est la belle préface de l'*Abrégé* de Fleury. Leur insolence absurde n'est pas pardonnable. Vos canons pourraient s'emparer de

Rome, mais ils feraient trop de mal à droite et à gauche; ils en feraient à vous-même, et nous ne sommes plus au temps des Hérules et des Lombards, mais nous sommes au temps des Kien-long et des Frédéric. Ganganelli sera assez puni d'un trait de votre plume; Votre Majesté réserve son épée pour de plus belles occasions.

Permettez-moi de vous faire une petite représentation sur l'intelligence entre les rois et les prêtres, que l'auteur du *Système* reproche aux fronts couronnés et aux fronts tonsurés. Vous avez très-grande raison de dire qu'il n'en est rien, et que notre philosophe athée ne sait pas comment va aujourd'hui le train du monde. Mais c'est ainsi, messeigneurs, qu'il allait autrefois; c'est ainsi que vous avez commencé; c'est ainsi que les Albouin, les Théodoric, les Clovis, et leurs premiers successeurs, ont manœuvré avec les papes. « Partageons les dépouilles, prends les dîmes, et laisse-moi le reste; bénis ma conquête, je protégerai ton usurpation : remplissons nos bourses; dis de la part de Dieu qu'il faut m'obéir, et je te baiserai les pieds. » Ce traité a été signé du sang des peuples par les conquérants et par les prêtres. Cela s'appelle *les deux puissances*.

Ensuite les deux puissances se sont brouillées, et vous savez ce qu'il en a coûté à votre Allemagne et à l'Italie. Tout a changé enfin de nos jours. Au diable s'il y a deux puissances dans les États de Votre Majesté et dans le vaste empire de Catherine II ! Ainsi vous avez raison pour le temps présent, et le philosophe athée a raison pour le temps passé.

Quoi qu'il en soit, il faut que votre ouvrage soit public. *Ne tenez pas votre chandelle sous le boisseau*[1], comme dit l'autre.

> Les peuples sont encor dans une nuit profonde;
> Nos sages à tâtons sont prêts à s'égarer :
> Mille rois comme vous ont désolé le monde;
>   C'est à vous seul de l'éclairer.

Ce que vous dites en vers de mon héroïne Catherine II est charmant, et mérite bien que je vous fasse une infidélité.

Je ne sais si c'est le prince héréditaire de Brunswick ou un autre prince de ce nom qui va se signaler pour elle; voilà un héroïsme de croisade.

J'avoue que je ne conçois pas comment l'empereur ne saisit pas l'occasion pour s'emparer de la Bosnie et de la Servie; ce qui ne coûterait que la peine du voyage. On perd le moment de chasser le Turc de l'Europe; il ne reviendra peut-être plus; mais je me consolerai si, dans ce charivari, Votre Majesté arrondit sa Prusse.

En attendant, vous écoutez les mouvements de votre cœur sensible : vous êtes homme quand vous n'êtes pas roi; vos vers à Mme la princesse Amélie sont de l'âme à laquelle j'ai été attaché depuis trente ans, et à laquelle je le serai le dernier moment de ma vie, malgré le mal que m'a fait votre royauté, et dont je souffre encore le contre-coup sur la frontière de mon drôle de pays natal.

1. Évangile de saint Matthieu, v, 15; de saint Marc, IV, 21; de saint Luc, VIII, 16, et XI, 33. (ÉD.)

MMMMCMXIV. — A M. Élie de Beaumont.

A Ferney, le 30 juillet.

On me dit, il y a un mois, mon cher Cicéron, que vous étiez en Normandie. Je ne vous écrivis point, attendant votre retour. Je ne sais où vous êtes; mais je ne puis rester plus longtemps sans vous remercier de votre dernière lettre. J'ignore si vous embellissez Canon, si vous faites vos moissons, ou si vous prenez la défense de quelque innocent persécuté. Vous donneriez bien tous vos vergers et tout votre froment pour secourir quelque infortuné. Sirven ne l'est plus. Il est toujours demandeur en réparation, dommages et intérêts, qu'il obtiendra difficilement. Je ne sais pas un mot des procédures; je sais seulement que nous avons affaire à un procureur général un peu dur.

Savez-vous bien que ce M. Riquet avait conclu à pendre Mme Calas, et à faire rouer son fils et Lavaysse? Je tiens cette horrible anecdote de Mme Calas elle-même. Le pays des Chichacas et des Topinambous est la patrie de la raison et de l'humanité, en comparaison de ces horreurs; et voilà de quels hommes nos vies et nos fortunes dépendent!

L'affaire de Sirven ne sera décidée qu'après la Saint-Martin. Il y a huit ans que cette pauvre famille combat contre l'injustice.

Avez-vous su l'histoire des deux amants de Lyon? Un jeune homme de vingt-cinq ans et une fille de dix-neuf, tous deux d'une figure charmante, se donnent rendez-vous avec deux pistolets dont la détente était attachée à des rubans couleur de rose; ils se tuent tous deux en même temps; cela est plus fort encore qu'Arrie et Petus. La justice n'a fait nulle infamie dans cette affaire; cela est rare.

Avez-vous lu le *Système de la nature?* il ne me paraît pas consolant, mais nous avons d'autres systèmes qui le sont encore moins; par exemple, celui des jansénistes.

Adieu, mon cher Cicéron; ne m'oubliez pas, je vous prie, auprès de Mme Terentia.

MMMMCMXV. — De Catherine II.

Le 22 juillet-2 auguste.

Monsieur, je vous ai mandé, il y a dix jours, que le comte Romanzof avait battu le kan de Crimée, combiné avec un corps considérable de Turcs; qu'on leur avait pris tentes, artillerie, etc., sur la petite rivière nommée Larga: j'ai le plaisir aujourd'hui de vous informer qu'hier au soir un courrier du comte m'a apporté la nouvelle que mon armée a remporté, le jour même que je vous écrivis (le 21 juillet), une victoire complète sur celle du seigneur Moustapha, commandée par le vizir Ali-Bey, par l'aga des janissaires, et par sept ou huit bachas. Ils ont été forcés dans leurs retranchements: leur artillerie, au nombre de cent trente canons, leur camp, leurs bagages, les munitions en tout genre, sont tombés entre nos mains. Leur perte est considérable; la nôtre, si modeste que je crains d'en faire mention, afin que le fait ne paraisse fabuleux. Cependant le combat a duré cinq heures.

Le comte de Romanzof, que je viens de faire maréchal pour cette victoire, me mande que, telle que les anciens Romains, mon armée ne demande jamais combien il y a d'ennemis, mais seulement où sont-ils? Cette fois-ci les Turcs étaient au nombre de cent cinquante mille retranchés sur les hauteurs que baigne le Kogul, ruisseau à vingt-cinq werstes du Danube, ayant Ismaïlow derrière eux.

Mais, monsieur, mes nouvelles ne se bornent pas là : j'ai des avis certains, quoiqu'ils ne soient pas directs, que ma flotte a battu celle des Turcs devant Napoli de Romanie, et qu'elle a dispersé les vaisseaux ennemis qu'elle n'a pas coulés à fond.

Le siége de Bender a été ouvert encore le 21 juillet. Le prince Prosorofski a fait un butin immense en bestiaux de toute espèce, entre Oczakow et Bender. Ma flotte d'Azof croît en grandeur et en espérance en face du seigneur Moustapha.

Je ne puis rien vous dire de Brahilow, sinon que c'est un vieux château sur le bord du Danube, que le général Renne avait pris le jour même de la bataille de Pruth, année 1711.

Il ne dépend que des Grecs de faire revivre la Grèce. J'ai fait mon possible pour orner les cartes géographiques de la communication de Corinthe à Moscou. Je ne sais ce qui en sera.

Pour vous faire rire, je vous dirai que le sultan a eu recours aux prophètes, aux sorciers, aux devins, et aux fous, qui passent pour saints chez les musulmans. Ils lui ont prédit que le 21 serait un jour extrêmement fortuné pour l'empire ottoman. Tout de suite Sa Hautesse a envoyé un courrier au vizir, pour lui dire de passer le Danube ce jour-là, et de profiter de l'heureuse constellation. Nous verrons un peu si les revers pourront ramener ce prince à la raison, et s'ils ne le désabuseront pas des tromperies et des mensonges.

Vos chers Grecs ont donné dans plusieurs occasions des preuves de leur ancien courage, et l'esprit ne leur manque pas.

Adieu, monsieur; portez-vous bien : continuez-moi votre amitié, et soyez assuré de la mienne.
CATERINE.

MMMMMCMXVI. — A M. LE MARQUIS D'ARGENCE DE DIRAC.

3 auguste.

Mon cher philosophe militaire, vous m'aviez mandé, il y a deux mois, que vous passeriez chez nous, et je vous attendais. J'imaginais que vous alliez voir messieurs vos enfants, et ç'aurait été une grande consolation pour moi de vous embrasser sur la route. Je suis tombé dans un état de faiblesse dont j'ai l'obligation à ma vieillesse et à un travail un peu forcé; mais il faut travailler jusqu'à la fin de sa vie. Job, un de mes patrons, dit que l'homme est né pour travailler, comme l'oiseau pour voler[1].

J'ai été tout émerveillé de la petite galanterie que vous m'avez envoyée; j'en suis très-touché. Vous sentez combien je suis sensible à une telle marque d'amitié.

1. Job, chap. v, verset 7. (ÉD.)

Vous ne saviez pas apparemment l'autre galanterie que les gens de lettres de Paris ont bien voulu me faire. Si vous étiez venu à Ferney, vous y auriez vu M. Pigalle, qu'ils m'ont envoyé, et qui a fait le modèle d'une statue dont ils honorent ma très-chétive figure. Je n'ai point un visage à statue; mais enfin il a bien fallu me laisser faire. Il n'y a pas eu moyen de refuser un honneur que me font cinquante gens de lettres des plus considérables de Paris : cette faveur est rare. Ils ont fait un fonds pour donner à M. Pigalle un honoraire convenable; j'en ai été surpris, et le suis encore. Je ne puis attribuer une chose si extraordinaire qu'au désir qu'on a eu de consoler votre ami des choses dont vous parlez. Il doit actuellement les oublier. Une statue de marbre annonce un tombeau, et j'y descendrai en vous étant aussi attaché que je l'ai été depuis que j'ai eu l'honneur de vous connaître.

MMMMMCMXVII. — A M. LE MARQUIS DE FLORIAN.

Le 3 auguste.

Mon cher grand écuyer de Cyrus, buvez à ma santé le jour de la noce [1], vous et Mme de Florian. L'homme du monde qui a le moins l'air d'un garçon de la noce, c'est moi. Si mon cœur décidait de ma conduite, j'assisterais au mariage. Ma chétive santé et mon âge ne me laissent prétendre à d'autre sacrement pour ma personne qu'à celui de l'extrême-onction. Je passe mes derniers jours à établir une colonie ; je ne jouirai pas du fruit de mes travaux : il est beaucoup plus aisé de marier un jeune conseiller du parlement que de loger et d'accorder une trentaine de familles. Cependant nous travaillons nuit et jour à présenter à la nouvelle mariée les fruits de notre nouvel établissement. Nous avons fait une montre assez jolie, et qui sera fort bonne. Nos artistes sont excellents; il n'y en a point de meilleurs à Paris : mais leur transmigration ne leur a pas permis d'aller aussi vite en besogne que M. d'Hornoy. Il se marie le 7, et nous serons prêts le 15. Nous enverrons notre offrande, Mme Denis et moi, par M. d'Ogny, à qui nous l'adresserons. Nos fabricants ont voulu absolument mettre mon portrait à la montre. Puisque Pigalle m'a sculpté, il faut bien que je souffre qu'on me peigne ; j'ai toute honte bue.

J'embrasse tendrement le nouveau marié, sa mère, et son oncle [2] le Turc.

Je fais grand cas de votre philosophie, qui vous ramène à la campagne. J'aime à être encouragé, par votre exemple, à chérir la solitude et à fuir le tracas du monde.

On ne peut vous être plus tendrement dévoué que l'ermite de Ferney.

MMMMMCMXVIII. — DE M. DALEMBERT.

A Paris, ce 4 auguste.

Je n'ai point encore de réponse, mon cher et illustre maître, à la lettre très pressante que j'ai écrite au roi de Prusse le 7 de juillet der-

1. De M. d'Hornoy. (ÉD.) — 2. L'abbé Mignot. (ÉD.)

nier; il faut cependant qu'elle ait produit son effet, car voici ce que M. de Catt, son secrétaire, m'écrit du 22 : « Le roi souscrira à ce que vous désirez ; quand il vous fera sa réponse, je vous l'enverrai. » Dès que j'aurai cette réponse, je ne perdrai pas un moment pour vous en instruire.

J'ai une autre nouvelle à vous apprendre, c'est que vraisemblablement j'aurai bientôt le plaisir de vous embrasser. Tous mes amis me conseillent le voyage d'Italie pour rétablir ma tête ; j'y suis comme résolu, et ce voyage me fera, comme vous croyez bien, passer par Ferney, soit en allant, soit en revenant. La difficulté est d'avoir un compagnon de voyage ; car, dans l'état où je suis, je ne voudrais pas aller seul. Une autre difficulté encore plus grande, c'est l'argent, que je n'ai pas. Beaucoup d'amis m'en offrent ; mais je ne serais pas en état de le rendre, et je ne veux l'aumône de personne. J'ai pris le parti d'écrire, il y a huit jours, au roi de Prusse, qui m'avait déjà offert, il y a sept ans, quand j'étais chez lui, les secours nécessaires pour ce voyage, que je me proposais alors de faire. J'attends sa réponse, ainsi que celle d'un ami à qui j'ai proposé de m'accompagner, et pour lors je vous écrirai ma dernière résolution.

Jean-Jacques est un méchant fou et un plat charlatan ; mais ce fou et ce charlatan a des partisans zélés. C'est, sans doute, tant pis pour eux. Cependant je veux éviter, si je puis, et les noirceurs de Rousseau et le mal que ses partisans me pourraient faire. Ainsi je n'aurai ni de près, ni de loin, ni en bien ni en mal, aucune relation avec ce Diogène. Ne trouvez-vous pas bien étonnant que depuis un mois il aille tête levée dans Paris, avec un décret de prise de corps ? Cela n'est peut-être jamais arrivé qu'à lui ; et cela seul prouve à quel point il est protégé.

Je vous ai déjà mandé mon sentiment sur le *Système de la nature*; *non*, en métaphysique, ne me paraît guère plus sage que *oui*; *non liquet* est la seule réponse raisonnable à presque tout. D'ailleurs, indépendamment de l'incertitude de la matière, je ne sais si on fait bien d'attaquer directement et ouvertement certains points auxquels il serait peut-être mieux de ne pas toucher. J'ai reçu l'écrit du roi de Prusse, et je lui ai fait part de mes réflexions sur ces objets, *grands ou petits : grands* par l'idée que nous y attachons, *petits* par le peu d'utilité dont ils sont pour nous, comme le prouve leur obscurité même. L'essentiel serait de se bien porter, soit en ce monde, soit en l'autre ; mais *hoc opus, hic labor est*. Adieu, mon cher ami ; je me fais d'avance un plaisir de l'espérance de vous embrasser encore.

MMMMMCMXIX. — A M. DORAT.

A Ferney, le 6 auguste.

J'ignore, monsieur, et je veux ignorer quel est le sot ou le fripon, ou celui qui, revêtu de ces deux caractères, a pu vous dire que j'étais l'auteur des *Anecdotes sur Fréron* ; il aura pu dire avec autant de vraisemblance que j'ai fait *Gusman d'Alfarache*. Je n'ai jamais, Dieu merci, ni vu ni connu ce misérable Fréron ; je n'ai jamais vu aucune de ses rapsodies, excepté une demi-douzaine que je tiens de M. La Combe ; je sais seulement que c'est un barbouilleur de papier complètement déshonoré.

Je ne connais pas plus ses prétendus croupiers que sa personne. Je suis absent de Paris depuis plus de vingt ans, et je n'y ai jamais fait, avant ce temps, qu'un séjour très-court. L'auteur des *Anecdotes sur Fréron* dit qu'il a été très-lié avec lui ; j'ai essuyé bien des malheurs en ma vie, mais j'ai été préservé de celui-là.

Je n'ai jamais vu M. l'abbé de La Porte, dont il est tant parlé dans ces *Anecdotes*. On dit que c'est un fort honnête homme, incapable des horreurs dont Fréron est chargé par tout le public.

Vous sentez, monsieur, qu'il est impossible que j'aie vu Fréron au café de Viseu, dans la rue Mazarine. Je n'ai jamais fréquenté aucun café, et j'apprends pour la première fois, par ces *Anecdotes*, que ce café de Viseu existe ou a existé.

Il est de même impossible que je sache quels sont les marchés de Fréron avec les libraires, et tous les vils détails des friponneries que l'auteur lui reproche.

Il serait absurde de m'imputer la forme et le style d'un tel ouvrage.

Vous vous plaignez que votre nom se trouve parmi ceux que l'auteur accuse d'avoir travaillé avec Fréron : ce n'est pas assurément ma faute. Tout ce que je puis vous dire, c'est que vous me semblez avoir tort d'appeler cela un affront, puisque vous pouvez très-bien lui avoir prêté votre plume sans avoir eu part à ses infamies. Vous m'apprenez vous-même que vous avez inséré dans les feuilles de ce Fréron un extrait contre M. de La Harpe. Je ne sais ce que c'est que l'autre imputation dont vous me parlez.

Si vous étiez curieux de savoir quel est l'auteur des *Anecdotes*, adressez-vous à M. Thieriot ; il doit le connaître, et il y a quelques années qu'il m'écrivit touchant cette brochure. Adressez-vous à M. Marin, qui est au fait de tout ce qui s'est passé depuis quinze ans dans la librairie, et qui sait parfaitement que je ne puis avoir la moindre part à toutes ces futilités. Adressez-vous à Mme Duchesne, à M. Guy, lesquels doivent être fort instruits des gestes de Fréron. Adressez-vous à Lambert, chez qui l'auteur dit avoir vu les pièces d'un procès entre Fréron et sa sœur la fripière. Adressez-vous à M. l'abbé de La Porte, qui doit être mieux informé que personne. L'auteur paraît avoir écrit il y a six ou sept ans, et je vous avoue que j'ai la curiosité de savoir son nom.

Je connais deux éditions de ces *Anecdotes* : l'une, qui est celle dont vous me parlez ; l'autre, qui se trouve dans un pot-pourri en deux volumes. Il faut qu'il y en ait une troisième un peu différente des deux autres, puisque vous me parlez d'une nouvelle accusation contre vous que je ne trouve pas dans celle qui est en ma possession.

En voilà trop sur un homme si méprisable et si méprisé. Vous pouvez faire imprimer votre lettre et la mienne. J'ai l'honneur d'être, etc.

MMMMMCMXX. — A MADAME LA MARQUISE DU DEFFAND.

8 auguste.

Eh bien, madame, je ne peux en faire d'autres; je ne peux louer les gens sérieusement en face. Vous vous doutez bien que les six vers qui commencent par

Étudiez leur goût [1],

sont pour la petite-fille, et tout le reste pour la grand'maman. J'ai été bien aise de finir par La Harpe, parce que le mari de la grand'maman lui fait du bien, et lui en pourra faire encore.

Il faut un tant soit peu de satire pour égayer la louange. La satire est fort juste, et tombe sur le plus détestable fou que j'aie jamais lu. Son *Héloïse* me paraît écrite moitié dans un mauvais lieu, et moitié aux Petites-Maisons. Une des infamies de ce siècle est d'avoir applaudi quelque temps à ce monstrueux ouvrage. Les dames qu'il outrage sont assurément d'une autre nature que lui. La *Zaïde* de Mme de La Fayette vaut un peu mieux que la Suissesse de Jean-Jacques, qui accouche d'un faux germe pour se marier. Ce polisson m'ennuie et m'indigne, et ses partisans me mettent en colère, Cependant il faut être véritablement philosophe et calmer ses passions, surtout à nos âges.

Votre homme [2], qui ne s'intéressait qu'à ce qui le regardait, doit vous raccommoder avec la philosophie. Tout ce qui regarde le genre humain doit nous intéresser essentiellement, parce que nous sommes du genre humain. N'avez-vous pas une âme? n'est-elle pas toute remplie d'idées ingénieuses et d'imagination? s'il y a un Dieu qui prend soin des hommes et des femmes, n'êtes-vous pas femme? s'il y a une Providence, n'est-elle pas pour vous comme pour les plus sottes bégueules de Paris? si la moitié de Saint-Domingue vient d'être abîmée, si Lisbonne l'a été, la même chose ne peut-elle pas arriver à votre appartement de Saint-Joseph? Un diable d'homme, inspiré par Belzébuth, vient de publier un livre intitulé *Système de la nature*, dans lequel il croit démontrer à chaque page qu'il n'y a point de Dieu. Ce livre effraye tout le monde, et tout le monde le veut lire. Il est plein de longueurs, de répétitions, d'incorrections; il se trompe grossièrement en quelques endroits; et, malgré tout cela, on le dévore. Il y a beaucoup de choses qui peuvent séduire; il y a de l'éloquence; et, sous ce rapport, il est fort au-dessus de Spinosa.

Au reste, croyez que la chose vaut bien la peine d'être examinée. Les nouvelles du jour n'en approchent pas, quoiqu'elles soient bien intéressantes.

Ceux qui disent que les pairs du royaume ne peuvent être jugés par les pairs et par le roi, sans le parlement de Paris, me paraissent ignorer l'histoire de France. Il semble qu'à force de livres on est devenu ignorant. Je ne me mêle point de ces querelles : je songe à celle que nous avons avec la nature. J'en ai d'ailleurs une assez grande avec Ge-

1. *Épître à La Harpe*, vers 17 et suiv. (Éd.) — 2. Le président Hénault. (Éd.)

nève. Je lui ai volé une partie de ses habitants, et je fonde ma petite colonie, que le mari de votre grand'maman protége de tout son cœur.

Il n'y a maintenant qu'un tremblement de terre qui puisse ruiner mon établissement; mais je veux que celui à qui j'ai tant d'obligations donne son denier à la statue, et je veux surtout qu'il donne très-peu; 1° parce qu'on n'en a point du tout besoin; 2° parce qu'il donne trop de tous les côtés. C'est une affaire très-sérieuse ; je casserais à la statue les bras et les jambes, si son nom ne se trouvait pas sur la liste.

Adieu, madame; faites comme vous pourrez : vivez, portez-vous bien, digérez, cherchez le plaisir, s'il y en a. Luttez contre cette fatale nature dont je parle sans cesse, et où j'entends si peu de chose. Ayez de l'imagination jusqu'à la fin, et aimez votre très-ancien serviteur, qui vous est plus attaché que tous vos serviteurs nouveaux.

MMMMMCMXXI. — De M. Dalembert.

A Paris, ce 9 auguste.

Je ne perds pas un moment, mon cher et illustre ami, pour vous apprendre que je reçois à l'instant même la réponse du roi de Prusse ; non-seulement il souscrira et ne refusera rien, dit-il, pour cette statue, mais la grâce qu'il y met est mille fois plus flatteuse pour vous que sa souscription même; la manière dont il parle de vous, quoique juste, mérite, j'ose le dire, toute votre reconnaissance; je voudrais que cette lettre pût être gravée au bas de votre statue; je voudrais vous envoyer copie de cette lettre, ainsi que de la mienne; bien entendu que ni l'une ni l'autre ne sortiront de vos mains; mais le courrier presse en ce moment, et je ne veux pas différer votre plaisir. Adieu, mon cher ami ; j'espère toujours vous embrasser, j'espère aussi que le même prince qui souscrit si dignement et si noblement pour votre statue me mettra en état de faire ce voyage d'Italie, si indispensable pour ma santé. Je vous embrasse de tout mon cœur. Adieu, adieu; il est bien juste que la philosophie et les lettres aient quelques consolations au milieu des persécutions qu'elles souffrent. *Vale, vale. Tuus ex animo.*

MMMMMCMXXII. — Du même.

A Paris, ce 11 auguste.

Je ne pus, mon cher maître, vous envoyer par le dernier courrier copie de ma lettre au roi de Prusse et de sa réponse. Je vous envoie l'une et l'autre par celui-ci. Personne au monde n'a copie de ces deux lettres que vous, très-peu de personnes même connaissent la mienne ; mais je ferai lire celle du roi de Prusse à tout ce que je rencontrerai. Cependant je serais très-fâché que cette lettre fût imprimée, le roi en serait peut-être mécontent; et, en vérité, il se conduit trop dignement et trop noblement en cette occasion pour lui donner sujet de se plaindre. J'espère donc, mon cher et illustre ami, que vous vous contenterez de faire part de cette lettre à ceux qui désireront de la voir, sans souffrir qu'elle sorte de vos mains. Je serais infiniment affligé si elle paraissait sans le consentement du roi, et vous m'aimez trop pour vouloir me faire tant de mal. J'espère aussi que vous ne manquerez pas d'écrire au roi de Prusse ; son procédé me paraît digne de votre reconnaissance, de la mienne, et de celle de tous les gens de lettres. Adieu, mon cher et ancien ami. Je regarde comme un des plus heureux événements de ma vie le bonheur que j'ai eu de réussir dans cette négociation.

J'espère vous embrasser avant la fin de septembre, et vous dire encore une fois avant que de mourir combien je vous aime, je vous admire, et je vous révère.

MMMMMCMXXIII. — A CATHERINE II.

À Ferney, 11 auguste.

Madame, chaque lettre dont Votre Majesté Impériale m'honore me guérit de la fièvre que me donnent les nouvelles de Paris. On prétendait que vos troupes avaient eu partout de grands désavantages : qu'elles avaient évacué entièrement la Morée et la Valachie ; que la peste s'était mise dans vos armées ; que tous les revers avaient succédé à vos succès : Votre Majesté est mon médecin ; elle me rend une pleine santé. Je ne manque pas d'écrire sur-le-champ l'état des choses, dès que j'en suis instruit ; j'allonge les visages de ceux qui attristaient le mien.

Daignez donc, madame, avoir la bonté de me conserver cette santé que vous m'avez rendue ; il ne faut pas abandonner son malade dans sa convalescence.

J'ai encore de petits ressentiments de fièvre quand je vois que les Vénitiens ne se décident pas, que les Géorgiens n'ont pas formé une armée, et qu'on n'a nulle nouvelle positive de la révolution de l'Égypte.

Il y a un Brahilow, un Bender, qui me causent encore des insomnies ; je vois dans mes rêves leurs garnisons prisonnières de guerre, et je me réveille en sursaut.

Votre Majesté dira que je suis un malade bien impatient, et que les Turcs sont beaucoup plus malades que moi. Sans mes principes d'humanité, je dirais que je voudrais les voir tous exterminés, ou du moins chassés si loin qu'ils ne revinssent jamais.

Nous autres Français, madame, nous valons mieux qu'eux ; nous disons prodigieusement de sottises, nous en faisons beaucoup, mais tout cela passe bien vite ; on ne s'en souvient plus au bout de huit jours. La gaieté de la nation semble inaltérable. On apprend à Paris le tremblement de terre qui a bouleversé trente lieues de pays à Saint-Domingue ; on dit : « C'est dommage ; » et on va à l'Opéra. Les affaires les plus sérieuses sont tournées en ridicule.

Nous sommes actuellement dans la plus belle saison du monde : voilà un temps charmant pour battre les Turcs. Est-ce que ces barbares-là attaqueront toujours comme des houssards ? ne se présenteront-ils jamais bien serrés, pour être enfilés par quelques-uns de mes chars babyloniques ?

Je voudrais du moins avoir contribué à vous tuer quelques Turcs ; on dit que pour un chrétien c'est une œuvre fort agréable à Dieu. Cela ne va pas à mes maximes de tolérance ; mais les hommes sont pétris de contradictions, et d'ailleurs Votre Majesté me tourne la tête.

Encore une fois, madame, quelques nouvelles, par charité, de cinq ou six villes prises et de cinq ou six combats gagnés, quand ce ne serait que pour faire taire l'envie.

Je me mets aux pieds de Votre Majesté Impériale avec le plus profond respect et la plus vive impatience.   L'ERMITE DE FERNEY.

MMMMMCMXXIV. — A M. D'ALEMBERT.

11 auguste.

Mon cher philosophe, mon cher ami, vous êtes donc dégoûté de Paris; car assurément on ne se porte pas mieux sur les bords du Tibre que sur ceux de la Seine. M. de Fontenelle, à qui vous tenez de fort près, a vécu cent ans, sans en avoir eu l'obligation à Rome; mais enfin *ognuno faccia secondo il suo cervello.*

Je souhaite que Denys[1] fasse ce que vous savez; mais je doute que le viatique soit assez fort pour vous procurer toutes les commodités et tous les agréments nécessaires pour un tel voyage; et si vous tombez malade en chemin, que deviendrez-vous ?

Ma philosophie est sensible; je m'intéresse tendrement à vous; je suis bien sûr que vous ne ferez rien sans avoir pris les mesures les plus justes.

Un de mes amis[2], qui n'est pas Denys, a fait imprimer une réponse fort honnête au *Système de la nature;* je compte vous l'envoyer par la première poste. Il ne faudra vraiment pas l'envoyer à Denys; il n'en serait pas content, non-seulement parce qu'il en a fait une qui est sans doute meilleure, mais par une autre raison.

On me mande que le ministère a donné quatre à cinq mille livres de rente à des gens de lettres sur l'évêché[3] de Fréron : cet homme, qui ne devrait être qu'évêque des champs, a donc vingt-quatre mille livres de rente pour dire des sottises !

Sæpe mihi dubiam traxit sententia mentem,
Curarent superi terras, an nullus inesset
Rector, et incerto fluerent mortalia casu.
                                    Claudianus, I, *in Rufinum.*

Je vous embrasse du fond de mon cœur.

MMMMMCMXXV. — DE M. D'ALEMBERT.

A Paris, ce 12 auguste.

Tous les honneurs, mon cher maître, vous viennent à la fois, et j'en suis ravi. Je lus hier à l'Académie française la lettre du roi de Prusse, et elle arrêta d'une voix unanime que cette lettre serait insérée dans ses registres comme un monument honorable pour vous et pour les

---

1. Le roi de Prusse. (ÉD.) — 2. Voltaire lui-même. (ÉD.)
3. *L'Année littéraire.* On ne pouvait alors, en France, publier des journaux sans la permission de l'autorité, qui se réservait d'assigner des pensions sur leur produit. (*Note de M. Beuchot.*)

lettres. Je donnerai à ce monument si flatteur pour vous, et même pour nous tous, toute la publicité qui dépendra de moi, à l'impression près, que je vous prie surtout d'éviter, parce que le roi de Prusse pourrait en être mécontent. Je me souviens que la czarine me fit des reproches dans le temps d'avoir laissé imprimer la lettre qu'elle m'avait adressée, et, depuis ce temps, j'ai fait vœu d'être extrêmement circonspect à cet égard.

A propos de czarine, il faut, si vous désirez qu'elle souscrive, que Diderot lui en écrive, car je ne saurais m'en charger, parce que vraisemblablement je ne serai pas à Paris dans un mois, et par conséquent hors de portée d'avoir sa réponse. Adieu, mon cher maître; je vous embrasse de tout mon cœur, et compte toujours vous embrasser bientôt en réalité. Je ne doute pas que vous n'ayez déjà écrit au roi de Prusse, et je crois que vous devez aussi un petit mot de remercîment à l'Académie, que vous adresserez au secrétaire.

MMMMMCMXXVI. — A M. LE MARÉCHAL DUC DE RICHELIEU.

A Ferney, 15 auguste.

Je me dis toujours, monseigneur, que vos occupations et vos plaisirs partagent vos journées, que je ne dois pas fatiguer vos bontés, et qu'il n'appartient pas à ceux qui sont morts au monde d'écrire aux vivants.

Cependant il faut que je vous informe d'un gros paquet que j'ai reçu, et qui vous regarde; il est d'un M. de Castera, qui me paraît très-malheureux, et qui me fait juger, par son style, qu'il s'est attiré ses malheurs. Je doute même si sa tête n'est pas aussi dérangée que ses lettres sont prolixes; en ce cas, il n'est que plus à plaindre. Il m'a mis au fait de toute sa conduite avec assez de naïveté. Je présume, à la quantité de procès qu'il a essuyés, qu'il descend en droite ligne de la comtesse de Pimbesche. S'il a dit des injures, on les lui a bien rendues.

Je vois, par tout ce qu'il me mande, que sa plus grande ambition est de rentrer dans vos bonnes grâces. Sa destinée me paraît déplorable ; c'est un homme chargé de onze enfants. Je m'acquitte du devoir de l'humanité, en vous rendant compte de son état, sans prétendre le justifier auprès de vous, ni vous demander autre chose que ce que votre sagesse et votre justice vous prescrivent. Vous connaissez l'homme dont il s'agit, et c'est à vous seul de voir ce que vous devez faire. Il me semble qu'il avait un oncle chargé des affaires de France en Pologne; c'est tout ce que je connais de sa famille.

Après avoir achevé la mission que m'a donnée M. de Castera, que puis-je dire à mon héros du fond de ma solitude, sinon que je lui souhaite une santé meilleure que la mienne, et des jours plus brillants ? Il ne m'appartient pas de parler des tracasseries de la France. Je m'intéressais fort à celles des Turcs, c'est-à-dire que je souhaitais passionnément qu'on les chassât de l'Europe, parce qu'ils ont asservi les descendants des Alcibiade et des Sophocle. J'entends dire que ces circoncis ont repris le Péloponèse; en ce cas, je me raccommoderai avec eux; car j'ai établi, des débris de Genève, une petite société qui est fort en relation avec Constantinople.

J'aimerais encore mieux de bons acteurs et de bonnes pièces au théâtre de Paris, sous la protection du premier gentilhomme de la chambre; mais cette manufacture paraît furieusement tombée.

Me permettez-vous, monseigneur, de me mettre aux pieds de Mme la comtesse d'Egmont, quoiqu'elle soit alliée à la maison d'un pape? Vous devez juger combien j'ambitionne ses bontés, puisqu'elle a toutes les grâces de votre esprit, sans compter les autres.

Agréez, avec votre bienveillance ordinaire, le très-tendre respect du vieux solitaire des Alpes.

MMMMMCMXXVII. — De Frédéric II, roi de Prusse.

A Potsdam, le 18 auguste.

Ne cachez point votre lumière sous le boisseau. C'était sans doute à vous que ce passage s'adressait; votre génie est un flambeau qui doit éclairer le monde. Mon partage a été celui d'une faible chandelle qui suffit à peine pour m'éclairer, et dont la pâle lueur disparaît à l'éclat de vos rayons.

Lorsque j'eus achevé mon ouvrage contre l'athéisme, je crus ma réfutation très-orthodoxe; je la relus, et je la trouvai bien éloignée de l'être. Il y a des endroits qui ne sauraient paraître sans effaroucher les timides et scandaliser les dévots. Un petit mot qui m'est échappé sur l'éternité du monde me ferait lapider dans votre patrie, si j'y étais né particulier, et que je l'y eusse fait imprimer. Je sens que je n'ai point du tout l'âme ni le style théologiques. Je me contente donc de conserver en liberté mes opinions, sans les répandre et les semer dans un terrain qui leur est contraire.

Il n'en est pas de même des vers au sujet de l'impératrice de Russie : je les abandonne à votre disposition; ses troupes, par un enchaînement de succès et de prospérités, me justifient. Vous verrez dans peu le sultan demander la paix à Catherine, et celle-ci, par sa modération, ajouter un nouveau lustre à ses victoires.

J'ignore pourquoi l'empereur ne se mêle point de cette guerre. Je ne suis point son allié. Mais ses secrets doivent être connus de M. de Choiseul, qui pourra vous les expliquer.

Le cordelier de Saint-Pierre[1] a brûlé mes écrits, et ne m'a point excommunié à Pâques, comme ses prédécesseurs en ont eu la coutume. Ce procédé me réconcilie avec lui; car j'ai l'âme bonne, et vous savez combien j'aime à communier.

Je pars pour la Silésie, et vas trouver l'empereur, qui m'a invité à son camp de Moravie, non pas pour nous battre comme autrefois, mais pour vivre en bons voisins. Ce prince est aimable et plein de mérite. Il aime vos ouvrages, et les lit autant qu'il peut : il n'est rien moins que superstitieux. Enfin c'est un empereur comme de longtemps il n'y

1. Clément XIV. (Éd.)

en a eu en Allemagne. Nous n'aimons ni l'un ni l'autre les ignorants et les barbares; mais ce n'est pas une raison pour les extirper : s'il fallait les détruire, les Turcs ne seraient pas les seuls. Combien de nations plongées dans l'abrutissement, et devenues agrestes faute de lumières !

Mais vivons, et laissons vivre les autres. Puissiez-vous surtout vivre longtemps, et ne point oublier qu'il est des gens dans le nord de l'Allemagne qui ne cessent de rendre justice à votre beau génie !

Adieu ; à mon retour de Moravie, je vous en dirai davantage.

FRÉDÉRIC.

MMMMMCMXXVIII. — A M. D'ALEMBERT.

19 auguste.

Denys a raison, mon très-cher philosophe, c'est à vous qu'il en faut une. Après votre lettre, la sienne est celle dont je suis le plus charmé. Je sais taire les faveurs des vieilles maîtresses avec qui je renoue. Ce rapatriage ne durera pas longtemps, par la raison que je m'affaiblis tous les jours.

Vous partez, dit-on, avec M. de Condorcet ; je vous avertis que vous épargnez vingt-cinq lieues en passant par Dijon et par chez nous. Vous aurez le plaisir de voir, en passant, Genève punie par la vengeance divine, et vous pourrez en faire votre cour à frère Ganganelli.

Voici un petit morceau qui est à peu près en faveur du maître dont il est vicaire. Je ne crois pas que Denys trouve bon que je chasse sur ses terres ; mais je ne crois pas non plus qu'il ose paraître fâché. Quoi qu'il en soit, voici la drogue que je vous ai promise. Je vous prie surtout de lire mon aventure avec M. Rouelle. Mon petit cheval de trois pieds me paraît une démonstration assez forte contre certain conte des *Mille et une nuits*.

Adieu, mon très-cher voyageur. Mme Denis se joint à moi pour vous prier de passer par chez nous en allant voir le saint-père, à qui vous ne manquerez pas de faire mes tendres compliments.

MMMMMCMXXIV. — AU MÊME.

20 auguste.

Mon cher ami, vous mettez le comble à vos bontés. J'écris à M. Duclos une lettre pour l'Académie ; c'est bien tout ce que je puis faire, car je tombe dans un état qui ne me permettra pas de voir l'œuvre de Pigalle. Vraiment c'est bien autre chose que la faiblesse dont vous vous vantiez.

J'écris au souscrivant, comme de raison ; mais tout cela n'est que *vanitas vanitatum*, quand la machine est épuisée. C'est une plaisante chose que la pensée dépende absolument de l'estomac, et que malgré cela les meilleurs estomacs ne soient pas les meilleurs penseurs.

Si je suis mort quand vous passerez par Ferney, Mme Denis vous fera les honneurs de la maison. En attendant, je vous embrasse comme je peux, mais le plus tendrement du monde.

ANNÉE 1770.   135

MMMMMCMXXX. — A FRÉDÉRIC II, ROI DE PRUSSE.

A Ferney, le 20 auguste.

Sire, le philosophe Dalembert m'apprend que le grand philosophe de la secte et de l'espèce de Marc Aurèle, le cultivateur et le protecteur des arts, a bien voulu encourager l'anatomie, en daignant se mettre à la tête de ceux qui ont souscrit pour un squelette : ce squelette possède une vieille âme très-sensible; elle est pénétrée de l'honneur que lui fait Votre Majesté. J'avais cru longtemps que l'idée de cette caricature était une plaisanterie; mais puisque l'on emploie réellement le ciseau du fameux Pigalle, et que le nom du plus grand homme de l'Europe décore cette entreprise de mes concitoyens, je ne sais rien de si sérieux. Je m'humilie en sentant combien je suis indigne de l'honneur que l'on me fait, et je me livre en même temps à la plus vive reconnaissance.

L'Académie française a inscrit dans ses registres la lettre dont vous avez honoré M. Dalembert à ce sujet. J'ai appris cela tout à la fois : je suis émerveillé, je suis à vos pieds, je vous remercie, je ne sais que dire.

La Providence, pour rabattre mon orgueil, qui s'enflerait de tant de faveurs, veut que les Turcs aient repris la Grèce; du moins elle permet que les gazettes le disent. C'est un coup très-funeste pour moi. Ce n'est pas que j'aie un pouce de terre vers Athènes ou vers Corinthe : hélas! je n'en ai que vers la Suisse; mais vous savez quelle fête je me faisais de voir les petits-fils des Sophocle et des Démosthène délivrés d'un ignorant bacha. On aurait traduit en grec votre excellente réfutation du *Système de la nature*, et on l'aurait imprimée avec une belle estampe dans l'endroit où était autrefois le Lycée.

J'avais osé faire une réponse de mon côté; ainsi Dieu avait pour lui les deux hommes les moins superstitieux de l'Europe, ce qui devait lui plaire beaucoup. Mais je trouvai ma réponse si inférieure à la vôtre, que je n'osai pas vous l'envoyer. De plus, en riant des anguilles du jésuite Needham, que Buffon, Maupertuis, et le traducteur de Lucrèce[1] avaient adoptées, je ne pus m'empêcher de rire aussi de tous ces beaux systèmes; de celui de Buffon, qui prétend que les Alpes ont été fabriquées par la mer; de celui qui donne aux hommes des marsouins pour origine; et enfin de celui qui exaltait son âme[2] pour prédire l'avenir.

J'ai toujours sur le cœur le mal irréparable qu'il m'a fait; je ne penserai jamais à la calomnie du *linge donné à blanchir à la blanchisseuse*, à cette calomnie insipide qui m'a été mortelle, et à tout ce qui s'en est suivi, qu'avec une douleur qui empoisonnera mes derniers jours. Mais tout ce que m'apprend Dalembert des bontés de Votre Majesté est un baume si puissant sur mes blessures, que je me suis reproché cette douleur qui me poursuit toujours. Pardonnez-la à un homme qui n'avait jamais eu d'autre ambition que de vivre et de mourir auprès de vous, et qui vous est attaché depuis plus de trente ans.

Il y a plusieurs copies de votre admirable ouvrage : permettez qu'on l'imprime dans quelque recueil, ou à part; car sûrement il paraîtra,

1. Lagrange. (ÉD.) — 2. Maupertuis. (ÉD.)

et sera imprimé incorrectement. Si Votre Majesté daigne me donner ses ordres, l'hommage du philosophe de Sans-Souci à la Divinité fera du bien aux hommes. Le roi des déistes confondra les athées et les fanatiques à la fois : rien ne peut faire un meilleur effet.

Daignez agréer le tendre respect du vieux solitaire V.

MMMMMCMXXXI. — A MADAME LA DUCHESSE DE CHOISEUL.

A Ferney, 20 auguste.

Madame, après tout ce que vous m'avez fait l'honneur de m'écrire, j'ai vu tant de justesse d'esprit que je vous ai crue philosophe; passez-moi ce mot. Votre petite-fille [1] me paraît un peu dégoûtée de la métaphysique; je lui pardonne aisément ce dégoût. La métaphysique n'est d'ordinaire que le roman de l'âme, et ce roman n'est pas si amusant que celui des *Mille et une nuits*. Vous m'avouerez du moins, madame, que le sujet qu'on traite dans la petite brochure [2] qu'on met à vos pieds est assez intéressant; chacun y est pour sa part; et cette part est tout son être. Cela est un peu plus important que les tracasseries dont on s'entretient si profondément à Paris et à Versailles. Je n'ose demander que, dans un moment de loisir, vous daigniez, madame, me dire en deux mots ce que vous en pensez; je ne veux que deux mots, car vous êtes si occupée à servir l'Être suprême, en faisant du bien, que vous n'avez guère le temps d'examiner ce que de faibles cervelles disent pour ou contre son existence.

M. de Crassier m'a mandé qu'il avait obtenu, par votre protection, une très-grande grâce. Songez, madame, que c'est à vous seule uniquement qu'il la doit, et que je n'avais pas osé seulement vous la demander. Voilà comme vous êtes; dès qu'on vous offre de loin la moindre petite ouverture pour faire du bien, vous saisissez la chose avec un acharnement qui n'a point d'exemple; j'en suis confondu, je ne sais plus que vous dire.

M. le marquis d'Ossun, ambassadeur en Espagne, favorise de tout son pouvoir la fabrique de Ferney, faubourg de Versoix. Il y prend autant d'intérêt que si c'était son propre ouvrage. Oserais-je vous supplier, madame, d'obtenir que M. le duc voulût bien lui marquer qu'il est sensible à tous ses bons offices, qui sont en vérité très-considérables, et qui pourront être efficaces ? M. l'abbé Billardi n'a pas eu les mêmes bontés que M. le marquis d'Ossun; il ne m'a pas fait de réponse; apparemment que l'inquisition le lui a défendu.

Nos artistes de Ferney donnent, le jour de la Saint-Louis, une belle fête; je crois que leur zèle ne déplaira pas à M. le duc.

C'est votre nom, madame, que je fête tous les jours de l'année. Je vous suis attaché pour ma vie avec le plus profond respect et la plus vive reconnaissance. LE VIEIL ERMITE DE FERNEY.

1. Mme du Deffand, qui appelait Mme de Choiseul sa grand'maman. (Éd.)
2. Celle qui était intitulée DIEU. (Éd.)

ANNÉE 1770.

MMMMCMXXXII. — A MADAME D'HORNOY.

A Ferney, 20 auguste.

Vous faites, madame, le bonheur d'un homme à qui je tiens par les liens de l'amitié encore plus que par ceux de la nature. Le seul plaisir qui reste aux vieillards est d'être sensibles à celui des autres. Je vous dois la plus grande satisfaction que je puisse goûter : la vôtre est bien rare de vivre avec un bon mari sans quitter le meilleur des pères, M. d'Hornoy égaye la retraite de Mme Denis et la mienne, en nous disant combien il est enchanté. Mme Denis doit vous dire tout ce qui peut plaire à de nouveaux mariés ; les femmes entendent cela cent fois mieux que les hommes. Pour moi, je vous dirai que vous êtes bien bonne, au milieu du fracas des noces, de l'embarras des visites et des compliments, et des occupations plus sérieuses, d'écrire à un vieux solitaire inutile au monde ; je vous en remercie. Vous avez encore un mérite de plus, c'est que votre lettre est fort jolie, et que votre écriture ne ressemble pas à celle de votre mari, qui écrit comme un chat, aussi bien que son autre oncle l'abbé Mignot. L'abbé Dangeau, de notre Académie française, renvoyait les lettres de sa maîtresse quand elles étaient mal orthographiées, et rompait avec elle à la troisième fois. Moi, qui suis aussi de l'Académie, je ne vous renverrai pas votre lettre, madame ; il n'y manque rien ; je la garderai comme une chose qui m'est bien chère. Je vous aime déjà comme si je vous avais vue : et, sans oublier le respect qu'on doit aux dames, j'ai l'honneur d'être de tout mon cœur, madame, votre, etc.

MMMMCMXXXIII. — DE CATHERINE II.

Le 9-20 auguste.

Monsieur, vous me dites dans votre lettre du 20 juillet que je vous donne des craintes pour vous tenir en haleine, et que mes victoires sont vos consolations : voici une petite dose de ces dernières que j'ai à vous donner.

Je viens de recevoir un courrier qui m'a apporté les suites de la bataille du Kogul. Mes troupes se sont avancées sur le Danube, et ont pris poste sur le bord de ce fleuve, vis-à-vis d'Isacki. Le vizir et l'aga des janissaires se sont sauvés sur l'autre bord ; mais le reste, qui a voulu les imiter, a été tué, noyé, et dispersé. Il a fait abattre le pont, et près de deux mille janissaires ont été faits prisonniers. Vingt canons, cinq mille chevaux, un butin immense, et une grande quantité de vivres de toute espèce, sont tombés entre nos mains. Les Tartares ont envoyé sur-le-champ prier le maréchal comte de Romanzof de les laisser passer en Crimée : il leur a fait répondre qu'il exigeait leur hommage, et il a envoyé un corps considérable sur la gauche, vers Ismaÿlow, pour leur faire une douce violence. Il y a longtemps que nous savons qu'ils ne demandent pas mieux.

Vous ne voulez point de paix, monsieur ; soyez tranquille, jusqu'ici on n'en entend point parler. Je conviens avec vous que c'est une bonne chose que la paix ; lorsqu'elle existait, je croyais que c'était le *non plus ultra* du bonheur : me voilà depuis près de deux ans en guerre, je vois que l'on s'accoutume à tout. La guerre, en vérité, a des moments bien bons. Je lui trouve un grand défaut, c'est qu'on n'y aime point son prochain comme soi-même. J'étais accoutumée à penser qu'il n'est pas honnête de faire du mal aux gens ; je me console cependant un peu aujourd'hui en disant à Moustapha : *Tu l'as voulu, Georges Dandin !* Et après cette réflexion je suis à mon aise comme ci-devant.

Les grands événements ne m'ont jamais déplu, et les conquêtes ne m'ont jamais tentée. Je ne vois point aussi que le moment de la paix soit bien proche. Il est plaisant qu'on fasse accroire aux Turcs que nous ne pourrons point soutenir longtemps la guerre. Si la passion n'inspirait ces gens-là, comment pourraient-ils avoir oublié que Pierre le Grand soutint pendant trente ans la guerre, tantôt contre ces mêmes Turcs, tantôt contre les Suédois, les Polonais, les Persans, sans que l'empire en fût réduit à l'extrémité ? Au contraire, la Russie est toujours sortie de chacune de ces guerres plus florissante qu'auparavant ; et ce sont les guerres qui ont mis l'industrie en branle. Chaque guerre chez nous a été la mère de quelque nouvelle ressource qui donnait plus de vivacité au commerce et à la circulation.

Votre projet de paix, monsieur, me paraît ressembler un peu au partage du lion de la fable ; vous gardez tout pour votre favorite. Il ne faut point exclure de cette paix les légions de Sparte ; nous parlerons après des jeux isthmiques.

Au moment que j'allais finir cette lettre, je reçois la nouvelle de la prise d'Ismaïlow, avec quelques circonstances assez singulières.

Le vizir, avant de passer le Danube, harangua ses troupes et leur dit qu'il était impossible de résister plus longtemps aux Russes ; que lui vizir se voyait dans la nécessité de passer de l'autre côté du Danube ; qu'il leur enverrait autant de bâtiments qu'il pourrait pour les sauver ; mais qu'en cas qu'il ne pût effectuer sa promesse, si les troupes russes venaient à les attaquer, il leur conseillait de mettre bas les armes, et qu'il les assurait que l'impératrice de Russie les ferait traiter avec humanité ; que tout ce qu'on leur avait fait accroire jusqu'ici des Russes avait été imaginé par les ennemis des deux empires.

Dès que mes troupes se présentèrent devant Ismaïlow, les Turcs en sortirent, et ceux qui y restèrent mirent bas les armes. La capitulation de la ville fut faite dans une demi-heure. On y prit quarante-huit canons, et des magasins considérables de toute espèce. On compte, depuis le 21 jusqu'au 27 juillet, c'est-à-dire depuis la bataille du Kogul, près de huit mille prisonniers ; et depuis l'année passée nous avons pris à l'ennemi près de cinq cents canons.

Le comte Romanzof a envoyé un corps à droite vers votre Brahilow, qui sera pris selon votre intention ; et un autre à gauche, qui doit s'emparer de Kilia.

Eh bien, monsieur, êtes-vous content ? Je vous prie de l'être autant de mon amitié que je le suis de la vôtre. CATERINE.

ANNÉE 1770.

MMMMMCXXXIV. — A M. Duclos, secrétaire perpétuel
de l'Académie française.

20 auguste.

Monsieur, je présente mes très-humbles remerciments à l'Académie; elle n'a considéré que l'honneur qui rejaillit sur la littérature, dont elle est le modèle et la protectrice; elle encourage les beaux-arts, en mettant dans ses archives la lettre d'un roi qui apprit d'elle à écrire si purement notre langue. La part que j'ai dans cet événement, si honorable pour les gens de lettres, me fait sentir combien d'autres en sont plus dignes que moi, et cette justice que je dois me rendre augmente encore ma reconnaissance.

Agréez tous les sentiments que je vous dois, et ayez la bonté, monsieur, d'assurer la compagnie du profond respect avec lequel j'ai l'honneur d'être son très-humble, très-obéissant et très-obligé serviteur.

MMMMMCXXXV. — A M. le comte de Schomberg.

Ferney, 25 auguste.

Puisque vous poussez vos bontés, monsieur, jusqu'à vouloir bien honorer encore de votre présence la solitude du mont Jura, et consoler un vieux malade par les charmes de votre conversation, je vous avertis, pour vous encourager à cette bonne œuvre, que vous y trouverez probablement M. Dalembert.

Il a semblé bon au Saint-Esprit et à lui de passer par chez moi en allant voir le pape. On ne peut mieux prendre son temps. J'ai établi une colonie de huguenots; c'est un petit commencement de réunion entre les deux plus belles sectes de philosophie qui font tant d'honneur à l'esprit humain, les papistes et les calvinistes. Vous ferez trêve pour quelques jours, dans ma retraite pacifique, à votre grand art de tuer les hommes avec gloire et salaire. Que ne puis-je, tous les ans, me trouver sur votre route!

Agréez toujours, monsieur, mon respectueux attachement.

MMMMMCXXXVI. — A madame la duchesse de Choiseul.

Ferney, 27 auguste.

Madame, après avoir embelli votre royaume de Chanteloup par vos bienfaits, vous venez encore, M. le duc de Choiseul et vous, d'étendre vos grâces sur notre hameau de Ferney. Peut-être apprendrez-vous tous deux avec quelque satisfaction que nos émigrants ont donné pour la Saint-Louis une petite fête qui a consisté en un très-bon souper de cent couverts, avec illumination, feu d'artifice, et des *vive le roi!* sans fin. Peut-être même M. le duc ne sera pas fâché d'apprendre au roi qu'il est aimé et célébré par ses nouveaux sujets comme par les anciens.

Vos noms, madame, n'ont été oubliés ni en buvant, ni dans le feu d'artifice.

Nous étions tous fort attendris,
Voyant, du fond de nos tanières,
Des Choiseul les beaux noms écrits
En caractères de lumières
Sur nos vieux chênes rabougris,
Et parmi nos sèches bruyères.

C'était un plaisir de voir nos huguenots et nos papistes être tous de la même religion, et montrant à leurs bienfaiteurs la même reconnaissance.

Rien n'est plus selon mon humeur
Que de voir ces bons hérétiques
Boire et chanter de si grand cœur
Avec nos pauvres catholiques.
Dans cet asile du bonheur,
Le prêche est ami de la messe;
Ils se sont dit : « Vivons heureux,
Et tolérons avec sagesse
Ceux qui se moquent de nous deux. »

Que j'aime à voir notre vicaire
Appliquer assez pesamment
Un baiser, près du sanctuaire,
A la femme du prédicant!

On voit bien après cela, monseigneur, qu'il n'y a pas moyen de refuser un édit de tolérance. Nos colons, vos protégés, se mettent à vos pieds, et nous supplions tous notre bienfaiteur et notre bienfaitrice d'agréer nos profonds respects et notre reconnaissance.

LE VIEIL ERMITE DE FERNEY, *secrétaire*.

MMMMMCMXXXVII. — A CATHERINE II.

A Ferney, 25 auguste.

Madame, mes craintes sont dissipées, malgré tous les efforts des dissidents de Pologne et des gazetiers des autres pays; votre victoire complète remportée sur les Ottomans auprès du Pruth est une terrible réponse.

Que Votre Majesté Impériale me permette de lui témoigner l'excès de ma joie. Je ne suis plus en peine de la Grèce, sur laquelle on me donnait tant d'alarmes. Je vous crois toujours maîtresse de Navarin et de plusieurs autres places. Il n'est pas croyable que vos troupes aient évacué ce pays, comme on le dit, lorsque vous battez les Turcs sur mer comme sur terre; et quand même la division de vos forces vous obligerait de différer ou même d'abandonner la conquête de la Grèce, ce serait toujours une entreprise qui vous comblerait de gloire. Je maintiens qu'il ne s'est rien fait de si grand depuis Annibal; et cet Annibal, qui fut enfin contraint de retourner en Afrique, n'en a pas moins de réputation. Quand vous n'auriez réussi qu'à porter la terreur aux portes de Constantinople, à mener vos troupes jusqu'auprès de Corinthe, et à peupler vos États d'un grand nombre de familles grecques, vous auriez eu encore, un grand avantage ; mais votre dernière victoire me fait tout espérer.

Si vous voulez pousser vos conquêtes, vous les étendrez, je pense, où il vous plaira ; et si vous voulez la paix, vous la dicterez. Pour moi, je veux toujours que Votre Majesté aille se faire couronner à Constantinople. Pardonnez-moi cette opiniâtreté ; elle est presque aussi forte que celle avec laquelle je suis attaché à votre personne et à votre gloire : et puisque vous êtes devenue ma passion dominante, je me flatte que Votre Majesté Impériale daignera toujours recevoir avec bonté le profond respect et le dévouement inviolable du vieux ermite de Ferney.

MMMMMCMXXXVIII. — DE CATHERINE II.

Le 18-29 augusto.

Monsieur, au risque de vous importuner trop souvent, il faut que je vous dise qu'hier je reçus la nouvelle que le général-major, comte Tottleben, a pris aux Turcs les deux forts situés au delà du mont Caucase, nommée Schéripan et Bagdat. Il tient bloqués le fort et la ville de Cotatis, en langue du pays Koutaï, sur le Phase, qui tombe dans la mer Noire. Mes troupes ne sont plus qu'à soixante werstes de cette mer. L'ancienne Trébisonde est à leur gauche. Salomon, prince d'Imirette, agit de concert avec le comte. L'épouse de ce prince vint dans le camp russe, et pria le général de permettre qu'à la prise de Bagdat elle pût jouir de l'honneur d'entrer dans la ville la première. Vous jugez bien qu'elle ne fut point refusée.

Ce Bagdat n'est ni aussi beau ni aussi grand que celui des *Mille et une nuits*. Ne trouvez-vous pas, monsieur, Moustapha bien accommodé, et les gazettes bien menteuses ?

J'oubliais de vous dire qu'avant la prise de ces villes le prince Héraclius a battu les Turcs sous Acalziké.

Je me recommande à votre amitié et à vos prières : on n'en saurait faire un plus grand cas qu'en fait votre favorite, CATERINE.

MMMMMCMXXXIX. — A MADAME LA MARQUISE DU DEFFAND.

2 septembre.

Je vous envoie, madame, par votre grand'maman, la petite drôlerie[1] en faveur de la Divinité, contre le volume du *Système de la nature*, que sûrement vous n'avez pas lu ; car la matière a beau être intéressante, je vous connais, vous ne voulez pas vous ennuyer pour rien au monde ; et ce terrible livre est trop plein de longueurs et de répétitions pour que vous puissiez en soutenir la lecture. Le goût, chez vous, marche avant tout. Celui qui vous amusera le plus, en quelque genre que ce soit, aura toujours raison avec vous. Si je ne vous amuse

---

1. L'opuscule intitulé DIEU. (ÉD.)

pas, du moins je ne vous ennuierai guère, car je réponds en vingt pages à deux gros volumes.

Je me flatte que votre grand'maman s'est enfin réconciliée avec Catherine II. Tant de sang ottoman doit effacer celui d'un ivrogne[1] qui l'aurait mise dans un couvent; et, après tout, ma Catau vaut beaucoup mieux que Moustapha. Avouez, madame, que dans le fond du cœur vous êtes pour elle.

Des lettres de Venise disent que la canaille musulmane a tué l'ambassadeur de France et presque toute sa suite; que l'ambassadeur d'Angleterre s'est sauvé en matelot, et que Moustapha a donné une garde de mille janissaires au baile[2] de Venise. Je veux ne point croire ces étranges nouvelles; mais si malheureusement elles étaient vraies, votre grand'maman elle-même ferait des vœux pour que Catherine fût couronnée à Constantinople.

Le roi de Prusse est allé en Moravie rendre à l'empereur sa visite familière. Il y a actuellement entre les souverains chrétiens une cordialité qui ne se trouve pas entre les ministres.

Voilà, madame, tout ce que sait un vieux solitaire qui voit avec horreur les jours s'accourcir et l'hiver s'approcher. Conservez votre santé, votre gaieté, votre imagination, et votre bonté pour votre très-vieux et très-malingre serviteur, qui vous est bien et tendrement attaché pour le reste de ses jours.

MMMMMCMXL. — A MADAME LA DUCHESSE DE CHOISEUL.

A Ferney, 2 septembre.

Madame, puisque votre petite-fille veut voir la cause du père[3] défendue par un homme qui passe pour n'être pas l'ami du fils, je prends la liberté de la mettre sous vos auspices. Au bout du compte, quoi qu'elle en dise, la chose vaut la peine d'être examinée. Je n'ai pu encore à mon âge, m'accoutumer à l'indifférence et à la légèreté avec laquelle des personnes d'esprit traitent la seule chose essentielle; je ne m'accoutume pas plus aux sottises énormes dans lesquelles le fanatisme plonge tous les jours des têtes, qui d'ailleurs n'ont pas perdu absolument le sens commun sur les choses ordinaires de la vie : ces deux contrastes m'étonnent encore tous les jours.

Je n'ai dit que ce que je pense dans ma petite réponse à l'auteur du *Système de la nature*; il a dit aussi ce qu'il pensait, et vous jugerez entre nous deux, madame, sans me dire tout ce que vous pensez.

Une chose assez plaisante, c'est que le roi de Prusse m'a envoyé de son côté une réponse sur le même objet. Il a pris le parti des rois, qui ne sont pas mieux traités que Dieu dans le *Système de la nature :* pour moi, je n'ai pris que le parti des hommes.

1. Pierre III. (ÉD.)
2. C'était le titre des résidents de la république de Venise à Constantinople, Alep et Alexandrie. (ÉD.)
3. L'opuscule intitulé DIEU. (ÉD.)

ANNÉE 1770.

Je crois avoir deviné quelle est l'épreuve à laquelle ce capitaine du régiment de Bavière veut que vous le mettiez. Je crois qu'il ressemble à celui qui disait à la reine Anne d'Autriche : « Madame, dites-moi qui vous voulez que je tue, pour vous faire ma cour. »

Il est vrai, madame, que je ne prends point tant de liberté avec M. le duc qu'avec vous ; mais c'est que j'imagine que vous avez un peu plus de temps que lui, quoique vous n'en ayez guère et que votre département de faire du bien vous occupe beaucoup. Je me sers de vous effrontément pour lui faire parvenir les sentiments qui m'attachent à lui pour le reste de ma vie, et je mets ma reconnaissance sous votre protection, sans vous faire le même compliment qu'on faisait à la reine mère, car vous êtes trop douce et trop bonne.

Si vous daignez lire mon rogaton théologique, je vous prie d'être bien persuadée que je ne crois point du tout à la Providence particulière ; les aventures de Lisbonne et de Saint-Domingue l'ont rayée de mes papiers.

On dit que les Turcs ont assassiné votre ambassadeur de France ; cela serait fort triste ; mais le grand Être n'entre pas dans ces détails.

Pardonnez, madame, au vieux bavard qui est à vos pieds avec le plus profond respect.

MMMMMCMXLI. — A M. LE MARQUIS D'ARGENCE DE DIRAC.

A Ferney, 3 septembre.

Vous ne me mandez point, mon cher philosophe militaire, où vous logez à Paris. Je hasarde ma réponse à l'hôtel d'Entragues, où il me semble que vous étiez à votre dernier voyage. Vous sentez bien qu'il ne convient guère à un vieux pédant comme moi d'oser me mêler des affaires des colonels, et que cette indiscrétion de ma part servirait plutôt à reculer vos affaires qu'à les avancer.

Horace dit[1] qu'il faut que chacun reste dans sa peau ; mais je tâcherai de trouver quelque ouverture pour me mettre à portée de parler de vous comme je le dois, et de satisfaire mon cœur. Je regarderai d'ailleurs cette démarche comme une des clauses de mon testament ; car j'approche tout doucement du moment où les philosophes et les imbéciles ont la même destinée. Je suis furieusement tombé, et il n'y a plus de société pour moi. La vôtre seule me serait précieuse, si l'état où je suis me permettait d'en jouir aussi agréablement qu'autrefois. Je n'ai plus guère que des sentiments à vous offrir ; car, pour les idées, e les s'enfuient L'esprit s'affaiblit avec le corps, les souffrances augmentent, et les pensées diminuent ; tout le monde en vient là ; il n'y a que du plus ou du moins. Il faut avouer que nous sommes de pauvres machines ; mais il est bon d'avoir fait sa provision de philosophie et de constance pour les temps d'affaiblissement : on arrive au tombeau d'un pas plus ferme et plus délibéré. Jouissez de la santé, sans laquelle il n'y a rien ; établissez messieurs vos enfants ; vivez, et vivez pour eux et pour vous ; conservez-moi vos bontés, qui sont des soutiens de ma petite philosophie.

1. Livre I, satire VI, vers 22. (ÉD.)

MMMMMCMXLII. — A M. COLINI.

Ferney, 4 septembre.

Mon cher ami, faites ce que vous voudrez du peu qui me reste de visage; mais la première médaille de Waechter[1] n'est pas faite pour servir de modèle. La seconde vaut un peu mieux, pourvu que le nez soit moins long et moins pointu. Je voudrais vous aller porter moi-même ma figure avec mon cœur; mais j'attends doucement la fin de ma vie, sans pouvoir sortir de chez moi. Je suis aussi privé de l'espérance de faire ma cour à Son Altesse Electorale dans Schwetzingen que d'aller complimenter l'impératrice de Russie à Constantinople. Je conserverai toute ma vie les sentiments que je vous ai voués.

Mme Denis est très-sensible à votre souvenir.   V.

MMMMMCMXLIII. — A CATHERINE II.

A Ferney, 5 septembre.

Madame, j'étais si plein des victoires de Votre Majesté Impériale, et si bouffi d'enthousiasme et de gloire, que j'oubliai de vous envoyer les vers que le roi de Prusse m'écrivait sur votre respectable personne, et sur le peu respectable Moustapha; voici ces vers :

    Si monsieur le mamamouchi
Ne s'était point mêlé des troubles de Pologne,
    Il n'aurait point avec vergogne
    Vu ses spahis mis en hachi ;
    Et de certaine impératrice
    (Qui vaut seule deux empereurs)
    Reçu, pour prix de son caprice,
Des leçons qui devraient rabaisser ses hauteurs.
    Vous voyez comme elle s'acquitte
    De tant de devoirs importants :
    J'admire avec le vieil ermite
Ses immenses projets, ses exploits éclatants :
    Quand on possède son mérite :
    On peut se passer d'assistants.

Je n'ai pas l'honneur de penser comme les têtes couronnées. Je crois fermement que cent mille hommes de troupes auxiliaires en Grèce et sur le Danube n'auraient fait nul mal. Il valait mieux, dans votre situation, être secourue qu'être louée. Votre gloire en a augmenté, mais les conquêtes ont été retardées.

Les dernières lettres de Venise disent que, dans une émeute populaire, les fidèles musulmans se sont déchaînés contre tous les Francs, qu'ils ont tué l'ambassadeur de France et presque tous ses domestiques; que l'ambassadeur d'Angleterre n'a pu échapper à la fureur du peuple qu'en se déguisant en matelot; que le baile de Venise s'est longtemps

1. Graveur. (Éd.)

ANNÉE 1770.

défendu dans sa maison ; et qu'à la fin le **Grand-Seigneur** lui a envoyé une garde de mille hommes.

Si ces nouvelles étaient vraies (ce que je ne veux pas croire), quels princes de l'Europe n'armeraient pas sur-le-champ, pour venger le droit des gens? Vous seule les soutenez, madame : aussi vous seule jouirez d'une gloire immortelle.

Que Votre Majesté Impériale me permette de me mettre à ses pieds.

Le vieil ermite de Ferney.

MMMMMCMXLIV. — A M. LE DUC DE CHOISEUL,

A Ferney, le 7 septembre.

Notre bienfaiteur, vous savez probablement que le roi de Prusse a été sur notre marché, et qu'il fait venir dix-huit familles d'horlogers de Genève. Il les loge *gratis* pendant douze ans, les exempte de tous impôts, et leur fournit des apprentis dont il paye l'apprentissage : c'est du moins une preuve que les natifs de Genève ne veulent pas rester dans cette ville : mais ces dix-huit familles de plus nous auraient fait du bien ; elles sont presque toutes d'origine française. Je suis fâché qu'elles se transportent si loin de leur ancienne patrie; mais je me flatte que votre colonie l'emportera sur toutes les autres.

Dieu me préserve des lettres de Venise, qui disent qu'après la bataille navale contre les Turcs, ces messieurs ont voulu assassiner l'ambassadeur de France, parce qu'il portait un chapeau; que l'ambassadeur d'Angleterre a été obligé de se sauver déguisé en matelot, et que l'ambassadeur de Venise a échappé à la faveur d'une garde! Je ne crois point la canaille turque si barbare, quoiqu'elle le soit beaucoup.

J'ai eu la visite d'un serf et d'une serve des chanoines de Saint-Claude. Ce serf est maître de la poste de Saint-Amour, et receveur de M. le marquis de Choiseul, votre parent, et, par conséquent, vous appartient à double titre : mais les chapitres de Saint-Claude n'en ont aucun pour les faire serfs. Ils diront comme Sosie :

> Mon maître est homme de courage ;
> Il ne souffrira pas que l'on batte ses gens[1].

On les bat trop; les chanoines les accablent : et vous verrez que tout ce pays-là, qui doit nourrir Versoix, s'en ira en Suisse, si vous ne le protégez. Le procureur général de Besançon est dans des principes tout à fait opposés aux vôtres, quand il s'agit de faire du bien.

Le vieil ermite de Ferney, très-malade, et n'en pouvant plus, se met à vos pieds avec la reconnaissance et le respect qu'il vous conservera jusqu'au dernier moment de sa chétive existence.

1. Molière, *Amphitryon*, acte III, scène v. (ÉD.)

MMMMMCMXLV. — A M. LE COMTE D'ARGENTAL.

10 septembre.

Mon cher ange, j'ai passé bien du temps sans vous écrire. Je n'avais que mes petits désastres à vous mander : des ouragans qui m'ont arraché le fruit de douze ans de travail; une assez longue maladie qui voulait m'emporter dans le pays où il n'y a point d'ouragans, et où l'on ne sent pas le moindre vent coulis; des contradictions dans mes établissements, auxquelles je me suis toujours bien attendu.

La petite-fille d'Adrienne Lecouvreur m'a fait entrevoir qu'elle pourrait bien aller à Paris, et demeurer chez moi en attendant. Il n'y a rien que je ne fisse pour elle, et je vous prie de l'en assurer : mais je me trouve dans la situation la plus embarrassante : il a fallu fournir aux frais immenses d'une colonie, et ces frais ne seront remboursés qu'à mes héritiers. Je me suis ruiné pour faire quelque bien.

Pendant ce temps-là, le contrôleur général a manqué à la parole qu'il avait donnée au nom du roi de payer les arrérages de cent soixante millions dont l'emprunt a été enregistré au parlement : et non-seulement il a manqué à sa parole, mais il n'a pas fait délivrer, depuis six mois, les contrats d'acquisition ; de sorte que je me trouve, avec la plus grande partie de ma fortune, comme si j'étais entièrement ruiné. C'est pourtant un dépôt d'argent comptant, un bien de famille, un bien hypothéqué par contrat de mariage, qu'on m'a pris sans me donner le plus léger dédommagement.

Tant de malheurs venus coup sur coup, surchargés d'une maladie considérable, ne m'ont pas trop laissé la liberté d'écrire, et me mettent encore moins en état de faire ce que je voudrais pour la petite-fille d'Adrienne. Si j'avais quelque petite ressource au moment où je me trouve, je lui donnerais du moins un petit entre-sol auprès de Mme Denis ; mais je suis si accablé et si désorienté, que je ne puis rien faire.

Je ne vous parle point des deux cent mille francs de M. Garant[1] : je suis trop en peine des miens, et je n'ai point du tout le nez tourné à la plaisanterie pour le moment présent.

Je vous demande pardon, mon cher ange, de vous écrire une lettre si triste. Quand vous croirez qu'il sera temps de jouer *le Dépositaire*, donnez-moi vos ordres : cela me ragaillardira.

Je me flatte que Mme d'Argental et vous, vous jouissez tous deux d'une bonne santé, et que vous menez une vie charmante. Cela fait ma consolation. Recevez tous deux les assurances de mon tendre et respectueux attachement.

MMMMMCMXLVI. — DE CATHERINE II.

A Pétersbourg, 31 auguste-11 septembre.

Monsieur, quoique cette fois-ci, en réponse à votre lettre du 11 d'auguste, je n'aie point à vous donner de grands faits de guerre, j'espère ne

---

[1] Personnage du *Dépositaire*. (ED.)

pas nuire à votre convalescence en vous disant qu'après la prise d'Ismaïlow, les Tartares du Bourjak et de Belgorod se sont séparés de la Porte. Ils ont envoyé des délégués aux deux généraux de mes armées pour capituler, et se sont rangés ensuite sous la protection de la Russie. Ils ont donné des otages, et ont prêté serment sur l'Alcoran de ne plus seconder les Turcs ni le kan de Crimée, et de ne point reconnaître le kan, à moins qu'il ne se soumette aux mêmes conditions, c'est-à-dire de vivre tranquille sous la protection de la Russie, et de se détacher de la Porte. On ne sait pas ce qu'est devenu ce kan. Cependant il y a apparence que sinon lui, du moins une grande partie de son monde, embrassera le même parti.

Les Tartares, dès le commencement de cette guerre, la regardaient comme injuste ; ils n'avaient aucun sujet de plainte ; le commerce, interrompu avec l'Ukraine, leur causait une perte plus réelle qu'ils ne pouvaient espérer d'avantages par les rapines.

Les musulmans disent que les deux dernières batailles leur coûtent près de quarante mille hommes : cela fait horreur, j'en conviens ; mais quand il s'agit de coups, il vaut mieux battre que d'être battu.

Je n'oserais d'après cela, vous demander, monsieur, si vous êtes content, parce que, quelque amitié que vous ayez pour moi, je suis persuadée que vous ne sauriez voir le malheur de tant d'hommes sans en ressentir de la peine. J'espère pourtant que cette même amitié vous consolera du malheur des Turcs : vous serez tolérant et humain, et il n'y aura aucune contradiction dans vos sentiments. Il est impossible que vous aimiez les ennemis des arts.

Conservez-moi, je vous prie, votre amitié, et soyez assuré que j'y suis très-sensible.   CATERINE.

P. S. Il faut que je vous parle d'un phénomène nouveau : un grand nombre de déserteurs turcs viennent à notre armée. On prétend que c'est une chose dont il n'y a jamais eu d'exemple. Ces déserteurs assurent qu'ils sont mieux traités chez nous qu'ils ne le sont chez eux.

MMMMMCMXLVII. — A CATHERINE II.

A Ferney, 14 septembre.

Madame, nous savions, par Venise et par Marseille, la nouvelle de vos deux victoires navales, remportées à Napoli de Romanie et à Scio. Je reçois dans l'instant, aux acclamations de cent mille bouches, le détail que Votre Majesté Impériale daigne me faire de la victoire de M. le maréchal de Romanzof sur le vizir Ali-Bey, et sur tant de bachas suivis de cent cinquante mille hommes.

Si je meurs des maladies qui m'accablent, je mourrai à demi content, puisque Moustapha est à demi détrôné. Je lui sais bon gré de consulter à la fois des prophètes et des fous. Ces gens-là ont été, de tout temps, de la même espèce ; la seule différence est que les prophètes ont été des fous plus dangereux. Les rigides musulmans en admettent quatre cent quarante mille, en comptant tous les héros de l'*Ancien Testament :* cela ferait une armée beaucoup plus forte que celle d'Ali-Beg ou Ali-Bey.

Je vois plus que jamais que les chars de Cyrus sont fort inutiles à vos troupes victorieuses. Si elles rencontrent Ali-Bey une seconde fois, elles le battront infailliblement; mais il faut traverser le Danube en présence d'une armée qui est très-nombreuse. Il n'y a rien que je ne croie M. le comte de Romanzof capable de faire; mais osera-t-on tenter ce passage, après lequel il faudrait absolument ou prendre Constantinople, ou n'avoir point de retraite ? Je lève les mains au ciel, je fais des vœux, et je me tais.

Ceux qui souhaitaient des revers à Votre Majesté seront bien confondus. Eh ! pourquoi lui souhaiter des disgrâces dans le temps qu'elle venge l'Europe ? Ce sont apparemment des gens qui ne veulent pas qu'on parle grec ; car si vous étiez souveraine de Constantinople, Votre Majesté établirait bien vite une belle Académie grecque. On vous ferait une *Catheriniade*; les Zeuxis et les Phidias couvriraient la terre de vos images ; la chute de l'empire ottoman serait célébrée en grec : Athènes serait une de vos capitales; la langue grecque deviendrait la langue universelle ; tous les négociants de la mer Égée demanderaient des passe-ports grecs à Votre Majesté.

Je n'aime point les Vénitiens, qui attendent si tard à se faire Grecs. Je suis un peu fâché contre cet Ali d'Égypte, qui ne remue pas plus qu'une momie. Mais enfin je n'ai point à me plaindre : deux victoires sur mer et deux victoires sur terre sont des faveurs bien honnêtes, dont je remercie Votre Majesté Impériale du fond de mon cœur, et un *De profundis* pour Moustapha.

Que Votre Majesté Impériale soit toujours aussi heureuse qu'elle mérite de l'être, et qu'elle daigne agréer le profond respect, la joie, et l'attachement inviolable du vieil ermite des Alpes.

MMMMMCMXLVIII. — A M. LE COMTE DE LA TOURAILLE.

Ferney, 15 septembre.

M. Dorat, monsieur, m'a galvaudé deux fois sans que je lui en aie donné le moindre sujet : je lui ai pardonné deux fois. Comme je me meurs, et que je veux mourir en bon chrétien, s'il me fait une troisième algarade, je lui pardonnerai pour la troisième, parce que je trouve qu'il a beaucoup de talents et de grâces; mais ne lui en dites mot, parce que je ne veux pas qu'on sache jusqu'à quel point je pousse les bonnes œuvres.

Si la maladie qui me tient me fait partir, recevez les adieux de votre très-humble et très-obéissant serviteur.

MMMMMCMXLIX. DE MADAME LA DUCHESSE DE BRUNSWICK.

Berlin, le 15 septembre.

Je ne possède point, monsieur, l'heureux talent de faire des vers; faute de cet avantage, j'espère que vous voudrez recevoir mes remerciments en prose pour votre billet obligeant. Je regrette de ne pouvoir profiter de votre conversation. L'esprit, le savoir, l'enjouement, et la gaieté, sont des dons qui vous sont si naturels qu'ils ne peuvent que contribuer aux charmes de la société. Cependant, monsieur, si avec toutes ces richesses d'esprit il y avait encore un souhait à faire, ce serait que votre corps cacochyme, comme vous l'appelez, fût plus en état de se produire : et que, jouissant de votre entretien, j'eusse en même temps la satisfaction de vous témoigner combien j'estime vos ouvrages, et avec quelle distinction je les admire. CHARLOTTE.

MMMMMCML. — DE FRÉDÉRIC II, ROI DE PRUSSE.

A Potsdam, le 16 septembre.

Je n'ai point été fâché que les sentiments que j'annonce au sujet de votre statue, dans une lettre écrite à M. Dalembert, aient été divulgués. Ce sont des vérités dont j'ai toujours été intimement convaincu, et que Maupertuis ni personne n'ont effacées de mon esprit. Il était très-juste que vous jouissiez vivant de la reconnaissance publique, et que je me trouvasse avoir quelque part à cette démonstration de vos contemporains, en ayant eu tant au plaisir que leur ont fait vos ouvrages.

Les bagatelles que j'écris ne sont pas de ce genre : elles sont un amusement pour moi. Je m'instruis moi-même en pensant à des matières de philosophie sur lesquelles je griffonne quelquefois trop hardiment mes pensées. Cet ouvrage sur le *Système de la nature* est trop hardi pour les lecteurs actuels auxquels il pourrait tomber entre les mains. Je ne veux scandaliser personne : je n'ai parlé qu'à moi-même en l'écrivant. Mais, dès qu'il s'agit de s'énoncer en public, ma maxime constante est de ménager la délicatesse des oreilles superstitieuses, de ne choquer personne, et d'attendre que le siècle soit assez éclairé pour qu'on puisse impunément penser tout haut.

Laissez donc, je vous prie, ces faibles ouvrages dans l'obscurité où l'auteur les a condamnés : donnez au public, en leur place, ce que vous avez écrit sur le même sujet, et qui sera préférable à mon bavardage.

Je n'entends plus parler des Grecs modernes. Si jamais les sciences refleurissent chez eux, ils seront jaloux qu'un Gaulois, par sa *Henriade*, ait surpassé leur Homère; que ce même Gaulois l'ait emporté sur Sophocle, se soit égalé à Thucydide, et ait laissé loin derrière lui Platon, Aristote, et toute l'école du Portique.

Pour moi, je crois que les barbares possesseurs de ces belles contrées seront obligés d'implorer la clémence de leurs vainqueurs, et qu'ils trouveront dans l'âme de Catherine autant de modération à conclure la paix que d'énergie pour pousser vivement la guerre. Et quant à cette fatalité qui préside aux événements, selon que le prétend l'auteur du *Système de la nature*, je ne sais quand elle amènera des révolutions qui pourront ressusciter les sciences, ensevelies depuis si longtemps dans ces contrées asservies, et dégradées de leur ancienne splendeur.

Mon occupation principale est de combattre l'ignorance et les préjugés dans les pays que le hasard de la naissance me fait gouverner, d'éclairer les esprits, de cultiver les mœurs, et de rendre les hommes aussi heureux que le comporte la nature humaine, et que le permettent les moyens que je puis employer.

A présent je ne fais que revenir d'une longue course : j'ai été en Moravie, et j'ai revu cet empereur[1] qui se prépare à jouer un grand rôle en Europe. Né dans une cour bigote, il en a secoué la superstition; élevé dans le faste, il a adopté des mœurs simples; nourri d'encens, il est modeste; enflammé du désir de la gloire, il sacrifie son ambition au devoir filial, qu'il remplit avec scrupule; et n'ayant eu que des maîtres pédants, il a assez de goût pour lire Voltaire, et pour en estimer le mérite.

Si vous n'êtes pas satisfait du portrait véridique de ce prince, j'avouerai que vous êtes difficile à contenter. Outre ces avantages, ce prince possède très-bien la littérature italienne : il m'a cité beaucoup de vers du Tasse, et le *Pastor fido* presque en entier. Il faut toujours commencer par là. Après les belles-lettres, dans l'âge de la réflexion vient la philosophie; et quand nous l'avons bien étudiée, nous sommes obligés de dire comme Montaigne : « Que sais-je? »

Ce que je sais certainement, c'est que j'aurai une copie de ce buste auquel Pigalle travaille : ne pouvant posséder l'original, j'en aurai au moins la copie. C'est se contenter de peu, lorsqu'on se souvient qu'autrefois on a possédé ce divin génie même. La jeunesse est l'âge des bonnes aventures; quand on devient vieux et décrépit, il faut renoncer aux beaux esprits comme aux maîtresses.

Conservez-vous toujours pour éclairer encore dans vos vieux jours la fin de ce siècle qui se glorifie de vous posséder, et qui sait connaître le prix de ce trésor. FÉDÉRIC.

MMMMMCMLI. — DE CATHERINE II.

Le 10-21 septembre.

Monsieur, vous m'avez dit, dans votre dernière lettre, que je devais vous mander la prise d'une demi-douzaine de villes : je pense vous avoir dit la nouvelle de la prise d'Ismaïlow sur le Danube ; j'y ajoute aujourd'hui celle de la forteresse de Kilia-Nova. Après plusieurs jours de tranchée ouverte, la garnison turque de cinq mille hommes a été renvoyée sur l'autre rive de la rivière.

Les lettres de Malte m'ont apporté la confirmation du grand combat naval donné dans le canal de Scio; et le lendemain de cette action ma flotte a réduit en cendres trente-trois vaisseaux ennemis qui s'étaient retirés dans le port de Liberno en Asie.

J'espère, monsieur, que vous ne serez pas fâché d'apprendre que ceux qui prennent plaisir à nous faire battre sur le papier sont bien loin de leur compte. Je vous prie de me conserver votre amitié, et d'être assuré, etc. CATERINE.

---

1. Joseph II. (ÉD.)

ANNÉE 1770.

MMMMMCMLII. — A Catherine II.

A Ferney, 21 septembre.

Madame, vive l'auguste, l'adorable Catherine! vivent ses troupes victorieuses! Sa lettre du 20 auguste, nouveau style, est du plus beau style dont on ait jamais écrit. L'armée d'Alexandre forcera enfin les Athéniens à dire du bien d'elle. L'envie est contrainte d'admirer.

Votre Majesté a bien raison; la guerre est très-utile à un pays quand on la fait avec succès sur les frontières. La nation devient alors plus industrieuse, plus active, comme plus terrible. Les Turcs sont battus de tous côtés chez eux, et chaque victoire augmente encore le courage et l'espérance de vos troupes. Les échos ont dit à nos Alpes que, tandis que le vizir repasse le Danube en désordre, le général Tottleben a vaincu un corps considérable de Turcs vers Erzeroum, et s'est même emparé de cette ville.

Si la chose est vraie, il me semble que Votre Majesté ne peut hésiter à suivre sa destinée, qui l'appelle à si haute voix. La plus grande des révolutions est commencée; votre génie l'achèvera. J'ai dit il y a longtemps que si jamais l'empire turc est détruit, ce sera par la Russie; mon auguste impératrice accomplira ma prédiction. Je ne crains plus la lettre dont elle m'honore.

Un grand monarque m'avait mandé que non-seulement Votre Majesté ferait la paix, mais qu'elle la ferait avec modération; je ne vois pas pourquoi tant se modérer avec Moustapha, qui ne se modérerait point s'il était vainqueur.

Quand je parlais de paix, en la redoutant: quand je disais que vous en dicteriez les conditions, j'étais bien loin d'imaginer que Votre Majesté abandonnerait ces braves Spartiates. Dieu me préserve de l'en soupçonner! mais, après tant de victoires, il ne s'agit pas d'obtenir leur grâce auprès de leur vilain maître : il est temps qu'ils n'aient d'autre maître que ma protectrice, ou plutôt qu'ils soient libres sous ses drapeaux.

J'ai craint quelque temps que votre armée ne passât le Danube, et ne s'exposât à quelques revers. J'ai cru le Danube très-difficile à traverser en présence des Turcs, et la retraite plus difficile; mais à présent tout me paraît aisé; la terreur s'est emparée d'eux, et cette terreur combat pour vous. Je suis persuadé que dix mille de vos soldats battraient cinquante mille Osmanlis.

Je ne suis pas surpris que votre âme, faite pour toutes les grandes choses, prenne goût à une pareille guerre. Je crois vos troupes de débarquement revenues en Grèce, et votre flotte de la mer Noire menaçant les environs de Constantinople. Si cette révolution de l'Égypte, dont on m'avait tant flatté, pouvait s'effectuer, je croirais l'empire turc détruit pour jamais.

Il me semble qu'il a manqué aux Vénitiens la première des qualités en politique, la hardiesse. La finesse n'a jamais réussi à personne dans les grandes choses; elle n'est bonne que pour les moines.

Mais devant qui osé-je me livrer à mes idées? Je parle au génie tutélaire du Nord; je dois me taire, imposer silence à mon enthousiasme, et rester dans les bornes du profond respect et de l'attachement qui me met aux pieds de Votre Majesté Impériale, et pour le peu que j'ai à vivre. L'ERMITE DE FERNEY.

MMMMMCMLIII. — A M. DE LA SAUVAGÈRE.

Au château de Ferney, par Lyon et Versoix, 24 septembre.

Monsieur, une longue maladie, qui est le fruit de ma vieillesse, ne m'a pas permis de vous remercier plus tôt de votre excellent ouvrage. Il y avait déjà longtemps que je savais quelles obligations vous a l'histoire naturelle, et combien vous aimez la vérité. Vous en avez découvert, dans votre nouveau livre [1], de très-intéressantes qui étaient peu connues : il y en a même qui donnent de grands éclaircissements sur l'histoire ancienne du genre humain, comme les longues et larges pierres qui servaient de monuments à presque tous les peuples barbares, telles qu'on en voit encore en Angleterre. Il est à croire que c'est par là que les Égyptiens commencèrent avant que de bâtir des pyramides.

J'ai passé autrefois quelques mois à Ussé, mais les deux momies n'y étaient plus. L'explication que vous en donnez me paraît très-vraisemblable : il me semble que l'esprit philosophique s'est répandu sur tout votre ouvrage. On ne peut le lire sans concevoir la plus grande estime pour l'auteur. Je joins à ce sentiment la reconnaissance et le respect avec lesquels j'ai l'honneur d'être etc.

MMMMMCMLIV. — A M. BERTRAND.

De Ferney, 25 septembre.

Monsieur, en vous remerciant de *Scélératesse*. Ce titre pourrait contenir les archives du monde en deux lignes.

Nous avons du gypse dans notre petit canton; mais on ne s'est jamais avisé de s'en servir pour fertiliser nos terres, qui seront toujours infertilisables. Nous avons de très-belles vues et de très-chétives moissons; c'est notre partage, on ne change point la nature.

Des personnes qui vous sont chères, et auxquelles par conséquent je m'intéresse, m'ont compromis d'une manière désagréable. Je ne les en servirai pas moins dans l'affaire que vous m'avez recommandée. Je souhaite, autant que vous, que messieurs vos parents gagnent ce procès; je l'ai sollicité autant que je l'ai pu, et je continuerai.

On ne peut, monsieur, vous être plus sincèrement dévoué que j'ai l'honneur de vous l'être. V.

---

1. *Recueil d'antiquités romaines dans les Gaules.* (ÉD.)

MMMMMCMLV. — A madame Necker.

Ferney, 26 septembre.

Je vous crois actuellement à Paris, madame; je me flatte que vous avez ramené M. Necker en bonne santé[1]. Je lui présente mes très-humbles obéissances, aussi bien qu'à monsieur son frère, et je les remercie tous deux de la petite correspondance qu'ils ont bien voulu avoir avec mon gendre, le mari de Mlle Corneille.

J'ai actuellement chez moi M. Dalembert, dont la santé s'est affermie, et dont l'esprit juste et l'imagination intarissable adoucissent tous les maux dont il m'a trouvé accablé. J'achève ma vie dans les souffrances et dans la langueur, sans autre perspective que de voir mes maux augmentés si ma vie se prolonge. Le seul remède est de se soumettre à la destinée.

M. Thomas fait trop d'honneur à mes deux bras. Ce ne sont que deux fuseaux fort secs; ils ne touchent qu'à un temps fort court; mais ils voudraient bien embrasser ce poëte philosophe qui sait penser et s'exprimer. Comme dans mon triste état ma sensibilité me reste encore, j'ai été vivement touché de l'honneur qu'il a fait aux lettres par son discours académique[2], et de l'extrême injustice qu'on a faite à ce discours en y entendant ce qu'il n'avait pas certainement voulu dire: on l'a interprété comme les commentateurs font Homère. Ils supposent tous qu'il a pensé autre chose que ce qu'il a dit. Il y a longtemps que ces suppositions sont à la mode.

J'ai ouï conter qu'on avait fait le procès, dans un temps de famine, à un homme qui avait récité tout haut son *Pater noster*; on le traita de séditieux, parce qu'il prononça un peu haut : *Donnez-nous aujourd'hui notre pain quotidien*.

Vous me parlez, madame, du *Système de la nature*, livre qui fait grand bruit parmi les ignorants, et qui indigne tous les gens sensés. Il est un peu honteux à notre nation que tant de gens aient embrassé si vite une opinion si ridicule. Il faut être bien fou pour ne pas admettre une grande intelligence quand on en a une si petite; mais le comble de l'impertinence est d'avoir fondé un système tout entier sur une fausse expérience faite par un jésuite irlandais[3] qu'on a pris pour un philosophe. Depuis l'aventure de ce Malcrais de La Vigne, qui se donna pour une jolie fille faisant des vers, on n'avait point vu d arlequinade pareille. Il était réservé à notre siècle d'établir un ennuyeux système d'athéisme sur une méprise. Les Français ont eu grand tort d'abandonner les belles-lettres pour ces profondes fadaises, et on a tort de les prendre sérieusement.

1. M. et Mme Necker étaient allés aux eaux de Spa. (Éd.)
2. Le 5 septembre 1770, lors de la réception de Loménie de Brienne, archevêque de Toulouse, à l'Académie française, Thomas, directeur, prononça une réponse beaucoup plus longue que le discours du récipiendaire, et dans laquelle, traitant *D l'esprit des affaires*, il donna lieu à des applications piquantes. On défendit l'impression de cette *Réponse*, qui n'a paru que dans les *Œuvres posthumes de Thomas*, en 1802. (*Note de M. Beuchot*.)
3. Needham. (Éd.)

A tout prendre, le siècle de *Phèdre* et du *Misanthrope* valait mieux.

Je vous renouvelle, madame, mon respect, ma reconnaissance, et mon attachement.

MMMMMCMLVI. — A M. LE COMTE D'ARGENTAL.

26 septembre.

Mon cher ange, quoique mon âme et mon corps soient terriblement en décadence, il faut que je vous écrive au plus vite concernant votre protégée de Strasbourg [1]. Il me paraît qu'elle n'a nulle envie de se transporter au soixante et deuxième degré, et je crois qu'actuellement cette transmigration serait difficile.

Il y a deux grands obstacles, sa naissance, et le peu de goût qu'on a actuellement pour la nation française. Je ne lui ai point encore fait réponse sur son dessein d'aller à Paris, et de pouvoir se ménager pendant l'hiver quelque asile agréable où elle pourrait rester jusqu'au printemps. Ma maison est à son service, dès ce moment jusqu'à celui où elle pourra se transporter à Paris : je vous prie de le lui mander, et je lui écrirai en conformité, dès que vous aurez appris ses sentiments et ses desseins; mais je vous prie aussi de lui dire combien mes affaires ont mal tourné, et combien peu je suis en état de faire pour elle ce que je voudrais. Mon zèle pour les colonies m'a mangé; le zèle de M. le contrôleur général pour les rescriptions m'a achevé. Il ne m'est pas possible, dans cette situation, de payer aux mânes d'Adrienne ce que je voudrais.

Je pense que vous pouvez lui parler à cœur ouvert sur tout ce que je vous mande. Mme Denis tâcherait de lui rendre la vie agréable pendant le temps de son entrepôt; pour moi, je ne dois songer qu'à achever ma vie au milieu des souffrances.

J'ai ici pour consolation M. D'alembert et M. le marquis de Condorcet. Il ne s'en est fallu qu'un quart d'heure que M. Seguier et M. D'alembert ne se soient rencontrés chez moi ; cela eût été assez plaisant. J'ai appris bien des choses que j'ignorais. Il me semble qu'il y a eu dans tout cela beaucoup de malentendu, ce qui arrive fort souvent. La philosophie n'a pas beau jeu ; mais les belles-lettres ne sont pas dans un état plus florissant. Le bon temps est passé, mon cher ange ; nous sommes en tout dans le siècle du bizarre et du petit.

On m'a parlé d'une tragédie en prose [2] qui, dit-on, aura du succès. Voilà le coup de grâce donné aux beaux-arts.

Traître, tu me gardais ce trait pour le dernier !
Molière, *Tartufe*, acte V, scène VII.

---

1. Mlle Daudet-Lecouvreur, fille de la célèbre actrice. (ÉD.)
2. *Maillard, ou Paris sauvé*, tragédie en prose et en cinq actes, par Sedaine, 1786, in-8°. L'auteur se décida à l'imprimer, après avoir sollicité inutilement pendant dix-sept ans la représentation. (*Note de M. Beuchot.*)

J'ai vu une comédie où il n'était question que de la manière de faire des portes et des serrures¹. Je doute encore si je dors ou si je veille.

Je vous avoue que j'avais quelque opinion de la *Pandore* de La Borde : cela eût fait certainement un spectacle très-neuf et très-beau ; mais La Borde n'a pas trouvé grâce devant M. le duc de Duras.

La *Sophonisbe* de Lantin aurait réussi il y a cinquante ans; je doute fort qu'elle soit soufferte aujourd'hui, d'autant plus qu'elle est écrite en vers.

S'il ne tenait qu'à y faire encore quelques réparations, Lantin serait encore tout prêt; mais n'est-il pas inutile de réparer ce qui est hors de mode ?

J'aurai beaucoup d'obligation à M. le duc de Praslin, s'il daigne envoyer des montres au dey et à la milice d'Alger, au bey et à la milice de Tunis.

A l'égard des diamants qu'on envoyait à Malte, comme les marchands qui les ont perdus n'avaient point de reconnaissance en forme, je ne crois pas que je doive importuner davantage un ministre d'État pour cette affaire; mais quand il voudra des montres bien faites et à bon marché, ma colonie est à ses ordres.

Adieu, mon très-cher ange; conservez vos bontés, vous et Mme d'Argental, au vieux et languissant ermite.

MMMMMCMLVII. — De Frédéric II, roi de Prusse.

A Potsdam, le 26 septembre.

Il faut convenir que nous autres citoyens du nord de l'Allemagne nous n'avons point d'imagination. Le P. Bouhours l'assure; il faut l'en croire sur sa parole. A vous autres voyants de Paris, votre imagination vous fait trouver des liaisons où nous n'aurions pas supposé les moindres rapports. En vérité le prophète, quel qu'il soit, qui me fait l'honneur de s'amuser sur mon compte, me traite avec distinction. Ce n'est pas pour tous les êtres que les gens de cette espèce exhalent leur âme. Je me croirai un homme important: et il ne faudra qu'une comète ou quelque éclipse qui m'honore de son attention pour achever de me tourner la tête.

Mais tout cela n'était pas nécessaire pour rendre justice à Voltaire; une âme sensible et un cœur reconnaissant suffisaient. Il est bien juste que le public lui paye le plaisir qu'il en a reçu. Aucun auteur n'a jamais eu un goût aussi perfectionné que ce grand homme. La profane Grèce en aurait fait un dieu : on lui aurait élevé un temple. Nous ne lui érigeons qu'une statue; faible dédommagement de toutes les persécutions que l'envie lui a suscitées, mais récompense capable d'échauffer la jeunesse et de l'encourager à s'élever dans la carrière que ce grand génie a parcourue, et où d'autres génies peuvent trouver encore à glaner. J'ai aimé dès mon enfance les arts, les lettres, et les sciences; et lorsque je puis contribuer à leurs progrès, je m'y porte avec toute l'ardeur dont

1. *La Gageure imprévue.* (Ed.)

je suis capable, parce que dans ce monde il n'y a point de vrai bonheur sans elles. Vous autres, qui vous trouvez à Paris dans le vestibule de leur temple, vous qui en êtes les desservants, vous pouvez jouir de ce bonheur inaltérable, pourvu que vous empêchiez l'envie et la cabale d'en approcher.

Je vous remercie de la part que vous prenez à cet enfant qui nous est né. Je souhaite qu'il ait les qualités qu'il doit avoir; et que loin d'être le fléau de l'humanité, il en devienne le bienfaiteur. Sur ce, je prie Dieu qu'il vous ait en sa sainte et digne garde. FÉDÉRIC.

MMMMMCMLVIII. — DE CATHERINE II.

A Pétersbourg, 16-27 septembre.

Monsieur, que de choses j'ai à vous dire aujourd'hui! je ne sais par où commencer.

Ma flotte, non pas sous le commandement de mes amiraux, mais sous celui du comte Alexis Orlof, après avoir battu la flotte ennemie, l'a brûlée tout entière dans le port de Chesme, anciennement Clazomène. J'en ai reçu, il y a trois jours, la nouvelle directe. Près de cent vaisseaux de toute espèce ont été réduits en cendres. Je n'ose dire le nombre des musulmans qui ont péri: on le fait monter jusqu'à vingt mille.

Un conseil général de guerre avait terminé la désunion des deux amiraux, en déférant le commandement au général des troupes de terre, qui se trouvait sur cette flotte, et qui, au reste, était leur ancien dans le service. Le résultat fut unanimement approuvé de tous, et dès ce moment l'union fut rétablie. Je l'ai toujours dit, les héros sont nés pour les grands événements.

La flotte turque fut poursuivie depuis Napoli de Romanie, où elle avait été harcelée à deux reprises, jusqu'à Scio. Le comte Orlof savait qu'un renfort était parti de Constantinople; il crut qu'il préviendrait la jonction en attaquant l'ennemi sans perte de temps. Arrivé dans le canal de Scio, il vit que cette jonction s'était faite. Il se trouvait avec neuf vaisseaux de haut bord en présence de seize vaisseaux de ligne ottomans: le nombre des frégates et autres bâtiments était encore plus inégal. Il ne balança pas, et trouva la disposition des esprits telle qu'il n'y eut qu'un avis, qui fut de vaincre ou de mourir. Le combat commença : le comte Orlof se tint au centre; l'amiral Spiridof, qui avait à son bord le comte Féodor Orlof, commanda l'avant-garde; le contre-amiral Elphinston, l'arrière-garde.

L'ordre de bataille des Turcs était tel qu'une de leurs ailes se trouvait appuyée contre une île pierreuse, et l'autre à des bas-fonds, de façon qu'ils ne pouvaient être tournés.

Le feu fut terrible de part et d'autre pendant plusieurs heures; les vaisseaux s'approchèrent de si près, que le feu de la mousqueterie se joignit à celui des canons. Le vaisseau de l'amiral Spiridof avait affaire à trois vaisseaux de guerre et un chébec turcs. Il accrocha malgré cela le capitan-pacha, qui portait quatre-vingt-dix canons; il y jeta tant de grenades et de matières combustibles que le feu prit au vaisseau, se communiqua au nôtre, et tous deux sautèrent en l'air, un moment après que l'amiral Spiridof et le comte Féodor Orlof, avec environ quatre vingt-dix personnes, en furent descendus.

Le comte Alexis, voyant dans le plus fort du combat les vaisseaux amiraux voler en l'air, crut son frère péri. Il sentit alors qu'il était homme : il s'évanouit; mais un moment après, reprenant ses esprits, il ordonna de lever toutes les voiles, et se jeta avec ses vaisseaux entre les ennemis. A l'instant de la victoire, un officier lui apporta la nouvelle que son frère et l'amiral étaient vivants; il dit qu'il ne saurait décrire ce qu'il sentit en ce moment, le plus heureux de sa vie. Le reste de la flotte turque se jeta sans ordre ni règle dans le port de Chesme.

Le lendemain fut employé à préparer les brûlots, et à canonner l'ennemi dans le port; à quoi celui-ci répondit. Mais dans la nuit les brûlots furent lâchés, et firent si bien leur devoir qu'en moins de six heures la flotte turque fut consumée tout entière. La terre et l'onde tremblaient, dit-on, de la grande quantité de vaisseaux ennemis qui sautaient en l'air. On l'a senti jusqu'à Smyrne, qui est à douze lieues de Chesme.

Les nôtres, pendant cet incendie, tirèrent du port un vaisseau turc de soixante canons, qui se trouvait sous le vent, et qui, par cette raison, n'avait pas été consumé. Ils s'emparèrent ensuite d'une batterie que les Turcs avaient abandonnée.

La guerre est une vilaine chose, monsieur! Le comte Orlof me dit que le lendemain de l'incendie de la flotte, il vit avec effroi que l'eau du port de Chesme, qui n'est pas fort grand, était teinte de sang, tant il y était péri de Turcs.

Cette lettre, monsieur, servira de réponse à la vôtre du 26 d'auguste, où vos alarmes à notre sujet commençaient déjà à se dissiper. J'espère qu'à présent vous n'en avez plus. Mes affaires, ce me semble, vont assez bien. Pour ce qui regarde la prise de Constantinople, je ne la crois pas si prochaine. Cependant il ne faut, dit-on, désespérer de rien. Je commence à croire que cela dépend plus de Moustapha que de tout autre. Ce prince s'y est si bien pris jusqu'ici, que s'il continue dans l'opiniâtreté que ses amis lui inspirent, il exposera son empire à de très-grands dangers. Il a oublié son rôle d'agresseur.

Adieu, monsieur; portez-vous bien. Si des combats gagnés peuvent vous plaire, vous devez être bien content de nous. Soyez assuré de l'estime et de la considération que je vous porte. CATERINE.

MMMMCMLIX. — A M. DE CHABANON.

28 septembre.

M. Dalembert, mon cher ami, me donne les mêmes consolations que j'ai reçues de vous, quand vous avez égayé et embelli Ferney de toutes vos grâces. Non-seulement il n'a point de mélancolie, mais il dissipe toute la mienne. Il me fait oublier la langueur qui m'accable, et qui m'a empêché pendant quelques jours de vous écrire. Il arriva à Ferney dans le moment où M. Seguier en partait. J'aurais bien voulu qu'ils eussent dîné ensemble; mais Dieu n'a pas permis cette plaisante scène.

En récompense, j'ai M. le marquis de Condorcet, qui est plus aimable que tout le parquet du parlement de Paris.

Il me paraît qu'on maltraite un peu en France les pensées et les bourses. On craint l'exportation du blé et l'importation des idées. Platon dit que les âmes avaient autrefois des ailes; je crois qu'elles en ont encore aujourd'hui, mais on nous les rogne.

Pour les ailes qui ont élevé l'auteur du *Système de la nature*, il me paraît qu'elles ne l'ont conduit que dans le chaos. Non-seulement ce livre fera un tort irréparable à la littérature et rendra les philosophes odieux, mais il rendra la philosophie ridicule. Qu'est-ce qu'un système fondé sur les anguilles de Needham? quel excès d'ignorance, de turpitude, et d'impertinence, de dire froidement qu'on fait des animaux avec de la farine de seigle ergoté! il est très-imprudent de prêcher l'athéisme; mais il ne fallait pas du moins tenir son école aux Petites-Maisons.

Ma foi, juge et plaideurs, il faudrait tout lier.
Racine, *les Plaideurs*, acte I, scène VIII.

Voilà ce que je dis toujours, et sauve qui peut! et sur ce je vous embrasse tendrement : ainsi font tous ceux qui habitent Ferney.

MMMMMCMLX. — A M. NECKER.

A Ferney.

Présentez, mon cher philosophe, je vous en supplie, mes respects et mes remercîments à la belle philosophe[1] qui vous a écrit en ma faveur. Dites-lui que ce cœur qui est couvert d'une peau assez mince, et que M. Pigalle a laissé entrevoir comme derrière un rideau d'étamine jaune, est entièrement à elle. Je le lui dirai sans doute moi-même, dès que je pourrai écrire. En attendant, suppliez-la de me permettre d'être de la communion de Cicéron, qui examinait les choses et qui en doutait. Plus j'avance en âge, et plus je doute. Mais ne doutez, je vous prie, ni de la sincère estime ni de la véritable amitié du vieux malade de Ferney.

MMMMMCMLXI. — A MADAME LA COMTESSE DE ROCHEFORT.

Ferney.

Vous avez été attaquée dans votre foie, madame, et vous avez été saignée trois fois; M. Dalembert, qui a été votre garde-malade, vous dira qu'autrefois, selon l'ancienne philosophie et l'*Ancien Testament*, les passions étaient dans le foie, et l'âme dans le sang. Aujourd'hui on dit que les passions sont dans le cœur; et pour l'âme, elle est je ne sais où. La mienne, quelque part qu'elle soit, a été sensible, comme elle le doit, à votre danger et à votre convalescence. N'ayez donc point, madame, de colique hépatique, si vous ne voulez pas que j'aie le transport au cerveau; et allez en Bourgogne, puisque vous me don-

1. Mme d'Épinay. (ÉD.)

nez l'espérance que je verrai l'une des deux personnes à qui je suis également attaché.

Il est vrai que l'orateur[1] dont vous me parlez me vint voir le même jour que M. Dalembert arriva. S'ils s'étaient rencontrés, la scène aurait été beaucoup plus plaisante; mais quoiqu'il n'y eût que deux acteurs, elle n'a pas été sans agréments."

Le bout des ciseaux de M. l'abbé Terray a donc coupé aussi votre bourse ! c'est sans doute pour notre bien, puisque c'est pour celui de l'État : nous devons l'en remercier. Je lui ai le double, et au delà, de l'obligation que vous lui avez. Je ne sais pas s'il pourra contribuer à la colonie de Versoix, mais il a furieusement dérangé celle de Ferney. C'est grand dommage, cela prenait un beau train: les étrangers venaient peupler ce désert, les maisons se bâtissaient de tous côtés, le commerce, l'abondance, commençaient à vivifier ce petit canton; un mot a tout perdu, et ce mot est : *Car tel est notre plaisir.* Cette catastrophe empoisonne un peu mes derniers jours; mais il faut se soumettre.

Je vous enverrai dans quelques jours un petit amusement. Vivez gaiement, couple heureux et si digne de l'être.

A propos, je remercie bien tendrement M. de Rochefort de m'avoir donné de vos nouvelles; j'en ai quelquefois aussi de M. l'abbé Bigot de fort agréables; mais elles ne me rendent pas la santé, que je crois avoir perdue sans retour. J'ai eu beau me faire capucin, je n'ai pas prospéré depuis ce temps-là, et je crois que je verrai bientôt saint François, mon bon maitre. Je suis très-aise de laisser sur la terre des personnes qui l'embellissent comme vous.

Je vous prie d'agréer ma bénédiction.

Frère FRANÇOIS, *capucin indigne.*

MMMMMCMLXII. — A CATHERINE II.

A Ferney, 2 octobre.

Madame, je ne vis pas dans le XVIII° siècle, je me trouve transporté dans les Alpes du temps de la fondation de Babylone. Je vois une héroïne de la maison d'Ascanie, portée sur le trône des Roxelans, qui triomphe sur le Cyrus, sur le Phase, sur le Pont-Euxin, sur la mer Égée, sur les rives du Danube. M. Dalembert, qui est actuellement à Ferney, est dans le même enthousiasme que moi; et la seule différence est qu'il l'exprime mieux. Nous haïssons également Moustapha; nous ne cherchons parmi les arbustes de nos montagnes que des lauriers pour en orner le portrait de Votre Majesté Impériale, mais nous n'en trouvons point. Tous les naturalistes disent qu'on n'en trouve plus qu'en Russie.

Après la lettre du 29 auguste, dont Votre Majesté Impériale m'honore, nous nous attendons fermement que votre armée victorieuse aura passé le Danube; que le vizir aura été battu *iterum* vers Andrinople;

1. L'avocat général Seguier. (ÉD.)

que la ville de ce méchant Constantin, qui a été baptisé si tard, aura ouvert ses portes; que les dames du sérail auront été tirées d'esclavage; que la flotte de la mer Égée aura donné la main à la flotte du Pont-Euxin; que Moustapha sera parti pour Damas ou pour Alep, etc., etc., etc.

Vous aviez bien raison, madame, de dire, au commencement de cette guerre, que ceux qui vous l'avaient suscitée travaillaient à votre gloire: certainement Votre Majesté leur a une grande obligation.

Nous ne laissons pas d'avoir de la gloire aussi. Il y a dans Paris de très-jolis carrosses à la nouvelle mode, et on a inventé des surtouts pour le dessert qui sont de très-bon goût : on a même exécuté depuis peu un motet à grands chœurs [1] qui a fait beaucoup de bruit, du moins dans la salle où l'on chantait; enfin nous avons une danseuse [2] dont on dit des merveilles.

Malgré nos triomphes, l'âme de M. Dalembert et la mienne volent aux Dardanelles, au Danube, à la mer Noire, à Bender, en Crimée, et surtout à Pétersbourg : c'est là qu'elles sont aux pieds de Votre Majesté, pénétrées d'admiration, de respect, de joie, et remplies de l'espérance de lui écrire à Sfamboul.

De Votre Majesté Impériale, l'adorateur de latrie, VOLTAIRE, enseveli dans Ferney, et criant : *Gloire dans les hauts !*

MMMMMCMLXIII. — A M. LE COMTE DE SCHOMBERG.

Au château de Ferney, 5 octobre.

Mon misérable état, monsieur, ne me permet pas d'écrire aussitôt et aussi souvent que je le voudrais à l'homme du monde qui m'a le plus attaché à lui : M. Dalembert me console en me parlant souvent de vous. Mme Denis, ma garde-malade, passe ses jours à vous regretter.

Puisque vous avez été touché, monsieur, de la requête de nos pauvres esclaves francs-comtois, permettez que je vous en envoie deux exemplaires. Je suis persuadé que Mgr le duc d'Orléans ne souffrirait pas cette oppression dans ses domaines.

Vous savez les succès inouïs des Russes contre les Turcs; ils perdaient une bataille au pied du mont Caucase, dans le temps que le grand vizir était battu au bord du Danube, et que la flotte du capitan-bacha était détruite dans la mer Égée. On croirait lire la guerre des Romains contre Mithridate. D'ailleurs, l'Araxe, le Cyrus, le Phase, le Caucase, la mer Égée, le Pont-Euxin, sont de bien beaux mots à prononcer, en comparaison de tous vos villages d'Allemagne, auprès desquels on a livré tant de combats malheureux ou inutiles.

Vous venez du moins de réduire les habitants de Tunis, successeurs des Carthaginois, à demander la paix, que Dieu puisse vous conserver tant à la cour que sur les frontières.

Il y a deux choses encore pour lesquelles je m'intéresse fort, ce sont les finances et les beaux-arts; je voudrais ces deux articles un peu plus florissants.

1. Par M. Azaïs, maître de musique du collége de Sorèze. (ÉD.)
2. Mlle Girardin ou Mlle Dervieux. (ÉD.)

Pour le *Système de la nature*, qui tourne tant de têtes à Paris, et qui partage tous les esprits autant que le menuet de Versailles[1], je vous avoue que je ne le regarde que comme une déclamation diffuse, fondée sur une très-mauvaise physique; d'ailleurs, parmi nos têtes légères de Français, il y en a bien peu qui soient dignes d'être philosophes. Vous l'êtes, monsieur, comme il faut l'être, et c'est un des mérites qui m'attachent à vous.

Dès qu'il gèlera, nos gelinottes iront vous trouver.

MMMMMCMLXIV. — A MADAME LA DUCHESSE DE CHOISEUL.

À Ferney, 3 octobre.

Madame, je venais de vous écrire, lorsque j'ai reçu le paquet dont vous m'honorez, du 1ᵉʳ d'octobre. Tout ce paquet n'est plein que de vos bontés; mais votre lettre surtout m'a enchanté. J'y vois la sensibilité de votre cœur et l'étendue de vos lumières.

Permettez-moi encore un mot sur les esclaves des moines, pour qui vous avez de la compassion; sur Catau, qui vous cause toujours quelque indignation; et sur Dieu, qui nous laisse tous dans le doute et dans l'ignorance. Il y aurait là de quoi faire trois volumes, et j'espère que vous n'aurez pas trois pages. A grands seigneurs peu de paroles, et à bons esprits encore moins.

Je veux bien que les Comtois, appelés *francs*, soient esclaves des moines, si les moines ont des titres; mais si ces moines n'en ont point, et si ces hommes pour qui je plaide en ont, ces hommes doivent être traités comme les autres sujets du roi : *nulle servitude sans titre*, c'est la juridiction du parlement de Paris. La même affaire a été jugée, il y a dix ans, à la grand'chambre, contre les mêmes chanoines de Saint-Claude, au rapport de M. Seguier, qui me l'a dit chez moi, en allant en Languedoc. Je vous supplie de vouloir bien lire cette anecdote au généreux mari de la généreuse grand'maman.

Pour Catau, je vous renvoie, madame, à l'histoire turque, et je vous laisse à décider si les sultans n'ont pas fait cent fois pis. Demandez surtout à M. l'abbé Barthélemy si la langue grecque n'est pas préférable à la langue turque.

A l'égard de Dieu, je vous assure que rien n'est plus nouveau que le système des anguilles, par lequel on croit prouver que de la farine aigrie peut former de l'intelligence. Spinosa ne pensait pas ainsi : il admet l'intelligence et la matière, et par là son livre est supérieur à celui dont M. Seguier a fait l'analyse[2], comme le siècle de Louis XIV est supérieur au nôtre, et comme le mari de la grand'maman est supérieur à ....

Me voilà plongé, madame, dans les affaires de ce monde, lorsque je suis près de le quitter. J'ai voulu faire une niche à mon neveu La Hou-

---

1. Les princes lorrains, profitant de leur parenté avec la Dauphine (Marie-Antoinette), réclamaient la préséance sur les ducs. (ÉD.)
2. Le *Système de la nature*. (ÉD.)

lière, et je me suis adressé à votre belle âme pour en venir à bout. Il n'en sait rien. Si je pouvais obtenir ce que je demande, si M. le duc pouvait me remettre le brevet, si vous pouviez me l'adresser contresigné, si je pouvais l'envoyer par Lyon et Toulouse, qui sont sur la route de Perpignan; si je pouvais étonner un homme qui ne s'attend point à cette aubaine, ce serait assurément une très-bonne plaisanterie; elle serait très-digne de vous, et je vous devrais le bonheur de la fin de ma vie.

Il y a encore un article sur lequel je dois vous ouvrir mon cœur, c'est que je ne demanderai rien pour le pays de Gex à celui qui m'a ôté les moyens d'y faire un peu de bien; je n'aime à demander qu'à certaines âmes élevées.

Les sœurs de la charité prient Dieu pour vous; elles sont comblées de vos grâces ainsi que les capucins. Vous aurez de tous côtés des protections en paradis. Mais comme vous êtes faite pour avoir des amis partout, je vous supplie, madame, de compter sur moi et sur mon neveu en enfer.

Je me mets aux pieds de ma protectrice, pour les quatre jours que j'ai à végéter dans ce bas monde, et je la prie toujours d'agréer le profond respect et la reconnaissance du vieil ermite.

MMMMMCMLXV. — A M. LE MARÉCHAL DUC DE RICHELIEU.

A Ferney, 3 octobre.

Je suis très-reconnaissant, monseigneur, de votre lettre du 30 de septembre. Je suis charmé qu'elle soit datée de Versailles, et encore plus que vous ayez été à Richelieu. Il y a là je ne sais quel esprit de philosophie qui me fait bien augurer de vous. Pour votre souper à Bordeaux, je sais qu'il a été excellent; que tous les convives en ont été fort contents; qu'il y en a à qui vous avez fait mettre de l'eau dans leur vin, et que le roi a dû trouver que vous êtes le premier homme du monde pour arranger ces soupers-là.

Ayez la bonté d'agréer mon compliment sur la paternité de M. le prince Pignatelli, puisque je ne puis vous en faire sur la maternité de Mme la comtesse d'Egmont. C'est bien dommage assurément qu'elle ne produise pas des êtres ressemblants à son grand-père et à elle. Je vous demande votre protection auprès d'elle et auprès de monsieur son beau-frère. Il m'ont tous deux lié à vous par de nouvelles chaînes : Mme la comtesse d'Egmont, par la lettre pleine d'esprit et de grâces qu'elle a bien voulu m'écrire, et M. le prince Pignatelli, par la supériorité d'esprit qu'il m'a paru avoir sur les jeunes gens de son âge.

Vous me reprochez toujours les philosophes et la philosophie. Si vous avez le temps et la patience de lire ce que je vous envoie[1], et de le faire lire à madame votre fille, vous verrez bien que je mérite vos reproches bien moins que vous ne croyez. J'aime passionnément la philosophie qui tend au bien de la société et à l'instruction de l'esprit

1. La brochure intitulée Dieu, etc. (Éd.)

humain, et je n'aime point du tout l'autre. Il n'y a qu'à s'entendre, et jusqu'ici vous ne m'avez pas trop rendu justice sur cet article. Comme d'ailleurs il est question de chimie dans le chiffon que je mets à vos pieds, vous en êtes juge très-compétent.

Vous ne l'êtes pas moins de ce pauvre théâtre français qui était si brillant sous Louis XIV, et qui tombe dans une si triste décadence, ainsi que bien des choses. Si d'ici à la Saint-Martin vous avez quelques moments à perdre, je vous supplierai de jeter les yeux sur quelque chose dont le *tripot* d'aujourd'hui pourra se mêler. Je conçois bien que notre théâtre sera toujours meilleur que celui de Pétersbourg, où l'on ne joue plus de tragédies françaises, parce que l'on n'a pas trouvé un seul acteur. Il faudra désormais représenter les pièces de Sophocle dans Athènes, si on enlève la Grèce aux Turcs, comme on vient de leur enlever les bords de la mer Noire, à droite, jusqu'aux embouchures du Danube, et à gauche jusqu'à Trébisonde. Ils ont été battus au pied du Caucase, dans le même temps que le grand vizir perdait sa bataille et abandonnait tout son camp. Si vous trouvez cela peu de chose, vous êtes difficile en opérations militaires ; mais assurément c'est à vous qu'il est permis d'être difficile.

Je supplie mon héros d'être toujours un peu indulgent envers son ancien serviteur, qui n'en peut plus, et qui vous sera attaché jusqu'au dernier moment de sa vie avec le plus profond et le plus tendre respect.

MMMMMCMLXVI. — DE CATHERINE II.

Ce 28 septembre-9 octobre.

Monsieur, vous aimez les belles âmes : voyez comme celle du comte Alexis Orlof s'est peinte dans la réponse qu'il a faite aux consuls chrétiens de Smyrne ! Je suis persuadée que vous serez content de lui (l'imprimé ci-joint la contient). Ai-je tort, quand je dis que ces Orlof sont nés pour les grandes choses ?

Vous me demandez, dans votre lettre du 21 septembre, si le général Tottleben s'est emparé d'Erzeroum. Je vous ai informé, je pense, que sa dernière conquête était la ville de Cotatis. On ne va pas si vite en guerre, parce qu'il faut faire deux repas par jour, et que, pour que cela se fasse, il faut avoir ou trouver de quoi.

Je veux sincèrement la paix, non parce que les ressources me manquent pour faire la guerre, mais parce que je hais l'effusion du sang humain. Si M. Moustapha fait de l'opiniâtre, j'espère qu'il nous trouvera, l'année qui vient, partout où nous pourrons le persuader qu'il vaut mieux céder aux circonstances pour sauver son empire, que de pousser l'entêtement jusqu'à l'extrémité.

Les Grecs, les Spartiates ont bien dégénéré ; ils aiment la rapine mieux que la liberté. Ils sont à jamais perdus s'ils ne profitent point des dispositions et des conseils du héros que je leur ai envoyé. Je ne parle point des Vénitiens : je trouve qu'il n'y a que le pape et le roi de Sardaigne qui aient du mérite en Italie.

Soyez assuré, monsieur, qu'on ne saurait sentir plus de satisfaction que j'en ressens chaque fois que je reçois de vos lettres; elles contiennent tant de témoignages de votre amitié, que je ne puis que vous en être très-obligée.   CATERINE.

P. S. Dans ce moment on vient de m'apporter la nouvelle que Belgorod, en turc *Akkermann*, sur le Dniester, s'est rendu le 26 septembre, par capitulation. Bientôt, je pense, vous entendrez parler de votre Brahilow.

MMMMMCLXVII. — A M. LE BARON DE GRIMM.

De Ferney, 10 octobre.

Mon cher prophète, je suis le bonhomme Job; mais j'ai eu des amis qui sont venus me consoler sur mon fumier, et qui valent mieux que les amis de cet Arabe. Il est très-peu de gens de ces temps-là, et même de ces temps-ci, qu'on puisse comparer à M. Dalembert et à M. de Condorcet. Ils m'ont fait oublier tous mes maux. Je n'ai pu malheureusement les retenir plus longtemps. Les voilà partis, et je cherche ma consolation en vous écrivant autant que mon accablement peut me le permettre.

Ils m'ont dit, et je savais sans eux, à quel point les Welches sont déchaînés contre la philosophie. Voici le temps de dire aux philosophes ce qu'on disait aux sergents, et ce que saint Jean disait aux chrétiens : « Mes enfants, aimez-vous les uns les autres; car qui diable vous aimerait ? »

Ce maudit *Système de la nature* a fait un mal irréparable. On ne veut plus souffrir de cornes dans le pays, et les lièvres sont obligés de s'enfuir, de peur qu'on ne prenne leurs oreilles pour des cornes.

On a beau dire avec discrétion qu'on ne fait point d'anguilles avec du blé ergoté, qu'il y a une intelligence dans la nature, et que Spinosa en était convaincu; on a beau être de l'avis de Virgile, le monde est rempli de Bavius et de Mævius.

Embrassez pour moi, je vous prie, frère Platon[1], quand même il n'admettrait pas l'intelligence, ainsi que Spinosa. Ne m'oubliez pas auprès de ma philosophe. Le vieux malade ne l'oubliera jamais, et vous sera dévoué jusqu'au dernier moment.

MMMMMCLXVIII. — A M. LE MARQUIS DE CONDORCET.

11 octobre.

Le vieux malade de Ferney embrasse de ses deux maigres bras les deux voyageurs philosophes[2] qui ont adouci ses maux pendant quinze jours.

Un grand courtisan[3] m'a envoyé une singulière réfutation du *Système de la nature*, dans laquelle il dit que la nouvelle philosophie amènera une révolution horrible, si on ne la prévient pas. Tous ces cris s'évanouiront, et la philosophie restera. Au bout du compte, elle est la consolatrice de la vie, et son contraire en est le poison. Laissez faire, il est impossible d'empêcher de penser; et plus on pensera, moins les

---

1. Diderot. (ÉD.) — 2. Condorcet et d'Alembert. (ÉD.)
3. Le marquis de Voyer d'Argenson. (ÉD.)

hommes seront malheureux. Vous verrez de beaux jours; vous les ferez : cette idée égaye la fin des miens.

Agréez, messieurs, les regrets de l'oncle et de la nièce

MMMMMCMLXIX. — A Frédéric II, roi de Prusse.

A Ferney, 12 octobre.

Sire, nous avons été heureux pendant quinze jours; Dalembert et moi nous avons toujours parlé de Votre Majesté; c'est ce que font tous les êtres pensants; et s'il y en a dans Rome, ce n'est pas de Ganganelli qu'ils s'entretiennent. Je ne sais si la santé de Dalembert lui permettra d'aller en Italie : il pourrait bien se contenter cet hiver du soleil de Provence, et n'étaler son éloquence sur le héros philosophe qu'aux descendants de nos anciens troubadours. Pour moi, je ne fais entendre mon filet de voix qu'aux Suisses et aux échos du lac de Genève.

J'ai été d'autant plus touché de votre dernière lettre, que j'ai osé prendre en dernier lieu Votre Majesté pour mon modèle. Cette expression paraîtra d'abord un peu ridicule ; car en quoi un vieux barbouilleur de papier pourrait-il tâcher d'imiter le héros du Nord ? mais vous savez que les philosophes vinrent demander des règles à Marc Aurèle quand il partit pour la Moravie, dont Votre Majesté revient.

Je voudrais pouvoir vous imiter dans votre éloquence, et dans le beau portrait que vous faites de l'empereur. Je vois à votre pinceau que c'est un maître qui a peint son disciple.

Voici en quoi consiste l'imitation à laquelle j'ai tâché d'aspirer : c'est à retirer dans les huttes de mon hameau quelques Génevois échappés aux coups de fusil de leurs compatriotes, lorsque j'ai su que Votre Majesté daignait les protéger en roi dans Berlin.

Je me suis dit : « Les premiers des hommes peuvent apprendre aux derniers à bien faire. » J'aurais voulu établir, il y a quelques années, une autre colonie à Clèves, et je suis sûr qu'elle aurait été bien plus florissante, et plus digne d'être protégée par Votre Majesté; je ne me consolerai jamais de n'avoir pas exécuté ce dessein; c'était là où je devais achever ma vieillesse. Puisse votre carrière être aussi longue qu'elle est utile au monde, et glorieuse à votre personne !

Je viens d'apprendre que M. le prince de Brunswick, envoyé par vous à l'armée victorieuse des Russes, y est mort de maladie. C'est un héros de moins dans le monde, et c'est un double compliment de condoléance à faire à Votre Majesté : il n'a qu'entrevu la vie et la gloire; mais après tout, ceux qui vivent cent ans font-ils autre chose qu'entrevoir ? Je n'ai fait qu'entrevoir un moment Frédéric le Grand ; je l'admire, je lui suis attaché, je le remercie, je suis pénétré de ses bontés pour le moment qui me reste : voilà de quoi je suis certain pour ces deux instants.

Mais pour l'éternité, cette affaire est un peu plus équivoque; tout ce qui nous environne est l'empire du doute, et le doute est un état désagréable. Y a-t-il un Dieu tel qu'on le dit, une âme telle qu'on l'imagine, des relations telles qu'on les établit ? Y a-t-il quelque chose à espérer après le moment de la vie ? Gilimer, dépouillé de ses États, avait-il raison de se mettre à rire quand on le présenta devant Justinien ? et Caton avait-il raison de se tuer, de peur de voir César ? La gloire n'est-elle qu'une illusion ? Faut-il que Moustapha, dans la mollesse de son harem, faisant toutes les sottises possibles, ignorant, orgueilleux, et battu, soit plus heureux, s'il digère, qu'un héros philosophe qui ne digérerait pas ?

Tous les êtres sont-ils égaux devant le grand Être qui anime la nature ? en ce cas, l'âme de Ravaillac serait à jamais égale à celle de Henri IV ; ou ni l'un ni l'autre n'aurait eu d'âme. Que le héros philosophe débrouille tout cela, car, pour moi, je n'y entends rien.

Je reste, du fond de mon chaos, pénétré de respect, de reconnaissance et d'attachement pour votre personne, et du néant de presque tout le reste.

MMMMMCMLXX. — A M. LE MARQUIS DE VOYER D'ARGENSON.

A Ferney, 12 octobre.

Monsieur, je ne suis pas étonné qu'un maître de poste, tel que vous, mène si bon train l'auteur du *Système de la nature*; il me paraît que les maîtres de poste de France ont bien de l'esprit. Vous avez daté votre lettre d'un château où il y en a plus qu'ailleurs, et c'est aussi la destinée du château des Ormes, où je me souviens d'avoir passé des jours bien agréables.

Je ne savais pas, quand je vous fis ma cour à Colmar, que vous étiez philosophe; vous l'êtes, et de la bonne secte : je n'approche pas de vous, car je ne fais que douter. Vous souvenez-vous d'un certain Simonide à qui le roi Hiéron demandait ce qu'il pensait de tout cela ? il prit deux jours pour répondre, ensuite quatre, puis huit; il doubla toujours et mourut sans avoir eu un avis.

Il y a pourtant des vérités, et c'en est une peut-être de dire que les choses iront toujours leur train, quelque opinion qu'on ait ou qu'on feigne d'avoir sur Dieu, sur l'âme, sur la création, sur l'éternité de la matière, sur la nécessité, sur la liberté, sur la révélation, sur les miracles, etc., etc., etc.

Rien de tout cela ne fera payer les rescriptions ni ne rétablira la compagnie des Indes. On raisonnera toujours sur l'autre monde; mais sauve qui peut dans celui-ci !

L'ouvrage dont vous m'avez honoré, monsieur, me donne une grande estime pour son auteur, et un regret bien vif d'être si loin de lui. Ma vieillesse et mes maladies ne me permettent pas l'espérance de le revoir, mais je lui serai bien respectueusement attaché, à lui et à toute sa maison, jusqu'au dernier moment de ma vie.

MMMMMCMLXXI. — A CATHERINE II.

A Ferney, 12 octobre.

Madame, la lettre de Votre Majesté Impériale, du 11 septembre, me confirme dans ma joie continue, mais sans redoublement. Je suis persuadé que si Moustapha, son vizir Azem, et son mufti, étaient informés de l'intérêt que je prends à eux, ils m'en remercieraient en me faisant empaler.

Béni soit leur Allah, si en effet Ali est roi d'Égypte! mais cette nouvelle grâce de la Providence en faveur de Moustapha me paraît bien douteuse. Nous le saurions à Marseille, qui envoie continuellement des vaisseaux au port d'Alexandrie; nous en aurions eu des nouvelles certaines par Venise; personne n'en parle. On ne se fait pas roi d'Égypte incognito. J'ose dire plus : Votre Majesté aurait déjà, dans ce pays de Pharaon et de Moïse, quelque bon Israélite qui encouragerait la révolution au nom du Seigneur, et qui vous en rendrait compte. Je me borne donc à faire les plus tendres vœux pour que mon cher Moustapha soit chassé à jamais des bords du Nil et de ceux du Danube.

Que Votre Majesté me permette seulement de plaindre ces pauvres Grecs, qui ont le malheur d'appartenir encore à des gens qui parlent turc. Ce sont de petites mortifications que j'éprouve au milieu des plaisirs que me donnent toutes vos victoires. C'est bien assez qu'en aussi peu de temps vous soyez maîtresse absolue de la Moldavie, de la Valachie, de presque toute la Bessarabie, des deux rivages de la mer Noire, d'un côté vers Azof, et de l'autre vers le Caucase.

Quand Votre Majesté faisait ses belles lois, dont la première était la tolérance, elle ne se doutait pas qu'une aussi bonne chrétienne deviendrait la protectrice des circoncis du Budziak, tous descendants en droite ligne de Tamerlan et de Gengis-kan. Mais puisque vous êtes tous enfants de Noé (quoiqu'il n'ait jamais été connu de personne, excepté des Juifs), il est clair que vous êtes tous cousins, et que vous devez vous supporter les uns les autres. Cette tolérance de Votre Majesté pour messieurs les Tartares bessarabes engagera sans doute l'invincible Moustapha à vous demander la paix. Mais que deviendra ma pauvre Grèce? Aurai-je la douleur de voir les enfants du galant Alcibiade obéir à d'autres qu'à Catherine la Grande?

Je remets toujours, madame, au premier congrès les intérêts des jeux olympiques et du théâtre d'Athènes entre vos mains; mais j'aime mieux m'en rapporter à une bataille qu'à une assemblée de plénipotentiaires. Vous êtes si bien servie par MM. les comtes Orlof et par M. le maréchal de Romanzof, que, malgré mon humeur pacifique, je préfère sans contredit des victoires nouvelles à un accommodement.

Je suis un peu pressé, je l'avoue, parce qu'étant fort vieux et malade, je veux jouir au plus tôt. Pour peu que vous tardiez à vous asseoir sur le trône de Stamboul, il n'y aura pas moyen que je sois témoin de ce petit triomphe.

Que Votre Majesté Impériale daigne toujours agréer le profond respect, et la reconnaissance, et les désirs honnêtes du vieil ermite de Ferney.

MMMMMCMLXXII. — A M. HENNIN.

À Ferney, 17 octobre

Voyez, monsieur, si vous pouvez quelque chose dans cette affaire, et si elle mérite qu'on vous importune. Tout le monde vole dans ce monde; les confédérés polonais volent leurs compatriotes; les Russes volent les Turcs à main armée. On nous a volé des rescriptions. Le nommé Sandos, natif genevois, actuellement à Genève, a volé de la limaille d'or à Resseguier le fils, dans Ferney. Il l'a vendue à un nommé Prévôt, orfévre à Genève, et il l'a avoué devant Jacques Resseguier, monteur de boîtes, demeurant à Genève, rue du Temple, père de Resseguier de Ferney.

Le même Sandos a volé chez Vincent, monteur de boîtes à Ferney, beaucoup de limaille d'or; mais il ne l'a pas avoué.

J'ignore si on peut faire venir Sandos à résipiscence et à restitution. Je m'en rapporte à vos bontés et à votre crédit. Mais je serais fâché que vous prissiez trop de peine pour une chose aussi méprisable que l'or, et si méprisable que M. l'abbé Terray n'en donne à personne.

Mes respects très-humbles à vous, monsieur, et à toute votre famille.

Le vieux malade de Ferney, V.[1].

MMMMMCMLXXIII. — DE CATHERINE II.

Le 7-18 octobre.

Monsieur, l'arrivée du prince Henri de Prusse à Pétersbourg a été suivie de la prise de Bender, que je vous annonce. L'un et l'autre m'a empêchée de répondre à vos trois lettres, que j'ai reçues consécutivement. Les nouvelles publiques annoncent aussi que le comte Orlof s'est emparé de Lemnos. Nous voilà entièrement dans le pays des fables : je crains qu'avec le temps cette guerre ne paraisse fabuleuse elle-même.

Si le mamamouchi ne fait pas la paix cet hiver, je ne réponds point de ce qui lui arrivera l'année prochaine. Encore un peu de ce bonheur dont nous avons vu des essais, et l'histoire des Turcs pourra fournir un nouveau sujet de tragédie pour les siècles futurs.

Vous direz, monsieur, que depuis le succès de cette campagne je suis dans les grands airs; mais c'est que, depuis que j'ai du bonheur, l'Europe me trouve beaucoup d'esprit. Cependant à quarante ans on n'augmente guère, devant le Seigneur, en esprit et en beauté.

Je pense effectivement avec vous, que bientôt il sera temps que j'aille étudier le grec dans quelque université : en attendant, on traduit Homère en russe; c'est toujours quelque chose pour commencer. Nous verrons, d'après les circonstances, s'il sera nécessaire d'aller plus loin. L'esprit du peuple turc se range de notre côté; ils disent que leur sultan est insensé d'exposer son empire à tant de revers, et que les conseils de ses amis deviendront funestes aux musulmans.

Adieu, monsieur; portez-vous bien, et priez Dieu pour nous.

CATERINE.

1. La pièce jointe est la copie d'une lettre de Voltaire au lieutenant de justice de Genève sur cette affaire. (ÉD.)

ANNÉE 1770.

MMMMMCMLXXIV. — A M. DALEMBERT.

20 octobre.

Mon cher et véritable philosophe, il y a d'étranges rencontres. Le réquisitorien[1] arrive à Ferney le même jour que vous, et Palissot arrive à Genève la veille de votre départ. Il y est encore; on dit qu'il y fait imprimer un bel ouvrage contre la philosophie[2]. Je n'ai eu l'honneur de voir ni l'ouvrage ni l'auteur.

On prétend qu'un jeune philosophe[3], avocat général de Bordeaux, amoureux de la tolérance, de la liberté et d'Henri IV, a été enlevé par lettre de cachet et conduit à Pierre-Encise. C'est apparemment pour ces trois délits; mais Palissot aura probablement une place considérable à son retour à Paris, et Fréron sera fait maître des requêtes.

Si vous pouvez vous arracher de Montpellier, où il y a tant d'esprit et de connaissances; si vous allez à Aix, comme c'était votre intention, on vous recommandera une affaire auprès de M. Castilhon, qui pense comme M. Dupaty, et qui cependant n'habitera point, à ce que j'espère, le château de Pierre-Encise; il vaudrait pourtant mieux y être que d'avoir fait certain réquisitoire.

J'ai peur que vous ne trouviez le requérant à Montpellier; vous venez toujours après lui partout où il va.

Persequitur pede Pœna claudo.

Bien des respects et des regrets à votre très-aimable compagnon de voyage, autant à M. Duché, à M. Venel, et à quiconque pense. Mme Denis vous fait les plus tendres compliments. Mon cœur est à vous jusqu'au moment où j'irai trouver Damilaville.

MMMMMCMLXXV. — A M. COLINI.

Ferney, 20 octobre.

Je reçus il y a quelques jours, mon cher ami, le grand médaillon[4], et je n'ai pu vous en remercier plus tôt. J'ai vu le moment où il ne restait de moi que ces monuments dont je suis très-indigne. Je profite des moments de relâche que mes maux me donnent, pour vous dire que je ne veux point quitter cette vie sans vous donner quelque petit témoignage de ma tendre amitié pour vous.
V.

1. L'avocat général Seguier. (ÉD.)
2. Il était question d'y imprimer une édition de ses œuvres. (ÉD.)
3. M. Dupaty. (ÉD.)
4. Colini, après avoir communiqué son projet à Voltaire, était parvenu, à l'aide de sa mémoire et de plusieurs portraits de Voltaire en profil, à faire exécuter au sculpteur Linck le médaillon en plâtre, de grandeur naturelle, du philosophe de Ferney. Il en avait envoyé un à Voltaire. (ÉD.)

MMMMMCMLXXVI. — A MADAME LA MARQUISE DU DEFFAND.

21 octobre.

M. Crawford, madame, a quelquefois de petites velléités de sortir de la vie, quand il ne s'y trouve pas bien; et il a grand tort, car ce n'est pas aux gens aimables de se tuer; cela n'appartient qu'aux esprits insociables comme Caton, Brutus, et à ceux qui ont été enveloppés dans la banqueroute du porteur de cilice Billard. Mais pour les gens de bonne compagnie, il faut qu'ils vivent, et surtout qu'ils vivent avec vous.

Vous demandez si je suis à peu près heureux : il n'y a en effet en ce genre que des à peu près; mais quel est votre à peu près, madame ? Vous avez perdu deux yeux que j'ai vus bien beaux il y a trente ans ; mais vous avez conservé des amis, de l'esprit, de l'imagination, et un bon estomac. Je suis beaucoup plus vieux que vous, je ne digère point, je deviens sourd, et voilà les neiges du mont Jura qui me rendent aveugle : cela est à peu près abominable.

Je ne puis ni rester à Ferney ni le quitter. Je me suis avisé d'y fonder une colonie, et d'y établir deux belles manufactures de montres. J'en forme actuellement une troisième d'étoffes de soie. C'est dans le fort de ces établissements que M. l'abbé Terray m'a pris deux cent mille francs que j'avais mis en dépôt chez M. de La Borde; et l'irruption faite sur ces deux cent mille francs me cause une perte de trois cent mille. Cela est embarrassant pour un barbouilleur de papier tel que j'ai l'honneur de l'être; cependant je ne me tuerai point : la philosophie est bonne à quelque chose, elle console.

Je n'ai, Dieu merci, aucun intérêt dans mes fondations; j'ai tout fait par pure vanité. On dit que Dieu a créé le monde pour sa gloire; il faut l'imiter autant qu'on peut. Je ne sais pas à qui il voulait plaire; pour moi, je voulais plaire à votre grand'maman et à monsieur son mari ; ils m'accablent de bontés, ils viennent encore de faire un de mes neveux brigadier. Je ne songe qu'à mourir leur vassal dans leur fondation de Versoix. Je leur suis attaché à la fureur : car mes passions sont toujours vives, et l'esprit est aussi prompt chez moi que la chair est faible, comme dit cet étrange Paul[1] que vous ne lisez point, et que je lis pour mon plaisir.

Vous devez être informée, madame, de la santé du mari de votre grand'maman. Vous me mandâtes, il y a quelque temps, que cela allait à merveille, malgré les insomnies qu'on tâchait de lui donner. Mandez-moi donc la confirmation de ces bonnes nouvelles.

Tout le monde me paraît malade. Il y a des compagnies entières qui ont le scorbut, des factions qui ont la fièvre chaude, des gens qui sont en languer; c'est un hôpital.

Je ne sais s'il vous paraîtra aussi plaisant qu'à moi que M. Seguier soit parti de mon ermitage le même jour que M. Dalembert y arriva.

Les philosophes ne sont pas bien en cour; le *Système de la nature*

---

1. Matthieu, XXVI, 41, et Marc, XIV, 38. (ÉD.)

est comme le système de Law : il fait tort au monde; celui qui l'a réfuté[1], bien ou mal, a fait fort sagement. A quoi servirait l'athéisme? certainement, il ne rendra pas les hommes meilleurs.

Adieu, madame; quelque chose que vous pensiez, de quelque chose que vous soyez dégoûtée, quelque vie que vous meniez, l'ermite de Ferney vous sera tendrement attaché, jusqu'au moment où il ira savoir qui a raison de Platon ou de Spinosa, de saint Paul ou d'Épictète, de Confucius ou du *Journal chrétien*. Pour Catherine II et Moustapha, c'est assurément Catherine qui a raison.

MMMMMCMLXXVII. — A M. Hennin.

A Ferney, 21 octobre.

L'oncle et la nièce font mille compliments à monsieur le résident et à toute sa famille. Il est supplié de vouloir bien mander s'il a quelque nouvelle du vol de matières d'or sur quoi on a eu l'honneur de lui écrire. Il est fort vraisemblable qu'on n'obtiendra aucune justice; mais il est toujours bon de faire un peu de bruit, comme on met un épouvantail dans les jardins pour épouvanter les oiseaux.

On demande bien pardon à monsieur le résident de l'importuner pour une bagatelle.

MMMMMCMLXXVIII. — A M. de La Houlière, commandant a Salses.

A Ferney, 22 octobre.

Mon cher neveu à la mode de Bretagne (car vous l'êtes, et non pas mon cousin), apprenez, s'il vous plaît, à prendre les titres qui vous conviennent.

Vous vous lamentez, dans votre lettre du 20 de septembre, de n'être point brigadier des armées du roi, tandis que vous l'êtes. Fi, que cela est mal de crier famine sur un tas de blé!

Pour vous prouver que vous avez tort de dire que vous n'êtes point brigadier, lisez, s'il vous plaît, la copie de ce que M. le duc de Choiseul a la bonté de m'écrire de sa main potelée et bienfaisante, du 14 d'octobre :

« J'ignorais, mon cher Voltaire, que M. de La Houlière fût votre neveu; mais je savais qu'il méritait de l'être, et d'être brigadier; qu'il nous a bien servis, et qu'il s'occupe d'agriculture, ce qui est encore un service pour l'État, pour le moins aussi méritoire que celui de détruire. Votre lettre m'apprend l'intérêt que vous prenez à M. de La Houlière, et j'ose me flatter que le roi ne me refusera pas la grâce de le faire brigadier à mon premier travail, etc., etc. »

M. Gayot, à qui j'avais pris la précaution d'écrire aussi, me mande :

« Les dispositions du ministre n'ont rien laissé à faire à mes soins pour le succès. J'aurai tout au plus le petit mérite d'accélérer, autant qu'il sera en moi, l'expédition de la grâce accordée, etc., etc. »

Dormez donc sur l'une et l'autre oreille, mon cher petit-neveu, et

---

1. Voltaire lui-même. (Éd.)

mandez cette petite nouvelle à votre frère. Il est vrai qu'il ne me fit point part du mariage de sa fille; mais il est fermier général, ce qui est une bien plus grande dignité que celle de brigadier, d'autant plus qu'ils ont des brigadiers à leur service. Il n'y a pas longtemps que M. le brigadier Courtmichon se fit annoncer chez moi; c'était un employé au bureau de la douane.

Mme Denis, qui est véritablement votre cousine, vous fait les plus tendres compliments; je présente mes très-humbles obéissances à Mme la brigadière.

MMMMMCMLXXIX. — A CATHERINE II.

À Ferney, 25 octobre.

Madame, Clazomène était autrefois une très-belle ville : Alexandre l'augmenta; les Turcs l'ont dévastée; mais sous votre empire elle redeviendrait florissante.

La lettre de Votre Majesté Impériale du 16-27 septembre me fait tressaillir de joie et frémir d'horreur. Tous ces comtes Orlof sont des héros, et je vous vois la plus heureuse ainsi que la première princesse de l'univers. Je plains beaucoup M. le prince de Koslofsky. Comment ne pleurerais-je pas celui qui m'a apporté le portrait de mon héroïne? mais enfin il est mort en vous servant.

Quel fruit tirera à la fin Votre Majesté Impériale de tout ce carnage dont Moustapha est la seule cause, et dont il doit être aussi las qu'intimidé? Il faut que ce prince soit ensorcelé, si de son sofa il ne demande pas la paix à votre trône.

Les Anglais et les Espagnols sont prêts à se faire la guerre dans les deux mondes, pour une petite île déserte; mais Votre Majesté combat à présent pour l'empire d'Orient.

On mande de Marseille qu'Ali-Bey s'est donné en effet en Égypte un pouvoir dont le padisha Moustapha ne peut plus le priver; mais qu'il n'a pas entièrement rompu avec la Porte ottomane. Cependant je persiste toujours à croire que les provisions ne peuvent plus venir d'Égypte à Constantinople devant votre flotte victorieuse.

Je crois Votre Majesté Impériale maîtresse de la mer Noire; ainsi je ne vois que la Natolie qui puisse fournir des vivres et des secours à la capitale de votre ennemi.

Je n'en sais certainement pas assez pour oser examiner seulement si votre armée peut passer ou non le Danube; il ne m'appartient que de faire des souhaits. Le bruit se répand que le prince Repnin et le général Bawer ont traversé ce fleuve avec des troupes légères pour reconnaître les Turcs et les inquiéter. Je m'en rapporte à la prudence et au zèle de vos généraux; mais j'ose être presque sûr que les Turcs ne tiendront pas devant vos troupes. Quand une fois la terreur s'est emparée d'une nation, elle ne fait qu'augmenter, à moins que le temps ne la rassure. Jamais les conquérants du pays que les Turcs occupent aujourd'hui n'ont donné à leurs ennemis le temps de respirer.

Je vois que Votre Majesté les imite parfaitement : il n'y a point d'ailleurs de saisons pour vos soldats; ils peuvent prendre Bender en octobre, et marcher vers Andrinople en novembre.

Plus vos succès sont grands, plus mon étonnement redouble qu'on ne les ait pas secondés, et que la race des Turcs ne soit pas déjà chassée de l'Europe.

Je pense que les plus grands princes se trompent souvent en politique beaucoup plus que les particuliers dans leurs affaires de famille. Ils aiment fort leurs intérêts, ils les entendent; et, par une fatalité trop commune, ils ne les suivent presque jamais.

Quoi qu'il en soit, voici le temps de la plus belle et de la plus noble révolution, depuis les conquêtes des premiers califes. Si cette révolution ne vous est pas réservée, elle ne l'est à personne. Je serais très-affligé que Votre Majesté ne retirât de tant de travaux que de la gloire. Votre âme forte et généreuse me dira que c'est beaucoup, et moi je prendrai la liberté de répondre qu'après tant de sang et de trésors prodigués, il faut encore quelque autre chose : les rayons de la gloire des souverains, dans de pareilles circonstances, se comptent par le nombre des provinces qu'ils acquièrent.

Pardon de mes inutiles réflexions. Votre Majesté les excusera, puisque le cœur les dicte, et vous vous en direz plus en deux mots que je ne vous en dirais en cent pages.

Que Votre Majesté Impériale daigne agréer avec sa bonté ordinaire ma joie de vos succès, mon admiration pour MM. les comtes Orlof, pour vos généraux et vos braves troupes, mes vœux pour des succès encore plus grands, mon profond respect, mon enthousiasme, et mon attachement inviolable.
LE VIEIL ERMITE.

MMMMMCMLXXX. — A M. DE LA SAUVAGÈRE.

25 octobre, au château de Ferney, par Lyon et Versoix.

Monsieur, j'ai eu l'honneur de vous envoyer, par la voie de Paris, le petit livre des *Singularités de la nature;* il y a des choses dans ce petit ouvrage qui sont assez analogues à ce qui se passe dans votre château : je m'en rapporte toujours à la nature, qui en sait plus que nous, et je me défie de tous les systèmes. Je ne vois que des gens qui se mettent sans façon à la place de Dieu, qui veulent créer un monde avec la parole.

Les prétendus lits de coquilles qui couvrent le continent, le corail formé par des insectes, les montagnes élevées par la mer, tout cela me paraît fait pour être imprimé à la suite des *Mille et une nuits.*

Vous me paraissez bien sage, monsieur, de ne croire que ce que vous voyez; les autres croient le contraire de ce qu'ils voient, ou plutôt ils veulent en faire accroire; la moitié du monde a voulu toujours tromper l'autre : heureux celui qui a d'aussi bons yeux et un aussi bon esprit que vous !

J'ai l'honneur d'être avec la plus respectueuse estime, monsieur, votre très-humble et très-obéissant serviteur.
VOLTAIRE.

MMMMMCMLXXXI. — De Frédéric II, roi de Prusse.

Potsdam, 30 octobre.

Une mite qui végète dans le nord de l'Allemagne est un mince sujet d'entretien pour des philosophes qui discutent des mondes divers flottant dans l'espace de l'infini, du principe du mouvement et de la vie, du temps et de l'éternité, de l'esprit et de la matière, des choses possibles et de celles qui ne le sont pas. J'appréhende fort que cette mite n'ait distrait ces deux grands philosophes d'objets plus importants et plus dignes de les occuper. Les empereurs, ainsi que les rois, disparaissent dans l'immense tableau que la nature offre aux yeux des spéculateurs. Vous, qui réunissez tous les genres, vous descendez quelquefois de l'empyrée : tantôt Anaxagore, tantôt Triptolème, vous quittez le Portique pour l'agriculture, et vous offrez sur vos terres un asile aux malheureux. Je préférerais bien la colonie de Ferney, dont Voltaire est le législateur, à celle des quakers de Philadelphie, auxquels Locke donna des lois.

Nous avons ici des fugitifs d'une autre espèce ; ce sont des Polonais qui, redoutant les déprédations, le pillage, et les cruautés de leurs compatriotes, ont cherché un asile sur mes terres. Il y a plus de cent vingt familles nobles qui se sont expatriées pour attendre des temps plus tranquilles et qui leur permettent le retour chez eux. Je m'aperçois de plus en plus que les hommes se ressemblent d'un bout de notre globe à l'autre ; qu'ils se persécutent et se troublent mutuellement, autant qu'il est en eux : leur félicité, leur unique ressource est en quelques bonnes âmes qui les recueillent et les consolent de leurs adversités.

Vous prenez aussi part à la perte que je viens de faire, à l'armée russe, de mon neveu de Brunswick : le temps de sa vie n'a pas été assez long pour lui laisser apercevoir ce qu'il pouvait connaître ou ce qu'il fallait ignorer. Cependant, pour laisser quelques traces de son existence, il a ébauché un poème épique : c'est *la Conquête du Mexique* par Fernand Cortez. L'ouvrage contient douze chants ; mais la vie lui a manqué pour le rendre moins défectueux. S'il était possible qu'il y eût quelque chose après cette vie, il est certain qu'il en saurait à présent plus que nous tous ensemble. Mais il y a bien de l'apparence qu'il ne sait rien du tout. Un philosophe de ma connaissance[1], homme assez déterminé dans ses sentiments, croit que nous avons assez de degrés de probabilité pour arriver à la certitude que *post mortem nihil est*.

Il prétend que l'homme n'est pas un être double, que nous sommes que de la matière animée par le mouvement, et que, dès que les ressorts usés se refusent à leur jeu, la machine se détruit, et ses parties se dissolvent. Ce philosophe dit qu'il est bien plus difficile de parler de Dieu que de l'homme, parce que nous ne parvenons à soupçonner son existence qu'à force de conjectures, et que tout ce que notre rai-

---

1. Frédéric lui-même. (Éd.)

son peut nous fournir de moins inepte sur son sujet est de le croire le principe intelligent de tout ce qui anime la nature. Mon philosophe est très-persuadé que cette intelligence ne s'embarrasse pas plus de Moustapha que du Très-Chrétien; et que ce qui arrive aux hommes l'inquiète aussi peu que ce qui peut arriver à une taupinière de fourmis que le pied d'un voyageur écrase sans s'en apercevoir.

Mon philosophe envisage le genre animal comme un accident de la nature, comme le sable que des roues mettent en mouvement, quoique les roues ne soient faites que pour transporter rapidement un char. Cet étrange homme dit qu'il n'y a aucune relation entre les animaux et l'Intelligence suprême, parce que de faibles créatures ne peuvent lui nuire ni lui rendre service; que nos vices et nos vertus sont relatifs à la société, et qu'il nous suffit des peines et des récompenses que nous en recevons.

S'il y avait ici un sacré tribunal d'inquisition, j'aurais été tenté de faire griller mon philosophe pour l'édification du prochain; mais nous autres huguenots nous sommes privés de cette douce consolation : et puis le feu aurait pu gagner jusqu'à mes habits. J'ai donc, le cœur contrit de ses discours, pris le parti de lui faire des remontrances. « Vous n'êtes point orthodoxe, lui ai-je dit, mon ami; les conciles généraux vous condamnent unanimement; et Dieu le père, qui a toujours les conciles dans ses culottes pour les consulter au besoin, comme le docteur Tamponnet porte la *Somme* de saint Thomas, s'en servira pour vous juger à la rigueur. » Mon raisonneur, au lieu de se rendre à de si fortes semonces, repartit qu'il me félicitait de si bien connaître le chemin du paradis et de l'enfer, qu'il m'exhortait à dresser la carte du pays, et de donner un itinéraire pour régler les gîtes des voyageurs, surtout pour leur annoncer de bonnes auberges.

Voilà ce qu'on gagne à vouloir convertir les incrédules. Je les abandonne à leurs voies: c'est le cas de dire : *Sauve qui peut!* Pour nous, notre foi nous promet que nous irons en ligne directe en paradis. Toutefois, ne vous hâtez pas d'entreprendre ce voyage : un *tiens* dans ce monde-ci vaut mieux que dix *tu l'auras* dans l'autre. Donnez des lois à votre colonie génevoise, travaillez pour l'honneur du Parnasse, éclairez l'univers, envoyez-moi votre réfutation du *Système de la nature*, et recevez avec mes vœux ceux de tous les habitants du Nord et de ces contrées.
FEDÉRIC.

MMMMMCMLXXXII. — A M. LE COMTE DE ROCHEFORT.

Ferney.

Je me hâte, monsieur, de vous remercier de vos bontés; je crains que ma lettre ne vous trouve pas dans vos terres du Gévaudan; mais elle vous sera renvoyée à Paris ou à Versailles. Pourquoi n'ai-je pas eu la consolation de rendre mes hommages à ce couple aimable dans ma solitude? Elle est bien triste; nous y sommes tous malades. Mon ombre a cependant été consolée et égayée par M. Dalembert et M. de Condorcet pendant quinze jours. J'aurais bien dû me vanter de ma fortune à mes deux consolateurs du Vivarais, dont je regrettais plus que jamais la présence. Que Mme la philosophe *dix-neuf ans* nous aurait animés! que M. le chef de brigade nous en aurait dit de bonnes! Je ne peux plus écrire, tant je suis faible; mais j'aurais pensé et senti.

M. Dalembert est actuellement à Lyon, et s'achemine tout doucement en Provence.

Nous jetons enfin les fondements de Versoix. Nous y bâtissons, Mme Denis et moi, la première maison; ce n'est pas que l'aventure des rescriptions m'ait laissé le moyen de bâtir, mais le zèle fait des efforts, et l'envie de mettre la première pierre dans la ville de M. le duc de Choiseul m'a fait passer par-dessus tout. Je sais bien que je n'habiterai pas cette maison; mais Mme Denis en jouira, et je suis content. En attendant, je me flatte d'être encore assez heureux pour voir M. et Mme de Rochefort honorer Ferney de leur présence. On ne peut finir plus agréablement sa carrière.

Je ne pourrai vous présenter sitôt le *Siècle de Louis XIV* et de *Louis XV*. C'est un ouvrage aussi difficile qu'immense. Il y a deux ans que j'y travaille; mais il sera fini bientôt.

Pendant que je fais mes efforts pour élever ce monument à la gloire du roi et de ma patrie, la calomnie prend des pierres pour écraser l'auteur; le jansénisme hurle, les dévots cabalent; on ne cesse de m'imputer des brochures contre des choses que je respecte, et dont je ne parle jamais. Les assassins du chevalier de La Barre voudraient une seconde victime; vous ne sauriez croire jusqu'où va la fureur de ces ennemis de l'humanité; la solitude, les maladies, rien ne les désarme, rien ne les apaise; il s'élève une espèce d'inquisition en France, tandis que celle d'Espagne pleure d'avoir les griffes coupées et ses ongles arrachés; ceux même qui méprisent et qui affligent le plus le chef prétendu de l'Église se font une gloire barbare de paraître les vengeurs de la religion, tandis qu'ils humilient le pape : ils deviennent persécuteurs, pour avoir l'air d'être chrétiens; on immole tout, jusqu'à la raison, à une fausse politique. Adieu, monsieur; j'en dirais trop, je m'arrête. Donnez-moi votre adresse quand vous serez à Paris, et un moyen sûr de vous faire parvenir ce que je pourrai attraper de nouveau et de digne d'être lu par vous; il faut faire un choix dans la multitude des brochures qui viennent de Hollande.

Adieu, couple aimable; je vous souhaite à tous deux un bon voyage. Agréez mes respectueux sentiments. LE VIEIL ERMITE.

MMMMMCMLXXXIII. — A M. LE MARÉCHAL DUC DE RICHELIEU.

1er novembre.

Ah! ah! mon héros est aussi philosophe! Il a mis le doigt dessus, il a découvert tout d'un coup le pot aux roses. Je ne suis pas étonné qu'il juge si bien de Cicéron, mais je suis surpris qu'au milieu de tant d'affaires et de plaisirs qui ont partagé sa vie, il ait eu le temps de le lire. Il l'a lu avec fruit; il le définit très-bien. L'auteur du *Système de la nature* est encore plus bavard; et le système fondé sur des anguilles faites avec de la farine est digne de notre pauvre siècle.

Cette fausse expérience n'avait point été faite du temps de Mirabaud; et Miraband, notre secrétaire perpétuel, était incapable d'écrire une page de philosophie.

Quel que soit l'auteur[1], il faut l'ignorer; mais il était pour moi de la plus grande importance, dans les circonstances présentes, qu'on sût que je n'approuve pas ses principes. Je suis persuadé d'ailleurs que mon héros n'est pas mécontent de la modestie de ma petite *drôlerie*. Je lui aurais bien de l'obligation, et il ferait une action fort méritoire, si, dans ses goguettes avec le roi, il avait la bonté de glisser gaiement, à son ordinaire, que j'ai réfuté ce livre qui fait tant de bruit, et que le roi lui-même a donné à M. Seguier pour le faire ardre.

Au reste, je pense qu'il est toujours très-bon de soutenir la doctrine de l'existence d'un Dieu rémunérateur et vengeur; la société a besoin de cette opinion. Je ne sais si vous connaissez ce vers :

Si Dieu n'existait pas, il faudrait l'inventer.

Le saut est grand de Dieu à la comédie : je sais bien que ce *tripot* est plus difficile à conduire qu'une armée; les gens tenant la comédie et les gens tenant le parlement sont un peu difficiles : mais, en tout cas, je vous envoie une pièce qui m'est tombée entre les mains, et dans laquelle j'ai corrigé quelques vers: elle m'a paru mériter d'être ressuscitée; c'est la première du théâtre français[2]. Ne peut-on pas rajuster les anciens habits, quand on n'en a pas de nouveaux? Lekain sait son rôle de Massinisse, et cela pourrait vous amuser à Fontainebleau; car enfin il faut s'amuser, et plaisir vaut mieux que tracasserie.

Je ne suis plus fait ni pour avoir du plaisir ni pour en donner; mes maladies augmentent tous les jours; mais mon tendre attachement pour vous ne diminue pas, et mon cœur sera plein de vous jusqu'à mon dernier soupir.

MMMMMCMLXXXIV. — A M. LE BARON DE GRIMM.

Ferney, 1ᵉʳ novembre.

Mon cher prophète, je suis toujours Job, quoi que vous en disiez : car qui souffre est Job, et tout lit est fumier. J'avoue que vous ne ressemblez point aux amis de Job, et bien m'en prend : c'est vous que je dois remercier des lettres des rois de Prusse et de Pologne; c'est à la manière dont vous leur parlez de moi que je dois celle dont ils me parlent.

Mon cher prophète, vous avez beau rire, les oraisons funèbres de l'évêque du Puy ne vaudront jamais celles de Bossuet; les pièces de Racine seront toujours mieux écrites que celles de Crébillon; Boileau l'emportera sur les pièces de vers qu'on nous donne; le style de Pascal sera meilleur que celui de Jean-Jacques; les tableaux du Poussin, de

---

1. Le baron d'Holbach. (ÉD.) — 2. La *Sophonisbe* de Mairet.

Lesueur, et de Lebrun, l'emporteront encore sur les tableaux du salon; et sans les deux frères D... [1], je ne sais pas trop ce que deviendrait notre siècle. Il y a une distance immense entre les talents et l'esprit philosophique, qui s'est répandu chez toutes les nations. Cet esprit philosophique aurait dû retenir l'auteur du *Système de la nature;* il aurait dû sentir qu'il perdait ses amis, et qu'il les rendait exécrables aux yeux du roi et de toute la cour. Il a fallu faire ce que j'ai fait; et si l'on pesait bien mes paroles, on verrait qu'elles ne doivent déplaire à personne.

J'envoie à mon prophète des rogatons dépareillés [2] qui me sont tombés sous la main.

Je reçois dans ce moment une lettre charmante de ma philosophe [3]. J'aurai l'honneur de lui écrire sitôt que mes maux me donneront un moment de relâche.

MMMMMCMLXXXV. — A M. DALEMBERT.

2 novembre.

Mon cher philosophe, j'aurais bien embrassé votre voyageur qui m'apportait une lettre de vous, mais j'étais dans un accès violent des maux qui m'accablent sans cesse.

Un grand mal moral, qui pourra bien aller jusqu'au physique, c'est la publication du *Système de la nature.* Ce livre a rendu tous les philosophes exécrables aux yeux du roi et de toute la cour. M. Seguier, que j'ai vu, n'a rien fait que par un ordre exprès du roi. L'éditeur de ce fatal ouvrage a perdu la philosophie à jamais dans l'esprit de tous les magistrats et de tous les pères de famille, qui sentent combien l'athéisme peut être dangereux pour la société.

J'ignore si les *Questions sur l'Encyclopédie* oseront paraître. Les esprits sont tellement irrités qu'on prendra pour athée quiconque n'aura pas de foi à sainte Geneviève et à saint Janvier. En tout cas, voilà deux feuilles d'épreuves que je soumets à vos lumières. L'ouvrage, en général, est fort médiocre; mais il y a des articles curieux.

Les progrès de l'impératrice, dont vous me parlez, augmentent tous les jours. Si son armée passe le Danube, je crois l'empire ottoman détruit, et l'Europe vengée.

Je vous embrasse de tout mon cœur, mon cher ami : les malades ne peuvent écrire de longues lettres.

Cependant encore un mot : je vous demande en grâce de me dire des nouvelles de la Lerouge.

MMMMMCMLXXXVI. — AU MÊME.

5 novembre.

Mon cher et grand philosophe, mon cher ami, je m'anéantis petit à petit sans souffrir beaucoup. Il faut encore remercier la nature, quand

---

1. Dalembert et Diderot. (ÉD.)
2. La brochure intitulée DIEU. (ÉD.) — 3. Mme d'Épinai. (ÉD.)

on finit sans ces maladies intolérables qui rendent la mort de tant d'honnêtes gens si affreuse.

J'ai reçu vos deux lettres de Montpellier, qui m'ont servi de gouttes d'Angleterre. Il me paraît indubitable que c'est vous qui, de manière ou d'autre, m'avez joué le tour que me fait le roi de Danemark. Si ce n'est pas vous qui lui avez écrit, c'est vous qui lui avez parlé quand il était à Paris, et c'est à vous que je dois sa belle souscription pour la statue.

Nous avons pour nous, mon cher philosophe, toutes les puissances du Nord; *sed libera nos a domino meridiano*. Le Midi est encore encroûté comme les soleils de Descartes; ce ne sont pas des avocats généraux de nos provinces méridionales dont je parle; vous allez d'un M. Ducné à un M. de Castilhon. Grenoble se vante de M. Servan; il est impossible que la raison et la tolérance ne fassent de très-grands progrès sous de tels maîtres. Paris n'aura qu'à rougir. Je respecte fort son parlement, mais il n'a personne à mettre à côté des hommes éclairés et éloquents dont je vous parle.

Je serai très-vivement affligé, s'il est vrai que mon Alcibiade [1], dans sa vieillesse, persécute mon jeune Socrate [2] de Bordeaux. Ou je suis bien trompé, ou mon Socrate est un philosophe intrépide.

Vous me mandez qu'il est gai dans son château; mais moi je m'attriste en songeant qu'il suffit d'une demi-feuille de papier pour ôter la liberté à un magistrat plein de vertu et de mérite; mais comme il n'en a pas fallu davantage à M. l'abbé Terray pour me ravir tout mon bien de patrimoine, j'admire le pouvoir de l'art d'écrire.

Je crois Palissot encore à Genève, et je suppose qu'il y fait imprimer un recueil de ses ouvrages; il se pourrait bien faire que cette entreprise ne lui procurât ni gloire ni repos. Il veut à toute force se faire des ennemis célèbres, c'est un assez mauvais parti.

M. de Condorcet m'a écrit une lettre comme vous en écrivez, pleine d'esprit et d'agrément, et de bonté pour moi.

Je vous expliquerai, dans quelque temps, l'affaire dont il s'agit avec M. de Castilhon; elle peut être très-glorieuse pour lui, et sûrement vous vous y intéresserez. Je ne puis actuellement entrer dans aucun détail; cela serait peut-être un peu long, et je suis trop malade.

Mme Denis vous présente toujours ses regrets, et à M. de Condorcet; aussi fais-je, et du fond de mon cœur; mais il n'est pas juste que nous vous possédions seuls; *oportet fruatur fama sui* [3].

MMMMMCMLXXXVII. — A MADAME D'ÉPINAI.

6 novembre.

La fièvre me prit, madame, dans le temps que j'allais vous écrire. Il n'est pas étrange qu'on ait le sang en mouvement quand on est occupé de vous. Franchement, je suis bien malade; mais le plaisir de vous répondre fait diversion.

1. Richelieu. (Éd.) — 2. Dupaty. (Éd.)
3. C'est le *fruiturque fama sui* de Tacite, *Annales*, II, 13. (Éd.)

Oui, madame, j'ai lu le troisième volume qui contient la réfutation du Pernety, et je sais très-bon gré à ce Pernety de nous avoir valu un si bon livre.

Comment pouvez-vous me dire que je ne connais point l'abbé Galiani ! est-ce que je ne l'ai pas lu ? par conséquent je l'ai vu. Il doit ressembler à son ouvrage comme deux gouttes d'eau, ou plutôt comme deux étincelles. N'est-il pas vif, actif, plein de raison et de plaisanterie ? Je l'ai vu, vous dis-je, et je le peindrais.

On fait actuellement un petit *Dictionnaire encyclopédique*, où il n'est pas oublié à l'article *Blé*.

Le mot d'impôt, et tout ce qui a le moindre rapport à cette espèce de philosophie, me fait frémir, depuis que le philosophe M. l'abbé Terray m'a pris deux cent mille francs, qui faisaient toute ma ressource, et que j'avais en dépôt chez M. de La Borde. Il n'y a que vous, madame, qui puissiez me faire supporter la philosophie sur la finance, parce que sûrement vous mettrez des grâces dans tout ce qui passera par vos mains.

Je veux croire qu'on a très-bien raisonné ; mais le pain vaut quatre à cinq sous la livre au cœur du royaume, et à l'extrémité où je suis.

L'idée qu'on ne nous charge que parce que nous sommes utiles est très-vraie. On ne fait porter des fardeaux qu'aux bêtes de somme, et Dieu nous a faits chevaux et ânes. Si nous étions oiseaux, on s amuserait à nous tirer en volant.

En voilà trop pour un pauvre vieillard qui n'en peut plus, et qui est entre les mains des contrôleurs généraux et des apothicaires.

Mes compliments à vos beaux yeux, ma charmante philosophe, quoique les miens ne voient goutte. Mille respects.

MMMMMCMLXXXVIII. — A M. LE MARQUIS DE VOYER D'ARGENSON.

6 novembre.

Auriez-vous jamais, monsieur, dans vos campagnes en Flandre et en Allemagne, porté les *Satires* de Perse dans votre poche ? Il y a un vers qui est curieux, et qui vient fort à propos :

Minimum est quod scire laboro :
De Jove quid sentis ?

Sat. II, v. 17.

(Il ne s'agit que d'une bagatelle : que pensez-vous de Dieu ?)

Vous voyez que l'on fait de ces questions depuis longtemps. Nous ne sommes pas plus avancés qu'on n'était alors. Nous savons très-bien que telles et telles sottises n'existent pas, mais nous sommes fort médiocrement instruits de ce qui est. Il faudrait des volumes, non pas pour commencer à s'éclaircir, mais pour commencer à s'entendre. Il faudrait bien savoir quelle idée nette on attache à chaque mot qu'on prononce. Ce n'est pas encore assez : il faudrait savoir quelle idée ce mot fait passer dans la tête de votre adverse partie. Quand tout cela est fait, on peut disputer pendant toute sa vie sans convenir de rien.

Jugez si cette petite affaire peut se traiter par lettres. Et puis vous savez que quand deux ministres négocient ensemble, ils ne disent jamais la moitié de leur secret.

J'avoue que la chose dont il est question mérite qu'on s'en occupe très-sérieusement; mais gare l'illusion et les faiblesses!

Il y a une chose peut-être consolante; c'est que la nature nous a donné à peu près tout ce qu'il nous fallait; et si nous ne comprenons pas certaines choses un peu délicates, c'est apparemment qu'il n'était pas nécessaire que nous les comprissions.

Si certaines choses étaient absolument nécessaires, tous les hommes les auraient, comme tous les chevaux ont des pieds. On peut être assez sûr que ce qui n'est pas d'une nécessité absolue pour tous les hommes, en tous les temps et dans tous les lieux, n'est nécessaire à personne. Cette vérité est un oreiller sur lequel on peut dormir en repos; le reste est un éternel sujet d'arguments pour et contre.

Ce qui n'admet point le pour et le contre, monsieur, ce qui est d'une vérité incontestable, c'est mon sincère et respectueux attachement pour vous.
LE VIEUX MALADE.

MMMMMCMLXXXIX. — A CATHERINE II.

A Ferney, 6 novembre.

Madame, si Bender est pris l'épée à la main, comme on le dit, j'en rends de très-humbles actions de grâces à Votre Majesté Impériale; car, dans mon lit, où je suis malade, je n'ai d'autre plaisir que celui de vos victoires, et chacune de vos conquêtes est mon restaurant.

On confirme encore de Marseille qu'Ali-Bey est roi d'Égypte, et qu'il s'est emparé d'Alexandrie, où il établit déjà un commerce considérable avec toutes les nations trafiquantes. Plaise à la vierge Marie, à qui Ali-Bey ne croit point du tout, que tout cela soit exactement vrai!

Ce qui me fait une peine extrême, c'est que vos troupes victorieuses ne sont point encore dans Andrinople. Votre Majesté dira que je suis un vieillard bien impétueux que rien ne peut satisfaire; que vous avez beau, pour me faire plaisir, battre Moustapha tous les jours, que je ne serai content que lorsque vous serez sur les bords de l'Euphrate. Eh bien! madame, cela est vrai. La Mésopotamie est un pays admirable; on peut s'y transporter en litière, ce qu'on ne peut pas faire à Pétersbourg vers le mois de novembre. Mgr le prince Henri y est bien! Oui, mais c'est un héros, quoiqu'il ne soit pas un géant : il est juste qu'il voie l'héroïne du Nord, car il est aussi aimable qu'il est grand général.

Au reste, madame, je suppose qu'Ali-Bey garde l'Égypte en dépôt à Votre Majesté Impériale; car ma passion veut encore vous donner l'Égypte, afin que votre Académie des sciences, dont j'ai l'honneur d'être, connaisse bien les antiquités de ce pays-là, et c'est ce que probablement on ne fera jamais sous un Ali-Bey.

On dit que la peste est à Constantinople. Il faut que Moustapha ait fait le dénombrement de son peuple; car Dieu d'ordinaire envoie la peste aux rois qui ont voulu savoir leur compte. Il en coûta soixante-dix mille Juifs au bon roi David[1], et il n'y avait pas grande perte. J'espère que Votre Majesté chassera bientôt de Stamboul la peste et les Turcs.

Je me mets aux pieds de Votre Majesté Impériale, du fond de mon désert et de mon néant, avec le plus profond respect, et une passion qui ne fait que croître et embellir.

MMMMMCMXC. — A M. SAURIN.

A Ferney, 10 novembre.

Votre épitre, mon cher confrère, est aussi philosophique qu'ingénieuse[2]; elle est surtout d'un bon ami : vous avez raison sur tous les points, hors sur ce qui me regarde.

Je sais bien qu'il y aura toujours des gens qui feront la guerre à la raison, puisqu'en effet on a des soldats de robe longue payés uniquement pour servir contre elle ; mais on a beau faire, dès que cette étrangère a des asiles chez tous les honnêtes gens de l'Europe, son empire est assuré.

On peut longtemps, chez notre espèce,
Fermer la porte à la raison ;
Mais dès qu'elle entre avec adresse,
Elle reste dans la maison,
Et bientôt elle en est maîtresse.

Son ennemi perd de son crédit chaque jour, de Moscou jusqu'à Cadix. Les moines ne gouvernent plus, quoiqu'un moine soit devenu pape[3]. J'ai été très-fâché qu'on ait poussé trop loin la philosophie. Ce maudit livre du *Système de la nature* est un péché contre nature. Je vous sais bien bon gré de réprouver l'athéisme, et d'aimer ce vers :

Si Dieu n'existait pas, il faudrait l'inventer.

Je suis rarement content de mes vers, mais j'avoue que j'ai une tendresse de père pour celui-là.

Les ennemis des causes finales m'ont toujours paru plus hardis que raisonnables. S'ils rencontrent des chevilles et des trous, ils disent, sans hésiter, que les uns ont été faits pour les autres, et ils ne veulent pas que le soleil soit fait pour les planètes.

Vous faites trop d'honneur, mon cher confrère, aux rogatons alphabétiques que vous voulez lire. Je tâcherai de vous les faire parvenir au plus tôt. Je les crois sages, mais ils n'en seront pas moins persécutés.

Je suis tout glorieux du baiser de Mme Saurin ; elle est bien hardie à cent lieues : elle n'oserait de près. Les pauvres vieillards ne s'attirent

---

1. *III Rois*, chap. XXIV, verset 15. (ÉD.)
2. Il s'agit de l'*Épitre sur la vérité*. (ÉD.)
3. Clément XIV avait été franciscain. (ÉD.)

pas de telles aubaines. J'ai été heureux pendant quinze jours jours : j'ai eu M. Dalembert et M. de Condorcet : ce sont là de vrais philosophes. Adieu, vous qui l'êtes ; conservez-moi votre amitié.

MMMMMCMXCI. — DE FRÉDÉRIC-GUILLAUME.

À Potsdam, le 12 novembre.

Je vous admire, monsieur, depuis que je vous lis ; mais je ne songeais pas à vous le dire : vous êtes trop accoutumé à ce sentiment de la part de vos lecteurs. Je ne puis néanmoins résister à l'envie que j'ai de vous remercier de votre dernière brochure : j'ai vu, avec un extrême plaisir, que la même plume qui travaille depuis si longtemps à frapper la superstition et à ramener la tolérance s'occupe aussi à renverser le funeste principe du *Système de la nature*.

Personne n'est plus capable que vous, monsieur, de réfuter ce malheureux livre avec succès, de démêler le faux et le monstrueux d'avec les excellentes choses qu'il renferme ; et de montrer combien l'idée d'un Dieu intelligent et bon est nécessaire au bien général de la société et au bonheur particulier de l'homme. Vous l'avez déjà dit dans plusieurs de vos écrits, mais vous ne le direz jamais trop.

Puisque je me suis permis le plaisir de m'entretenir avec vous, souffrez, monsieur, que je vous demande, pour ma seule instruction, si en avançant en âge vous ne trouvez rien à changer à vos idées sur la nature de l'âme. Vos derniers ouvrages ont encore tout le feu, la force, et la beauté de *la Henriade*. Votre corps a-t-il donc conservé aussi la vigueur qu'il avait lors du poëme de *la Ligue* ? Je n'aime pas à me perdre dans des raisonnements de métaphysique ; mais je voudrais ne pas mourir tout entier, et qu'un génie tel que le vôtre ne fût pas anéanti.

Je regrette souvent, monsieur, en vous lisant, de n'avoir pas été en âge de profiter des charmes de votre conversation dans le temps que vous étiez ici. Je n'ignore pas combien le feu prince de Prusse, mon père, vous estimait ; je vous prie de croire que j'ai hérité de ses sentiments. J'embrasserai avec plaisir les occasions de vous en donner des preuves et de vous convaincre combien sincèrement je suis. monsieur, votre très-affectionné ami.   FRÉDÉRIC-GUILLAUME, *prince de Prusse*.

MMMMMCMXCII. — A M. COLINI.

Ferney, 13 septembre.

Je vous prie, mon cher ami, de m'envoyer encore deux médaillons en plâtre, pareils à celui dont vous m'avez gratifié ; mais je ne veux les avoir qu'en payant, et je vous supplie d'en faire le prix. Je vous demande en grâce d'y faire travailler avec la plus grande célérité.

Je vous embrasse de tout mon cœur.   V.

MMMMMCMXCIII. — A MADAME LA DUCHESSE DE CHOISEUL.

A Ferney, 16 novembre.

Madame, je voudrais amuser notre bienfaitrice philosophe, et je crains fort de faire tout le contraire. L'auteur de cette *Épître au roi de la*

Chine dit qu'il est accoutumé à ennuyer les rois : cela peut être, je l'en crois sur sa parole ; mais il ne faut pas pour cela ennuyer madame la philosophe grand'maman, qui a plus d'esprit que tous les monarques d'Orient ; car pour ceux d'Occident, je n'en parle pas.

Si, malgré mes remontrances, Sa Majesté Chinoise veut venir à Paris, je lui conseillerai, madame, de se faire de vos amis, et de tâcher de souper avec vous ; je n'en dirai pas autant à Moustapha. Franchement, il ne m'en paraît pas digne ; je le crois d'ailleurs très-incivil avec les dames, et je ne pense pas que ses eunuques lui aient appris à vivre.

Si, par un hasard que je ne prévois pas, cette *Épître au roi de la Chine* trouvait un moment grâce devant vos yeux, je vous dirais : « Envoyez-en copie pour amuser votre petite-fille, supposé qu'elle soit amusable, et qu'elle ne soit pas dans ses moments de dégoût. »

Pour réussir *chez elle*, il faut prendre son temps.

Puissé-je, madame, prendre toujours bien mon temps en vous présentant le profond respect, la reconnaissance, et l'attachement du vieil ermite de Ferney !

MMMMMCMXCIV. — A M. LE MARQUIS DE VILLEVIEILLE.

A Ferney, 16 ou 17 novembre.

Votre lettre de Cirey, monsieur, adoucit les maux qui sont attachés à ma vieillesse. J'aimerai toujours le maître du château, et je n'oublierai jamais les beaux jours que j'y ai passés. Je vous sais très-bon gré d'être attaché à votre colonel, qui est assurément un des plus estimables hommes de France [1]. Je l'ai vu naître, et il a passé toutes mes espérances.

Je ne sais comment je pourrai vous faire tenir la petite réponse au *Système de la nature* ; ce n'est point un ouvrage qui puisse être imprimé à Paris. En rendant gloire à Dieu, il dit trop la vérité aux hommes. Il leur faut un dieu aussi impertinent qu'eux ; ils l'ont toujours fait à leur image. Paris s'amuse de ces disputes comme de l'Opéra-Comique. Il a lu le *Système de la nature* avec le même esprit qu'il lit de petits romans ; au bout de trois semaines on n'en parle plus. Il y a, comme vous le dites, des morceaux d'éloquence dans ce livre ; mais ils sont noyés dans des déclamations et dans des répétitions. A la longue, il a le secret d'ennuyer sur le sujet le plus intéressant.

La chanson que vous m'envoyez doit avoir beaucoup mieux réussi. Je suis bien aise qu'elle soit en l'honneur de l'homme du monde à qui je suis le plus dévoué, et à qui j'ai le plus d'obligations [2] ; j'ose être sûr que les niches qu'on a voulu lui faire ne seront que des chansons. S'il me tombe entre les mains quelque rogaton qui puisse vous amuser, je ne manquerai pas de vous l'envoyer. Je suis à vous tant que je serai encore un peu en vie

1. M. le duc du Châtelet. (Éd.)
2. Le duc de Choiseul. (Éd.)

ANNÉE 1770.

MMMMMCMXCV. — A Catherine II.

A Ferney, 20 novembre.

Madame, Votre Majesté Impériale l'avait bien prévu, vos ennemis n'ont servi qu'à votre gloire; et, de quelque manière que vous finissiez cette grande guerre, votre gloire ne sera point passagère. Victorieuse et législatrice à la fois, vous avez assuré l'immortalité à votre nom. Je suis un peu affligé, en qualité de Français, d'entendre dire que c'est un chevalier de Tott qui fortifie les Dardanelles. Quoi ! c'est ainsi que finissent les Français, qui ont commencé autrefois la première croisade ! Que dirait Godefroi de Bouillon, si cette nouvelle pouvait parvenir jusqu'à lui dans le pays où l'on ne reçoit de nouvelles de personne ?

On parle toujours de peste en Allemagne; on la craint, on exige partout des billets de santé; et l'on ne songe pas que si on avait aidé Votre Majesté à chasser cette année les Turcs de l'Europe, on aurait pour jamais chassé la peste avec eux. On oublie les plus grands, les plus véritables intérêts, pour un intérêt chimérique, pour une politique qui me paraît bien déraisonnable. Il me semble que l'on fait bien des fautes de plus d'un côté : c'est le sort de la plupart des ministères.

On se prépare à la guerre en France, et on espère la paix, dont on a le plus grand besoin. Il serait trop ridicule qu'on éprouvât le plus grand des fléaux pour une méchante île inhabitée; il ne faut jamais faire la guerre qu'avec l'extrême probabilité d'y gagner beaucoup. Puisse la guerre contre Moustapha finir par le détrôner, ou du moins par l'appauvrir pour trente ans ! Puisse Votre Majesté Impériale jouir d'un triomphe très-durable, et pacifier la Pologne après avoir écrasé la Turquie !

Vous avez deux voisins qui font des vers, le roi de Prusse et le roi de la Chine; Frédéric en a déjà fait pour vous : j'en attends de Kien-Long.

Je me mets à vos pieds victorieux, et plus blancs que ceux de Moustapha, avec le plus profond respect et la plus grande passion.

MMMMMCMXCVI. — A Frédéric II, roi de Prusse.

A Ferney, 21 novembre.

Sire, Votre Majesté peut être ciron ou mite en comparaison de l'éternel Architecte des mondes, et même des divinités inférieures qu'on suppose avoir été instituées par lui, et dont on ne peut démontrer l'impossibilité; mais, en comparaison de nous autres chétifs, vous avez été souvent aigle, lion, et cygne. Vous n'êtes pas à présent le rat retiré dans un fromage de Hollande, qui ferme sa porte aux autres rats indigents; vous donnez l'hospitalité aux pauvres familles polonaises persécutées; vous devez vous connaître plus qu'aucune mite de l'univers en toute espèce de gloire, mais celle dont vous vous couvrez à présent en vaut bien une autre.

Il est bien vrai que la plupart des hommes se ressemblent, sinon en talents, du moins en vices, quoique, après tout, il y ait une grande différence entre Pythagore et un Suisse des petits cantons, ivre de mauvais vin. Pour le gouvernement polonais, il ne ressemble à rien de ce qu'on voit ailleurs.

Le prince de Brunswick était donc aussi des vôtres; il faisait donc des vers comme vous et le roi de la Chine. Votre Majesté peut juger si je le regrette.

J'ai autant de peur que vous qu'il ne sache rien du grand secret de la nature, tout mort qu'il est. Votre abominable homme, qui est si sûr que tout meurt avec nous, pourrait bien avoir raison, ainsi que l'auteur de *l'Ecclésiaste*, attribué à Salomon, qui prêche cette opinion en vingt endroits; ainsi que l'auteur de *la Troade*[1], qui le disait sur le théâtre à quarante ou cinquante mille Romains: ainsi que le pensent tant de méchantes gens aujourd'hui; ainsi qu'on semble le prouver quand on dort d'un profond sommeil ou quand on tombe en léthargie.

Je ne sais pas ce que pense Moustapha sur cette affaire; je pense qu'il ne pense pas, et qu'il vit à la façon de quelques Moustaphas de son espèce. Pour l'impératrice de Russie et la reine de Suède votre sœur, le roi de Pologne, le prince Gustave, etc., j'imagine que je sais ce qu'ils pensent. Vous m'avez flatté aussi que l'empereur était dans la voie de la perdition; voilà une bonne recrue pour la philosophie. C'est dommage que bientôt il n'y ait plus d'enfer ni de paradis : c'était un objet intéressant; bientôt on sera réduit à aimer Dieu pour lui-même, sans crainte et sans espérance, comme on aime une vérité mathématique; mais cet amour-là n'est pas de la plus grande véhémence : on aime froidement la vérité.

Au surplus, votre abominable homme n'a point de démonstrations, il n'a que les plus *extrêmes* probabilités; il faudrait consulter Ganganelli; on dit qu'il est bon théologien : si cela est, les apparences sont qu'il n'est pas un parfait chrétien; mais le madré ne dira pas son secret; il fait son pot à part, comme le disait le marquis d'Argenson d'un des rois de l'Europe.

S'il n'y a rien de démontré qu'en mathématiques, soyez bien persuadé, sire, que, de toutes les vérités probables, la plus sûre est que votre gloire ira à l'immortalité, et que mon respectueux attachement pour vous ne finira que quand mon pauvre et chétif être subira la loi qui attend les plus grands rois comme les plus petits Welches.

MMMMMCMXCVII. — A M. DALEMBERT.

23 novembre.

De tous les malades, mon cher philosophe, le plus ambulant c'est vous, et le plus sédentaire c'est moi.

J'ai d'abord à vous dire que votre archevêque de Toulouse, si tolérant, a fait mourir par son intolérance le pauvre abbé Audra, l'intime ami de l'abbé *Mords-les* et le mien. Il a fait un mandement cruel contre lui, et a sollicité sa destitution de la place de professeur en histoire, qui lui valait plus de mille écus par an. Cette aventure a donné la fièvre

1. Sénèque. (ÉD.)

et le transport au pauvre abbé ; il est mort au bout de quatre jours : je viens d'en apprendre la nouvelle ; on me l'avait cachée pendant plus de six semaines. Vous voyez, mon cher ami, que les philosophes n'ont pas beau jeu en France.

Voici une petite persécution à la Décius contre notre primitive Église ; mais nous avons pour nous l'empereur de la Chine, l'impératrice Catherine II, le roi de Prusse, le roi de Danemark, la reine de Suède et son fils, beaucoup de princes de l'Empire, et toute l'Angleterre. Dieu aura toujours pitié de son troupeau.

Je crois que vous feriez fort bien de donner pour successeur à Moncrif M. Gaillard, au lieu d'un archevêque, à condition qu'il ne parlera pas des cantiques sacrés que ce Moncrif faisait pour la reine. Ne m'oubliez pas auprès de votre compagnon de voyage ; et quand vous n'aurez rien à faire, mandez-moi si vous êtes revenu en bonne santé. Je vous embrasse le plus tendrement du monde.

MMMMMCMCXVIII. — A M. LE COMTE D'ARGENTAL.

A Ferney, 24 novembre.

Mon cher ange, je suis presque aveugle ; j'écris de ma main, et le plus gros que je peux. Celui qui me soulageait dans ce bel art de mettre ses idées et ses pensées en noir sur du blanc s'est fendu la tête par une chute horrible, et j'écris très-lisiblement. Vous savez que j'ai écrit aussi au roi de la Chine, et je vous ai envoyé la lettre. Je m'imagine qu'on ne pourra représenter *Sophonisbe* et *le Dépositaire* que chez lui. J'ai prié, de votre part, M. Lantin[1] d'ajouter quelques vers au quatrième acte ; il était impossible de faire mander Massinisse par Scipion, parce que deux actes, dans cette pièce, finissent par un pareil message, et que M. Mairet saurait très-mauvais gré à M. Lantin de cette répétition.

A l'égard du *Dépositaire*, je pense qu'il faut aussi mettre ce drame au cabinet. La cabale fréronique est trop forte, le dépit contre la statue trop amer, l'envie de la casser trop grande. De plus, la métaphysique et le larmoyant ont pris la place du comique. Le public ne sait plus où il en est. J'aime ce petit ouvrage ; et plus je l'aime, plus je suis d'avis qu'on ne le risque pas. Je suis, dans mon désert, si éloigné de Paris et de son goût, que je n'oserais pas conseiller à Molière de donner *le Tartufe*. Il me paraît que le goût est égaré dans tous les genres, et que la littérature ne va pas mieux que les finances.

J'ai écrit à Mlle Daudet, conformément à ce que vous m'aviez mandé. Je l'aurais gardée très-volontiers pendant six mois, et je lui aurais donné un petit viatique pour Paris ; mais il s'est fait un tel bouleversement dans ma fortune, que je n'aurais pu rien faire pour la sienne. La saisie de tout mon argent comptant par M. l'abbé Terray, dans le temps que j'établissais une colonie assez nombreuse, que je bâtissais huit maisons, et que je commençais à faire fleurir une manufacture, a été un

---

[1]. Pseudonyme de Voltaire. (ÉD.)

coup de tonnerre qui a tout renversé. Figurez-vous un vieux malade obligé d'entrer dans tous les détails, accablé de soins, de vers, et de l'*Encyclopédie :* il n'y avait que vous et l'empereur de la Chine qui pussent me consoler.

M. le duc de Choiseul a favorisé ma manufacture autant qu'il l'a pu; je souhaite que M. le duc de Praslin envoie beaucoup de montres à son ami le bey de Tunis et au prétendu nouveau roi d'Égypte Ali-Bey; et même qu'il ne m'oublie pas, quand il aura procuré la paix entre Moustapha et Catherine. Je vous prie instamment de l'en faire souvenir.

On nous a menacés quelque temps de la guerre et de la peste; mais, Dieu merci, nous n'avons que la famine, du moins dans nos cantons. Le blé vaut plus de cinquante francs le setier, depuis un an, à trente lieues à la ronde. Je ne sais pas ce qu'ont opéré messieurs les économistes ailleurs, mais je soupçonne messieurs les Welches de ne pas entendre parfaitement l'économie.

A l'égard de l'économie des pièces de théâtre, je vous dirai que M. le maréchal de Richelieu refuse son suffrage à Mairet[1]; et c'est encore une raison pour ne la pas hasarder. Les sifflets sont encore plus à craindre que la disette. Mes deux aimables et chers anges, vivez aussi gaiement qu'il est possible; et si vous rencontrez M. Seguier, recommandez-lui d'être sobre en réquisitoires[2], à moins qu'il n'en fasse pour des filles. Et, sur ce, je me mets à l'ombre de vos ailes, au milieu de quatre pieds de neige.

MMMMMCMXCIX. — A M. LE CLERC DE MONTMERCI.

24 novembre.

Le vieux malade de Ferney, monsieur, vous doit depuis longtemps une réponse; il vous l'envoie de la Chine[3] et peut-être trouverez-vous les vers un peu chinois. Quand vous n'aurez rien à faire, et que vous voudrez écrire à ce vieillard, je vous prie de donner votre lettre à M. Marin; vous pourrez me dire à cœur ouvert tout ce que vous penserez; j'aime bien autant votre prose que vos vers.

C'est au bout de trois ans que j'ai su votre demeure par M. Marin, à qui je l'ai demandée. Si vous m'en aviez instruit, je vous aurais remercié plus tôt, tout malade que je suis. Je ne vous ai point écrit depuis la mort de M. Damilaville, notre ami; il se chargeait de mes lettres et de mes remercîments.

Il y a toujours dans vos vers des morceaux pleins d'esprit et d'imagination; on se plaint seulement de la profusion qui empêche qu'on ne retienne les morceaux les plus marqués. Vous trouverez ma lettre bien courte, pour tant de beaux vers dont vous m'avez honoré; mais pardonnez à un malade qui est absolument hors de combat, et qui sent tout votre mérite beaucoup plus qu'il ne peut vous l'exprimer.

1. C'est-à-dire à la *Sophonisbe* de Voltaire.
2. Seguier venait d'annoncer à Voltaire qu'il ferait en février un réquisitoire contre l'*Histoire du parlement*. (ÉD.)
3. Voltaire envoyait à Leclerc l'*Épître au roi de la Chine*. (ÉD.)

MMMMMM. — A M. Delisle de Sales.

25 novembre.

Je suis bien sûr monsieur, que vos *Mélanges sur Suétone* me donneront autant de plaisir que votre dernier ouvrage, et que j'y trouverai partout la main du philosophe.

Je mets une différence essentielle entre la *Philosophie de la nature* et le *Système de la nature*. Il y a, j'en conviens, deux ou trois chapitres éloquents dans le *Système*, mais tout le reste est déclamation et répétition. L'auteur suppose tout, et ne prouve rien. Son livre est fondé sur deux grands ridicules : l'un est la chimère que la matière non pensante produit nécessairement la pensée, chimère que Spinosa même n'ose admettre ; l'autre, que la nature peut se passer de germes. Je ne vois pas que rien ait plus avili notre siècle que cette énorme sottise. Maupertuis fut le premier qui adopta la prétendue expérience du jésuite anglais Needham, qui crut avoir fait, avec de la farine de seigle, des anguilles qui, le moment d'après, engendraient d'autres anguilles. C'est la honte éternelle de la France que des philosophes, d'ailleurs instruits, aient fait servir ces inepties de base à leurs systèmes.

Vous êtes bien loin, monsieur, de tomber dans de pareils travers ; et je n'ai vu, dans votre livre, que du génie, du goût, des connaissances, et de la raison.

Vous vous défiez, sans doute, de tout ce que rapportent des voyageurs qui ont ignoré la langue des pays dont ils parlent ; défiez-vous aussi des écrivains qui vous ont dit que Newton, dans sa vieillesse, n'entendait plus ses ouvrages. Pemberton dit expressément le contraire, et je puis vous le certifier. Sa tête ne s'affaiblit que trois mois avant sa mort, dans les douleurs de la gravelle.

J'ai l'honneur d'être, etc.

MMMMMMI. — A Catherine II.

A Ferney, 26 novembre.

Madame, il faut vouloir ce qu'on ne peut empêcher. Je vois qu'on obligera ce gros Moustapha à vous demander la paix ; mais, au nom de Jésus-Christ notre sauveur, faites-la-lui payer bien cher. Quand Votre Majesté Impériale sera devenue son amie, je l'appellerai Sa Hautesse. On a débité qu'il voyait familièrement l'ambassadeur d'Angleterre deux fois par semaine, et qu'il lui parlait en italien ; j'ai bien de la peine à le croire ; les Turcs apprennent l'arabe tout au plus. Je connais des souveraines fort supérieures en tout aux Moustapha, qui parlent plusieurs langues en perfection ; mais pour le padisha de Stamboul, je doute fort qu'il ait ce mérite, et qu'il ait chez lui une académie.

On dit aussi qu'il va confier ses armées invincibles à son frère, ce qui contredit un peu les desseins pacifiques qu'on lui attribue ; mais son frère en sait-il plus que lui ? et puisqu'il est padisha, pourquoi ne commande-t-il pas ses armées lui-même ?

Je m'imagine qu'il tremblerait de peur devant l'un des quatre Orlof, qui valent mieux que les quatre fils Aymon, et qui sont des héros plus réels. Je plains beaucoup plus l'anarchie polonaise que l'insolence ottomane : toutes les deux sont dans la détresse qu'elles méritent. Vive le roi de la Chine, qui fait des vers, et qui est en paix avec tout le monde !

J'avoue à Votre Majesté que je déteste le gouvernement papal; je le trouve ridicule et abominable; il a abruti et ensanglanté la moitié de l'Europe pendant trop de siècles. Mais le Ganganelli, qui règne aujourd'hui, est un homme d'esprit qui sent apparemment combien il est honteux de laisser la ville de Constantin à des barbares ennemis de tous les arts; et qu'il faut préférer des Grecs, quoique schismatiques, à des mahométans.

Le roi de Sardaigne, qui a des droits à l'île de Chypre [1], n'aime point ces barbares. Mais, encore une fois, je ne comprends pas l'indifférence des Vénitiens, qui pouvaient reprendre Candie en trois mois; encore moins l'impératrice-reine, à qui Belgrade, la Bosnie et la Servie étaient ouvertes. On est devenu bien modéré avec les Turcs, et bien honnête. Pardon, madame, de mes réflexions; mais vous avez daigné m'accoutumer à dire ce que je pense; et on pardonne tout aux grandes passions.

MMMMMMII. — A M. LE MARÉCHAL DUC DE RICHELIEU.

A Ferney, 26 novembre.

Mon héros me gronde quelquefois de ce que je ne l'importune pas de toutes les sottises auxquelles se livre un vieux malade dans sa retraite. Je ne sais si mon commerce avec le roi de la Chine [2] vous amusera beaucoup. Comme il est assez gai, j'ai cru que vous pourriez pardonner la hardiesse en faveur de la plaisanterie. Je crois que je suis à présent en correspondance avec tous les rois, excepté avec le roi de France; mais de tous ces rois, il n'y en a pas un jusqu'à présent qui protége la manufacture que j'ai établie dans mon hameau. On y fait pourtant les meilleures montres de l'Europe, et bien moins chères que celles de Londres et de Paris. M. le cardinal de Bernis pouvait très-aisément favoriser cet établissement en cour de Rome, et il ne l'a point fait. Je ne me suis jamais senti mieux excommunié.

Vous savez bien, monseigneur, que la *Sophonisbe* rapetassée est de M. Lantin, de Dijon. Cette pièce, à la vérité, ridicule, mais qui l'emporta autrefois sur la *Sophonisbe* de Corneille, non moins ridicule et beaucoup plus froide, mérite votre protection, puisque c'est la première qui ait fait honneur au théâtre français. Il y a cent quarante ans qu'elle est faite.

Je prends la liberté de vous demander plus vivement votre protection pour M. Gaillard, qui sollicite la place du jeune Moncrif. L'historien de François Ier vaut mieux que l'historien des chats. Conservez toujours vos bontés à celui de Louis XIV et au vôtre.

1. Le roi de Sardaigne prenait les titres de roi de Chypre et de Jérusalem. (ÉD.)
2. L'*Épître au roi de la Chine*. (ÉD.)

MMMMMMIII. — À M. LE COMTE D'ARGENTAL.

26 novembre.

J'ai changé d'avis, mon cher ange, depuis ma dernière lettre; je me suis repris d'amitié pour Ninon, pour Gourville et pour Mme Aubert [1]. Cette Mme Aubert n'était point annoncée, et il faut annoncer tout le monde dans une bonne maison : c'est la politesse du théâtre.

J'ai ri en la relisant. Si le public ne rit pas, il a tort : on riait autrefois. La comédie larmoyante n'est qu'un monstre. Vous verrez avec M. Marin s'il faut jouer, ou imprimer avec la préface de M. l'abbé de Châteauneuf.

A l'ombre de vos ailes.

MMMMMIV. — A FRÉDÉRIC-GUILLAUME.

A Ferney, le 28 novembre.

Monseigneur, la famille royale de Prusse a grande raison de ne pas vouloir que son âme soit anéantie. Elle a plus de droit que personne à l'immortalité.

Il est vrai qu'on ne sait pas trop bien ce que c'est qu'une âme; on n'en a jamais vu. Tout ce que nous savons, c'est que le Maître éternel de la nature nous a donné la faculté de penser et de connaître la vertu.

Il n'est pas démontré que cette faculté vive après notre mort; mais le contraire n'est pas démontré davantage. Il se peut, sans doute, que Dieu ait accordé la pensée à une monade, qu'il fera penser après nous; rien n'est contradictoire dans cette idée.

Au milieu de tous les doutes qu'on tourne depuis quatre mille ans en quatre mille manières, le plus sûr est de ne jamais rien faire contre sa conscience. Avec ce secret, on jouit de la vie, et on ne craint rien à la mort.

Il n'y a que des charlatans qui soient certains. Nous ne savons rien des premiers principes. Il est bien extravagant de définir Dieu, les anges, les esprits, et de savoir précisément pourquoi Dieu a formé le monde, quand on ne sait pas pourquoi on remue son bras à sa volonté.

Le doute n'est pas un état bien agréable, mais l'assurance est un état ridicule.

Ce qui révolte le plus dans le *Système de la nature* (après la façon de faire des anguilles avec de la farine), c'est l'audace avec laquelle il décide qu'il n'y a point de Dieu, sans avoir seulement tenté d'en prouver l'impossibilité. Il y a quelque éloquence dans ce livre, mais beaucoup plus de déclamation, et nulle preuve. L'ouvrage est pernicieux pour les princes et pour les peuples.

Si Dieu n'existait pas, il faudrait l'inventer.

Mais toute la nature nous crie qu'il existe; qu'il y a une intelligence

1. Personnages de la comédie du *Dépositaire*. (ÉD.)

suprême, un pouvoir immense, un ordre admirable, et tout nous instruit de notre dépendance.

Dans notre ignorance profonde faisons de notre mieux; voilà ce que je pense, et ce que j'ai toujours pensé, parmi toutes les misères et toutes les sottises attachées à soixante-dix-sept ans de vie.

Votre Altesse Royale a devant elle la plus belle carrière. Je lui souhaite et j'ose lui prédire un bonheur digne d'elle et de ses sentiments. Je vous ai vu enfant, monseigneur; je vins dans votre chambre quand vous aviez la petite-vérole : je tremblais pour votre vie. Monseigneur votre père m'honorait de ses bontés; vous daignez me combler de la même grâce, c'est l'honneur de ma vieillesse, et la consolation des maux sous lesquels elle est prête à succomber. Je suis avec un profond respect, monseigneur, de Votre Altesse Royale, etc.

MMMMMV. — A M. VERNES.

30 novembre.

Le vieux malade à qui M. Vernes a fait la faveur d'écrire est actuellement dans un état déplorable. Dès qu'il sera un peu mieux, il suppliera M. Vernes de vouloir bien ne pas oublier de le venir voir avec son ami M. Palissot. Il présente ses respects à l'un et à l'autre. V.

MMMMMVI. — A CHRISTIAN VII.

Novembre.

Sire, M. D'alembert m'a instruit des bontés de Votre Majesté pour moi. Tant de générosité de votre part ne m'étonne point; mais l'objet m'en étonne : ce n'était pas sans doute à un simple citoyen comme moi qu'il fallait une statue. L'Europe en doit aux rois qui voyagent pour répandre des lumières, qui ont la modestie de croire en acquérir, qui donnent des exemples en prétendant qu'ils en reçoivent, qui emportent les vœux de tous les peuples chez lesquels ils ont été, qui ne revoient leurs sujets que pour les rendre heureux, pour en être chéris, et pour les venger des barbares.

Je suis près de finir ma carrière, lorsque Votre Majesté en commence une bien éclatante. L'honneur qu'elle daigne me faire répand sur mes derniers jours une félicité que je ne devais pas attendre. Je sens combien il est flatteur de finir par avoir tant d'obligations à un tel monarque.

Je suis avec le plus profond respect et la plus vive reconnaissance, etc.

MMMMMVII. — A M. BERTRAND.

Ferney, 3 décembre.

Mon cher philosophe, on peut tirer une très-bonne quintessence de la grosse bouteille que vous m'avez envoyée. Sans précision et sans sel on ne tient rien. Le monde est rassasié de dissertations sur le monarchique, le démocratique, le métaphysique, le poétique, et le narcotique.

Si Bayle faisait son Dictionnaire, son libraire serait ruiné.

Je vous prie de me mander si l'*Encyclopédie* in-quarto réussit; s'il y a des additions considérables; si elle mérite qu'on l'achète, ou s'il faut s'en tenir à ne pas multiplier les êtres sans nécessité. *Vale.*   V.

MMMMMVIII. — De Frédéric II, roi de Prusse.

A Potsdam, le 4 décembre.

Je vous suis obligé des beaux vers joints à votre lettre [1]. J'ai lu le poëme [2] de notre confrère le Chinois, qui n'est pas dans ce qu'on appelle le goût européan, mais qui peut plaire à Pékin.

Un vaisseau revenu depuis peu de la Chine à Embden a apporté une lettre en vers de cet empereur [3]; et comme on sait que j'aime la poésie, on me l'a envoyée. La grande difficulté a été de la faire traduire : mais nous avons heureusement été secondés par le fameux professeur Arnulphius Enserius Quadrazius. Il ne s'est pas contenté de la mettre en prose, parce qu'il est d'opinion que les vers ne doivent être traduits qu'en vers. Vous verrez vous-même cette pièce, et vous pourrez la placer dans votre bibliothèque chinoise. Quoique notre grave professeur s'excuse sur la difficulté de la traduction, il ne compte pour rien quelques solécismes qui lui sont échappés, quelques mauvaises rimes, qu'on ne doit point envisager comme défectueuses lorsqu'on traduit l'ouvrage d'un empereur.

Vous verrez ce que l'on pense en Chine des succès des Russes et de leurs victoires. Cependant je puis vous assurer que nos nouvelles de Constantinople ne font aucune mention de votre prétendu soudan d'Egypte; et je prends ce qu'on en débite pour un conte ajusté et mis en roman par le gazetier. Vous qui avez de tout temps déclamé contre la guerre, voudriez-vous perpétuer celle-ci? Ne savez-vous pas que ce Moustapha avec sa pipe est allié des Welches, et de Choiseul, qui a fait partir en hâte un détachement d'officiers de génie et d'artillerie pour fortifier les Dardanelles? Ne savez-vous pas que, s'il n'y avait un Grand-Turc, le temple de Jérusalem serait rebâti; qu'il n'y aurait plus de sérail, plus de mamamouchi, plus d'ablutions, et que certaines puissances voisines de Belgrade s'intéressent vivement à l'*Alcoran*? et qu'enfin, quelque brillante que soit la guerre, la paix lui est toujours préférable?

Je salue l'original de certaine statue, et le recommande à Apollon, dieu de la santé, ainsi qu'à Minerve, pour veiller à sa conservation.

Frédéric.

MMMMMIX. — De M. Dalembert.

A Paris, ce 4 décembre.

Il y a dix jours, mon cher maître, que je suis ici; j'y ai reçu trois de vos lettres, dont deux m'ont été renvoyées d'Aix et de Montpellier.

---

1. L'*Épitre au roi de la Chine.* (Éd.)
2. *Éloge de la ville de Moukden.* (Éd.)
3. *Vers de l'empereur de la Chine sur son poëme de la ville de Moukden*, dans les *Œuvres posthumes de Frédéric II.* (Éd.)

J'y répondrai par ordre et en peu de mots, car il ne faut pas vous ennuyer de mon bavardage. Je ne doute point que Palissot ne soit à Genève pour y faire imprimer quelque satire contre la philosophie, et je lui dirai comme les gens du peuple : *J'en retiens part ;* tant ses satires me paraissent redoutables !

M. Dupaty était encore au secret quand j'ai repassé à Lyon ; j'appris hier qu'il était sorti de Pierre-Encise, et exilé à Roanne en Forez. On n'en fera pas autant au réquisitorien [1] que j'ai trouvé partout, à Lyon et à Montpellier, sans vouloir me rencontrer avec lui ; j'aurais pu lui dire, dans chaque ville où j'ai séjourné durant mon voyage :

.... Quoi ! Pyrrhus, je te rencontre encore !
. Trouverai-je partout un *maraud* que j'abhorre [2] ?

On prétend que, dans son discours des mercuriales, il a chanté la palinodie, et fait réparation d'honneur aux gens de lettres ; mais personne n'est tenté de le remercier, non plus qu'un barbet qu'on a rossé, et qui vient vous lécher les jambes.

Je ne chercherai point, mon cher ami, à me faire valoir auprès de vous, en vous laissant croire que j'ai écrit le premier au roi de Danemark. Il est très-vrai que ce prince m'a prévenu, sans même que je l'eusse fait solliciter par personne ; mais il ne l'est pas moins que, durant son séjour à Paris, je lui ai parlé de vous avec les sentiments que vous m'avez depuis si longtemps inspirés. Il est encore plus vrai que je ne désespère pas d'obtenir pour cette statue d'autres souscriptions, qui peut-être vous flatteront encore davantage [3] ; mais ce projet n'est pas mûr encore, et je vous en rendrai compte dans quelques mois, si, comme je l'espère, il vient à bien. En attendant, ne parlez de ceci à personne.

J'ai prié un des amis intimes de l'archevêque de Toulouse, et des miens, de lui écrire au sujet des plaintes que vous en faites. Je vous demande en grâce, mon cher maître, de ne point précipiter votre jugement, et d'attendre sa réponse, dont je vous ferai part. Je gagerais cent contre un qu'on vous en a imposé, ou qu'on vous a du moins fort exagéré ses torts. Je connais trop sa façon de penser pour n'être pas sûr qu'il n'a fait en cette occasion que ce qu'il n'a pu absolument se dispenser de faire ; et il y a sûrement bien loin de là à être déclamateur, persécuteur, et assassin.

Nous avons, dites-vous, pour notre Église l'empereur de la Chine, le roi de Prusse, la czarine, le roi de Danemark, etc., etc. Hélas ! mon cher confrère, je vous répondrai par ces deux vers de votre charmante épître au roi de la Chine :

Les biens sont loin de nous, et les maux sont ici :
C'est de l'esprit français la devise éternelle.

Mon compagnon de voyage [4], qui regarde le temps où il a été chez

1. Seguier. (Éd.)
2. Dans *Andromaque*, acte V, scène v, au lieu de *maraud*, on lit *rival*. (Éd.)
3. Sans doute Louis XV. (Éd.) — 4. Condorcet. (Éd.)

vous comme un des plus heureux de sa vie, vous embrasse et vous aime de tout son cœur. Ma santé est passable; j'espère que l'exercice et le régime achèveront de la rétablir. *Vale, et me ama.*

Il y a apparence que M. Gaillard sera notre confrère. Votre recommandation n'est pas le moindre de ses titres.

MMMMMX. — A Madame la marquise du Deffand.

5 décembre.

Vous avez vu, madame, finir votre ami que vous aviez déjà perdu. C'est un spectacle bien triste; vous l'avez supporté pendant plus de deux années. Le dernier acte de cette fatale pièce fait toujours de douloureuses impressions. Je suis actuellement, sans contredit, le premier en date de vos anciens serviteurs. Cette idée redouble mon chagrin de ne vous point voir, et de me dire que peut-être je ne vous reverrai jamais.

Je regrette jusqu'au fond de mon cœur le président Hénault : je le rejoindrai bientôt; mais où ? et comment ? On chantait à Rome, et sur le théâtre public, devant quarante mille auditeurs : « Où va-t-on après la mort ? où l'on était avant de naître. »

On voudrait cuire aujourd'hui, devant quarante mille hommes, celui qui répéterait ce passage de Sénèque. Nous sommes encore des polissons et des barbares. Il y a des gens d'un très-grand mérite chez les Welches, mais le gros de la nation est ridicule et détestable. Je suis bien aise de vous le dire avec autant de franchise que je vous dis combien je vous aime, combien j'estime votre façon de penser, à quel point je regrette d'être loin de vous.

Je voudrais bien savoir s'il y a quelques particularités intéressantes dans le testament du président. Je serais bien fâché qu'il y eût quelque trait qui sentît encore le père de l'Oratoire. Je voudrais que, dans un testament, on ne parlât jamais que de ses parents et de ses amis.

Adieu, madame; conservez votre santé, et quelquefois même de la gaieté : mais n'est pas gai qui veut; et ce monde, en général, ne réjouit pas les esprits bien faits. Mille tendres respects.

MMMMMXI. — A M. le marquis de Condorcet.

5 décembre.

Puisque M. le marquis de Condorcet tolère les vers, le roi de la Chine le prie de le tolérer. Il avait envoyé un exemplaire pour vous, monsieur, à votre compagnon de voyage. Je ne sais si on oublie Pékin quand on est à Paris. Cet exemplaire français n'est imprimé que dans une sorte de caractères. Vous savez qu'à la Chine on en a employé soixante-quatre pour rendre l'impression et la lecture plus faciles. C'est de la pâture pour messieurs des inscriptions et belles-lettres. Au reste, je ne doute pas que le roi de la Chine n'aime aussi les mathématiques. Pour moi, monsieur, j'aime passionnément les deux mathématiciens qui ont autant de justesse que de grâce dans l'esprit.

Je suis très-malade, et tout de bon, quoique l'hiver soit doux. La faculté digérante me quitte, et par conséquent la faculté pensante. Il me reste l'aimante; j'en ferai usage pour vous tant que je serai dans l'état du président Hénault, dont j'approche fort; j'entends l'état où il était avant de finir. C'est peu de chose qu'un vieil académicien.

La faculté écrivante me quitte. Le vieil ermite vous assure de ses tendres respects.

MMMMMXII. — A M. LAUS DE BOISSY.

À Ferney, 5 décembre.

Monsieur, j'ai reçu votre *Secrétaire du Parnasse*. S'il y a beaucoup de pièces de vous dans ce recueil, il y a bien de l'apparence qu'il réussira longtemps; mais je crois que votre secrétaire n'est pas le mien. Il m'impute une *Épître à Mlle Ch...*, actrice de l'Académie de Marseille. Je n'ai jamais connu Mlle Ch..., et je n'ai jamais eu le bonheur de courtiser aucune Marseillaise. Le *Journal encyclopédique* m'avait déjà attribué ces vers, dans lesquels je promets à Mlle Ch... que

Malgré les *Tisiphones*
L'amour unira nos *personnes*.

Je ne sais point quelles sont ces *Tisiphones*; mais je vous jure que jamais la *personne* de Mlle Ch... n'a été unie à la mienne, ni ne le sera.

Soyez bien sûr encore que je n'ai jamais fait rimer *Tisiphone*, qui est long, à *personne*, qui est bref. Autrefois, quand je faisais des vers, je ne rimais pas trop pour les yeux, mais j'avais grand soin de l'oreille.

Soyez très-persuadé, monsieur, que *mon barbare sort* ne m'a jamais *ôté la lumière des yeux* de Mlle Ch..., et que je *n'erre point dans ma triste carrière*. Je suis si loin *d'errer dans ma carrière*, que depuis deux ans je sors très-rarement de mon lit, et que je ne suis jamais sorti de celui de Mlle Ch.... Si je m'y étais mis, elle aurait été bien attrapée.

Je prends cette occasion pour vous dire qu'en général c'est une chose fort ennuyeuse que cet amas de rimes redoublées qui ne disent rien, ou qui répètent ce qu'on a dit mille fois. Je ne connais pas l'amant de votre gentille Marseillaise, mais je lui conseille d'être un peu moins prolixe.

D'ailleurs toutes ces épîtres à Aglaure, à Flore, à Phyllis, ne sont guère faites pour le public : ce sont des amusements de société. Il est quelquefois aussi ridicule de les livrer au libraire, qu'il le serait d'imprimer ce qu'on a dit dans la conversation.

MM. Cramer m'ont rendu un très-mauvais service, en publiant les fadaises dans ce goût qui me sont souvent échappées. Je leur ai écrit cent fois de n'en rien faire. Les vers médiocres sont ce qu'il y a de plus insipide au monde. J'en ai fait beaucoup, comme un autre; mais je n'y ai jamais mis mon nom, et je ne le mettais à aucun de mes ouvrages. Je suis très-fâché qu'on me rende responsable, depuis si longtemps, de ce que j'ai fait et de ce que je n'ai point fait; cela m'est arrivé dans des choses plus sérieuses. Je ne suis qu'un vieux laboureur réformé à la suite des *Éphémérides du citoyen*, défrichant des campagnes arides, et semant avec le semoir; n'ayant nul commerce avec Mlle Ch..., ni avec aucune *Tisiphone*, ni avec aucune *personne* de son espèce agréable.

J'ai l'honneur d'être avec tous les sentiments que je vous dois, monsieur, votre, etc.

P. S. J'ajoute encore que je ne suis point né en 1696, comme le dit votre graveur, mais en 1694, dont je suis plus fâché que du peu de ressemblance.

MMMMMMXIII. — A MADAME LA COMTESSE D'ARGENTAL.

7 décembre.

J'ai commandé sur-le-champ, madame, à mes Vulcains, quelque chose de plus galant que la ceinture de Vénus, pour Mme la marquise de Chalvet, la Toulousaine. Elle aura cercle de diamants, boutons, repoussoir, aiguilles de diamants, crochet d'or, chaîne d'or colorié. Vous aurez du très-beau et du très-bon. J'ai un des meilleurs ouvriers de l'Europe ; c'était lui qui faisait à Genève les montres à répétition, où les horlogers de Paris mettaient leur nom impudemment. Je ne saurais vous dire le prix actuellement. Cela dépendra de la beauté des diamants.

Vous voulez peut-être, madame, des chaînes de marcassites séparément; c'est sur quoi je vous demande vos ordres. Les chaînes ordinaires sont d'argent doré, dont chaque chaton porte une pierre : ces chaînes valent six louis d'or.

Celles dont les chatons portent des pierres appelées jargon, qui imitent parfaitement le diamant, valent onze louis.

Voilà tout ce que je sais de mes fabricants, car je ne les vois guère : ils travaillent sans relâche. Vous prétendez que j'en fais autant de mon côté, vous me faites bien de l'honneur. Je n'ai guère de moments à moi. Il m'a fallu bâtir plus de maisons que le président Hénault n'en avait dans le quartier Saint-Honoré; et il me faut à présent combattre la famine. Le pain blanc vaut chez nous huit sous la livre. J'ai envie d'en porter mes plaintes aux *Éphémérides du citoyen*.

Vous me dites que du temps des sorciers j'aurais été brûlé : vraiment, madame, je le serais bien à présent, si on en croyait l'honnête gazetier ecclésiastique. Mais n'appelez point l'*Épître au roi de la Chine* un ouvrage; ce sont les vers de Sa Majesté Chinoise qui sont un ouvrage considérable. On y trouve sa généalogie : il descend en droite ligne d'une vierge : cela n'est point du tout extraordinaire en Asie.

Je ne sais pas encore ce qui s'est passé au parlement. Il a dû trouver fort mauvais qu'on veuille le policer, lui qui prétend avoir la grande et la petite police. Il ferait bien mieux peut-être de ne point ordonner des auto-da-fé pour des chansons.

La *Sophonisbe* de Lantin deviendra ce qu'elle pourra. On tâchera de trouver un quart d'heure pour envoyer quelques pompons à cette Africaine; mais la journée n'a que vingt-quatre heures, et on n'est pas sorcier comme vous le prétendez.

On dit que Lekain est plus gras que jamais, et se porte à merveille; cela doit réjouir infiniment M. d'Argental; il aura enfin des tragédies bien jouées.

Je me mets à l'ombre des ailes de mes anges. Mme Denis leur est attachée autant que moi, c'est beaucoup dire. Mille respects.

MMMMMMXIV. — A M. FABRY.

7 décembre.

Monsieur, le pain blanc vaut aujourd'hui à Ferney à raison de huit sous la livre. On nous menace avec juste raison qu'il sera dans quelque temps à vingt sous. Il faut trois mois pour faire venir du blé de Marseille. La famine est un monstre contre lequel on ne saurait prendre trop de précautions. Nous n'avons ni petits grains ni pommes de terre, pour soulager les pauvres. Cette situation est bien funeste. Je vous remercie en mon particulier de tous les soins que vous daignez prendre.

Les employés sont venus vexer la colonie de Ferney. Ce n'est pas là ce qu'on lui avait promis au nom du roi. Je ne crois pas que je voie jamais quinze mille familles s'établir à Versoix, comme l'impératrice de Russie a fait à Astracan.

J'ai l'honneur d'être, etc.

VOLTAIRE.

MMMMMMXV. — A M. DALEMBERT

10 décembre.

Mon cher philosophe, mon cher ami, il est important que nous ayons, avec M. Gaillard, un littérateur, quel qu'il soit, attaché à l'Académie, philosophe, et intrépide ennemi des cagots. On m'a parlé beaucoup de M. de Malesherbes.

On dit aussi que le président de Brosses se présente. Je sais qu'outre *les Fétiches*[1] et les *Terres australes*[2], il a fait un livre sur les langues[3], dans lequel ce qu'il a pillé est assez bon, et ce qui est de lui détestable.

Je lui ai d'ailleurs envoyé une consultation de neuf avocats, qui tous concluaient que je pouvais l'arguer de dol à son propre parlement. Il a eu un procédé bien vilain avec moi, et j'ai encore la lettre dans laquelle il m'écrit en mots couverts que, si je le poursuis, il pourra me dénoncer, comme auteur d'ouvrages suspects que je n'ai certainement point faits. Je puis produire ces belles choses à l'Académie, et je ne crois pas qu'un tel homme vous convienne.

J'ignore s'il se présente quelque évêque, ou quelque balayeur du

---

1. *Du culte des dieux fétiches, ou Parallèle de l'ancienne idolâtrie avec celle des peuples de la Nigritie.* (ED.)
2. *Histoire des navigations aux terres australes.* (ED.)
3. *Traité de la formation mécanique des langues.* (ED.)

collége de Sorbonne. Si on veut un homme de lettres, il me semble qu'il en faut un qui puisse servir la littérature et l'Académie. Il n'y en a peut-être pas de plus propre à remplir ces deux objets que M. Marin; il a réussi dans quelques histoires bien écrites; il a fait de jolis vers; il a obligé tous les gens de lettres; il est dans un âge et dans une place qui répondent de sa conduite : voyez ce que vous pouvez faire. Je crois que de tous les littérateurs, c'est celui dont vous serez le plus content. Je devine très-bien quelle est la souscription dont vous me parlez; cela serait charmant.

L'aventure de l'archevêque de Toulouse n'est que trop vraie[1], et vous ferez très-bien de savoir s'il a eu des ordres supérieurs; c'est un mystère qu'il faut absolument éclaircir.

Permettez-moi d'embrasser M. de Condorcet et vos autres amis.

MMMMMMXVI. — A M. LE MARQUIS DE THIBOUVILLE.

10 décembre.

M. Lantin, de Dijon, présente ses respects à M. de Thibouville et aux anges; il les supplie de se contenter du petit billet qu'il leur envoie; il lui est impossible de s'occuper davantage des affaires des Romains; il en a de si pressantes au sujet d'une colonie moderne et de la famine qui est dans son pays, que sa pauvre petite âme en est tout entreprise.

Il s'est trompé en écrivant que M. le maréchal de Richelieu n'était pas pour *Sophonisbe*; c'est bien vraiment tout le contraire.

Le susdit Lantin pense qu'il sera nécessaire de faire annoncer la *Sophonisbe* comme la véritable pièce de Mairet, dont on a retouché le style, et comme la première pièce qui ait fondé le théâtre français, ce qui est très-vrai et trop oublié.

Il est à croire que *Sophonisbe* aura bien autant de représentations que *Venceslas*[2], et pourra servir un peu à ranimer le théâtre.

Il est assez singulier que ce soit un Américain[3] qui débute par Zamore; la balle va au joueur.

Mme Denis fait mille compliments à M. de Thibouville. Qu'il conserve sa bienveillance pour celui qui n'est ni Jean ni Pierre, qui n'aime point le raisonné de Pierre et qui n'approche point du senti de Jean.

MMMMMMXVII. — A M. LE COMTE D'ARGENTAL.

A Ferney, 12 décembre.

SCIPION, à la fin de la scène seconde du cinquième acte, après ces mots, mériter son estime.

(A un tribun.)

Vous, au prochain rivage ayez soin de guider
Et la reine et les siens, qu'il vous faudra garder;

1. Le mandement contre l'abbé Audra.
2. Pièce de Rotrou, retouchée par Marmontel. (ED.)
3. Jean Mauduit de Larive, né à la Rochelle en 1749, mort le 30 avril 1827, avait débuté sur le Théâtre-Français le 3 décembre 1770, par le rôle de Zamore dans *Alzire*. (Note de M. Beuchot.)

Mais en mêlant surtout à votre vigilance
Des plus profonds respects la noble bienséance.
Les ordres du sénat, qu'il faut exécuter,
Sont de vaincre les rois, non de les insulter.
Gardons-nous d'étaler un orgueil ridicule,
Que nous impute à tort un peuple trop crédule.
Conservez d'un Romain la modeste hauteur :
Le soin de se vanter rabaisse la grandeur.
Dédaignez avec moi des vanités frivoles ;
Soyez grand par les faits, et simple en vos paroles.
Mais Massinisse vient.

Voilà, mes anges, un petit allongement pour la queue trop écourtée de *Sophonisbe*. Je vous prie de communiquer à Lekain cette petite satire des Romains ampoulés qu'on a trop mis sur le théâtre. Je n'aime point cette enflure et ces échasses que les sots admirent et écoutent bouche béante.

Au reste, quand vous aurez relevé de couche votre infante, quand vous aurez déterminé la guerre ou la paix d'une île déserte dans l'autre monde, mandez-moi, je vous prie, si vous faites jouer M. Lantin de Dameroi. Mandez-moi surtout si M. le duc de Duras est à Paris; s'il revient; quand il revient : c'est pour une affaire qui pourra amuser mes anges [1].

Il faudra du courage.

Préparez-vous.

Vous ne laisserez pas d'être surpris.

MMMMMXVIII. — DE FRÉDÉRIC II ROI DE PRUSSE.

A Potsdam, le 22 décembre.

Le damné de philosophe contre lequel vous êtes en colère ne se contente pas de raisonner à perte de vue, il se met à rêver, et il veut que je vous envoie ses rêveries. Pour me débarrasser de ses importunités, j'ai été obligé de me conformer à ses volontés. Voici ses fariboles, que je joins à ma lettre. Ne m'accusez pas d'indiscrétion. Si ce fatras vous ennuie, rangez-le dans la catégorie de *Barbe-Bleue* et des *Mille et une*, etc. Je lui ai conseillé, pour le corriger de son goût pour l'imagination, d'étudier la géométrie transcendante, qui desséchera son cerveau de ce qu'il a de trop poétique, et le rendra le digne confrère de tous nos graves philosophes tudesques et professeurs en *us*. Peut-être que cette géométrie lui démontrera qu'il a une âme : la plupart de ceux qui le croient n'y ont jamais pensé. Je ne crois pas, comme vous le dites, que Moustapha ni bien d'autres s'en inquiètent. Il n'y a ceux qui suivent le sens de la sentence grecque : *Connais-toi toi-même*, qui veulent savoir ce qu'ils sont, et qui, à mesure qu'ils avancent en connaissances, sont obligés d'oublier ce qu'ils avaient cru savoir.

---

1. Le duc de Duras, l'un des quatre premiers gentilshommes de la chambre du roi, devait parler à Louis XV de souscrire pour la statue de Voltaire. (ÉD.)

Le grand cordelier de Saint-Pierre me paraît un homme qui sait à quoi s'en tenir; mais il est payé pour ne pas révéler les secrets de l'Église, et je parierais qu'il s'embarrasserait beaucoup plus d'Avignon que de la Jérusalem céleste. Pour moi, je m'avertis d'être discret, et de ne pas importuner un homme auquel il faut se faire conscience de dérober un moment. Ses moments sont si bien employés, que je lui en souhaite beaucoup, et qu'il puisse durer autant que sa statue. *Vale.* Fédéric.

MMMMMXIX. — De M. Dalembert.

A Paris, ce 12 décembre.

Je vous ai déjà averti, il y a quelques jours, mon cher et illustre maître, que le président de Brosses est sur les rangs pour l'Académie, et qu'il a des partisans. J'ai été depuis aux informations, et j'ai su que le nombre de ses partisans est en effet considérable, et que nous sommes menacés de cette plate acquisition, si nous ne faisons pas l'impossible pour la parer. Or, vous saurez que le grand promoteur de ce plat président est le doucereux Foncemagne, qui peut-être craindrait de vous désobliger s'il savait que vous serez offensé d'un pareil choix. Je voudrais donc que vous en écrivissiez, sans dire de quelle part l'avis vous vient, à M. d'Argental[1], intime ami de Foncemagne, et que M. d'Argental parlât à Foncemagne de votre part. Vous auriez soin de mettre dans votre lettre quelque chose d'honnête pour Foncemagne, qui en serait flatté, qui vraisemblablement aurait égard à ce que vous lui feriez dire, et qui ignore aussi vraisemblablement que vous avez à vous plaindre du président de Brosses. Il serait bon aussi que vous en écrivissiez fortement à l'abbé de Voisenon, qui sans cela pourrait être favorable au président, étant gagné, à ce que je crois, par l'archevêque de Lyon[2], qui assure que nous ne pouvons faire un meilleur choix à la place du président Hénault.

Il paraît jusqu'à présent que la place de Moncrif sera pour Gaillard[3]; ce choix n'est pas délicieux, mais passable: encore ne faut-il pas trop dire l'intérêt que vous y prenez, car ce motif pourrait lui faire perdre des voix qu'il aurait eues. Pour La Harpe, je vois clairement qu'il n'y faut pas penser en ce moment, et que nous ne réussirions pas, si ce n'est peut-être à lui casser le cou. Je ne vois que deux moyens pour nous sauver d'un mauvais choix, c'est de prendre l'abbé Delille, ou d'engager quelqu'un de la cour à se présenter. Je ne désespère pas que nous ne réussissions à l'un ou à l'autre. Adieu, mon cher et illustre maître; écrivez à M. d'Argental et à l'abbé de Voisenon, et surtout ne dites pas que l'avis vous vient de moi. Je vous embrasse de tout mon cœur, et serai jusqu'à la fin *tuus ex animo*

1. C'est ce que fit Voltaire. (Éd.) — 2. Montazet. (Éd.)
3. La place fut donnée à Roquelaure, évêque de Senlis. (Éd.)

MMMMMMXX. — De Catherine II.

A Pétersbourg, le 2-13 décembre.

Monsieur, les répétitions deviennent ennuyeuses. Je vous ai si souvent mandé telle ou telle ville prise, les Turcs battus, etc. ! Pour amuser, il faut, dit-on, de la diversité : eh bien ! apprenez que votre cher Brahilow a été assiégé, qu'on a donné un assaut, que cet assaut a été repoussé, et le siége levé.

Le comte de Romanzof s'est fâché : il a envoyé une seconde fois le général-major Gléhof, avec un renfort, vers ce Brahilow. Vous croirez peut-être que les Turcs, encouragés par la levée du siége, se sont défendus comme des lions ? point du tout. A la seconde approche de nos troupes ils ont abandonné la place, le canon et les magasins qui y étaient. M. Gléhof y est entré et s'y est établi. Un autre corps est allé réoccuper la Valachie.

J'ai reçu avant-hier la nouvelle que Bucharest, la capitale de cette principauté, a été prise le 15 de novembre, après un petit combat avec la garnison turque.

Mais ce qui va vraiment vous divertir, parce que vous souhaitiez que le Danube fût franchi, c'est que le maréchal Romanzof envoya, dans le même temps, de l'autre côté du fleuve, quelques centaines de chasseurs et des troupes légères qui partirent d'Ismaïlow sur des bateaux, et s'emparèrent du fort de Soultcha, qui est à quinze werstes de l'endroit où le vizir était campé. Ils envoyèrent la garnison dans l'autre monde, emmenèrent plusieurs prisonniers, et treize pièces de canon ; ils enclouèrent le reste, et revinrent heureusement à Kilia. Le vizir, ayant appris cette petite incartade, leva son camp, et s'enfuit avec son monde à Babadagi.

Voilà où nous en sommes ; et, s'il plaît à Moustapha, nous continuerons, quoique pour le bien de l'humanité il serait bien temps que ce seigneur-là se rangeât à la raison.

M. Tottleben est allé attaquer Poti sur la mer Noire. Il ne dit pas grand bien des successeurs de Mithridate ; mais en revanche il trouve le climat de l'ancienne Ibérie le plus beau du monde.

Les dernières lettres d'Italie disent ma dernière escadre à Mahon. Si le sultan ne se ravise, je lui en enverrai encore une demi-douzaine : on dirait qu'il y prend plaisir.

La maladie présente des Anglais ne saurait être guérie que par une guerre : ils sont trop riches, et désunis : une guerre les appauvrira, et réunira les esprits. Aussi la nation la veut-elle, mais la cour n'en veut qu'au gouverneur de Buenos-Ayres.

Vous voyez, monsieur, que je réponds à plusieurs de vos lettres par celle-ci. Les fêtes auxquelles le séjour du prince Henri de Prusse, qui part aujourd'hui pour voir Moscou, a donné lieu, ont un peu dérangé mon exactitude à vous répondre. Je lui en ai donné plusieurs qui ont paru lui plaire : il faut que je vous conte la dernière.

C'était une mascarade à laquelle il se trouva trois mille six cents personnes. A l'heure du souper, entrée d'Apollon, des *quatre Saisons*, et des *douze Mois* de l'année; c'étaient des enfants de huit à dix ans, choisis dans les instituts d'éducation que j'ai établis pour les nobles des deux sexes. Apollon, par un petit discours, invita la compagnie de se rendre dans le salon préparé par les Saisons, puis il ordonna à la suite de présenter leurs dons à ceux à qui ils étaient destinés.

Ces enfants s'acquittèrent au mieux de ce qu'ils avaient à dire et à faire. Vous trouverez ci-joint leurs petits compliments, qui, il est vrai, ne sont que des enfantillages.

Les cent vingt personnes qui devaient souper dans la salle des *Saisons* s'y rendirent. Elle était ovale, et contenait douze niches, dans chacune desquelles il y avait une table pour dix personnes. Chaque niche représentait un mois de l'année, et l'appartement était orné en conséquence. Sur les niches on avait pratiqué une galerie qui régnait autour de la salle, et sur laquelle il y avait, outre la foule des masques, quatre orchestres.

Lorsqu'on fut placé à table, les quatre Saisons, qui avaient suivi Apollon, se mirent à danser un ballet avec leur suite : ensuite arriva Diane et ses nymphes. Lorsque le ballet fut fini, la musique, composée par Traïetto pour cette fête, se fit entendre, et les masques entrèrent. A la fin du souper, Apollon vint dire qu'il priait la compagnie de se rendre au spectacle qu'il avait préparé. Dans un appartement attenant à la salle, on avait dressé un théâtre où ces mêmes enfants jouèrent la petite comédie de l'*Oracle*[1], après laquelle l'assemblée trouva tant de plaisir à la danse, qu'on ne se retira qu'à cinq heures du matin Toute cette fête avait été préparée avec tant de mystère, qu'on ignorait qu'il y eût autre chose qu'un bal masqué. Vingt et un appartements étaient remplis de masques : la salle des Saisons avait dix-neuf toises de long, et elle était large à proportion.

Je pense qu'Ali-Bey ne pourra que trouver son compte dans la continuation de la guerre. On dit que les chrétiens et les Turcs sont très-contents de lui, qu'il est tolérant, brave, et juste.

Ne trouvez-vous pas singulière cette frénésie qui a pris à toute l'Europe de voir la peste partout, et les précautions prises en conséquence, tandis qu'elle n'est qu'à Constantinople, où elle n'a jamais cessé? J'ai pris mes précautions aussi. On parfume tout le monde jusqu'à étouffer, et cependant il est très-douteux que cette contagion ait passé le Danube.

Adieu, monsieur; portez-vous bien, et continuez-moi votre amitié; ereonne n'en connaît mieux le prix que moi. CATERINE.

MMMMMXXI. — A M. LE MARQUIS DE VOYER D'ARGENSON.

A Ferney, 14 décembre.

Monsieur, je crois vous avoir mandé que j'ai soixante-dix-sept ans; que de douze heures j'en souffre onze, ou environ; que je perds la vue dès que mes déserts sont couverts de neige; qu'ayant établi des fabriques de montres tout autour de mon tombeau, dans mon petit village,

1. De Saint-Foix. (Éd.)

où l'on manque de pain, malgré les *Éphémérides du citoyen*, je me trouve accablé des maux d'autrui encore plus que des miens ; que j'ai très-rarement la force et le temps d'écrire, encore moins de pouvoir être philosophe. Je vous dirai ce que répondit Saint-Évremont à Waller, lorsqu'il se mourait, et que Waller lui demandait ce qu'il pensait sur les vérités éternelles et sur les mensonges éternels : « Monsieur Waller, vous me prenez trop à votre avantage. »

Je suis avec vous, monsieur, à peu près dans le même cas : vous avez autant d'esprit que Waller ; je suis presque aussi vieux que Saint-Évremont, et je n'en sais pas autant que lui.

Amusez-vous à rechercher tout ce que j'ai cherché en vain pendant soixante ans. C'est un grand plaisir de mettre sur le papier ses pensées, de s'en rendre un compte bien net, et d'éclairer les autres en s'éclairant soi-même.

Je me flatte de ne point ressembler à ces vieillards qui craignent d'être instruits par des hommes qui sortent de la jeunesse. Je recevrai, avec grande joie, une vérité aujourd'hui, étant condamné à mourir demain.

Continuez, monsieur, à rendre vos vassaux heureux, et à instruire vos anciens serviteurs. Mais que je traite avec vous, par lettres, des choses où Aristote, Platon, saint Thomas et saint Bonaventure se sont cassé le nez, c'est ce qu'assurément je ne ferai pas : j'aime mieux vous dire que je suis un vieux paresseux qui vous est attaché avec le plus tendre respect, et cela de tout son cœur.

MMMMMMXXII. — A M. DUPATY, AVOCAT GÉNÉRAL DU PARLEMENT DE BORDEAUX [1].

15 décembre.

Monsieur, le jour que j'appris votre étrange malheur, on imprimait à Genève des *Questions sur l'Encyclopédie*, et je mis vite, au troisième volume, page 144, votre nom à côté de celui du chancelier Daguesseau ; c'est-à-dire que je fis cet honneur à ce magistrat, qui n'était pas, comme vous, philosophe et patriote.

Je voudrais bien savoir comment on peut s'y prendre pour mettre ce livre à vos pieds, car rien ne passe. Pour cette lettre, elle passera, et elle vous dira, monsieur, que si mon âge de soixante-dix-sept ans et mes maladies m'empêchent de venir vous parler d'Henri IV et de vous, rien ne m'empêchera de vous assurer du zèle, de l'estime, et du respect de votre très-humble, etc.

MMMMMXXIII. — DE CHRISTIAN VII.

Friederichsberg, ce 15 décembre.

Monsieur de Voltaire, toujours poli et plein d'esprit, je sais bien à quoi je dois ce que sa lettre contient de flatteur pour moi. Je dois à sa

1. Dupaty venait de sortir de prison, où il avait été mis pour avoir rédigé un arrêté du parlement de Bordeaux contre les actes du chancelier Maupeou. (ÉD.)

politesse ce qu'il mérite de ma part et de tout le public par une longue suite de ses actions. Vous réussissez à faire des heureux, en éclairant les hommes et leur apprenant à penser librement. Je suis moins heureux, avec la meilleure volonté du monde et le pouvoir d'un souverain. Je n'ai pas encore pu parvenir à lever les obstacles qui s'opposent à rendre la liberté civile à la plus grande portion de mes sujets. Vous vous occupez présentement à délivrer un nombre considérable des hommes du joug des ecclésiastiques, le plus dur de tous, parce que les devoirs de la société ne sont connus que de la tête de ces messieurs, et jamais sentis de leur cœur. Ceci vaut bien se venger des barbares.

Je suis avec beaucoup d'estime votre affectionné,   CHRISTIAN.

MMMMMMXXIV. — A MADAME LA MARQUISE DU DEFFAND.

16 décembre.

Je m'en étais douté [1] : il y a trente ans que son âme n'était que molle, et point du tout sensible; qu'il concentrait tout dans sa petite vanité; qu'il avait l'esprit faible et le cœur dur; qu'il était content pourvu que la reine trouvât son style meilleur que celui de Moncrif, et que deux femmes se le disputassent : mais je ne le disais à personne. Je ne disais pas même que ses *Étrennes mignonnes* [2] ont été commencées par Dumolard et faites par l'abbé Boudot.

Je reprends toutes les louanges que je lui ai données.

Je chante la palinodie;
Sage du Deffand, je renie
Votre président et le mien.
A tout le monde il voulait plaire;
Mais ce charlatan n'aimait rien;
De plus, il disait son bréviaire.

Je voudrais, madame, que vous sussiez ce que c'est que ce bréviaire, ce ramas d'antiennes et de répons en latin de cuisine!

Apparemment que le pauvre homme voulait faire sa cour à Dieu, comme à la reine, par de mauvais vers.

Je suis dans la plus grande colère : je suis si indigné, que je pardonne presque au misérable La Beaumelle d'avoir si maltraité les *Étrennes mignonnes* du président[3]. Quoi! ne pas vous laisser la moindre marque d'amitié dans son testament, après vous avoir dit pendant quarante ans qu'il vous aimait!

Sa petite âme ne voulait qu'une réputation viagère. Je suis très-persuadé que l'âme noble de votre grand'maman trouvera cela bien infâme.

1. Mme du Deffand avait écrit à Voltaire que le président Hénault « était devenu dévot, ou plutôt qu'il en avait embrassé l'état, etc. » (ÉD.)
2. Ce titre d'un almanach qui donnait la liste des souverains de l'Europe désigne ici l'*Abrégé chronologique de l'histoire de France* du président. (ÉD.)
3. Dans l'*Examen critique de la nouvelle Histoire de Henri IV*. (ÉD.)

Vous voulez des vers pour la *Bibliothèque bleue*¹; vous vous adressez très-bien. En voici qui sont dignes d'elle :

> La belle *Maguelonne* avec *Robert le Diable*
> Valaient peut-être au moins les romans de nos jours.
> Ils parlaient de combats, de plaisirs et d'amours.
> Mais tout ce papier bleu, quoique très-estimable,
> N'est plus regardé qu'en pitié ;
> Mon cœur en a senti la cause véritable
> On n'y parle point d'amitié.

N'est-il pas vrai, madame, que nous n'aurons point la guerre ? C'est une obligation que la France aura encore au mari de votre grand'maman.

Je veux que vous m'écriviez dorénavant à cœur ouvert ; nous n'avons rien à dissimuler ensemble ; mais, quelque chose que vous ayez la bonté de m'écrire, faites contre-signer par votre grand'maman, ou envoyez votre lettre chez M. Marin, secrétaire général de la librairie, rue des Filles-Saint-Thomas, qui me la fera tenir très-sûrement ; le tout pour cause.

MMMMMMXXV. — A M. DUPATY.

Décembre.

Le paquet dont vous m'avez honoré, monsieur, et mon petit billet se sont croisés, comme vous l'avez vu. Ah ! ah ! vous êtes donc aussi des nôtres ! votre poésie est pleine d'imagination. Tous les hommes éloquents ont commencé par faire des vers. Cicéron et César en firent avant d'être consuls ; ils eurent l'un et l'autre de furieuses lettres de cachet : mais je ne sais s'il ne vaut pas mieux être assassiné par ceux que l'on peut assassiner aussi, que de voir sa destinée dépendre entièrement de quatre mots griffonnés par un commis. Ce n'est pas moi qui vous écris cela, au moins ; c'est un Suisse qui a soupé chez moi avec un Anglais. Pour moi, je n'écris à personne ; je suis très-vieux et très-malade. Si vous voulez venir chez moi, vous me rendrez la vie, car vous me ferez penser. Je m'intéresse à vous comme un père à son fils, et le fils est très-respecté par le père.

Mille très-humbles et très-tendres obéissances à M. de Bory.

MMMMMMXXVI. — A M. D'AGINCOURT, FERMIER GÉNÉRAL.

17 décembre.

Non, monsieur, je ne suis point assurément de l'avis des sots et des ignorants qui pensent que les chevaliers romains chargés du recouvrement des impôts publics n'étaient pas des citoyens nécessaires et estimables. Je sais que Jésus-Christ les anathématise ; mais en récompense

¹ On appelle ainsi la réunion des romans intitulés *Histoire de Pierre de Provence et de la belle Maguelonne* ; *Histoire de Robert le Diable* ; *Histoire des quatre fils Aymon* ; *Histoire de la belle Hélène* ; *Huon de Bordeaux*, etc.

il prit un commis de la douane pour un de ses évangélistes. Pour moi, je n'ai qu'à me louer de MM. les fermiers généraux et de leur générosité, depuis que j'ai établi une petite colonie dans un désert qui n'est pas celui de Jean.

Je recommande encore cette colonie à leur bienveillance. Ces nouveaux habitants ne sont venus que sur la promesse royale, expédiée en bonne forme, d'être exempts de toutes charges et de tous droits jusqu'à nouvel ordre. Vous m'avouerez qu'un Suisse ne peut pas deviner qu'en France il faut, d'un village à un autre, pour une livre de beurre, un *acquit à caution* qui coûte de l'argent.

Certainement l'intention du roi, ni celle des fermes générales, n'est pas que des fabricants payent pour les outils qu'ils apportent.

Je laisse à votre humanité et à votre sagesse, et à celle de messieurs vos confrères, à vous arranger avec M. le duc de Choiseul, quand il aura fondé la ville de Versoix. Vous pensez comme lui sur l'avantage du royaume. Je me flatte que nous lui aurons l'obligation de la paix, parmi tant d'autres. Si la guerre se déclare, notre petit canton est perdu pour longtemps.

Oui, monsieur, j'ai dit que Newton et Locke étaient les précepteurs du genre humain, et cela est vrai; mais Locke et Newton n'auraient pas mis le monde en feu pour une île déserte, située vers le pays des Patagons.

Il est encore très-vrai que Louis XIV dut la paix d'Utrecht au ministère d'Angleterre; mais ce n'est pas une raison pour que la France fasse la guerre au roi George III, qui n'en a certainement nulle envie.

Je vois, monsieur, que vous êtes patriote et homme de lettres autant pour le moins que fermier général. Vous me faites souvenir d'Atticus, qui était fermier général aussi; mais c'était de l'empire romain.

MMMMMMXXVII. — A M. DALEMBERT.

10 décembre.

Je suis bien embarrassé, vrai ami, vrai philosophe. Si j'étais à Paris, je ferais le moulinet; mais des bords du lac Léman je ne peux rien. Vous savez ce que je vous ai écrit sur Marin « Quels bons ouvrages a-t-il faits? » dira-t-on. Je réponds qu'il n'a pas fait *les Fétiches*, et qu'il est très-utile aux gens de lettres. Le président nasillonneur [1] a fait *les Fétiches*, et même *les Terres australes*, et n'a jamais été utile à personne. Si j'écris au petit abbé [2], il se mettra à rire, montrera ma lettre, comme cela lui est arrivé plus d'une fois; si j'écris à d'Argental, il n'en parlera pas à Foncemagne, parce qu'il ne s'agit pas là de comédie : la seule ressource est Delille. Sa traduction des *Géorgiques* de Virgile est la meilleure qu'on fera jamais; on dit d'ailleurs que c'est un honnête homme.

Si vous ne le prenez pas, ne pourriez-vous pas avoir quelque espèce de grand seigneur?

1. De Brosses. (ÉD.) — 2. Voisenon. (ÉD.)

Vous avez bien remarqué sans doute, dans l'édit du roi contre le parlement, ce qu'on dit de l'esprit de système. Il se trouve que les philosophes ont gâté le parlement; on dit qu'ils font actuellement enchérir le pain, et qu'ils sont l'unique cause de la guerre entre l'Angleterre et l'Espagne. N'est-ce pas aussi la philosophie qui nous a pris nos rescriptions? Par ma foi, il n'y a de plaisir à être philosophe que comme le roi de Prusse, avec cent cinquante mille soldats.

Le roi philosophe de Danemark a-t-il fait ce qu'il disait? Laleu prétend que non, mais c'est que Laleu n'était pas encore apparemment au fait.

Parbleu, je prends mon parti; vous pouvez faire lire habilement la déclaration ci-jointe à l'abbé de Voisenon, et à tous les gens de lettres intéressés à la chose [1].

MMMMMMXXVIII. — A M. LE COMTE D'ARGENTAL.

19 décembre.

Que l'on fasse ou non la guerre aux Anglais, que le parlement fasse ou non des sottises; moi je fais sottises et guerre.

Mes anges recevront par M. le duc de Praslin un paquet. Ce paquet est la tragédie des *Pélopides*, c'est-à-dire *Atrée et Thyeste*. Il est vrai qu'elle a été faite sous mes yeux, en onze jours, par un jeune homme. La jeunesse va vite, mais il faut l'encourager.

Ma sottise, — vous la voyez.

Ma guerre est contre les Allobroges qui ont soutenu qu'un Visigoth, nommé Crébillon, avait fait des tragédies en vers français; ce qui n'est pas vrai.

Mes divins anges, il y va ici de la gloire de la nation.

De plus, ce nasillonneur de Brosses, président, veut être de l'Académie; c'est Foncemagne qui veut le faire entrer. Il est bon que Foncemagne sache que j'ai une consultation de neuf avocats de Paris, qui m'autorise à lui faire un procès pour dol.

J'enverrai cette consultation si on veut. Le président, pour détourner le procès, m'a écrit pour me faire entendre que, si je lui faisais un procès, il me dénoncerait comme auteur de quelques livres contre la religion, moi qui assurément n'en ai jamais fait.

J'enverrai la lettre, si on veut.

Tous les gens de lettres doivent avoir de Brosses en recommandation.

Mes anges diront à M. de Foncemagne ce qu'ils voudront; je m'en remets à leur bonté, discrétion, prud'homie, et à leur horreur contre de tels procédés.

1. Il s'agit d'une déclaration par laquelle M. de Voltaire renonçait au titre d'académicien, si on lui donnait le président de Brosses pour confrère. (*Éd. de Kehl.*)

ANNÉE 1770.

MMMMMXXIX. — A M. HENNIN.

A Ferney, 19 décembre.

Il n'est point dit dans l'édit[1] que le parlement rendra compte au chancelier.

Le parlement n'a point envoyé de démission.

Il n'est pas du tout sûr que nous ayons la guerre;

Il est encore moins sûr que nous soyons payés.

Je regrette bien cette pauvre Mme Gaussen; je la suivrai bientôt, *et vivat!*

MMMMMXXX. — A FRÉDÉRIC II, ROI DE PRUSSE.

20 décembre.

En vérité, ce roi de la Chine écrit de jolies lettres. Mon Dieu, comme son style s'est perfectionné depuis son éloge de Moukden ! Qu'il rend bien justice à ce saint flibustier juif nommé David, et à nos badauds de Paris ! Je soupçonne Sa Majesté Kien-long de n'avoir chez lui aucun mandarin qui l'entende, et de chanter, comme Orphée, devant de beaux lions, de courageux léopards, des loups bien disciplinés, des faucons bien dressés. J'allai autrefois à la cour du roi; je fus émerveillé de son armée, mais cent fois plus de sa personne, et je vous avoue, sire, que je n'ai jamais fait de soupers plus agréables que ceux où Kien-long le Grand daignait m'admettre. Je vous jure que je prenais la liberté de l'aimer autant qu'il me forçait de l'admirer; et, sans un Lapon[2] qui me calomnia, je n'aurais jamais imaginé d'autre bonheur que de rester à Pékin.

Il est vrai que j'ai fait une très-grande fortune dans l'Occident; et quoique un abbé Terray m'en ait escamoté la plus grande partie (ce qui ne me serait point arrivé à Pékin), il m'en reste assez pour être plus heureux que je ne mérite : cependant je regrette toujours Kien-long, que je regarde comme le plus grand homme des deux hémisphères. Comme il parle parfaitement le français, qu'il n'a pourtant point appris des révérends pères Jésuites ; comme il écrit dans cette langue avec plus de grâce et d'énergie que les trois quarts de nos académiciens, j'ai pris la liberté de lui adresser par le coche trois livres nouveaux[3], avec cette adresse : *Au roi;* car il n'y en a pas deux, à ce que l'on dit; et on parlera peu du sultan et du mogol d'aujourd'hui. On a écrit sur l'adresse : *Pour être mis à la poste, dès que le paquet sera dans ses États.* C'est un tribut payé à la bibliothèque du Sans-Souci de la Chine : je ne crois pas ce tribut digne de Sa Majesté, mais c'est la cuisse de cigale que ne dédaigna pas le grand Yhao.

Sa Majesté est voisine de ma grande souveraine russe. Je suis toujours fâché qu'ils n'aient pu s'ajuster pour donner congé à Moustapha ; je suis encore dans l'erreur sur Ali-Bey[4] : elle-même y est aussi. Pour-

1. Du 27 novembre 1770, sur lequel le parlement fit des représentations au roi le 3 décembre. (Éd.)
2. Maupertuis, qui s'était fait peindre en Lapon. (Éd.)
3. Les trois premiers volumes des *Questions sur l'Encyclopédie*. (Éd.)

quoi n'a-t-elle pas envoyé quelque Juif sur les lieux s'informer de la vérité? Les Juifs ont toujours aimé l'Égypte, quoi qu'en dise leur impertinente histoire.

Je savais très-bien ce que faisaient des ingénieurs sans génie, et j'en étais très-affligé. Je trouve tout cela aussi mal entendu que les croisades : il me semble qu'on pouvait s'entendre, et qu'il y avait de beaux coups à faire.

J'ai bien peur que les Welches, et même les Ibères, n'échouent. Leurs entreprises, depuis longtemps, n'ont abouti qu'à nous ruiner.

Je frappe trois fois la terre de mon front devant votre trône du Pégu, voisin du trône de la Chine.

MMMMMMXXXI. — A M. Hennin.

A Ferney, 20 décembre.

Quoique vous ne me disiez rien, monsieur, vous savez pourtant que le parlement a cessé ses fonctions, sans donner sa démission ; qu'il a protesté contre l'édit ; qu'il a envoyé deux fois le premier président au roi ; que le roi n'a point voulu le voir. De tout cela vous ne nous en dites mot.

Mais nous vous demandons, Mme Denis et moi, vos bons offices pour une chose qui nous intéresse très-vivement et qui ne demande pas même de délais.

C'est de savoir s'il est vrai que la république ait affranchi Mme Denis de la qualité éminente de serve de Genève. Nous avons à Gex un procès contre un seigneur, citoyen de Genève, nommé, non pas Choudens, mais de Choudens, ouvrier en montres, qui nous vendit, il y a dix ans, un petit domaine sur le chemin de Ferney à Tournay. Il le déclara libre ; et quand nous eûmes signé, il se trouva qu'il était mortaillable en grande partie. Mme Denis fut donc serve de la sérénissime.

Aujourd'hui M. de Choudens, seigneur ouvrier de Genève, prétend, pour se disculper, et affirme dans ses mémoires, que la sérénissime a daigné nous affranchir de la servitude. Nous n'avons jamais entendu parler de cet affranchissement. Nous savons seulement que M. de Choudens s'étant accommodé avec la république pour cinq cents francs, nous payâmes pour lui, à M. le grand trésorier, cinq cents livres à la décharge dudit Choudens.

Ce que nous vous demandons, monsieur, c'est de savoir du grand trésorier actuellement régnant s'il est vrai que la sérénissime ait affranchi depuis la dame Denis, et en ait fait une alliée de la république, au lieu d'une servante.

Nous croyons qu'il n'en est pas un mot, et nous vous supplions très-vivement de vouloir bien requérir une attestation de M. le grand trésorier, par laquelle il soit constaté que nous avons payé entre ses mains, en tel jour, en telle année, la somme de cinq cents livres, pour la servitude dudit Choudens, et qu'il n'a jamais été question d'un affranchissement.

Cela est très-sérieux, quoique très-ridicule. Nous vous prions de

vouloir bien envoyer ce soir, chez Souchai, au *Lion d'or*, votre paquet, que nous enverrons chercher demain. Nous vous aurons la plu grande obligation, et *vivat!*
V.

MMMMMMXXXII. — AU MÊME.

A Ferney, 20 décembre.

Nous conjurons notre cher résident de vouloir bien parler au secrétaire d'État : c'est lui qui doit être au fait. Il sait, comme tout le conseil, qu'il n'y a pas un mot de vrai dans l'allégation du nommé Choudens :

Que jamais le conseil n'a songé à se départir de ses droits sur la maison et sur le terrain attenant vendu par Choudens à la dame Denis. Il prétend que, le 23 .... 1760, le conseil supprima la taillabilité à laquelle Choudens était sujet, moyennant la somme de cinq cent sept livres que paya pour lui Mme Denis.

Il est bien vrai que Mme Denis paya cinq cent sept livres pour Choudens au trésorier; mais il est faux que le conseil ait levé la taillabilité attachée à cette portion de terre. Nous croyons même que le conseil n'en a pas le droit, et que c'est un bien de la république, sur lequel il n'y a que le conseil des soixante qui puisse transiger.

Pourvu qu'un secrétaire d'État ou un syndic nous donne une attestation que la république ne s'est jamais départie de ce droit qu'elle réclame, nous sommes contents; et c'est à nous seulement à nous pourvoir en temps et lieu contre cette prétention. Nous ne voulons être taillables de personne, pas même de l'évêque d'Annecy.

Vous pourriez encore, monsieur, nous donner de votre main une attestation que les syndics de Genève vous ont assuré n'avoir jamais cédé, ni à Choudens ni à personne, le droit de mainmorte que la république prétend sur la maison et terrains vendus par les sieurs Choudens à Mme Denis en 1759; en foi de quoi vous avez signé, pour servir ce que de raison.

MMMMMMXXXIII. — A M. LE MARÉCHAL DUC DE RICHELIEU.

A Ferney, 21 décembre.

Eh! mon Dieu! je ne sais plus si j'ai demandé à mon héros sa protection auprès de l'empereur de la Chine. En tout cas, voici mon placet que je lui présente [1].

Les meurtriers du chevalier de La Barre et du lieutenant général Lally sont donc un peu humiliés; mais le sang en est-il moins répandu, et est-ce là une satisfaction?

Je souhaite à mon héros une bonne année de 1771. Ma bonne année sera celle de sa première gentilhommerie de la chambre en exercice, supposé que je sois alors en vie, ce que je ne crois pas.

On dit que l'Américain [2] de Mlle Clairon n'a pas extrêmement réussi; mais on espère qu'il réussira.

Je me mets aux pieds de mon héros.

1. *Épître au roi de la Chine.* (ÉD.) — 2. Larive. (ÉD.)

MMMMMMXXXIV. — A M. DALEMBERT.

21 décembre.

Cher et digne philosophe, c'est pour vous dire que je fais part à Thomas de la petite menace de l'*infulatus* de province. Je souhaite que cet auteur des *Fétiches*, petit persécuteur nasillonneur, n'ait point la place due aux La Harpe, aux Delille, aux Caperonnier, à Marin même, qui peut rendre des services aux gens de lettres; mais tâchez que MM. Duclos, Thomas, Marmontel, Saurin, Voisenon, gardent le secret. J'ai écrit à M. d'Argental, et l'ai prié de parler à Foncemagne, comme je vous l'ai mandé; et même j'écrirai encore. Je crains bien que l'*infulatus* ne le sache, et ne me joue un mauvais tour; mais il faut savoir mourir pour la liberté. C'est une petite douceur de voir les assassins du chevalier de La Barre humiliés; mais n'importe par qui nous soyons écrasés, nous le serons toujours.

Frédéric m'a écrit des vers à faire mourir de rire, de la part du roi de la Chine.

Je vous prie de me mander ce que vous savez du roi de Danemark.

Puisque je suis en train de vous parler de rois, je vous avoue que Catau me néglige fort, et que le Grand-Turc ne m'a pas écrit un mot; vous voyez que je ne suis pas glorieux.

Je vous prie, mon très-cher ami, quand vous n'aurez rien à faire, de m'écrire tout avec toute la liberté de votre sublime caractère. Envoyez vos lettres (et pour cause) chez Marin, secrétaire de la librairie, rue des Filles-Saint-Thomas, et mettez simplement pour adresse, *A V.*, à *Ferney*.

MMMMMMXXXV. — DE M. DALEMBERT.

A Paris, ce 21 décembre.

J'étais bien sûr, mon cher maître, que l'archevêque de Toulouse n'était pas, à beaucoup près, aussi coupable qu'on l'avait fait. Voici ce qu'il écrit à une personne de ses amis et des miens. Son mandement n'a que quatre petites pages; il ne parle que de l'ouvrage, et point du tout de l'auteur. L'abbé Audra aurait pu se l'épargner; il avait d'abord donné de lui-même sa démission, et l'avait envoyée à l'archevêque, qui l'avait acceptée; alors tout était fini, il n'y aurait eu ni mandement, ni rien de semblable. Il a retiré cette démission; l'archevêque lui a rendu sa parole comme il l'avait reçue, sans même s'être pressé d'en faire usage; car s'il se fût pressé, l'abbé aurait pu avoir un successeur avant ses regrets. Cependant tout le monde était après l'archevêque; le parlement voulait brûler le livre. Si l'auteur n'eût pas été professeur, l'archevêque se serait tu, malgré les clameurs. L'abbé a voulu rester professeur, il a presque accusé un des grands vicaires d'avoir approuvé le livre; alors l'archevêque a été forcé de le condamner. L'abbé n'a pas mal pris le mandement, et a paru même fort content de n'y être ni nommé ni désigné. Quand l'archevêque a été de retour à Toulouse, il a vu l'abbé, et lui a dit qu'il était impossible que l'auteur d'un livre condamné comme irréligieux pût être professeur d'histoire et de religion; qu'il lui conseillait de quitter, et qu'il tâcherait de lui procurer quelque dédommagement. L'abbé a refusé de quitter; il a répondu qu'il en appellerait au parlement, si on l'y forçait. L'archevêque lui dit qu'il ne s'y opposait pas, et qu'il s'en tiendrait là, si le parlement le renvoyait dans sa chaire; mais que l'abbé prît garde de s'exposer devant le parlement. Il y avait entre cette conversation et le mandement deux grands mois. Huit jours et plus se sont écoulés; au bout de ces huit jours il lui a pris une fièvre maligne, dont il est mort. Il se peut faire que le chagrin en soit la cause; mais vous voyez que l'archevêque a fait tout ce qui était en lui pour l'adoucir et le lui épargner en partie; il lui a même épargné dans le fait, à ce qu'il assure, d'autres désagréments qu'on avait voulu lui donner. L'abbé a forcé l'archevêque à donner son mandement, en manquant à sa parole, en retirant sa démission, en voulant compromettre un des grands vicaires. L'archevêque, avant ce temps-là, avait résisté pour lui pendant un an aux clameurs du parlement, des évêques, de l'assemblée du clergé; à la fin, on lui a forcé la main.

Vous voyez, par ce détail, mon cher maitre, que l'archevêque de Toulouse n'a fait, à l'égard de l'abbé, que ce qu'il n'a pu se dispenser de faire. Vous pouvez être sûr qu'il ne persécutera jamais personne; mais il est dans une place et dans une position où il n'est pas toujours le maitre de s'abandonner tout à fait à son caractère et à ses principes, également tolérants. Je l'avais vu moi-même avant qu'il partit pour Toulouse, et je puis bien vous assurer qu'il n'était rien moins que malintentionné pour l'abbé Audra. Ne vous laissez donc pas prévenir contre lui; et soyez sûr, encore une fois, que jamais la raison n'aura à s'en plaindre. Nous avons en lui un très-bon confrère, qui sera certainement utile aux lettres et à la philosophie, pourvu que la philosophie ne lui lie pas les mains par un excès de licence, ou que le cri général ne l'oblige d'agir contre son gré.

Mais un confrère qu'il faut bien nous garder d'acquérir, c'est ce fat et ridicule président de Brosses, dont vous avez tant à vous plaindre. Vous feriez bien, je crois, d'écrire à ceux de nos confrères qui connaissent les égards qu'on vous doit, combien vous seriez offensé d'un pareil choix.

Foncemagne et l'archevêque de Lyon sont ses partisans zélés. Foncemagne n'a jamais eu à se plaindre de vous; au contraire. Pourquoi ne lui écririez-vous pas directement? cette lettre pourrait le déterminer. Je ne vous dirai point d'écrire à l'archevêque de Lyon, qui est un janséniste hypocrite; mais il pourrait gagner le duc de Nivernois, et vous feriez bien d'écrire à ce dernier, qui sûrement ne voudra pas vous déplaire. Quant à nos amis, qui sont au nombre de huit à dix, je vous en réponds. N'oubliez pas surtout d'écrire fortement à l'abbé de Voisenon, à qui d'ailleurs je parlerai, ainsi que Duclos, et à M. d'Argental, qui parlera à Foncemagne de son côté. M. Marin nous conviendrait certainement mieux que le président de Brosses, et à tous égards; mais je doute fort que nous puissions réussir, et il ne faut pas le compromettre. Parmi les dix ou douze concurrents qui se présentent, et dont j'ai perdu le compte, il en est surtout deux qu'il nous importe d'écarter, et même de dégoûter pour toujours. Comme il y en a au moins un des deux qui pourra avoir beaucoup de voix, il faut nécessairement nous réunir pour quelque autre; et, d'après les informations que j'ai prises, il ne serait pas possible, à ce que je vois, de nous réunir pour M. Marin. Je le verrai ce matin, et je lui parlerai sur ce sujet avec amitié et confiance.

Adieu, mon cher maître; priez Dieu *ne quid respublica detrimenti capiat*[1], et ne négligez pas au moins d'écrire sur cet objet à tous les académiciens que vous en croirez dignes; car il s'en faut de beaucoup qu'ils le soient tous. *Vale, et me ama*.

Le roi de Prusse vient d'envoyer deux cents louis pour la statue; je l'apprends dans ce moment.

MMMMMXXXVI. — A CATHERINE II.

A Ferney, 22 décembre.

Madame, ma passion commence à être un peu malheureuse. Je ne sais plus de nouvelles ni de Votre Majesté Impériale ni de mon ennemi Moustapha. Tout ce que je puis faire cette fois-ci, c'est de vous ennuyer de mon petit commerce avec le roi de la Chine votre voisin[2].

Je me suis imaginé que les pluies du mois de décembre, la crainte de la peste et celle de la famine, pourraient suspendre le cours de vos conquêtes, et que Votre Majesté aurait peut-être le temps de s'amuser d'une espèce de petite *Encyclopédie*[3] nouvelle qui paraît devoir le mont Jura. Il y est parlé de votre très-admirable personne dès la page 17 du premier tome, à propos de l'*Alphabet*. Il faut que l'auteur soit bien plein de vous, puisqu'il vous met partout où il peut.

Je ne sais pas quel est cet auteur, mais sans doute c'est un homme à qui vous avez marqué de la bonté, et qui doit parler de Votre Majesté au mot *Reconnaissance*.

Il y a, dit-on, en France des gens qui trouvent cela mauvais; mais l'univers entier devrait le trouver bon, et si j'étais un peu votre victime, j'en serais bien glorieux.

Il n'y a encore que trois volumes d'imprimés. On les a envoyés par les voitures publiques à votre surintendant des postes, avec l'adresse de Votre Majesté Impériale.

Je prends la liberté de vous parler d'une fabrique de montres établie à Ferney, et de vous offrir ses services lorsque Votre Majesté, en accordant la paix à Moustapha, voudra lui faire la faveur de lui envoyer une montre avec son portrait. Il pourra trembler, mais aussi il pourra être attendri. En un mot, ma fabrique de montres est à votre service : si j'étais jeune, je la conduirais moi-même à Saratof.

Le roi de Prusse prétend qu'Ali-Bey n'est point du tout roi d'Égypte; c'est encore une raison pour faire la paix avec cette maudite puissance

---

1. Salluste, *Cat.*, XXIX. (ÉD.) — 2. *Épître au roi de la Chine*. (ÉD.)
3. *Les Questions sur l'Encyclopédie*. (ÉD.)

ottomans, dont tant de gens prennent le parti. Je mourrai certainement de douleur de ne vous pas voir sur le trône de Constantinople. Je sais bien que la douleur ne fait mourir que dans les romans; mais aussi vous m'avez inspiré une passion un peu romanesque, et il faut qu'avec une impératrice telle que vous mon roman finisse noblement. J'emporterai avec moi la consolation de vous avoir vue souveraine des deux bords de la mer Noire et de ceux de la mer Égée.

Daignez agréer, malgré toutes mes déclarations, le très-profond respect de l'ermite de Ferney.

MMMMMMXXXVII. — A M. FABRY.

22 décembre.

Monsieur, je me félicite bien de m'être rencontré avec vous : je vous avoue que j'avais écrit quatre lettres consécutives, et que j'avais toujours représenté que nous n'avions pas de quoi nourrir des troupes.

Votre approvisionnement fera grand bien ; les blés que le roi de Sardaigne accorde reviennent encore aux Génevois à un prix plus cher qu'on ne l'achète au marché de Gex, à cause de l'extrême rareté des voitures.

Nous serons probablement obligés de nous fournir à Lyon ou à Marseille pour le printemps. Dieu veuille que les pluies et les débordements ne désolent point les provinces voisines! Tout est à craindre.

Les querelles du parlement de Paris ne feront jamais crottre un épi de blé; si nous n'avons point de guerre, nous en aurons l'obligation à M. le duc de Choiseul, qui fait tout le bien qu'il peut, et que je regarde comme le premier homme de l'Europe.

Il n'est que trop vrai, monsieur, que les circonstances présentes ne sont pas plus favorables à l'édit de Versoix que les débordements ne sont favorables aux biens de la terre. C'est bien dommage, l'entreprise était belle ; mais la cire verte enlacée de soie rouge et verte ne s'échauffe pas aisément pendant les pluies continuelles.

J'ai l'honneur d'être, etc.

VOLTAIRE.

MMMMMMXXXVIII. — DE CATHERINE II.

Ce 12-23 décembre.

Monsieur, jamais mensonge ne fut plus complet que celui de cette prétendue lettre de l'ambassadeur d'Angleterre Murray (datée de Constantinople), où il est dit qu'il voit le padisha deux fois par semaine, et que celui-ci lui parle italien. Aucun ministre étranger ne voit le sultan que dans les audiences publiques. Moustapha ne sait que le turc, et il est douteux qu'il sache lire et écrire. Ce prince est d'un naturel farouche et sanguinaire : on prétend qu'il n'est né avec de l'esprit ; cela se peut, mais je lui dispute la prudence; il n'en a point marqué dans cette guerre. Son frère [1] est moins imprudent que lui ; c'est un dévot.

---

1. Abdoul-Achmet, né en 1725, son successeur en 1774. (ÉD.)

Il lui a déconseillé la guerre, et je ne crois pas qu'on l'envoie jamais commander.

Mais ce qui vous fera rire peut-être, c'est que ces deux princes ont une sœur qui était la terreur de tous les bachas. Elle avait, avant la guerre, au delà de soixante ans; elle avait été mariée quinze fois; et lorsqu'elle manquait de mari, le sultan, qui l'aimait beaucoup, lui donnait le choix de tous les bachas de son empire. Or, quand un bacha épouse une princesse de la maison impériale, il est obligé de renvoyer tout son harem. Cette sultane, outre son âge, était méchante, jalouse, capricieuse, et intrigante. Son crédit, chez monsieur son frère, était sans bornes, et souvent les bachas qu'elle épousait, sans têtes : ce qui n'était point du tout plaisant pour eux ; mais cela n'en est pas moins vrai.

Ah ! monsieur, vous avez dit tant de belles choses sur la Chine, que je n'ose disputer le mérite des vers du roi de ce pays. Cependant, par les affaires que j'ai avec ce gouvernement, je pourrais fournir des notions qui détruiraient beaucoup de l'opinion qu'on a de leur savoir-vivre, et qui les feraient passer pour des rustres ignorants; mais il ne faut pas nuire à son prochain. Ainsi je me tais, et j'admire les relations des délégués de la *Propagande*, sans les contredire. Au bout du compte, j'ai affaire au gouvernement tartare qui a conquis la Chine, et non pas aux Chinois originaires.

Continuez-moi, monsieur, votre amitié et votre confiance; et soyez assuré que personne ne vous estime plus que moi. CATHERINE.

P. S. Les gazettes ont débité que j'avais fait arrêter nombre de personnes de qualité; je dois vous dire qu'il n'en est rien, et qu'âme qui vive, ni grand ni petit, n'a perdu la liberté. Le prince Henri de Prusse m'en est témoin. Je m'en rapporte à lui.

MMMMMXXXIX. — A M. LE COMTE DE FOY.

A Ferney, 24 décembre.

Je réponds fort tard, monsieur, à la lettre dont vous m'avez honoré, du 1er décembre : je ne l'ai reçue que le 15. J'ai soixante-dix-sept ans; je suis très-malade : ce sont là des raisons pour n'être pas fort exact.

D'ailleurs, madame votre femme ayant des lettres de M. François de Sales, ferait peut-être des signes de croix en voyant une lettre de François de Voltaire. Cela pourrait mettre du trouble dans votre ménage, et j'en serais très-affligé.

Je vois avec douleur que toutes les personnes dont vous me parlez sont mortes; car, sans compter Mme de Chantal et son saint[1], nous avons perdu Mme de Pompadour, Mme la duchesse de Gotha, et Mme de Büchwald.

Si M. de Pezay, qui répand tant de fleurs dans ses vers, veut une place à l'Académie, je lui offre la mienne, qui sera bientôt vacante, et qui ne vaut pas celle qu'il a dans l'état-major. Au reste, monsieur, je

---

1. François de Sales. (ÉD.)

suis très-sensible à l'honneur que vous me faites; mais ce sont des gouttes d'Angleterre que vous envoyez à un apoplectique. Jouissez gaiement de la vie; c'est tout ce que vous peut dire un homme qui est près de la perdre, et qui ne la regrette pas beaucoup.

MMMMMMXL. — A M. Duclos.

A Ferney, 24 décembre.

Mon vertueux et illustre confrère, vous aimez la liberté : vous avez trois places à donner [1], et je vous en fournirai bientôt une quatrième. Je vous conjure de ne jamais laisser entrer un homme qui menace les gens de lettres d'être leur délateur. Les Gaillard, les Delille, les La Harpe, sont sur les rangs. et ils ont des droits véritables; mais s'il est vrai qu'il y ait des difficultés pour l'un d'eux, je vous recommande très-instamment M. Marin, qui joint à ses talents le mérite de rendre continuellement service à tous les gens de lettres. Il vaut beaucoup mieux avoir dans notre Académie un ami qu'un président ou un évêque.

Conservez-moi votre amitié, dont je sens certainement tout le prix.

MMMMMXLI. — A M. Hennin.

Le saint Noël.

Mon charmant résident, j'ignore si Mme Denis voudra présenter requête pour savoir si le MAGNIFIQUE CONSEIL s'est désisté ou non d'un prétendu droit de mainmorte.

Présente ta requête
Comme tu veux dormir [3].

C'est une chose à savoir dans la conversation, et quand on la sait, on agit en conséquence à Gex; on argue un shoudan de mensonge, on instrumente.

J'attendrai le retour de Joseph Turretin, qui donne du blé à sa chère patrie.

Point de guerre qu'avec le parlement; c'est toujours le ministre de la guerre qui nous donne la paix.

Quoi, le grand Covelle [2] est dans la geôle ! *O tempora ! o mores !*
Mille respects.

Agathe accouche d'un gros garçon. Nous ne savons plus où mettre notre marmaille. Dieu nous bénit.

MMMMMXLII. — A MADAME LA COMTESSE D'ARGENTAL.

26 décembre.

En attendant, madame, que les metteurs en œuvre me donnent les instructions précises sur vos chaînes de montres; en attendant que je

1. Celles de Moncrif, du président Hénault, et de l'abbé Alary. (ÉD.)
2. *Les Plaideurs*, acte I, scène II. (ÉD.)
3. C'est le héros du poème de *la Guerre civile de Genève*. (ÉD.)

puisse vous dire pourquoi on ne monte jamais en or les chaînes qui sont entièrement de marcassites. Je vous dirai un petit mot du jeune metteur en œuvre dont vous avez reçu probablement cinq pierres¹ fausses par M. le duc de Praslin.

Je lui ai fait enfin comprendre que son cinquième acte ne valait rien du tout. Je lui ai dit : « Vous croyez, parce que vous êtes jeune, qu'on peut faire une bonne tragédie en onze jours; vous verrez, quand vous serez plus mûr, qu'il en faut quinze pour le moins. » Il m'a cru, car il est fort docile. Il a fait sur-le-champ un nouveau cinquième acte, qu'il met sous les ailes de mes anges.

Tout cela était assez difficile, car ce pauvre enfant n'avait à mettre, dans toute sa pièce, que du sentiment. Point d'aventure romanesque; point de fils de Thyeste amoureux d'une jeune inconnue trouvée sur le sable de la mer, et qui est reconnue enfin pour sa sœur; point de galimatias : il n'était soutenu par rien; il fallait que, pour la première fois, une honnête femme avouât à son mari qu'elle a un enfant d'un autre, et cela sans faire rire.

Il fallait qu'une bonne mère s'offrît pour prendre soin de l'enfant sans faire rire aussi, et qu'Atrée fût un barbare sans être trop révoltant.

Encore une fois, il y avait du risque; mais mon jeune metteur en œuvre croit avoir marché sur ces charbons ardents sans se brûler; il croit même avoir parlé au cœur, dans un ouvrage qui ne semblait susceptible que de faire dresser les cheveux à la tête.

Voici les éclaircissements des metteurs en œuvre. Nous souhaitons une quantité prodigieuse de bonnes années, à nos anges.

MMMMMMXLIII. — A M. D'ALEMBERT.

28 décembre.

Ah! mon cher ami, mon cher philosophe, c'est une chose bien cruelle qu'un homme² qui veut faire du bien soit obligé de faire du mal, parce qu'il est prêtre. Enfin l'abbé Audra en est mort, et c'est, je vous jure, une très-grande perte pour les gens de bien; personne n'avait plus de zèle que lui pour la bonne cause.

Je passe le Rubicon pour chasser le nasillonneur³ délateur et persécuteur; et je déclare que je serai obligé de renoncer à ma place, si on lui en donne une. J'ai si peu de temps à vivre, que je ne dois point craindre la guerre.

Vous me mandez que le roi de Prusse vient d'envoyer sa noble quote-part pour la statue; vous avez mis apparemment Prusse pour Danemark. La statue vous doit tout, à Copenhague comme à Berlin.

Messieurs ont donc résolu de ne point obtempérer; les meurtriers du chevalier de La Barre ont donc pleuré. Quoi! les bœufs-tigres pleu-

1. *Les Pélopides*, tragédie en cinq actes, (Éd.)
2. L'archevêque de Toulouse, Loménie de Brienne. (Éd.)
3. De Brosses. (Éd.)

rent! On ne juge donc plus de procès? les plaideurs seront réduits à la dure nécessité de s'accommoder sans frais? Cependant la moitié de la France manque de pain.

Il faudra quelque jour que je vous envoie une *Épître au roi de Danemark*, afin qu'il fasse pendant avec le roi de la Chine. C'est un grand soulagement, en temps de famine, de faire des vers alexandrins.

Je vous prie, quand vous verrez Mme Necker, de lui dire combien je lui suis attaché pour le reste de ma vie. Adieu, mon très-cher confrère.

MMMMMMXLIV. — A M. PHILIPPON.

28 décembre.

Monsieur, vous m'avez envoyé un ouvrage dicté par l'humanité et par l'éloquence. On n'a jamais mieux prouvé que les juges doivent commencer par être hommes, que les supplices des méchants doivent être utiles à la société, et qu'un pendu n'est bon à rien. Il est vrai que les assassinats prémédités, les parricides, les incendiaires, méritent une mort dont l'appareil soit effroyable. J'aurais condamné, sans regrets, Ravaillac à être écartelé; mais je n'aurais pas livré au même supplice celui qui n'aurait voulu ni pu donner la mort à son prince, et qui aurait été évidemment fou. Il me paraît diabolique d'avoir arquebusé loyalement l'amiral Byng pour n'avoir pas fait tuer assez de Français. La mort de la maréchale d'Ancre, du maréchal de Marillac, du chevalier de La Barre, du général Lally, me paraissent.... ce qu'elles vous paraissent.

Je me sens le très-obligé de quiconque écrit en citoyen : ainsi, monsieur, je vous ai plus d'obligation qu'à personne. J'ai l'honneur d'être, etc.

MMMMMMXLV. — A M. DE LA CROIX, AVOCAT A TOULOUSE.

A Ferney, le 28 décembre.

Votre mémoire pour Sirven, monsieur, est aussi persuasif qu'éloquent. Nous verrons si la justice sera juste. Je puis vous assurer que le public le sera. Qui ne frémirait d'indignation en lisant les conclusions de ce procureur fiscal Trinquet, qui requiert qu'on bannisse du village une famille dûment atteinte et convaincue de parricide? Ce polisson a trouvé le secret de faire rire de pitié en inspirant de l'horreur.

L'archevêque de Toulouse se défend beaucoup d'avoir persécuté l'abbé Audra. Il dit qu'il avait voulu le servir, et que l'abbé ne voulut jamais entendre à ses propositions.

Agréez, monsieur, les protestations de ma reconnaissance, de mon estime, et de mon attachement.

---

1. Philippon de la Madelaine avait envoyé à Voltaire son *Discours sur la nécessité et les moyens de supprimer les peines capitales.* (ÉD.)

MMMMMXLVI. — A M. LE CARDINAL DE BERNIS.

A Ferney, le 28 décembre.

Je vois, monseigneur, par votre lettre à l'Académie de Marseille, que vous êtes mon protecteur; mais j'ai vu, par votre silence sur la colonie que j'ai établie, que vous ne me protégez point du tout. Je ne peux m'empêcher de vous dire que vous m'avez profondément affligé. Je n'ai point mérité cette dureté de votre part, je m'en plains à vous avec une extrême douleur.

Vous avez cru apparemment que ma colonie n'était qu'une licence poétique. C'est pourtant une colonie très-réelle et très-considérable, composée de trois fabriques protégées par le roi, et singulièrement par M. le duc de Choiseul. Elles réussissent toutes. Il n'y a point d'ambassadeur qui ne se soit empressé de nous procurer des correspondances dans les pays étrangers. Vous êtes le seul qui non-seulement n'ayez pas eu cette bonté, mais qui ayez dédaigné de me répondre. Que vous en coûtait-il de faire dire un mot au consul de France, que vous avez à Rome? J'attendais cette grâce de la bienveillance que vous m'aviez témoignée, et de l'ancienne amitié dont vous m'honoriez. Vous faites descendre *canos mecum mœrore ad infernum*[1].

Je ne devrais pas vous faire de reproches, mais je ne suis pas glorieux. Si vous aviez voulu pour vous ou pour quelqu'un de vos amis quelque jolie montre aussi bonne que celles d'Angleterre, et qui aurait coûté la moitié moins, vous l'auriez eue en dix jours par la poste de Lyon.

Que Votre Éminence agrée, s'il lui plaît, le respect et l'extrême colère de l'ermite de Ferney.

MMMMMXLVII. — A M. CHRISTIN

31 décembre.

Mon cher philosophe, voici le cas d'exercer sa philosophie.

Æquam memento rebus in arduis
Servare mentem, non secus in bonis.
    Hor., lib. II, od. III.

Vous savez peut-être déjà que M. le duc de Choiseul est à Chanteloup pour longtemps, et qu'il ne rapportera point l'affaire des esclaves[2], qui peut-être ne sera point rapportée du tout. Il en sera de même de votre pauvre curé. Un mot d'un seul homme suffit pour déranger les idées de cent mille citoyens. Heureux qui vit tranquille et ignoré!

Je vous remercie des taxes en cour de Rome, autant que des gelinottes. Vous me ferez grand plaisir de me prêter ce livre de M. Le Pelletier; je vous le renverrai après en avoir fait mon profit. Bonsoir, mon cher philosophe.

---

1. *Genèse*, chapitre XLIV, verset 29. (Éd.)
2. L'affaire des habitants de Saint-Claude. (Éd.)

MMMMMXLVIII. — A M. HENNIN

Tous nos correspondants welches nous mandent aujourd'hui que c'est grand dommage : mais supposant que nous sommes instruits de tout, ils ne nous apprennent rien ; nous ne savons pas qui est nommé [1].

Si le plus aimable des résidents en sait quelque chose, il nous fera grand plaisir de nous le dire, afin qu'on sache à qui s'adresser.

MMMMMXLIX. — A M. TABAREAU, A LYON.

1770.

Du Nil au Bosphore
L'Ottoman frémit :
Son peuple l'adore,
La terre applaudit [2].

Voilà, monsieur, ce que j'ai pu faire de plus court pour votre protégé ; et le plus court en cas pareil est toujours le moins mauvais.

Il est vrai que je persiste dans l'admiration et dans la reconnaissance que tout Français doit avoir pour le roi, qui délivre tant de provinces de l'affreuse nécessité d'aller se ruiner en procès à Paris ; mais je suis indigné contre les libraires de Lyon, qui s'avisent de mettre sous le nom de Genève des choses dont tous les citoyens de Lyon devraient s'honorer.

Je m'étais bien douté que le grand conseil deviendrait parlement, et que le roi serait le maître. M. le chancelier me comble de bontés qui exigent toute ma reconnaissance. Je n'en ai pas moins pour toutes les marques d'amitié que vous et M. Vasselier me donnez continuellement.

Je me souviens bien, monsieur, qu'un Espagnol, qui passa à Ferney il y a quelques mois, me dit qu'il m'enverrait quelques livres espagnols assez curieux ; il me les envoie par la voie de Marseille, mais je ne les crois point curieux du tout. Je crois qu'il n'y a de curieux en Espagne que *Don Quichotte*. Le négociant de Marseille peut en toute sûreté de conscience envoyer ces rogatons. Il doit savoir qu'on n'imprime rien dans ce pays-là qu'avec l'approbation du saint-office ; et je serais bien fâché de lire un ouvrage qui ne serait pas muni de ce sceau respectable.

Votre bibliothécaire vous est bien tendrement attaché, et compte incessamment vous faire un petit envoi qui ferait trembler la sainte hermandad.

1. Le duc de Choiseul avait été renvoyé du ministère, et exilé. Ce fut le duc d'Aiguillon, neveu de Richelieu, qui le remplaça. (ÉD.)
2. Vers destinés à être mis au bas d'un portrait de l'impératrice de Russie, exécuté à Lyon sur le métier, par les soins de M. de La Salle, fabricant très-habile. (*Éd. de Kehl*.)

MMMMMML. — A M. LE COMTE D'ARGENTAL.

(1er janvier 1771.

Mon cher ange, le jeune étourdi qui vous a envoyé l'œuvre des onze jours¹ vous demande en grâce de le lui rendre. Il m'a dit qu'il était honteux, mais qu'il fallait pardonner aux emportements de la jeunesse; qu'il voulait absolument y mettre vingt-deux jours au moins.

A propos de jours, je vous en souhaite à tous deux de fort agréables : mais on dit que cela est difficile par le temps qui court. Vous ne perdez rien, et je perds tout. Voilà ma colonie anéantie; je fondais Carthage, et trois mots ont détruit Carthage.

Je n'ai pas une passion bien violente pour la *Sophonisbe* de Lantin, mais je serais fort aise qu'on rejouât *Olympie*; c'est un beau spectacle. Mlle Clairon avait grand tort, et on dit que Mlle Vestris s'en tirerait à merveille. Vous devriez bien présenter requête à M. Lekain pour jouer *Cassandre*; ce serait même une fête à donner à la cour, en guise de feu d'artifice. Chargez-vous, je vous prie, de cette importante négociation, et moi je me chargerai de faire la paix de Catherine et de Moustapha.

On me mande que M. le maréchal de Richelieu est fort malade; il devrait pourtant se bien porter. J'écris à M. le duc de Praslin. Voilà qui est fait; il n'enverra plus de mes montres au prétendu roi d'Égypte, mais il lui reste Praslin : c'est une bonne et belle consolation, non pas en hiver, mais dans les grandes chaleurs. Le lieu est froid, sombre, et d'une beauté assez triste. Vous y attendiez-vous? Dites-moi enfin si *messieurs* obtempèrent et se tempèrent.

On fait vos montres. Mme d'Argental sera plus tôt servie que le roi d'Égypte.

Mille tendres respects.

MMMMMLI. — A M. LE GOUX DE GERLAND,
ANCIEN BAILLI DE LA NOBLESSE DE BOURGOGNE, A DIJON.

Ferney, 2 janvier.

Monsieur, avant de répondre à l'article de votre lettre concernant M. de Brosses, souffrez que je vous remercie encore de la générosité avec laquelle vous interposâtes votre médiation entre lui et ma famille : je dis ma famille, et non moi-même; car il ne s'agissait que de ce qui pouvait appartenir à M. de Brosses après ma mort.

Je m'en étais remis absolument à lui pour le contrat d'acquisition à vie de la petite seigneurie de Tournay. Il l'estima dans le contrat trois mille cinq cents livres de rente : il m'en fit payer quarante-sept mille livres; je ne l'ai affermée jusqu'à présent que seize cents livres. Je ne me plaignis point; mais ma famille me fit apercevoir qu'il avait stipulé dans le contrat, entre autres articles onéreux, « que tout meuble qui se trouverait dans le château lui appartiendrait à ma mort. » Cette

1. *Les Pélopides.* (Éd.)

clause était insoutenable. Je lui proposai, en 1767, de prendre M. le président, ou qui il voudrait de ses confrères, pour arbitre; il le refusa. Enfin, monsieur, vous voulûtes bien lui en parler, et, quoique son allié, vous le condamnâtes. Il m'écrivit en ce temps-là une lettre pour m'intimider, dans laquelle il me dit : « Quoique je ne blâme point la liberté de penser, cependant, etc.... » Il me faisait entendre qu'on pourrait m'imputer des ouvrages, et que.... Je ne vous en dis pas davantage, monsieur; il semblait me menacer d'écouter la calomnie, et d'éteindre un procès pour mes meubles et pour ceux de mon fermier dans un procès pour des livres.

Un homme d'un rare mérite qui était chez moi vit cette lettre, et en fut très-affligé. Il en a parlé en dernier lieu, lorsqu'il s'est agi de l'Académie française. Quelques personnes zélées pour la liberté académique et pour l'honneur de notre corps, m'en ont écrit, etc.

J'ai fait pendant dix ans tout ce que j'ai pu pour obtenir les bonnes grâces de M. de Brosses. Je me flatte d'avoir mérité les vôtres par la confiance que j'ai toujours eue dans vos bontés. Dites-moi ce que vous voulez que je fasse; je suis à vos ordres. J'ai l'honneur d'être avec le plus respectueux attachement, etc.

MMMMMMLII. — A M. LE CARDINAL DE BERNIS.

A Ferney, le 3 janvier.

Eh bien! cruelle Éminence, ne protégez point ma colonie; laissez-la périr. Je péris bien, moi qui l'ai fondée. Je suis ruiné de fond en comble; mais cela n'est rien à l'âge de soixante-dix-sept ans.

Souvenez-vous seulement que je vous écrivais il y a deux ans : *Vous ne vous en tiendrez pas là*. Vous êtes dans la vigueur de l'âge. Prospérez; il ne tient qu'à vous. Mais de la félicité, n'en avez-vous pas par-dessus la tête?

Si je meurs, c'est en aimant votre barbare et charmante Éminence.

LE VIEIL ERMITE DE FERNEY.

MMMMMMLIII. — A MADAME LA MARQUISE DU DEFFAND.

6 janvier.

Madame, je suis enterré tout vivant : c'est la différence qui est entre le président Hénault et moi; il n'a été enterré que lorsqu'il a été tout à fait mort.

Mais je ne suis occupé actuellement que de votre grand'maman et de son mari. Puis-je me flatter que vous aurez la bonté de lui mander que, dans le nombre très-grand de ses serviteurs, je suis le plus inutile et le plus triste; et que si je pouvais quitter mon lit, je voudrais lui demander la permission de me mettre au chevet du sien pour lui faire la lecture? mais je commencerais d'abord par vous, madame. Ce serait vraiment un joli voyage à faire que de venir passer quinze jours auprès de vous, et de là quinze jours auprès d'elle. On dit qu'elle ne se portait pas bien à son départ. Je tremble toujours pour sa petite santé.

On dit tant de sottises, que je n'en crois aucune. Il faut pourtant que le coup ait été porté assez inopinément, puisqu'on n'avait encore pris aucune mesure pour les places à donner. On parle de M. de Monteynard, de Grenoble, qu'on regarde comme un homme sage. Je ne sais pas encore s'il est bien vrai que M. le comte de La Marche ait les Suisses.

J'ai vu des *Questions sur le droit public*, à l'occasion de l'affaire de M. le duc d'Aiguillon; cet ouvrage me paraît fort instructif. Je doute pourtant que vous le lisiez : il me semble que vous donnez la préférence à ceux qui vous plaisent sur ceux qui vous instruisent; d'ailleurs cet ouvrage roule sur des formes juridiques qui ne sont point du tout agréables. C'est bien assez de savoir que la mauvaise humeur du parlement de Paris contre M. le duc d'Aiguillon est aussi ridicule que tout ce qu'il a fait du temps de la Fronde, mais non pas si dangereux.

Je m'intéresse plus à la guerre des Russes contre les Ottomans, qu'à la guerre de plume du parlement. Cependant, madame, je vous avoue que vous me feriez grand plaisir de dicter à quoi on en est, ce qu'on fait, et ce qu'on dit que l'on fera. Pour moi, je crois que dans six semaines on n'en parlera plus, et que tout rentrera dans l'ordre accoutumé.

Si à vos moments perdus vous voulez m'écrire tout ce que vous avez sur le cœur, et tout ce qui se débite, vous le pouvez en toute sûreté en envoyant la lettre à M. Marin, secrétaire général de la librairie. Il m'envoie mes lettres sous un contre-seing très-respecté; et d'ailleurs quand on ne garantit point toutes les sottises qu'on entend dire, on n'en est point responsable.

On m'a envoyé un tome de *Lettres à une illustre morte*[1] : elles m'auraient fait mourir d'ennui, si je ne l'étais déjà de chagrin.

On nous dit que M. le marquis d'Ossun, ambassadeur en Espagne, a les affaires étrangères, et que M. l'évêque d'Orléans[2] n'a plus celles de l'Église.

J'ai beaucoup de relations avec l'Espagne pour la vente des montres de ma colonie, ainsi je m'intéresse fort à M. le marquis d'Ossun, qui la protége; mais pour les affaires de l'Église, vous savez que je ne m'en mêle pas.

Portez-vous bien, madame; conservez-moi une amitié qui fait ma plus chère consolation. Écrivez-moi tout ce que vous pourrez m'écrire, et envoyez, encore une fois, votre lettre chez M. Marin.

MMMMMMLIV. — A M. FABRY
6 janvier.

Ce que vous me faites l'honneur de me mander, monsieur, est bien vraisemblable. Je ne me croyais sûr que de M. le marquis de Monteynard[3], par un de ses parents qui me l'avait mandé il y a près de huit jours.

---

1. Par Charles de Caraccioli. (ÉD.) — 2. De Jarente. (ÉD.)
3. Ministre de la guerre de 1771 à 1774. (ÉD.)

M. le marquis d'Ossun serait un choix heureux. Il favoriserait en Espagne, de tout son pouvoir, le commerce de ma petite colonie; et il l'avait protégée avec un zèle étonnant.

On m'avait déjà parlé de M. l'évêque d'Orléans [1], qui s'était brouillé, dit-on, avec M. l'archevêque de Reims; mais j'avais beaucoup de peine à croire cette nouvelle.

Je ne puis concevoir comment M. le prince de Condé ayant pris place au conseil le 30, toute la France n'en ait pas été instruite.

Il me semble que M. de Boynes avait bien peu de rapport avec la marine; mais il y a des génies qui sont propres à tout.

Nous ne manquerons pas de ministres; mais sans les soins que vous prenez, monsieur, pour la province, nous pourrions bien manquer de pain.

Mille tendres respects.   VOLTAIRE.

MMMMMLV. — A M. BERTRAND.

A Ferney, 7 janvier.

Voici, monsieur, le temps de neige où je suis mort; et je me soulève un peu de mon tombeau pour vous dire que c'est avec vous que je voudrais vivre.

Je fais une grande perte dans M. le duc et dans Mme la duchesse de Choiseul. On ne peut compter sur rien de ce qui dépend de la cour. Le premier homme de l'État n'est jamais sûr de coucher chez lui. Vous ne connaissez pas chez vous de pareils orages; vous jouissez du moins d'une tranquillité assurée, et je tiens cette possession bien préférable aux autres.

On dit qu'il va paraître, en Pologne, quelque ombre de pacification. Cela vous intéresse : je vous crois toujours attaché au roi. Votre Pologne est assurément pire que la France; non-seulement on ne couche pas chez soi dans ce pays-là, mais on y est tué sur le pas de sa porte.

Voici un petit ouvrage [3] que vous ne connaissez probablement pas, et que je vous envoie pour vos étrennes.

Je vous embrasse de tout mon cœur, et vous souhaite tout plein de bonnes années.   V.

MMMMMLVI. — A M. LE MARÉCHAL DUC DE RICHELIEU.

A Ferney, 9 janvier.

Je suis obligé d'importuner mon héros pour des pauvretés académiques : cela n'est pas fort intéressant, surtout par le temps qui court. Mais on me mande que vous voulez avoir pour confrère un président de Bourgogne, nommé de Brosses. Je vous demande en grâce, monseigneur, de ne me le donner que pour mon successeur; il n'attendra

---

1. On venait de lui ôter la feuille des bénéfices. (ÉD.)
2. Ministre de la marine de 1771 à 1774.
3. C'est l'article DIEU. (ÉD.)

pas longtemps et vous me feriez mourir de chagrin plus tôt qu'il ne faut, si vous protégiez cet homme, qui est en vérité bien peu digne d'être protégé par mon héros. Daignez seulement jeter les yeux sur la copie de la lettre que j'ai écrite sur cette petite affaire, et vous verrez si je ne mourrais pas de mort subite en cas que M. de Brosses fût académicien de mon vivant. Je vous supplie de ne point faire descendre mes cheveux blancs avec tristesse en enfer, comme dit la sainte Écriture[1] ; mais je vous supplie encore plus de me conserver vos bontés.

MMMMMLVII. — A M. LE MARQUIS DE THIBOUVILLE.

9 janvier.

Je ne crois pas, mon cher Baron[2], que Mme Denis vous ait encore écrit; mais moi je vous écris, quoi que vous en disiez, et c'est pour vous dire que je vous ai envoyé une *Sophonisbe* de M. Lantin[3] ; que s'il faut encore quelques vers, ils sont tout prêts ; mais que je doute fort qu'on joue cette pièce.

Les Pélopides de M. Durand[3] seraient plus faits pour la nation; il y a là une petite pointe d'adultère qui ne réussirait pas mal ; il y a même un inceste assez galant et très-honnête ; on ne peut pas faire un enfant avec un beau-frère avec plus de modestie. La vengeance est dure, je l'avoue ; mais cela se pardonne dans un premier mouvement.

Un des malheurs de Crébillon (et ses malheurs sont innombrables), c'était de se venger après vingt ans de cocuage, et de se venger par plaisir, comme on fait une partie de chasse. M. Durand a mis beaucoup de nouvelles nuances à son enseigne à bière ; il a fait un cinquième acte tout battant neuf. Il a prié M. d'Argental de lui renvoyer toute l'ancienne copie ; il vous en fera tenir une autre incessamment. Il faut, s'il vous plaît, le plus profond secret.

Il ne serait pas mal de savoir de M. d'Argental si on pourrait faire jouer cela pour le mariage[4], en s'adressant à M. le duc de Duras.

Voilà le sommaire de tous les articles. Pressez-vous de me répondre; car je me meurs, et je veux savoir à quoi m'en tenir avant ma mort. Ma dernière volonté est que je vous aime de tout mon cœur.

MMMMMLVIII. — A FRÉDÉRIC II, ROI DE PRUSSE.

Ferney, 11 janvier.

A L'AUGUSTE PROPHÈTE DE LA NOUVELLE LOI.

Grand prophète, vous ressemblez à vos devanciers envoyés du Très-Haut : vous faites des miracles. Je vous dois réellement la vie. J'étais mourant au milieu de mes neiges helvétiques, lorsqu'on m'apporta votre sacrée vision. A mesure que je lisais, ma tête se débarrassait, mon sang circulait, mon âme renaissait ; dès la seconde page je repris mes

1. *Genèse*, XLIV, 29 ; et XLII, 38. (ÉD.)
2. Allusion à l'acteur de ce nom. (ÉD.) — 3. Pseudonyme de Voltaire. (ÉD.)
4. Du comte de Provence, depuis Louis XVIII. (ÉD.)

forces; et par un singulier effet de cette médecine céleste, elle me rendit l'appétit en me dégoûtant de tous les autres aliments.

L'Éternel ordonna [1] autrefois à votre prédécesseur Ézéchiel de manger un livre de parchemin; j'aurais bien volontiers mangé votre papier, si je n'avais cent fois mieux aimé le relire. Oui, vous êtes le seul envoyé de Jéhova, puisque vous êtes le seul qui ayez dit la vérité en vous moquant de tous vos confrères; aussi Jéhova vous a béni en affermissant votre trône, en taillant votre plume, et en illuminant votre âme.

Voici comme le Seigneur a parlé :

« C'est lui dont j'ai prédit : Il aplanira les hauts, il comblera les bas; le voilà qui vient : il apprend aux enfants des hommes qu'on peut être valeureux et clément, grand et simple, éloquent et poëte : car c'est moi qui lui appris toutes ces choses. Je l'illuminai quand il vint au monde, afin qu'il me fît connaître tel que je suis, et non pas tel que les sots enfants des hommes m'ont peint. Car je prends tous les globes de l'univers à témoin que moi, leur fondateur, je n'ai jamais été ni fessé ni pendu dans ce petit globule de la terre; que je n'ai jamais inspiré aucun Juif, ni couronné aucun pape; mais que j'ai envoyé, dans la plénitude des temps, mon serviteur Frédéric, lequel ne s'appelle pas mon oint, car il n'est pas oint; mais il est mon fils et mon image, et je lui ai dit : « Mon fils, ce n'est pas assez d'avoir fait de tes ennemis l'esca« beau de tes pieds [2], et d'avoir donné des lois à ton pays, il faut encore « que tu chasses pour jamais la superstition de ce globe. »

Et le grand Frédéric a répondu à Jéhova : « Je l'ai chassé de mon cœur, ce monstre de la superstition, et du cœur de tout ce qui m'environne; mais, mon Père, vous avez arrangé ce monde de manière que je ne puis faire le bien que chez moi, et même encore avec un peu de peine.

« Comment voulez-vous que je donne du sens commun aux peuples de Rome, de Naples, et de Madrid ? » Jéhova alors a dit : « Tes exemples et tes leçons suffiront; donnes-en longtemps, mon fils, et je ferai croître ces germes qui produiront leur fruit en leur temps. »

Et le grand prophète a répondu : « O Jéhova ! vous êtes bien puissant, mais je vous défie de rendre tous les hommes raisonnables. Croyez-moi, contentez-vous d'un petit nombre d'élus : vous n'aurez jamais que cela pour votre partage. »

MMMMMLIX. — A FRÉDÉRIC-GUILLAUME.

A Ferney, 11 janvier.

Monseigneur, j'ai été tout près d'aller savoir des nouvelles positives de cet autre monde qui a si souvent troublé celui-ci, quand on n'avait rien de mieux à faire. Mon âge et mes maladies me jettent souvent sur les frontières de ce vaste pays inconnu, où tout le monde va, et dont personne ne revient. C'est ce qui m'a privé pendant quelques jours de

1. *Ézéchiel*, chapitre III, verset 1. (ÉD.)
2. Psaume CIX, verset 2. (ÉD.)

l'honneur et du plaisir de répondre à votre dernière lettre. Il est beau à un jeune prince tel que vous de s'occuper de ces pensées philosophiques qui n'entrent pas dans la tête de la plupart des hommes; mais aussi il faut que ceux qui sont nés pour les gouverner en sachent plus qu'eux. Il est juste là que le berger soit plus instruit que le troupeau.

Je prends la liberté de vous envoyer tout ce que je sais sur ces importantes questions dont Votre Altesse Royale m'a fait l'honneur de me parler. Vous verrez que ma science est bien bornée; et vous vous en direz cent fois plus que je n'en dis dans ce petit extrait. Il est tiré d'un petit livre intitulé *Questions sur l'Encyclopédie*, dont on vient d'imprimer trois volumes. J'ai l'honneur d'envoyer à Votre Altesse Royale ces trois tomes par les chariots de poste. Le quatrième n'est pas achevé, l'état où je suis en retarde l'impression; mais rien ne peut retarder mon empressement de répondre à la confiance dont vous m'honorez.

Le système des athées m'a toujours paru très-extravagant. Spinosa lui-même admettait une Intelligence universelle. Il ne s'agit plus que de savoir si cette Intelligence a de la justice. Or, il me paraît impertinent d'admettre un dieu injuste. Tout le reste semble caché dans la nuit. Ce qui est sûr, c'est que l'homme de bien n'a rien à craindre. Le pis qui lui puisse arriver, c'est de n'être point; et s'il existe, il sera heureux. Avec ce seul principe on peut marcher en sûreté, et laisser dire tous les théologiens, qui n'ont jamais dit que des sottises. Il faut des lois aux hommes, et non pas de la théologie; et avec les lois et les armes sagement employées dans la vie présente, un grand prince peut attendre à son aise la vie future. Je suis avec un profond respect, etc.

MMMMMMLX. — A M. LE CARDINAL DE BERNIS.

Ferney, 11 janvier.

J'étais, monseigneur, en colère comme Ragotin quand on ne lui ouvrait pas la porte assez tôt : je grondais Votre Éminence dans le temps même que vous m'écriviez, et que je vous devais des remercîments.

Si je réussis dans ma prédiction, je ne vous importunerai point pour les États du pape, mais je demanderai votre protection pour ceux du Grand-Turc. C'était là le grand objet du commerce de ma colonie. Cette branche a été anéantie par la guerre avec les Russes. Le roi de Prusse m'a enlevé douze familles qui devaient s'établir dans mon hameau; et les fermiers généraux en ont fait déserter deux par leurs petites persécutions. Mais si Moustapha me reste, je suis trop heureux. Je vous prierai donc de faire au plus tôt la paix entre lui et la victorieuse Catherine II. C'est la grâce que j'attends, si vous retournez de Rome à Versailles, comme je l'espère. Quoi qu'il arrive, je suis sûr que vous serez heureux soit à Versailles, soit à Rome.

Est Ulubris, est hic, animus, si te non deficit æquus.
Hor., lib. I, ep. XI, v. 30.

Agréez toujours, monseigneur, les tendres respects de ce vieillard si colère.

ANNÉE 1771.

MMMMMLXI. — A Madame Necker.

A Ferney, 14 janvier.

Je n'écris jamais, madame, de lettres du jour de l'an ; mais mon cœur vous est attaché tous les jours de ma vie.

Vous souvenez-vous que vous m'exhortâtes, il y a quelques mois, à réfuter le *Système de la nature*, qui m'a toujours paru le système de la folie et de l'ignorance ? Je vous soumets ce que j'en ai écrit dans le quatrième tome des *Questions sur l'Encyclopédie* : il est juste de présenter mes idées sur la Divinité à un de ses plus charmants ouvrages.

Agréez, madame, vous et M. Necker, mes très-humbles hommages. Vous devez tous deux bien regretter celui que je regrette ; car je sais qu'il estimait M. Necker infiniment.

MMMMMLXII. — A Christian VII.

A Ferney, 15 janvier.

Sire, rien n'est si ennuyeux que trop de vers : je demande pardon à Votre Majesté de lui en présenter une si énorme quantité[1] ; mais, en récompense, je prends la liberté de lui envoyer beaucoup plus de prose. Le paquet doit lui arriver par les voitures publiques.

Sa Majesté me permettra-t-elle de la féliciter sur le bien qu'elle fait à ses sujets ? La liberté qu'elle veut donner aux hommes est assurément plus précieuse que la liberté des livres.

Je suis avec le plus profond respect et la plus sincère reconnaissance, de Votre Majesté, etc.

MMMMMLXIII. — A Madame d'Épinai.

16 janvier.

Je vous ai envoyé, madame, l'article *Blé*[2], et vous avez dû trouver qu'on n'y traite pas l'abbé Galiani avec la même dureté qu'ont les économistes ; je ne vous ai point écrit, parce que j'étais très-malade ; je perds les yeux dès qu'il y a de la neige sur la terre, et bientôt je les fermerai pour toujours. J'ai cru d'ailleurs que cet article *Blé* valait mieux que mes lettres : la différence entre les économistes et moi, c'est qu'ils écrivent, et que je sème ; et bien m'en a pris d'avoir été plus laboureur qu'écrivain. La famine est dans notre pays ; il y a trois mois qu'une livre de pain blanc coûte neuf sous : vous êtes plus heureux à Paris. Si vous vouliez vous réduire à venir mener chez nous la vie patriarcale, comme vous le disiez dans votre dernière lettre, vous auriez peut-être de la peine à vous y accoutumer. Les patriarches n'étaient point dans les neiges six mois de l'année ; et puis, toute philosophe que vous êtes, serez-vous jamais assez philosophe pour quitter Paris ? Vous n'en ferez rien, madame ; vous trouverez Paris insupportable, et vous

---

1. *L'Épître au roi de Danemark.* (Éd.)
2. Des *Questions sur l'Encyclopédie.* (Éd.)

l'aimerez. On prétend que cette grande ville est un peu folle pour le moment présent, et que tout le monde y fait son château en Espagne; j'aimerais bien mieux que vous eussiez un beau château dans mon voisinage.

Adieu, madame; problablement je n'aurai jamais la consolation de vous revoir, mais vous serez toujours ma chère et belle philosophe.

MMMMMLXIV. — A M. LE MARÉCHAL DUC DE RICHELIEU.

A Ferney, 16 janvier.

Mon héros, je vous représentai mes raisons fort à la hâte par le dernier courrier, étant fort pressé par le temps. Permettez que je vous parle encore de cette petite affaire qui ne vous intéresse en aucune façon, et qui m'intéresse infiniment. Pour peu que vous fussiez lié avec l'homme en question [1], vous savez avec quel plaisir je sacrifierais mes répugnances à vos goûts; mais vous ne le connaissez point du tout, et moi je le connais pour m'avoir trompé, pour m'avoir ennuyé, et pour m'avoir voulu dénoncer. Si vous aviez eu le malheur de lire ses *Fétiches* et ses *Terres australes*, vous ne voudriez pas assurément de lui. Hélas ! nous avons assez de présidents. Encore si on nous donnait un président Hénault ! mais nous n'en aurons plus de si aimable.

Je vous conjure encore une fois de ne nous point charger de celui qui se présente; ce serait un affront pour moi, dans l'état où sont les choses, et ce ne serait pas une grande satisfaction pour lui. Il est même dit dans nos statuts qu'un homme obligé par sa place de résider toujours en province ne peut être de l'Académie.

Vous me demandez si je veux qu'on joue *Sophonisbe*. Hélas ! je veux sur cela tout ce qu'on voudra, et surtout ce que vous ordonnerez. Ce que je voudrais principalement, ce sont des acteurs, et on dit qu'il n'y en a point. Laissera-t-on ainsi tomber le théâtre, qui faisait tant d'honneur à la France dans les pays étrangers, et n'aurons-nous plus que des opéras-comiques ? Il y va de la gloire de la nation, et vous êtes accoutumé à la soutenir.

Vous me parlez du carillon de mon village et de mes montres démontées. Je puis vous assurer que c'est une entreprise qui mérite toute la protection du ministère. Il est assez singulier qu'un petit particulier comme moi ait peuplé un désert, et ait bâti douze maisons pour des artistes qui ont déjà établi leur commerce dans les pays étrangers. Le roi lui-même a pris quelques-unes de nos montres, et en a fait des présents. Nous avons quelques-uns des meilleurs ouvriers de l'Europe, et nous étendrions notre commerce en Turquie avec un grand avantage, s'il plaisait à Catherine II de faire la paix. Je n'ai aucun intérêt dans cet établissement. Je suis comme les gens qui fondent les hôpitaux, mais qui ne s'y font point recevoir. M. le duc de Duras a eu la bonté d'encourager nos fabriques, en prenant quelques-unes de nos montres pour les présents du mariage de Mgr le comte de Provence. Nous vous

1. Le président de Brosses. (ÉD.)

demanderions la même grâce, si vous étiez d'année. Ma nièce soutiendra cette manufacture après moi; vous lui continuerez les bontés dont vous m'avez honoré si longtemps, et elle vous attestera que vous êtes l'homme de l'Europe à qui j'ai été attaché avec le plus de respect et de tendresse.

MMMMMMLXV. — À M. LE COMTE D'ARGENTAL.

19 janvier.

Mon cher ange, j'ai dit au jeune homme que la fin du second acte[1] était froide, et je l'en ai fait convenir. C'est une chose fort plaisante que la docilité de cet enfant; il s'est mis sur-le-champ à faire un nouvel acte. Je vous l'enverrais aujourd'hui, s'il ne retravaillait pas les autres.

Quand je vous dis que vous n'avez rien perdu, j'entends que vous conservez votre place, votre belle maison de Paris, et que vous allez au spectacle tant qu'il vous plaît. Pour moi, je vous ai donné des spectacles, et je ne les ai point vus. J'ai établi une colonie, et je crains bien qu'elle ne soit détruite. Les fermiers généraux la persécutent, personne ne la soutiendra. Je ne suis pas même à portée de solliciter la restitution de mon propre bien, qu'on s'est avisé de me prendre sans aucune forme de procès. Voilà comme j'entends que je perds; et malheureusement je perds aussi la vue. Je suis enseveli dans les neiges, qui m'ont arraché les yeux par l'âcreté de l'air qu'elles apportent avec elles. Je maudis Ferney quatre mois de l'année au moins; mais je ne puis le quitter, je suis enchaîné à ma colonie.

J'ai bien envie de vous envoyer, pour votre amusement, une grande lettre en vers que j'ai écrite au roi de Danemark sur la liberté de la presse qu'il a donnée dans tout son royaume : bel exemple que nous sommes bien loin de suivre. Vous l'aurez dans quelques jours ; on ne peut pas tout faire à la fois, surtout quand on souffre.

Je vous prie de vouloir bien me mander s'il est vrai qu'un homme de considération[2], qui écrivit le 23 de décembre à un de ses anciens amis[3], lui manda qu'il l'aurait envoyé voyager plus loin sans madame sa femme, qui est fort délicate.

Au reste, cette dame a encore plus de délicatesse dans l'esprit que dans la figure, et à cette délicatesse se joint une grandeur d'âme singulière, qui n'est égalée que par la bonté de son cœur.

Est-il vrai, comme on le dit, que monsieur et madame sont endettés de deux millions?

Est-il vrai qu'on leur ait offert douze cent mille francs le jour de leur départ?

Reçoivent-ils des visites? comment se porte votre ami de trente-cinq ans[4]? son séjour est bien beau, mais il est bien triste en hiver.

1. Des *Pélopides*. (ÉD.)
2. Le roi Louis XV. — 3. Le duc de Choiseul. (ÉD.)
4. M. le duc de Praslin. (ÉD.)

Pouvez-vous encore me dire ce que devient M. de La Ponce? Vous me direz que je suis un grand questionneur; mais vous répondrez ce qu'il vous plaira, on ne vous force à rien.

Conservez votre santé, mes deux anges; c'est là le grand point. Je sens ce que c'est que de n'en avoir point; c'est être damné au pied de la lettre. Je mets ma misère à l'ombre de vos ailes.

MMMMMMLXVI. — A MADAME LA MARQUISE DU DEFFAND.

19 janvier.

Votre grand'maman, madame, me fait l'honneur de m'appeler son confrère. Je prends la liberté de me dire plus que jamais votre confrère aussi, car il y a quatre jours que je suis absolument aveugle. Nous sommes enterrés sous la neige. En voilà pour un grand mois au moins.

Votre grand'maman, Dieu merci, est moins à plaindre. Elle est dans le plus beau climat de la terre. Elle sera honorée partout; elle sera plus chère à son mari; elle possède un petit royaume où elle fera du bien.

Mais j'ai un scrupule. On dit que son mari a autant de dettes qu'il a fait de belles actions. On les porte à plus de deux millions. On ajoute qu'un homme de quelque considération[1] lui a mandé que, sans sa femme, il aurait été ailleurs que chez lui. Voilà de ces choses que vous pouvez savoir et que vous pouvez me dire.

Cette petite Vénus en abrégé me paraît un Caton pour les sentiments, et son catonisme est plein de grâces. Vous ne sauriez croire combien je suis fâché de mourir sans vous avoir revues l'une et l'autre.

Un jeune homme qui me paraît promettre quelque chose est venu me montrer cette lettre, traduite de l'arabe, que je vous envoie[2]. Je pense que votre grand'maman l'a reçue. Je vous conjure de n'en point laisser prendre de copie.

Adieu, madame; je souffre beaucoup, je ne pourrais rien écrire qui pût vous amuser. Je suis forcé de finir en vous disant que je vous serai attaché jusqu'au dernier moment de ma vie.

MMMMMMLXVII. — A CATHERINE II.

A Ferney, 22 janvier.

Madame,

L'univers admire vos fêtes;
Nos Français en sont confondus,
Et je les admire encor plus
A la suite de vos conquêtes.

Ce qui est encore au-dessus de la magnificence, c'est l'esprit; il n'y a jamais eu de fête imaginée avec plus de génie, mieux ordonnée,

---

1. Louis XV. (ÉD.) — 2. L'Épître de Bemaidaki à Carameuftée. (ÉD.)

plus galante, et plus noble. Nous avons eu à Paris des fusées et une illumination pour le mariage du Dauphin de France et de la fille d'une impératrice. Il n'y a pas un prodigieux effort de génie dans des bouts de chandelles et dans des fusées volantes. Mais en récompense il y régnait tant d'ordre, qu'il y eut plus de monde tué et blessé que vous n'en avez eu dans votre première victoire remportée sur les Turcs.

Il est vrai que j'aurais voulu qu'Apollon eût présenté à Votre Majesté Impériale l'étendard de Mahomet, et l'aigrette de héron que le gros Moustapha porte à son gros turban; mais ce sera pour cette année, à la fin de la campagne.

Les choses sont bien changées chez nous. Les croisades furent autrefois commencées en France. Nous sommes à présent les meilleurs amis des infidèles.

La France à l'Église échappe :
Nous avons pris le parti
De secourir le mufti,
Et de dépouiller le pape.

Pour moi, qui suis trop peu de chose pour oser décider entre les églises grecque, latine, et musulmane, je ne m'occupe que de votre gloire dans ma retraite. J'aime mieux vos fêtes que celles de saint Nicolas et de saint Basile, de saint Barjone, surnommé Pierre, et même que celle du Bairam.

Si j'ai pour sainte Catherine
Un peu plus de dévotion,
C'est parce que mon héroïne
Descend jusqu'à porter son nom.

Passe pour Hercule, voilà un digne saint celui-là; aussi est-il le patron d'un comte Orlof, et de tous les quatre. On dit qu'un de ces saints vient de faire encore une de ces actions qu'on ne trouve pas dans la *Légende*; qu'ayant pris un vaisseau turc où étaient les meubles et les domestiques d'un bacha, il les a renvoyés à leur maître. Non-seulement vos courtisans sont les maîtres des Turcs dans l'art de la guerre, mais ils leur apprennent à être polis; voilà du véritable héroïsme, et c'est vous qui l'inspirez.

Vous voilà, madame, à mon avis, la première puissance de l'univers; car je vous mets sans difficulté au-dessus du roi de la Chine, votre proche voisin, quoiqu'il fasse des vers, et que je lui aie écrit une épître qu'il ne lira pas. Que Votre Majesté Impériale jouisse longtemps de sa gloire et de son bonheur!

Sans les soixante-dix-huit ans qui me talonnent, Apollon m'est témoin que je n'aurais pas établi une colonie d'horlogers dans mon village. Elle serait actuellement vers Astracan, où je l'aurais conduite; elle ne travaillerait que pour Votre Majesté.

Ma colonie fait réellement d'excellents ouvrages; elle vous en fera parvenir quelques-uns incessamment, et vous verrez qu'on ne peut travailler mieux ni à meilleur compte. Vous dépensez trop en canons et en vaisseaux pour ne pas joindre à vos magnificences une juste économie, qui est au fond la source de la grandeur.

Vivez, régnez, madame, pour la gloire de la Russie, et pour l'exemple du monde.

Que Votre Majesté Impériale daigne conserver ses bontés à son admirateur et à son sujet par le cœur. Je reçois dans ce moment la lettre dont Votre Majesté Impériale m'honore, du 12 décembre, vieux style. Je me doutais bien que la lettre de l'ambassadeur d'Angleterre en Turquie était de l'imagination d'un pensionnaire de nos gazetiers. Je remercie plus que jamais vos bontés, qui me fournissent de quoi faire taire nos badauds welches.

Quoi! ce brutal de Sardanapale turc veut encore faire une campagne! Ah! madame, Dieu soit béni! il ne vous faudra qu'une seule victoire sur le chemin d'Andrinople pour détrôner cet homme indigne du trône, et que j'ai entendu vanter par quelques-uns de nos Welches comme un génie. Mais où ira-t-il? Voilà un Ali-Bey ou Beg qui ne le recevra pas dans le pays d'Osiris; voilà un bacha d'Arc qui se révolte. Il y a une destinée; la vôtre est sensible. Votre empire est dans la vigueur de son accroissement, et celui de Moustapha dans sa décadence; le chevalier de Tott ne le sauvera pas dans sa ruine.

Je me mets aux pieds de Votre Majesté Impériale, plein de joie et d'espérance, avec le plus profond respect et la reconnaissance la plus vive. L'ERMITE DE FERNEY.

MMMMMLXVIII. — DE CATHERINE II.

A Pétersbourg, 12-23 janvier.

Monsieur, si vous vous trouvez malheureux lorsque Moustapha n'est pas battu coup sur coup, les mois d'hiver ne peuvent que vous donner de l'humeur. Cependant j'ai reçu la consolante nouvelle que Creigova en Valachie, sur la rivière Olta, a été occupée par mes troupes dans le courant du mois dernier.

Il me semble que vous devriez être content de l'année 1770, et qu'il n'y a pas encore de quoi coqueter avec le roi de la Chine, mon voisin, à qui, malgré ses vers et votre passion naissante (n'allez pas vous en fâcher), je dispute à peu près le sens commun. Vous direz que c'est jalousie toute pure de ma part; point du tout : je ne troquerai point mon nez à la romaine contre sa face large et plate; je n'ai aucune prétention à son talent de faire de mauvais vers : je n'aime à lire que les vôtres.

L'épître à mon rival est charmante; j'en ai d'abord fait part au prince Henri de Prusse, à qui elle a fait un égal plaisir. Mais si le destin veut que j'aie un rival auprès de vous, au nom de la Vierge Marie, que ce ne soit point le roi de la Chine, contre qui j'ai une dent. Prenez plutôt Mgr Ali-Bey d'Égypte, qui est tolérant, juste, affable, humain,

1. L'Épître au roi de la Chine. (ÉD.)

Il est parfois un peu pillard; mais il faut passer quelques défauts à son prochain. Les lampes d'or de la Mecque l'ont tenté : eh bien, il en fera un bon usage. Il en reviendra de la besogne à Moustapha *gazi*, qui ne sait faire ni la paix ni la guerre[1].

Vous direz peut-être que je cherche à gêner vos goûts, et que l'inclination ne se commande point : je ne prétends pas vous gêner, je vous présente seulement une pétition ou remontrance en faveur d'Ali d'Égypte, contre le nez camus et les plus mauvais vers de mon sot voisin, avec lequel, Dieu merci, je n'ai plus de démêlés.

J'ai reçu vos livres[2], monsieur; je les dévore; je vous en suis bien redevable, et aussi pour la page 17. Je serais au désespoir si cela faisait tort à l'auteur dans sa patrie. Ce seigneur, qui m'avait prise en grippe[3], n'a plus de voix au chapitre; peut-être ses successeurs distingueront-ils mieux les affaires d'avec les passions personnelles, du moins faut-il l'espérer pour le bien des affaires. Je vous prie instamment de me faire tenir la suite de votre *Encyclopédie*, lorsqu'elle paraîtra.

Dites-moi si vous avez reçu la volumineuse description de la fête que j'ai donnée au prince de Prusse[4]. Il y a six jours qu'il nous a quittés; il a paru se plaire ici plus que l'abbé Chappe, qui, courant la poste dans un traîneau bien fermé, a tout vu en Russie.

Pour ce qui regarde la manufacture de Ferney, je vous ai déjà écrit de nous envoyer des montres de toute espèce, pour quelques milliers de roubles : je les prendrai toutes.

Le roi de Prusse a beau dire, Ali-Bey est souverain maître de l'Église. Si je vais à Stamboul, je le prierai d'y venir, afin que vous puissiez le voir de vos yeux. Et comme je ne doute pas que vous ne me fassiez le plaisir d'accepter la place de patriarche, vous aurez la consolation d'administrer le sacrement de baptême à Ali-Bey, par immersion ou autrement.

Jusque-là, monsieur, vous voudrez bien ne point mourir de douleur de ce que je ne suis point encore dans Constantinople. Quelle est la pièce qui finit avant le troisième acte ? quel est le roman qui abandonne son héros à moitié chemin, en quartier d'hiver au bord d'une rivière ?

Je suis toujours avec beaucoup d'amitié la plus sincère de vos amies.

CATERINE.

MMMMMLXIX. — A M. MARIN.

27 janvier.

Si j'avais accès auprès de M. le chancelier, comme vous, je voudrais, mon cher correspondant, savoir s'il est bien vrai que les pauvres gens de province ne seront plus obligés d'aller plaider à cent cinquante lieues de chez eux, si on prépare un nouveau code dont nous avons tant besoin. Il faudra en même temps qu'on prépare une couronne civique pour M. le chancelier.

---

1. *Gazi*, en turc, signifie vainqueur. (ÉD.)
2. Les trois premiers volumes des *Questions sur l'Encyclopédie*. (ÉD.)
3. Le duc de Choiseul. (ÉD.) — 4. Le prince Henri. (ÉD.)

Je ne reviens point de l'insolence de ce petit Clément, qui décide à tort et à travers, et qui s'associe avec Le Brun pour louer Le Brun aux dépens de M. Delille. Il est vrai que s'il n'est coupable que d'être un fat, cela ne méritait pas la prison [1].

Croyez-vous que nous aurons un ministre des affaires étrangères ? Nomme-t-on toujours M. le duc d'Aiguillon ? On peut être très-entaché dans le parlement, et très-bien servir le roi. Mais le grand point est qu'on se réjouisse à Paris. Je dis toujours : « O Welches! ayez du plaisir, et tout ira bien. » Mais pour avoir du plaisir, il faut de l'argent; et on dit que M. l'abbé Terray n'en donne guère.

MMMMMMLXX. — De Frédéric II, roi de Prusse,

A Berlin, le 29 janvier.

En lisant votre lettre, j'aurais cru que la correspondance d'Ovide avec le roi Cotys continuait encore, si je n'avais vu le nom de Voltaire au bas de cette lettre. Elle ne diffère de celle du poëte latin qu'en ce qu'Ovide eut la complaisance de composer des vers en langue thrace, au lieu que vos vers sont dans votre langue naturelle.

J'ai reçu en même temps ces *Questions encyclopédiques*, qu'on pourrait appeler à plus juste titre *Instructions encyclopédiques*. Cet ouvrage est plein de choses. Quelle variété ! que de connaissances, de profondeur ! et quel art pour traiter tant de sujets avec le même agrément ! Si je me servais du style précieux, je pourrais dire qu'entre vos mains tout se convertit en or.

Je vous dois encore des remerciments au nom des militaires pour le détail que vous donnez des évolutions d'un bataillon. Quoique je vous connusse grand littérateur, grand philosophe, grand poëte, je ne savais pas que vous joignissiez à tant de talents les connaissances d'un grand capitaine. Les règles que vous donnez de la tactique sont une marque certaine que vous jugez cette fièvre intermittente des rois, la guerre, moins dangereuse que de certains auteurs ne la représentent.

Mais quelle circonspection édifiante dans les articles qui regardent la foi ! Vos protégés les *Pediculosi* en auront été ravis ; la Sorbonne vous agrégera à son corps; le Très-Chrétien (s'il lit) bénira le ciel d'avoir un gentilhomme de la chambre aussi orthodoxe; et l'évêque d'Orléans vous assignera une place auprès d'Abraham, d'Isaac, et de Jacob. A coup sûr vos reliques feront des miracles, et l'*inf*.... célébrera son triomphe.

Où donc est l'esprit philosophique du xviii° siècle, si les philosophes, par ménagement pour leurs lecteurs, osent à peine leur laisser entrevoir la vérité? Il faut avouer que l'auteur du *Système de la nature* a trop impudemment cassé les vitres. Ce livre a fait beaucoup de mal : il a rendu la philosophie odieuse par de certaines conséquences qu'il

---

1. Sur la plainte de Saint-Lambert, Clément avait été mis au For-l'Évêque. (Éd.)

tire de ses principes. Et peut-être à présent faut-il de la douceur et du ménagement pour réconcilier avec la philosophie les esprits que cet auteur avait effarouchés et révoltés.

Il est certain qu'à Pétersbourg on se scandalise moins qu'à Paris, et que la vérité n'est point rejetée du trône de votre souveraine, comme elle l'est chez le vulgaire de nos princes. Mon frère Henri se trouve actuellement à la cour de cette princesse. Il ne cesse d'admirer les grands établissements qu'elle a faits, et les soins qu'elle se donne de décrasser, d'élever et d'éclairer ses sujets.

Je ne sais ce que vos ingénieurs sans génie ont fait aux Dardanelles : ils sont peut-être cause de l'exil de Choiseul. A l'exception du cardinal de Fleury, Choiseul a tenu plus longtemps qu'aucun autre ministre de Louis XV. Lorsqu'il était ambassadeur à Rome, Benoît XIV le définissait un fou qui avait bien de l'esprit. On dit que les parlements et la noblesse le regrettent, et le comparent à Richelieu : en revanche ses ennemis disent que c'était un boute-feu qui aurait embrasé l'Europe. Pour moi, je laisse raisonner tout le monde. Choiseul n'a pu me faire ni bien ni mal : je ne l'ai point connu ; et je m'en repose sur les grandes lumières de votre monarque pour le choix et le renvoi de ses ministres et de ses maîtresses. Je ne me mêle que de mes affaires et du carnaval, qui dure encore.

Nous avons un bon opéra ; et, à l'exception d'une seule actrice, mauvaise comédie. Vos histrions welches se vouent tous à l'opéra-comique ; et des platitudes mises en musique sont chantées par des voix qui hurlent et détonnent à donner des convulsions aux assistants. Durant les beaux jours du siècle de Louis XIV, ce spectacle n'aurait pas fait fortune. Il passe pour bon dans ce siècle de petitesse, où le génie est aussi rare que le bon sens, où la médiocrité en tout genre annonce le mauvais goût, qui probablement replongera l'Europe dans une espèce de barbarie dont une foule de grands hommes l'avait tirée.

Tant que nous conserverons Voltaire, il n'y aura rien à craindre ; lui seul est l'Atlas qui soutient par ses forces cet édifice ruineux. Son tombeau sera celui du bon goût et des lettres. Vivez donc, vivez, et rajeunissez, s'il est possible : ce sont les vœux de toutes les personnes qui s'intéressent à la belle littérature, et principalement les miens.

MMMMMMLXXI. — DU CARDINAL DE BERNIS.

A Rome, le.... janvier.

Je ne suis ni cruel ni barbare, mon cher confrère ; mais je ne veux pas donner à vos horlogers des correspondants infidèles. Le commerce n'existe pas à Rome. Notre consul n'oserait vous indiquer un seul marchand dont il pût répondre. Je vous ai déjà fait part des motifs de mon silence : la négligence ni l'oubli n'y ont eu aucune part. Je sais qu'on a parlé de moi. Je suis très-flatté que le public y pense encore ; mais je m'estime très-heureux de ce que la cour n'y pense point du tout. Continuez à prouver que vous êtes véritablement philosophe par votre bonne santé. Vous l'avez prouvé par vos écrits. Vous savez, mon cher confrère, que je vous aime presque autant que je vous admire.

e viens de recevoir votre lettre plus douce du 11.

MMMMMMLXXI bis. — A MADAME LA MARQUISE D'ARGENS [1].

A Ferney, 1ᵉʳ février.

Madame, vous ne pouviez confier vos sentiments et vos regrets à un cœur plus fait pour les recevoir et pour les partager. Mon âge de soixante-dix-huit ans, les maladies dont je suis accablé, et le climat très-rude que j'habite, tout m'annonce que je verrai bientôt le digne mari que vous pleurez.

Je fus bien affligé qu'il ne prît point sa route par Ferney quand il partit de Dijon; et, par une fatalité singulière, ce fut le roi de Prusse qui m'apprit la perte que vous avez faite. Je ne crois pas qu'il eût en France un ami plus constant que moi. Mon attachement et mon estime augmentaient encore par les traits que frère Berthier et d'autres polissons fanatiques lançaient continuellement contre lui. Les ouvrages de ces pédants de collége sont tombés dans un éternel oubli, et son mérite restera. C'était un philosophe gai, sensible et vertueux. Ses ennemis n'étaient que des dévots, et vous savez combien un dévot est loin d'un homme de bien. Son nom sera consacré à la postérité par le roi de Prusse et par vous. Voilà les deux ornements de son buste. On ne peut rien ajouter à l'épitaphe faite par le roi. Il n'y a que vous, madame, dont le pinceau puisse se joindre au sien.

C'est un prodige bien singulier qu'une dame, aussi aimable que vous l'êtes, ait fait une étude particulière des deux langues savantes qui dureront plus que toutes les autres langues de l'Europe. Vous avez la science de Mme Dacier, et elle n'avait point vos grâces.

Que ne puis-je, madame, être auprès de vous ! que ne puis-je vous parler longtemps de mon cher Isaac, et surtout vous entendre !

Si vous permettez en effet que mon amitié et ma douleur gravent un mot dans un coin du monument que vous lui destinez; si vous souffrez que mes sentiments s'expliquent après ceux du roi de Prusse et les vôtres, vous ne doutez pas que je ne sois à vos ordres. Vous ne sauriez croire combien j'ai été touché de votre lettre. S'il restait encore quelque chose de nous-mêmes après nous (ce qui est fort douteux), il vous saurait gré de la consolation que vous m'avez donnée en m'écrivant.

Soyez bien persuadée, madame, de l'estime respectueuse avec laquelle je serai, tant que je vivrai, votre, etc.

MMMMMMLXXII. — A M. DALEMBERT.

2 février.

Mon très-cher philosophe, c'est une consolation bien faible que les assassins du chevalier de La Barre soient à leurs maisons de cam-

1. Le marquis d'Argens était mort le 11 janvier 1771. (ÉD.)

pagne; mais nous ne ne pouvons pas espérer plus de justice dans ce monde.

Avez-vous entendu parler de ce nouveau législateur de la littérature, nommé Clément, qui juge à mort M. de Saint-Lambert et l'abbé Delille? J'ai lu cet animal, et me suis figuré que *Messieurs* auraient tous une pareille dose d'orgueil. Est-il vrai que ce maroufle a l'honneur d'être mis au For-l'Évêque? J'admire ce ton décisif que prennent aujourd'hui tous les gredins de la littérature. Ce polisson, qui juge si impérieusement ses maîtres, présenta, il y a deux ans, une tragédie aux comédiens, qui ne purent en lire que deux actes. Ne pouvant parvenir à l'honneur d'être jugé, il s'est mis à juger les autres : c'est un petit élève de Fréron.

On me mande que M. de Mairan est fort malade; voilà une quatrième place à donner bientôt. La mienne fera la cinquième : mais ne me donnez le nasillonneur [1] ni pour confrère ni pour successeur.

Ne croyez pas un mot de tout ce que je vous disais dans mon dernier billet. Je parlais par économie (comme disent les Pères de l'Église). Si l'abbé Delille est un homme sociable, un philosophe et un homme ferme, ne pourriez-vous pas l'acquérir? Il mérite par son ouvrage cette réfutation de Clément; mais il est de l'université, et je crains toujours que ces gens-là ne soient des Riballier, des Coger, des Tamponet.

Je vous demande en grâce, mon cher ami, de dire à M. de Condorcet combien je lui suis dévoué.

Je ne sais si Mme Necker a reçu un paquet de ma part. Je vous envoie le premier volume des *Questions:* vous aurez ensuite le second, puis le troisième : je continuerai ainsi autant que je pourrai.

Pleurons sur Jérusalem, et soyons tranquilles. L'oncle et la nièce vous embrassent tendrement.

MMMMMMLXXIII. — AU MÊME.

4 février.

Je vous suis infiniment obligé, mon cher ami, de votre discours prononcé devant le roi de Danemark. Jamais vous n'avez rendu la philosophie plus respectable. Ce discours est un bien beau monument. Toutes les Académies de l'Europe doivent vous en remercier.

Je n'ose encore vous envoyer ma facétie sur la liberté de la presse, que ce monarque établit si hardiment dans ses États. Figurez-vous que je n'ai pas encore eu le temps de la faire copier. Ma colonie, qu'il faut soutenir malgré l'orage qui l'a presque renversée, des occupations forcées, et mes maladies continuelles, ne m'ont pas laissé un moment dont je puisse disposer.

Je m'attendais bien que le maréchal de Richelieu se mettrait à la tête de la faction pour le nasillonneur. Il m'avait fait entendre, dans une de ses lettres qu'il aimait mieux me servir dans mes amours que dans mes aversions. Il a passé sa vie à me faire des plaisirs et des ni-

---

1. Le président de Brosses. (ÉD.)

ches, à me caresser d'une main et à me dévisager de l'autre; c'est sa façon avec les deux sexes. Il faut prendre les gens comme ils sont. Je lui ai écrit pourtant, et j'avoue ma honte à M. Gaillard. J'espère qu'après tout notre homme trouvera à qui parler. Il ne fera qu'en rire; mais tout en plaisantant, sa faction aura le dessous, et cela est fort amusant. Si je vis, je dirai deux mots à l'ami Lebeau : chaque chose vient en son temps.

Adieu, mon cher philosophe; adieu, l'honneur des lettres. Mme Denis est enchantée, comme moi, de votre discours.

MMMMMMLXXIV. — A M. LE MARÉCHAL DUC DE RICHELIEU.

A Ferney, le 4 février.

Mon héros passe sa vie à m'accabler de bontés et de niches. On me mande qu'il est à la tête d'une faction brillante contre M. Gaillard. Je le supplie de descendre un moment du grand tourbillon dans lequel il plane, pour considérer que M. Gaillard travaille au *Journal des Savants* depuis vingt-quatre ans, qu'il a remporté des prix à l'Académie, qu'il a fait l'*Histoire de François I*er*, laquelle est très-estimée, et qu'il n'a fait ni les *Fétiches*, ni les *Terres australes*.

Je supplie notre respectable doyen, le neveu de notre fondateur, de ne pas contrister à ce point ma pauvre vieillesse toute décrépite. Je sais bien qu'il ne fera que rire de mes lamentations, et qu'il se moquera de moi jusqu'au dernier moment de ma vie. Mon héros est très-capable de me venir voir et de m'accabler de plaisanteries. Il daigne m'aimer depuis longtemps et me tourner parfois en ridicule. Je suis accoutumé à son jeu, et il sait que je supporte la chose avec une patience angélique.

Il me reproche toujours des chimères, des préférences qu'il imagine, des négligences qui n'existent pas; et, sur ce beau fondement, il mortifie son très-humble et très-obéissant serviteur.

L'Europe croit que j'ai beaucoup de crédit sur l'esprit de mon héros : l'Europe se trompe, et je lui certifierai, quand elle voudra, que je n'en ai aucun, et qu'il passe sa vie à se moquer de moi; cependant il faut qu'il soit juste.

Là, mon héros, mettez la main sur la conscience; vous avez fait serment devant Dieu de donner votre voix au plus digne, sans écouter la brigue et les cabales. Jugez quel est le plus digne, et songez à ce que dira de vous la postérité, si vous me bafouez dans cette affaire de droit. Je vous avertis que cette postérité a l'œil sur vous, quoique vous soyez continuellement occupé du présent. Je me plaindrai à elle, comme font tous les mauvais poètes, et, toute prévenue qu'elle est en votre faveur, elle me rendra justice. Ne désespérez point le très-vieux et très-raillé solitaire du mont Jura, qui vous a toujours aimé et révéré d'un culte de dulie, et qui en est pour son culte.

ANNÉE 1771. 241

MMMMMMLXXV. — A M. JOLY DE FLEURY, CONSEILLER D'ÉTAT

A Ferney, 4 février.

Monsieur, vous ne serez point surpris qu'un homme, qui a eu l'honneur de vous faire sa cour pendant que vous étiez intendant de Bourgogne, vous implore pour des infortunés ; il vous voyait alors occupé du soin de les soulager.

L'avocat que je prends la liberté de vous présenter n'est point un homme que l'on doive juger par la taille [1]. Il joint à la plus grande probité une science au-dessus de son âge. Il est le défenseur de douze ou quinze mille bons sujets du roi, que vingt chanoines veulent rendre esclaves. Il a cru que quinze mille cultivateurs pouvaient être aussi utiles à l'État, du moins dans cette vie, que vingt chanoines qui ne doivent être occupés que de l'autre.

Vous connaissez cette affaire, monsieur ; vous en êtes juge. Il ne m'appartient pas d'oser vous parler en faveur d'aucune des parties ; mais il m'est permis de vous dire que l'impératrice de Russie a rendu libres quatre cent mille esclaves de l'Église grecque ; que le roi de Sardaigne a aboli la servitude dans ses États ; et je puis encore ajouter à ces exemples celui du roi de Danemark, qui a la bonté de me mander qu'il est actuellement occupé à détruire dans ses deux royaumes cet opprobre de la nature humaine. Tout ce que désireraient les quinze mille hommes à qui on refuse les droits de l'humanité serait que vous en fussiez le rapporteur.

J'ai l'honneur d'être avec beaucoup de respect, monsieur, votre, etc.

MMMMMMLXXVI. — A M. LE CHEVALIER DE CHASTELLUX.

A Ferney, 4 février.

Monsieur, je sais depuis longtemps que vous n'employez qu'à faire du bien les talents de votre esprit et la considération dont vous jouissez.

Permettez que je prenne la liberté de vous adresser l'avocat d'une province entière. Les mémoires ci-joints vous feront connaître de quoi il s'agit. Quinze mille infortunés, opprimés sans aucun titre par vingt chanoines, demandent votre protection auprès de M. Daguesseau, l'un de leurs juges. Il égalera la gloire de son père, s'il contribue à l'abolition de l'esclavage ; et le genre humain vous devra des remerciments, si vous déterminez M. Daguesseau.

Souffrez, monsieur, que je joigne ma faible et mourante voix aux cris de la reconnaissance d'une province que vous aurez fait jouir des droits de l'humanité.

J'ai l'honneur d'être avec respect, monsieur, votre, etc.

1. M. Christin. (ÉD.)

MMMMMMLXXVII. — A M. CHRISTIN.

5 février.

Mon très-cher avocat de l'humanité contre la rapine sacerdotale, voici deux lettres[1] que je vous envoie ; c'est tout ce que peut faire pour le présent votre ami moribond. Je ne crois pas que votre affaire soit sitôt jugée ; tout le conseil est actuellement occupé à remplacer le parlement. Il me semble qu'on se soucie fort peu à Paris de ce parlement. Au bout du compte, il est dans son tort avec le roi, et l'assassinat du chevalier de La Barre et de Lally ne doit pas le rendre cher à la nation.

On dit que M.' le chancelier prépare un nouveau code dont nous avons grand besoin. M. Chéry[2] devrait bien l'engager à mettre dans son corps de lois quelque règlement en faveur des hommes libres que des chanoines veulent rendre esclaves. Il doit savoir s'il est vrai qu'on va resserrer la juridiction de Paris dans des limites plus convenables, et qu'on ne sera plus forcé d'aller se ruiner à Paris en dernier ressort, à cent cinquante lieues de chez soi. C'est le plus grand service que M. le chancelier puisse rendre ; son nom sera béni.

Si j'étais à Paris, mon cher philosophe, je me ferais votre clerc, votre commissionnaire, votre solliciteur ; je frapperais à toutes les portes, je crierais à toutes les oreilles. Dès que vous serez près d'être jugé, je prendrai la liberté d'écrire à M. le chancelier, à qui j'ai déjà écrit sur cette affaire ; vous pouvez en assurer vos clients. Je pense fermement qu'il est de son intérêt de vous être favorable, et qu'il se couvrira de gloire en brisant les fers honteux de douze mille sujets du roi, très-utiles, enchaînés par vingt chanoines très-inutiles.

Adieu, mon cher ami ; je suis à vous et à vos clients jusqu'au dernier jour de ma vie.

MMMMMMLXXVIII. — A M. LE COMTE D'ARGENTAL.

6 février.

Mes anges, notre jeune homme m'a remis enfin son manuscrit[3], que je vous envoie. Je ne chercherai point à vous séduire en sa faveur ; je ne remarquerai point combien le sujet était difficile ; je ne vous dirai point que Sénèque fut un plat déclamateur, et que Jolyot de Crébillon fut un plat barbare ; je n'insisterai point sur l'artifice des premiers actes et sur la terreur des derniers ; c'est à vous de juger, et à moi de me taire.

Je vous prierai seulement de songer que mon jeune homme aurait très-grand besoin d'un succès. Ce succès servirait à faire voir qu'il n'est pas possible qu'il fasse tous les ouvrages qu'on lui impute contre l'*inf....*, tandis qu'il est tout entier à sa chère Melpomène.

Notre adolescent pourrait alors prendre cette occasion pour venir

---

1. Les deux précédentes à M. Joly de Fleury et à M. le chevalier de Chastellux. (ÉD.)
2. Avocat aux conseils du roi, chargé des intérêts des habitants de Saint-Claude, et signataire de leurs mémoires. (ÉD.)
3. *Les Pélopides.* (ÉD.)

faire un petit tour en tapinois dans la capitale des Welches. Je vous avertis qu'il fait beaucoup plus de cas des *Pélopides* que de la *Sophonisbe*, et qu'il n'y met aucune comparaison. C'est à Pâques qu'il faudrait donner *la Famille de Tantale* : c'est à présent qu'il aurait fallu donner *Sophonisbe*. Si Lekain se donne au genre tempéré, il devrait débuter par *Massinisse*, qui ne demande aucun effort, et qui n'exige un peu de véhémence qu'au cinquième acte.

J'ai parlé à M. Lantin de votre plaisante idée, que Sophonisbe fasse des façons comme une femme qui se défend au premier rendez-vous, ou comme une fille qui combat pour son pucelage. « Une femme telle que Sophonisbe, m'a-t-il dit, doit se marier sur la cendre chaude de Syphax, sans délibérer. L'horreur de l'esclavage et la haine des Romains doivent dresser l'autel sur-le-champ, et allumer les flambeaux de l'hymen pour en brûler le camp des Romains, et pour la conduire en triomphe au camp d'Annibal.

« La petite prétendue bienséance française est en pareille occasion une puérilité froide et misérable.

A ces conditions j'accepte la couronne ;
Ce n'est qu'à mon vengeur que ma fierté se donne.

« Voilà ce qu'il faut que Sophonisbe dise; elle n'est pas une petite fille sortant du couvent. »

Je me suis rendu au sentiment de M. Lantin, et je lui ai seulement souhaité des acteurs qui pussent rendre sa tragédie de Mairet, dans laquelle il n'y a pas, Dieu merci, un seul mot de Mairet.

Il m'a assuré qu'il avait envoyé à M. de Thibouville ces vers dont je vous parle, et vous êtes prié de les mettre sur votre copie.

Quant au *Dépositaire*, nous en parlerons une autre fois. On vous enverra *Barmécide*[1]; vous aurez aussi le *Roi de Danemark*. Mais la journée n'a que vingt-quatre heures; les *Questions sur l'Encyclopédie*[2] en prennent douze ; le reste du temps est employé à souffrir. J'ai la goutte, je suis presque aveugle; j'ai de plus une colonie à conduire; on n'est pas de fer : un peu de patience.

Mme d'Argental aura sa chaîne et sa montre dans quelques jours.

Que dites-vous de M. le maréchal de Richelieu, qui se met à la tête d'une faction, en faveur du nasillonneur de Brosses? Parlez fortement à M. de Foncemagne, à M. de Sainte-Palaye, à M. de Mairan. Il faut, malgré ma tendresse pour notre doyen, qu'il ne remporte pas cette victoire. Ne passons pas sous le joug comme le duc de Cumberland à Closter-Severn. Il a d'ailleurs assez d'avantage, et son dernier triomphe est assez complet.

Je ne puis finir ma lettre sans vous dire encore un mot des *Pélopides*. Faudra-t-il que je sois toujours reconnu comme M. de Pourceaugnac? ne pourrez-vous point, vous et M. de Thibouville, baptiser mon jeune homme? M. de Thibouville ne peut-il pas connaître des jeunes

1. *Épître de Benaldaki à Caramouftée*. (ÉD.)
2. Voltaire n'en avait encore publié que trois volumes. (ÉD.)

gens de bonne volonté, parmi lesquels il choisirait un prête-nom, quelqu'un qui aurait une belle voix, et qui lirait la pièce aux comédiens, comme si elle était de lui? n'y aurait-il pas un plaisir infini à jouer ce tour au public et aux soldats de Corbulon? Rêvez à cela, mes anges; ne m'oubliez pas auprès de votre ami le campagnard.

Adieu, mes anges gardiens; veillez bien sur moi, car je ne puis rien par moi-même sans votre grâce.

MMMMMLXXIX. — A M. DE CHABANON.

6 février.

Mon cher ami, je n'écris jamais pour écrire; mais, quand j'ai un sujet, je n'épargne pas ma plume, tout vieux et tout mourant que je suis. Mon sujet aujourd'hui est un étrange livre qu'on vient de m'envoyer, contre M. Delille et contre M. de Saint-Lambert.

Quel est donc ce législateur nommé Clément, qui dicte ses arrêts du haut de son trône? Je vous avoue que je n'ai jamais rien lu de plus injuste et de plus insolent. Je regarde la traduction des *Géorgiques* par Delille comme un des ouvrages qui font le plus d'honneur à la langue française; et je ne sais même si Boileau aurait osé traduire les *Géorgiques*.

Dites-moi donc ce que c'est que ce Clément. J'en connais un qui est fils d'un procureur de Dijon, et qui porta, il y a deux ans, une tragédie aux comédiens, et qui fut éconduit par eux dès qu'ils eurent lu le premier acte.

Voilà les barbouilleurs qui se mêlent de juger les peintres. Ce qu'il y a de pis dans cet ouvrage, c'est qu'on y trouve par-ci par-là d'assez bonnes choses, et que les gens malins, à la faveur d'une bonne critique, en adoptent cent mauvaises.

Je ne vous parle point de la critique que M. le chancelier a faite du parlement de Paris[1]; j'ai toujours cru, et surtout depuis la catastrophe du chevalier de La Barre, que ses arrêts pouvaient être sujets à la révision de la postérité; mais je ne me mêle point de cette espèce de controverse. Il me paraît que vous ne vous en mêlez pas plus que moi. Vous êtes occupé de vos plaisirs et de vos talents; moi, je le suis de mes misères, qui augmentent tous les jours, et qui m'annoncent la fin de ma vie. En attendant, je vous embrasse de tout mon cœur.

MMMMMLXXX. — A M. LE MARQUIS DE THIBOUVILLE.

6 février.

Partisan du bon goût dans un siècle dégénéré, protecteur d'un théâtre en décadence, connaisseur dans un art où presque personne ne se connaît plus, élève de Baron, dont on devrait prendre des leçons, et dont on n'en prend guère, le jeune provincial[2] a envoyé aux anges les *Pélo-*

---

1. Le parlement avait été cassé le 13 avril 1770. (Éd.)
2. Durand, pseudonyme de Voltaire. (Éd.)

pides. Il vous prie de les lire avec attention; il vous prie encore de relire, si vous pouvez, le barbare *Atrée* du barbare Crébillon, et de juger entre un Français et un Vandale. Ceci devient une affaire importante, une affaire de parti, et par conséquent très-convenable au temps où nous sommes. Prenez cette affaire à cœur; mettez-y toute la politique et tout le courage possibles; trouvez quelque jeune homme dont vous pourrez disposer, qui passera pour l'auteur, et qui pourra même lire la pièce aux comédiens.

N'y aurait-il point à Paris quelque jeune comédien de campagne qui, moyennant quelques pistoles, pourrait se charger de cette négociation? Cela serait fort plaisant : rêvez-y; amusez-vous, et aimez-moi. Si la chose réussit, je viendrai vous voir.

Mme Denis vous fait mille compliments.

MMMMMLXXXI. — A CATHERINE II.

9 février.

Madame, on dit qu'enfin Moustapha se résout à demander grâce, qu'il commence à concevoir que Votre Majesté Impériale est quelque chose sur le globe, et que l'étoile du Nord est plus forte que son croissant.

Je ne sais si le chevalier de Tott sera le médiateur de la paix. Je me flatte que du moins Sa Hautesse payera les frais du procès que sa petitesse vous a intenté si mal à propos, et qu'il se défera de sa belle coutume de loger aux Sept-Tours les ministres des puissances auxquelles il fait la guerre, coutume qui devrait armer l'Europe contre lui.

Votre Majesté va reprendre ses habits de législatrice, après avoir quitté sa robe d'amazone : elle n'aura pas de peine à pacifier la Pologne; enfin mon étoile du Nord sera bien plus brillante que nos soleils du Midi.

Je suis toujours fâché que mon étoile n'établisse pas son zénith directement sur le canal de la mer Noire; mais enfin si la paix est écrite dans le ciel, il faut bien que votre belle et auguste main la signe : je me soumets aux ordres du destin. C'est une autre sacrée majesté qui de tout temps a mené les majestés de ce bas monde.

Elle vient d'envoyer le duc de Choiseul, et le duc de Praslin, et le parlement de Paris[1], à la campagne, au milieu de l'hiver. Elle a fait un cordelier pape[2]. Elle va ôter au pauvre Ali-Bey l'espérance d'être pharaon en Égypte, et pourrait bien le réduire à l'état que Joseph prédit au grand panetier de Pharaon[3].

Le destin fait de ces tours-là tous les jours sans y songer; les bons chrétiens comme vous, madame, disent que c'est la Providence, et je le dis aussi pour vous faire ma cour.

Cependant, si Votre Majesté est prédestinée à ne point convenir des

---

1. Le duc de Choiseul, le duc de Praslin, et les membres du parlement, venaient d'être exilés. (ÉD.)
2. Ganganelli, qui prit le nom de Clément XIV. (ÉD.)
3. *Genèse*, chapitre XL, versets 19 et 20. (ÉD.)

articles avec le divan, je supplie votre providence de faire passer le Danube à vos troupes victorieuses, et de donner des fêtes à M. le prince Henri dans l'Atméidan.

Je murmure un peu contre ce destin, qui m'a donné soixante-dix-sept ans et une santé si faible, avec une passion si violente de voir la cour de mon héroïne garnie de ses héros.

J'ai le malheur de me mettre de loin à ses pieds avec le plus profond respect. L'ERMITE DE FERNEY.

P. S. J'ai écrit une lettre en vers au roi de Danemark, dans laquelle se trouve le nom de Votre Majesté Impériale; mais je n'ose vous l'envoyer sans votre permission.

MMMMMMLXXXII. — A M. LE COMTE DE ROCHEFORT.

2 février.

Le vieux solitaire, monsieur, vous fait ses compliments du fond de son cœur sur votre sous-lieutenance des gardes. Vous êtes trop heureux de servir sous M. le duc de Noailles. Je vous supplie de lui présenter mes respects : c'est l'homme de cour qui a le plus d'esprit, et qui, en disant des choses fort plaisantes, s'est toujours conduit avec le plus de sagesse. Je serai sans doute attaché jusqu'au dernier moment de ma vie à la personne que nous regrettons[1]. Je lui dois tout; il n'est pas dans ma nature d'être ingrat. Je ferai partir lundi, 11 du mois, votre montre; je l'adresserai à M. d'Ogny, que sans doute vous avez prévenu.

Nous mourons de faim dans nos beaux déserts; le setier de blé y vaut environ vingt écus depuis près de quatre mois.

Je ne sais si vous connaissez un journal qu'on appelle *les Éphémérides du citoyen*. Il prétend que nous ne manquons de pain que parce que nous n'avons pas vendu assez de blé à l'étranger. *Vende omnia quæ habes, et sequere me*[2].

Adieu, monsieur; mes respects à Mme Dix-neuf ans. Conservez vos bontés pour le vieux malade du mont Jura.

MMMMMMLXXXIII. — A MADAME LA MARQUISE DU DEFFAND

11 février.

Votre camarade le quinze-vingts, madame, affligé de la goutte et de la fièvre, ramasse le peu de force qui lui reste pour vous écrire, et pour vous supplier de faire passer à votre grand'maman la lettre ci-jointe.

Je n'ai depuis huit jours aucune nouvelle de Paris dans mon enceinte de neiges. Enfermé dans mon sépulcre blanc, j'ignore où vous en êtes, si vous allez trouver votre amie à la campagne, si la personne que vous me disiez devoir être nommée[3] lundi a été en effet nommée

---

1. Le duc de Choiseul. — 2. Marc, X, 21. (ÉD.)
3. Cette personne est le parlement Maupeou. (ÉD.)

et déclarée, si les avocats se sont remis à plaider, si le Châtelet continue à faire ses fonctions, si l'Opéra-Comique attire toujours tout Paris. Je suis mort au monde; ce serait un état assez doux, si je ne souffrais pas horriblement.

Vous faites cas de la nation anglaise; vous avez raison de l'estimer. Elle a trouvé un très-beau secret, c'est qu'aucun particulier chez elle ne va à la campagne que quand il lui en prend envie.

On m'a mandé que M. et Mme Barmécide[1] sont endettés de près de trois millions; en ce cas, ils ont besoin d'une nouvelle vertu, la seule peut-être qui leur manquât, et qu'on appelle l'économie.

Mais vous, madame, comment vous êtes-vous tirée d'affaire dans les réductions qu'on a faites sur votre revenu? vous n'êtes pas une personne à devoir des trois millions.

Comment vous portez-vous, madame? comment passez-vous vos vingt-quatre heures? comment supportez-vous la vie? la mienne est à vous, mais très-inutilement; et probablement je ne vous reverrai jamais, ce dont je suis beaucoup plus affligé que de ma goutte et de ma fièvre. Vous ne savez pas combien le vieil ermite vous regrette.

MMMMMMLXXXIV. — A MADAME LA DUCHESSE DE CHOISEUL.

A Ferney, 11 février.

Vous prétendez donc, madame, être fort orgueilleuse? Il y a bien des personnes qui en effet le seraient, si elles étaient à votre place. Je m'imagine que vous mettez votre orgueil à être bien douce, bien égaie, bien préparée à tout : c'est un fort bon vice que cet orgueil-là. Il n'y a point de vertu cardinale et théologale qui approche de ce péché mortel. Pour moi, je suis obligé de mettre mon petit orgueil à souffrir l'aveuglement presque total où je suis réduit dans une enceinte de quatre-vingts lieues de neiges, la goutte, et tous ses accompagnements, et tout ce que la vieillesse traîne après elle. Ainsi quand, dans mes premiers transports, je disais que je me ferais porter en brancard, du mont Caucase où je demeure, sur les bords de l'Oronte, chez le grand Barmécide, comme homme à lui appartenant, c'était supposer que je fusse encore en vie, et que j'eusse un firman par écrit. Madame sait ce que c'est qu'un firman en arabe et en turc. Je suis, madame un mort fort orgueilleux, mais non pas indiscret.

Je ne sais si le bienfaisant Barmécide trouvera bon que le jour même qu'on sut au mont Caucase la nouvelle de son voyage à la campagne, les commis des douanes du calife aient fouillé dans les poches de mes nouveaux colons, et leur aient pris tout ce qu'ils portaient : pour moi, j'ai trouvé ce trait abominable. Il n'y a plus de générosité musulmane sur la terre; Allah nous a punis : nous éprouvons la famine en attendant la peste; car, pour la guerre, le bienfaisant Barmécide nous en a préservés immédiatement avant que d'aller à sa belle campagne sur l'Oronte.

1. Le duc et la duchesse de Choiseul. (ÉD.)

Je m'imagine à présent que vous placez ce bel orgueil, dont vous me parlez, à mettre de l'ordre dans vos affaires, après que le vizir s'est amusé pendant douze ans à régler celles de l'Europe. C'était ainsi qu'en usait Scipion à Linterne. Je ne crois pas que Linterne valût Chanteloup, ni que Scipion eût fait d'aussi grandes dépenses, ni qu'il eût été aussi généreux, ni que Mme Scipion valût Mme Barmécide.

Il aimait un peu les vers de Térence; il avait raison, car Térence écrivait très-purement dans sa langue, et il n'employait jamais que le mot propre. Comme je n'ai pas le même talent, je n'ose vous envoyer une *Épître au roi de Danemark* sur la liberté qu'il a donnée, dans ses États, d'écrire et d'imprimer tout ce qu'on voudrait. Il est ridicule que je fasse des vers arabes à mon âge : aussi vous voyez que je ne les montre qu'en tremblant.

Je me mets en prose à vos pieds, madame, tout imperceptibles qu'ils sont. Je présente mon respectueux et inviolable attachement au généreux Barmécide, ainsi qu'à Mme la duchesse de la grande montagne. Au reste les échos du mont Caucase se joignent à tous les autres échos.

Partout également on vous chante, on vous loue;
On vous voit partout du même œil;
Vous êtes adorée, et tout le monde avoue
Que vous avez raison d'avoir beaucoup d'orgueil.

MMMMMLXXXV. — A M. LE CARDINAL DE BERNIS.

Férney, le 13 février.

Un garçon bleu[1], qui a de bons yeux et de bonnes oreilles, est venu dans ce pays-ci pour recueillir une petite succession : il prétend qu'il a entendu un familier dire au maître : « Il n'y a que le cardinal de B. qui puisse vous tirer d'affaire, » et que le maître a répondu par un sourire tout à fait agréable, sans dire un mot.

Je me hâte, monseigneur, de vous mander cette nouvelle. Peut-être le temps de l'accomplissement de ma prophétie approche. Pour moi, je pense comme le familier et comme le garçon bleu ; mais il se pourrait bien que vous ne voulussiez point quitter votre heureuse tranquillité pour vous mêler des querelles d'autrui. Quoi qu'il en soit, je renouvelle à Votre Éminence les assurances de mon très-tendre respect. LE VIEIL ERMITE DU MONT JURA.

MMMMMLXXXVI. — A M. DALEMBERT.

13 février.

Je crois notre doyen[2] converti, et je me flatte qu'il ne s'opposera point à M. Gaillard.

---

1. Un valet de la maison du roi. (ÉD.)
2. Le maréchal de Richelieu. (ÉD.)

Vous devez avoir reçu, mon cher philosophe, trois volumes¹ : l'un après l'autre. Je n'ai pu vous les envoyer plus tôt; tout devient difficile.

J'ai peur que l'*Épître au roi de Danemark sur la liberté de la presse* ne paraisse dans un temps bien peu favorable. J'ai pourtant grande envie que vous m'en disiez votre sentiment, mais je tremble toujours de la laisser courir le monde.

Est-il bien vrai qu'on va restreindre le ressort du parlement de Paris à l'Ile-de-France? ce pourrait être un grand bien : il est cruel de se ruiner pour aller plaider en dernier ressort à plus de cent lieues de chez soi.

Je ne sais comment je suis avec Mme Necker; j'ai peur qu'elle ne m'ait entièrement oublié.

Ne comptez-vous pas un jour avoir parmi vos quarante M. le marquis de Condorcet?

Je vous embrasse bien tendrement, mon très-cher philosophe. Je suis bien malade. Est-il vrai que M. de Mairan se meure?

Il faut passer dans ma barque.

MMMMMMLXXXVII. — A M. LE MARÉCHAL DUC DE RICHELIEU.

A Ferney, 13 février.

Par la sainte Vierge, monseigneur, c'est à vous, c'est à notre doyen, c'est à M. le maréchal de Richelieu à gouverner notre Académie; mais mon héros ne peut y donner qu'un coup d'œil en passant; il a quelques affaires un peu plus importantes. Tout ce que je sais, c'est que je vous demande votre protection pour M. Gaillard, que vous en trouverez très-digne, et qui n'est point du tout infecté de ces principes que vous haïssez avec raison.

Je vous prie de remarquer que M. Dalembert est le seul de nos académiciens qui ait travaillé à l'*Encyclopédie*, et que c'est assurément un homme d'un très-rare mérite. Je ne connais guère que Jean-Jacques Rousseau à qui on puisse reprocher ces idées d'égalité et d'indépendance, et toutes ces chimères qui ne sont que ridicules. Mais ne craignez pas que je vous demande jamais une place d'académicien pour lui, encore moins pour La Beaumelle, qui est fort inférieur à Jean-Jacques pour l'esprit et pour les connaissances, et infiniment supérieur en méchanceté et en impudence.

Il me paraît qu'il y a bien d'autres places à donner actuellement. Voilà un grand labyrinthe dont il sera difficile de sortir. Pour moi, qui ne sors guère de mon lit depuis que la neige couvre mes déserts, et qui suis privé à la fois de mes yeux et de mes jambes, je ne vois point les événements de ce monde du fond de mon tombeau de neiges. J'attends paisiblement les beaux jours : je n'en trouverai que quand je pourrai vous faire encore ma cour avant d'achever ma carrière, et je prie Dieu que celle de notre doyen égale au moins celle du doyen Fontenelle.

Agréez mon tendre et profond respect.

1. Les trois premiers volumes des *Questions sur l'Encyclopédie*. (ED.)

MMMMMMLXXXVIII. — A M. HENNIN.

15 février.

M. de Voltaire et Mme Denis font bien des compliments à M. Hennin. Ils ont ouï dire que l'on avait à Genève la liste des maisons de campagne de messieurs du parlement. Ils seraient très-obligés à M. Hennin, s'il voulait bien avoir la bonté de la leur procurer [1].

MMMMMMLXXXIX. — A MADAME LA MARQUISE DU DEFFAND.

A Ferney, 15 février.

Je vous demande en grâce, madame, de me faire écrire sur-le-champ s'il est vrai que la grand'maman ait reçu une lettre du patron [2], et si cette lettre est aussi agréable qu'on le dit. Les petits versiculets barmécidiens [3] ont couru. Je peux en être fâché pour eux qui ne valent pas grand'chose, mais je ne saurais en être fâché pour moi qui ne rougis point d'un sentiment honnête. J'aurais trop à rougir, si je craignais de montrer mon attachement pour mes bienfaiteurs; je ne leur ai jamais demandé de grâce qu'ils ne me l'aient accordée sur-le-champ. Il est vrai que ces grâces étaient pour d'autres, mais c'est ce qui me rend plus reconnaissant encore. Je leur serai dévoué jusqu'à mon dernier soupir.

Je voudrais vous accompagner, madame, dans votre voyage, mais mon triste état ne me permet pas de me remuer; et d'ailleurs je n'ai pas le bonheur d'être de ce pays que vous aimez, et où l'on va coucher chez qui l'on veut. Tout ce que je puis faire, c'est de vous être dévoué comme à vos amis; on ne s'est point encore avisé de nous défendre ce sentiment-là.

Portez-vous bien, écrivez-moi tout ce qu'il vous plaira, et conservez-moi un peu d'amitié.

MMMMMMXC. — A FRÉDÉRIC II, ROI DE PRUSSE.

A Ferney, 15 février.

Sire, tandis que vos bontés me donnent des louanges qui me sont si légitimement dues sur mon orthodoxie et sur mon tendre amour pour la religion catholique, apostolique et romaine, j'ai bien peur que mon zèle ardent ne soit pas approuvé par les principaux membres de notre sanhédrin infaillible. Ils prétendent que je me mets à genoux devant eux pour leur donner des croquignoles, et que je les rends ridicules avec tout le respect possible. J'ai beau leur citer la belle préface d'un

---

1. Les membres du parlement, persistant à refuser de faire leur service, furent exilés par lettres de cachet des 21 et 22 janvier, qui assignaient à chacun sa résidence. La liste des exilés, avec l'indication du lieu où chacun doit se rendre, est imprimée pages 47-58 du tome I du *Journal historique de la révolution opérée dans la constitution de la monarchie*, par M. de Maupeou, chancelier de France, 1774-76, sept volumes in-12. (*Note de M. Beuchot.*)
2. Louis XV. Mme du Deffand répondit le 27 que Mme de Choiseul n'avait reçu de lettre d'aucun patron. (*Id.*)
3. *Épître de Benaldaki à Caramouftée.* (ÉD.)

grand homme[1], qui est au devant d'une histoire de l'Église très-édifiante, ils ne reçoivent point mon excuse; ils disent que ce qui est très-bon dans le vainqueur de Rosbach et de Lissa n'est pas tolérable dans un pauvre diable qui n'a qu'une chaumière entre un lac et une montagne, et que quand je serais sur la montagne du Thabor en habits blancs, je ne viendrais pas à bout de leur ôter la pourpre dont ils sont revêtus. « Nous connaissons, disent-ils, vos mauvaises plaisanteries. Vous ne vous êtes pas contenté de servir un hérétique, vous vous êtes attaché depuis peu à une schismatique[2]; et si on vous en croyait, le pouvoir du pape et celui du Grand-Turc seraient bientôt resserrés dans des bornes fort étroites.

« Vous ne croyez point aux miracles, mais sachez que nous en faisons. C'en est déjà un fort grand que nous ayons engagé votre héros hérétique à protéger les jésuites.

« C'en est un plus grand encore que notre nonce en Pologne ait déterminé les mahométans à faire la guerre à l'empire chrétien de Russie; ce nonce, en cas de besoin, aurait béni l'étendard du grand prophète Mahomet. Si les Turcs ont toujours été battus, ce n'est pas notre faute; nous avons toujours prié Dieu pour eux.

« On nous rendra peut-être bientôt Avignon, malgré tous vos quolibets; nous rentrerons dans Bénévent, et nous aurons toujours un temporel très-royal pour ressembler à Jésus-Christ notre Sauveur, qui n'avait pas où reposer sa tête[3]. Tâchez de régler la vôtre, qui radote, et recevez notre malédiction sous l'anneau du pêcheur. »

Voilà, sire, comme on me traite; et je n'ai pas un mot à répliquer. Si je suis excommunié, j'en appellerai à mon héros, à Julien, à Marc Aurèle, ses devanciers, et j'espère que leurs aigles, ou romaines, ou prussiennes (c'est la même chose), me couvriront de leurs ailes. Je me mets sous leur protection dans ce monde, en attendant que je sois damné dans l'autre.

J'ai envoyé un petit paquet à Mgr le prince royal; je ne sais s'il l'a reçu.

Je me mets aux pieds de mon héros avec autant de respect que d'attachement.   LE VIEUX MALADE DU MONT JURA.

MMMMMMXCI. — A M. LE MARÉCHAL DUC DE RICHELIEU.

A Ferney, 18 février.

Oui, mon héros, je vous l'avoue, j'ai ri un peu quand vous m'avez mandé que vous aviez la goutte; mais savez-vous bien pourquoi j'ai ri? c'est que je l'ai aussi. Il m'a paru assez plaisant qu'ayant pensé comme vous presque en toutes choses, ayant eu les mêmes idées, j'aie aussi les mêmes sensations. Dieu m'avait fait pour être réformé à votre suite; c'est bien dommage que je sois toujours si éloigné de vous, et que je sois une planète si distante du centre de mon orbite.

D'Argens vient de mourir à Toulon; il ne vous reste plus que moi de vos anciens serviteurs bafoués ou par vous ou par les rois. Je le suis fort

1. Frédéric lui-même. (ÉD.) — 2. Catherine II. (ÉD.)
3. Matthieu, VIII, 20. (ÉD.)

aussi par la nature; mes yeux à l'écarlate sont absolument aveuglés par la neige à l'heure que je vous écris.

Je cours actuellement ma soixante-dix-huitième année, et vous êtes un jeune homme de près de soixante-quinze. Voilà, si je ne me trompe, le temps de faire des réflexions sur les vanités de ce monde. Deux jours que j'ai à vivre, et une vingtaine d'années qui vous restent, ne diffèrent pas beaucoup.

Je ris des folies de ce monde encore plus que de ma goutte; mais je ne ris point quand mon héros me gronde, selon sa louable coutume, de ne lui avoir pas envoyé je ne sais quels livres imprimés en Hollande, dont il me parle. Voulait-il que je les lui envoyasse par la poste, afin que le paquet fût ouvert, saisi, et porté ailleurs? m'a-t-il donné une adresse? m'a-t-il fourni des moyens? ignore-t-il que je ne suis ni en Prusse, ni en Russie, ni en Angleterre, ni en Suède, ni en Danemark, ni en Hollande, ni dans le nord de l'Allemagne, où les hommes jouissent du droit de savoir lire et écrire?

Ne se souvient-il plus du pauvre garçon apothicaire qui fut, il y a deux ans [1], fouetté, marqué d'une fleur de lis toute chaude, condamné aux galères perpétuelles par *Messieurs*, et qui mourut de douleur le lendemain avec sa femme et sa fille, pour avoir vendu, dans Paris, une mauvaise comédie intitulée *la Vestale*, laquelle avait été imprimée avec une permission tacite?

Ne vous souvient-il plus qu'un des plus horribles crimes mentionnés dans le procès du chevalier de La Barre était d'avoir, dans son cabinet, des livres qu'on appelle défendus? ce qui, joint à l'abomination de n'avoir pas ôté son chapeau pendant la pluie devant une procession de capucins, engagea les tuteurs des rois à lui faire couper le poing, à lui arracher la langue, et à faire jeter dans les flammes sa tête d'un côté et son corps de l'autre.

Ne saviez-vous pas, mon héros, que, parmi ces Welches pour lesquels vous avez combattu sous Louis XIV et sous Louis XV pendant soixante ans, il y a des tigres acharnés à dévorer les hommes, comme il y a des singes occupés à faire la culbute?

J'ai été assez persécuté, je veux mourir tranquille. Dieu merci, je ne fais point de livres, puisqu'il est si dangereux d'en faire. J'achève ma vie au pied du mont Jura, et j'irai mourir au pied du Caucase si on me persécute encore. J'eusse aimé mieux rire avec vous à Richelieu; mais mon héros est incapable de porter la philosophie jusque-là. Il sera dans le tourbillon jusqu'à l'âge de quatre-vingt-dix ans, comme le duc d'Épernon, qui ne le valait pas. Il faut que chaque individu remplisse sa destinée.

Je vous remercie très-tendrement d'avoir favorisé M. Gaillard [2], qui en est digne.

Je crois votre goutte aussi légère que votre brillante imagination.

---

1. Voltaire veut sans doute parler de la condamnation du 24 septembre 1768. (Éd.)
2. Pour la place à l'Académie française. (Éd.)

Il n'est pas possible que, vous étant baigné presque tous les jours, l'accès soit bien violent et bien douloureux. La mienne est peu de chose aussi; mais mes yeux, mes yeux, voilà ce qui m'accable. Je ne conçois pas comment Mme du Deffand peut être si gaie et si sémillante après avoir perdu la vue. Dieu vous conserve vos deux yeux, qui ont été tant lorgneurs et tant lorgnés! Dieu vous conserve tout le reste! Ne grondez plus votre vieux serviteur, qui assurément ne le mérite pas.

Vous souvenez-vous de Couratin, qui avait toujours tort avec vous, quelque chose qu'il fît?

Permettez-moi de me mettre aux pieds de Mme la comtesse d'Egmont[1].

LE VIEIL ERMITE.

MMMMMMXCII. — A M. LE MARQUIS DE THIBOUVILLE.

20 février.

Le pauvre malade dira en deux mots à M. Baron que s'il a eu le diable au corps, il prétendait bien aussi le faire entrer dans celui d'Atrée. Il le supposait à la fin agité des furies. Il croit qu'il n'y a pas d'autre moyen de se tirer de là. Il est fort aisé de substituer quelques vers à ceux qui finissent la pièce; mais je pense qu'il ne faut jamais rien étriquer : c'est un des plus horribles défauts de ce siècle, à mon gré. Je prétends qu'on doit finir par ce qu'on appelle des fureurs : c'est un châtiment des dieux, et Atrée mérite certainement punition.

Pour madame la mère, je crois qu'il serait très-ridicule de la faire tuer. On ne doit multiplier ni les morts ni les êtres sans nécessité. Il n'est pas trop aisé de donner aux deux Atrée le temps de saigner l'enfant. Cependant la nourrice peut dire qu'elle a été poursuivie par des soldats, et qu'elle a été obligée de prendre son plus long. Le malade aura soin de tout cela s'il peut retrouver un peu de santé. Il est aveugle, il a la goutte, il n'en peut plus. Il demande à M. Baron et aux anges le plus profond secret. On travaillera, vous dis-je. Il est juste de dessiller les yeux d'un certain public sur le compte d'un certain Vandale[2].

Ne s'amuse-t-on pas à Paris tout comme si de rien n'était? N'est-ce pas là le génie welche? M. Baron est prié de nous le mander : cela est important.

Vraiment oui; attendez-vous que Mme Denis écrive!

MMMMMMXCIII. — A MADAME LA PRINCESSE DE TALMONT.

A Ferney, 23 février.

Madame, j'ai soixante-dix-huit ans, je suis né faible, je suis très-malade et presque aveugle : Moustapha lui-même excuserait un homme qui, dans cet état, ne serait pas exact à écrire.

Si M. le prince de Salm vous a dit que je me portais bien, je lui pardonne cette horrible calomnie, en considération du plaisir infini que j'ai eu quand il m'a fait l'honneur de venir dans ma chaumière.

1. Fille du maréchal de Richelieu. (ÉD.)
2. Crébillon, qu'ailleurs Voltaire appelle *le barbare*. (ÉD.)

A l'égard du Grand-Turc, madame, je ne puis absolument prendre on parti. Il n'aime ni l'opéra, ni la comédie, ni aucun des beaux-arts; il ne parle point français; il n'est pas mon prochain; je ne puis l'aimer. J'aurai toujours une dent contre des gens qui ont dévasté, appauvri et abruti la Grèce entière. Vous ne pouvez pas honnêtement exiger de moi que j'aime les destructeurs de la patrie d'Homère, de Sophocle et de Démosthène. Je vous respecte même assez pour croire que, dans le fond du cœur, vous pensez comme moi.

J'aurais désiré que vos braves Polonais, qui sont si généreux, si nobles et si éloquents, et qui ont toujours résisté aux Turcs avec tant de courage, se fussent joints aux Russes pour chasser de l'Europe la famille d'Ortogul. Mes vœux n'ont pas été exaucés, et j'en suis bien fâché; mais, quelque chose qui arrive, je suis persuadé que votre respectable nation conservera toujours ce qu'il y a de plus précieux au monde, la liberté. Les Turcs n'ont jamais pu l'entamer, nulle puissance ne la ravira. Vous essuierez toujours des orages, mais vous ne serez jamais submergés; vous êtes comme les baleines qui se jouent dans les tempêtes.

Pour vous, madame, qui êtes dans un port assez commode, je conçois quel est le chagrin de votre belle âme de voir les peines de vos compatriotes. Vous avez toujours pensé avec grandeur, et j'ose dire qu'il y a une espèce de plaisir à sentir qu'on ne peut souffrir que par le malheur des autres. Je ne puis qu'approuver tous vos sentiments, excepté votre tendre amitié pour des barbares qui traitent si mal votre sexe, et qui lui ôtent cette liberté dont vous faites tant de cas. Que vous importe, après tout, qu'ils se lavent en commençant par le coude? comme vous n'avez aucun intérêt à ces ablutions, autant vaudrait-il pour vous qu'ils fussent aussi crasseux que les Samoïèdes. Il faut que tous les musulmans soient naturellement bien malpropres, puisque Dieu a été obligé de leur ordonner de se laver cinq fois par jour.

Au reste, madame, je sens que je serai toujours rempli de respect et d'attachement pour vous, soit que vous fussiez à la Mecque, ou à Jérusalem, ou dans Astracan. Je finis mes jours dans un désert fort différent de tous ces lieux si renommés. J'y fais des vœux pour votre bonheur, supposé qu'en effet il y ait du bonheur sur notre globe. Vous avez vu des malheurs de toutes les espèces; je vous recommande à votre esprit et à votre courage. Agréez, madame, le profond respect, etc.

MMMMMMXCIV. — A M. DE LA HARPE.

A Ferney, 25 février.

Le diable se fourre partout depuis longtemps. Si on vous a imputé des vers contre M. le maréchal de Richelieu, on m'attribue une lettre au pape[1]. On veut vous faire arrêter et on veut m'excommunier : per-

---

1. *Lettre de l'abbé Pinzo au surnommé Clément XIV, son ancien camarade de collége, qui l'a condamné à une prison perpétuelle*, etc. (ÉD.)

sonne n'est en sûreté ni dans cette vie ni dans l'autre ; il suffit d'avoir de la réputation pour être persécuté et damné. Il faut se soumettre à tous les ordres de la Providence. Nous lui devons des remercîments, puisqu'elle vous a choisi pour punir maître Aliboron, dit Fréron. *Le Mercure*, en effet, est devenu le seul journal de France, grâce à vos soins. L'âne d'Apulée mangeait des roses, l'âne de Fréron s'enivre ; chacun se console à sa façon : je plains seulement son cabaretier. A l'égard du libraire[1] qui faisait la litière d'Aliboron, il ne risque rien ; il lui restera toujours le *Journal chrétien*, avec lequel on fait son salut, si on ne fait pas sa fortune.

On dit que Gentil Bernard a perdu la mémoire ; il a pourtant pour mère une des filles de Mémoire, et il doit avoir du crédit dans la famille.

Est-il vrai que M. de Mairan se dégoûte de son âge de quatre-vingt-treize ans, et qu'il veuille aller trouver Fontenelle? Pour moi, j'irai bientôt trouver Pellegrin, Danchet et le barbare Crébillon. En attendant, je vous embrasse de tout mon cœur.

MMMMMMXCV. — A M. LE MARQUIS DE FLORIAN.

Le 25 février.

La nature et la fortune nous traitent tous bien mal. Il est triste d'avoir à combattre à la fois deux puissances aussi formidables. Mme de Florian languissante et malade encore ; son fils[2] confiné avec sa femme dans un pauvre village à plus de cent lieues de vous ; Mme Denis au mont Jura avec une très-mauvaise santé ; moi chétif, devenu aveugle et attaqué de la goutte ; ma colonie, qui commençait à prospérer, frappée d'un coup de foudre ; tout presque détruit en un moment ; des dépenses immenses perdues : quand tout cela se joint ensemble, c'est un amas d'infortunes dont il est bien difficile de se tirer.

Je ne sais pas comment finira l'affaire du parlement, mais j'oserais bien dire que les compagnies font de plus grandes fautes que les particuliers, parce que personne n'en répondant en son propre nom, chacun en devient plus téméraire. Il m'a toujours paru absurde de vouloir inculper un pair du royaume[3], quand le roi, dans son conseil, a déclaré que ce pair n'a rien fait que par ses ordres et a très-bien servi. C'est au fond vouloir faire le procès au roi lui-même ; c'est, de plus, se déclarer juge et partie ; c'est manquer, ce me semble, à tous les devoirs.

Je vous avoue encore que j'ai sur le cœur le sang du chevalier de La Barre et du comte de Lally. Heureusement d'Hornoy n'y a point trempé ses mains ; mais ceux qui ont à se reprocher ces cruautés, dont l'Europe est indignée, sont-ils bien à plaindre à la campagne? Il y a dix-sept ans que j'y suis, et je n'ai pourtant assassiné personne.

---

1. Panckoucke. (ÉD.)
2. D'Hornoy, exilé comme ses confrères du parlement. (ÉD.)
3. Le duc d'Aiguillon. (ÉD.)

Le setier de blé, mesure de Paris, vaut toujours chez nous environ vingt écus. C'est un très-petit malheur pour moi, mais c'en est un fort grand pour le peuple.

Je vous embrasse tous deux tendrement, et je suis désespéré de n'être d'aucun secours à ma nièce.

MMMMMMXCVI. — A M. DE VEYMERANGE.

Le 25 février.

Le vieux malade, goutteux, aveugle, n'en pouvant plus, remercie bien tendrement M. de Veymerange de ses bontés et de ses nouvelles. Il tient encore au monde par les bontés que vous avez pour lui. Il est très-affligé des brigandages dont il a été témoin dans le pays barbare qu'il habite. Il est fâché d'avoir vu tout le blé du pays vendu impunément à l'étranger par un Génevois[1]; il est fâché que le froment coûte encore près de vingt écus le setier, mesure de Paris. Il voit avec douleur sa colonie vexée et dégoûtée. Il a levé les épaules quand la cohue des enquêtes s'est mise à contrarier le roi et à vouloir entacher les gens; il a ri, mais il ne rit point quand on manque de pain. C'est là l'essentiel; et le *Pater noster* commence par là, ce qui est, à mon avis, fort sensé.

Je m'intéresse fort à vos yeux, monsieur; je suis d'ailleurs du métier, une fluxion épouvantable m'a rendu aveugle.

Je vous remercie, encore une fois, de tout ce que vous avez bien voulu m'apprendre.

On me mande de Lyon que M. le chancelier a déjà nommé onze conseillers du conseil suprême qu'il veut établir à Lyon. Si la chose est vraie, c'est un des plus grands services qu'il puisse rendre à l'État, et il sera béni à jamais. N'était-il pas horrible d'être obligé de s'aller ruiner, en dernier ressort, à cent lieues de chez soi, devant un tribunal qui n'entend rien au commerce et qui ne sait pas comment on file la soie? M. le chancelier paraît un homme d'esprit, très-éclairé et très-ferme. S'il persiste, il se couvrira de gloire; s'il mollit, il aura toujours des ennemis à combattre.

Délivrez-nous du Génevois Cambassadès, qui à présent, au lieu de vendre notre blé à l'étranger, vend notre pain tout cuit.

Mme Denis vous fait les plus sincères compliments. Je suis entièrement à vos ordres.

Le vieux malade du mont Jura, et le plus inutile des hommes.

MMMMMMXCVII. — A M. LE PRÉSIDENT DE RUFFEY.

A Ferney, 27 février.

Mon cher président, je sais bien que j'aurais dû vous écrire plus tôt; mais avec soixante-dix-sept ans, des fluxions horribles sur les yeux, et la goutte, on ne fait pas toujours ce qu'on voudrait.

1. **Cambassadès**, dont il est parlé à la fin de la lettre. (ÉD.)

Je crois que les présidents du parlement de Dijon ont actuellement des choses plus importantes que celles de l'Académie française. On a persuadé à M. de Brosses que je m'étais opposé à son élection, parce que j'avais écrit plusieurs lettres en faveur de M. Gaillard. Mais je le prie de considérer que j'avais écrit ces lettres longtemps avant que j'eusse appris que M. de Brosses voulût être notre confrère. Il nous fera certainement bien de l'honneur à la première occasion. *Multæ sunt mansiones in domo patris mei*[1].

J'ai fait ce que j'ai pu pour mériter son amitié; et excepté le tort que j'ai peut-être de vivre encore, je n'ai rien à me reprocher.

On prépare à Paris un nouveau code, un nouveau parlement : ne pourrait-on pas en même temps imaginer une nouvelle manière de payer ses dettes? il est bon de songer à tout.

Savez-vous qu'on établit un conseil supérieur à Lyon? qu'il y a déjà des juges de nommés? On parle aussi de Poitiers et de Clermont en Auvergne.

Voilà tout ce que je sais; vous en savez sans doute davantage à Dijon. Conservez-moi toujours un peu d'amitié, mon très-cher président, cela me fera finir plus gaiement. Si vous voyez M. Le Goux, je vous prie de lui dire que je lui suis toujours très-tendrement attaché. V.

MMMMMMXCVIII. — A M. LE MARÉCHAL DUC DE RICHELIEU.

A Ferney, 27 février.

Comme je suis réformé à la suite de mon héros, et que je suis quitte de ma goutte, je me flatte qu'il en est délivré aussi; elle ne lui allait point du tout. Passe pour un prélat désœuvré; mais monseigneur le maréchal n'est pas fait pour se tenir couché sur le dos, avec un cataplasme sur le pied. C'est une chose bien plaisante que la goutte, et qui confond terriblement l'art prétendu de la médecine. Comment se peut-il faire que la douleur passe tout d'un coup d'un doigt de la main gauche à l'orteil du pied droit, sans qu'on sente le moindre effet de ce passage dans le reste du corps? Quand les médecins m'expliqueront cette transmigration, et qu'ils y remédieront, je croirai en eux.

On dit que nous allons avoir un nouveau code; nous en avons grand besoin. Cette réforme immortaliserait le règne du roi. Il est surtout bien à désirer qu'on ne voie plus de jugements semblables à ceux du lieutenant général Lally et du chevalier de La Barre, qui n'ont pas fait honneur à la France dans le reste de l'Europe. J'avoue encore que je ne sais rien de si ridicule que la rage d'entacher; il y a eu des choses plus odieuses du temps de la Fronde, mais rien de plus impertinent. On croit que c'est à l'Opéra-Comique que la nation est folâtre; on se trompe, c'est à la cohue des enquêtes, et le parterre juge beaucoup mieux qu'elle.

C'est trop raisonner pour un pauvre aveugle; j'ai presque perdu la vue dans mes neiges; je ne pourrai plus voir mon héros, mais je lui

---

1. Jean, *Évangile*, XIV, 2.

serai attaché jusqu'au dernier moment de ma vie avec le plus tendre respect.

MMMMMMXCXIX. — Du CARDINAL DE BERNIS.

Les garçons bleus et les esprits familiers, mon cher confrère, ne sont pas infaillibles; on juge mieux des événements en calculant les intérêts et les passions de ceux qui ont le principal crédit. Votre prophétie s'est accomplie en partie : le public m'a désiré; ma bonne fortune sauvera ma tranquillité. Vous savez qu'il est plus difficile et moins glorieux de réparer le mal que de faire le bien. Tenez-vous-en à cette maxime, et ne faites plus pour moi des vœux indiscrets. J'aime et j'admire toujours de tout mon cœur mon cher *confrère*.

MMMMMMC. — A FRÉDÉRIC II, ROI DE PRUSSE.

A Ferney, 1ᵉʳ mars.

Sire, il n'est pas juste que je vous cite comme un de nos grands auteurs[1] sans vous soumettre l'ouvrage dans lequel je prends cette liberté : j'envoie donc à Votre Majesté l'épître contre Moustapha. Je suis toujours acharné contre Moustapha et Fréron. L'un étant un infidèle, je suis sûr de faire mon salut en lui disant des injures; et l'autre étant un sot et très-mauvais écrivain, il est de plein droit un de mes justiciables.

Il n'y a rien, à mon gré, de si étonnant, depuis les aventures de Rosbach et de Lissa, que de voir mon impératrice envoyer du fond du Nord quatre flottes aux Dardanelles. Si Annibal avait entendu parler d'une pareille entreprise, il aurait compté son voyage des Alpes pour bien peu de chose.

Je haïrai toujours les Turcs oppresseurs de la Grèce, quoiqu'ils m'aient demandé depuis peu des montres de ma colonie. Quels plats barbares! Il y a soixante ans qu'on leur envoie des montres de Genève, et ils n'ont pas su encore en faire : ils ne savent pas même les régler.

Je suis toujours très-fâché que Votre Majesté, et l'empereur, et les Vénitiens, ne se soient pas entendus avec mon impératrice pour chasser ces vilains Turcs de l'Europe ; c'eût été la besogne d'une seule campagne; vous auriez partagé chacun également. C'est un axiome de géométrie, qu'ajoutant choses égales à choses égales, les tous sont égaux; ainsi, vous seriez demeurés précisément dans la situation où vous êtes.

Je persiste toujours à croire que cette guerre était bien plus raisonnable que celle de 1756, qui n'avait pas le sens commun; mais je laisse là ma politique, qui n'en a pas davantage, pour dire à Votre Majesté que j'espère faire ma cour après Pâques, dans mon ermitage, aux princes de Suède vos neveux, dont tout Paris est enchanté. On

---

1. Vers 55 de l'*Épître à l'impératrice de Russie*. (Éd.)

parle beaucoup plus d'eux que du parlement. Deux princes aimables font toujours plus d'effet que cent quatre-vingts pédants en robe.

On m'a dit que d'Argens est mort : j'en suis très-fâché ; c'était un impie très-utile à la bonne cause, malgré tout son bavardage.

A propos de la bonne cause, je me mets toujours à vos pieds et sous votre protection. On me reprochera peut-être de n'être pas plus attaché à Ganganelli qu'à Moustapha ; je répondrai que je le suis à Frédéric le Grand et à Catherine la Surprenante.

Daignez, sire, me conserver vos bontés pour le temps qui me reste encore à faire de mauvais vers en ce monde.

LE VIEUX ERMITE DES ALPES.

MMMMMMCI. — A M. DALEMBERT.

2 mars.

Mon cher philosophe ne m'a point répondu quand je lui ai demandé s'il avait reçu trois volumes par la voie de M. Marin ; je le prie instamment de vouloir bien m'en informer. Je hasarde enfin de lui envoyer l'*Épître au roi de Danemark*, avec un peu de prose versifiée, adressée à lui-même. Ce n'est pas trop le temps de s'occuper de ces colonneries ; mais j'aime mieux m'égayer sur les excréments de la littérature que sur d'autres excréments.

Je supplie mon cher philosophe de ne donner aucune copie des fadaises à lui envoyées. Il peut les lire tant qu'il voudra à ses amis, mais il ne faut pas mettre le public dans sa confidence.

Voilà donc une quatrième place à remplir [1] ; donnez-la à qui vous voudrez : pourvu que ce ne soit pas à ce fripon de nasillonneur [2], je suis content. Demandez à Lalande, qui est voisin de ses terres, s'il n'est pas célèbre dans le pays par les rapines les plus odieuses. M. de Condorcet pourrait-il succéder à M. de Mairan [3] ? Il n'a rien fait, dira-t-on : tant mieux ; nous avons plus besoin de gens qui jugent que de gens qui fassent.

Je n'ai rien à dire sur tout ce qui se passe aujourd'hui ; tout ce que je puis me permettre, c'est de détester du fond de mon cœur les assassins du chevalier de La Barre jusqu'au dernier moment de ma vie : c'est ainsi que je vous aimerai.

MMMMMCII. — AU MÊME.

4 mars.

Je m'aperçois, mon cher philosophe, que je ressemble à Le Clerc de Montmercy, je fais trop de vers. Je vois, à ma confusion, que j'ai parlé deux fois des harpies : l'une, dans l'*Épître au roi de Danemark* ; l'autre, dans votre épître. Il y a dans la danoise :

Qui vous rendit chez vous puissants sans être impies ?
Qui sut, de votre table écartant les harpies,

---

1. Par la mort de Mairan. (ÉD.) — 2. Le président de Brosses. (ÉD.)
3. Le successeur de Mairan à l'Académie française fut l'abbé Arnaud. (ÉD.)

Sauver le peuple et vous de leur voracité?
Qui sut donner une âme au public hébété?

Je mettrai à la place, si vous le trouvez bon :

Quelle main, favorable à vos grandeurs suprêmes,
A du triple bandeau vengé cent diadèmes;
Et qui, du fond du puits tirant la vérité,
A su donner une âme au public hébété?

Faites-moi l'amitié, je vous en prie, de mettre ces quatre vers sur la danoise, si mieux n'aimez en faire de meilleurs.

Voici une autre idée en prose[1] dont vous ferez ce que vous croirez convenable; je m'en remets à vous.

J'ai été extrêmement content de l'édit; et à deux petites phrases près, que j'ai trouvées un peu obscures, le discours de M. le chancelier m'a paru parfaitement beau.

MMMMMMCIII. — A L'ACADÉMIE FRANÇAISE

A Ferney, 4 mars.

Messieurs, permettez-moi de vous soumettre une idée dans laquelle j'ose me flatter de me rencontrer avec vous. Rempli de la lecture des *Géorgiques* de M. Delille, je sens tout le mérite de la difficulté si heureusement surmontée, et je pense qu'on ne pouvait faire plus d'honneur à Virgile et à la nation. Le poëme des *Saisons* et la traduction des *Géorgiques* me paraissent les deux meilleurs poëmes qui aient honoré la France après *l'Art poétique*. Vous avez donné à M. de Saint-Lambert la place qu'il méritait à plus d'un titre; il ne vous reste qu'à mettre M. Delille à côté de lui. Je ne le connais point; mais je présume, par sa préface, qu'il aime la liberté académique, qu'il n'est ni satirique ni flatteur, et que ses mœurs sont dignes de ses talents.

Je me confirme dans l'estime que je lui dois, par la critique odieuse et souvent absurde qu'un nommé Clément a faite de cet important ouvrage, ainsi que du poëme des *Saisons*. Ce petit serpent de Dijon s'est cassé les dents à force de mordre les deux meilleures limes que nous ayons.

Je pense, messieurs, qu'il est digne de vous de récompenser les talents, en les faisant triompher de l'envie. La critique est permise, sans doute; mais la critique injuste mérite un châtiment; et sa vraie punition est de voir la gloire de ceux qu'elle attaque.

M. Delille ne sait point quelle liberté je prends avec vous. Je souhaite même qu'il l'ignore, et je me borne à vous faire juges de mes sentiments, que je dois vous soumettre.

J'ai l'honneur d'être avec un profond respect, etc.

---

1. La lettre ci-après à l'Académie française. (ÉD.)

ANNÉE 1771.

MMMMMMCIV. — A M. Duclos.

A Ferney, 4 mars.

Si M. Duclos pense comme moi, et s'il trouve ma lettre à l'Académie convenable, je le supplie de la présenter dans la séance qui lui paraîtra la mieux disposée. Je m'en rapporte à ses lumières, à toutes les vues qu'il peut avoir, et à l'amitié dont il m'a toujours honoré. Je puis l'assurer que je n'ai jamais eu la moindre liaison avec M. Delille, que je ne lui ai jamais écrit, que j'ignore même s'il fait des démarches pour être reçu à l'Académie; mais il me paraît si digne d'en être, que je n'ai pu m'empêcher de dire ce que j'en pense, supposé que cela soit permis par nos statuts.

Je présente mes respects à M. Duclos.

MMMMMMCV. — A M. LE COMTE DE ROCHEFORT.

Ferney, 4 mars.

Mon cher lieutenant de la garde prétorienne [1], je viens de lire la meilleure pièce qu'on ait faite depuis bien longtemps, pour le fond, pour la conduite et pour le style. Je ne sais pas si elle réussit à Paris comme en province, mais je sais qu'elle est excellente, et que c'est ainsi qu'il faut écrire en prose. La pièce, à la vérité, est en six actes [2]; mais ces six actes sont très-bien distribués, et chacun d'eux doit faire un très-bon effet. Il me paraît que l'auteur a deux choses nécessaires et rares, du génie et de l'esprit. Si, par hasard, vous le voyez à Versailles, je vous supplie de lui dire que j'admire son plan, et que je suis enchanté de son style. Cet ouvrage doit aller à l'immortalité. Rien n'est si beau que la justice gratuite, rien n'est si consolant que de n'être pas obligé d'aller se ruiner à cent lieues de chez soi; c'est le plus grand service rendu à la nation.

Comment se porte Mme Dix-neuf ans? ferez-vous un petit tour cette année dans le Vivarais? aurons-nous le bonheur de vous posséder?

Mme Denis vous fait mille compliments. Le pauvre vieux malade vous embrasse comme il peut, car il n'en peut plus.

MMMMMMCVI. — A M. DE LA CONDAMINE, DE L'ACADÉMIE FRANÇAISE ET DE L'ACADÉMIE DES SCIENCES, ETC.

A Ferney, 8 mars.

Monsieur, M. l'envoyé de Parme m'a fait parvenir votre lettre. J'ai l'honneur d'être votre confrère dans plus d'une académie : je suis votre ami depuis plus de quarante ans. Vous me parlez avec candeur, je vais vous répondre de même.

Le sieur de La Beaumelle, en 1752, vendit à Francfort, au libraire

1. Des gardes du corps. (ÉD.)
2. La création des six conseils supérieurs. (ÉD.)

Eslinger, pour dix-sept louis, *le Siècle de Louis XIV*, que j'avais composé (autant qu'il avait été en moi) à l'honneur de la France et de ce monarque.

Il plut à cet écrivain de tourner cet éloge véridique en libelle diffamatoire. Il le chargea de notes, dans lesquelles il dit qu'il soupçonne Louis XIV d'avoir fait empoisonner le marquis de Louvois, son ministre, dont il était excédé; et qu'en effet ce ministre craignait que le roi ne l'empoisonnât. (T. III, p. 269 et 271.)

Que Louis XIV ayant promis à Mme de Maintenon de la déclarer reine, Mme la duchesse de Bourgogne irritée engagea le prince son époux, père de Louis XV, à ne point secourir Lille, assiégée alors par le prince Eugène, et à trahir son roi, son aïeul, et sa patrie.

Il ajoute que l'armée des assiégeants jetait dans Lille des billets dans lesquels il était écrit : « Rassurez-vous, Français ! la Maintenon ne sera pas reine, nous ne lèverons pas le siége. »

La Beaumelle rapporte la même anecdote dans les mémoires qu'il a fait imprimer sous le nom de Mme de Maintenon. (T. IV, page 109.)

Qu'on trouva l'acte de célébration du mariage de Louis XIV avec Mme de Maintenon dans de vieilles culottes de l'archevêque de Paris; mais qu'un « tel mariage n'est pas extraordinaire, attendu que Cléopatre déjà vieille enchaîna Auguste. » (T. III, page 75.)

Que le duc de Bourbon, étant premier ministre, fit assassiner Vergier, ancien commissaire de marine, par un officier, auquel il donna la croix de Saint-Louis pour récompense. (T. III du *Siècle*, p. 323.)

Que le grand-père de l'empereur aujourd'hui régnant avait, ainsi que sa maison, des empoisonneurs à gages. (T. II, page 345.)

Les calomnies absurdes contre le duc d'Orléans, régent du royaume, sont encore plus exécrables; on ne veut pas en souiller le papier. Les enfants de la Voisin, de Cartouche, et de Damiens, n'auraient jamais osé écrire ainsi, s'ils avaient su écrire. L'ignorance de ce malheureux égalait sa détestable impudence.

Cette ignorance est poussée jusqu'à dire que la loi qui veut que le premier prince du sang hérite de la couronne, au défaut d'un fils du roi, *n'exista jamais*.

Il assure hardiment que le jour que le duc d'Orléans se fit reconnaître, à la cour des pairs, régent du royaume, le parlement suivit constamment l'instabilité de ses pensées; que le premier président de Maisons était prêt à former un parti pour le duc du Maine, quoiqu'il n'y ait jamais eu de premier président de ce nom.

Toutes ces inepties, écrites du style d'un laquais qui veut faire le bel esprit et l'homme important, furent reçues comme elles le méritaient : on n'y prit pas garde; mais on rechercha le malheureux qui, pour un peu d'argent, avait tant vomi de calomnies atroces contre toute la famille royale, contre les ministres, les généraux, et les plus honnêtes gens du royaume. Le gouvernement fut assez indulgent pour se contenter de le faire enfermer dans un cachot, le 24 avril 1753. Vous m'apprenez dans votre lettre qu'il fut enfermé deux fois, c'est ce que j'ignorais.

Après avoir publié ces horreurs, il se signala par un autre libelle intitulé *Mes pensées*, dans lequel il insulta nommément MM. d'Erlach, de Watteville, de Diesbach, de Sinner, et d'autres membres du conseil souverain de Berne, qu'il n'avait jamais vus. Il voulut ensuite en faire une nouvelle édition; M. le comte d'Erlach en écrivit en France, où La Beaumelle était pour lors; on l'exila dans le pays des Cévennes, dont il est natif. Je ne vous parle, monsieur, que papiers sur table et preuves en main.

Il avait outragé la maison de Saxe dans le même libelle (p. 108), et s'était enfui de Gotha avec une femme de chambre qui venait de voler sa maîtresse.

Lorsqu'il fut en France, il demanda un certificat de Mme la duchesse de Gotha. Cette princesse lui fit expédier celui-ci :

« On se rappelle très-bien que vous partîtes d'ici avec la gouvernante des enfants d'une dame de Gotha, qui s'éclipsa furtivement avec vous, après avoir volé sa maîtresse, ce dont tout le public est pleinement instruit ici. Mais nous ne disons pas que vous ayez part à ce vol. A Gotha, 24 juillet 1767 *Signé* ROUSSEAU, *conseiller aulique de Son Altesse Sérénissime.* »

Son Altesse eut la bonté de m'envoyer la copie de cette attestation, et m'écrivit ensuite ces propres mots, le 15 août 1767 : « Que vous êtes aimable d'entrer si bien dans mes vues au sujet de ce misérable La Beaumelle ! Croyez-moi, nous ne pouvons rien faire de plus sage que de l'abandonner, lui et son aventurière, etc. » Je garde les originaux de ces lettres, écrites de la main de Mme la duchesse de Gotha. Je pourrais alléguer des choses beaucoup plus graves; mais comme elles pourraient être trop funestes à cet homme, je m'arrête par pitié.

Voilà une petite partie du procès bien constatée. Je vous en fais juge, monsieur, et je m'en rapporte à votre équité.

Dans ce cloaque d'infamies, sur lequel j'ai été forcé de jeter les yeux un moment, j'ai été bien consolé par votre souvenir. Je vous souhaite du fond de mon cœur une vieillesse plus heureuse que la mienne, sous laquelle je succombe dans des souffrances continuelles.

J'ai l'honneur d'être, etc.

MMMMMMCVII. — A MADAME LA COMTESSE D'ARGENTAL.

Ferney, 9 mars.

Je ne pourrai aujourd'hui, madame, parler à mes anges ni de M. Lantin, ni du petit anti-Crébillon[1] que M. de Thibouville a si heureusement trouvé. Je suis absolument aveugle pour le moment présent. Je sais bien qu'il serait fort mal de renoncer aux vers, parce qu'on a perdu les yeux; au contraire, c'est alors qu'on en doit faire plus que jamais, on a l'esprit bien plus recueilli, et l'exemple d'Homère encourage infiniment : mais l'état où je me trouve a été si embelli par tant d'autres

1. C'est-à-dire le jeune homme qui devait présenter et lire au comité de la Comédie-Française la tragédie des *Pélopides*, composée pour être opposée à l'*Atrée et Thyeste* de Crébillon. (*Note de M. Beuchot.*)

accompagnements dignes de mon âge, que je suis obligé de demander quartier pour quelques jours.

Je vous avertis seulement, mes anges, que j'ai une répugnance infinie à tuer la reine mère, après avoir empoisonné sa bru. Je vous trouve trop cruels; ne pourriez-vous point prendre des mœurs un peu plus douces?

M. d'Argental a donc toujours un grand goût pour ce *Système de la nature*? Je le supplie de bien effacer les vers[1] dans lesquels on en parle au roi de Danemark. Cependant je vous jure que ce livre est farci de déclamations, de répétitions, et très-peu fourni de raisons. Il y a des morceaux éloquents, d'accord; mais il me paraît absurde de nier qu'il y ait une Intelligence dans le monde. Spinosa lui-même, qui était bon géomètre, est obligé d'en convenir. L'intelligence répandue dans la matière fait la base de son système. Cette intelligence est assurément démontrée par les faits, et l'opinion opposée de notre auteur me semble très-antiphilosophique : d'ailleurs, qu'est-ce qu'un système uniquement fondé sur une balourdise d'un pauvre jésuite[2] qui crut avoir fait des anguilles avec de la farine de blé ergoté ? J'avoue que tout cela me paraît le comble de l'extravagance. Spinosa est moins éloquent, mais il est cent fois plus raisonnable.

Je passe volontiers de ce chaos à la nouvelle pièce en six actes[3] que le roi vient de faire. Je trouve ces six actes admirables, surtout si on trouve des acteurs. Il me paraît que la pièce réussit beaucoup auprès de tous les gens désintéressés. Il faut la jouer au plus tôt. Je la regarde comme un chef-d'œuvre qui doit enchanter la nation, malgré la cabale.

Je parlerai de la famille d'Atrée[4] et de celle d'Annibal[5] dès que je serai quitte de mes souffrances. Mille tendres respects à mes anges.

MMMMMCVIII. — DE FRÉDÉRIC-GUILLAUME, PRINCE ROYAL DE PRUSSE.

A Potsdam, le 10 mars.

Vous avez très-bien fait, monsieur, de ne pas vous presser d'aller apprendre des nouvelles positives de l'autre monde. Vous êtes trop utile dans celui-ci, et j'espère que vous l'éclairerez encore longtemps.

Je ne vous fatiguerai plus par mes questions sur l'âme. Je serais bien fâché que vous allassiez chercher la réponse si loin; et ma curiosité n'en serait probablement pas mieux satisfaite. Quelque favorisé du ciel que vous soyez sur notre petite planète, je doute qu'il vous accordât le privilège de revenir instruire vos admirateurs. Si cependant la chose n'était pas impossible, ne craignez pas que votre apparition m'effraye. Mais, je vous le répète, ne vous hâtez point. Je suis très-content de ce que vous savez actuellement de notre âme : elle peut survivre au corps; il est vraisemblable qu'elle lui survivra.

---

1. Les vers ont été effacés; car, dans l'*Épître au roi de Danemark*, il n'y en a aucun contre le *Système de la nature*. (ÉD.)
2. Needham. (ÉD.) — 3. L'établissement des six conseils supérieurs. (ÉD.)
4. *Les Pélopides*. (ÉD.) — 5. *Sophonisbe*. (ÉD.)

Pour avoir l'esprit en repos sur l'avenir, il ne faut qu'être homme de bien. Je le serai toujours : j'en ferai toute ma vie honneur à vos sages exhortations, et j'attendrai patiemment que la toile se lève pour voir dans l'éternité.

Je ne saurais assez vous dire, monsieur, combien je suis content de vos réponses sur le *Système de la nature*. Je savais bien que vous réfuteriez mieux ce livre en vingt pages que tous les théologiens ne le feront en cent volumes. Ce bienfait seul mériterait la statue que l'on vous érige à tant de titres. J'aime la manière honnête dont vous traitez l'auteur, et la justice que vous rendez à ce qu'il y a de bon dans son livre, tout en terrassant son système.

Je vous rends mille grâces, monsieur, du précieux présent que vous me destinez. Je lis actuellement avec un plaisir infini les premiers volumes de vos *Questions*[1] ; je vous avoue que, quelque estime que j'aie pour la grande *Encyclopédie*, la vôtre me plaît incomparablement mieux : un format commode, un style égal et toujours gai, point d'articles ennuyeux ou inintelligibles, et partout l'inimitable Voltaire.

Entre tous les articles que j'ai vus jusqu'à présent, vous ne devineriez pas celui qui m'a le plus amusé ; c'est celui d'*Auteur*. Comme je ne crains pas de jamais l'être, j'ai pu en rire à mon aise. A moins qu'un prince n'ait le style de César ou la sagesse de Marc Aurèle, ou le génie de Fédéric, je crois qu'il fera bien de ne pas écrire.

Je devrais peut-être mettre votre *Julien* sur cette petite liste des princes que leurs ouvrages font admirer ; mais je vous avoue que la *Satire des Césars*[2], si vantée, ne me plaît guère : je n'y trouve pas le ton de la bonne plaisanterie. Si vous en jugez plus favorablement, pardonnez à mon mauvais goût.

Ma lettre devient trop longue : je vous en demande pardon, vos moments sont trop précieux au public.

Vous êtes assez heureux, monsieur, pour que je ne puisse vous être bon à rien. S'il se présentait néanmoins quelque occasion de vous faire plaisir, disposez, je vous prie, de votre très-affectionné ami,

FÉDÉRIC-GUILLAUME, prince royal de Prusse.

MMMMMMCIX. — A M. LE COMTE D'ARGENTAL.

11 mars.

Je vous renvoie, mon cher ange, le cinquième service du souper d'Atrée[3], car il faut bien vous renvoyer quelque chose ; et il m'est impossible de rien faire du manuscrit que j'ai reçu de M. de Thibouville, concernant M. Lantin. Je suis absolument aveugle, et quand j'aurais les meilleurs yeux du monde, je n'aurais pas pu déchiffrer son horrible griffonnage ; mais quand il se serait servi d'un secrétaire de ministre,

---

1. Les *Questions sur l'Encyclopédie*. (ÉD.)
2. La Bletterie en a donné une traduction française à la suite de son *Histoire de l'empereur Jovien*. (ÉD.)
3. Des *Pélopides*. (ÉD.)

je n'y aurais rien compris. Je m'en suis fait lire quelques lignes; la première commence ainsi :

Vous savez, Scipion, si vous m'avez aimée.

Au diable si jamais Scipion a aimé cette drôlesse; et quand il l'aurait aimée, il ne fallait pas assurément qu'elle lui fît de telles agaceries. Ce vers n'est pas de moi; il y en a aussi quelques autres qui n'en sont pas. En un mot, je n'y entends rien. Je sais bien que je ne suis pas dans ma patrie, et que je mourrai dans une terre étrangère; mais il ne faut pas qu'on dénature ainsi mon bien de mon vivant.

Si vous avez quelque goût pour la besogne de M. Lantin, il faudrait lui envoyer l'exemplaire que Lekain a reçu en dernier lieu, sans quoi il ne pourra plus savoir où il en est, s'étant malheureusement dessaisi du seul exemplaire corrigé qui lui restât; mais *les Pélopides* sont, à mon gré, un ouvrage bien autrement important; il serait fort aisé de le faire représenter aux noces de Mme la comtesse de Provence. La mort de ma nièce de Florian m'obligerait alors de faire un voyage à Paris, et le délabrement de mes affaires serait un nouveau motif; mais vous savez que mon cœur en aurait un autre bien plus pressant. Vous savez qu'il y a vingt-deux ans que je n'ai eu la consolation de vous voir; je ne doute pas que vous n'ayez quelque scribe sous la main qui puisse transcrire *les Pélopides*.

MMMMMMCX. — A M. LE MARÉCHAL DUC DE RICHELIEU.

A Ferney, 11 mars.

Il n'y a rien à répliquer, monseigneur, au mémoire dont vous m'avez favorisé, si ce n'est ce que disait M. le Grand à Louis XIV, sur les rangs que le roi venait de régler : « Sire, le charbonnier est maître chez lui. »

Le roi peut arranger les choses comme il lui plaît à un bal, à son souper, à sa chapelle; mais, pour la constitution de l'État, elle demande un peu plus d'attention et de connaissances.

Il est prouvé que la pairie est la vraie noblesse et la vraie juridiction suprême du royaume; c'est l'ancien baronnage, c'est le véritable parlement, aussi ancien que la monarchie.

Guillaume le Conquérant, premier vassal du roi de France, porta les lois fondamentales de la France dans l'Angleterre, où elles se sont fortifiées, tandis qu'elles se sont affaiblies dans le lieu de leur origine. Cela est si vrai, que la pairie a été toujours composée en Angleterre de ducs, de marquis, au nombre de deux, de comtes, de vicomtes, et de barons; les ducs y ont toujours eu et prennent encore le titre de très-haut et de très-puissant prince, et on les appelle encore *Votre Grâce*, qualité qu'on donne au roi.

Voilà pourquoi François de Montmorency, pair et maréchal de France (cité dans le mémoire, p. 11), fut inscrit dans le rôle des chevaliers de la Jarretière en 1572, sous ce titre : *His grace the most high and potent*; Sa Grâce, le très-haut et puissant prince le duc de Montmorency.

La raison en est que, dans ce temps, les ducs et pairs étaient tous en Angleterre de la famille royale, comme ils l'avaient été en France. Les Anglais ont conservé leur ancienne prérogative, et c'est encore la raison pour laquelle les ducs et pairs anglais qui étaient dans l'armée du roi Guillaume III ne voulurent jamais céder aux princes de l'Empire. Les princes étrangers n'ont aucun rang en Angleterre que par courtoisie, et les chevaliers de la Jarretière ne marchent que suivant l'ordre de leur réception, indistinctement, selon l'ancien usage de France.

Puisque me voilà embarqué dans les profondeurs de la pairie, je vous dirai que la juridiction suprême, en matière d'état, a toujours continué d'être en Angleterre la seule cour des pairs, et qu'elle est seule le parlement, comme elle l'était chez nous.

Le roi de France peut encore assembler ses pairs où il veut, sans y appeler aucun homme de robe, cela est incontestable; c'est pourquoi les difficultés que le parlement de Paris a faites au roi [1] en dernier lieu m'ont toujours paru très-mal fondées.

Votre jurisprudence ayant continuellement changé, ainsi que tous vos usages, vous avez certainement besoin d'une réforme.

Un des plus grands abus était de se voir obligé d'aller plaider trop loin de chez soi. Cet abus a ruiné mille familles, et la justice n'en a pas été mieux rendue. Si on peut y remédier, c'est un très-grand service rendu à l'État, et qui mérite la reconnaissance de la nation.

Voilà mes petites idées, elles se soumettent entièrement aux vôtres, comme de raison; vous devez assurément en savoir plus que moi sur tout ce qui concerne votre très-respectable pétaudière. J'en parle comme un moineau qui ne doit pas juger les aigles de son pays.

Je me mets, dans le fond de mon pot à moineaux, sous la protection de l'aigle de Fontenoy, de Gênes et de Minorque.

Conservez vos bontés pour ce vieil aveugle qui vous est dévoué avec un respect aussi tendre que s'il avait deux yeux.

Si vous pouviez me gratifier des *Remontrances de la cour des aides* [2], je vous serais infiniment obligé; mais de quoi s'avise la cour des aides? et que fera la cour des monnaies?

MMMMMMCXI. — A CATHERINE II.

A Ferney, 12 mars.

Madame, vous êtes bénie par-dessus toutes les impératrices et par-dessus toutes les femmes. On m'assure qu'un gros corps de vos troupes a passé le Danube; que le peu qui restait en Valachie de mes ennemis les Turcs a été exterminé; que vos vaisseaux bloquent les Dardanelles, et qu'enfin je pourrai me faire transporter en litière à Constantinople vers la fin d'octobre, si je suis en vie.

1. En poursuivant le duc d'Aiguillon, malgré la défense du roi. (ÉD.)
2. Elles avaient été rédigées par Malesherbes. Voltaire y fit une *Réponse*. (ÉD.)

Il est vrai que le vizir français[1], qui n'est plus vizir, n'avait à se reprocher que son peu de coquetterie avec Votre Majesté Impériale. Il était d'autant plus coupable en cela, qu'il est d'ailleurs très-galant, et qu'il aime les actions nobles, généreuses, et hardies; j'ai eu avec lui de grandes disputes. Je n'ai jamais cédé; je lui ai toujours mandé que je vous serais fidèle, que vous seriez triomphante, et que son Moustapha n'était qu'un gros bœuf appelé *sultan*. Mes disputes avec lui n'ont point altéré la bienveillance qu'il m'a toujours témoignée; et actuellement qu'il est malheureux, je lui suis attaché plus que jamais; comme je suis plus que jamais *catherinien*, contre ceux qui sont assez malavisés pour être *moustaphites*.

Votre Majesté Impériale aura, dans le nouveau roi de Suède[2], un voisin qui est en tout fort au-dessus de son âge, et qui joint beaucoup d'esprit et de grâces à de grandes connaissances. Les voisins ne sont pas toujours amis intimes; mais celui-ci, jusqu'à présent, paraît digne d'être le vôtre. Je ne crois pas qu'il fasse encore des vers comme Kienlong, mais il paraît valoir beaucoup mieux que votre voisin oriental.

Ma colonie aura l'honneur d'envoyer, avant un mois, quelques montres, puisque Votre Majesté daigne le permettre; elle est à vos pieds ainsi que moi.

Mon imagination ne s'occupe à présent que du Danube, de la mer Noire, d'Andrinople, de l'Archipel, et de la figure que fera Moustapha avec son eunuque noir dans son harem.

Je supplie Votre Majesté Impériale de bien agréer le profond respect, la reconnaissance, et l'enthousiasme du vieil ermite de Ferney.

MMMMMMCXII. — A M. LE COMTE DE SCHOMBERG.

13 mars.

Le vieux malade, que ses fluxions ont rendu aveugle, remercie bien tendrement son cher et respectable inspecteur de son souvenir.

Je n'ai point lu les *Remontrances de la cour des aides*, et je n'entends point pourquoi la cour des aides se mêle des conseils souverains que le roi juge à propos de créer dans son royaume pour le soulagement de ses peuples; mais, puisqu'elles sont si bien écrites, je suis curieux de les voir comme pièce d'éloquence, et non pas comme affaire d'État. Si vous pouvez, monsieur, avoir la bonté de me les faire parvenir contre-signées du nom de Mgr le duc d'Orléans, je vous serai très-obligé; si cela fait la moindre difficulté, je retire ma très-humble prière. Quand je verrai des remontrances qui opéreront le payement de nos rentes, je serai fort content; jusque-là je ne vois que des phrases inutiles. L'oraison de Cicéron *pro lege Manilia* fit donner le commandement d'Asie à Pompée. Toutes les belles harangues de *Messieurs* n'ont produit, depuis François I*er*, que des lettres de cachet. Il aurait bien mieux valu ne se point baigner dans le sang du chevalier de La Barre et du comte de Lally.

. Le duc de Choiseul. — 2. Gustave III. (ÉD.)

Votre héros, le prince Adolphe, devenu roi[1], n'honorera point Ferney de sa présence. J'aurais été assez embarrassé de le recevoir dans l'état où je suis. Je n'ai qu'un souffle de vie ; mais, tant que je respirerai, ce sera, monsieur, pour vous aimer et pour vous respecter.

MMMMMMCXIII. — A madame la duchesse de Choiseul.

(JOB A MADAME BARMÉCIDE.)

13 mars.

Le diable avait oublié de crever les yeux à l'autre Job, il s'est perfectionné depuis : ainsi, madame, vous avez actuellement une petite-fille[2] et un vieux serviteur aux Quinze-Vingts. C'est de mon fumier que j'ai l'honneur de vous écrire avec un têt de pot cassé. Madame votre petite-fille est la plus heureuse aveugle qui soit au monde : elle court, elle soupe, elle veille dans Babylone ; elle compte même aller à Chanteloup, ce qui est, dit-on la suprême félicité. Job n'y prétend point, il compte mourir incessamment dans ses neiges, et voici ce qu'il dit, de la part du Seigneur, à l'illustre Barmécide :

« Votre nom répandra toujours une odeur de suavité dans les nations ; car vous faisiez le bien au point du jour et au coucher du soleil ; vous n'avez point fait de pacte avec le diable, mais vous avez fait un pacte de famille, qui est de Dieu ; vous avez une fois donné la paix à Babylone, et vous avez une autre fois empêché la guerre ; et une autre fois, pour vous amuser, vous avez donné une île au commandeur des croyants : aussi je vous ai écrit dans le livre de vie, très-petit livre où n'a pas de place qui veut.

« J'encadrerai avec vous la sultane Barmécide, ma philosophe, dont l'Éternel s'est complu à former la belle âme ; et je mettrai dans le même cadre votre sœur de la grande montagne, en qui mérite abonde ; et j'ai dit : « Ils seront bien partout où ils seront, parce qu'ils seront bien « avec eux-mêmes, et que les cœurs généreux sont toujours en paix. »

Et si vous voulez vous amuser de rogatons par *A, B, C, D, E*, comme *Abbaye, Abraham, Adam, Alcoran, Alexandre, Anciens et Modernes, Ane, Ange, Anguilles, Apocalypse, Apôtres, Apostat*, on vous fera parvenir ces facéties honnêtes[3] par la voie que vous aurez la bonté d'indiquer ; facéties d'ailleurs pédantesques, et très-instructives pour ceux qui veulent savoir des choses inutiles.

Si Job pouvait occuper un moment le loisir de la maison Barmécide, il serait trop heureux ; mais que peut-il venir de bon des précipices et des neiges du mont Jura ? C'est dans les belles campagnes de Chanteloup que se trouvent l'esprit, la raison et le génie ; ainsi je me tais et m'endors sur mon fumier, en me recommandant au néant.

En attendant, je supplie madame Barmécide de me conserver ses bontés, qui font ma consolation pour le moment qui me reste à vivre, et d'agréer mon profond respect. LE VIEIL ERMITE.

1. Sous le nom de Gustave III. (Éd.) — 2. Mme du Deffand. (Éd.)
3. Les *Questions sur l'Encyclopédie*, qui font aujourd'hui partie du *Dictionnaire philosophique*. (Éd.)

MMMMMMCXIV. — DE CATHERINE II.

A Pétersbourg, 3-14 mars.

Monsieur, en lisant vos *Questions sur l'Encyclopédie*, je répétais ce que j'ai dit mille fois : qu'avant vous personne n'é rivit comme vous, et qu'il est très-douteux qu'après vous quelqu'un vous égale jamais. C'est dans ces réflexions que me trouvèrent vos deux dernières lettres du 22 de janvier et du 3 de février [1].

Vous jugez bien, monsieur, du plaisir qu'elles m'ont fait. Vos vers et votre prose ne seront jamais surpassés : je les regarde comme le *non plus ultra* de la littérature française, et je m'y tiens. Quand on vous a lu, l'on veut vous relire encore, et l'on est dégoûté des autres lectures.

Puisque la fête que j'ai donnée au prince Henri a eu votre approbation, je vais la croire belle : avant celle-là je lui en avais donné une à la campagne, où les bouts de chandelles et les fusées ne furent pas épargnés. Il n'y eut personne de blessé; les précautions avaient été bien prises. L'horrible désastre arrivé à Paris l'an passé nous a rendus prudents. Outre cela, je ne me souviens pas d'avoir vu depuis longtemps un carnaval plus animé : depuis le mois d'octobre jusqu'au mois de février, il n'y a eu que fêtes, danses, spectacles, etc.

Je ne sais si c'est la campagne passée qui me l'a fait paraître tel, ou si véritablement la joie régnait parmi nous. J'apprends qu'il n'en est pas de même ailleurs, quoiqu'on y jouisse de la douceur d'une paix non interrompue depuis huit ans [2]. J'espère que ce n'est pas la part chrétienne qu'on prend aux malheurs des infidèles qui en est la cause ; ce sentiment serait indigne de la postérité des premiers croisés.

Il n'y a pas longtemps que vous aviez en France un nouveau saint Bernard qui prêchait une croisade contre nous autres [3], sans, je crois, qu'il sût bien au juste lui-même pour quel objet. Mais ce saint Bernard s'est trompé dans ses prophéties comme le premier. Rien n'est arrivé de ce qu'il avait prédit; il n'a fait qu'aigrir les esprits. Si c'était là son but, il faut avouer qu'il a réussi. Ce but cependant ne paraît pas digne d'un aussi grand saint.

Vous, monsieur, qui êtes si bon catholique, persuadez à ceux de votre croyance que l'Église grecque, sous Catherine II, n'en veut pas à l'Église latine, ni à aucune autre, et qu'elle ne fait que se défendre.

Avouez, monsieur, que cette guerre a fait briller nos guerriers. Le comte Alexis Orlof ne cesse de faire des actions honorables : il vient d'envoyer quatre-vingt-six prisonniers algériens et salétins au grand maître de Malte, en le priant de les faire échanger à Alger contre des esclaves chrétiens. Il y a bien longtemps qu'aucun chevalier de Saint-Jean de Jérusalem n'a délivré autant de chrétiens des mains des infidèles.

---

1. Du 9. (Éd.)
2. La France était en paix depuis 1763, fin de la guerre de sept ans. (Éd.)
3. Jean-Jacques Rousseau, *Contrat social*, II, 8. (Éd.)

Avez-vous lu, monsieur, la lettre de ce comte aux consuls européans de Smyrne, qui intercédaient auprès de lui pour qu'il épargnât cette ville après la défaite de la flotte turque? Vous me parlez du renvoi qu'il a fait d'un vaisseau turc où étaient les meubles, les domestiques, etc., d'un bacha; voici le fait :

Peu de jours après la bataille navale de Chesme, un trésorier de la Porte revenait du Caire sur un vaisseau, avec ses femmes, ses enfants et tout son bien, et s'en allait à Constantinople; il apprit en chemin la fausse nouvelle que la flotte turque avait battu la nôtre; il se hâta de descendre à terre pour porter le premier cette nouvelle au sultan. Pendant qu'il courait à toute bride à Stamboul, un de nos vaisseaux amena son navire au comte Orlof, qui défendit sévèrement que personne entrât dans la chambre des femmes, et qu'on touchât à la charge du vaisseau. Il se fit amener la plus jeune des filles du Turc, âgée de six ans, et lui fit présent d'une bague de diamants et de quelques fourrures, et la renvoya, avec toute sa famille et leurs biens, à Constantinople.

Voilà ce qui a été imprimé, à peu près dans les gazettes. Mais ce qui ne l'a pas été jusqu'ici, c'est que le comte Romanzof ayant envoyé un officier au camp du vizir, cet officier fut mené d'abord au kiaga du vizir; le kiaga lui dit, après les premiers compliments : « Y a-t-il quelqu'un des comtes Orlof à l'armée? » L'officier lui répondit que non. Le Turc lui demanda avec empressement : « Où sont-ils donc? » Le major lui dit que deux servaient sur la flotte, et que les trois autres étaient à Pétersbourg. « Eh bien! répliqua le Turc, sachez que leur nom m'est en vénération, et que nous sommes tous étonnés de ce que nous voyons. C'est envers moi surtout que leur générosité s'est signalée. Je suis ce Turc qui doit ses femmes, ses enfants, ses biens, au comte Orlof. Je ne puis jamais m'acquitter envers eux; mais si pendant ma vie je puis leur rendre service, je le compterai pour un bonheur. » Il ajouta beaucoup d'autres protestations, et dit, entre autres choses, que le vizir connaissait sa reconnaissance, et l'approuvait. En disant ces paroles, les larmes coulaient de ses yeux.

Voilà donc les Turcs touchés jusqu'aux larmes de la générosité des Russes de la religion grecque. Le tableau de cette action du comte Orlof pourra faire un jour, dans ma galerie, le pendant de celui de Scipion.

Les sujets de mon voisin le roi de la Chine, depuis que celui-ci a commencé à lever quelques entraves injustes, commercent avec les miens. Ils ont échangé pour trois millions de roubles d'effets les premiers quatre mois que ce commerce a été ouvert.

Les fabriques royales de mon voisin sont occupées à faire des tapisseries pour moi, tandis que mon voisin demande du blé et des moutons.

Vous me parlez souvent de votre âge, monsieur; mais, quel qu'il soit, vos ouvrages sont toujours les mêmes; témoin cette *Encyclopédie* remplie de choses nouvelles. Il ne faut que la lire pour voir que votre génie est, dans toute sa force ; à votre égard, les accidents attribués à l'âge deviennent préjugés.

Je suis très-curieuse de voir les ouvrages de vos horlogers : si vous alliez établir une colonie à Astracan, je chercherais un prétexte pour vous y aller voir. A propos d'Astracan, je vous dirai que le climat de Tangarock est, sans comparaison, plus beau et plus sain que celui d'Astracan. Tous ceux qui en reviennent disent qu'on ne saurait assez louer cet endroit sur lequel, à l'imitation de la vieille dont il est parlé dans *Candide*, je vais vous conter une anecdote.

Après la première prise d'Azof par Pierre le Grand, ce prince voulut avoir un port sur cette mer, et il choisit Tangarock. Ce port fut construit. Ensuite il balança longtemps s'il bâtirait Pétersbourg sur la Baltique, ou une ville à Tangarock. Enfin les circonstances le décidèrent pour la Baltique. Nous n'y avons pas gagné du côté du climat : il n'y a presque point d'hiver là-bas, tandis que le nôtre est très-long.

Les Welches, monsieur, qui vantent le génie de Moustapha, vantent-ils aussi ses prouesses ? Pendant cette guerre je n'en connais d'autres, sinon qu'il a fait couper la tête à quelques vizirs, et qu'il n'a pu contenir la populace de Constantinople, qui a roué de coups, sous ses yeux, les ambassadeurs des principales puissances de l'Europe, lorsque le mien[1] était enfermé aux Sept-Tours : l'internonce de Vienne est mort de ses blessures. Si ce sont là des traits de génie, je prie le ciel de m'en priver à jamais, et de le réserver tout entier pour Moustapha et le chevalier de Tott son soutien. Ce dernier sera étranglé à son tour : le vizir Mahomet l'a bien été, quoiqu'il eût sauvé la vie au sultan, et qu'il fût le beau-fils de ce prince.

La paix n'est pas si prochaine que les papiers publics l'ont débité. La troisième campagne est inévitable, et M. Ali-Bey aura encore gagné du temps pour s'affermir. Au bout du compte, s'il ne réussit pas, il ira *passer le carnaval à Venise*[2] avec vos exilés.

Je vous prie, monsieur, de m'envoyer l'*Épître* que vous avez adressée *au jeune roi de Danemark*, et dont vous me parlez : je ne veux pas perdre une seule ligne de ce que vous écrivez. Jugez par là du plaisir que j'ai à lire vos ouvrages, du cas que j'en fais, et de l'estime et de l'amitié que j'ai pour le saint ermite de Ferney qui me nomme sa favorite : vous voyez que j'en prends les airs.

MMMMMMCXV. — A M. DALEMBERT.
15 mars.

On me mande, mon cher ami, qu'on a élu Lemierre ; en ce cas, vous avez sans doute rengainé ma lettre en faveur du traducteur de Virgile, que je ne connais point du tout. Je n'avais écrit que pour la décharge de ma conscience. Je vous avoue, par le même motif, que j'aurais donné ma voix à celui qui a mis par écrit l'édit du roi pour la création de six parlements ou conseils nouveaux. Non-seulement les jugements en dernier ressort au parlement de Paris épuisaient les pauvres plaideurs,

---

1. D'Obreskoff. (Éd.)
2. Dans le roman de *Candide*, six rois détrônés se rencontrent à Venise pendant le carnaval. (Éd.)

obligés de faire cent cinquante lieues pour se ruiner; mais les criminels qu'on transférait à Paris, du fond de l'Auvergne et du Limousin, coûtaient à l'État des sommes immenses. En un mot, cet édit me paraît jusqu'à présent un service essentiel rendu à la nation; et puis d'ailleurs vous savez si j'ai sur le cœur le sang du chevalier de La Barre et du comte de Lally.

MMMMMCXVI. — DE CATHERINE II.

Le 5-16 mars.

Monsieur, j'ai reçu vos deux lettres du 14 et 27 février presque en même temps. Vous désirez que je vous dise un mot sur les grossièretés et les sottises des Chinois dont j'ai fait mention dans une de mes lettres : nous sommes voisins, comme vous le savez; nos lisières, de part et d'autre, sont bordées de peuples pasteurs, tartares, et païens. Ces peuplades sont très-portées au brigandage. Ils s'enlèvent (souvent par représailles) des troupeaux, et même du monde. Ces querelles sont terminées par des commissaires envoyés sur les frontières.

Messieurs les Chinois sont si grands chicaneurs, que c'est la mer à boire de finir même des misères avec eux; et, plus d'une fois, il est arrivé que, n'ayant plus rien à demander, ils exigeaient les os des morts, non pour leur rendre des honneurs, mais uniquement pour chicaner.

Des misères pareilles leur ont servi de prétexte pour interrompre le commerce pendant dix années; je dis de prétexte, parce que la vraie raison était que Sa Majesté Chinoise avait donné en monopole, à un de ses ministres, le commerce avec la Russie. Les Chinois et les Russes s'en plaignaient également; et comme tout commerce naturel est très-difficile à gêner, les deux nations échangeaient leurs marchandises là où il n'y avait point de douane établie, et préféraient la nécessité aux risques.

Lorsque d'ici on leur écrivait l'état des choses, on recevait en réponse de très-amples cahiers de prose mal arrangée, où l'esprit philosophique et la politesse ne se faisaient pas même entrevoir, et qui, d'un bout à l'autre, n'étaient qu'un tissu d'ignorance et de barbarie. On leur a dit ici qu'on n'avait garde d'adopter leur style, parce qu'en Europe et en Asie ce style passait pour impoli.

Je sais qu'on peut répondre à cela que les Tartares, qui ont fait la conquête de la Chine, ne valent pas les anciens Chinois; je veux le croire : mais toujours cela prouve que les conquérants n'ont point adopté la politesse des conquis; et ceux-ci courent risque d'être entraînés par les mœurs dominantes.

Je viens à présent à l'article Lois, que vous avez bien voulu me communiquer, et qui est si flatteur pour moi. Assurément, monsieur, sans la guerre que le sultan m'a injustement déclarée, une grande partie de ce que vous dites serait fait; mais, pour le présent, on ne peut parvenir encore qu'à faire des projets pour les différentes branches du grand arbre de la législation, d'après mes principes, qui sont imprimés, et que vous connaissez. Nous sommes fort occupés à nous battre; et cela nous donne trop de distraction pour mettre toute l'application convenable à cet immense ouvrage.

J'aime mieux vos vers, monsieur, qu'un corps de troupes auxiliaires : celles-ci pourraient tourner le dos dans un moment décisif. Vos vers feront les délices de la postérité, qui ne sera que l'écho de vos contemporains : ceux que vous m'avez envoyés s'impriment dans la mémoire, et le feu qui y règne est étonnant; il me donne l'enthousiasme de prophétiser : vous vivrez deux cents ans.

On espère volontiers ce que l'on souhaite : accomplissez, s'il vous plaît, ma prophétie; c'est la première que je fais. CATERINE.

MMMMMCXVII. — DE FRÉDÉRIC II, ROI DE PRUSSE.

A Potsdam, le 16 mars.

Il y a longtemps que je vous aurais répondu, si je n'en avais été empêché par le retour de mon frère Henri, qui revient de Russie. Plein de ce qu'il y a vu de digne d'admiration, il ne cesse de m'en entretenir : il a vu votre souveraine; il a été à même d'applaudir à ces qualités sociables qui s'allient si rarement avec la morgue et la grandeur des souverains.

Mon frère a poussé par curiosité jusqu'à Moscou; et partout il a vu les traces des grands établissements par lesquels le génie bienfaisant de l'impératrice se manifeste. Je n'entre point dans des détails qui seraient immenses, et qui demandent pour les décrire une plume plus exercée que la mienne. Voilà pour m'excuser de ma lenteur. J'en viens à présent à vos lettres.

Voyez la différence qui est entre nous : moi, avorton de philosophe, quand mon esprit s'exalte, il ne produit que des rêves; vous, grand prêtre d'Apollon, c'est ce dieu même qui vous remplit, et qui vous inspire ce divin enthousiasme qui nous charme et nous transporte. Je me garde donc bien de lutter contre vous; je crains le sort d'un certain Israël qui, s'étant compromis contre un ange, en eut une hanche démise[1].

Je viens à vos *Questions encyclopédiques*, et j'avoue qu'un auteur qui écrit pour le public ne saurait assez le respecter, même dans ses faiblesses. Je n'approuve point l'auteur de la préface[2] de Fleury abrégé : il s'exprime avec trop de hardiesse, il avance des propositions qui peuvent choquer les âmes pieuses; et cela n'est pas bien. Ce n'est qu'à force de réflexions et de raisonnements que l'erreur se filtre, et se sépare de la vérité ; peu de personnes donnent leur temps à un examen aussi pénible, et qui demande une attention suivie. Avec quelque clarté qu'on leur expose leurs erreurs, ils pensent qu'on les veut séduire; et en abhorrant les vérités qu'on leur expose, ils détestent l'auteur qui les annonce.

J'approuve donc fort la méthode de donner des nasardes à l'*inf...* en la comblant de politesses.

1. Genèse, XXXVII, 31. (Éd.)
2. Frédéric lui-même. (Éd.)

Mais voici une histoire dont le protecteur des capucins pourra régaler son saint et puant troupeau.

Les Russes ont voulu assiéger le petit fort de Czenstokova, défendu par les confédérés : on y garde, comme vous savez, une image de la sainte et immaculée reine du ciel. Les confédérés, dans leur détresse, s'adressèrent à elle pour implorer son divin appui ; la Vierge leur fit un signe de tête, et leur dit de s'en rapporter à elle. Déjà les Russes se préparaient pour l'assaut : ils s'étaient pourvus de longues échelles avec lesquelles ils avançaient la nuit pour escalader cette bicoque. La Vierge les aperçoit, appelle son fils, et lui dit : « Mon enfant, ressouviens-toi de ton premier métier ; il est temps d'en faire usage pour sauver ces confédérés orthodoxes. »

Le petit Jésus se charge d'une scie, part avec sa mère ; et tandis que les Russes avancent, il leur coupe lestement quelques barres de leurs échelles ; puis, en riant, il retourne par les airs avec sa mère à Czenstokova, et il rentre avec elle dans sa niche.

Les Russes cependant appuient leurs échelles aux bastions ; jamais ils ne purent y monter, tant les échelles étaient raccourcies. Les schismatiques furent obligés de se retirer. Les orthodoxes entonnèrent le *Te Deum* ; et depuis ce miracle, la garde-robe de notre sainte mère et son cabinet de curiosités augmentent à vue d'œil par les trésors qui se versent, et que le zèle des âmes pieuses augmente en abondance.

J'espère que vos capucins feront une fête en apprenant ce beau miracle, et qu'ils ne manqueront point de l'ajouter à ceux de la Légende, qui de longtemps n'aura été si bien recrutée.

Il court ici un *Testament politique* qu'on vous attribue ; je l'ai lu, mais je n'y ai pas été trompé comme les autres, et je prétends que c'est l'ouvrage d'un je ne sais qui, d'un quidam qui vous a entendu, et qui s'est flatté d'imiter assez bien votre style pour en imposer au public ; je vous prie, un petit mot de réponse sur cet article.

Le pauvre Isaac[1] est allé trouver son père Abraham en paradis ; son frère d'Éguille, qui est dévot, l'avait lesté pour ce voyage ; et l'*inf....* s'érige des trophées.

Qu'on ne vous en érige pas de longtemps : votre corps peut être âgé, mais votre esprit est encore jeune, et cet esprit fera encore aller le reste. Je le souhaite pour les intérêts du Parnasse, pour ceux de la raison, et pour ma propre satisfaction. Sur quoi je prie le grand dieu de la médecine, votre protecteur, le divin Apollon, de vous avoir en sa sainte et digne garde. FÉDÉRIC.

MMMMMMCXVIII. — A MADAME LA MARQUISE DU DEFFAND.

1 9 mars.

Je vous trouve très-heureuse, madame, de n'être qu'aveugle ; pour moi qui le suis entièrement depuis quinze jours, avec des douleurs horribles dans les yeux, moi qui ai la goutte et la fièvre, je me tiens

---

1. Le marquis d'Argens. (ÉD.)

un petit Job sur mon fumier. Il est vrai que Job n'avait point perdu les deux yeux, et n'avait point surtout perdu la langue, car c'était un terrible bavard; le diable, à la vérité, lui avait ôté tout son bien, et il ne m'a pris qu'une grande partie du mien : mais Dieu rendit tout à Job, et il n'a pas la mine de me rien rendre.

Votre grand'maman a de la santé et bonne compagnie; sa philosophie et la trempe de son âme doivent encore contribuer à son bonheur dans le plus beau lieu de la nature : elle doit être plus chère que jamais à son mari; enfin elle jouira des agréments de votre société. Joignez à tout cela l'acclamation de la voix publique; son lot me paraît un des meilleurs de ce monde. Il me semble que quand on a tous les cœurs pour soi, on est le premier personnage de la terre.

Ma Catherine joue un autre rôle. Il y a à parier qu'elle sera dans Constantinople avant la fin de l'année, à moins qu'Ali-Bey ne la prévienne, et ne devienne son ennemi, ce qui pourrait très-bien arriver. Voilà des événements, cela! nos tracasseries parlementaires sont des sottises de pédants, des pauvretés méprisables, en comparaison de ces belles révolutions. Vous pourriez bien aussi voir cet été quelques querelles sur mer entre les Espagnols et les Anglais; mais ce sont de petites fusées, en comparaison des grands feux de ma Catherine.

Les princes de Suède [1] devaient venir dans mon pays barbare; mais ils ont un voyage plus pressé à faire.

Adieu, madame; portez-vous bien. Allez voir votre amie; faites toutes deux le bonheur l'une de l'autre, si le mot de bonheur peut se prononcer. Conservez-moi des bontés qui me consolent.

MMMMMMCXIX. — A M. D'ALEMBERT.

(8 mars.)

Mon très-cher philosophe, je pense comme vous que le sujet en question [2] serait excellent pour l'Académie de Zug ou de Schaffhouse. Je n'avais jamais vu l'extrait baptistaire du traducteur des *Géorgiques* [3]. N'est-il pas majeur? Nous avions plus d'un conseiller au parlement qui décidait de la fortune, de l'honneur et de la vie des hommes à vingt-cinq ans; et puisque l'abbé Delille a été en âge de traduire Virgile, il me semble qu'il était assez âgé pour être auprès du traducteur de Milton [4].

Je ne le connais point, encore une fois. Il ne saura point mes bonnes intentions. Je me bornais à être juste; mais il me paraît que je ne suis qu'un franc provincial qui ne connaît pas le monde.

J'apprends, par un autre provincial qui est à Paris, qu'on m'attribue une petite feuille [5] qui paraît sur le parlement de Paris et sur les con-

1. L'un, devenu roi sous le nom de Gustave III; l'autre Charles, duc de Sudermanie, régent pendant la minorité de son neveu Gustave IV, de 1771 à 1792, devint roi en 1809, sous le nom de Charles XIII, lors de la démission de Gustave IV, et mourut en 1818. (ÉD.)
2. Lemierre, récemment élu à l'Académie française, auteur de la tragédie de *Guillaume Tell*. (ÉD.)
3. Delille (Jacques) était né à Clermont-Ferrand le 22 juin 1738. (ÉD.)
4. Dupré de Saint-Maur. (ÉD.)—5. *Avis important d'un gentilhomme*. (ÉD.)

seils souverains. Elle est, Dieu merci, d'un jésuite qui est en Piémont : c'est le même qui fit *Il est temps de parler*, et *Tout se dira*.

Vous savez que je n'ai point approuvé la conduite du parlement de Paris, et que j'approuve infiniment les six conseils; mais assurément je suis bien loin de rien imprimer sur de telles affaires. Je suis le prête-nom de quiconque veut écrire hardiment et ne se point compromettre : cette situation est triste.

Quant à votre triple bandeau, on a dû mettre,

Qui du triple bandeau vengea cent diadèmes [1];

et il m'a semblé qu'on disait tous les jours *la tiare* pour *le pape*, et *les diadèmes* pour *les rois*. On venge le trône de l'autel; si je me trompe, je passe condamnation.

Voici une autre querelle. Mme Necker me fait ses plaintes amères de ce que Pigalle veut me faire absolument nu. Voici ma réponse : Décidez de mon effigie, c'est à vous que je la dois; c'est à vous de me donner un habit, si cela vous plaît. Soyez sûr que, vêtu ou non, je suis à vous jusqu'à ce que je ne sois plus rien.

Adieu; je n'ai jamais été si malade; je suis aveugle et goutteux; il faut supporter tous les maux du corps et de l'âme. Pour me consoler, je vous demande en grâce de m'envoyer vos deux discours. En vérité, vous soutenez seul l'honneur des lettres, et je ne sais point d'homme plus nécessaire que vous.

MMMMMMCXX. — DE FRÉDÉRIC II, ROI DE PRUSSE.

Le 12 mars.

Quels agréments, quel feu tu possèdes encore !
Le couchant de tes jours surpasse leur aurore.
Quand l'âge injurieux mine et glace nos sens,
Nous perdons les plaisirs, les grâces, les talents.
Mais l'âge a respecté ta voix douce et légère;
Pour le malheur des sots il fit grâce à Voltaire.

Ce petit compliment vous est dû, ou, pour mieux dire, c'est une merveille qui étonne l'Europe, ce sera un problème que la postérité aura peine à résoudre, que Voltaire, chargé de jours et d'années, a plus de feu, de gaieté, de génie, que cette foule de jeunes poëtes dont votre patrie abonde.

Votre impératrice sera sans doute flattée de l'épître que vous lui adressez. Il est constant que ce sont des vérités; mais il n'est donné qu'à vous de les rendre avec autant de grâces. J'ai été fort surpris de me voir cité dans vos vers : certes je ne présumais pas de devenir un auteur grave. Mon amour-propre vous en fait ses compliments. J'aurai bonne opinion de mes rapsodies tant que je les verrai enchâssées dans les cadres que vous leur savez si bien faire.

1. Vers de l'*Épître au roi de Danemark*. (ÉD.)

J'en viens à ce Moustapha que je n'aime pas plus que de raison ; je ne m'oppose point à toutes les prétentions que vous pouvez former à son sérail ; je crois même que, Constantinople pris, votre impératrice pourra vous faire la galanterie de transporter le harem de Stamboul à Ferney pour votre usage. Il paraît cependant qu'il serait plus digne de ma chère alliée de donner la paix à l'Europe que d'allumer un embrasement général. Sans doute que cette paix se fera, que Moustapha en payera la façon : et la Grèce deviendra ce qu'elle pourra.

On se dit à l'oreille que la France a suscité ces troubles. On impute cette imprudente levée de bouclier des Ottomans aux intrigues d'un ministre disgracié[1], homme de génie, mais d'un esprit inquiet, qui croyait qu'en divisant et troublant l'Europe, il maintiendrait plus longtemps la France tranquille. Vous, qui êtes l'ami de ce ministre, vous saurez ce qu'il en faut croire.

Le bruit court que vous rendrez Avignon au vice-dieu des sept montagnes : un tel trait de générosité est rare chez les souverains. Ganganelli en rira sous cape, et dira en lui-même : « Les portes de l'enfer ne prévaudront point[2]. » Et cela arrive dans ce siècle philosophique, dans ce XVIIIe siècle !

Après cela, messieurs les philosophes, évertuez-vous bien, combattez l'erreur, entassez arguments sur arguments pour détruire l'*inf...*; vous n'empêcherez jamais que les âmes faibles ne l'emportent en nombre sur les âmes fortes : chassez les préjugés par la porte, ils rentreront par la fenêtre. Un bigot à la tête d'un État, ou bien un ambitieux que son intérêt lie à celui de l'Église, renversera en un jour ce que vingt ans de vos travaux ont élevé à peine.

Mais quel bavardage ! je réponds au jeune Voltaire en style de vieillard : quand il badine, je raisonne ; quand il s'égaye, je disserte. Sans doute Bouhours avait raison : mes chers compatriotes et moi nous n'avons que ce gros bon sens qui trotte par les rues. Ma faible chandelle s'éteint, et ce soupçon d'imagination, dont je n'eus qu'une faible dose, m'abandonne ; ma gaieté me quitte, ma vivacité se perd. Conservez longtemps la vôtre : puissiez-vous, comme le bonhomme Saint-Aulaire, faire des vers à cent ans, et moi les lire ! c'est ce que je prie Apollon de vous accorder.

Les princes de Suède n'iront point à Ferney ; l'aîné est devenu roi, et se hâte d'occuper le trône que la mort de son père lui laisse. Pour le pauvre d'Argens, il a cessé de parler, de penser et d'écrire. C'est mon maréchal des logis ; il est allé me préparer une demeure dans le pays des rêves creux, où probablement nous nous rassemblerons tous.

FÉDÉRIC.

MMMMMCXXI. — A M. DE LA PONCE.

A Ferney, mars.

Si vous allez à Chanteloup, je me recommande à vos bons offices. Je vous prie de me mettre aux pieds de M. le duc, de Mme la duchesse

1. Le duc de Choiseul. (ÉD.) — 2. Matthieu, XVI, 18. (ÉD.)

de Choiseul, et de Mme la duchesse de Grammont; leurs bontés seront toujours gravées dans mon cœur. Il me semble que je suis comme la France; je dois beaucoup à ce grand ministre.

S'il a fait le pacte de famille; s'il vous a donné la paix; si la Corse est au roi, je lui dois aussi l'établissement de Mlle Corneille, les franchises de mes terres, et les grâces dont il a comblé toutes les personnes que j'ai prises la liberté de lui recommander : ainsi, monsieur, je crois qu'il peut très-raisonnablement compter sur les cœurs de la France, sur le vôtre, et sur le mien.

Ce n'est pas que je ne trouve l'érection des six nouveaux conseils admirable, ce n'est pas que je ne sois persuadé que nous avons besoin d'une nouvelle jurisprudence; mais cela n'a rien de commun avec les services que M. le duc de Choiseul a rendus à l'État, et avec la reconnaissance que je lui dois.

Je vous remercie bien sensiblement, monsieur, du service essentiel que vous venez de rendre à ma petite colonie, en assurant par vos bontés et par vos soins l'envoi de la petite caisse adressée à M. le marquis d'Ossun : vous ne pouviez mieux favoriser ces pauvres gens dans une circonstance plus critique. Ils sont maltraités de tous les côtés. Ils n'ont encore rien pu obtenir de ce qu'ils demandaient; et notre petit pays, qui se flattait, il y a quelques mois, de la protection la plus signalée, est bien près de retourner dans son ancienne barbarie. Je m'étais épuisé entièrement pour le vivifier un peu; un moment a tout détruit : nous n'avons à présent qu'une perspective très-triste, avec la famine dont nous avons bien de la peine à nous délivrer.

MMMMMMCXXII. — A M. DE CHABANON.

25 mars.

Vraiment oui, mon cher ami, quoique les malades ne ressentent que leurs maux, j'ai senti vivement le triste état de douze mille honnêtes gens traités comme des nègres par des chanoines et par des moines. On leur avait persuadé qu'ils étaient nés esclaves, et ils le croyaient bonnement.

L'instruction fait tout[1],

comme vous le savez. J'ai travaillé vivement pour eux, et M. le duc de Choiseul les prenait sous sa protection. Ils ont, dans mon petit Christin, un défenseur admirable. Il est enthousiaste de la liberté, de l'humanité, et de la philosophie; mais je crois que par ce temps-ci les affaires de mes pauvres esclaves ne seront pas sitôt jugées; le conseil est occupé à des choses plus pressantes : il faut attendre.

Je dois remercier Mme la duchesse de Villeroi de m'avoir épargné le soin de faire des chœurs à Œdipe, je n'y aurais pas réussi, on fait mal les choses qu'on n'aime pas, et j'avoue que je n'ai pas de goût pour la musique mêlée avec la déclamation : il me paraît que l'une tue toujours l'autre.

1. *Zaïre*, acte I, scène I. (ÉD.)

Je suis bien aise que le ton magistral de ce petit Clément, sa malignité et ses bévues, vous aient révolté comme moi. Ce maroufle descend de Zoïle, qui engendra l'abbé Desfontaines, qui engendra Fréron, qui engendra Clément.

Adieu, mon cher ami; je suis accablé de maux, je suis aveugle; mais on m'assure que je retrouverai mes yeux quand ce mont Jura, que vous connaissez, n'aura plus de neige.

Mme Denis vous fait les plus tendres compliments.

Je vous embrasse de tout mon cœur.

MMMMMCXXIII. — A M. LE COMTE DE ROCHEFORT.

27 mars.

Si vous passez, comme vous le dites, monsieur, au mois de juillet par votre hospice de Ferney avec Mme Dix-neuf ans, vous savez comme cette faveur sera sentie par ma nièce et par son oncle l'aveugle. J'espère qu'alors j'aurai des yeux; car jusqu'à présent l'été me rend la vue que je perds dans le temps des neiges. On ne peut mieux prendre son temps pour voir, que quand Mme Dix-neuf ans passe.

Vous verrez ma petite colonie assez heureusement établie : celle de Versoix est un peu négligée à présent. Il me semble qu'on a trop étendu les idées de M. le duc de Choiseul. On a fait dépenser au roi six cent mille francs pour un port qui honorerait Brest ou Toulon, mais où il n'y aura jamais que deux ou trois barques. Au lieu de construire le port à l'embouchure de la rivière, on l'a placé beaucoup plus haut, et on s'est mis dans la nécessité de donner à la rivière un autre lit, ce qui exigerait des dépenses immenses. Voilà comment les meilleurs projets échouent, quand on veut plus faire que le ministère n'ordonne.

Je conserverai, jusqu'au dernier jour de ma vie, la plus tendre et la plus respectueuse reconnaissance pour M. le duc de Choiseul. Il m'accordait sur-le-champ tout ce que je lui demandais, et je ne lui ai jamais rien demandé que pour les autres; c'est ce qui augmente les obligations que je lui ai.

Il est horrible d'être ingrat, mais il faut être juste. Je persiste dans la ferme opinion que rien n'est plus utile et plus beau que l'établissement des six conseils souverains ; cela seul doit rendre le règne de Louis XV cher à la nation. Ceux qui s'élèvent contre ce bienfait sont des malades qui se plaignent du médecin qui leur rend la santé. Quelquefois les institutions les plus salutaires sont mal reçues, parce qu'elles ne viennent pas dans un temps favorable; mais bientôt les bons esprits se rendent : pour la canaille, il ne faut jamais la compter.

Adieu, monsieur; conservez-moi votre amitié, dont vous savez que je sens tout le prix, et qui fait ma consolation.

MMMMMMCXXIV. — A M. LE MARQUIS DE FLORIAN.

1ᵉʳ avril.

J'ai été pendant un mois accablé de souffrances, mon cher grand écuyer de Cyrus; j'ai eu la goutte, j'ai été accablé de fluxions sur les yeux; j'ai été aveugle, j'ai été mort, et le vent du nord poursuit encore ma cendre.

Pendant ce temps-là on m'imputait à Paris je ne sais combien de petites brochures qui courent sur les tracasseries parlementaires; de sorte que je me suis trouvé un des morts le plus vexés.

Tout cela est cause que je ne vous ai pas écrit en même temps que Mme Denis. Tous ceux qui m'écrivent de Paris me protestent qu'ils sont très-fâchés d'y être; mais ils y restent. Vous êtes plus sage qu'eux, vous prenez le parti de vivre à la campagne, sans vous vanter de rien. Je ne sais si vous y êtes actuellement.

N'êtes-vous pas curieux de voir le dénoûment de la pièce qu'on joue à Paris depuis deux mois? Les six actes[1] réussissent très-bien dans les provinces. Pour moi, je vous avoue que je bats des mains quand je vois que la justice n'est plus vénale, que des citoyens ne sont plus traînés des cachots d'Angoulême aux cachots de la Conciergerie, que les frais de justice ne sont plus à la charge des seigneurs. Je le dis hautement, ce règlement me paraît le plus beau qui ait été fait depuis la fondation de la monarchie, et je pense qu'il faut être ennemi de l'État et de soi-même pour ne pas sentir ce bienfait.

Vous avez un neveu[2] qui est charmant : voici un petit mot pour lui que je glisse dans ma lettre, sans cérémonie, pour ne pas multiplier les ports de lettres.

MMMMMMCXXV. — A FRÉDÉRIC II, ROI DE PRUSSE.

A Ferney, 5 avril.

Sire, on a dit que j'étais tombé en jeunesse, mais on n'a pas encore dit que je fusse tombé en enfance. Mes parents me feraient certainement interdire, et on me déclarerait incapable de tester, si j'avais fait le testament ridicule qu'on m'attribue. Le bon goût de Votre Majesté n'y a pas été trompé; vous avez bien senti qu'il était impossible qu'un homme de mon âge parlât ainsi de lui-même. Cette impertinence est d'un avocat de Paris, nommé Marchand, qui régale tous les mois le public d'un ouvrage dans ce goût. Je ne le mettrai certainement pas dans mon testament; il peut compter qu'il n'aura rien de moi pour sa peine. Je puis assurer Votre Majesté que mes dernières volontés sont absolument différentes de celles qu'on me prête. Je ne crains point la mort, qui s'approche de moi à grands pas, et qui s'est déjà emparée de mes yeux, de mes dents et de mes oreilles; mais j'ai une aversion invincible pour la manière dont on meurt dans notre sainte religion ca-

---

1. Les six conseils supérieurs. (ÉD.)
2. Florian, l'auteur des *Pastorales*. (ÉD.)

tholique, apostolique et romaine. Il me paraît extrêmement ridicule de se faire huiler pour aller dans l'autre monde, comme on fait graisser l'essieu de son carrosse en voyage. Cette sottise et tout ce qui s'ensuit me répugnent si fort, que je suis tenté de me faire porter à Neuchâtel pour avoir le plaisir de mourir chez vous; il eût été plus doux d'y vivre.

Je viens de recevoir une lettre dont Mgr le prince royal m'honore; il pense bien sensément, et paraît très-digne d'être votre neveu. Jamais il n'y eut tant d'esprit dans le Nord, depuis le soixante et unième degré jusqu'au cinquante-deux et demi. Il n'y a, ce me semble, que les confédérés de Pologne à qui on puisse reprocher de se servir, pour leur malheur, de la sorte d'esprit qu'ils ont

On dit qu'Ali-Bey en a beaucoup, et autant que d'ambition. Il court actuellement de mauvais bruits sur sa personne. Pour votre amie l'étoile du Nord, elle acquiert tous les jours un nouvel éclat; il n'y a que votre étoile qui marche à côté de la sienne. Pour le croissant de Moustapha, je le crois plus obscurci que jamais.

Je me mets aux pieds de Votre Majesté avec le plus profond respect.

Je reçois dans ce moment la lettre dont Votre Majesté m'honore, du 19 mars. Oui, sans doute, vous êtes un auteur grave et très-grave, quoique votre imagination soit très-riante.

Je voudrais bien que tout s'accommodât, pourvu que ma princesse donnât la liberté aux dames du sérail et des fêtes sur le Borysthore; je ne prétends point du tout à ses odalisques : c'est la récompense de ses braves guerriers. Je suis plus près d'avoir un rendez-vous avec d'Argens qu'avec les demoiselles du harem de Moustapha. Vous appelez d'Argens votre maréchal-des-logis, mais il s'y prend de trop bonne heure; vous ne vivrez pas aussi longtemps que votre gloire, mais je suis très-sûr que votre feu, en quoi consiste la vie, et votre régime, en quoi consiste toute la médecine, vous feront un jour le doyen des rois de ce monde, après en avoir été l'exemple.

Il se pourrait bien en effet qu'on rendît Avignon à Ganganelli, quoiqu'il soit très-ridicule que ce joli petit pays soit démembré de la Provence; mais il faut être bon chrétien. Ce comtat d'Avignon vaut assurément mieux que la Corse, dont l'acquisition ne vaut pas ce qu'elle a coûté.

MMMMMCXXVI. — A M. LE PRINCE DE BEAUVAU.

A Ferney, 5 avril.

Je me mets aux pieds de mon très-respectable confrère, qui veut bien m'appeler de ce nom, comme un chêne est le confrère d'un roseau. Le roseau, en levant sa petite tête, dit très-humblement au chêne : « Ceux de Dodone n'ont jamais mieux parlé. Il est vrai, illustre chêne, que vous n'avez point prédit l'avenir; mais vous avez raconté le passé avec une noblesse, une décence, une finesse, un art admirable. »

En parlant de ce que le roi a fait de grand et d'utile, vous avez trouvé le secret de faire l'éloge d'un ministre votre ami, dont les soins ont rendu le comtat d'Avignon à la couronne, subjugué et policé la Corse, rétabli la discipline militaire et assuré la paix de la France. Vous avez sacrifié à l'amitié et à la vérité. Je n'ai que deux jours à vivre, mais j'emploierai ces deux jours à aimer et à révérer un grand ministre qui m'a comblé de bontés, et le roi approuvera ma reconnaissance.

Je ne me mêle pas assurément des affaires d'État, ce n'est pas le partage des roseaux; j'applaudis comme vous à l'érection des six conseils, à la justice rendue gratuitement, aux frais de justice dont les seigneurs des terres sont délivrés; mais je n'écris point sur ces objets : j'en suis bien loin, et je suis indigné contre ceux qui m'attribuent tant de belles choses.

Il y a, entre autres écrits, un *Avis important à la noblesse de France*, dont la moitié est prise mot pour mot d'un petit livre d'un jésuite, intitulé *Tout se dira*; et on a l'injustice et l'ignorance de m'imputer cette feuille, qui n'est qu'un réchauffé. Qu'on m'impute *Barmécide*[1], voilà mon ouvrage; je le réciterais au roi.

Mais, dans ma vieillesse et dans ma retraite, je ne peux que rendre justice obscurément et sans bruit au mérite.

C'est ainsi que ce pauvre roseau cassé en use avec le beau chêne verdoyant auquel il présente son profond respect.

MMMMMCXXVII. — A MADAME LA MARQUISE DU DEFFAND.

A Ferney, 5 avril.

Eh bien! madame, vous aurez l'*Épître au roi de Danemark*. Je ne vous l'ai point envoyée, parce que j'ai craint que quelque Welche ne s'en fâchât. Depuis ma correspondance avec l'empereur de la Chine[2], je me suis beaucoup familiarisé avec les rois; mais je crains un certain public de Paris, qu'il est plus difficile d'apprivoiser.

D'ailleurs, non-seulement je suis dans les ténèbres extérieures, mais tous les maux sont venus à la fois fondre sur moi. Il y a un avocat nommé Marchand qui s'est avisé de faire mon testament. Il peut compter que je ne lui ferai pas plus de legs que le président Hénault ne vous en a fait.

M. le prince de Beauvau m'a fait l'honneur de m'envoyer son discours à l'Académie. Il est noble, décent, écrit du style convenable; j'en suis extrêmement content. Je ne le suis point du tout qu'on m'impute des ouvrages où l'on dit que les parlements sont maltraités. Il y en a un d'un jésuite qui est l'auteur d'un livre intitulé *Tout se dira*, et d'un autre intitulé *Il est temps de parler*. Pour moi, je ne me mêle point du tout des affaires d'État; je me contente de dire hautement que je serai attaché à M. le duc et à Mme la duchesse de Choiseul jusqu'au dernier moment de ma vie.

Je l'ai dit à la terre, au ciel, à Guzman même.
Alzire, acte III, scène IV.

Ce qui m'a paru le plus beau dans le discours de M. le prince de

1. L'*Épître de Benaldaki à Caramouftée*. (Éd.)
2. *Épître au roi de la Chine*. (Éd.)

Beauvau, c'est le secret qu'il a trouvé de relever tous les services que M. le duc de Choiseul a rendu à l'État, et qu'en faisant l'éloge du roi il a fait celui de M. le duc de Choiseul, sans que le roi en puisse prendre le moindre ombrage : il y a bien de la générosité et de la finesse dans ce tour, qui n'est pas assurément commun.

Je n'ai pas approuvé de même quelques remontrances qui m'ont paru trop dures [1]. Il me semble qu'on doit parler à son souverain d'une manière un peu plus honnête. J'ai écrit ce que je pensais à un homme qui a montré ma lettre.

J'ajoutais que j'étais enchanté de l'établissement des six conseils nouveaux qui rendent la justice gratuitement. Je trouvais très-bon que le roi payât les frais de justice dans mon village. On a montré ma lettre au roi, qui ne s'est pas fâché; il aime les sentiments honnêtes; et il devrait être encore plus content s'il voyait que je parle, dans le peu de lettres que j'écris, de la reconnaissance que je dois au mari de votre grand'maman.

Adieu, madame; soupez, digérez, conversez; et quand vous écrirez à votre grand'maman, qui ne m'écrit point, mettez-moi tout de mon long à ses pieds.

MMMMMMCXXVIII. — A. M. DE SAINT-LAMBERT.

A Ferney, 7 avril.

Mon charmant confrère, je suis de votre avis dans tout ce que vous m'écrivez dans votre lettre non datée. Ce petit procureur de Dijon ne gagnera pas son procès, ou je me trompe fort. Il rend des arrêts comme le parlement, sans les motiver. Il est bien fier, ce Clément; c'est un grand homme. Il lut, il y a deux ans, une tragédie aux comédiens, qui s'en allèrent tous au second acte. Voilà les gens qui s'avisent de juger les autres. J'aurai l'honneur de lui rendre incessamment la plus exacte justice.

On m'a envoyé de Lyon des écrits sur les affaires du temps, qui n'ont pas été faits par messieurs des enquêtes. Il y a un homme [2] à Lyon dont les ouvrages passent quelquefois pour les miens. On se trompe entre ces deux Sosie. Je voudrais que chacun prît franchement ce qui lui appartient; mais il y a des occasions où l'on fait largesse de son propre bien, au lieu de prendre celui d'autrui. Quoi qu'il arrive, je suis choiseulliste et ne suis point parlementaire. Je n'aime point la guerre de la Fronde, attendu que les premiers coups de fusil ne manqueraient pas d'estropier la main des payeurs de rentes; et de plus, j'aime mieux obéir à un beau lion qui est né beaucoup plus fort que moi, qu'à deux cents rats de mon espèce. Je trouve d'ailleurs l'établissement des nouveaux conseils admirable. Clément, en qualité de procureur de Dijon, pourra écrire contre eux tant qu'il voudra; pour moi, je vais écrire

---

1. Voltaire veut parler des remontrances, ou *Arrest du parlement de Besançon*, du 18 mars 1771, dont il relève plusieurs assertions dans l'opuscule intitulé *Sentiments des six conseils supérieurs*. (*Note de M. Beuchot.*)
2. Bordes, ou Prost de Royer. (ÉD.)

contre les neiges qui couvrent encore nos montagnes, et qui me rendent entièrement aveugle.

Bonsoir, mon charmant confrère; conservez bien le goût de la littérature; il est infiniment préférable à la rage des tracasseries de cour. Soyez bien persuadé que je sens tout votre mérite. Je ne suis pas, Dieu merci, des barbares antipoétiques.

MMMMMMCXXIX. — A M. D'ALEMBERT.

A Ferney, 8 avril.

Mon très-cher philosophe, je vous rends mille grâces des moments agréables que vous m'avez fait passer. J'ai entendu la lecture de vos deux discours, car il ne m'est pas permis de les lire. Nos neiges ont mis mes yeux dans un si triste état, que me voilà un petit Tirésie ou un petit Œdipe; et j'ai bien la mine de rester aveugle pour le peu de temps que j'ai encore à vivre.

Je n'entendrai jamais rien dans les champs Élysées, où je compte bien aller, qui vaille votre *Dialogue entre Descartes et Christine*. Je ne sais rien de plus beau que votre éloge du roi de Prusse. Il ne vous avouera pas tout le plaisir qu'il aura eu d'être si bien peint par vous dans l'Académie des sciences, mais il le sentira de toutes les puissances de son âme. Non, personne n'a rendu la philosophie et la littérature plus respectables. Il n'y a peut-être à présent que notre cour qui n'en sente pas le prix; mais je lui pardonne, si elle établit en effet six conseils pour rendre hardiment la justice, et si elle paye les frais que les pauvres diables de seigneurs de paroisses font pour la rendre dans leurs taudis. Cela me paraît un des plus beaux règlements du monde. Je serai attaché jusqu'à mon dernier soupir à un ministre qui m'a fait beaucoup de bien[1]; je ne le serai point du tout à des corps qui ont fait du mal : et puis d'ailleurs comment aimer une compagnie? on ne peut aimer que son ami ou sa maîtresse.

Je pense, puisqu'il faut servir, qu'il vaut mieux servir sous un lion de bonne maison que sous des rats mes confrères, dont la conduite est insolente et ridicule. Vous savez d'ailleurs que le sang crie vengeance; vous savez que le premier a persécuté l'*Encyclopédie*; et quand on voit les oppresseurs opprimés à leur tour tour, on doit bénir Dieu.

Adieu, mon cher ami, je vous recommande beaucoup de courage et beaucoup de mépris pour le genre humain.

MMMMMMCXXX. — DE CATHERINE II.

Ce 31 mars-11 avril.

Monsieur, vos bénédictions me feront prospérer, malgré le grand froid, la guerre, Moustapha et un eunuque noir.

L'on vous a dit vrai, monsieur; un détachement de l'armée du comte Romanzof a passé le Danube, et a causé beaucoup d'effroi sur l'autre

---

1. Le duc de Choiseul. (ÉD.)

rive. Il est vrai encore que vos ennemis les Turcs ont été chassés de la Valachie; il ne leur reste qu'un seul endroit de ce côté-ci du Danube, nommé Turno. Il y a eu un combat très-vif à Gorgora : deux mille musulmans y ont mordu la poussière, et quatre mille au moins ont été noyés dans le Danube; après quoi le château, qui est situé sur une île de ce fleuve, s'est rendu, par capitulation, au comte Olitz.

Le sultan, très-fâché de ces nouvelles pertes, et ne sachant apparemment à qui s'en prendre, a envoyé chercher la tête du hospodar *in partibus* qu'il fit l'année passé. Celui-ci, soit dit en passant, a trouvé la Valachie presque entière entre nos mains.

On me confirme de toutes parts le bien que vous me dites du nouveau roi de Suède : proche parent, proche voisin, il faut espérer que nous vivrons en paix.

Tout se prépare pour vous satisfaire et donner de la besogne au sultan. Le comte Orlof, qui était venu ici pour un moment, est reparti pour Livourne avec son prince Dolgorouky : ils s'embarqueront pour Paros; les troupes y campent, et entre autres un gros détachement du régiment des gardes Préotrajenky.

On ne saurait ajouter, monsieur, aux sentiments d'estime et d'amitié que j'ai pour vous.

CATERINE.

MMMMMCXXXI. — A FRÉDÉRIC II, ROI DE PRUSSE.

A Ferney, 12 avril.

Sire, il n'est ni honnête ni respectueux d'écrire à votre neveu le roi de Suède, et de lui parler du roi son oncle, sans communiquer au moins à Votre Majesté la liberté que l'on prend. Je vous ai cité à l'impératrice de Russie comme un auteur grave, je vous cite au roi de Suède comme mon protecteur. Quiconque est en France actuellement doit regretter Sans-Souci; nous n'avons que des tracasseries, beaucoup de discorde, peu de gloire, et point d'argent. Cependant, le fonds du royaume est très-bon, et si bon, qu'après les peines qu'on a prises pour le détériorer, on n'a pu en venir à bout. C'est un malade d'un tempérament excellent, qui a résisté à plus de trente mauvais médecins : Votre Majesté prouve qu'il n'en faut qu'un bon.

Je ne sais si je me doute de ce que Votre Majesté fera cette année; mais Dieu, qui m'a refusé le don de prophétie, ne me permet pas de deviner ce que fera l'empereur. Je connais des gens qui, à sa place, pousseraient par delà Belgrade, et qui s'arrondiraient, attendu qu'en philosophie la figure ronde est la plus parfaite. Mais je crains de dire des sottises trop pointues, et je me borne à me mettre aux pieds de Votre Majesté du fond de mon tombeau de neige, dans lequel je suis aveugle comme Milton, mais non pas aussi fanatique que lui. Je n'ai nul goût pour un énergumène qui parle toujours du Messie et du diable; moi, je parle de mon héros.

---

1. Il était fils d'une sœur de Frédéric. (ÉD.)

MMMMMCXXXII. — A M. LE COMTE D'OSSUN, AMBASSADEUR
EN ESPAGNE.

Ferney, 13 avril.

Monsieur, une longue maladie, effet très-naturel de mon âge, m'a privé du plaisir de vous remercier de toutes vos bontés. La retraite de M. le duc de Choiseul n'a pas laissé plus de santé à la ville de Versoix qu'il voulait bâtir, et à ma colonie, qu'à moi-même. Nous sommes tous très-malades; mais j'espère que l'État se portera bien, malgré la prodigieuse quantité de médecins qui se présentent pour le traiter. Il paraît que le roi, qui est meilleur médecin qu'eux, a entrepris sa cure, et qu'il réussira.

MMMMMCXXXIII. — A M. LE COMTE D'ARGENTAL.

17 avril.

Mon cher ange, votre lettre est un vrai poisson d'avril; car elle est datée du 1er, et je ne l'ai reçue que le 14. Il faut qu'elle ait été égarée dans les bureaux de M. Bertin.

Je vous dirai, au sujet de vos remarques sur *Sophonisbe*, comme M. Vigouroux : « Si je meurs, je les passe; si je vis, à revoir. » Je suis aveugle et très-malade, et je ne crois pas qu'il me soit possible de faire encore beaucoup de tragédies. Il faut pourtant vous avouer, avec la sincérité d'un mourant, que je n'ai jamais conçu pourquoi la dernière épée du bonhomme Syphax vous déplaisait tant, après que la première épée de Rodrigue ne vous a jamais déplu. Pour moi, je tiens qu'il n'y aurait plus moyen de faire des vers, si des métaphores aussi simples, aussi claires, n'étaient pas permises.

A l'égard des *Pélopides*, il y a plus d'un mois que je ne les ai regardés, et je ne les reverrai qu'en cas que la nature me rende la vue et la vie.

Est-ce l'abbé Grizel qui a fait banqueroute à Lekain? Je le plains infiniment, mais je ne puis le mettre sur mon testament, attendu que M. le contrôleur général d'un côté, et ma colonie de l'autre, m'ont absolument ruiné. S'il a perdu vingt mille francs, j'en ai perdu plus de quatre cent mille, ou du moins ils sont prodigieusement hasardés. La retraite de M. le duc de Choiseul m'a porté le dernier coup, aussi bien qu'à la ville de Versoix qu'il voulait bâtir. Notre petit canton est actuellement dans un état déplorable.

Je vous conjure, mon cher ange, de me mander s'il est vrai que M. le duc de Choiseul ait été accusé de s'entendre avec le parlement de Paris, et de fomenter sa très-condamnable désobéissance. Il m'est de la dernière importance de le savoir; et comme il s'agit ici d'un bruit public, et non d'un mystère d'État, Mme d'Argental peut fort bien me mander ce que l'on dit, sans se compromettre dans ce qu'elle aura la bonté de m'écrire.

Je vous supplie de ne me pas oublier auprès de M. le duc de Praslin, à qui je serai toujours dévoué. Le roi ne condamne pas les sentiments de la reconnaissance : j'en dois beaucoup à M. le duc de Pralin et à M. le duc de Choiseul, et je dois remplir mon devoir jusqu'à ma mort, en trouvant les parlements très-ridicules.

J'ai lu toutes les remontrances et toutes les brochures : elles m'ont affermi dans l'opinion que le roi a raison, et qu'il faut absolument qu'il ait raison.

Je vous demande en grâce de vouloir bien dire à M. de Thibouville combien je m'intéresse à sa santé du bord de mon tombeau. Je prie Mme d'Argental de me conserver ses bontés, et de vouloir bien m'écrire sur ce que je lui demande.

Donnez-moi votre bénédiction, mes anges : j'en ai grand besoin au milieu des neiges et de la famine qui nous environnent.

MMMMMCXXXIV. — A M. D'ALEMBERT.

27 avril.

Je ne sais pas ce qui arrivera, mon cher ami; mais goûtons toujours le plaisir d'avoir vu chasser les jésuites, et d'avoir vu ensuite casser les assassins. *Et ego in interitu vestro ridebo vos, et subsannabo*, dit la sainte Écriture[1].

J'avais envoyé à la chambre syndicale, avec laquelle je n'ai pas grand commerce, trois volumes d'un livre nouveau qui m'est venu de Hollande, intitulé *Questions sur l'Encyclopédie*, adressés à M. Briasson, pour les remettre à M. le marquis de Condorcet. Je ne sais si M. Briasson m'a rendu ce petit service; cela pouvait passer pourtant pour ma dernière volonté, car j'ai été très-malade. Je crois avoir perdu entièrement les yeux, et je serai aveugle jusqu'à ce que je sois mort tout à fait.

Je viens de voir ou plutôt de me faire lire, dans le *Journal encyclopédique*, l'*Épître au Roi de Danemark*, non pas telle que vous l'avez, mais telle que je l'ai envoyée à ce monarque, avec un petit bout de lettre qui accompagnait l'envoi. Cela vient sûrement de Copenhague; le mal est très-médiocre.

Pourriez-vous me dire quel est l'auteur d'un éloge de l'abbé Trublet, qui est dans le même *Journal encyclopédique* d'avril? Ce journal-là ne vaut pas le *Dictionnaire encyclopédique*.

Savez-vous qu'on a déjà imprimé quatre tomes du *Dictionnaire* d'Yverdun, où il y a plusieurs articles de M. de Lalande qui paraissent à la lettre A? Mon état ne m'a pas permis de les lire.

Voudriez-vous bien avoir la bonté de me mander si on a imprimé à Paris un recueil des ouvrages de M. de Mairan?

Je voulais écrire aujourd'hui à M. de Saint-Lambert, mais je ne sais si ma faiblesse me le permettra.

Adieu, mon très-cher philosophe, j'ai bien peur que la philosophie n'ait pas plus beau jeu que l'ancien parlement de Paris. Les adeptes font fort bien de se tenir tranquilles. Vous savez que j'applaudis au choix qu'on a fait de M. l'abbé Arnaud. Si ce n'est pas à moi que l'abbé Delille succède quelque jour, j'applaudirai aussi, car j'aime toujours les vers; on meurt comme on a vécu.

[1] *Proverbes*, I, 26. (ÉD.)

MMMMMCXXXV. — A M. DE LA VERPILIÈRE, COMMANDANT
ET PRÉVÔT DES MARCHANDS DE LYON.

Ferney, 27 avril.

Monsieur, M. Pasquier[1] aime à peindre les aveugles et les mourants, il destine apparemment mon portrait aux Quinze-Vingts. Quoi qu'il en soit, j'ai obéi à vos ordres; je l'ai laissé enjoliver la charpente de mon visage. Son pinceau délicat n'était pas fait pour moi. C'est, je crois, la première fois qu'on a fait une miniature d'une face de soixante et dix-huit ans. Il y a dans le misérable étui une âme pénétrée de tous les sentiments que M. et Mme de La Verpilière inspirent.

Agréez, monsieur, le respect avec lequel je serai, jusqu'au dernier moment de ma vie, votre très-humble et très-obéissant serviteur.

LE VIEUX MALADE DE FERNEY.

P. S. Après que l'aveugle a eu dicté cette lettre, on lui a dit que c'est madame, et non monsieur, qui lui a fait l'honneur de lui écrire; mais il n'y a rien de gâté.

MMMMMCXXXVI. — A M. LE MARÉCHAL DUC DE RICHELIEU.

A Ferney, 29 avril.

Il y a longtemps que le vieux malade de Ferney n'a importuné son héros; il a respecté les tracasseries publiques et l'épidémie régnante. Je ne suis pas courtisan, il s'en faut beaucoup; mais j'ai pensé dans ma retraite que le parlement n'avait pas le sens commun; et j'ai toujours dit avec Chicaneau :

L'esprit de contumace est dans cette famille.
Racine, *les Plaideurs*, acte II, scène v.

Je ne connais rien d'égal à la plate folie d'avoir soutenu au roi, opiniâtrément, qu'un pair était *entaché*, quand le roi le déclarait très-net, sur le vu même des pièces du procès. C'était, ce me semble, vouloir entacher le roi lui-même; et toute cette aventure m'a paru celle des Petites-Maisons plutôt que celle d'un parlement.

Franchement, nous sommes une nation d'enfants mutins à qui il faut donner le fouet et des sucreries.

La fermentation est aussi forte dans les provinces qu'à Paris, et ne produira vraisemblablement que des arrêtés qui ne subsisteront pas, et des protestations très-inutiles, sans quoi la France serait la fable de l'Europe.

J'avais deux neveux, l'un vient de prendre la place de l'autre dans le parlement de Paris; cela me fait rire : et je ris de tout ceci, parce que je ne crois pas que cette maladie de la nation soit mortelle. Ses symptômes sont des vertiges qu'il faut faire guérir par M. Pomme.

Il y a une maladie plus triste, c'est celle que M. l'abbé Terray ne peut guérir; elle m'a rendu paralytique. J'avais établi une colonie assez considérable dans mon hameau, et on commençait à prendre mon

---

1. Peintre de portraits en émail, de l'Académie royale. (ÉD.)

hameau pour une petite ville ; il y avait des manufactures sous la protection de M. de Choiseul ; tout cela est presque détruit en un jour. Les petits pâtissent du malheur des grands, et quelquefois même de leur bonheur. Je ne pourrai plus donner de pension aux conseillers du parlement [1], comme j'avais l'insolence de faire. Pour le roi, il ne me donne point de pension, et je l'en quitte.

Si j'osais, je penserais comme mon héros, et je dirais qu'une statue vaut mieux qu'une pension. Mais à mon âge, et dans l'état où je suis, cela me paraît un peu frivole.

Mon tendre et respectueux attachement pour vous vous paraîtra peut-être un peu frivole aussi ; mais agréez les sentiments d'un cœur qui est à vous depuis cinquante années.

A propos, on m'a envoyé la réponse au mémoire des états de Bourgogne. Les accusations me paraissent absurdes. Le duc de Sulli avait bien raison de dire que si la sagesse venait au monde, elle ne se logerait jamais dans une compagnie.

MMMMMMCXXXVII. — A CATHERINE II.

A Ferney, 30 avril.

Madame, j'envoie à Votre Majesté Impériale, selon ses ordres, l'*Épître au roi de Danemark*. Il me paraît qu'elle ne vaut pas celle que j'ai adressée à l'héroïne du Nord. Il semble que j'aie proportionné mon peu de force à la grandeur du sujet. Car, bien que le roi de Danemark fasse aussi le bonheur de ses peuples, bien qu'il ait tiré des coups de canon contre les pirates d'Alger, il n'a point humilié l'orgueil ottoman, il n'a point triomphé de Moustapha ; il n'a pas encore joint le goût des lettres à la gloire des conquêtes.

A l'égard des Welches, qui sont à l'occident de l'Allemagne, et vis-à-vis l'Angleterre, ils ne font actuellement nulle conquête depuis qu'ils ont perdu la fertile contrée du Canada ; ils font toujours beaucoup de livres, sans qu'il y en ait un seul de bon ; ils ont de mauvaise musique, et point d'argent. Les parlements du royaume, qui se croyaient le parlement d'Angleterre, à cause de l'équivoque du nom, bataillent contre le gouvernement à coups de brochures ; les théâtres retentissent de mauvaises pièces qu'on applaudit ; et tout cela compose le premier peuple de l'univers, la première cour de l'univers, les premiers singes de l'univers. Ils ont une guerre civile par écrit, qui ne ressemble pas mal à la guerre civile des rats et des grenouilles.

Je ne sais si le chevalier de Tott [2] sera le premier canonnier de l'univers ; mais je me flatte que le trône ottoman, pour lequel j'ai très-peu d'inclination, ne sera pas le premier trône.

J'entends dire dans mes déserts que l'ouverture de la campagne est déjà signalée par une de vos victoires. Je supplie Votre Majesté Impériale de daigner m'instruire si je dois commander ma litière cette année ou l'année prochaine, pour m'aller promener sur le Bosphore.

1. Voltaire faisait à son petit-neveu d'Hornoy une pension. (ÉD.)
2. Il était au service de la Turquie. (ÉD.)

Ma colonie travaille en attendant, et profite des bontés de Votre Majesté; elle compte faire partir dans huit jours trois ou quatre petites caisses de montres, depuis la valeur d'environ huit louis jusqu'à celle de quatre-vingts. Il y en a en diamants, avec votre portrait peint par un excellent peintre; toutes les montres sont bonnes et bien réglées. On a travaillé avec le zèle qu'on doit avoir quand il faut vous servir; tous les prix sont d'un grand tiers meilleur marché qu'en Angleterre, et cependant rien n'est épargné.

Nous souhaitons tous bien ardemment, dans mon canton, que toutes les heures de ces montres vous soient favorables, et que Moustapha passe toujours de mauvais quarts d'heure.

Que l'héroïne du Nord daigne toujours agréer le profond respect et la reconnaissance du vieux malade du mont Jura.

MMMMMCXXXVIII. — De Frédéric II, roi de Prusse.

A Potsdam, le 1er mai.

J'ai eu le plaisir de recevoir deux de vos lettres. L'apparition que le roi de Suède a faite chez nous m'a empêché de vous répondre plus tôt.

J'avais donc deviné que ce beau *Testament* n'était pas de vous. On vous a fait le même honneur qu'au cardinal de Richelieu, au cardinal Albéroni, au maréchal de Belle-Isle, etc., de tester en votre nom. Je disais à quelqu'un qui me parlait de ce *Testament* que c'était une œuvre de ténèbres; que l'on n'y reconnaissait ni votre style, ni les bienséances que vous savez si supérieurement observer en écrivant pour le public : cependant bien du monde, qui n'a pas le tact assez fin, s'y est trompé; et je crois qu'il ne serait pas mal de le désabuser

J'ai donc vu ce roi de Suède, qui est un prince très-instruit, d'une douceur charmante, et très-aimable dans la société. Il aura été charmé, sans doute, de recevoir vos vers; et j'ai vu avec plaisir que vous vous souveniez encore de moi. Le roi de Suède nous a parlé beaucoup des nouveaux arrangements qu'on prenait en France, de la réforme de l'ancien parlement, et de la création d'un nouveau. Pour moi, qui trouve assez de matières à m'occuper chez moi, je n'envisage qu'en gros ce qui se fait ailleurs. Je ne puis juger des opérations étrangères qu'avec circonspection, parce qu'il faudrait plus approfondir les matières que je ne le puis, pour en décider.

On dit le chancelier[1] est un homme de génie et d'un mérite distingué : d'où je conclus qu'il aura pris les mesures les plus justes dans la situation actuelle des choses, pour s'arranger de la manière la plus avantageuse et la plus utile au bien de l'État. Cependant, quoi qu'on fasse en France, les Welches crient, critiquent, se plaignent, et se consolent par quelque chanson maligne, ou quelques épigrammes satiriques. Lorsque le cardinal Mazarin, durant son ministère, faisait quelque innovation, il demandait si à Paris on chantait la *canzonetta*. Si on lui disait que oui, il était content.

1. Maupeou. (Éd.)

Il en est presque de même partout. Peu d'hommes raisonnent, et tous veulent décider.

Nous avons eu ici en peu de temps une foule d'étrangers. Alexis Orlof, à son retour de Pétersbourg, a passé chez nous pour se rendre sur sa flotte à Livourne : il m'a donné une pièce assez curieuse que je vous envoie. Je ne sais comment il se l'est procurée; le contenu en est singulier : peut-être vous amusera-t-elle.

Oh! pour la guerre, monsieur de Voltaire, il n'en est pas question. Messieurs les encyclopédistes m'ont régénéré. Ils ont tant crié contre ces bourreaux mercenaires qui changent l'Europe en un théâtre de carnage, que je me garderai bien à l'avenir d'encourir leurs censures. Je ne sais si la cour de Vienne les craint autant que je les respecte; mais j'ose croire toutefois qu'elle mesurera ses démarches.

Ce qui paraît souvent en politique le plus vraisemblable l'est le moins. Nous sommes comme des aveugles, nous allons à tâtons; et nous ne sommes pas aussi adroits que les quinze-vingts, qui connaissent, à ne s'y pas tromper, les rues et les carrefours de Paris. Ce qu'on appelle l'art conjectural n'en est pas un, c'est un jeu de hasard où le plus habile peut perdre comme le plus ignorant.

Après le départ du comte Orlof, nous avons eu l'apparition d'un comte autrichien qui, lorsque j'allai me rendre en Moravie chez l'empereur, m'a donné les fêtes les plus galantes. Ces fêtes ont donné lieu aux vers[1] que je vous envoie : elles y sont décrites avec vérité. Je n'ai pas négligé d'y crayonner le caractère du comte Hoditz, qui se trouve peint d'après nature.

Votre impératrice en a donné de plus superbes à mon frère Henri. Je ne crois pas qu'on puisse la surpasser en ce genre : des illuminations durant un chemin de quatre milles d'Allemagne; des feux d'artifice qui surpassent tout ce qui nous est connu, selon les descriptions qu'on m'en a faites; des bals de trois mille personnes, et surtout l'affabilité et les grâces que votre souveraine a répandues comme un assaisonnement à toutes ces fêtes, en ont beaucoup relevé l'éclat.

A mon âge, les seules fêtes qui me conviennent sont les bons livres. Vous, qui en êtes le grand fabricateur, vous répandez encore quelque sérénité sur le déclin de mes jours. Vous ne vous devez donc pas étonner que je m'intéresse, autant que je le fais, à la conservation du patriarche de Ferney, auquel soit honneur et gloire par tous les siècles des siècles. Ainsi soit-il.

FÉDÉRIC.

MMMMMMCXXXIX. — A MADAME LA MARQUISE DU DEFFAND.

5 mai.

Ma sœur, vous êtes dénaturée : vous abandonnez votre frère le quinze-vingts, comme votre grand'maman abandonne son frère le campagnard. Si je n'étais qu'aveugle et sourd, je prendrais la chose en patience; si, à ces disgrâces de la nature, la fortune se contentait d'ajouter la ruine

---

1. *Épître au comte de Hoditz.* (ÉD.)

de ma colonie, je me consolerais encore : mais on m'a calomnié, et je ne me console point. Je serai fidèle à votre grand'maman et à monsieur son mari tant que j'aurai un souffle de vie : cela est bien certain.

Je ne crois point du tout leur manquer en détestant des pédants absurdes et sanguinaires. J'ai abhorré, avec l'Europe entière, les assassins du chevalier de La Barre, les assassins de Calas, les assassins de Sirven, les assassins du comte de Lally. Je les trouve, dans la grande affaire dont il s'agit aujourd'hui, tout aussi ridicules que du temps de la Fronde. Ils n'ont fait que du mal, et ils n'ont produit que du mal.

Vous savez probablement que d'ailleurs je n'étais point leur ami. Je suis fidèle à toutes mes passions. Vous haïssez les philosophes, et moi je hais les tyrans bourgeois. Je vous ai pardonné toujours votre fureur contre la philosophie, pardonnez-moi la mienne contre la cohue des enquêtes. J'ai d'ailleurs pour moi le grand Condé, qui disait que la guerre de la Fronde n'était bonne qu'à être chantée en vers burlesques.

Je ne sais rien dans mes déserts de ce qui s'est passé derrière les coulisses de ce théâtre de Polichinelle. Je me borne à dire hautement que je regarde le mari de votre grand'maman comme un des hommes les plus respectables de l'Europe, comme mon bienfaiteur, mon protecteur, et que je partage mon encens entre votre grand'maman et lui. J'ai soixante-dix-sept ans, quoi qu'on die ; je mets entre vos mains mes dernières volontés, pour la décharge de ma conscience. Je vous prie même avec instance de communiquer ce testament à votre grand'-maman, après quoi je me fais enterrer.

Soyez très-sûre, madame, que je mourrai en regrettant de n'avoir pu passer auprès de vous quelques dernières heures de ma vie. Vous savez que vous étiez selon mon cœur, et que je suis le doyen de tous ceux qui vous ont été attachés ; je suis même le seul qui vous reste de vos anciens serviteurs ; je dois hériter d'eux : je réclame mes droits pour le moment qui me reste.

MMMMMMCXL. — A CATHERINE II.

A Ferney, 6 mai.

Madame, je me ferai donc porter en litière à Tangarock, puisque le climat est si doux ; mais je crois que l'air de votre cour serait beaucoup plus sain pour moi. J'aurai le plaisir de ne mourir ni à la grecque, ni à la romaine. Votre Majesté Impériale permet que chacun s'embarque pour l'autre monde selon sa fantaisie. On ne me proposera point de billet de confession.

Mais je n'irai point à Nipchou ; ce n'est pas là qu'on rencontre des Chinois de bonne compagnie ; ils sont tous occupés dans Pékin à transcrire les vers du roi de la Chine en trente-deux caractères.

Je soupçonne vos chers voisins orientaux d'être fort peu instruits, très-vains, et un peu fripons ; mais vos autres voisins les Turcs sont plus ignorants et plus vains. On les dit moins fripons, parce qu'ils sont plus riches.

Je crois que vos troupes battraient plus aisément encore les suivants de Confucius que ceux de Mahomet.

Je mets à vos pieds le quatrième et le cinquième tome des *Questions sur l'Encyclopédie*; je ne puis m'empêcher d'y parler de temps en temps de mon gros Moustapha; et, tandis que vos braves troupes prennent des villes et chassent les janissaires, je prends la liberté de donner quelques croquignoles à leur maître, en me couvrant de votre égide.

Je suis persuadé que le grand poëte Kien-long n'aurait pas violé le droit des gens dans la personne de votre ministre[1]. On dit que le grand sultan le tient toujours prisonnier, comme s'il l'avait pris à la guerre. J'espère qu'il sera délivré à la première bataille.

Mon étonnement est toujours que les princes et les républiques de la religion de Christ souffrent tranquillement les affronts que leurs ambassadeurs essuient à la Porte ottomane, eux qui sont souvent si pointilleux sur ce qu'on appelle le point d'honneur.

Je fais toujours des vœux pour Ali-Bey; mais je ne sais pas plus de nouvelles de l'Égypte que n'en savaient les Hébreux, qui en ont raconté tant de merveilleuses choses.

Comme on allait faire le petit paquet des *Questions* d'un ignorant *sur l'Encyclopédie*, mes colons de Ferney, qui se regardent comme appartenant à Votre Majesté Impériale, sont arrivés avec deux caisses de leurs montres; je les ai trouvées si grosses que je n'ai pas osé les faire partir toutes deux à la fois. J'ai mis les *Questions encyclopédiques* dans la caisse qui partira demain par les voitures publiques.

Je l'ai envoyée au bureau des coches de Suisse, avec cette simple adresse :

A Sa Majesté Impériale l'impératrice de Russie.

A ce nom, tout doit respecter la caisse, et il n'y a point de confédéré polonais qui ose y toucher. Votre Majesté est trop bonne, trop indulgente, et, en vérité, trop magnifique, de daigner tant dépenser en bagatelles par pure bienfaisance, lorsqu'elle dépense si prodigieusement en canons, en vaisseaux, et en victoires.

Il me semble que, si vos Tartaro-Chinois de Nipchou avaient du bon sens, ils achèteraient des montres communes qu'ils revendraient ensuite dans tout leur empire avec avantage. Les Génevois ont un comptoir à Kanton, et y gagnent considérablement. Ne pourrait-on pas en établir un sur votre frontière ? Ma colonie fournirait des montres d'argent du prix de douze à treize roubles, des montres d'or qui ne passeraient pas trente à quarante roubles; et elle répondrait d'en fournir pour deux cent mille roubles par an, s'il était nécessaire.

Mais il paraît que les Chinois sont trop soupçonneux et trop soupçonnables, pour qu'on entame avec eux un grand commerce qui demande de la générosité et de la franchise.

Quoi qu'il en soit, je ne suis que le canal par lequel passent ces envois et ces propositions.

1. D'Obreskoff. (ÉD.)

J'admire autant votre grandeur d'âme que je chéris vos succès et vos conquêtes.

Je suis aux pieds de Votre Majesté Impériale avec le plus profond respect et la p.us inviolable reconnaissance.

P. S. Je rouvre mon paquet pour dire à Votre Majesté Impériale que je reçois dans l'instant de Paris un livre in-quarto intitulé *Manifeste de la république confédérée de Pologne, du* 15 *novembre* 1769; la date de l'édition est 1770.

On croirait, à la beauté des caractères, qu'il vient de l'imprimerie royale de Paris : cet ouvrage ne mérite pourtant pas les honneurs du Louvre. Voici ce qui se trouve à la page 5 : « La sublime Porte, notre bonne voisine et fidèle alliée, excitée par les traités qui la lient à la république, et par l'intérêt même qui l'attache à la conservation de nos droits, a pris les armes en notre faveur; tout nous invite donc à réunir nos forces pour nous opposer à la chute de notre sainte religion. »

Ne voilà-t-il pas une conclusion bien plaisante? nous avons obtenu, à force d'intrigues, que les mahométans fissent insolemment la guerre la plus injuste; donc nous devons prévenir la chute de la sainte Église catholique, dont tout le monde se moque, mais que personne ne veut détruire, du moins à présent.

Je pense que c'est un bedeau d'une paroisse de Paris qui a écrit cette belle apologie. Votre Majesté la connaît sans doute. Elle a fait beaucoup d'impression sur le ministère de France.

On impute à vos troupes, dans cet écrit, pages 240 et 241, des cruautés qui , si elles étaient vraies, seraient capables de soulever tous les esprits.

Ce manifeste se répand dans toute l'Europe. Votre Majesté y répondra par des victoires, et par des générosités qui rendent la victoire encore plus respectable.

MMMMMMCXLI. — À MADAME LA COMTESSE DE BOISGELIN.

A Ferney, ce mardi 7 mai.

Un pauvre malade de soixante et dix-sept ans, devenu presque entièrement aveugle, se sent consolé par l'honneur que Mme la comtesse de Boisgelin veut bien lui faire. Ses souffrances, et les remèdes pires que les souffrances, ne lui permettent pas de faire aujourd'hui sa cour à Mme la comtesse de Boisgelin : mais si elle veut venir demain vers les six heures souper et coucher à Ferney, et amener M. l'abbé Dupré et M. Caillard, Mme Denis lui fera comme elle pourra les honneurs de la chaumière, dans un pays barbare où il n'y a ni pain, ni vin, ni viande. Le vieil aveugle présente son très-humble respect à Mme la comtesse de Boisgelin et à sa compagnie.

MMMMMMCXLII. — A M. DE MAUPEOU, CHANCELIER DE FRANCE.

A Ferney, 8 mai.

Monseigneur, sera-t-il permis à un vieillard inutile d'oser vous présenter un jeune avocat[1] dont la famille exerce cette fonction honorable depuis plus de deux cents ans dans la Franche-Comté? Il est un de vos plus grands admirateurs, et très-capable de servir utilement.

La cause dont il s'est chargé[2], et que M. Chéry poursuit au conseil de Sa Majesté, est digne assurément d'être jugée par vous. Il s'agit de savoir si douze ou quinze mille Francs-Comtois auront le bonheur d'être sujets du roi, ou esclaves des chanoines de Saint-Claude. Ils produisent leurs titres, qui les mettent au rang des autres Français; les chanoines n'ont pour eux qu'une usurpation clairement démontrée.

Il est à croire, monseigneur, que, parmi les services que vous rendez au roi et à la France en réformant les lois, on comptera l'abolition de la servitude, et que tous les sujets du roi vous devront la jouissance des droits que la nature leur donne. Je respecte trop vos grands travaux pour abuser plus longtemps de votre patience. Souffrez que je joigne à mon admiration le profond respect avec lequel j'ai l'honneur d'être, etc.

MMMMMMCXLIII. — A M. CHRISTIN.

8 mai.

Voilà, mon cher ami, la lettre que je prends la liberté d'écrire à M. le chancelier : cela est un peu hardi de ma part. *Vox clamantis in deserto*[3] n'est pas faite pour être écoutée à la cour, mais l'envie de vous servir me rend un peu insolent. Je vais écrire à M. Marie, et même à M. le marquis de Monteynard.

Frontis ad urbanæ descendo præmia.
Hor., lib. I., ep. IX, v. 11.

Votre évêque de Saint-Claude veut destituer Nidol, notaire de Longchaumois, pour avoir reçu les protestations des habitants contre les faux actes dont les chanoines se prévalent. Il demande à être reçu notaire royal. Je ne sais, mon cher philosophe, si la chose est possible; je ne me connais point en lettres de chancellerie; vous êtes à portée d'être instruit.

J'ai tout lieu d'espérer que vous aurez d'ailleurs un plein succès, et que vous reviendrez chez vous comme Charles-Quint de son expédition de Tunis, avec dix-huit mille chrétiens dont il avait brisé les fers. Vous n'êtes pas homme à renoncer, par ennui, à une chose que vous avez entreprise par vertu. Voilà de ces occasions où il faut rester sur la brèche jusqu'au dernier moment. Je vous embrasse bien tendrement.

1. Christin. (ÉD.) — 2. La cause des habitants de Saint-Claude. (ÉD.)
3. Isaïe XL, 3; Jean, 1, 23. (ÉD.)

MMMMMMCXLIV. — A M. LE DUC DE LA VRILLIÈRE, MINISTRE D'ÉTAT.

À Ferney, le 9 mai.

Monseigneur, je dois vous représenter que, par le marché fait au nom du roi avec l'entrepreneur, tous les matériaux et tout ce qui peut servir au port et à la ville de Versoix appartiennent à Sa Majesté, qui s'est engagée à les payer.

La petite frégate qui a servi à faire les voyages en Savoie, et qui est destinée à porter les sels en Suisse, appartient au roi; elle est ornée de fleurs de lis, et porte pavillon de France.

M. Bourcet me mande même qu'il voulait la réclamer au nom de Sa Majesté. Les dettes pour lesquelles elle avait été saisie dans un port de Savoie, sur le lac de Genève, ne se montaient qu'à deux mille livres. Je ne balançai pas à la racheter. Je n'insiste point sur le payement; je m'en rapporte à votre équité, ou à celle du secrétaire d'État dans lequel le département de la ville de Versoix pourra tomber, ou à M. le contrôleur général; et j'attendrai votre commodité et la leur.

Quant au projet de la ville de Versoix, mon intérêt personnel doit céder sans doute à l'intérêt public. Toutes les observations que j'ai eu l'honneur de vous faire, je les ai faites à M. le duc de Choiseul, qui daigna condescendre à toutes mes prières, et approuver toutes mes vues, excepté celle de l'emplacement du port que j'avais proposé à l'embouchure de la rivière, seulement pour épargner les frais.

M. Bourcet, chargé alors de toute l'entreprise, et assurément plus capable que personne de la conduire, connut, par la nature du terrain, qu'il fallait placer le port beaucoup plus haut, quoique cette position coûtât davantage.

On commençait à tracer la ville, et les fondements du port étaient déjà jetés, lorsque environ deux cents *natifs* de Genève, dont quelques-uns avaient été assassinés par les *citoyens*, se réfugièrent dans Ferney. Ce sont presque tous d'excellents ouvriers en horlogerie; je les recueillis, je leur bâtis des maisons avec une célérité aussi grande que mon zèle. M. le duc de Choiseul approuva ma conduite. Sa Majesté leur permit d'exercer leurs fonctions en toute liberté, sans payer aucun impôt. On promit au village de Ferney tous les priviléges dont la ville de Versoix devait jouir.

J'avançai tout ce qui me restait d'argent à ces nouveaux colons; ils travaillèrent. M. le duc de Choiseul eut même la générosité d'acheter plusieurs de leurs montres. Ils en fournissent actuellement en Espagne, en Italie, en Hollande, en Russie, et font entrer de l'argent dans le royaume. Les choses ont changé depuis; mais j'espère que vos bontés pour moi ne changeront point, et que vous voudrez bien protéger ma colonie comme M. le duc de Choiseul la protégeait. Je lui dois tout. Je serai pénétré jusqu'au dernier moment de ma vie de la reconnaissance respectueuse que je lui dois, et de l'admiration que la noblesse de son caractère m'a toujours inspirée.

Vous approuvez mes sentiments, monseigneur; vous avez intérêt, plus que personne, que l'on ne soit point ingrat.

Accablé de vieillesse et de maladies, près de finir ma carrière, je vous implore bien moins pour moi que pour les artistes qui se sont habitués à Ferney, et qui sont utiles à l'État, auquel je suis très-inutile. J'ai l'honneur d'être avec un profond respect, etc.

MMMMMCXLV. — A MADAME LA DUCHESSE DE CHOISEUL.

A Ferney, 13 mai.

Madame, je vous prie de lire et de faire lire la copie de la lettre à M. le duc de La Vrillière. Vous y verrez une très-petite partie de mes sentiments, et mon principal objet a été de les lui manifester; car assurément je n'insiste point sur ce qu'il m'en a coûté pour retirer le vaisseau amiral d'esclavage.

La colonie que j'avais établie sous la protection de M. le duc de Choiseul, et sous la vôtre, sera bientôt détruite; je serai entièrement ruiné, et je m'en console avec beaucoup d'honnêtes gens. Près de finir ma carrière, je regrette fort peu les vanités de ce monde.

Permettez-moi seulement de vous dire, madame, que mes derniers sentiments seront ceux de la reconnaissance que je vous dois, de mon admiration pour votre caractère comme pour celui de Barmécide, de mon respect et de mon attachement inviolable pour tous deux; c'est ma profession de foi, et rien ne m'en fera changer. Je mourrai aussi fidèle à la foi que je vous ai jurée, qu'à ma juste haine contre des hommes qui m'ont persécuté tant qu'ils ont pu, et qui me persécuteraient encore s'ils étaient les maîtres. Je ne dois pas assurément aimer ceux qui devaient me jouer un mauvais tour au mois de janvier, ceux qui versaient le sang de l'innocence, ceux qui portaient la barbarie dans le centre de la politesse; ceux qui, uniquement occupés de leur sotte vanité, laissaient agir la cruauté sans scrupule, tantôt en immolant Calas sur la roue, tantôt en faisant expirer dans les supplices, après la torture, un jeune gentilhomme qui méritait six mois de Saint-Lazare, et qui aurait mieux valu qu'eux tous. Ils ont bravé l'Europe entière, indignée de cette inhumanité; ils ont traîné dans un tombereau, avec un bâillon dans la bouche, un lieutenant général justement haï, à la vérité, mais dont l'innocence m'est démontrée par les pièces mêmes du procès. Je pourrais produire vingt barbaries pareilles, et les rendre exécrables à la postérité. J'aurais mieux aimé mourir dans le canton de Zug ou chez les Samoïèdes, que de dépendre de tels compatriotes. Il n'a tenu qu'à moi autrefois d'être leur confrère; mais je n'aurais jamais pensé comme eux.

Je vous ouvre, madame, un cœur qui ne sait rien dissimuler, et qui est cent fois plus touché de vos bontés qu'ulcéré de leurs injustices atroces et de leur despotisme insupportable.

Je ne me flatte pas, madame, que les circonstances où nous sommes, vous et moi, vous permettent de m'écrire. Il est vrai que si vous me faites dire un mot par votre petite-fille[1], je mourrai plus content;

1. Mme du Deffand. (ÉD.)

mais si vous gardez le silence, je n'en serai pas moins à vos pieds; je ne vous serai pas moins dévoué avec une reconnaissance aussi vive que respectueuse.

MMMMMCXLVI. — A LA MÊME.

15 mai.

Permettez, madame, que j'ajoute un petit codicille à mon testament, et que je vous explique les étrennes qu'on voulait me donner au mois de janvier dernier.

M. Seguier, après la réception que le public lui avait faite à l'Académie française, se mit à voyager. Il vint chez moi, et me dit que plusieurs conseillers du parlement le pressaient de dénoncer l'histoire de ce corps, imprimée, dit-on, il y a deux ans; qu'il ne pourrait s'empêcher à la fin de remplir son ministère; que, s'il ne faisait pas la dénonciation, ces conseillers la feraient eux-mêmes, et que cela pourrait aller très-loin.

Je lui répondis, en présence de M. Hennin, résident à Genève, et de ma nièce, que cette affaire ne me regardait point du tout; que je n'avais aucune part à cette histoire; que d'ailleurs je la regardais comme très-véridique; et que s'il était possible qu'une compagnie eût de la reconnaissance, le parlement devait des remerciments à l'écrivain qui l'avait extrêmement ménagé.

Voilà, madame, ma confession achevée. Si vous me donnez l'absolution, je ne mourrai que dans quinze jours; si vous me la refusez, je mourrai dans quatre; mais si je ne mourais pas en vous adorant, je me croirais plus réprouvé que Belzébuth.   LE VIEIL ERMITE.

MMMMMCXLVII. — A M. CHARDON.

A Ferney, 15 mai.

Monsieur, je ne vous ai point remercié assez tôt de l'honneur de votre souvenir. La raison en est que j'ai été tout près d'aller dans le vaste pays où l'on ne se souvient plus de personne; mais le voyage est différé peut-être de quelques mois. En attendant, je me suis hâté de vous envoyer, par un coche qui va de nos déserts à Lyon, un petit paquet à votre adresse, intitulé *Papiers*. Je me flatte qu'on respectera votre nom et que le petit paquet arrivera sain et sauf.

Vous avez commencé, monsieur, par gouverner des serpents dans l'île Sainte-Lucie; vous civilisez actuellement des loups-cerviers[1] : je suis persuadé que vous parviendrez à les métamorphoser en hommes.

Je souhaite que vous puissiez changer ainsi vos montagnes en terres fertiles, et que vous fassiez ce que les Arabes et les Romains n'ont pu faire.

On dit qu'il y a quelques bons cantons dans votre île et que vous avez d'excellent gibier, mais que la Corse ne sera jamais une terre à

1. Les habitants de l'île de Corse dont Chardon était intendant. (ÉD.)

froment. Je m'en rapporte à vous, monsieur; vous y ferez sûrement tout le bien qui peut s'y faire. Je serai attaché jusqu'au dernier moment de ma vie à l'homme supérieur, à l'homme respectable[1] qui vous a mis à la tête de la Corse, et qui est actuellement, malgré lui, dans un plus beau climat.

Vous savez quelles sont nos tracasseries parlementaires : il est vrai qu'on ne s'assassine point comme on faisait autrefois en Corse ; mais les haines sont aussi violentes qu'elles peuvent l'être entre des Français qui ont le bonheur d'oublier tout au bout de six mois.

Pour moi, monsieur, je n'oublierai jamais les bontés dont vous m'avez honoré. Tous mes sens se sont affaiblis; mais il n'y aura nulle diminution dans l'attachement et le respect avec lequel j'ai l'honneur d'être, etc.
L'ERMITE DES ALPES.

MMMMMMCXLVIII. — A CATHERINE II.

A Ferney, 15 mai.

Madame, il faut vous dire d'abord que j'ai eu l'honneur d'avoir dans mon ermitage Mme la princesse Daschkof. Dès qu'elle est entrée dans le salon, elle a reconnu votre portrait en mezzo-tinto, fait à la navette sur un satin, entouré d'une guirlande de fleurs. Votre Majesté Impériale l'a dû recevoir du sieur Lasalle ; c'est un chef-d'œuvre des arts que l'on exerce dans la ville de Lyon, et que l'on cultivera bientôt à Pétersbourg, ou dans Andrinople, ou dans Stamboul, si les choses vont du même train.

Il faut qu'il y ait quelque vertu secrète dans votre image ; car je vis les yeux de Mme la princesse Daschkof fort humides en regardant cette étoffe. Elle me parla quatre heures de suite de Votre Majesté Impériale, et je crus qu'elle ne m'avait parlé que quatre minutes.

Je tiens d'elle le sermon de l'archevêque de Twer, Platon, prononcé devant le tombeau de Pierre le Grand, le lendemain que Votre Majesté eut reçu la nouvelle de la destruction entière de la flotte turque par la vôtre. Ce discours, adressé au fondateur de Pétersbourg et de vos flottes, est, à mon gré, un des plus beaux monuments qui soient dans le monde. Je ne crois pas que jamais aucun orateur ait eu un sujet aussi heureux. Le Platon des Grecs n'en traita point de pareil. Je regarde cette cérémonie auguste comme le plus beau jour de votre vie : je dis de votre vie passée, car je compte bien que vous en aurez de plus beaux encore. Puisque vous avez déjà un Platon à Pétersbourg, j'espère que MM. les comtes Orlof vont former des Miltiades et des Thémistocles en Grèce.

J'ai l'honneur, madame, d'envoyer à Votre Majesté Impériale la traduction d'un sermon lithuanien[2] en échange de votre sermon platonicien : c'est une réponse modeste aux mensonges un peu grossiers et ridicules que les confédérés de Pologne ont fait imprimer à Paris.

C'est un grand bonheur d'avoir des ennemis qui ne savent pas men-

1. Le duc de Choiseul. (ÉD.)
2. Voyez le Sermon du papa Nicolas Charisteschi. (ÉD.)

tir avec esprit. Ces pauvres gens ont dit dans leur manifeste que vos troupes n'osaient regarder les Turcs en face. Ils ont raison, elles n'ont presque jamais vu que leur dos.

Je ne sais pas quel sermon les Autrichiens vont prêcher en Hongrie. C'est peut-être la paix, c'est peut-être une croisade. On nous conte que le sultan Ali-Bey est demeuré court dans un de ses sermons en Syrie, et qu'il a presque perdu la parole. Je n'en crois rien : vous le rendrez plus éloquent que jamais. Moustapha sera prêché à droite et à gauche ; il finira par se confesser à l'évêque Platon, et par avouer qu'il est un gros cochon qui a grommelé contre mon auguste héroïne fort mal à propos. J'ai toujours l'honneur de haïr son croissant autant que j'ai d'attachement, de respect et de reconnaissance pour la brillante étoile du Nord.

LE VIEIL ERMITE DE FERNEY.

MMMMMCXLIX. — A M. LE MARÉCHAL DUC DE RICHELIEU.

29 mai.

Si mon héros ne peut deviner comment cette pétaudière se terminera, il n'y a pas d'apparence qu'un vieil aveugle entrevoie ce que le vice-roi d'Aquitaine ne voit point. Je juge seulement, à vue de pays, que notre nation a été toujours légère, quelquefois très-cruelle ; qu'elle n'a jamais su se gouverner par elle-même et qu'elle n'est pas trop digne d'être libre. J'ajouterai encore que j'aimerais mieux, malgré mon goût extrême pour la liberté, vivre sous la patte d'un lion, que d'être continuellement exposé aux dents d'un millier de rats mes confrères.

On m'envoie une seconde édition beaucoup plus ample de la brochure des *Peuples aux parlements*. Monseigneur voudra bien que je lui en fasse part. Elle produit quelque effet dans la province ; ce n'est pas une raison pour qu'elle réussisse à Paris : cependant tous les faits en sont vrais.

Je sais très-bon gré à l'auteur d'avoir donné hardiment tant d'éloges à M. le duc de Choiseul ; il a les plus grandes obligations à ce ministre.

M. le duc de Choiseul a favorisé sa colonie, a fait donner des priviléges étonnants à sa petite terre ; il lui a accordé sur-le-champ toutes les grâces que ce solitaire lui a demandées pour les autres : places, argent, priviléges, rien ne lui a coûté ; et la dernière grâce qu'il a signée a été une patente de brigadier pour un des neveux[1] du solitaire. Il serait donc le plus ingrat et le plus indigne de tous les hommes, s'il n'avait pas une reconnaissance proportionnée à tant de bienfaits. Malheur à celui qui le condamnerait d'avoir rempli son devoir ! Ce ne sera pas certainement mon héros qui conseillera l'ingratitude. Un brave chevalier peut être d'un parti différent d'un autre brave chevalier ; mais tous deux doivent se rendre justice. Je me trouve comme Atticus entre César et Pompée. Le solitaire n'a écouté que son cœur : il est intimement persuadé que l'ancien parlement de Paris avait autant de tort que du temps de la Fronde ; il ne peut d'ailleurs aimer ni les meurtriers des

---

1. Marchand de La Houlière. (ÉD.)

Calas, ni ceux du pauvre Lally, ni ceux du chevalier La Barre. Les jurisconsultes de l'Europe, et surtout le célèbre marquis Beccaria, n'ont jamais qualifié ces jugements que d'assassinats.

Le solitaire a dans le nouveau parlement un neveu, doyen des conseillers clercs [1], qui pense entièrement comme lui.

Le solitaire se flatte que M. le chancelier, qui jusqu'à présent a très-approuvé ses sentiments et sa conduite, trouvera très-bon qu'en rendant gloire à la vérité, il rende aussi ce qu'il doit à M. le duc de Choiseul.

Le solitaire regarde les nouveaux établissements faits par M. le chancelier comme le plus grand service qu'on pouvait rendre à la France. Il n'a été que trop témoin des malheurs attachés au trop d'étendue qu'avait le ressort du parlement de Paris. Il trouve que les princes et les pairs auront bien plus d'influence sur le nouveau parlement, qui sera moins nombreux. Il croit que tous les seigneurs hauts-justiciers doivent rendre grâce à M. le chancelier des droits qu'il leur donne. Il pense que le chef de la justice est presque le seul qui ait eu une éloquence absolument opposée au pédantisme, et il est rempli d'estime pour lui, sans rien savoir et sans vouloir rien savoir des intérêts particuliers qui ont pu diviser la cour.

Le solitaire supplie même Mgr le maréchal de Richelieu de vouloir bien, dans l'occasion, faire valoir auprès de M. le chancelier la naïveté, le désintéressement qu'on expose dans cette lettre, et dont on ne peut pas douter. M. le chancelier a eu la bonté de lui écrire.

Il arrive quelquefois, dans de pareilles occasions, qu'on déplaît aux deux partis; mais, à la longue, la franchise et la pureté des sentiments réussissent toujours.

J'ose penser aussi qu'à la longue le nouveau système réussira, parce que c'est le bien de la France.

Ce qui alarme le plus les provinces, c'est la crainte des nouveaux impôts, c'est la douleur de voir qu'après neuf ans de paix les finances du royaume soient dans un état si déplorable, tandis qu'une trentaine de financiers, qui ont fait des fortunes immenses, insultent par leur faste à la misère publique.

J'ai dit à mon héros tout ce que j'avais sur le cœur; j'ajoute très-sérieusement que mon plus grand chagrin est de mourir sans avoir la consolation de lui faire encore une fois ma cour; mais les circonstances présentes ne me le permettent pas, et mon triste état me prive absolument de ce que j'ambitionnais le plus.

Je suis très-aise que vous ayez rendu vos bonnes grâces à un homme [2] qui était en effet très-affligé de les avoir perdues, et qui sentait toutes les obligations qu'il vous avait. J'ai été quelquefois fâché contre lui d'avoir mis dans mes pièces des vers que je ne voudrais pas avoir faits; mais dans l'amitié il faut se pardonner ces petits griefs. Ce serait un grand malheur de se brouiller avec ses amis pour des vers ou pour de la prose.

1. Mignot. (Éd.) — 2. Le comte d'Argental. (Éd.)

Voilà trop de prose; je vous en demande bien pardon. Agréez mon très-tendre respect, et tous les sentiments qui m'attachent inviolablement à vous tant que je respirerai.

MMMMMCL. — A Catherine II.

25 mai.

Madame, j'ai actuellement dans mon ermitage un de vos sujets de votre royaume de Cazan : c'est M. Polianski. Je n'ai jamais vu tant de politesse, de circonspection, et de reconnaissance pour les bontés de Votre Majesté Impériale : on dit qu'Attila était originaire de Cazan; si la chose est vraie, il se peut fort bien que le fléau de Dieu ait été un aimable homme; je n'en doute pas même, puisque Honoria, la sœur d'un sot empereur, Valentinien III, devint amoureuse de lui, et voulut à toute force l'épouser.

La cour du roi d'Espagne admire la générosité de M. le comte Alexis Orlof, et la reconnaissance du bacha. Pour la cour de Versailles, elle n'est occupée que des tracasseries des cours de justice.

Pendant que ces pauvretés welches amusent sérieusement l'oisiveté de toute la France, peut-être dans ce moment votre flotte détruit celle des Turcs, peut-être vos troupes ont-elles passé le Danube.

On dit cependant que Votre Majesté Impériale, à qui le Turc a déjà rendu M. Obreskof, est en train d'écouter des propositions de paix; pour moi, je crois qu'elle n'est en train que de vaincre.

Je me mets à ses pieds avec le plus profond respect et la plus tendre reconnaissance. Le vieil ermite de Ferney.

MMMMMCLI. — De Catherine II.

Ce 20-31 mai.

Monsieur, les puissances du Nord vous ont sans doute beaucoup d'obligation pour les belles épîtres que vous leur avez adressées; je trouve la mienne admirable; chacun de mes jeunes confrères, j'en suis sûre, en dira autant de la sienne. Je suis très-fâchée de ne pouvoir vous donner en revanche que de la mauvaise prose. De ma vie je n'ai su faire ni vers ni musique, mais je ne suis point privée du sentiment qui fait admirer les productions du génie.

La description que vous me faites du premier peuple de l'univers ne donnera d'envie à aucun autre sur l'état présent des Welches. Ils crient beaucoup en ce moment, sans, ce me semble, savoir pourquoi : on dit que c'est la mode, et qu'à Paris elle tient souvent lieu de raison. On veut un parlement, on en a un; la cour a exilé les membres qui composaient l'ancien, et personne ne dispute au roi le pouvoir d'exiler ceux qui ont encouru sa disgrâce.

Ces membres, il faut l'avouer, étaient devenus tracassiers, et rendaient l'État anarchique. Il paraît que tout le bruit qu'on a fait ne mène à rien, et qu'il y a beaucoup plus de grands mots que de principes fondés sur des autorités dans tous les écrits du parti opposé à la cour.

Il est vrai aussi qu'il est difficile de juger de l'état des choses à la distance d'où je les vois.

Apparemment que les Turcs ne font pas grand fond sur les canons du sieur Tott, puisqu'ils ont enfin relâché mon résident, lequel, si on en peut croire les discours du ministre de la Porte, doit se trouver à présent sur le territoire autrichien.

Y a-t-il un exemple dans l'histoire que les Turcs aient relâché au milieu de la guerre le ministre d'une puissance qu'ils avaient offensée par une telle enfreinte du droit des gens? On croirait que le comte de Romanzof et le comte Orlof leur ont appris à vivre.

Voilà un pas vers la paix, mais elle n'est pas faite pour cela. L'ouverture de la campagne nous a été très-favorable, comme on vous l'a dit, monsieur. Le général major Weismann a passé le Danube à deux reprises : la première avec sept cents, la seconde avec deux mille hommes. Il a défait un corps de six mille Turcs, s'est emparé d'Isacki, où il a brûlé les magasins ennemis, le pont que l'on commençait à construire, les frégates, les galères, et les bateaux qu'il n'a pu emmener avec lui : il a fait un grand butin et beaucoup de prisonniers, outre cinquante-un canons de bronze, dont il a encloué la moitié. Il est revenu sur cette rive-ci sans que personne l'en empêchât, quoique le vizir, avec soixante mille hommes, ne fût qu'à six heures de chemin d'Isacki.

Si la paix ne se fait pas cette année, vous pouvez commander votre litière. N'oubliez pas, monsieur, d'y faire mettre une pendule de votre fabrique de Ferney; nous la placerons dans Sainte-Sophie, et elle fournira aux futurs antiquaires le sujet de quelques savantes dissertations.

CATERINE.

MMMMMMCLII. — A M. L'ABBÉ ARNAUD.

A Ferney, 1er juin.

Il y avait longtemps, monsieur, que nous étions confrères. Nous avions souvent pensé de même dans la *Gazette étrangère*[1], et je pense absolument comme vous sur tout ce que vous dites des langues dans votre discours[2], aussi utile que sage et éloquent.

Il est très-vrai que notre langue s'est formée très-tard, et que cet édifice n'est bâti qu'avec des débris. Voilà pourquoi Racine et Boileau, qui ont fait un palais régulier, sont des hommes admirables : aussi on fait à présent en Angleterre une nouvelle édition magnifique de Boileau, et on n'en fera jamais de Bourdaloue ni de Massillon. Soyez très-sûr que si on parle aujourd'hui français à Moscou et à Copenhague, ce n'est pas à Pascal même qu'on en a l'obligation.

Notre droguet ne vaut pas les velours d'Athènes, mais on l'a si bien brodé qu'il est à la mode dans toute l'Europe. Vous savez que tous les gens de lettres apprennent aujourd'hui l'anglais, langue plus irrégulière que la nôtre, beaucoup plus dure et plus difficile à prononcer; et ce n'est que depuis Pope qu'on apprend l'anglais.

1. C'est-à-dire la *Gazette littéraire*, à laquelle Voltaire donna des articles. (ÉD.)
2. Pour sa réception à l'Académie française le 13 mai. (ÉD.)

ANNÉE 1771. 305

Dieu me garde de n'être que le cousin du meilleur de mes frères, dont j'ambitionne l'estime et l'amitié plus que le titre de cousin du roi ! Je vous donnerai du respect dans cette première lettre; mais si les maux qui m'accablent me permettent encore de vous écrire, je bannirai les cérémonies qui ne conviennent pas aux philosophes.

MMMMMMCLIII. — A MADAME LA MARQUISE DU DEFFAND.

1ᵉʳ juin.

Vous avez brûlé, madame, tout ce qu'on a écrit sur les parlements. Eh bien! brûlez donc encore cette troisième édition d'un écrit composé à Lyon; mais ne brûlez pas la page 7, qui contient les justes éloges du mari de votre grand'maman. Vous devriez bien, si vous avez de l'amitié pour moi, envoyer cette page 7 à Mme Barmécide.

Je vous répète que je ne serai jamais ingrat, mais que je n'oublierai jamais le chevalier de La Barre et mon ami, le fils du président d'Etallonde, qui fut condamné au supplice des parricides pour une très-légère faute de jeunesse. Il se déroba par la fuite à cette boucherie de cannibales; je le recommandai au roi de Prusse, qui lui a donné, en dernier lieu, une compagnie de cavalerie.

A peine se souvient-on dans Paris de cette horreur abominable. La légèreté française danse sur le tombeau des malheureux. Pour moi, je n'ai jamais mis ma légèreté à oublier ce qui fait frémir la nature. Je déteste les barbares, et j'aime mes bienfaiteurs.

Vous aimez les Anglais; n'ayez donc point d'indifférence pour un homme qui est tout aussi Anglais qu'eux. Songez d'ailleurs que je vis dans un désert où je veux mourir, à moins que je n'aille mourir en Suisse. Songez que je ne dis jamais que ce que je pense, et qu'il y a soixante ans que je fais ce métier. Songez qu'ayant fondé une colonie dans ma Sibérie, je dois approuver infiniment la grâce que fait le roi à tous les seigneurs des terres, de payer les frais de leurs justices.

Je sais bien, encore une fois, qu'à Paris on ne fait pas la moindre attention à ce qui peut faire le bonheur des provinces; je sais qu'on ne s'occupe que de souper, et de dire son avis au hasard sur les nouvelles du jour. Il faut d'autres occupations à un homme moitié cultivateur et moitié philosophe. Je me suis ruiné à faire du bien, je ne demande aucune grâce à personne, et je ne veux rien de personne. Si jamais je vais à Paris pour une opération qu'on dit qu'il faut faire à mes yeux, et qui ne réussira pas, ce sera beaucoup plus pour avoir la consolation de m'entretenir avec vous, que pour recouvrer la vue et pour prolonger ma vie.

Un hasard assez heureux m'amena en France il y a près de vingt ans. Je ne devrais pas y être, parce que je ne pense pas à la française; mais quand je serais autre, comptez, madame, que je vous serai attaché jusqu'à mon dernier moment, avec des sentiments aussi inaltérables que ma façon de penser.

MMMM'MMCLIV. — A M. DE FABRY.

2 juin.

Monsieur, notre fontaine, le village et moi, nous vous avons beaucoup d'obligation. J'allai ces jours passés me promener en robe de chambre à Versoix. Je vis les vignes qui repoussaient, et qui disaient que ce n'était pas la peine de les avoir arrachées.

Je vis la frégate royale, que je n'avais jamais vue; elle est réellement aussi belle qu'elle sera inutile. Je souhaite au pays de belles et promptes moissons, avec la fin de toutes les peines que cette malheureuse année vous donne. Il est difficile de faire le bien, et cela n'est pas plus aisé à Ferney qu'ailleurs.

J'ai l'honneur d'être, etc.   VOLTAIRE.

MMMMMCLV. — A M. LE MARÉCHAL DUC DE RICHELIEU.

A Ferney, 3 juin.

La lettre de mon héros m'a donné un tremblement de nerfs qui m'aurait rendu paralytique, si je n'avais pas, le moment d'après, reçu une lettre de M. le chancelier, qui a remis mes nerfs à leur ton, et rétabli l'équilibre des liqueurs. Il est très-content; il a seulement changé deux mots, et fait réimprimer la chose. On en a fait quatre éditions dans les provinces. C'est la voix de Jean prêchant dans le désert, et que les échos répètent.

Mon héros sait que quand César releva les statues de Pompée, on lui dit : « Tu assures les tiennes. » Ainsi mon héros, dans son cœur, trouvera très-bon qu'on montre de la reconnaissance pour un homme qu'on appelle en France disgracié, et qu'on relève ses statues, pourvu qu'elles n'écrasent personne.

J'avoue que je suis une espèce de don Quichotte qui se fait des passions pour s'exercer. J'ai pris parti pour Catherine II, l'étoile du Nord, contre Moustapha, le cochon du croissant. J'ai pris parti contre nosseigneurs, sans aucun motif que mon équité et ma juste haine envers les assassins du chevalier de La Barre et du jeune d'Étallonde, mon ami, sans imaginer seulement qu'il y eût un homme qui dût m'en savoir gré.

J'ai, dans toutes mes passions, détesté le vice de l'ingratitude; et si j'avais obligation au diable, je dirais du bien de ses cornes.

Comme je n'ai pas longtemps à ramper sur ce globe, je me suis mis à être plus naïf que jamais : je n'ai écouté que mon cœur; et, si on trouvait mauvais que je suivisse ses leçons, j'irais mourir à Astracan plutôt que de me gêner, dans mes derniers jours, chez les Welches. J'aime passionnément à dire des vérités que d'autres n'osent pas dire, et à remplir des devoirs que d'autres n'osent pas remplir. Mon âme s'est fortifiée à mesure que mon pauvre corps s'est affaibli.

Heureusement mon caractère a plu à l'homme auquel il aurait pu déplaire. Je me flatte qu'il ne vous rebute pas, et c'est ce que j'ai ambitionné le plus.

Je sens vivement vos bontés. Je ne désespère pas de faire un jour, si je vis, un petit tour très-incognito à Paris ou à Bordeaux, pour vous faire ma cour, vous jurer que je meurs en vous aimant, et m'enfuir au plus vite; mais je crois qu'il faut attendre que j'aie quatre-vingts ans sonnés. Je n'en ai que soixante-dix-huit, je suis encore trop jeune.

J'ai d'ailleurs fondé une colonie que l'homme à qui je dois tout¹ faisait fleurir, et qui me ruine à présent en exigeant ma présence.

Ce que vous daignez me dire sur ma santé et Tronchin me fait cent fois plus de plaisir que votre vespérie ne m'alarme : aussi vous suis-je plus attaché que jamais avec le plus tendre et le plus profond respect, et le plus éloigné de l'ingratitude.

MMMMMCLVI. — A M. HENNIN.
.... juin.

C'est aujourd'hui lundi que M. Hennin doit avoir M. le duc d'Aiguillon pour son ministre.
Tout le reste est caché dans une nuit profonde.

MMMMMCLVII. — DE CATHERINE II.
Le 24 mai-4 juin.

Monsieur, si vous vous faites porter en litière à Tangarock, comme votre lettre du 6 de mai me l'annonce, vous ne pourrez éviter Pétersbourg. Je ne sais si l'air de ma cour vous conviendrait, et si huit mois d'hiver vous rendraient la santé. Il est vrai que si vous aimez à être au lit, le froid vous en fournirait un prétexte spécieux, mais vous n'aurez nul besoin de prétexte : vous ne seriez point gêné, je vous assure, et j'ose dire qu'il n'y a guère d'endroits où on le soit moins. A l'égard des billets de confession, nous en ignorons jusqu'au nom. Nous compterions pour un ennui mortel de parler de ces disputes rebattues, et sur lesquelles on prescrit le silence par édit dans d'autres pays. Nous laissons volontiers croire à chacun ce qu'il lui plaît. Tous les Chinois de bonne compagnie planteraient là le roi de la Chine et ses vers pour se rendre à Nipchou, si vous y veniez; et ils ne feraient que leur devoir en rendant hommage au premier lettré de notre siècle.

Le croiriez-vous, monsieur? mes voisins orientaux, tels que vous les décrivez, sont les meilleurs voisins possibles; je l'ai toujours dit, et la guerre présente m'a confirmée dans cette opinion.

J'attends, avec une impatience que je n'ai que pour vos ouvrages, le quatrième et le cinquième tome des *Questions sur l'Encyclopédie*. Je vous en remercie d'avance. Continuez, je vous prie, à m'envoyer vos excellentes productions, et battons Moustapha. Les croquignoles que vous lui donnez devraient le rendre sage; il en est temps.

Je vous ai mandé dans ma précédente qu'il y a apparence que mon résident est relâché. Les princes et les républiques chrétiennes sont

1. Le duc de Choiseul. (ÉD.)

eux-mêmes la cause des affronts que leurs ambassadeurs essuient à Constantinople ; ils en font trop accroire à ces barbus : se montrer ou intrigants ou rampants n'est pas le moyen de se faire estimer. Voilà la règle à peu près que l'Europe a suivie, et c'est aussi ce qui a gâté ces barbares. Le roi Guillaume d'Angleterre disait qu'*il n'y a point d'honneur à garder avec les Turcs.*

Les Italiens ont traité leurs prisonniers de guerre avec dureté, mais ils ont donné l'exemple de la souplesse envers la Porte.

Les nouvelles d'Ali-Bey portent qu'il fait des progrès en Syrie, et qui alarment d'autant plus le sultan qu'il n'a que peu de troupes à lui opposer.

Je connais le manifeste in-quarto dont vous me parlez. Le duc de Choiseul, qui n'était pas prévenu en notre faveur, l'avait fait supprimer à cause de son absurdité et des calomnies ridicules qu'il contenait : vous pouvez juger par là du mérite de la pièce. Les cruautés qu'on y reproche à mes troupes sont des mensonges pitoyables. C'est aux Turcs qu'il faut demander des nouvelles de l'humanité des troupes russes pendant cette guerre. La populace même de Constantinople et tout l'empire turc en ont été si affectés, qu'ils attribuent toutes nos victoires à la bénédiction du ciel, obtenue par l'humanité avec laquelle on en a usé avec eux en toute occasion.

D'ailleurs ce n'est pas aux brigands de Pologne à parler sur cette matière ; ce sont eux qui commettent tous les jours des férocités épouvantables envers tous ceux qui ne se joignent pas à leur clique pour piller et brûler leur propre pays.

Vous voudrez bien, monsieur, que je vous remercie particulièrement pour le ton d'amitié et d'intérêt qui règne en général dans votre dernière lettre. J'en suis bien reconnaissante et véritablement touchée. Continuez-moi votre amitié, et soyez assuré que la mienne vous est sincèrement acquise.   CATERINE.

MMMMMCLVIII. — A M. ÉLIE DE BEAUMONT.

A Ferney, 7 juin.

Je ne sais, mon cher Cicéron, si vous êtes à Rome ou à Tusculum. Il y a des gens qui prétendent que vous êtes à la cour, et que vous avez une charge auprès de M. le comte de Provence [1]. Je vous aimerais mieux dans votre royaume de Canon, dont vous ferez sûrement un lieu d'abondance, de délices, et d'étude.

Je conseille à mon petit-neveu d'Hornoy d'en faire autant chez lui. Quand on a bien cherché le bonheur, on ne le trouve jamais que dans sa propre maison. Je n'ai jamais imaginé qu'il pût être dans la grand'chambre ou dans la grand'salle. Voilà mon autre neveu, le gros abbé, doyen des clercs [2] ; il ne s'y attendait pas il y a six mois. J'aime mieux tout simplement l'ancienne méthode des jurés, qui s'est conservée en Angleterre. Ces jurés n'auraient jamais fait rouer Calas, et conclu,

1. Louis XVIII. (ÉD.) — 2. Mignot. (ÉD.)

comme Riquet[1], à faire brûler sa respectable femme ; ils n'auraient pas fait rouer Martin, sur le plus ridicule des indices; le chevalier de La Barre, âgé de dix-neuf ans, et le fils du président d'Étallonde, âgé de dix-sept, n'auraient point eu la langue arrachée par un arrêt, le poing coupé, le corps jeté dans les flammes, pour n'avoir point fait la révérence à une procession de capucins, et pour avoir chanté une mauvaise chanson de grenadiers. Ils n'auraient point traîné à Tyburn un brave général d'armée[2], quoique très-brutal, avec un bâillon dans la bouche, et n'auraient point prétendu extorquer à sa famille quatre cent mille francs d'amende, à quoi son bien était fort loin de monter. Je m'étonne seulement qu'on ne lui fît pas subir, à Paris, la question ordinaire et extraordinaire, pour savoir au juste à quelle minute les Anglais nous avaient chassés de toute l'Inde, où tant de gens s'étaient conduits en fous, et tant d'autres en fripons.

Mon ami, quand des juges n'ont que l'ambition et l'orgueil dans la tête, ils n'ont jamais l'équité et l'humanité dans le cœur. Il y a eu dans l'ancien parlement de Paris de belles âmes, des hommes très-respectables, pour qui j'ai de la vénération ; mais il y a eu des bourreaux insolents. Je n'ai qu'un jour à vivre, et je le passe à dire ce que je pense. Je persiste à croire que l'établissement des six conseils souverains est le salut de la France. Je n'aime le pouvoir arbitraire nulle part, et surtout je le hais dans des juges.

Il faut que le nouveau parlement de Paris prenne bien garde à ce qu'il fera sur l'affaire des Perra de Lyon. Je pense que la Lerouge a été noyée ; que c'est son corps qu'on a trouvé dans le Rhône. M. Loyseau ne s'éloigne pas de cet avis, et je crois avec lui que la Lerouge, en cherchant son chat, ou en étant poursuivie dans cette allée sombre par quelque effronté, tomba dans les privés que l'on curait alors, et qui étaient ouverts malgré les règlements de police. Ceux qui laissèrent ces lieux ouverts, étant en contravention, prirent peut-être le parti d'aller jeter le corps dans le Rhône ; ce qui est assez commun à Lyon.

Tout le reste de l'accusation contre les Perra et contre les autres accusés me paraît le comble de l'absurdité et de l'horreur. Je trouve d'ailleurs qu'il est contre toute raison, contre toute législation, contre toute humanité, de recommencer un procès criminel contre six personnes déclarées innocentes par trente juges qui les ont examinées pendant neuf mois, et qui ne sont pas des imbéciles.

Il y a deux choses bien réformables en France, notre code criminel et le fatras de nos différentes coutumes.

Que voulez-vous? nous avons été barbares dans tous les arts, jusqu'au temps qui touchait au beau siècle de Louis XIV. Nous le sommes encore en jurisprudence ; et une preuve indubitable, c'est la multiplicité de nos commentaires. Si quelqu'un veut se donner la peine de nous refondre, ce sera un Prométhée qui nous apportera le feu céleste.

Pour moi, je ne me mêle que de ma petite colonie, qui m'a ruiné

1. Procureur général au parlement de Toulouse. (Éd.) — 2. Lally. (Éd.)

dans mon désert. M. le duc et Mme la duchesse de Choiseul la soutenaient par leurs bontés généreuses. Elle est actuellement sur le penchant de sa ruine. J'ai perdu mes protecteurs, j'ai perdu la plus grande partie de mon bien; je vais bientôt perdre la vie, ce qui arrive à tout le monde; mais ce sera en étant fidèle à la vérité et à l'amitié.

Mille respects à Mme de Canon[1].

MMMMMCLIX. — A MADAME ***.

A Ferney, ce 12 juin.

Mes yeux ont bien de l'obligation aux vôtres : vous avez senti tout ce qu'il perdaient quand vous daignâtes passer chez ce pauvre aveugle. Si vous aviez aussi quelque recette pour les oreilles, vous l'auriez très-bien placée. Le plaisir de vous entendre vaut celui de vous voir : mais à mon âge il n'y a plus de plaisirs : je suis comme ce pauvre homme qui disait à Mme la duchesse de Longueville qu'il avait perdu les joies de ce monde; il ne me reste de moyen, pour revenir au monde, que de venir vous faire ma cour, madame, et à monsieur votre frère; je crois que je serais à Parme, sans l'inquisition, dont l'ombre me fait toujours peur.

J'ai l'honneur d'être sur le mont Jura, comme je le serai sur le Pô, avec bien du respect, votre très-humble et très-obéissant serviteur. V.

MMMMMCLX. — A M. DALEMBERT.

14 juin.

Je ne sais plus, mon très-cher philosophe, comment faire pour vous envoyer le quatrième et le cinquième volume de ces *Questions*. Le paquet est tout prêt depuis près d'un mois; mais plus d'une route qui m'était ouverte auparavant m'est aujourd'hui bouchée.

Je persiste toujours dans ma bonne volonté pour les assassins de Calas et du chevalier de La Barre. Quelque chose qu'il arrive, je ne crois pas qu'on voie de pareils cannibales dans la nature, sans quoi j'irais mourir auprès d'Azof, qu'on dit être un pays fort chaud, et où l'on m'assure qu'on est à l'abri du vent du nord, que je hais presque autant que les assassins en robe.

Vous ne connaissiez pas, sans doute, la comédie de l'*Homme dangereux*[2], lorsque, sur son titre, l'on empêcha qu'on ne la jouât. Si vous l'aviez lue, vous auriez sollicité vivement sa représentation : c'était le plus sûr moyen de dégoûter l'auteur du théâtre. Les trois volumes qu'il a fait imprimer à Genève avec vos louanges, celles de Vernet, et même les miennes, se vendent aujourd'hui publiquement, et encore plus rarement. Ils pourront avoir plus de débit à Paris, attendu qu'il y a environ quatre cents personnes d'outragées ; ce qui peut fournir environ

---

1. Élie de Beaumont était seigneur de la terre de Canon. (ÉD.)
2. Palissot avait fait imprimer, sous le titre de l'*Homme dangereux*, la comédie qu'on avait défendue sous le titre de *le Satirique*. (ÉD.)

huit cents lecteurs. Il est singulier que cet ouvrage soit permis, et que l'*Encyclopédie* soit défendue.

Si vous voyez M. de Schomberg, je vous prie de lui dire combien je lui suis attaché à lui et à ses anciens amis. Mais, pour mes assassins, je leur soutiendrai toujours qu'ils ont tort; et je crois que, dans le fond de son cœur, il sera de mon avis.

J'ai pensé mourir hier : c'est un état qui n'est pas si désagréable qu'on le croit; je souffrais beaucoup moins qu'à l'ordinaire. Portez-vous bien, mon cher ami; la vie est horrible sans la santé; mais lorsqu'à la maladie il se joint une petite pointe de persécution, cet état n'est point plaisant.

Ne m'oubliez pas auprès de M. de Condorcet. Soyez sûr que, tant que je vivrai, ma faculté de penser et de sentir, mon entéléchie sera entièrement à vous.

MMMMMMCLXI. — A M. L'ABBÉ DE CRILLON.

14 juin.

« Il est honteux à l'homme de mettre l'humanité au nombre des vertus : elle est moins son attribut que son essence; être homme et ne pas être humain, c'est exister contre les lois de la nature.

« Marc Aurèle, Titus, ces hommes plus grands que les dieux qu'ils adoraient, faisaient les délices du monde [1]. »

Voilà des traits, monsieur, qui font voir que vous pensez avec la même grandeur d'âme que le brave Crillon combattait. Je vous ai une double obligation d'avoir fait cet ouvrage, et de m'avoir honoré d'un exemplaire.

Si vous aviez suivi la profession des armes, vous seriez un guerrier très-généreux. Vous avez suivi celle du sacerdoce, vous êtes compatissant, indulgent et tolérant. Vous regardez Dieu comme le père de tous les hommes; il y a plus de soixante ans que j'ai la même foi que vous, mais je ne l'ai jamais trouvée si bien expliquée que dans votre ouvrage.

J'ai l'honneur d'être, avec l'estime la plus respectueuse et avec bien de la reconnaissance, monsieur, votre très-humble et très-obéissant serviteur. VOLTAIRE.

MMMMMMCLXII. — A M. THOMAS.

A Ferney, 14 juin.

Je vous aime, monsieur, de tout mon cœur, non-seulement parce que vous faites de très-beaux vers, mais parce que vous soutenez noblement l'honneur et la liberté des lettres.

L'article *Épopée* vous sera assurément très-inutile; vous l'aurez dans quatre mois, si la chambre syndicale est aussi exacte cette fois-ci qu'elle l'a été l'autre : mais souvenez-vous bien que cet article *Épopée* n'est

---

[1]. Ces deux phrases sont extraites de *l'Homme moral*, par l'abbé de Crillon. (ÉD.)

que dans votre génie. L'auteur de cet article s'est bien donné de garde de hasarder aucun précepte; il ne connaît que les exemples. Il a traduit quelques morceaux des poëtes étrangers, et s'en est tenu là, comme de raison, laissant à tout lecteur la liberté de conscience qu'il demande pour lui-même.

Vous avez très-bien fait de choisir un héros[1] arrivé de la mer Glaciale. Nous n'en avons guère sur les bateaux de la Seine et de la Loire. Il est vrai que votre héros avait deux natures, il était moitié loup-cervier et moitié homme; mais c'est l'homme que vous chantez.

Savez-vous ce qui s'est passé, il y a un an, sur son tombeau? L'impératrice de Russie y fit chanter un *Te Deum* en grec, pour la victoire navale dans laquelle toute la flotte turque avait été détruite. Un archimandrite, nommé Platon, aussi éloquent que celui d'Athènes, remercia Pierre le Grand de cette victoire, et fit souvenir la Russie qu'avant lui on ne connaissait pas le nom de flotte dans la langue de ses vastes États. Cela vaut bien, monsieur, nos sermons de Saint-Roch et de Saint-Eustache, et même nos itératives remontrances, qui font tant de bruit chez les Welches.

Soyez sûr, monsieur, que personne ne rend plus de justice que moi à votre génie et à vos sentiments, et que j'aime votre façon de penser autant que je hais la bassesse et la charlatanerie.

MMMMMCLXIII. — A M. LEKAIN.

15 juin.

Pressez-vous, mon cher ami; car je suis bien loin d'avoir une démonstration que vous me trouviez en vie au mois de septembre; mais Mme Denis vous fera les honneurs de la maison.

Dites, je vous en prie, les choses les plus tendres à M. et à Mme d'Argental, si vous avez le bonheur de les voir.

MMMMMCLXIV. — A M. ALLAMAND, MINISTRE A COSSIER, PAYS DE VAUD, EN SUISSE, PRÉSENTEMENT PROFESSEUR A LAUSANNE.

A Ferney, le 17 juin.

Une partie de ce que je désirais, monsieur, est arrivée; je ne voulais que la tolérance; et, pour y parvenir, il fallait mettre dans tout leur ridicule les choses pour lesquelles on ne se tolérait pas.

Je vous assure que, le 30 de mai dernier, Calvin et le jésuite Garass auraient été bien étonnés s'ils avaient vu une centaine de vos huguenots dans mon village, devenu un lieu de plaisance, faire les honneurs de ce que nous appelons la *fête de Dieu*, élever deux beaux reposoirs, et leurs femmes assister à notre grand'messe pour leur plaisir. Le curé les remercia à son prône, et fit leur éloge.

Voilà ce que n'auraient fait ni le cardinal de Lorraine, ni le cardinal de Guise.

---

1. Pierre le Grand. (ÉD.)

Il est vrai que je ne suis pas encore parvenu à faire distribuer aux pauvres les trésors de Notre-Dame de Lorette, pour avoir du pain; mais ce temps viendra. On s'apercevra que tant de pierreries sont fort inutiles à une vieille statue de bois pourri : *Dic lapidibus istis ut panes fiant*[1].

Il ne faut plus compter sur la prétendue ville de la Tolérance qu'on voulait bâtir à Versoix. Elle n'existera qu'avec la ville de la Diète européanne, dont l'abbé de Saint-Pierre a donné le plan; mais du moins il y a un village de libre en France, et c'est le mien. Quand je ne serais parvenu qu'à voir rassemblés chez moi, comme des frères, des gens qui se détestaient au nom de Dieu il y a quelques années, je me croirais trop heureux.

Vous m'écrivites il y a longtemps, monsieur, que certaines brochures, dont l'Europe est inondée, ne feraient pas plus d'effet que les écrits de Tindal et de Toland; mais ces messieurs ne sont guère connus qu'en Angleterre. Les autres sont lus de toute l'Europe; et je vous réponds que, de la mer Glaciale jusqu'à Venise, il n'y a pas un homme d'État aujourd'hui qui ne pense en philosophe. Il s'est fait dans les esprits une plus grande révolution qu'au xvie siècle. Celle de ce xvie siècle a été turbulente, la nôtre est tranquille. Tout le monde commence à manger paisiblement son pain à l'ombre de son figuier, sans s'informer s'il y a dans le pain autre chose que du pain. Il est triste pour l'espèce humaine que, pour arriver à un but si honnête et si simple, il ait fallu percer dix-sept siècles de sottises et d'horreurs.

Adieu, monsieur; je suis bien fâché que mon domicile, qui s'embellit tous les jours, soit si loin du vôtre; je voudrais que votre Jérusalem fût à deux pas de ma Samarie. Je vous embrasse sans cérémonie du meilleur de mon cœur, avec bien de l'estime et de l'amitié.

Je suis aveugle et mourant; mais les vingt-quatre lettres de l'alphabet sont à peu près remplies.

MMMMMMCLXV. — A M. LE COMTE DE SAINT-PRIEST[2].

A Ferney, 17 juin.

Monseigneur, le triste état de ma santé ne m'a pas permis de remercier plus tôt Votre Excellence au nom de ma petite colonie et au mien : elle a perdu un grand appui dans M. le duc de Choiseul; mais la protection dont vous voulez bien l'honorer lui tiendra lieu de tout.

Je crois que le sieur Pinel partira bientôt, chargé de quelques montres qu'il a commandées à ces artistes; je crois que voilà la première fois qu'un petit village de France a commercé avec la Turquie, la Russie, la Hollande et l'Espagne.

Cette entreprise singulière commence à être de quelque utilité, et mérite certainement l'attention du gouvernement, auquel d'ailleurs nous n'avons demandé aucun secours : notre colonie ne veut que la liberté de travailler et de faire venir de l'argent en France; elle a eu

1. Matthieu, IV, 3. (ÉD.)
2. Ambassadeur à Constantinople. (ÉD.)

jusqu'à présent toutes les facilités possibles, malgré les obstacles qu'elle a trouvés.

Si la première tentative du sieur Pinel réussit en Turquie, il y a lieu d'espérer que mon village des horloges réussira. On a bâti déjà plusieurs maisons assez grandes, de pierres de taille, qui ne sont pas communes dans nos hameaux, et qui ne sont pas même, dit-on, en trop grande quantité dans Stamboul.

Je regarde ce petit établissement comme un prodige; supposé qu'il dure : je l'ai encouragé par des dépenses immenses pour un particulier, sans y avoir d'autre intérêt que celui de faire le bien de l'État, autant qu'il est en moi. Mon âge ne me permet pas l'espérance de voir de grands progrès; mais les premiers essais sont déjà très-heureux : mes colons ont un avantage singulier, celui de travailler à bien meilleur marché qu'à Paris et à Londres, et surtout d'être d'excellents artistes; ils fournissent même en France beaucoup d'horlogers, qui mettent hardiment leurs noms aux ouvrages qui se font chez moi.

La Turquie pourra être un meilleur débouché encore que Paris, lorsque la paix sera faite; car enfin il faudra bien qu'elle se fasse.

Les princes chrétiens ne se sont jamais accordés pour renvoyer les Turcs au delà du Bosphore; et probablement ils resteront encore longtemps, malgré les armes victorieuses des Russes.

Dans ma solitude, entre les Alpes et le mont Jura, je ne puis amuser Votre Excellence par des nouvelles que vous avez sans doute de Paris. S'il y avait quelques livres nouveaux imprimés à Genève qui pussent occuper vos moments de loisir, je m'offrirais à être votre commissionnaire, et vous verriez, par mon zèle et par mon exactitude, combien vos ordres me seraient chers.

J'ai l'honneur d'être, etc.

MMMMMMCLXVI. — A MADAME LA DUCHESSE DE CHOISEUL.

17 juin.

Madame, quoiqu'on ne m'écrive guère de Babylone, et que j'écrive encore moins, on m'a mandé que vous étiez malade: peut-être n'en est-il rien; mais, dans le doute, vous trouverez bon que je vous dise combien votre santé est précieuse à tous ceux qui ont des yeux, des oreilles et une âme. Pour des yeux, je ne m'en pique pas; il n'y a plus qu'un degré entre votre petite-fille et moi. Mes oreilles ne sont pas malheureusement à portée de vous entendre; à l'égard de l'âme, c'est autre chose : je crois entendre de loin la vôtre, devant laquelle la mienne est à genoux. Il n'y a point d'âme au monde qui puisse trouver mauvais qu'il y ait des âmes sensibles, pleines de la plus respectueuse reconnaissance pour leurs bienfaiteurs.

Soit que votre santé ait été altérée, soit que vous et le grand-père de votre petite-fille[1], vous conserviez une santé brillante, je compte ne rien faire de mal à propos, en vous disant que votre soulier, que je con-

---

1. Mme du Deffand appelait Mme de Choiseul sa grand'maman. (ÉD.)

serve, me sera toujours le plus précieux de tous les bijoux; que les capucins de mon pays, et les sœurs de la Charité, et tous les gens qui vont à présent pieds nus, vous bénissent; que les horlogers, en émaillant leurs cadrans et en les ornant de votre nom, vous souhaitent des heures agréables; que les neiges des Alpes et du mont Jura se fondent quand on parle de vous; que tous ceux qui ont été comblés de vos bontés ne s'entretiennent que de leur reconnaissance; que sur les bords de l'Euphrate, comme sur ceux de l'Oronte, tous les bergers vous chantent sur leurs chalumeaux.

Cette églogue, madame, ne pourrait déplaire qu'à ceux qui n'aiment ni Théocrite ni Virgile.

Pour moi, madame, qui les aime passionnément, je vous dirai:

Ante leves ergo pascentur in æthere cervi,
Quam nostro illius labatur pectore vultus.

Virg., ecl. I, v. 60 et 64.

Vous entendez le latin, madame; vous savez ce que cela veut dire : *Les cerfs iront paître dans l'air avant que j'oublie son visage.* Les savants assurent que cela est fort élégant. Vous me direz, madame, que je n'ai jamais vu votre visage. Je vous demande pardon, je le connais très-bien; car j'ai, comme vous savez, votre soulier et vos lettres; et quand on connaît le pied et le style de quelqu'un, il faudrait être bien bouché pour ne pas connaître ses traits parfaitement. Je suis désespéré de ne les pas voir face à face, mais je présume que ce bonheur n'est pas fait pour moi.

Embellissez les bords de l'Oronte, tandis que je vais me faire enterrer vers le lac Léman, en vous présentant à vous et à tout ce qui vous environne en Syrie, mon profond respect, mon inviolable reconnaissance, mon adoration de latrie, ou du moins d'hyperdulie.

Le vieux radoteur aveugle, entre un lac et une montagne couverte de neige.

MMMMMMCLXVII. — A CATHERINE II.

A Ferney, 19 juin.

Madame, sur la nouvelle d'une paix prochaine entre Votre Majesté Impériale et Sa Hautesse Moustapha, j'ai renoncé à tous mes projets de guerre et de destruction, et je me suis mis à relire votre *Instruction* pour le code de vos lois. Cette lecture m'a fait encore plus d'effet que les premières. Je regarde cet écrit comme le plus beau monument du siècle. Il vous donnera plus de gloire que dix batailles sur les bords du Danube; car enfin c'est votre ouvrage; votre génie l'a conçu, votre belle main l'a écrit; et ce n'est pas votre main qui a tué les Turcs. Je supplie Votre Majesté, si elle fait la paix, de garder Tangarock, que vous dites être un si beau climat, afin que je puisse m'y aller établir pour y achever ma vie sans voir toujours des neiges comme au mont Jura. Pourvu qu'on soit à l'abri du vent du nord à Tangarock, je suis content.

J'apprends dans ce moment que ma colonie vient de faire partir encore une énorme caisse de montres. J'ai extrêmement grondé ces pauvres artistes; ils ont trop abusé de vos bontés; l'émulation les a fait aller trop loin. Au lieu d'envoyer des montres pour trois ou quatre milliers de roubles tout au plus, comme je le leur avais expressément recommandé, ils en ont envoyé pour environ huit mille : cela est très-indiscret. Je ne crois pas que Votre Majesté ait intention de donner tant de montres aux Turcs, quoiqu'ils les aiment beaucoup; mais voici, madame, ce que vous pouvez faire. Il y en a de très-belles avec votre portrait, et aucune n'est chère. Vous pouvez en prendre pour trois à quatre milles roubles, qui serviront à faire vos présents, composés de montres depuis environ quinze roubles jusqu'à quarante ou cinquante; le reste pourrait être abandonné à vos marchands, qui pourraient y trouver un très-grand profit.

Je prends la liberté surtout de vous prier, madame, de ne point faire payer sur-le-champ la somme de trente-neuf mille deux cent trente-huit livres de France à quoi se monte le total des deux envois. Vous devez d'ailleurs faire des dépenses si énormes, qu'il faut absolument mettre un frein à votre générosité. Quand on ferait attendre un an mes colons pour la moitié de ce qu'ils ont fourni, je les tiendrais trop heureux et je me chargerais bien de leur faire prendre patience.

Au reste, ils m'assurent, et plusieurs connaisseurs m'ont dit, que tous ces ouvrages sont à beaucoup meilleur marché qu'à Genève et à plus d'un grand tiers au-dessous du prix de Londres et de Paris. On dit même qu'ils seraient vendus à Pétersbourg le double de la facture qu'on trouvera dans les caisses, ce qui est aisé à faire examiner par des hommes intelligents.

Si Votre Majesté était contente de ces envois et des prix, mes fabricants disent qu'ils exécuteraient tout ce que vous leur feriez commander. Ce serait un détachement de la colonie de Saratof, établi à Ferney en attendant que je le menasse à Tangarock. J'aurais mieux aimé qu'ils vous eussent envoyé quelques carillons pour Sainte-Sophie ou pour la mosquée d'Achmet; mais puisque vous n'avez pas voulu cette fois-ci vous emparer du Bosphore, le Grand-Turc et son grand vizir seront trop honorés de recevoir de vous des montres avec votre portrait, et d'apprendre à vous respecter toutes les heures de la journée.

Pour moi, madame, je consacre à Votre Majesté Impériale toutes les heures qui me restent à vivre. Je me mets à vos pieds avec le plus profond respect et l'attachement le plus inviolable.

Le vieux malade du mont Jura.

MMMMMMCLXVIII. — A M. Marmontel.

24 juin.

Il y a si longtemps, mon très-cher confrère, que je vous ai envoyé trois tomes des *Questions sur l'Encyclopédie*, qu'il faut que vous ne les ayez pas reçus. J'en ai encore deux autres à mettre dans votre petite bibliothèque; et comme il est souvent question de vous dans ces volumes, j'ai fort à cœur que vous les ayez; mais je ne sais comment m'y prendre.

Je dois vous dire que vous avez dans le Nord une héroïne qui combat pour vous; c'est Mme la princesse Daschkof, assez connue par des actions qui passeront à la postérité. Voici comme elle parle de votre chère Sorbonne, dans son *Examen du voyage de l'abbé Chappe en Sibérie* : « La Sorbonne nous est connue par deux anecdotes. La première, lorsqu'en l'année 1717, elle s'illustra en présentant à Pierre le Grand les moyens de soumettre la Russie au pape; la seconde, par sa prudente et spirituelle condamnation du *Bélisaire* de M. de Marmontel, en 1767. Vous pouvez juger, par ces deux traits, de la profonde vénération que tout homme qui a le sens commun doit avoir pour un corps aussi respectable, qui plus d'une fois a condamné le pour et le contre. »

J'ai eu deux jours cette très-étonnante princesse à Ferney; cela ne ressemble point à vos dames de Paris : j'ai cru voir Tomyris qui parle français.

Je vous prie, quand vous verrez quelque premier commis des bureaux, de lui demander pourquoi on parle notre langue à Moscou et à Yassi. Pour moi, je crois qu'on en a plus d'obligation à votre *Bélisaire* et autres ouvrages semblables, qu'à nos lettres de cachet.

Est-il vrai que nous aurons bientôt vos *Incas*? est-ce dans leur patrie qu'il faut chercher le bien-être? Je suis bien sûr que j'y trouverai le plaisir; c'est ce que je trouve rarement dans les livres qui me viennent de France : j'ai grand besoin des vôtres.

Avez-vous vu *la Dunciade* et *l'Homme dangereux*, etc., en trois volumes? Il y a bien de la différence entre chercher la plaisanterie et être plaisant.

Bonsoir, mon très-cher confrère; souvenez-vous de moi avec ceux qui s'en souviennent, et aimez toujours un peu votre plus ancien ami. Mme Denis vous fait mille tendres compliments.

MMMMMMCLXIX. — A M. L'ABBÉ MIGNOT.

A Ferney, 24 juin.

Du temps de la Fronde, mon cher ami, on criait bien autrement contre les sages attachés à la bonne cause; mais, avec le temps, la guerre de la Fronde fut regardée comme le délire le plus ridicule qui ait jamais tourné la tête de nos Welches impétueux et frivoles.

Je ne donne pas deux années aux ennemis de la raison et de l'État pour rentrer dans leur bon sens.

Je ne donne pas six mois pour qu'on bénisse M. le chancelier de nous avoir délivrés de trois cents procureurs. Il y a vingt-quatre ans que le roi de Prusse en fit autant : cette opération augmenta le nombre des agriculteurs, et diminua le nombre des chenilles.

Vous avez fait une belle œuvre de surérogation, en remettant votre place de juge de la caisse d'amortissement, et je ne crois pas cette caisse bien garnie; mais enfin vous résignez quatre mille livres d'appointements : cela est d'autant plus beau que la faction ne vous en saura aucun gré. Quand les esprits sont échauffés, on aurait beau faire des miracles, les pharisiens n'en crient pas moins *Tolle !* mais cela n'a qu'un temps.

Je vois la bataille avec tranquillité, du haut de mes montagnes de neige, et je lève mes vieilles mains au ciel pour la bonne cause. Je suis très-persuadé que M. le chancelier remportera une victoire complète, et qu'on aimera le vainqueur.

Je suis fâché qu'on laisse courir plusieurs brochures peu dignes de la gravité de la cause et du respect qu'on doit au général de l'armée J'en ai vu une qu'on appelle *le Coup de peigne d'un maître perruquier*, dans laquelle on propose de faire mettre à Saint-Lazare tous les anciens conseillers du Châtelet et de les faire fesser par les frères. Cette plaisanterie un peu grossière ne me paraît pas convenable dans un temps où presque tout le royaume est dans l'effervescence et dans la consternation.

Je serais encore plus fâché qu'on vous proposât, dans le moment présent, des impôts à enregistrer.

J'avoue que je ne conçois pas comment, après neuf années de paix, on a besoin de mettre de nouveaux impôts. Il me semble qu'il y aurait des ressources plus promptes, plus sûres et moins odieuses ; mais il ne m'appartient pas de mettre le nez dans ce sanctuaire, qui est plus rempli d'épines que d'argent comptant.

On parle d'un nouvel arrêté du parlement de Dijon, plus violent que le premier ; mais je ne l'ai point vu.

Il faut que je vous dise que j'ai un ami intime à Angoulême : c'est M. le marquis d'Argence, non pas le d'Argens de Provence, qui a fait tant d'ouvrages, mais un brigadier des armées du roi, qui a beaucoup de mérite et beaucoup de crédit dans sa province. Il prétend que le présidial de cette ville ne voulait point enregistrer ; il prétend que je lui ai écrit ces mots : « Le droit est certainement du côté du roi ; sa fermeté et sa clémence rendront ce droit respectable. » Il prétend qu'il a lu à ces messieurs mes deux petites lignes, et qu'il y a pris son texte pour obtenir l'enregistrement.

Je ne crois point du tout être homme à servir de texte ; je n'ai point cette vanité, mais j'ai beaucoup de bonne volonté.

Nous sommes bien contents, votre sœur et moi, de votre Turquie [1]. Nous ne pensons point du tout que le gouvernement des Moustapha, des Mahomet et des Orcan, ait le moindre rapport avec notre monarchie gouvernée par les lois et surtout par les mœurs. Votre conduite n'a certainement pas démenti vos opinions. Notre pauvre d'Hornoy me paraît toujours très-affligé [2]. Il est heureux, il est jeune ; le temps change tout.

Nous vous embrassons bien tendrement.

1. C'est-à-dire de son *Histoire de l'empire ottoman*. (ÉD.)
2. Il avait été exilé, puis avait été privé de sa place de conseiller au parlement. (ÉD.)

ANNÉE 1771.

MMMMMMCLXX. — A M. POMME¹.

A Ferney, ce 27 juin.

Mme R....², monsieur, qui habite, dans mon désert, et qui est possédée depuis longtemps du même démon que l'hémorroïsse³, n'est pas encore guérie par vos délayants; mais ces sortes de démons ne se chassent qu'avec le temps, et je vous tiens toujours pour un très-bon exorciste.

Je crois bien que vous rencontrerez dans votre chemin des scribes et des pharisiens qui tâcheront de décrier vos miracles; mais, quoi qu'ils fassent, votre royaume est de ce monde. Pour moi, je suis possédé d'un démon qui me rend les yeux aussi rouges que les fêtes mobiles dans les almanachs, et qui m'ôte presque entièrement la vue; mais je me ferai lire avec grand plaisir tout ce que vous écrirez contre les ennemis de votre doctrine. J'ai de la foi à votre évangile, quoique les gens de mon âge soient difficiles à persuader.

MMMMMMCLXXI. — DE FRÉDÉRIC II, ROI DE PRUSSE.

A Potsdam, le 29 juin.

Le poëte empereur si puissant, qui domine
Sur les Mantchous et sur la Chine,
Est bien plus avisé que moi.
Si le démon des vers le presse et le lutine,
Des chants que son conseil juge dignes d'un roi
Il restreint sagement la course clandestine
Aux bornes des États qui vivent sous sa loi.
Moi, sans écouter la prudence,
Les esquisses légères de mes faibles crayons,
Je les dépêche tous pour ces heureux cantons
Où le plus bel esprit de France,
Le dieu du goût, le dieu des vers,
Naguère a pris sa résidence.
C'est jeter par extravagance
Une goutte d'eau dans les mers.

Mais cette goutte d'eau rapporte des intérêts usuraires : une lettre de votre part, et un volume de *Questions encyclopédiques*. Si le peuple était instruit de ces échanges littéraires, il dirait que je jette un morceau de lard après un jambon; et quoique l'expression soit triviale, il aurait raison.

On n'entend guère parler ici du pape : je le crois perpétuellement en conférence avec le cardinal de Bernis, pour convenir du sort de ces bons pères jésuites. En qualité d'associé de l'ordre, j'essuierais une banqueroute de prières, si Rome avait la cruauté de les supprimer. On

1. Médecin. (ÉD.)
2. Probablement Mme Rilliet, qui épousa le marquis de Florian. (ÉD.)
3. Matthieu, IX, 20 ; Marc, V, 25 ; Luc, VIII, 43. (ÉD.)

n'entend pas non plus des nouvelles du Turc; on ne sait à quoi Sa Hautesse s'occupe; mais je parierais bien que ce n'est pas à grand'chose. La Porte vient pourtant, après bien des remontrances, de relâcher M. Obrescow, ministre de la Russie, détenu contre le droit des gens, dont cette puissance barbare n'a aucune connaissance. C'est un acheminement à la paix qui va se conclure pour le plus grand avantage et la plus grande gloire de votre impératrice.

Je vous félicite du nouveau ministre [1] dont le Très-Chrétien a fait choix. On le dit homme d'esprit : en ce cas, vous trouverez en lui un protecteur déclaré. S'il est tel, il n'aura ni la faiblesse ni l'imbécillité de rendre Avignon au pape. On peut être bon catholique, et néanmoins dépouiller le vicaire de Dieu de ces possessions temporelles qui distraient trop des devoirs spirituels, et qui font souvent risquer le salut.

Quelque fécond que ce siècle soit en philosophes intrépides, actifs, et ardents à répandre des vérités, il ne faut point vous étonner de la superstition dont vous vous plaignez en Suisse : ses racines tiennent à tout l'univers; elle est la fille de la timidité, de la faiblesse et de l'ignorance. Cette trinité domine aussi impérieusement dans les âmes vulgaires qu'une autre trinité dans les écoles de théologie. Quelles contradictions ne s'allient pas dans l'esprit humain! Le vieux prince d'Anhalt-Dessaw, que vous avez vu, ne croyait point en Dieu; mais, allant à la chasse, il rebroussait chemin s'il lui arrivait de rencontrer trois vieilles femmes : c'était un mauvais augure. Il n'entreprenait rien un lundi, parce que ce jour était malheureux. Si vous lui en demandiez la raison, il l'ignorait. Vous savez ce qu'on rapporte de Hobbes : incrédule le jour, il ne couchait jamais seul la nuit, de peur des revenants.

Qu'un fripon se propose de tromper les hommes, il ne manquera pas de dupes. L'homme est fait pour l'erreur; elle entre comme d'elle-même dans son esprit; et ce n'est que par des travaux immenses qu'il découvre quelques vérités. Vous, qui en êtes l'apôtre, recevez les hommages du petit coin de mon esprit purifié de la rouille superstitieuse, et *déséborgnez* mes compagnons. Pour les aveugles, il faut les envoyer aux Quinze-Vingts. Éclairez encore ce qui est éclairable : vous semez dans les terres ingrates, mais les siècles futurs feront une riche récolte de ces champs. Le philosophe de Sans-Souci salue l'ermite de Ferney. Fédéric.

MMMMMMCLXXII. — A MADAME LA MARQUISE DU DEFFAND.

30 juin.

Croyez-moi, madame, si quelque chose dépend de nous, tâchons tous deux de ne point prendre d'humeur. C'est ce que nous pouvons faire de mieux à notre âge, et dans le triste état où nous sommes.

Vous me laissez deviner tout ce que vous pensez; mais pardonnez-moi aussi mes idées. Trouvez bon que je condamne des gens que j'ai toujours condamnés, et qui se sont souillés en cannibales du sang de l'innocent et du faible. Tout mon étonnement est que la nation ait

---

1. Le duc d'Aiguillon. (ÉD.)

oublié les atrocités de ces barbares. Comme j'ai été un peu persécuté par eux, je suis en droit de les détester; mais il me suffit de leur rendre justice. Rendez-la-moi, madame, après cinquante années de connaissance ou d'amitié.

J'avais infiniment à cœur que votre grand'maman et son mari fussent persuadés de mes sentiments. Je ne vois pas pourquoi vous ne leur avez pas envoyé cette septième page, et il est très-triste pour moi qu'elle leur vienne par d'autres.

Votre dernière lettre me laisse dans la persuasion que vous êtes fâchée, et dans la crainte que votre grand'maman ne le soit; mais je vous avertis toutes deux que je m'enveloppe dans mon innocence; je n'ai écouté que les mouvements de mon cœur; n'ayant rien à me reprocher, je ne me justifierai plus. Il y a d'ailleurs tant de sujets de s'affliger, qu'il ne s'en faut pas faire de nouveaux.

Je n'aurai pas la cruauté d'être en colère contre vous. Je vous plains, je vous pardonne, et je vous souhaite tout ce que la nature et la destinée vous refusent aussi bien qu'à moi.

Pardonnez-moi de même l'affliction que je vous témoigne, en faveur de l'attachement qui ne finira qu'avec ma vie, laquelle finira bientôt.

MMMMMMCLXXIII. — A M. Cramer.

Je viens d'ouvrir, pour la première fois, le dix-huitième volume de mes prétendues *Œuvres complètes*. Si vous m'aviez consulté, je vous aurais prié de me laisser faire un choix, et de ne pas vous ruiner à donner tant d'ouvrages indignes d'être lus. Je vous ai dit plus d'une fois qu'on ne va point à la postérité avec un si prodigieux bagage; vous ne m'avez pas voulu croire. Mais pourquoi ajoutez-vous à mes rapsodies d'autres rapsodies qui ne sont pas de moi? pourquoi, par exemple, imprimez-vous une lettre à un M. de B***, que je n'ai pas l'honneur de connaître? pourquoi m'imputez-vous des vers tels que ceux qui sont à la page 446? J'ai arraché cette feuille, et je vous la renvoie : vous en rougirez.

Vous ne voulez pas me rendre ridicule et déshonorer votre presse. Y a-t-il un moyen de sauver votre honneur et le mien? ce serait de faire des cartons, et de tâcher de substituer quelque chose de passable aux impertinences barbares qu'on m'attribue.

Si vous saviez combien on méprise tout ce fatras de petits vers de société, vous ne vous donneriez pas la peine honteuse de les recueillir.

Quelle rage et quel intérêt mal entendu! Ne vaut-il pas mieux resserrer un volume que de l'augmenter par des inepties qui le décréditent? On a imprimé à Lausanne, sous mon nom, trente pièces de vers que le cocher de Verthamon désavouerait. On croit, parce que vous êtes mon voisin, que c'est moi qui dirige votre imprimerie, et que je vous fournis ces platitudes ainsi qu'aux libraires de Lausanne. On dit, on imprime que je vous vends mes ouvrages, et vous laissez courir ces calomnies! Vous imprimez tout ce qu'on ramasse et qu'on m'impute. Je ne reconnais là ni votre goût ni votre amitié.

S'il en est encore temps, jetez au feu ces bêtises, indignes de vous et de moi.

MMMMMMCLXXIV. — A M. LE COMTE D'ARGENTAL.

1er juillet.

Je n'écris plus ; je suis devenu en peu de temps incapable de tout ; je suis tombé très-lourdement, après avoir fait encore quelques tours de passe-passe.

Mon cher ange est prié de me renvoyer les *Pélopides* de ce jeune homme ; car je ne veux plus entendre parler de ces momeries dans un temps où le goût est entièrement perdu à la cour et égaré à la ville. Il ne reste plus rien du dernier siècle ; il est enterré, et je m'enterre aussi.

Je remercie infiniment Mme d'Argental d'avoir fait parvenir à Mme Corbi les imprécations contre les cannibales en robe qui se sont souillés tant de fois du sang innocent, et qu'on a la bêtise de regretter. Il était digne de notre nation, de singes, de regarder nos assassins comme nos protecteurs. Nous sommes des mouches qui prenons le parti des araignées.

Je sais bien qu'il y a des torts de tous les côtés ; cela ne peut être autrement dans un pays sans principes et sans règles.

On dit que les fortunes des particuliers se sentiront de la confusion générale ; il le faut bien, et je m'y attends. Ma colonie sera détruite, mes avances perdues, toutes mes belles illusions évanouies.

Je crois que mon ange a été sollicité de parler à M. de Monteynard en faveur de douze mille braves gens qui sont, je ne sais pourquoi, esclaves de vingt chanoines. On ne sait point à Paris qu'il y a encore des provinces où l'on est fort au-dessous des Cafres et des Hottentots.

Mon cher ange aura sans doute fait sentir à M. de Monteynard tout l'excès d'horreur et de ridicule que douze mille hommes, utiles à l'État, soient esclaves de vingt fainéants, chanoines, remués de moines[1]. M. de Monteynard a trop de raison pour ne pas être révolté d'un si abominable abus.

Que dirai-je d'ailleurs à mes anges, du fond de mes déserts ? qu'il y a deux solitaires qui leur sont attachés plus tendrement que jamais, et pour toute leur vie.

MMMMMMCLXXV. — A CATHERINE II.

A Ferney, 6 juillet.

Républiques, grands potentats,
Qui craignites que Catherine
N'achevât bientôt la ruine
Du plus pesant des Moustaphas ;

---

1. Ici *remués* signifie *issus*, comme on dit encore : cousin remué de germain. (Éd.)

Vous, qui du moins ne voulez pas
Seconder son ardeur divine,
Je n'irai point dans vos États;
Je ne veux voir que les climats
Honorés par mon héroïne.

Votre Majesté Impériale doit être bien persuadée que mon projet est de passer l'été à Pétersbourg, avant d'aller jouir des douceurs de l'hiver à Tangarock. Elle daigne me dire, dans sa lettre du 23 mai, que je pourrais avoir bien froid pendant huit mois; mais, madame, avez-vous comme nous cent vingt milles de montagnes de glaces éternelles, sur lesquelles un aigle et un vautour n'oseraient voler? Voilà pourtant ce qui forme la frontière de cette belle Italie; voilà ce que M. le comte de Schowalow a vu, ce que tous vos voyageurs ont vu, et ce qui fait ma perspective vis-à-vis mes fenêtres. Il est vrai que l'éloignement est assez grand pour que le froid en soit diminué; et il faut avouer qu'on mange des petits pois peut-être un peu plus tard auprès de Pétersbourg que dans nos vallées; mais ma passion, madame, augmente tous les jours tellement, que je commence à croire que votre climat est plus beau que celui de Naples.

Je me flatte que Votre Majesté doit avoir reçu actuellement les quatrième et cinquième tomes du questionneur.

Si je questionnais le chevalier de Boufflers, je lui demanderais comment il a été assez follet pour aller chez ces malheureux confédérés, qui manquent de tout, et surtout de raison, plutôt que d'aller faire sa cour à celle qui va les mettre à la raison.

Je supplie Votre Majesté de le prendre prisonnier de guerre; il vous amusera beaucoup; rien n'est si singulier que lui, et quelquefois si aimable. Il vous fera des chansons; il vous dessinera; il vous peindra, non pas si bien que mes colons de Ferney vous ont peinte sur leurs montres, mais il vous barbouillera. Le voilà donc, ainsi que M. de Tott, protecteur de Moustapha et de l'*Alcoran*. Pour moi, madame, je suis fidèle à l'Église grecque, d'autant plus que vos belles mains tiennent en quelque façon l'encensoir, et qu'on peut vous regarder comme le patriarche de toutes les Russies.

Si Votre Majesté Impériale a une correspondance suivie avec Ali-Beg ou Ali-Bey, j'implore votre protection auprès de lui. J'ai une petite grâce à lui demander; c'est de faire rebâtir le temple de Jérusalem, et d'y rappeler tous les Juifs, qui lui payeront un gros tribut, et qui feront de lui un très-grand seigneur; il faut qu'il ait toute la Syrie jusqu'à Alep, et que, depuis Alep jusqu'au Danube, tout le reste soit à vous, à moins que vous n'aimiez mieux faire la paix cette année, pour redevenir législatrice et donner des fêtes.

Le malheureux manifeste des confédérés n'a pas fait grande fortune en France. Tous les gens sensés conviennent que la Pologne sera toujours le plus malheureux pays de l'Europe, tant que l'anarchie y régnera. J'ai un petit démon familier qui m'a dit tout bas à l'oreille qu'en humiliant d'une main l'orgueil ottoman, vous pacifierez la Pologne de l'autre. En vérité, madame, vous voilà la première personne de l'univers, sans contredit; je n'en excepte pas votre voisin Kien-long, tout poëte qu'il est. Comment faites-vous après cela pour n'être pas d'une fierté insupportable? comment daignez-vous descendre à écrire à un vieux radoteur comme moi?

Vous avez la bonté de me demander à qui on a adressé les caisses de montres : à vous, madame, point d'autre adresse qu'*à Sa Majesté Impériale*, le tout recommandé aux soins de M. le gouverneur de Riga et de M. le directeur général de vos postes.

Je réitère à Votre Majesté que je suis très-indigné contre mes colons, qui ont abusé de vos bontés, malgré mes déclarations expresses; et je la supplie encore une fois très-instamment de les faire attendre tant qu'il lui conviendra, et de ne se point gêner pour eux.

Il est vrai que cette colonie se perfectionne tous les jours; votre nom seul lui porte bonheur. Ces artistes viennent de faire des montres d'un travail admirable. Vous y êtes gravées en or, ce sont des ouvrages parfaits; ils sont destinés, je crois, pour l'Allemagne.

Je ne m'attendais pas que mon village, caché au pied des Alpes, et qui ne contenait qu'environ quarante misérables quand j'y arrivai, travaillerait un jour pour le vaste empire de Russie, et pour celle qui fait la gloire de cet empire.

Je me mets à vos pieds, et je me sens tout glorieux d'exister encore dans le beau siècle que vous avez fait naître.

Que Votre Majesté Impériale agrée plus que le profond respect du très-vieux et très-passionné Welche du mont Jura.

MMMMMCLXXVI. — DE CATHERINE II.

Le 26 juin-7 juillet.

Monsieur, le 14 juin Moustapha reçut une nouvelle croquignole : le prince Dolgorouky, à la tête de son armée, força les lignes de Pérécop, et entra dans la Crimée. Le kan, avec cinquante mille Tartares et sept mille Turcs, la défendait : ils prirent la fuite lorsqu'ils apprirent qu'un autre corps détaché allait les couper; et au départ du courrier, les députés de la forteresse de Pérécop étaient dans notre camp pour régler leur accord. J'attends de moment en moment la nouvelle de la réduction de cette place.

L'amiral Sinevin est parti de Tangarock, et se promène présentement sur la mer d'Azof, peut-être aussi plus loin; je ne puis vous dire au juste, vu que cela dépend du temps, de la mer et des vents.

Voilà, monsieur, tout ce que j'ai à vous dire pour le présent. Je me recommande à vos prières et à votre amitié. CATHERINE.

MMMMMCLXXVII. — A M. DE PEZAI[1].

[1] Cette lettre a été reportée à sa vraie date, sous le n° MMMMMDCCL. (ÉD.)

ANNÉE 1771.

MMMMMMCLXXVIII. — A M. DALEMBERT.

8 juillet.

Comme je suis quinze-vingts, mon cher philosophe, et que je n'ai pas grand soin de mes papiers, j'ai perdu une lettre de M. de Condorcet, par laquelle il me donnait une adresse pour lui envoyer les quatrième et cinquième volumes des *Questions*. Je vous prie de me rafraîchir la mémoire de cette adresse ; car ma mémoire ne vaut pas mieux que mes yeux.

Il est fort à présumer, mon cher ami, que la philosophie sera peu respectée. *Notre royaume n'est pas de ce monde*[1]. Cependant il est sûr qu'on tolérera votre grande *Encyclopédie* comme un objet de commerce et de finances. Messieurs les auteurs seront, dans cette occasion, protégés par messieurs les libraires ; et je crois que messieurs les libraires donnent quelque argent à messieurs les commis de la douane des pensées. Nous ne jouons pas un beau rôle. Notre consolation est d'écraser des pédants barbares qui nous ont persécutés. Ils sont plus maltraités que nous, mais c'est la consolation des damnés. Portez-vous bien, et riez du monde entier ; c'est le parti le meilleur et le plus honnête.

Je vous embrasse, mon cher ami ; mais je ne peux pas rire pour le présent.

MMMMMMCLXXIX. — A M. LE COMTE DE MILLY.

Ferney, 8 juillet.

Un vieillard très-malade, et qui a presque entièrement perdu la vue, remercie plus tard qu'il n'aurait voulu M. de Milly de ses bontés, et du livre agréable qu'il a bien voulu lui envoyer. Il n'est pas en état de vérifier les dates dont il lui parle. Il croit qu'elles sont exactes dans l'édition in-quarto. Le triste état où il est ne lui permet à présent que de marquer à monsieur le comte sa reconnaissance et ses respectueux sentiments.
V.

MMMMMMCLXXX. — A M. HENNIN.

A Ferney, 9 juillet.

Monsieur, j'ai l'honneur de vous renvoyer des papiers que les horlogers de Versoix m'ont apportés. Cela ressemble au procès de Mme la comtesse de Pimbesche et de M. Chicaneau : Qu'est-ce qu'on vous a dit ?

Qu'est-ce qu'on vous a fait ? — On m'a dit des injures.

Ils ne peuvent pas dire :

Outre un soufflet, monsieur, que j'ai reçu plus qu'eux.
Racine, *les Plaideurs*, acte II, sc. IX.

Tout cela ne me paraît pas mériter d'attention ; mais ce qui mérite, à mon gré, la mienne, c'est que tous ces horlogers, à qui j'ai bien

1. Évangile de saint Jean, XVIII, 36. (ÉD.)

voulu faire les avances les plus considérables, puissent ne point être inquiétés dans leurs travaux, et qu'ils soient en état de me payer, moi ou mes hoirs. Ainsi c'est pour eux que Mme Denis et moi nous demandons votre protection. Mme Denis vous fait mille compliments.

J'ai l'honneur d'être, avec tous les sentiments que je vous dois, monsieur, votre très-humble et très-obéissant serviteur. — VOLTAIRE.

MMMMMMCLXXXI. — A CATHERINE II.

A Ferney, 10 juillet.

Madame, Votre Majesté Impériale trouvera que le vieux des montagnes écrit trop souvent; mais mon cœur est trop plein; il faut que mes sentiments débordent sur le papier.

J'avais lu, dans une critique assez vive du grand ouvrage de l'abbé Chappe, que dans une contrée de l'Occident, appelée le pays des Welches, le gouvernement avait défendu l'entrée du meilleur livre et du plus respectable que nous ayons; qu'en un mot, il n'était pas permis de faire passer à la douane des pensées l'*Instruction* sublime et sage signée *Caterine*; je ne pouvais le croire. Cette extravagance barbare me semblait trop absurde. J'ai écrit à un commis des feuilles de papier : j'ai su de lui que rien n'est plus vrai. Voici le fait : un libraire de Hollande imprime cette *Instruction*, qui doit être celle de tous les rois et de tous les tribunaux du monde; il en dépêche à Paris une balle de deux mille exemplaires. On donne le livre à examiner à un cuistre, censeur de livres, comme si c'était un livre ordinaire, comme si un polisson de Paris était juge des ordres d'une souveraine, et de quelle souveraine! Ce maroufle imbécile trouve des propositions téméraires, malsonnantes, offensives d'une oreille welche; il le déclare à la chancellerie comme un livre dangereux, comme un livre de philosophie; on le renvoie en Hollande sans autre examen.

Et je suis encore chez les Welches! et je respire leur atmosphère! et il faut que je parle leur langue! Non, on n'aurait pas commis cette insolence imbécile dans l'empire de Moustapha, et je suis persuadé que Kien-long ferait mandarin du premier degré le lettré qui traduirait votre *Instruction* en bon chinois.

Madame, il est vrai que je ne suis qu'à un mille de la frontière des Welches, mais je ne veux point mourir parmi eux. Ce dernier coup me conduira dans le climat tempéré de Tangarock.

Avant de faire partir ma lettre, je relis l'*Instruction* :

« Il faut qu'un gouvernement soit tel qu'un citoyen ne puisse pas craindre un autre citoyen, mais que tous craignent les lois.

« Il ne faut défendre par les lois que ce qui peut être nuisible à chacun en particulier, ou à la société en général. »

Sont-ce donc ces maximes divines que les Welches n'ont pas voulu recevoir? Ils méritent.... ils méritent.... ils méritent.... tout ce qu'ils ont.

Je demande pardon à Votre Majesté Impériale, je suis trop en colère; les vieillards doivent être moins impétueux. Si je vais me fâcher à la fois contre la Turquie et contre la Welcherie, cela est capable de suffoquer ce pauvre cacochyme, qui se met en toussant aux pieds de Votre Majesté Impériale.

MMMMMMCLXXXII. — A MADAME LA MARQUISE DU DEFFAND.

11 juillet.

Dieu soit béni, madame! votre grand'maman me rend justice, et vous me la rendez. Je ne crains plus de déplaire à une âme aimable, juste et bienfaisante, pour avoir élevé ma voix contre des êtres malfaisants et injustes, qui dans la société ont toujours été insupportables, et dans l'exercice de leur charge, tantôt des assassins, et tantôt des séditieux.

Je suis dans un âge et dans une situation où je puis dire la vérité. Je l'ai dite sans rien attendre de personne au monde, et soyez sûre que je ne demanderai jamais rien à personne, du moins pour moi, car je n'ai jusqu'ici demandé que pour les autres.

Si M. Walpole est à Paris, je vous prie de lui donner à lire la page 76 de la feuille¹ que je vous envoie ; il y est dit un petit mot de lui. J'ai regardé son sentiment comme une autorité, et ses expressions comme un modèle. Cette feuille est détachée du septième tome des *Questions sur l'Encyclopédie*, que vous ne connaissez ni ne voulez connaître. On a déjà fait quatre éditions des six premiers volumes, comme on a fait quatre éditions de ce grand dictionnaire qui est à la Bastille. Il est en prison dans sa patrie; mais l'Europe est encyclopédiste. Vous me répondrez comme une héroïne de Corneille à Flaminius :

Le monde sous vos lois! ah! vous me feriez peur,
S'il ne s'en fallait pas l'Arménie et mon cœur.
Nicomède, acte III, sc. VII.

Ne confondez pas, je vous prie, l'or faux avec le véritable. Je vous abandonne tout l'alliage qu'on a mêlé à la bonne philosophie. Nous rendrons justice à ceux qui nous ont donné du vrai et de l'utile; soyons ce que le parlement devrait être, équitables et sans esprit de parti; réunissons-nous dans cette sainte religion qui consiste à vouloir être juste, et à ne voir (autant qu'on le peut) les choses que comme elles sont.

Si vous daignez vous faire lire la feuille que je vous envoie (laquelle n'est qu'une épreuve d'imprimeur), vous verrez qu'on y foule aux pieds tous les préjugés historiques.

Il y a d'autres articles sur le goût, tous remplis de traductions en vers des meilleurs morceaux de la poésie italienne et anglaise. Cela aurait pu vous amuser autrefois; mais vous avez traité tout ce qui regarde l'*Encyclopédie* comme vous avez traité mon impératrice Catherine. Vous êtes devenue Turque, pour n'être pas de mon avis.

1. C'est un passage du *Pyrrhonisme de l'histoire*. (ÉD.)

Avouez du moins qu'on lit l'*Encyclopédie* à Moscou; et que les flottes d'Archangel sont dans les mers de la Grèce. Avouez que Catherine a humilié l'empire le plus formidable, sans mettre aucun impôt sur ses sujets; tandis qu'après neuf ans de paix on nous prend nos rescriptions sans nous rembourser, et qu'on accable d'un dixième le revenu de la veuve et de l'orphelin.

À propos de justice, madame, vous souvenez-vous des quatre *Épîtres sur la Loi naturelle*? Je vous en parle, parce qu'un prélat étranger, étant venu chez moi, m'a dit que non-seulement il les avait traduites, mais qu'il les prêchait. Je lui ai répondu que maître Pasquier, l'oracle du parlement, les avait fait brûler par le bourreau de son parlement. Il m'a promis de faire brûler Pasquier, si jamais il passe par ses terres.

MMMMMMCLXXXIII. — A M. LE COMTE DE SCHOWALOW.

A Ferney, le 19 juillet.

Oui, j'aime Pallas l'intrépide,
Qui fait tomber sous son égide
Tout l'orgueil de ce vieux sultan.
J'admire avec même justice
Cette Pallas législatrice,
Qui de la Finlande au Cuban
Donne une loi moins tyrannique
Que certain code lévitique,
Et le fatras de l'Alcoran.

Courage, braves Russes! la victoire est toujours venue du Nord. Il faut que la raison en vienne; il faut que les beaux et malheureux climats, si longtemps soumis à l'inquisition ou à l'équivalent, et peuplés de tant de fripons et d'imbéciles, soient éclairés par l'étoile du Nord, qui fait briller du haut du pôle arctique la tolérance universelle, qu'on n'ose pas même désirer encore dans certains pays.

Savez-vous, monsieur le comte, que, grâce à la stupidité d'un de nos Welches, revêtu à Paris de l'éminente dignité de censeur des livres, l'*Instruction* de Sa Majesté Impériale n'a pas eu la permission d'entrer en France? N'imputez point cette barbarie à notre nation; elle n'en est point coupable. Tous les gens qui pensent parmi nous révèrent cette *Instruction* admirable, et n'en voudraient jamais d'autre. Notre chancelier n'a rien su de cette sottise : cela s'est fait uniquement par la bêtise des subalternes, et avant le changement du ministère. Mais on est très-coupable d'avoir confié quelque espèce de juridiction sur les belles-lettres à des gens qui ne devraient avoir que la surintendance des chardons.

Oui, je reçus en son temps la lettre que vous eûtes la bonté de m'écrire sur M. de Tchogoglof. Je ne sais où il est; et j'ai abandonné cette petite affaire, pour laquelle on m'avait vivement sollicité.

J'ai eu l'honneur de vous adresser un ingénieur-dessinateur, garçon de mérite, qui peut être utile. Je vous souhaite, et je l'espère, une paix glorieuse, digne de vos victoires. Si Moustapha n'a pu être chassé par les Russes, il les respectera du moins, et votre voisin le poëte-empereur chinois les respectera aussi; l'autre poëte-roi de Prusse sera toujours leur bon ami. Je ne vous réponds point du troisième, et je vous garde le secret.

Mes respects à Mme la comtesse.

MMMMMCLXXXIV. — A M. LE MARÉCHAL DUC DE RICHELIEU.

A Ferney, 20 juillet.

On est donc, mon héros, à Paris comme à Rome, *parents contre parents*[1]. La différence est qu'il s'agissait chez les Romains de l'empire du monde et de ses bribes, et que chez les Welches il ne s'agit, comme à leur ordinaire, que de billevesées. Je crois pourtant que s'il y a un bon parti, vous l'avez pris : et ce qui me persuade que ce parti est le meilleur, c'est qu'il n'est pas assurément le plus nombreux.

Je me trouve, monseigneur, réformé à votre suite dans ma chétive petite sphère. J'ai deux neveux[2] qui ont chacun un grand crédit dans l'ancien et le nouveau parlement. J'ai donné mon suffrage au nouveau, mais je n'y ai pas eu grand mérite. Il y a longtemps que les Calas, les chevaliers de La Barre, les Lally, etc., m'ont brouillé avec les tuteurs des rois[3]; et j'ai toujours mieux aimé dépendre du descendant de Robert le Fort, lequel descendait par femmes de Charlemagne, que d'avoir pour rois des bourgeois mes confrères. Je suis bien sûr que toute leur belle puissance intermédiaire, l'unité, l'indivisibilité de tous les parlements, ne m'auraient jamais fait rendre un sou des deux cent mille livres d'argent comptant que M. l'abbé Terray m'a prises un peu à la Mandrin, dans le coffre-fort de M. Magon. Je lui pardonne cette opération de housard, s'il ne nous prend pas tout le reste.

C'est surtout cette aventure qui a dérangé ma pauvre colonie. Elle était née sous la protection de M. le duc de Choiseul; elle est tombée avec lui. On avait établi chez moi trois manufactures qui travaillaient pour l'Espagne, pour la Turquie, pour la Russie. Il était assez beau de voir entrer de l'argent en France par les travaux d'un misérable petit village. Tout cela va tomber, si je ne suis pas secouru. Les secours que je demandais n'étaient que le payement de ce qu'on me doit, et qu'on avait promis de me payer. Je profiterai de vos bontés. J'écrirai à M. l'abbé de Blet. Si on me refuse l'aumône, je n'aurai pas du moins à me reprocher de ne l'avoir pas demandée.

Je m'étais figuré que mon héros habiterait uniquement Versailles mais je vois qu'il veut encore jouir de son beau palais de Paris, o robablement j'aurai le malheur de ne lui faire jamais ma cour.

J'ai pris la liberté de recommander à Mme la duchesse d'Aiguillon une dame de qualité de Franche-Comté, Mme la comtesse de Beaufort;

1. Hémistiche de la tragédie de *Cinna*, acte I, scène III. (ÉD.)
2. D'Hornoy et Mignot. (ÉD.)
3. Le parlement se disait tuteur des rois. (ÉD.)

et cette liberté, qui serait ridicule dans d'autres circonstances, porte son excuse dans l'étonnante aventure dont cette dame est la victime. Un coquin de prêtre, d'ailleurs très-scandaleux, et mort de ses débauchés et d'une fièvre maligne, a déclaré, en mourant, que M. le comte de Beaufort l'avait assassiné.

M. de Beaufort, ancien officier, père de six enfants, et reconnu pour un des plus honnêtes gentilshommes de la province, a été décrété de prise de corps, et sa femme d'ajournement personnel. Les prêtres se sont ameutés, ils ont ameuté le peuple; M. de Beaufort a été obligé de s'enfuir pour laisser passer le torrent. Il ne demande qu'un sauf-conduit d'un mois, pour avoir le temps de préparer ses défenses. J'ignore si on peut obtenir cela de M. le chancelier. Si vous pouviez protéger Mme de Beaufort dans cette cruelle affaire, vous feriez une action digne de vous.

Cela ressemble à l'aventure de ce Lafrenaye qui se tua chez Mme de Tencin, pour lui faire pièce. Ma destinée est de prendre le parti des opprimés. Je plaide actuellement au conseil du roi pour douze mille hommes bien faits, que vingt chanoines prétendent être leurs esclaves, et que je soutiens n'appartenir qu'au roi. Ces petites affaires-là tiennent la vieillesse en haleine, et repoussent l'ennui, qui cherche toujours à s'emparer des derniers jours d'un pauvre homme.

Je ne renonce d'ailleurs ni aux vers ni à la prose; et, si vous étiez premier gentilhomme d'année, je vous importunerais, moi tout seul, plus que quatre jeunes gens. Je suis pourtant aveugle, non pas comme Mme du Deffand, mais il s'en faut très-peu. Mme de Boisgelin, qui m'a vu dans cet état, m'a recommandé, avec son frère l'archevêque d'Aix[1], à l'oculiste Grandjean. Il serait plaisant qu'un archevêque me rendît la vue.

Je demande bien pardon à mon héros de l'entretenir ainsi de mes misères, mais il a voulu que je lui écrivisse. Il est assez bon pour me dire que ces misères l'amusent ; je ne suis pas assez vain pour m'en flatter ; ainsi je finis avec le plus profond respect et le plus tendre attachement.

MMMMMMCLXXXV. — AU MÊME.

A Ferney, le 21 juillet.

Je mets à profit vos bontés, monseigneur; permettez que je vous envoie la lettre que j'écris à M. l'abbé de Blet.

Je suis toujours émerveillé de voir que les affaires des plus grands seigneurs du royaume ne soient pas plus en ordre que celles de l'État.

Le connétable de Lesdiguières disait à cet infortuné duc de Montmorency : « N'entreprenez jamais rien que vous n'ayez six cent mille écus dans vos coffres; j'en ai toujours usé ainsi, et je m'en suis bien trouvé. »

Mon héros a eu bien raison de me dire que ma petite vanité d'être le Sancho-Pança du village de Barataria est un jeu qui ne vaut pas la chandelle ; mais cela a été entrepris dans un temps où j'avais la pro-

1. De Cucé de Boisgelin. (ÉD.)

tection la plus entière, où je faisais tout ce que je voulais, où Sancho-Pança n'approchait pas de moi, où les croix de Saint-Louis, les pensions, les brevets, pleuvaient à ma moindre requête : le rêve est fini.

Je ne crois pas que mon désert suisse et les petits intérêts du plus petit canton de la France doivent occuper beaucoup M. le duc d'Aiguillon, qui doit jeter la vue sur des objets beaucoup plus dignes de son attention. Je crains surtout de l'importuner dans les commencements de son ministère; et quoique je ne sois point bavard en fait d'affaires, cependant je crains toujours d'importuner un homme d'État. S'il veut bien, quand il sera un peu de loisir, permettre que je lui envoie un mémoire que je crois absolument nécessaire dans la circonstance présente, je prendrai la liberté de lui en adresser un, et il peut compter que je lui dirai exactement la vérité.

Je vous enverrai le mémoire : vous en jugerez; et si vous le trouvez convenable, je vous demanderai votre protection. Je n'ai d'autre patrie que le petit asile que je me suis formé, et dont vous avez daigné voir les commencements. Le climat est bien rude; mais le pays est de la plus grande beauté. Il est triste de perdre la vue dans un endroit qui ne peut plaire qu'aux yeux; mais il est bien plus triste de penser qu'on mourra sans vous avoir fait sa cour, sans avoir joui des charmes de votre conversation, sans avoir vu dans son beau salon celui qui fait tant d'honneur à la France, et qui rappelle les brillantes idées du beau siècle de Louis XIV. Je n'aurai donc que des regrets à vous offrir, qu'une admiration stérile, et qu'un attachement aussi inutile que respectueux et tendre.

MMMMMCLXXXVI. — De Catherine II.

Le 16-27 juillet.

Monsieur, je crois vous avoir mandé la prise des lignes de Pérécop par assaut, et la fuite du kan de Crimée à la tête de soixante mille hommes, et la réduction du fort d'Orka, qui s'est rendu par accord le 14 juin. Après cela mon armée entra sur trois colonnes en Crimée; celle de la droite s'empara de Koslof, port sur la mer Noire; celle du milieu, que commandait le prince Dolgorouky en personne, marcha vers Karasbasar, où il reçut une députation des chefs des ordres de la Crimée, qui proposèrent une capitulation pour toute la presqu'île. Mais comme leurs députés tardèrent à revenir, le prince Dolgorouky s'avança vers Caffa, autre port sur la mer Noire. Là, il attaqua le camp turc, dans lequel il y avait vingt-cinq mille combattants, qui s'enfuirent sur les vaisseaux qui les avaient amenés. Le sérasquier Ibrahim-Pacha, étant resté seul, envoya pour capituler; mais le prince lui fit dire qu'il devait se rendre prisonnier de guerre, ce qu'il fit.

Nos troupes entrèrent donc dans Caffa, tambour battant, le 29 juin. En attendant, la colonne gauche avait traversé la langue de terre qui est entre la mer d'Azof et la Crimée, d'où l'on envoya un détachement qui s'empara de Kertz et de Senikale, ce qui se fit tout de suite: de façon que notre flotte d'Azof, qui se tenait dans le détroit, prête à le passer, doit être à l'heure qu'il est à Caffa. Le prince Dolgorouky m'écrit qu'à la vue du port il y a trois pavillons russes qui croisent.

Je me hâte de vous mander ces bonnes nouvelles que j'ai reçues ce matin, sachant la part que vous y prendrez. Vous excuserez aussi, en faveur de ces nouvelles, le peu d'ordre que j'ai mis dans cette lettre, que je vous écris fort à la hâte.

Il ne reste à l'ennemi, dans la Crimée, que deux ou trois méchants petits forts : les places de conséquence sont emportées, et je dois recevoir incessamment la capitulation signée par les Tartares.

Si après cela, monsieur, le sultan n'en a pas assez, on pourra lui en donner encore, et d'une autre espèce.

Soyez assuré de mon amitié, et de l'estime distinguée que j'ai pour vous. CATERINE.

MMMMMMCLXXXVII. — A CATHERINE II.

A Ferney, 30 juillet.

Madame, est-il vrai que vous avez pris toute la Crimée? Votre Majesté Impériale daignait me mander, par sa lettre du 10 juin, que M. le prince Dolgorouky était devant Pérécop ou Précop. La déesse aux cent bouches, qui arrive tous les jours du Nord au Midi, et qui depuis longtemps n'apporte que des sottises du Midi au Nord, débite que la Crimée entière est sous votre puissance, et qu'elle ne s'est pas fait beaucoup prier.

C'est du moins une consolation d'avoir le royaume de Thoas, où la belle Iphigénie fut si longtemps religieuse, et où son frère Oreste vint voler une statue, au lieu de se faire exorciser.

Mais si, après avoir pris cette Chersonèse taurique, vous accordez la paix à Moustapha, que deviendra ma pauvre Grèce? que deviendra ce beau pays de Démosthène et de Sophocle? J'abandonne volontiers Jérusalem aux musulmans; ces barbares sont faits pour le pays d'Ézéchiel, d'Élie, et de Caïphe. Mais je serai toujours douloureusement affligé de voir le théâtre d'Athènes changé en potagers, et le Lycée en écuries. Je m'intéressais fort au sultan Ali-Bey; je me faisais un plaisir de le voir négocier avec vous du haut d'une pyramide : faudra-t-il que je renonce à toutes mes belles illusions? Il est bien dur pour moi que vous n'ayez conquis que la Moldavie, la Valachie, la Bessarabie, la Scythie, le pays des Amazones, et celui de Médée : cela fait environ quatre cents lieues; ces bagatelles-là ne me suffisent pas.

Je comptais bien que vous feriez rebâtir Troie, et que Votre Majesté Impériale se promènerait en bateau sur les bords du Scamandre. Je vois qu'il faut que je modère mes désirs, puisque vous modérez les vôtres.

Je suis devenu aveugle, mais j'entends toujours la trompette qui m'annonce vos victoires, et je me dis : « Si tu ne peux jouir du bonheur de la voir, tu auras au moins celui d'entendre parler d'elle tous les moments de ta vie. »

Si Votre Majesté Impériale garde la Chersonèse, comme je le crois, elle ajoutera un nouveau chapitre à son code, en faveur des musulmans qui habitent cette contrée. Son Église grecque, la seule catholique et la seule véritable sans doute, n'y fera pas beaucoup de conversions;

mais elle pourra y établir un grand commerce. Il y en avait un autrefois entre cette Scythie et la Grèce. Apollon même fit présent au Tartare Abaris d'une flèche qui le portait d'un bout du monde à l'autre, à la manière de nos sorciers. Si j'avais cette flèche, je serais aujourd'hui à Pétersbourg, au lieu de présenter sottement du pied des Alpes mon profond respect et mon attachement inviolable à la souveraine d'Azof, de Caffa, et de mon cœur. Le Vieux Malade.

MMMMMMCLXXXVIII. — De Catherine II.

Le 22 juillet-2 auguste.

Monsieur, je ne saurais mieux répondre à vos deux lettres du 19 juin et 6 juillet qu'en vous mandant que Taman et trois autres petites villes, savoir : Temruk, Achaï, et Althon, situées sur une grande Ile qui forme l'autre côté du détroit de la mer d'Azof, dans la mer Noire, se sont rendues à mes troupes dans les premiers jours de juillet. Cet exemple a été suivi par plus de deux cent mille Tartares qui demeurent dans ces îles et en terre ferme.

L'amiral Sinevin, qui est sorti du canal avec sa flottille, a donné la chasse à quatorze bâtiments ennemis pour s'amuser; un brouillard cependant les a sauvés de ses griffes.

N'est-il pas vrai que voilà bien des matériaux pour corriger et augmenter les cartes géographiques? Dans cette guerre, on a entendu nommer des endroits dont on n'avait jamais ouï parler auparavant, et que les géographes disaient déserts. N'est-il pas vrai aussi que nous faisons des conquêtes comme quatre? Vous me direz qu'il ne faut pas beaucoup d'esprit pour s'emparer de villes abandonnées. Voilà aussi peut-être la raison qui m'empêche d'être, comme vous dites, d'une fierté insupportable.

A propos de fierté, j'ai envie de vous faire sur ce point ma confession générale. J'ai eu de grands succès durant cette guerre; je m'en suis réjouie très-naturellement; j'ai dit : « La Russie sera bien connue par cette guerre; on verra que cette nation est infatigable, qu'elle possède des hommes d'un mérite éminent, et qui ont toutes les qualités qui forment les héros; on verra qu'elle ne manque point de ressources, et qu'elle peut se défendre et faire la guerre avec vigueur lorsqu'elle est injustement attaquée. »

Toute pleine de ces idées, je n'ai jamais fait réflexion à Caterine, qui, à quarante-deux ans, ne saurait croître ni de corps ni d'esprit, mais qui, par l'ordre naturel des choses, doit rester et restera comme elle est. Ses affaires vont-elles bien, elle dit tant mieux; si elles allaient moins bien, elle emploierait toutes ses facultés à les remettre dans la meilleure des lisières possibles.

Voilà mon ambition, et je n'en ai point d'autre; ce que je vous dis est vrai. J'irai plus loin : je vous dirai que, pour épargner le sang humain, je souhaite sincèrement la paix; mais cette paix est très-éloignée encore, quoique les Turcs, par d'autres motifs, la désirent ardemment. Ces gens-là ne savent pas la faire.

Je souhaite également la pacification des querelles déraisonnables de la Pologne. J'ai affaire là à des têtes écervelées, dont chacune, au lieu de contribuer à la paix commune, y nuit au contraire par caprice et par légèreté. Mon ambassadeur a publié une déclaration qui devrait leur ouvrir les yeux; mais il est à présumer qu'ils s'exposeront plutôt à la dernière extrémité que de prendre incessamment un parti sage et convenable. Les tourbillons de Descartes n'existèrent jamais qu'en Pologne. Là, chaque tête est un tourbillon qui tourne sans cesse sur lui-même; le hasard seul l'arrête, et jamais la raison ou le jugement.

Je n'ai point encore reçu ni vos *Questions*, ni vos montres de Ferney : je ne doute pas que l'ouvrage de vos fabricants ne soit parfait, puisqu'ils travaillent sous vos yeux.

Ne grondez pas vos colons de m'avoir envoyé un surplus de montres; cette dépense ne me ruinera pas. Il serait bien malheureux pour moi si j'étais réduite à n'avoir pas, à point nommé, d'aussi petites sommes chaque fois qu'il me les faut. Ne jugez point, je vous prie, de nos finances par celles des autres États de l'Europe ruinés; vous me feriez tort. Quoique nous ayons la guerre depuis trois ans, nous bâtissons, et tout le reste va comme en pleine paix. Il y a deux ans qu'aucun nouvel impôt n'a été créé; la guerre présentement a son état fixé : une fois réglé, il ne dérange en rien les autres parties. Si nous prenons encore un ou deux Caffa, la guerre est payée.

Je serai contente de moi toutes les fois que j'aurai votre approbation, monsieur. J'ai relu aussi mes *Instructions* pour le code, il y a quelques semaines, parce que je croyais alors la paix plus prochaine qu'elle ne l'est, et j'ai trouvé que j'avais raison en l'écrivant. J'avoue que ce code, pour lequel beaucoup de matériaux se préparent et d'autres sont déjà prêts, me donnera encore bien de la tablature avant qu'il parvienne au degré de perfection où je souhaite de le voir; mais il n'importe, il faut qu'il s'achève, quoique Tangarock ait la mer au midi et les hauteurs au nord.

Cependant vos projets sur cette place ne pourront avoir lieu avant que la paix n'ait assuré ses environs contre toute appréhension du côté de la terre et de la mer: car, jusqu'à la prise de la Crimée, c'était la place frontière vis-à-vis les Tartares. Peut-être m'amènera-t-on dans peu le kan de Crimée en personne. J'apprends dans ce moment qu'il n'a pas passé la mer avec les Turcs, mais qu'il est resté dans les montagnes avec une très-petite suite, à peu près comme le prétendant en Écosse après la défaite de Culloden. S'il me vient, nous travaillerons à le dégourdir cet hiver; et pour me venger de lui, je le ferai danser, et i ira à la comédie française.

Adieu, monsieur; continuez-moi votre amitié, et soyez assuré des sentiments que j'ai pour vous. CATERINE.

P. S. J'allais fermer cette lettre lorsque je reçois la vôtre du 10 juillet, dans laquelle vous me mandez l'aventure arrivée à mon *Instruction* en France. Je savais cette anecdote, et même l'appendice, en conséquence de l'ordre du duc de Choiseul. J'avoue que j'en ai ri quand je l'ai lu dans les gazettes, et j'ai trouvé que j'étais assez vengée.

L'incendie arrivé à Pétersbourg a consumé en tout cent quarante maisons, selon les rapports de la police, parmi lesquelles il y en avait une vingtaine bâties en pierres; le reste n'était que des baraques de bois. Le grand vent avait porté la flamme et les tisons de tous côtés, ce qui renouvela l'incendie le lendemain, et lui donna un air surnaturel; mais il n'est pas douteux que le grand vent et l'excessive chaleur ont causé tout ce mal, qui sera bientôt réparé. Chez nous on construit avec plus de célérité que dans aucun autre pays de l'Europe. En 1762, il y eut un incendie deux fois aussi considérable, qui consuma un grand quartier bâti en bois; il fut reconstruit en briques en moins de trois ans.

MMMMMCLXXXIX. — A M. DE BELLOY.

Ce 3 auguste.

Il est bien juste, monsieur, que le citoyen de Calais soit citoyen de l'Académie [1]. Il sera beau que, dans notre corps, l'homme de lettres succède au prince du sang, et que celui qui a si bien chanté nos héros remplace celui qui a marché sur leurs traces. Je ne puis de si loin joindre que mes vœux à ceux de mes confrères; mais vous devez être sûr de mes désirs autant que de leurs voix. Si l'Académie est la récompense des talents, quel homme en est plus digne que vous? C'est avec la plus grande joie que j'apprends le choix qu'on va faire de vous. J'ai été un des premiers qui aient applaudi à votre mérite, et je ne serai pas assurément un des derniers à reconnaître la justice qu'on vous rend. J'espère donc, dans un mois, faire mon compliment à mon cher confrère.

Agréez, en attendant, les très-sincères et tendres sentiments de votre, etc. LE VIEUX MALADE ET LE VIEIL AVEUGLE DE FERNEY.

MMMMMCXC. — A CATHERINE II.

7 auguste.

Madame, est-il bien vrai? suis-je assez heureux pour qu'on ne m'ait pas trompé? Quinze mille Turcs tués ou faits prisonniers auprès du Danube, et cela dans le même temps que les troupes de Votre Majesté Impériale entrent dans le Pérécop! Cette nouvelle vient de Vienne; puis-je y compter? mon bonheur est-il certain?

Je veux aussi, madame, vous vanter les exploits de ma patrie. Nous avons depuis quelque temps une danseuse excellente [2] à l'Opéra de Paris. On dit qu'elle a de très-beaux bras. Le dernier opéra-comique [3] n'a pas eu un grand succès, mais on en prépare un qui fera l'admiration de l'*univers*; il sera exécuté dans la première ville de l'*univers* par les meilleurs acteurs de l'*univers*.

Notre contrôleur général [4], qui n'a pas l'argent de l'*univers* dans ses

1. De Belloy succéda en effet au comte de Clermont, prince du sang. (ÉD.)
2. Mlle Dervieux. (ÉD.)
3. *Les Jardiniers*, paroles de Davesne, musique de Prudent. (ÉD.)
4. L'abbé Terray. (ÉD.)

coffres, fait des opérations qui lui attirent des remontrances et quelques malédictions.

Notre flotte se prépare à voguer de Paris à Saint-Cloud.

Nous avons un régiment dont on a fait la revue; les politiques en présagent un grand événement.

On prétend qu'on a vu un détachement de jésuites vers Avignon, mais qu'il a été dissipé par un corps de jansénistes qui était fort supérieur; il n'y a eu personne de tué : mais on dit qu'il y aura plus de quatre convulsionnaires d'excommuniés.

Je ne manquerai pas, madame, si Votre Majesté Impériale le juge à propos, de lui rendre compte de la suite de ces grandes révolutions.

Pendant que nous faisons des choses si mémorables, Votre Majesté s'amuse à prendre des provinces en terre ferme, à dominer sur la mer de l'Archipel et sur la mer Noire, à battre des armées turques. Voilà ce que c'est que de n'avoir rien à faire, et de n'avoir qu'un petit État à gouverner.

Je n'en suis pas moins attaché à Votre Majesté Impériale avec un profond respect, et un inviolable dévouement qui ne finira qu'avec ma vie.

LE VIEUX MALADE DE FERNEY.

MMMMMMCXCI. — A M. THIERIOT.

2 auguste.

Je vous envoyai, il y a plus d'un mois, mon ancien ami, un tome de ce que vous demandiez[1], sous l'enveloppe de M. d'Ormesson, et je comptais vous faire parvenir le reste, volume par volume; mais, comme vous ne m'aviez point accusé la réception de mon paquet, je n'ai pas osé faire un second envoi. Je commence à croire qu'on a ouvert le paquet à la poste, et qu'on l'a retenu. Je pense que le *Système de la nature* a produit cette attention sévère : c'est un terrible livre, et qui peut faire bien du mal.

Je crois qu'on aura *le Dépositaire* à la Comédie vers la fin de l'automne.

Il y a des gens assez absurdes pour m'attribuer les *Anecdotes sur Fréron*. Je suis obligé d'en appeler à votre témoignage : vous savez ce qui en est. J'ai encore l'original que vous m'avez envoyé; j'ignore quel en est l'auteur; il serait très-important que je le susse. Comme, Dieu merci, je n'ai jamais vu ni Fréron, ni aucun de ceux qui sont cités dans ces *Anecdotes*, et comme, Dieu merci encore, mon style est très-différent de celui de l'auteur, sans être meilleur, il faut être absurde pour m'imputer un tel ouvrage. J'ai des affaires un peu plus sérieuses et plus agréables, mais je ne néglige rien; je ne néglige point surtout l'amitié.

1. Des *Questions sur l'Encyclopédie.* (ÉD.)

MMMMMCXCII. — A MADAME LA MARQUISE DU DEFFAND.

De ma maison de quinze-vingts à la vôtre, 9 auguste.

« Envoyez-moi des pâtes d'abricot de Genève. »

Cela est bientôt dit, madame, mais cela n'est pas si aisé à faire. Vos confiseurs de Paris s'opposent à ce commerce. Il n'a jamais été si difficile d'envoyer un pot de marmelade dans votre pays, lorsque toute l'Europe en mange. Si M. Walpole demeurait encore quelquefois en France, on pourrait lui en envoyer; car je ne crois pas qu'on soit assez hardi chez vous pour saisir les confitures d'un ministre anglais.

Quand vous verrez votre grand'maman, je vous prie de me mettre à ses pieds. Elle m'a pardonné mon goût pour Catherine; elle me pardonnera bien la juste horreur que j'ai eue de tout temps pour les pédants qui firent la guerre des pots de chambre au grand Condé, et qui ont assassiné un pauvre chevalier de ma connaissance.

Passez-moi l'émétique, madame, et je vous passerai la saignée. Je vous sacrifierai une demi-douzaine de philosophes; abandonnez-moi autant de pédants barbares, vous ferez encore un très-bon marché.

Ne m'aviez-vous pas mandé, dans une de vos dernières lettres, que les nouveaux règlements de finance vous avaient fait quelque tort? ils m'en ont fait beaucoup, et j'ai bien peur que cela ne dérange la pauvre petite colonie que j'avais établie au pied des Alpes. Je crois que la France est le pays où il doit y avoir le plus d'amis; car, après tout, l'amitié est une consolation, et on a toujours besoin en France de se consoler.

Ma plus grande consolation, madame, a toujours été la bonté dont vous m'avez honoré dans tous les temps. Vous savez si je vous suis attaché, et si je ne compterais pas parmi les plus beaux moments de ma vie le plaisir de vous entendre; car, grâce à nos yeux, nous ne pouvons guère nous voir.

Je ne peux vous dire, madame, que je vous aime comme mes yeux; mais je vous aime comme mon âme, car je me suis toujours aperçu qu'au fond mon âme pensait comme la vôtre.

MMMMMCXCIII. — A M. LE COMTE D'ARGENTAL.

9 auguste.

Mais, mon cher ange, je vous dis que mon jeune homme a redemandé sa petite drôlerie. Il s'est bien formé depuis six mois, et il est honteux de vous l'avoir envoyée telle qu'elle était. Je présume que vous en serez bien content. Pour moi, je vous avoue que je le suis : vous en jugerez, et vous me direz si je me trompe.

La Harpe vient de remporter deux prix à l'Académie. On dit que le public confirmera ce jugement, et que ces deux ouvrages sont excellents. Nos prix n'ont jamais fait la réputation de personne; nous les avons donnés souvent à des pièces bien médiocres. Avez-vous vu ces deux pièces? l'*Éloge de Fénelon* passe pour un chef-d'œuvre.

J'ai toujours oublié de vous demander s'il était vrai que Bernard eût perdu tout à fait la mémoire. Cela serait bien triste pour un favori des filles de Mémoire. Cela me fait trembler en qualité de son confrère, non que je me tienne favori; je me suis toujours borné à être courtisan. C'est mon jeune homme qui sera favori; mais on prétend qu'il ne trouvera point d'acteurs, et que la race en périt tous les jours.

Je vous ai envoyé à tout hasard un petit mémoire, pour que vous eussiez la bonté d'en dire la substance à M. de Monteynard quand l'occasion s'en présenterait. Je n'ai point pressé vos bontés sur cet objet; il faut être discret.

Si vous étiez parent de M. l'abbé Terray comme M. de Monteynard, je vous presserais bien davantage. Il m'a joué de funestes tours. Ma pauvre colonie est sans appui. Il y a sept mois que nous ne nous soutenons que par nous-mêmes. Nous vous enverrons incessamment les deux montres que Mme d'Argental a commandées; elles sont presque faites, et seront très-bonnes. Il n'y a que nous qui donnions de bonne marchandise à bon marché. On ne nous connaît pas assez, et on ne nous protége pas assez.

J'ai encore une chose à vous demander : est-il vrai que M. le maréchal de Richelieu a été malade, et qu'il a perdu aussi la mémoire dans sa maladie? Il n'y aura plus moyen de se souvenir de rien, si M. de Richelieu et Gentil-Bernard ont tout oublié.

Ce qui est bien sûr, c'est que je n'oublierai jamais mes respectables anges, et que je leur serai attaché jusqu'au dernier moment de ma vie.

Les deux montres que vous m'avez demandées partent aujourd'hui à l'adresse de M. de Villemorier, pour M. l'abbé de Villeraze.

MMMMMMCXCIV. — A M. D'ALEMBERT.

19 auguste.

Mon cher ami, j'ai vu le descendant du brave Crillon, qui est venu avec le prince de Salm, tous deux instruits et modestes, tous deux très-aimables, et dignes d'un meilleur siècle.

Quel homme de lettres donnerez-vous pour successeur à un prince du sang[1]? Il se présente beaucoup de poëtes : ne faut-il pas donner la préférence à M. de La Harpe ou à M. Delille?

Vous savez ce que c'est qu'un banneret, qu'à Berne on appelle banderet. Or le banderet de la république de Neuchâtel, ayant joint à sa dignité celle d'imprimeur[2], faisait une très-belle édition du *Système de la nature*. Les dévotes de Neuchâtel, éprises d'une sainte rage, sont venues brûler son édition. Le gonfalonier de la république a été obligé de se démettre de sa charge; mais on ne lui a point fait d'autre mal; il n'en aurait pas été quitte à si bon marché dans Abbeville.

On a battu des mains à Rennes quand l'ancien parlement a été cassé, et qu'on en a érigé un nouveau.

On a déjà six volumes de l'*Encyclopédie* d'Yverdun; personne ne la lit, mais on l'achète. Je doute fort que celle de Genève entre de sitôt

---

1. M. le comte de Clermont. — 2. Il s'appelait Ostervald. (ÉD.)

à Paris. Nous revenons au temps où l'on agitait la question *de mathematicis ab urbe expellendis*.

Je suis tout étonné, moi malingre et aveugle, de vous dire des nouvelles du fond de ma solitude et de mon lit.

J'ai donné des paperasses pour vous à M. de Crillon.

Adieu, mon cher et grand philosophe, que j'aimerai jusqu'au dernier moment de ma vie.

MMMMMCXCV. — A M. CHRISTIN.

19 auguste.

Courage, mon cher philosophe; vous attendrez un peu longtemps, mais vous gagnerez la bataille. On a fort applaudi à celle que l'ancien parlement de Besançon a perdue.

Ne manquez pas, je vous prie, de mettre une feuille de laurier dans votre lettre, quand vous m'apprendrez le gain du procès des esclaves. Il faut qu'à votre retour vous ayez une place de conseiller; personne ne la mérite mieux que vous.

Mme de Beaufort demande à M. le chancelier la grâce de son mari, lequel ne demandait qu'un sauf-conduit. Je crois que cela dépendra des informations. On prétend qu'il y a double sacrilége et simple assassinat : double sacrilége, parce qu'il y a meurtre de *prêtre* dans une *église*; assassinat, parce qu'ils étaient deux, le comte de Beaufort et un jeune avocat, lesquels ont tous deux pris la fuite. L'avocat Loyseau de Lyon, qui était à Genève, avait commencé un beau factum en faveur de M. de Beaufort. Il prétendait que le prêtre n'était mort que pour faire une niche à l'accusé. Il a rengainé son factum, et il est allé à Paris. J'espère que monsieur votre frère aura bientôt un bon emploi, et que vous reviendrez bientôt victorieux à Saint-Claude revoir votre petite maîtresse.

Je vous embrasse le plus tendrement du monde.

MMMMMCXCVI. — A FRÉDÉRIC II, ROI DE PRUSSE.

A Ferney, 21 auguste.

Sire, Votre Majesté va rire de ma requête : elle dira que je radote. Je lui demande une place de conseiller d'État. (Ce n'est pas pour moi, comme vous le croyez bien, et je ne donne point de conseils aux rois, excepté peut-être à l'empereur de la Chine.) Je m'imagine d'ailleurs que M. de Lentulus appuiera ma requête. C'est pour un banneret ou banderet de votre principauté de Neuchâtel, nommé Ostervald, qui est persécuté par les prêtres. Il a servi longtemps Votre Majesté, et je crois qu'il est excommunié.

Voilà deux puissantes raisons, à mon gré, pour le faire conseiller d'État. Cet homme est d'un esprit très-doux, très-conciliant, et très-sage, et en même temps d'une philosophie intrépide, capable de rendre service à la raison et à vous, et également attaché à l'un et à l'autre. Il est de votre siècle, et les Neuchâtelois sont encore du XIIIe

ou du xiv°. Ce n'est pas assez que la prêtraille de ce pays-là ait condamné Petitpierre pour n'avoir pas cru l'enfer éternel, ils ont condamné le banderet Ostervald pour n'avoir point cru d'enfer du tout. Ces marauds-là ne savent pas que c'était l'opinion de Cicéron et de César. Vous qui avez l'éloquence de l'un, et qui vous battez comme l'autre, ne pourriez-vous point mortifier la huaille sacerdotale en réhabilitant votre banderet par une belle place de conseiller d'État dans Neuchâtel?

Le grand Julien, mon autre héros, lui aurait accordé cette grâce, sur ma parole.

Je vous demande pardon de ma témérité; mais, puisque ce banderet Ostervald est menacé par le consistoire d'être damné dans l'autre monde, ne peut-on pas demander pour lui quelque agrément dans celui-ci? cette idée m'est venue dans la tête, et je la mets à vos pieds. Je pense que ce banderet a très-grande raison de dire qu'il n'y a plus d'enfer, puisque Jésus-Christ a racheté tous nos péchés.

On dit que mes chers Russes ont été battus par les Turcs; j'en suis au désespoir, et je supplie Votre Majesté de daigner me consoler.

MMMMMCXCVII. — DE CATHERINE II.

Le 14-25 auguste.

Monsieur, je vois par le contenu de votre lettre du 30 juillet qu'alors vous n'aviez point encore reçu mes lettres, qui vous annonçaient la soumission de toute la Crimée. Elle a fait son accord avec le prince Dolgorouky. Aujourd'hui j'ai reçu un courrier qui m'annonce que les ambassadeurs tartares sont en chemin pour me demander la confirmation du kan qu'ils ont élu à la place de Sélim-Ghérai, trop attaché intérieurement aux Turcs, parce qu'il avait des possessions personnelles en Romélie. Les Mourza lui ont persuadé de s'en aller, et lui ont fourni à cet effet quelques esquifs. Je m'en vais donc faire distribuer des sabres, des aigrettes, des kafetans. et j'aurai un faux air de Moustapha.

Ces Tartares ont fait quelques efforts pour secouer l'oppression ottomane; d'ailleurs nous n'en aurions pas eu aussi bon marché. Je défierais à présent Oreste de voler une statue en Crimée : il n'y a pas l'ombre des beaux-arts chez ces gens-là; mais ils n'en conservent pas moins le goût de prendre ce qui ne leur appartient pas.

Laissez faire sultan Ali-Bey : vous verrez qu'il deviendra joli garçon, après avoir pris Damas le 6 juin. Si votre chère Grèce, qui ne sait faire que des vœux, agissait avec autant de vigueur que le seigneur des Pyramides, le théâtre d'Athènes cesserait bientôt d'être un potager, et le Lycée une écurie. Mais si cette guerre continue, mon jardin de Czarskozélo ressemblera bientôt à un jeu de quilles; car à chaque action d'éclat j'y fais élever quelque monument. La bataille de Kogul, où dix-sept mille combattans en battirent cent cinquante mille, y a produit un obélisque avec une inscription qui ne contient que le fait et le nom du général : la bataille navale de Tchesme a fait naître dans une très-grande pièce d'eau une colonne rostrale; la prise de la Crimée y sera perpétuée par une grosse colonne; la descente dans la Morée et la prise de Sparte, par une autre.

Tout cela est fait des plus beaux marbres qu'on puisse voir, et que les Italiens mêmes admirent. Ces marbres se trouvent les uns sur les bords du lac Ladoga, les autres à Caterinimbourg, en Sibérie, et nous les employons comme vous voyez : il y en a presque de toutes couleurs.

Outre cela, derrière mon jardin, dans un bois, j'ai imaginé de faire bâtir un temple de Mémoire, auquel on arrivera par un arc de triomphe. Tous les faits importants de la guerre présente y seront gravés sur des médaillons avec des inscriptions simples et courtes en langue du pays, avec la date et les noms de ceux qui les ont effectués. J'ai un excellent architecte italien qui fait les plans de ce bâtiment, qui, j'espère, sera beau, de bon goût, et fera l'histoire de cette guerre. Cette idée m'amuse beaucoup, et je crois que vous ne la trouverez point déplacée.

Jusqu'à ce que je sache que la promenade que vous me proposez sur le Scamandre soit plus agréable que celle de la belle Néva, vous voudrez bien que je préfère cette dernière. Je m'en trouve si bien! Je renonce aussi à la réédification de Troie : j'ai à rebâtir ici tout un faubourg, qu'un incendie a ruiné ce printemqs.

Je vous prie, monsieur, d'être persuadé de ma sensibilité pour toutes les choses obligeantes et heureuses que vous me dites : rien ne me fait plus de plaisir que les marques de votre amitié. Je regrette de ne pouvoir être sorcière, j'emploierais mon art à vous rendre la vue et la santé.
CATERINE.

MMMMMCXCVIII. — A M. FORMEY.

A Ferney, 26 auguste.

Je n'ai qu'une idée fort confuse, monsieur, de la tragédie[1] dont vous me parlez. Il me semble que Lothaire avait tort avec sa femme, mais que le pape avait plus grand tort avec lui. C'est un de nos grands ridicules que la barrette d'un pape prétende gouverner de droit divin la braguette d'un prince. Les Orientaux sont bien plus sages que nous; leurs prêtres ne se mêlent point du sérail des sultans.

Je fais assurément plus de cas du Condé[2] de Reinsberg que de tous les papes de Rome, sans y comprendre saint Pierre, qui n'a jamais été dans ce pays-là. Je vois avec grand plaisir qu'il daigne mêler les lauriers d'Apollon à ceux de Mars. Il jouit d'un bien plus grand avantage; il a pour lui les cœurs de toute l'Europe. Tout ce que vous dites de la vie qu'il mène à Reinsberg me confirme dans mon idée que les arts et la gloire se sont réfugiés vers le Nord.

Vous m'apprenez, monsieur, que vous avez environ deux ans plus que moi, et vous prétendez que vous finirez bientôt votre carrière. Pour moi, qui suis un jeune homme de soixante-dix-huit ans, je vous avoue que j'ai déjà fini la mienne. Je suis devenu aveugle, et c'est être véri-

1. De *Lothaire et Volrade.* (ÉD.)
2. Le prince Henri, frère de Frédéric. (ÉD.)

tablement mort, surtout dans une campagne où il n'y a d'autre beauté que celle de la vue.

Je vous assure que je suis très-touché de la lettre que vous m'écrivez ; elle me fait espérer que vous aurez quelque pitié de moi dans mon oraison funèbre. Vous me reprocherez de n'avoir cru ni aux monades, ni à l'harmonie préétablie, mais il faudra bien que vous conveniez que j'ai été l'apôtre de la tolérance.

J'ai établi, Dieu merci, chez moi cinquante familles huguenotes qui vivent comme frères et sœurs avec les familles papistes, et je souhaite que les Welches fassent en grand ce que moi Allobroge j'ai fait en petit. Comme je ne peux plus jouer la comédie, j'ai changé mon théâtre en manufacture ; c'est ainsi que j'expie mes péchés. Vous me direz que je me vante, au lieu de me confesser ; mais j'avoue mon péché d'orgueil, et mon orgueil est de vous plaire.

Adieu, monsieur ; conservez vos yeux et votre appétit, tandis que je perds tout cela. Conservez-moi aussi vos bontés, qui m'ont fait un plaisir extrême. LE VIEUX MALADE DE FERNEY.

MMMMMCXCIX. — A M. DELISLE DE SALES.

Monsieur, il y a deux ans que je ne sors point de ma chambre, et que la vieillesse et les maladies qui accablent mon corps très-faible me retiennent presque toujours dans mon lit. Je ne prendrai point contre vous le parti de ceux qui vont en carrosse : tout ce que je puis dire, c'est qu'un homme qui écrit aussi bien que vous mérite au moins un carrosse à six chevaux. Vous voulez qu'on soit porté par des hommes ; j'irai bientôt ainsi dans ma paroisse, supposé qu'on veuille bien m'y recevoir. En attendant, j'ai l'honneur d'être avec la plus profonde estime et la plus vive reconnaissance, etc.

MMMMMCC. — A CATHERINE II.

A Ferney, 31 auguste.

Madame, j'ose dire que Votre Majesté Impériale me devait la lettre dont elle m'honore du 16 juillet. J'avais besoin de cette douce consolation après deux détestables gazettes consécutives, dans lesquelles on disait que les troupes de notre invincible sultan Moustapha étaient partout pleinement victorieuses. Je ne conçois pas ce qu'on gagne à débiter de si impudents mensonges, qui ne peuvent séduire les peuples que cinq ou six jours. Quand on trompe les hommes, il faut les tromper longtemps, comme on a fait à Rome. Il n'en est pas de même en fait d'exploits militaires.

Je présume que tous les Tartares de Crimée sont actuellement vos sujets. Je vous vois marcher de conquête en conquête : on m'assure que vos troupes, véritablement victorieuses, ont passé le Danube, et que vous avez cent vaisseaux dans les mers de l'Archipel.

Je bénis Dieu d'être né pour voir cette grande révolution. Personne ne s'attendait, lorsque Pierre le Grand était de mon temps à Sardam, qu'un jour Votre Majesté Impériale dominerait sur la mer Noire, sur l'Archipel, et sur le Danube.

On m'assure que mon cher ami Ali-Bey a pris Damas, et qu'il a mis le siége devant Alep, afin d'essayer jusqu'où l'invincible Moustapha peut porter la vertu de la résignation. Si cela est vrai, comme je le souhaite du fond de mon cœur, jamais la patience d'un sultan n'a été plus exercée. Mais il faut que cet invincible héros soit un homme bien opiniâtre pour ne pas vous demander la paix à genoux.

Nous avons eu un roi, nommé Louis XI, qui disait : « Quand orgueil marche devant, dommage marche derrière. » Moustapha ne s'est pas souvenu de cette maxime : il vous avait ordonné de vider la Podolie; vous avez fort mal obéi. J'ose me flatter à la fin que vous lui ordonnerez de vider Constantinople, et qu'il vous obéira.

Si vous daignez encore, madame, trouver dans tout ce fracas quelques moments pour lire mes rêveries, les quatrième et cinquième volumes des *Questions sur l'Encyclopédie* doivent être actuellement entre vos belles mains. Voici, en attendant, une feuille du tome septième, qui n'est pas encore mise au net. L'auteur a pris la liberté de dire un petit mot de Votre Majesté à la page 356.

Je me mets à vos pieds, je les baise beaucoup plus respectueusement que ceux du pape : il se croit le premier personnage du monde; Moustapha croyait aussi l'être, mais je sais bien à qui ce nom est dû.

Que ma souveraine agrée le profond respect de sa vieille créature.

MMMMMMCCI. — A M. DE LA HARPE.

A Ferney, 4 septembre.

« Il déclare qu'il ne se chargera pas de porter la parole divine, si on lui donne des soutiens qui la déshonorent, et qu'il ne parlera au nom de Dieu et du roi que pour faire aimer l'un et l'autre. »

« Le monarque a dit : « Je vous donne mon fils; » et les peuples disent : « Donnez-nous un père¹. »

Et le portrait de l'enthousiasme, et celui de Mme de Maintenon, si vrais, si fins et si sublimes; et cette admirable pensée de sentiment : *Il est triste de représenter le génie persécutant la vertu*; et cet ignorant *Louis XIV*, moins blessé peut-être des *Maximes des saints* que des *maximes du Télémaque*; et cette foule de peintures qui attendrissent, et de traits de philosophie qui instruisent : tout cela, mon cher ami, est admirable; c'est le génie du grand siècle passé, fondu dans la philosophie du siècle présent.

Je ne sais pas si vous êtes entré actuellement dans l'Académie, mais je sais que vous êtes tout au beau milieu du temple de la gloire.

Votre discours est si beau, que le cardinal de Fleury vous aurait persécuté, mais sourdement et poliment, à son ordinaire. Il ne pouvait souffrir qu'on aimât l'aimable Fénélon. J'eus l'imprudence de lui demander un jour s'il faisait lire au roi le *Télémaque*; il rougit : il me

1. Passage de l'*Éloge de Fénelon*, par La Harpe. (ÉD.)

répondit qu'il lui faisait lire de meilleures choses; et il ne me le pardonna jamais.

Ce fut un beau jour pour l'Académie, pour la famille de cet homme unique, et surtout pour vous. M. Dalembert, avec sa petite voix grêle, est un excellent lecteur; il fait tout sentir, sans avoir l'air du moindre artifice. J'aurais bien voulu être là; j'aurais versé des larmes d'attendrissement et de joie.

Il ne manque à votre pièce de poésie qu'un sujet aussi intéressant; elle est également belle dans son genre. Je suis enchanté de ces deux ouvrages et de vous. J'en fais mon compliment, du fond de mon cœur, à madame votre femme.

M. le duc de Choiseul sera flatté de voir ses bienfaits si heureusement justifiés.

M. de Létang, avocat, l'un de vos admirateurs, m'a écrit votre triomphe. Je ne puis lui répondre aujourd'hui, je suis trop malade. Il vous voit souvent, sans doute; je vous prie de le remercier pour moi.

Embrassez bien tendrement l'illustre Dalembert. Il est donc associé à M. Duclos; ils doivent tous deux vous ouvrir les portes d'un sanctuaire dont ils sont de très-dignes prêtres. Les Thomas et les Marmontel n'ont-ils pas pris une part véritable à vos honneurs? Réunissons-nous tous pour écraser l'envie.

Mme Denis est aussi sensible que moi à votre gloire.

MMMMMMCCII. — A M. DALEMBERT.

13 septembre.

Mon très-cher philosophe, tâchez que nous ayons une douzaine de comtes de Crillon et de princes de Salm à la cour de France, et quelques rois de Prusse à l'Académie : alors tout ira bien.

Je vois qu'on réforme tous les parlements; mais je suis sûr qu'aucun ne prêtera son ministère au rappel des jésuites. S'ILS REPARAISSAIENT, CE NE SERAIT QUE POUR ÊTRE EN HORREUR A LA FRANCE; et la philosophie y gagnerait, bien loin d'y perdre. Nous aurions le plaisir de voir les loups et les renards se mordre, et le petit troupeau des philosophes serait en sûreté.

On dit que vous avez prononcé à l'Académie un discours aussi agréable qu'instructif. Ne permettrez-vous pas qu'on l'imprime dans les papiers publics ? Vous ne dites jamais que des vérités éloquentes; il n'est pas juste que nous en soyons privés.

On m'a envoyé un imprimé d'un autre genre. C'est une *Apparition de Notre-Seigneur Jésus-Christ* dans une paroisse de l'évêché de Tréguier en Basse-Bretagne, et un discours qu'il a prononcé devant M. l'évêque sur les péchés des Bas-Bretons; le tout avec approbation et privilége. Cela est bien consolant, et vaut assurément tous vos discours académiques.

Adieu, mon cher et respectable ami; je suis toujours souffrant et aveugle. Si j'étais Bas-Breton, Jésus-Christ m'aurait guéri; mais je vois bien qu'il ne se soucie pas des Suisses.

MMMMMCCIII. — A M. BORDES.

13 septembre.

Mon cher philosophe, j'ai eu l'honneur de voir votre filleule, et j'ai reconnu son parrain : elle en a l'esprit et les grâces. Que n'êtes-vous le parrain de toute la ville de Lyon! J'ai presque oublié mon âge et mes souffrances en voyant Mme de La Bévière.

On m'a mandé qu'on avait puni dans Lyon, d'un supplice égal à celui de Damiens, un homme qui avait assassiné sa mère; que ce spectacle attira une foule prodigieuse; et que le lendemain, quand on pendit un pauvre diable, il n'y eut personne : cela fait voir évidemment pourquoi l'on court depuis quelque temps aux tragédies dans le goût anglais.

Je viens d'apprendre que vous n'avez point reçu des *Questions* qu'il n'appartient qu'à vous de résoudre, et qu'un Génevois, qui s'était chargé de vous les rendre, n'a point passé par Lyon, comme il m'en avait flatté; je répare cette faute, et j'en commets peut-être une plus grande en vous envoyant des choses peu dignes de vous; mais, si l'auteur des *Questions* pense peu, il pourra faire penser beaucoup. Il y a bien des morceaux où il ne dit rien qu'à moitié; et vous suppléerez aisément à tout ce qu'il n'a osé dire.

Vous m'attribuez, mon cher philosophe, trop de talents dans vos jolis vers:

Vous prétendez qu'avec trop de largesse
De m'enrichir la nature a pris soin.
— Peu de ducats composent ma richesse;
Mais ils sont tous frappés à votre coin.

Il me semble que je pense absolument comme vous sur tous les objets qui valent la peine d'être examinés.

Ayez bien soin de votre santé, c'est là ce qui en vaut la peine. Je vous embrasse sans cérémonie ; les philosophes n'en font point, les amis encore moins.

MMMMMCCIV. — A M. MILLE.

A Ferney, le 13 septembre.

Un vieux malade demi-Bourguignon a reçu, monsieur, avec un extrême plaisir, votre *Histoire de Bourgogne*, et vous en remercie avec autant de reconnaissance. Mes remercîments tombent d'abord sur votre dissertation contre dom Titrier[1], que je viens de lire. Il serait bien à

[1]. Mille ayant attaqué l'authenticité d'une charte de Clovis Ier accordant des priviléges au monastère de Moutier-Saint-Jean, le bénédictin Fr. Merle en prit la défense par une lettre à laquelle Mille répondit. Ces deux pièces sont dans les préliminaires du t. II de l'*Abrégé chronologique* de Mille. L'auteur y rapporte une épigramme sur une querelle d'un Normand qui, ayant procès contre des moines de Saint-Benoît, fabrique à grand soin un vieux titre.

Chef-d'œuvre il fait, produit son titre aux pères.
Dom Titrier pour vrai le reconnoît ;
Mais pour huitaine en promet deux contraires.

désirer que toutes ces usurpations, qui ne sont que trop prouvées, fussent enfin rendues à l'État. Dom Titrier a travaillé dans toutes les provinces de l'Europe, et particulièrement dans la Franche-Comté, où nous plaidons actuellement contre lui. Ses titres n'étant pas de droit humain, il prétend qu'ils sont de droit divin ; mais nous sommes assurés qu'ils sont de droit diabolique, et nous espérons que le diable en habit de moine ne gagnera pas toujours sa cause.

J'ai l'honneur d'être, etc.

MMMMMCCV. — De CATHERINE II.

Le 4-15 septembre.

Monsieur, vous me demandez s'il est vrai que, dans le temps même que mes troupes entrèrent dans Pérécop, il y a eu sur le Danube une action au désavantage des Turcs ; je vous répondrai qu'on n'a donné cet été, du côté du Danube, qu'un seul combat, où le lieutenant général, prince Repnin, a battu avec son corps détaché un corps de Turcs qui s'était avancé après que le commandant de Giurgi leur eut rendu cette place, à peu près comme Lauterbourg passa aux Autrichiens, lorsque M. de Noailles commandait l'armée française après la mort de l'empereur Charles VI. Le prince Repnin étant tombé malade, le lieutenant général Essen a voulu reprendre Giurgi ; mais il a été repoussé à l'assaut. Cependant, quoi qu'en disent les gazettes, Bucharest est toujours entre nos mains avec toutes les places de la rive du Danube, depuis Giurgi jusqu'à la mer Noire.

Je ne porte aucune envie aux exploits que vous me mandez de votre patrie. Si les beaux bras de la belle danseuse de l'Opéra de Paris, et l'opéra-comique qui fait l'admiration de l'univers, consolent la France de la destruction de ses parlements, et des nouveaux impôts après huit ans de paix, il faut convenir que voilà des services essentiels qu'ils ont rendus au gouvernement. Mais lorsque ces impôts auront été perçus, les coffres du roi seront-ils remplis, et l'État libéré ?

Vous me dites, monsieur, que votre flotte se prépare à voguer de Paris à Saint-Cloud : je vous donnerai nouvelles pour nouvelles. La mienne est venue d'Azof à Caffa. A Constantinople on est très-affligé de la perte de la Crimée : pour les dissiper, il faudrait leur envoyer l'Opéra-Comique, et les marionnettes aux mutins de Pologne, au lieu de cette foule d'officiers français qu'on envoie s'y perdre. Ceux de mes troupes qui aiment le spectacle peuvent assister aux drames de M. Soumarokof à Tobolsk, où il y a de fort bons acteurs.

Adieu, monsieur ; combattons les méchants, qui ne veulent point rester en repos, et battons-les, puisqu'ils le désirent. Aimez-moi, et portez-vous bien.

CATERINE.

MMMMMCCVI. — De FRÉDÉRIC II, ROI DE PRUSSE.

A Potsdam, le 16 septembre.

Un homme qui a longtemps instruit l'univers par ses ouvrages peut être regardé comme le précepteur du genre humain : il peut être par conséquent le conseiller de tous les rois de la terre, hors de ceux qui n'ont point de pouvoir. Je me trouve dans le cas de ces derniers à Neuchâtel, où mon autorité est pareille à celle qu'un roi de Suède exerce sur ses diètes, ou bien au pouvoir de Stanislas sur son anarchie sarmate. Faire à Neuchâtel un conseiller d'État sans l'approbation du synode serait se commettre inutilement.

J'ai voulu dans ce pays protéger Jean-Jacques, on l'a chassé; j'ai demandé qu'on ne persécutât point un certain Petitpierre, je n'ai pu l'obtenir.

Je suis donc réduit à vous faire l'aveu humiliant de mon impuissance. Je n'ai point eu recours, dans ce pays, au remède dont se sert la cour de France pour obliger les parlements du royaume à savoir *obtempérer* à ses volontés. Je respecte des conventions sur lesquelles ce peuple fonde sa liberté et ses immunités, et je me resserre dans les bornes du pouvoir qu'ils ont prescrites eux-mêmes, en se donnant à ma maison. Mais ceci me fournit matière à des réflexions plus philosophiques.

Remarquez, s'il vous plaît, combien l'idée attachée au mot de *liberté* est déterminée en fait de politique, et combien les métaphysiciens l'ont embrouillée. Il y a donc nécessairement une liberté; car comment aurait-on une idée nette d'une chose qui n'existe point? Or je comprends par ce mot la puissance de faire ou de ne pas faire telle action, selon ma volonté. Il est donc sûr que la liberté existe; non pas sans mélange de passions innées, non pas pure, mais agissant cependant en quelques occasions sans gêne et sans contrainte.

Il y a une différence, sans doute, de pouvoir nommer un conseiller (soi-disant) d'État, ou de ne le pouvoir pas : celui qui le peut a la liberté; celui qui ne saurait le breveter ne jouit pas de cette faculté. Cela seul suffit, ce me semble, pour prouver que la liberté existe, et que par conséquent nous ne sommes pas des automates mus par les mains d'une aveugle fatalité.

C'est ce système de la fatalité qui met l'empire ottoman à deux doigts de sa perte. Tandis que les Turcs se tiennent comme des quakers, les bras croisés, en attendant le moment de l'impulsion divine, ils sont battus par les Russes. Et ce léger échec que vient de recevoir un détachement du prince Repnin ne doit pas enfler l'espérance de Moustapha jusqu'à lui faire croire qu'une bagatelle de cette nature puisse entrer en comparaison avec cet amas de victoires que les Russes ont entassées les unes sur les autres.

Tandis que ces gens se battent pour les possessions de ce monde-ci, les Suisses font très-bien d'ergoter entre eux pour les biens de l'autre monde : cela fournit plus à l'imagination; et quand on n'a point d'armées pour conquérir la Valachie, la Moldavie, la Tartarie, on se bat avec des paroles pour le paradis et pour l'enfer. Je ne connais point ce pays-là : Delisle n'en a pas encore donné la carte. Le chemin qui doit y mener traverse les espaces imaginaires, et jamais personne n'en est revenu. N'allez jamais dans ces contrées, pires que les hyperboréennes.

Quelqu'un qui vous a vu m'assure que vous jouissez d'une très-bonne santé. Ménagez ce trésor le plus longtemps que possible : un *tiens* vaut mieux que dix *tu auras*. Que Vénus nous conserve le chantre des Grâces ; Minerve, l'émule de Thucydide ; Uranie, l'interprète de Newton ; et Apollon, son fils chéri, qui, surpassant Euripide, égala Virgile : ce sont les vœux que le solitaire de Sans-Souci fait et fera sans fin pour le patriarche de Ferney. FÉDÉRIC.

MMMMMCCVII. — A M. FABRY.

16 septembre.

Je vous supplie de vouloir bien lire cette pancarte, d'avoir la bonté de me dire ce que vous en pensez, et ce que je dois faire. Il est très-certain que le nommé François Collet, charpentier, et domicilié à Ferney, et possesseur de quelques champs, a acheté deux coupes de blé au marché de Gex, pour ensemencer son petit domaine. Les employés lui volent son cheval et son blé, sous prétexte qu'il n'avait pas d'acquit-à-caution ; mais il me semble qu'ils devaient lui apprendre ce que c'est qu'un *acquit-à-caution*, et lui dire d'en aller chercher un.

Ils prétendent, dans leur grimoire, que cet homme est très-coupable, pour n'avoir pas lu les lettres de M. de Trudaine ; mais ce pauvre homme n'a jamais entendu parler de M. Trudaine, et, de plus, il ne sait pas lire.

Je vous demande pardon, monsieur, de vous importuner d'une telle misère ; mais cette minutie est très-essentielle pour ce pauvre homme, et ces vexations sont bien cruelles.

J'ai l'honneur d'être, etc.

MMMMMCCVIII. — A CATHERINE II.

17 septembre.

Madame, me trompé-je cette fois-ci ? Une flotte tout entière de mes amis les Turcs, réduite en cendres dans le port de Lemnos ! le comte Alexis Orlof maître de cette île ! c'est ce qu'on me mande de Venise. Ces nouvelles retentissent dans les échos des Alpes, et nous répétons les noms de Votre Majesté Impériale et du comte Orlof. Il me semble que c'est à peu près dans le même temps qu'une autre flotte fut consumée dans cette mer l'année passée ; voilà un bel anniversaire. On voit bien que Lemnos était en effet l'île de Vulcain ; ce dieu brûle vos ennemis.

Ah ! Moustapha ! Moustapha ! Eh bien ! Votre Hautesse se jouera-t-elle encore à mon impératrice ? lui ordonnerez-vous de vider sans délai la Podolie ? trouverez-vous fort impertinent qu'elle n'ait pas obéi aux ordres de votre Sublime Porte ? mettrez-vous encore ses ministres en prison ? voilà mon auguste souveraine en possession de votre Tartarie-Crimée, maîtresse de tous vos États au delà du Danube, maîtresse de toute votre mer Noire. Vous n'êtes point galant, Moustapha ; vous deviez venir lui faire la cour, et baiser ses belles mains, au lieu de lui faire la guerre. Croyez-moi, demandez-lui très-humblement pardon ; c'est ce que vous avez de mieux à faire.

Savez-vous bien, monsieur Moustapha, que mon héroïne, occupée continuellement à vous battre, trouve encore le temps de m'écrire des lettres pleines d'esprit et de grâces? vous douteriez-vous, par hasard, de ce que signifient ces mots *grâces* et *esprit*? Elle a daigné me mander, du 22 juillet (2 auguste), qu'on lui aurait l'obligation d'une carte géographique de la Crimée : on n'en a jamais eu de passables jusqu'à présent; vous n'êtes pas géographes, vous autres Turcs : vous possédez un beau pays, mais vous ne le connaissez pas. Mon impératrice vous le fera connaître.

Savez-vous seulement où était le paradis terrestre? Moi, je le sais. Il est partout où est Catherine II; prosternez-vous avec moi à ses pieds.

Donné à Ferney, le 3 de la lune de Schewal.

MMMMMMCCIX. — A M. LE COMTE D'ARGENTAL.

20 septembre.

Voici ce que le vieux solitaire, le vieux malade, le vieux radoteur dit à son cher ange :

1° Il a reçu la lettre du 14 septembre.

2° M. de La Ferté[1] ne sait pas que, de ces deux portraits, l'un est de Mme la Dauphine, et l'autre de la reine de Naples ; ce qui me fait soupçonner que ces deux portraits ne sont pas trop ressemblants. Puisque mon cher ange est lié avec M. de La Ferté, je le prie, au nom de ma petite colonie, de vouloir bien nous recommander à lui; elle fournira tout ce qu'on demandera, et à très-bon marché.

3° Le jeune auteur des *Pélopides* m'a montré sa nouvelle leçon, qui est fort différente de la première. Il est honteux de son ébauche; il vous prie instamment de la renvoyer, et de nous dire comment il faut s'y prendre pour vous faire tenir la leçon véritable.

4° M. Lantin le Bourguignon se flatte toujours que le célèbre Lekain prendra son affaire d'Afrique[2] en considération.

5° Si, dans l'occasion, mon cher ange peut faire quelque éloge de nos colonies à M. le duc d'Aiguillon, il nous rendra un grand service. Figurez-vous que nous avons fait un lieu considérable d'un méchant hameau où il n'y avait que quarante misérables, dévorés de pauvreté et d'écrouelles. Il a fallu bâtir vingt maisons nouvelles de fond en comble. Nous avons actuellement quatre fabriques de montres, et trois autres petites manufactures. Loin d'avoir le moindre intérêt dans toutes ces entreprises, je me suis ruiné à les encourager, et c'est cela même qui mérite la protection du ministère. Le simple historique d'un désert affreux, changé en une habitation florissante et animée, est un sujet de conversation à table avec des ministres. M. le duc de Choiseul avait daigné acheter quelques-unes de nos montres pour en faire des présents au nom du roi. Nos fabriques les vendent à un tiers meilleur marché

---

1. L'un des intendants des menus plaisirs du roi. (ÉD.)
2. La tragédie de *Sophonisbe*, donnée comme l'ouvrage de Lantin. (ÉD.)

qu'à Paris. Presque tous les horlogers de Paris achètent de nous les montres qu'ils vendent impudemment sous leur nom, et sur lesquelles ils gagnent non-seulement oe tiers, mais très-souvent plus de moitié. Tout cela sera très-bon à dire quand on traitera par hasard le chapitre des arts.

6° Je ne demande point à mon cher ange le secret de Parme; mais je m'intéresse infiniment à M. de Felino; on dit que ce sont les jésuites qui ont trouvé le secret de le persécuter. Il est certain que si les jésuites étaient relégués en enfer, ils y cabaleraient; jugez de ce qu'ils doivent faire étant à Rome.

7° Je vous prie de présenter mes respects à votre voisin.

8° Comment mon autre ange se porte-t-elle? a-t-elle repris toute sa santé? sa poitrine et son estomac sont-ils bien en ordre? vous amusez-vous tous deux, et Mme Vestris entre-t-elle dans vos plaisirs?

Je me mets plus que jamais sous les ailes de mes anges.

MMMMMMCCX. — A M. LE MARÉCHAL DUC DE RICHELIEU.

A Ferney, 23 septembre.

Je n'ai pas été assez impudent pour oser interrompre mon héros dans son expédition de Bordeaux; mais, s'il a un moment de loisir, qu'il me permette de l'ennuyer de mes remercîments pour la bonté qu'il a eue dans mes petites affaires avec les héritiers de Mme la princesse de Guise, et avec mon héros lui-même.

Vous avez de plus, monseigneur, la bonté de me protéger auprès de M. le duc d'Aiguillon. Je ne savais pas, quand j'eus l'honneur de vous écrire, qu'il fût enfin décidé que Versoix, dont il était question, serait entièrement dans le département de M. de La Vrillière. Je l'apprends, et je me restreins à demander les bontés de M. le duc d'Aiguillon pour la colonie que j'ai établie. Elle est assez considérable pour attirer l'attention du ministère, et pour mériter sa protection dans le pays étranger. Son commerce est déjà très-étendu; elle travaille avec succès, et ne demande ni ne demandera aucun secours d'argent à M. l'abbé Terray. Je désire seulement qu'on daigne la recommander à Paris à M. d'Ogny, intendant général des postes, et en Espagne, à M. le marquis d'Ossun, qui nous ont rendu déjà tous les bons offices possibles, et que je craindrai encore moins d'importuner, quand ils sauront que le ministre des affaires étrangères veut bien me protéger.

J'ai été entraîné dans cette entreprise assez grande par les circonstances presque forcées où je me suis trouvé, et je ne demande, pour assurer nos succès, que ces bontés générales qui ne compromettent personne.

C'est dans cet esprit que j'écris à M. le duc d'Aiguillon, et que je me renomme de vous dans ma lettre; j'espère que vous ne me démentirez pas. Il ne s'agit, encore une fois, que de me recommander à M. le marquis d'Ossun et à M. d'Ogny. Si vous voulez bien lui en écrire un petit mot, je vous en aurai beaucoup d'obligation.

Je vous demande bien pardon de vous fatiguer de cette bagatelle;

mais, après tout, c'est un objet de commerce intéressant pour l'État, et qui augmente la population d'une province. Vous êtes si accoutumé à faire du bien dans celles que vous gouvernez, que vous ne trouverez pas ma requête mal placée.

Conservez vos bontés, monseigneur, à votre plus ancien courtisan, qui vous sera attaché avec le plus tendre respect jusqu'au dernier moment de sa vie.

MMMMMMCCXI. — A MILORD CHESTERFIELD.

A Ferney, le 24 septembre.

Des cinq sens que nous avons en partage, milord Huntingdon dit que vous n'en avez perdu qu'un seul, et que vous avez un bon estomac ; ce qui vaut bien une paire d'oreilles.

Ce serait peut-être à moi de décider lequel est le plus triste d'être sourd ou aveugle, ou de ne point digérer. Je puis juger de ces trois états en connaissance de cause ; mais il y a longtemps que je n'ose décider sur les bagatelles, à plus forte raison sur des choses si importantes. Je me borne à croire que si vous avez du soleil dans la belle maison que vous avez bâtie, vous aurez des moments tolérables. C'est tout ce qu'on peut espérer à l'âge où nous sommes, et même à tout âge. Cicéron écrivit un beau traité sur la vieillesse, mais il ne prouva point son livre par les faits ; ses dernières années furent très-malheureuses. Vous avez vécu plus longtemps et plus heureusement que lui. Vous n'avez eu affaire ni à des dictateurs perpétuels, ni à des triumvirs. Votre lot a été et est encore un des plus désirables dans cette grande loterie où les bons billets sont si rares, et où le gros lot d'un bonheur continu n'a été encore gagné par personne.

Votre philosophie n'a jamais été dérangée par des chimères qui ont brouillé quelquefois des cervelles d'ailleurs assez bonnes. Vous n'avez jamais été, dans aucun genre, ni charlatan, ni dupe des charlatans ; et c'est ce que je compte pour un mérite très-peu commun, qui contribue à l'ombre de félicité qu'on peut goûter dans cette courte vie, etc.

MMMMMMCCXII. — A M. DE LA HARPE.

Le 26 septembre.

Je suis assurément bien étonné et bien confondu, mon cher enfant. Je ne l'aurais pas été, si on vous avait donné une place à l'Académie, avec une pension ; c'était là ce qu'on devait attendre. Je viens d'écrire à un homme[1] qui peut servir et nuire ; mais je crains bien que ce ne soit Marion Delorme qui écrit en faveur de Ninon, et qu'on ne les envoie toutes deux faire pénitence aux Madelonnettes.

Je souhaite, pour l'honneur de la nation, que cette affaire s'assoupisse ; elle deviendrait encore plus ridicule que celle de *Bélisaire*; mais il y a longtemps que le ridicule ne nous effraye point. Je suis sûr que

1. Au chancelier. (ÉD.)

si vos succès vous donnent des ennemis, ils vous donneront des protecteurs. Tous ceux qui vous ont couronné sont intéressés à affermir votre couronne. Tous les parents de Télémaque et de Calypso prendront votre parti. Ce petit ouvrage augmentera votre célébrité. Courage ! il faut combattre. Si on s'obstine à vous chicaner, il sera beau de dire
« J'imite mon héros, j'aime la vertu, et je me soumets. »

MMMMMMCCXIII. — A M. D'ALEMBERT.

28 septembre.

Mon cher ami, voici donc de quoi exercer la philosophie. La Harpe persécuté pour avoir fait un chef-d'œuvre d'éloquence dans l'éloge de Fénelon ! j'ai eu de la peine à croire cette aventure. Vous me direz que plus elle est absurde, plus je la dois croire, et que c'est le cas du *credo quia absurdum*. Cette extravagance aura-t-elle des suites? l'Académie agira-t-elle? est-ce à l'Académie qu'on en veut? la chose est-elle sérieuse, ou est-ce une plaisanterie? Je vous demande en grâce de me mettre au fait, cela en vaut la peine.

Nous avons ici Mme Dix-neuf ans[1], dont vous êtes le médecin. Elle a perdu de son embonpoint, mais elle a conservé sa beauté. Son mari nous a dit des choses bien extraordinaires; tous deux sont très-aimables; ils méritent de prospérer, et ils prospéreront. Pour moi, je me meurs tout doucement. Bonsoir, mon très-cher et très-grand philosophe.

J'ajoute que La Harpe m'ayant pressé très-vivement d'écrire à M. le chancelier, j'ai pris cette liberté, quoique je la croie assez inutile; mais enfin je lui ai dit ce que je pensais sur les discours académiques, sur la Sorbonne, et sur l'*Encyclopédie*.

MMMMMMCCXIV. — A Catherine II.

A Ferney, 2 octobre.

Seigneur Moustapha, je demande pardon à Votre Hautesse du dernier compliment que je vous ai fait sur votre flotte, prétendue brûlée par ces braves Orlof; ce qui est vraisemblable n'est pas toujours vrai. On m'avait mal informé; mais vous avez encore de plus fausses idées que je n'ai de fausses nouvelles.

Vous vous êtes plus lourdement trompé que moi, quand vous avez commencé cette guerre contre ma belle impératrice. Vous êtes bien payé d'avoir été un ignorant qui, du fond de votre sérail, ne saviez point à qui vous aviez à faire ! Plus vous étiez ignorant, et plus vous étiez orgueilleux. C'est une grande leçon pour tous les rois. Il y a près de trois ans que je vous prédis malheur. Mes prédictions se sont accomplies; et quant à votre flotte brûlée, ce qui est différé n'est pas perdu. Comptez sur MM. les comtes Orlof.

D'ailleurs il est bien plus agréable de vous prendre la Crimée que de vous brûler quelques vaisseaux. Ne soyez pas si glorieux, mon bon

---

1. Mme la comtesse de Rochefort. (Éd.)

Moustapha. Il est vrai que mon impératrice vous donne une place dans son temple de mémoire; mais vous y serez placé comme les rois vaincus l'étaient au Capitole.

On m'écrit que vous entendez enfin raison, et que vous demandez la paix. Je ne sais si vous êtes assez raisonnable pour faire cette démarche, et si on m'a trompé sur cette affaire comme sur votre flotte.

J'ignore encore s'il est vrai que vos troupes aient battu mon cher ami Ali-Bey en Syrie. J'ai peur que ce petit succès ne vous enivre; mais, prenez-y garde, les Russes ne ressemblent pas aux Égyptiens; ils vous donnent sur les oreilles depuis trois ans, et vous les frotteront encore si vous persistez à ne pas demander pardon à l'auguste Catherine. J'ai été très-fâché que vous l'ayez forcée d'interrompre son beau code de lois pour vous battre. Elle aurait mieux aimé être Thémis que Bellone; mais, grâce à vous, elle est montée au temple de la gloire par tous les chemins. Restez dans votre temple de l'orgueil et de l'oisiveté, et croyez que je serai toujours tout à vous. L'ERMITE DE FERNEY.

Je prends la liberté d'envoyer ma lettre à Sa Majesté Impériale de Russie, qui ne manquera pas de vous la faire rendre.

MMMMMMCCXV. — A M. AUDIBERT.

A Ferney, 2 octobre.

Mille remerciments, monsieur, de toutes vos bontés; c'est en avoir beaucoup que de daigner descendre, comme vous faites, dans toutes les minuties de ma cargaison. Je félicite de tout mon cœur vos Marseillais d'avoir si bien profité de la mauvaise spéculation des Anglais, et de faire si bien leurs affaires avec les Ottomans, qui font fort mal les leurs. Moi, qui vous parle, je soutiens actuellement un commerce que j'ai établi entre Ferney et la Sublime Porte. J'ai envoyé à la fois des montres à Sa Hautesse Moustapha et à Sa Majesté Impériale russe, qui bat toujours Sa pauvre Hautesse; et je fais bien plus de cas de ma correspondance avec Catherine II qu'avec le commandeur des croyants. C'est une chose fort plaisante que j'aie bâti vingt maisons dans mon trou de Ferney pour les artistes de Genève, qu'on a chassés de leur patrie à coups de fusil. Il se fait actuellement dans mon village un commerce qui s'étend aux quatre parties du monde; je n'y ai d'autre intérêt que celui de le faire fleurir à mes dépens. J'ai trouvé qu'il était assez beau de se ruiner ainsi de fond en comble avant que de mourir.

Voudriez-vous bien, monsieur, quand vous serez de loisir, me mander s'il est vrai que la flotte russe ait brûlé toute la flotte turque dans le port de Lemnos; qu'Ali-Bey ait repris Damas et Jérusalem la sainte; si le comte Orlof a repris Négrepont, et si Raguse s'est mis sous la protection du saint-empire romain.

Le commerce de Marseille ne souffre-t-il pas un peu de toutes ces brûlures et de tous ces ravages?

Je vous réitère mes remerciments, et tous les sentiments avec lesquels, etc.

MMMMMMCCXVI. — DE M. D'ALEMBERT.

A Paris, ce 7 octobre.

Il n'est que trop vrai, mon cher maître, qu'il y a un arrêt du conseil [1] qui supprime le discours de La Harpe. Cet arrêt a été sollicité par l'archevêque de Paris et par l'archevêque de Reims. Ils voulaient d'abord faire condamner l'ouvrage par la Sorbonne, mais le syndic Riballier s'y est opposé; il se souvient de l'affaire de Marmontel. L'Académie a fait ce qu'elle a pu pour empêcher cette suppression, ou du moins qu'elle ne se fît par un arrêt du conseil; mais tout ce qu'elle a pu obtenir, encore avec beaucoup de peine, a été que l'arrêt ne serait ni crié ni affiché; mais il est imprimé, et il a été donné, à l'imprimerie royale, à ceux qui l'ont demandé. Vous noterez que, de tous nos confrères de Versailles, M. le prince Louis est le seul qui ait servi l'Académie dans cette occasion : les autres, ou n'ont rien dit, ou peut-être ont tâché de nuire. Voilà où nous en sommes. Cet arrêt nous enjoint de faire approuver désormais, comme autrefois, les discours des prix par deux docteurs de Sorbonne. Il y a quatre ans que nous avions cessé d'exiger cette approbation par des raisons très-raisonnables : 1° parce que lorsqu'on annonça, dans une assemblée publique, que l'éloge de Charles V devait être ainsi approuvé, le public nous rit au nez, et nous le méritions bien; 2° parce qu'il y a des éloges, comme celui de Molière, qui auraient rendu ridicule l'approbation de deux théologiens; 3° parce qu'il y en a, comme ceux de Sulli, de Colbert, où il faut parler d'autre chose que de théologie, et où l'approbation de deux docteurs de Sorbonne ne mettrait point l'Académie à couvert des tracasseries; 4° enfin parce que ces docteurs abusaient scandaleusement du droit d'effacer ce qu'il leur plaisait, témoin l'éloge de Charles V, dans lequel ils avaient effacé tout ce qui était contraire aux prétentions ultramontaines, à l'inquisition, etc. Il faudra pourtant désormais se soumettre à ce joug; à la bonne heure. Je gémis, et je me tais. Si on vous envoie l'arrêt du conseil, vous verrez aisément que ceux qui l'ont rédigé n'avaient pas pris la peine de lire le discours de La Harpe. Je sais que plus d'un évêque désapprouve fort cette condamnation; mais ils risqueraient trop à s'expliquer.

Nous sommes bien heureux, en cette circonstance, que le feu parlement n'existe plus; car il n'aurait pas manqué de faire à cette occasion quelques nouvelles sottises.

Adieu, mon cher ami; j'ai le cœur navré de douleur.

MMMMMMCCXVII. — A M. LE COMTE D'ARGENTAL.

11 octobre.

Mon cher ange, votre lettre du 30 de septembre m'a trouvé bien affligé. On dit que les vieillards sont durs; j'ai le malheur d'être sensible

---

1. L'arrêt du conseil contre l'*Éloge de Fénelon* est du 21 septembre 1771. (ÉD.)

comme si j'avais vingt ans. Le soufflet donné à La Harpe et à notre Académie est tout chaud sur ma joue.

Ma colonie, qui n'est plus protégée, me donne de très-vives alarmes. Je me suis ruiné pour l'établir et pour la soutenir; j'ai animé un pays entièrement mort; j'ai fait naître le travail et l'opulence dans le séjour de la misère; et je suis à la veille de voir tout mon ouvrage détruit : cela est dur à soixante-dix-huit ans.

La situation très-équivoque dans laquelle est ma colonie, par rapport à Fétersbourg, où elle avait de très-gros fonds, me met dans l'impossibilité de rien faire à présent pour Mlle Daudet; c'est encore pour moi une nouvelle peine.

Si la retraite de M. de Felino avait pu produire quelque chose de désagréable pour vous, jugez combien j'aurais été inconsolable.

J'ai commandé vos deux montres telles que vous les ordonnez; vous les aurez probablement dans quinze jours.

Mon jeune homme vous enverrait bien *les Pélopides*, qui sont très-différents de ceux qui sont entre vos mains; mais, malgré toute la vivacité de son âge, il sait attendre. Vous auriez aussi la folie Ninon[1], et vous ne seriez peut-être pas mécontent de la docilité de ce jeune candidat; mais le temps ne me paraît guère favorable.

Ma pauvre colonie occupe actuellement toute mon attention. Cent personnes dont il faut écouter les plaintes et soulager les besoins, d'assez grandes entreprises près d'être détruites, et l'embarras des plus pénibles détails, font un peu de tort aux belles-lettres. Je vous demande en grâce de parler à M. le duc d'Aiguillon; vous le pouvez, vous le voyez les mardis; je ne vous demande point de vous compromettre, j'en suis bien éloigné. Je lui ai écrit, je lui ai demandé en général sa protection; j'ose dire qu'il me la devait : il ne m'a point fait de réponse; ne pourriez-vous pas lui en dire un mot? Serait-il possible que les bontés de M. le duc de Choiseul pour ma colonie m'eussent fait tort, et que je fusse à la fois ruiné et opprimé pour avoir fait du bien? cela serait rude. Il vous est assurément très-aisé de savoir, dans la conversation, s'il est favorablement disposé ou non. Voilà tout ce que je conjure votre amitié de faire le plus tôt que vous pourrez, dans une occasion si pressante. Si M. le maréchal de Richelieu était à Versailles, il pourrait lui en dire quelques mots, c'est-à-dire en faire quelques plaisanteries, tourner mon entreprise en ridicule, se bien moquer de moi et de ma colonie; mais mon ange sentira mon état sérieusement, et le fera sentir : c'est en mon cher ange que j'espère. Je parlerai belles-lettres une autre fois; je ne parle aujourd'hui que tristesse et tendresse. Mille respects à Mme d'Argental.

MMMMMCCXVIII. — A M. DE POMARET.

14 octobre.

Le vieux malade, monsieur, est bien sensible à votre souvenir. Le ministère est trop occupé des parlements pour songer à persécuter les

1. *Le Dépositaire.* (ÉD.)

dissidents de France. On laisse du moins fort tranquilles ceux que j'ai recueillis chez moi ; ils ne payent même aucun impôt, et j'ai obtenu jusqu'à présent toutes les facilités possibles pour leur commerce.

Je présume qu'il en est ainsi dans le reste du royaume. On s'appesantit plus sur les philosophes que sur les réformés ; mais si les uns et les autres ne parlent pas trop haut, on les laissera respirer en paix ; c'est tout ce que l'on peut espérer dans la situation présente. Le gouvernement ne s'occupera jamais à déraciner la superstition ; il sera toujours content, pourvu que le peuple paye et obéisse. On laissera le prépuce de Jésus-Christ dans l'église du Puy en Velay, et la robe de la vierge Marie dans le village d'Argenteuil. Les possédés qui tombent du haut-mal iront hurler la nuit du jeudi saint dans la Sainte-Chapelle de Paris, et dans l'église de Saint-Maur ; on liquéfiera le sang de saint Janvier à Naples. On ne se souciera jamais d'éclairer les hommes, mais de les asservir. Il y a longtemps que, dans les pays despotiques, *sauve qui peut!* est la devise des sujets.

MMMMMCCXIX. — A MADAME LA DUCHESSE DOUAIRIÈRE D'AIGUILLON.

A Ferney, 16 octobre.

Madame, je vous ai importunée deux fois fort témérairement : la première, pour un gentilhomme[1] qui disait n'avoir point tué un prêtre, et qui l'avait tué ; la seconde, pour moi, qui disais ne point recevoir de réponse de M. le duc d'Aiguillon, et qui, le moment d'après, en reçus une pleine d'esprit, de grâces, et de bonté, comme si vous l'aviez écrite. Cela prouve que je suis un jeune homme de soixante-dix-huit ans, très-vif et très-impatient, ce qui autrement veut dire un radoteur ; mais je ne radote point, en étant persuadé que M. le duc d'Aiguillon écrit mieux que M. le cardinal de Richelieu, et que je vous donne sans difficulté la préférence sur Mme la duchesse d'Aiguillon première du nom.

Il est vrai que je meurs dans l'impénitence finale sur les *Testaments*[2], mais aussi je meurs dans le respect et dans la reconnaissance finale avec laquelle j'ai l'honneur d'être, madame, etc.

MMMMMCCXX. — DE CATHERINE II.

A Pétersbourg, 6-17 octobre.

Monsieur, j'ai à vous fournir un petit supplément à l'article FANATISME, qui ne figurera pas mal aussi dans celui des CONTRADICTIONS, que j'ai lu avec la plus grande satisfaction dans le livre des *Questions sur l'Encyclopédie*. Voici de quoi il s'agit.

Il y a des maladies à Moscou : ce sont des fièvres pourprées, des fièvres malignes, des fièvres chaudes avec taches et sans taches, qui emportent beaucoup de monde, malgré toutes les précautions qu'on a

1. Le comte de Beaufort. (ÉD.)
2. Voltaire a toujours soutenu, mais à tort, que le *Testament du cardinal de Richelieu* n'était pas l'ouvrage du cardinal. (ÉD.)

prises. Le grand maître comte Orlof m'a demandé en grâce d'y aller pour voir sur les lieux quels seraient les arrangements les plus convenables à prendre pour arrêter ce mal. J'ai consenti à cette action si belle et si zélée de sa part, non sans sentir une vive peine sur le danger qu'il va courir.

A peine était-il en chemin depuis vingt-quatre heures, que le maréchal Soltikof m'écrivit la catastrophe suivante, qui s'est passée à Moscou du 15 au 16 septembre, vieux style.

L'archevêque de cette ville, nommé Ambroise, homme d'esprit et de mérite, ayant appris qu'il y avait depuis quelques jours une grande affluence de populace devant une image qu'on prétendait qui guérissait des malades (lesquels expiraient aux pieds de la sainte Vierge), et qu'on y portait beaucoup d'argent, envoya mettre son sceau sur cette caisse, pour l'employer ensuite à quelques œuvres pieuses : arrangement économique que chaque évêque est très en droit de faire dans son diocèse. Il est à supposer qu'il avait intention d'ôter cette image, comme cela s'est pratiqué plusieurs fois, et que ceci n'était qu'un préambule. Effectivement, cette foule de monde rassemblée dans un temps d'épidémie ne pouvait que l'augmenter. Mais voici ce qui arriva.

Une partie de cette populace se mit à crier : « L'archevêque veut voler le trésor de la sainte Vierge; il faut le tuer. » L'autre prit parti pour l'archevêque. Des paroles ils en vinrent aux coups. La police voulut les séparer, mais la police ordinaire n'y put suffire. Moscou est un monde, non une ville. Les plus furieux se mirent à courir vers le Kremlin; ils enfoncèrent les portes du couvent où réside l'archevêque; ils pillèrent ce couvent, s'enivrèrent dans les caves, où beaucoup de marchands tiennent leurs vins; et n'ayant point trouvé celui qu'ils cherchaient, une partie s'en alla vers le couvent nommé Donskoi, d'où ils tirèrent ce respectable vieillard, qu'ils massacrèrent inhumainement; l'autre resta à se battre en partageant le butin.

Enfin le lieutenant général Jérapkin arriva avec une trentaine de soldats qui les obligèrent bien vite à se retirer. Les plus mutins furent pris. En vérité, ce fameux XVIIIe siècle a bien là de quoi se glorifier! nous voilà devenus bien sages! Mais ce n'est pas à vous qu'il faut parler sur cette matière : vous connaissez trop les hommes pour vous étonner des contradictions et des extravagances dont ils sont capables. Il suffit de lire vos *Questions sur l'Encyclopédie* pour être persuadé de la profonde connaissance que vous avez de l'esprit et du cœur des humains.

Je vous dois mille remerciments, monsieur, de la mention que vous voulez bien faire de moi dans divers endroits de ce dictionnaire très-utile et très-agréable : je suis étonnée d'y trouver souvent mon nom à la fin d'une page où je l'attendais le moins[1].

J'espère que vous aurez reçu, à l'heure qu'il est, la lettre de change pour le payement des fabricants qui m'ont envoyé leurs montres.

La nouvelle du combat naval donné à Lemnos est fausse. Le comte

---

1. A l'article *Gloire*. (ÉD.)

Alexis Orlof était encore à Paros le 24 juillet, et la flotte turque n'ose montrer ses beaux yeux en deçà des Dardanelles. Votre lettre au sujet de ce combat est unique. Je sens, comme je le dois, les marques d'amitié qu'il vous plaît de me donner, et je vous ai les plus grandes obligations pour vos charmantes lettres.

J'ai trouvé, monsieur, dans les *Questions sur l'Encyclopédie*, si remplies de choses aussi excellentes que nouvelles, à l'article ÉCONOMIE PUBLIQUE, page 61 de la cinquième partie, ces paroles : « Donnez à la Sibérie et au Kamtschatka réunis, qui font quatre fois l'étendue de l'Allemagne, un Cyrus pour souverain, un Solon pour législateur, un duc de Sulli, un Colbert pour surintendant des finances, un duc de Choiseul pour ministre de la guerre et de la paix, un Anson pour amiral; ils y mourront de faim avec tout leur génie. »

Je vous abandonne tout le pays de la Sibérie et du Kamtschatka qui est situé au delà du soixante-troisième degré : en revanche, je plaide chez vous la cause de tout le terrain qui se trouve entre le soixante-troisième et le quarante-cinquième degré : il manque d'hommes en proportion de son étendue, de vins aussi. Non-seulement il est cultivable, mais même très-fertile. Les blés y viennent en si grande abondance, qu'outre la consommation des habitants, il y a des brasseries immenses d'eau-de-vie; et il en reste encore assez pour en mener par terre en hiver, et par les rivières en été, jusqu'à Archangel, d'où on l'envoie dans les pays étrangers. Et peut-être en a-t-on mangé dans plus d'un endroit, en disant que les blés ne mûrissent jamais en Sibérie.

Les animaux domestiques, le gibier, les poissons, se trouvent en grande abondance dans ces climats, et il y en a d'espèce excellente qu'on ignore dans les autres pays de l'Europe.

Généralement les productions de la nature en Sibérie sont d'une richesse extraordinaire : témoin la grande quantité de mines de fer, de cuivre, d'or et d'argent, les carrières d'agates de toutes couleurs, de jaspe, de cristaux, de marbre, de talc, etc., etc., qu'on y trouve.

Il y a des districts entiers couverts de cèdres d'une épaisseur extraordinaire, aussi beaux que ceux du mont Liban, et des fruitiers sauvages de beaucoup d'espèces différentes.

Si vous êtes curieux, monsieur, de voir des productions de la Sibérie, je vous en enverrai des collections de différentes espèces qui ne sont communes qu'en Sibérie, et rares partout ailleurs. Mais une chose qui démontre, je pense, que le monde est un peu plus vieux que nos nourrices ne nous le disent, c'est qu'on trouve dans le nord de la Sibérie, à plusieurs toises sous terre, des ossements d'éléphants, qui, depuis fort longtemps, n'habitent plus ces contrées.

Les savants, plutôt que de convenir de l'antiquité de notre globe, ont dit que c'était de l'ivoire fossile; mais ils ont beau dire, les fossiles ne croissent point en forme d'éléphant très-complet.

Ayant plaidé ainsi devant vous la cause de la Sibérie, je vous laisse le jugement du procès, et me retire en vous réitérant les assurances de la plus haute considération, et de l'amitié et de l'estime la plus sincère.
CATERINE.

MMMMMMCCXXI. — A CATHERINE II.

A Ferney, 18 octobre.

Madame, je n'écris point par cette poste à Moustapha; permettez-moi de donner la préférence à Votre Majesté Impériale; il n'y a pas moyen de parler à ce gros cochon, quand on peut s'adresser à l'héroïne du siècle.

J'ai le cœur navré de voir qu'il y a de mes compatriotes parmi ces fous de confédérés. Nos Welches n'ont jamais été trop sages, mais du moins ils passaient pour galants ; et je ne sais rien de si grossier que de porter les armes contre vous : cela est contre toutes les lois de la chevalerie. Il est bien honteux et bien fou qu'une trentaine de blancs-becs de mon pays aient l'impertinence de vous aller faire la guerre, tandis que deux cent mille Tartares quittent Moustapha pour vous servir. Ce sont les Tartares qui sont polis, et les Français sont devenus des Scythes. Daignez observer, madame, que je ne suis point Welche; je suis Suisse, et si j'étais plus jeune, je me ferais Russe.

Votre Majesté Impériale m'a bien consolé par sa lettre du 4 septembre ; elle a daigné m'apprendre le véritable état des affaires vers le Danube. La France, ma voisine, retentissait des plus fausses nouvelles; mais je reste toujours dans ma surprise que Moustapha ne demande point la paix. Est ce qu'il aurait quelques succès contre mon cher Ali-Bey?

Ah! madame, qu'une paix glorieuse serait belle après toutes vos victoires!

Tandis que vous avez la bonté de perdre quelques moments à lire le quatrième et le cinquième volume des *Questions*, le questionneur a fait partir le sixième et le septième; mais il a bien peur de ne pouvoir continuer. Il n'en peut plus, il est bien malade ; et voilà pourquoi il désirait que Votre Majesté allât bien vite à Constantinople, car assurément il n'a pas le temps d'attendre.

Ma colonie est à vos pieds; je voudrais qu'elle pût envoyer des montres à la Chine par vos caravanes, mais elle est beaucoup plus glorieuse d'en avoir envoyé à Pétersbourg. Votre Majesté Impériale est trop bonne; je suis toujours étonné de tout ce que vous faites. Il me semble que le roi de Prusse en est tout aussi surpris et presque aussi aise que moi. Rien n'égale l'admiration pour votre personne, la reconnaissance et le profond respect du vieux malade de Ferney.

MMMMMMCCXXII. — A FRÉDÉRIC II, ROI DE PRUSSE.

A Ferney, le 18 octobre.

Sire, vous êtes donc comme l'Océan, dont les flots semblent arrêtés sur le rivage par des grains de sable ; et le vainqueur de Rosbach, de Lissa, etc., etc., ne peut parler en maître à des prêtres suisses. Jugez, après cela, si les pauvres princes catholiques doivent avoir beau jeu contre le pape.

Je ne sais si Votre Majesté a jamais vu une petite brochure intitulée *les Droits des hommes et les usurpations des papes;* ces usurpations sont celles du saint-père : elles sont évidemment constatées. Si vous voulez, j'aurai l'honneur de vous les envoyer par la poste.

J'ai pris la liberté d'adresser à Votre Majesté les sixième et septième volumes des *Questions sur l'Encyclopédie;* mais je crains fort de n'avoir pas la liberté de poursuivre cet ouvrage. C'est bien là le cas où l'on peut appeler la liberté puissance. Qui n'a pas le pouvoir de faire n'a pas sans doute la liberté de faire; il n'a que la liberté de dire : « Je suis esclave de la nature. » J'avais fait autrefois tout ce que je pouvais pour croire que nous étions libres; mais j'ai bien peur d'être détrompé; vouloir ce qu'on veut, parce qu'on le veut, me paraît une prérogative royale à laquelle les chétifs mortels ne doivent pas prétendre. Soyez libre tant qu'il vous plaira, sire, vous êtes bien le maître; mais à moi tant d'honneur n'appartient. Tout ce que je sais bien certainement, c'est que je n'ai point la liberté de ne vous pas regarder comme le premier homme du siècle, ainsi que je regarde Catherine II comme la première femme, et Moustapha comme un pauvre homme, du moins jusqu'à présent. Il me semble qu'il n'a su faire ni la guerre ni la paix. Je connais des rois qui ont fait à propos l'une et l'autre¹ : mais je me garderai bien de vous dire qui sont ces rois-là.

L'impératrice de Russie dit que ses affaires vont fort bien par delà le Danube; qu'elle est maîtresse de toute la Valachie, à une ou deux bicoques près; qu'elle est reconnue de toute la Crimée. Il faudra qu'elle fasse jouer incessamment, sur le théâtre de Batchi-Saraï, *Iphigénie en Tauride*². Puisse-t-elle faire bientôt une paix glorieuse, et puissent ces vilains Turcs ne plus molester les chrétiens grecs et latins!

MMMMMCCXXIII. — A M. DALEMBERT.
19 octobre.

Mon cher et vrai philosophe, vous aviez grand besoin de cette philosophie qui console le sage, qui rit des sots, qui méprise les fripons, et qui déteste les fanatiques. Je vois que, par tous les règlements qu'on a faits sur les blés, on a presque empêché les Welches de manger, et on s'efforce à présent de nous empêcher de penser. La persécution va jusqu'au ridicule, et c'est le partage des Welches que ce ridicule. Il y a une ligue formée contre le bon sens, ainsi que contre la liberté. Que vous reste-t-il pour votre consolation? un petit nombre d'amis auxquels vous dites ce que vous pensez, quand les portes sont fermées. Si vous aviez été en Russie, on vous y aurait en honoré, respecté, et enrichi. Vous seriez, partout ailleurs qu'à Paris, l'ami des rois ou de ceux qui instruisent les rois; et vous serez, chez vous, en butte aux bêtises d'un cuistre de Sorbonne, ou à l'insolence d'un commis. C'est dans de telles circonstances que le stoïcisme est bon à quelque chose :

Virtus, repulsæ nescia sordidæ,
Intaminatis fulget honoribus.
Hor., lib. III, od. II, v. 18-19.

1. Frédéric lui-même. (ÉD.) — 2. Tragédie de Guymond de La Touche. (ÉP.)

Qui prendrez-vous donc pour succéder à notre confrère le prince du sang[1]? Un philosophe nous serait plus utile qu'un prince; mais où le trouver? Gardez-vous bien de prendre un mauvais poëte; c'est la pire espèce de toutes, et la plus méprisable. Ne pourrez-vous trouver dans Paris un homme libre qui ait du goût, de la littérature, et surtout cette honnête fierté qui ne craint ni les prêtres ni les commis? Il faut se flatter que les nouveaux parlements seront, pendant quelques années, moins insolents et moins barbares que les anciens.

Voici de petites affaires parlementaires que je vous envoie par un voyageur qui vous les rendra, pourvu qu'il ne soit pas fouillé aux portes.

Adieu, mon cher ami, mon cher philosophe; je ne sais comment vous envoyer le six et le septième volume des *Questions*. Paris est une ville assiégée, où la nourriture de l'âme n'entre plus. Je finis, comme Candide, en cultivant mon jardin; c'est le seul parti qu'il y ait à prendre.

Je vous embrasse bien tendrement.

MMMMMCCXXIV. — A M. Thieriot.

A Ferney, 20 octobre.

J'ai bien vu, mon ancien ami, que vos sentiments pour moi ne sont point affaiblis, puisque vous m'avez envoyé M. Bacon. C'est un homme qui pense comme il faut, et qui me paraît avoir autant de goût que de simplicité. Il serait à souhaiter que tous les procureurs généraux eussent été aussi humains et aussi honnêtes que leur substitut.

Il m'apprend que vous avez encore changé de logement, et que vous êtes dans une situation assez agréable. Vivez et jouissez. Vous approchez de la soixante-dixième, et moi de la soixante-dix-huitième. Voilà le temps de songer bien sérieusement à la conservation du reste de son être, de se prescrire un bon régime, et de se faire des plaisirs faciles qui ne laissent après eux aucune peine. Je tâche d'en user ainsi. J'aurais voulu partager cette petite philosophie avec vous, mais ma destinée veut que je meure à Ferney. J'y ai établi une colonie d'artistes, qui a besoin de ma présence. C'est une grande consolation que de rendre ses derniers jours utiles, et ce plaisir tient lieu de tous les plaisirs.

Adieu; portez-vous bien, et conservez-moi une amitié dont je sens le charme aussi vivement que si je n'avais que trente ans.

MMMMMCCXXV. — A M. Marmontel.

21 octobre.

Mon cher ami, après les aventures des Bélisaire et des Fénelon, il ne nous reste plus que d'adorer en silence la main de Dieu qui nous châtie. Les jésuites ont été abolis, les parlements ont été réformés, les

---

1. Le comte de Clermont. (Éd.)

gens de lettres ont leur tour. Bergier, Riballier, Coger *pecus et omnia pecora*, auront seuls le droit de brouter l'herbe. Vous m'avouerez que je ne fais pas mal d'achever tout doucement ma carrière dans la paix de la retraite, qui seule soutient le reste de mes jours très-languissants.

Heureux ceux qui se moquent gaiement du rendez-vous donné dans le jardin pour aller souper en enfer, et qui n'ont point affaire à des fripons gagés pour abrutir les hommes, pour les tromper, et pour vivre à leurs dépens! Sauve qui peut!

Dieu veuille qu'en dépit de ces marauds-là vous puissiez choisir, pour remplir le nombre de nos quarante, quelque honnête homme franc du collier, et qui ne craigne point les cagots! Il n'y a plus moyen d'envoyer un seul livre à Paris. Cela est impraticable, à moins que vous ne trouviez quelque intendant ou fermier des postes qui soit assez hardi pour s'en charger : encore ne sais-je si cette voie serait bien sûre. Figurez-vous que tous les volumes de *Questions sur l'Encyclopédie* qui ont été imprimés jusqu'ici l'ont été à Genève, à Neuchâtel, dans Avignon, dans Amsterdam; que toute l'Europe en est remplie, et qu'il n'en peut entrer dans Paris un seul exemplaire. On protégeait autrefois les belles-lettres en France; les temps sont un peu changés.

Vous faites bien, mon cher confrère, de vous amuser de l'Opéra-Comique; cela n'est sujet à aucun inconvénient; et d'ailleurs on dit que le grand théâtre tragique est tout à fait tombé depuis la retraite de Mlle Clairon. Je vous prie de lui dire combien je lui suis attaché, et d'être persuadé de la tendre amitié qu'on a pour vous dans la retraite de Ferney.

MMMMMMCCXXVI. — A M. BOURGELAT[1].

A Ferney, 26 octobre.

En lisant, monsieur, la savante dissertation que vous avez eu la bonté de m'envoyer, sur la vessie de mon bœuf, vous m'avez fait souvenir du bœuf du quatrième livre des *Géorgiques*, dont les entrailles pourries produisaient un essaim d'abeilles. Les perles jaunes que j'avais trouvées dans cette vessie me surprenaient surtout par leur énorme quantité, car je n'en avais pas envoyé à Lyon la dixième partie. Cela m'a valu de votre part des instructions dont un agriculteur comme moi vous doit les plus sincères remercîments : voilà le miel que vous avez fait naître.

Je suis toujours effrayé et affligé de voir les vessies des hommes et des animaux devenir des carrières, et causer les plus horribles tourments, et je me dis toujours : « Si la nature a eu assez d'esprit pour former une vessie et tous ses accompagnements, pourquoi n'a-t-elle pas eu assez d'esprit pour la préserver de la pierre? » On est obligé de me

---

[1] Directeur général des écoles royales vétérinaires, commissaire général des haras, correspondant de l'Académie royale des sciences de Paris, membre de l'Académie royale des sciences et belles-lettres de Prusse. La France lui a l'obligation des écoles vétérinaires, dont il est le créateur. (*Éd. de Kehl.*)

répondre que cela n'était pas en son pouvoir, et c'est précisément ce qui m'afflige.

J'admire surtout votre modestie éclairée, qui ne veut pas encore décider sur la cause et la formation de ces calculs. Plus vous savez, et moins vous assurez. Vous ne ressemblez pas à ces physiciens qui se mettent toujours sans façon à la place de Dieu, et qui créent un monde avec la parole. Rien n'est plus aisé que de former des montagnes avec des courants d'eau, des pierres calcaires avec des coquilles, et des moissons avec des vitrifications; mais le vrai secret de la nature est un peu plus difficile à rencontrer.

Vous avez ouvert, monsieur, une nouvelle carrière par la voie de l'expérience; vous avez rendu de vrais services à la société : voilà la bonne physique. Je ne vois plus que par les yeux d'autrui, ayant presque entièrement perdu la vue à mon âge de soixante-dix-huit ans; et je ne puis trop vous remercier de m'avoir fait voir par vos yeux.

J'ai l'honneur d'être, etc.

MMMMMCCXXVII. — A CATHERINE II.

A Ferney, 2 novembre.

Madame, j'aime toujours mieux prendre la liberté d'écrire à mon héroïne qu'à Moustapha, qui n'est point du tout mon héros. J'aurais, à la vérité, beaucoup de plaisir à lui rire au nez sur la belle reprise de Giurgi, ou Giorgiova, et sur la défaite totale de ce terrible Oginski.

J'ai bien peur qu'on n'ait trouvé quelques-uns de nos Welches parmi leurs prisonniers : *Que diable allaient-ils faire dans cette galère?*

Apparemment que Votre Majesté Impériale avait donné le mot à mon cher Ali-Bey, pour qu'il reprît Damas et la sainte Jérusalem, pendant que Votre Majesté reprendrait Giorgiova. Si cette aventure de Damas est vraie, je n'ai plus d'inquiétude que pour le sérail de mon cher Moustapha. On me flatte que M. le comte Alexis Orlof est maître de Négrepont; cela me donne des espérances pour Athènes, à laquelle je suis toujours attaché en faveur de Sophocle, d'Euripide et de Ménandre, et du vieil Anacréon mon confrère, quoique les Athéniens soient devenus les plus pauvres poltrons du continent. Mais d'où vient que Raguse, l'ancienne Épidaure (à ce qu'on dit), laquelle appartint si longtemps à l'empire d'Orient, c'est-à-dire au vôtre, se met-elle sous la protection de l'empire d'Occident? Y a-t-il donc d'autre protection à présent que celle de mon héroïne? Que font les *savii grandi* de Venise? Pourquoi ne reprennent-ils pas le royaume de Minos, pendant que les braves Orlof prennent le royaume de Philoctète? C'est qu'il n'y a actuellement rien de grand dans l'Europe que mon auguste Catherine II, à qui j'ai voué mes derniers soupirs.

J'étais bien malade; la nouvelle de Giorgiova m'a ressuscité pour quelque temps, et je respire encore avec le plus profond respect et la plus vive reconnaissance pour Votre Majesté Impériale.

LE VIEUX MALADE DE FERNEY.

MMMMMMCCXXVIII. — A M. L'ABBÉ DU VERNET.

Ferney, le 8 novembre.

Le vieux malade, dont M. l'abbé du Vernet daigne être l'historien, n'a pas été en état de le remercier plus tôt. Comme on ne fait guère l'histoire des gens qu'après leur mort, il est à croire que M. l'abbé sera bientôt dans les règles. Le vieillard est mourant ou à peu près, et probablement son curé l'aura dûment enterré avant que l'ouvrage puisse paraître.

On ne manquera pas d'envoyer, en attendant, tout ce que M. l'abbé a la bonté de demander. S'il pouvait venir faire un petit tour à Ferney, il serait à portée de lire beaucoup de choses et de jeter de l'eau bénite sur le corps du défunt, qui se recommande à ses prières.

M. de La Condamine sait l'histoire de Pelletier des Forts et de la loterie de 1729; il était alors mon ami, et n'avait point encore fait de voyage dans le Nouveau-Monde. Il ne connaissait point encore La Beaumelle. Rappelez-lui la parade de l'Arménien chez Mme Dufay, qui nous aimait tous deux. Ce fut chez elle que, pendant tout un souper, je fus la dupe de notre Arménien-Français. Je me souviens très-bien que je finis par l'embrasser, et par le remercier de beaucoup de choses qu'il m'avait apprises en plaisantant. Je suis, etc.

MMMMMMCCXXIX. — A M. LE COMTE D'ARGENTAL.

9 novembre.

Mon cher ange, on ne trouve pas tous les jours des facilités d'envoyer des livres. M. Dupuits vous remettra le six et le sept. Je voudrais pouvoir vous envoyer quelque chose de plus agréable, car j'aime toujours mieux les vers que la prose; mais actuellement je suis bien dérouté. Mes colonies, qui ne sont point du tout poétiques, sont pour moi une source d'embarras qui feraient tourner la tête à un jeune homme; jugez ce qui doit arriver à celle d'un pauvre vieillard cacochyme. Cela n'empêchera pas que vous n'ayez vos montres dans quelque temps.

M. Dupuits, ci-devant employé dans l'état-major, va solliciter la faveur d'être replacé. Je ne crois pas qu'on puisse trouver un meilleur officier, plus instruit, plus attaché à ses devoirs, et plus sage. Je m'applaudis tous les jours de l'avoir marié à notre Corneille; ils font tous deux un petit ménage charmant. Je compte bien, mon cher ange, que vous le vanterez à M. le marquis de Monteynard. Il y a plaisir à recommander des gens qui ne vous attireront jamais de reproches. Mon gendre Dupuits a déjà quinze ans de service. Comme le temps va! cela n'est pas croyable. Ce serait une grande consolation pour moi de le voir bien établi avant que je finisse ma chétive carrière.

Je vous prie donc, et très-instamment, de le protéger tant que vous pourrez auprès du ministre.

J'ai été bien émerveillé de l'aventure de Mme de La Garde[1], et du

---

1. Une baronne de La Garde, depuis longtemps maîtresse de l'abbé Terray,

procès de M. Duhautoi contre M. de Soyecourt. Je ne conçois pas trop, quoique nous soyons dans un siècle de fer, comment des hommes de cette qualité se sont mis fermiers de forge.

J'ai peine aussi à comprendre comment les étincelles de cette forge n'ont pas un peu roussi le manteau de M. l'abbé Terray. Je m'aperçois qu'il est toujours à la tête des finances, parce qu'on ne me paye point une partie de l'argent qu'il m'a pris dans mes poches, dans l'aventure des rescriptions.

Ne pourriez-vous point me dire quelle est la porte qui conduit à son cabinet et à son coffre-fort?

J'ai toujours ouï dire que les ministres, pour se délasser de leurs travaux, avaient volontiers quelque catin à laquelle on pouvait s'adresser dans l'occasion.

A propos de catin, n'avez-vous pas quelque actrice un peu passable à la Comédie qui puisse jouer *Zaïre* et *Olympie?* Ce sont deux pièces que j'aime : *Olympie* d'ailleurs est faite pour le peuple; il y a des prêtres et un bûcher. Je ne les verrai pas jouer; mais on aime ses enfants, quoiqu'on soit éloigné d'eux. C'est ainsi que je vous aime, mon cher ange, et que je suis attaché à Mme d'Argental avec le plus tendre respect.

MMMMMMCCXXX. — A M. LE COMTE DE ROCHEFORT.

9 novembre.

Vous pardonnez sans doute, mon cher militaire philosophe, au vieux malade qui paraît si négligent; mais il sera toujours pénétré pour vous de la plus tendre amitié. Je prends la liberté d'en dire autant à Mme Dix-neuf ans, qui est tout aussi philosophe que vous.

Je ne vous ai point envoyé *la Méprise d'Arras*. Premièrement le paquet serait trop gros; en second lieu, ayant été mieux informé, j'ai su que l'avocat avait fait un roman plutôt qu'un factum, et qu'il avait joint au ridicule de sa déclamation puérile le malheur de mentir en cinq ou six endroits importants. Ce bavard m'avait induit en erreur; ainsi on est obligé de supprimer *la Méprise*. Le malheureux qui a été condamné à la roue était assurément très-innocent; sa femme, condamnée à être brûlée, était plus innocente encore; mais l'avocat n'en est qu'un plus grand sot d'avoir affaibli une si bonne cause par des faussetés, et d'avoir détruit des raisons convaincantes par des raisons pitoyables. J'ignore actuellement où cette affaire abominable en est; je sais seulement que la malheureuse veuve de Montbailli n'a point été exécutée. Il est arrivé à cette infortunée la même chose qu'aux prétendus complices du chevalier de La Barre. Le supplice de ce jeune officier, qui serait certainement devenu un homme d'un très-grand mérite, arracha tant de larmes et excita tant d'horreur, que les misérables juges d'Abbeville n'osèrent jamais achever le procès criminel de ces pauvres jeunes gens

---

contrôleur général des finances, rançonnait tellement les solliciteurs, que le ministre, compromis par des plaintes vives et nombreuses, fut obligé de la chasser. (*Note de M. Beuchot.*)

qui devaient être sacrifiés au fanatisme. Ces fatales catastrophes, qui arrivent de temps en temps, jointes aux malheurs publics, font gémir sur la nature humaine. Mais que mon militaire philosophe soit heureux avec Mme Dix-neuf ans! il est de l'intérêt de la Providence que la vertu soit quelquefois récompensée.

On vient de réformer le parlement de Dijon; on en fait autant à Rennes et à Grenoble. Celui de Dombes, qui n'était qu'une excroissance inutile, est supprimé. Voilà toute cette grande révolution finie plus heureusement et avec plus de tranquillité qu'on n'avait osé l'espérer. La justice rendue gratuitement, et celle des seigneurs exercée aux dépens du roi, seront une grande époque, et la plus honorable de ce siècle. Un grand mal a produit un grand bien. Il y a de quoi se consoler de tant de malheurs attachés à notre pauvre espèce.

Vous ne retournez à Paris qu'à la fin de décembre; il faudra que vous alliez servir votre quartier : vous n'aurez guère le temps de voir M. Dalembert; mais, si vous le voyez, je vous prie de lui dire que je voudrais passer le reste de ma vie entre vous et lui.

Notre ermitage vous renouvelle les sincères assurances de l'amitié la plus inviolable.

MMMMMMCCXXXI. — A CATHERINE II.

12 novembre.

Madame, les malheurs ne pouvaient arriver à Votre Majesté Impériale ni par vos braves troupes, ni par votre sublime et sage administration; vous ne pouviez souffrir que par les fléaux qui ont de tout temps désolé la nature humaine. La maladie contagieuse qui afflige Moscou et ses environs est venue, dit-on, de vos victoires mêmes. On débite que cette contagion a été apportée par des dépouilles de quelques Turcs vers la mer Noire. Moustapha ne pouvait donner que la peste, dont son beau pays est toujours attaqué. C'était assurément une raison de plus pour tous les princes vos voisins de se joindre à vous, et d'exterminer sous vos auspices les deux fléaux de la terre, la peste et les Turcs. Je me souviens qu'en 1718 nous arrêtâmes la peste à Marseille; je ne doute pas que Votre Majesté Impériale ne prenne encore de meilleures mesures que celles qui furent prises alors par notre gouvernement. L'air ne porte point cette contagion, le froid la diminue, et vos soins maternels la dissiperont; l'infâme négligence des Turcs augmenterait votre prévoyance, si quelque chose pouvait l'augmenter.

On parle d'une disette qui se fait sentir dans votre armée navale. Mais je ne la crois pas, puisque c'est un des braves comtes Orlof qui la commande. C'en serait trop que d'éprouver à la fois les trois faveurs dont le prophète Gad en donna une à choisir à votre petit prétendu confrère David, pour avoir fait le dénombrement de sa chétive province.

J'éprouve aussi des fléaux dans mes villages; le malheur se fourre dans les trous de souris, comme il marche la tête levée dans les grands empires. Ma colonie d'horlogers a essuyé des persécutions, mais je les ai tirés d'affaire à force d'argent, et j'espère toujours qu'ils pourront vous servir à établir un commerce utile entre vos États et la Chine. En vérité, j'aurais mieux aimé les faire travailler sur les bords du Volga que sur ceux du lac de Genève.

Chassez à jamais la peste et les Ottomans au delà du Danube; et recevez, madame, avec votre bonté ordinaire, le profond respect et l'attachement inviolable du vieil ermite de Ferney pour Votre Majesté Impériale.

MMMMMMCCXXXII. — A GUSTAVE III.

12 novembre.

Sire, c'est avec ces larmes qu'arrachent l'attendrissement et l'admiration que j'ai lu l'éloge du roi votre père, composé par Votre Majesté. L'Europe prononce le vôtre; permettez à un étranger de joindre sa voix à toutes celles qui font mille vœux pour vous. Si je ne suis pas né votre sujet, je le suis par le cœur, et les sentiments de ce cœur que vous avez pénétré sont l'excuse de la liberté que je prends. Je suis avec le plus profond respect, sire, de Votre Majesté, etc.

MMMMMMCCXXXIII. — A M. DALEMBERT.

14 novembre.

Je vous ai écrit, mon cher philosophe, par M. Bacon, non pas Bacon de Vérulam, mais Bacon, substitut du procureur général, et pourtant philosophe.

J'ai demandé à Marin si je pouvais vous faire tenir par lui le six et le septième volume des rogatons alphabétiques[1], que je vous prie de mettre dans votre bibliothèque, sans avoir l'ennui de les lire ; il ne m'a pas répondu. Je vous les envoie par Mme Le Gendre, sœur de M. Hennin, notre résident. Cela fera nombre parmi vos livres; ce n'est qu'un hommage que je mets à vos pieds.

Il paraît un ouvrage très-curieux et très-bien fait, intitulé l'*Histoire critique de Jésus-Christ*. Il n'est pas difficile d'en avoir des exemplaires à Genève; mais aussi il n'est pas aisé d'en faire passer en France. Dieu me préserve de servir à répandre cet ouvrage abominable, capable de dessécher toutes les semences de la religion chrétienne dans les consciences les plus timorées ! Je ne l'ai lu qu'avec une sainte horreur, et en faisant des signes de croix à chaque ligne.

Il paraît encore deux autres petits livres qui sont des canons de douze livres de balles, tandis que l'*Histoire critique* est une pièce de vingt-quatre. L'un est l'*Examen des prophéties*[2], et l'autre, l'*Esprit du judaïsme*[3]. On nous en fait craindre encore plusieurs autres de mois en mois. Belzébuth ne se lasse point de persécuter les fidèles. Nous touchons aux derniers temps, sans doute.

1. Les *Questions sur l'Encyclopédie*. (ÉD.)
2. *Examen des prophéties qui servent de fondement à la religion chrétienne*, traduit de l'anglais de Collins, par le baron d'Holbach. (ÉD.)
3. *Esprit du judaïsme, ou Examen raisonné de la loi de Moïse*, etc., tragédie traduite de l'anglais de Collins, par le baron d'Holbach. (ÉD.)

L'expulsion des jésuites annonce la fin du monde; et nous allons voir incessamment paraître l'Antechrist. Je me prépare pour cette grande révolution, puisque nous en avons déjà vu tant d'autres. En attendant, je vous embrasse le plus tendrement du monde, avec vénération et amour.

MMMMMMCCXXXIV. — A CATHERINE II.

A Ferney, le 18 novembre.

Madame, je vois par la lettre dont Votre Majesté Impériale m'honore du 6 octobre, vieux style, que vous êtes née pour instruire les hommes autant que pour les gouverner.

La populace sera difficilement instruite; mais tous ceux qui auront reçu une éducation seulement tolérable profiteront de plus en plus des lumières que vous répandez. Il est triste que l'archevêque de Moscou ait été le martyr de la *bonne Vierge*; les barbares imbéciles, superstitieux, et ivrognes, qui l'ont tué, méritent sans doute un châtiment qui fasse impression sur ces têtes de buffles. Je suis persuadé que, depuis la mort du fils de la *sainte Vierge*, il n'y a presque point eu de jour où quelqu'un n'ait été assassiné à son occasion, et à l'égard des assassins en front de bandière, dont le fils et la mère ont été le prétexte, ils sont en grand nombre et trop connus. Le meurtre de l'archevêque est bien punissable; je trouve celui du chevalier de La Barre plus horrible, parce qu'il a été commis de sang-froid par des hommes qui devaient avoir du sens commun et de l'humanité.

Je rends grâces à la nature de ce que la maladie épidémique de Moscou n'est point la peste. Ce mot effrayait nos pays méridionaux. Chacun débitait des contes funestes. Les mensonges imprimés qui courent tous les jours sur votre empire font bien voir comment l'histoire était écrite autrefois. Si le roi d'Égypte avait perdu une douzaine de chevaux, on disait que l'*Ange exterminateur* était venu tuer tous les quadrupèdes du pays[1].

M. le grand maître Orlof est un ange *consolateur*, il a fait une action héroïque. Je conçois qu'elle a dû bien émouvoir votre cœur, partagé entre la crainte et l'admiration; mais vous devez être moins surprise qu'une autre : les grandes actions sont de votre compétence. Je remercie Votre Majesté Impériale de tout ce qu'elle daigne m'apprendre sur la Sibérie méridionale; elle m'en dit plus en six lignes que l'abbé Chappe dans un *in-folio*[2]. Si vous le permettez, cela entrera dans un supplément aux *Questions*, qu'on prépare à présent au mont Krapack. J'avoue que je suis fort étonné des squelettes d'éléphants trouvés dans le nord de la Sibérie. Je crois difficilement à l'ivoire fossile, et j'ai aussi beaucoup de peine à croire à de véritables dents d'éléphants enterrés trente pieds sous les glaces; mais je crois la nature capable de tout, et il se pourrait bien faire (en expliquant les choses respectueusement)

1. *Exode*, IX, 6. (ÉD.)
2. L'édition originale du *Voyage* de Chappe n'est point in-folio, mais in-quarto. (ÉD.)

que l'Adam des Hébreux, connu jadis d'eux seuls, fût de très-fraîche date : six mille ans sont en effet bien peu de chose.

Votre Majesté, qui m'a déjà donné tant de marques de bonté, veut m'envoyer quelques productions de la Sibérie. J'oserais lui demander de la graine de ces beaux cèdres, qui n'ont pas de peine à surpasser ceux du Liban, car le Liban n'en a presque plus; je les planterais dans mon ermitage, où il fait quelquefois presque aussi froid qu'en Sibérie. Je sais bien que je ne les verrai pas croître : mais la postérité les verra et elle dira : « Voilà les bienfaits de celle qui érigea le temple de Mémoire. »

Les artistes de Ferney ont reçu l'argent que Votre Majesté a eu la bonté de leur envoyer. Ils sont à vos pieds comme moi. Je ne me souvenais pas de vous avoir parlé d'une pendule; mais si vous en voulez, vous en aurez incessamment : Votre Majesté n'aurait qu'à fixer le prix, je lui réponds qu'elle serait bien servie, et à bon compte. Ce n'est peut-être pas le temps de proposer un commerce de pendules et de montres avec la Chine; mais votre universalité fait tout à la fois. C'est là, selon mon avis, la vraie grandeur, la vraie puissance.

Les Génevois ont bien établi un petit commerce de montres à Kanton; Votre Majesté pourrait en établir un dans l'endroit où les Russes commercent avec les Chinois. Un homme de confiance pourrait envoyer de Pétersbourg à Ferney les ordres auxquels on se conformerait; mais j'ai bien peur que ce plan ne tienne un peu de la proposition des chars de guerre de Cyrus. Vous avez très-bien battu les Turcs sans le secours de ces beaux chars de guerre à la nouvelle mode.

Je me flatte qu'à présent le comte Alexis Orlof leur a pris le Négrepont sans aucun char : il ne vous faut que des chars de triomphe. Je me mets de loin derrière eux, et je crie *Io trionfo* d'une voix très-faible et très-cassée, mais qui part d'un cœur pénétré de tout ce que Votre Majesté Impériale peut inspirer à l'ermite, etc.

MMMMMMCGXXXV. — De Frédéric II, roi de Prusse.

A Sans-Souci, le 18 novembre.

Vous vous moquez de moi, mon bon Voltaire; je ne suis ni un héros ni un océan, mais un homme qui évite toutes les querelles qui peuvent désunir la société. Comparez-moi plutôt à un médecin qui proportionne le remède au tempérament du malade. Il faut des remèdes doux pour les fanatiques : les violents leur donnent des convulsions. Voilà comme je traite les prédicants de Genève, qui ressemblent plus, par leur véhémence, aux réformateurs du xve siècle qu'à la génération présente.

Il y a longtemps que j'ai lu la brochure du *Droit des hommes et de l'usurpation des papes*. Vous croyez donc que les Sermons ne sont pas curieux de vos ouvrages, et qu'on ne les lit pas aux bords du Havel avec autant et peut-être plus de plaisir que sur les rives de la Seine ou du Rhône? Cette brochure parut précisément après que les Français eurent pris possession du Comtat; je crus que c'était leur manifeste, et que par mégarde on l'avait imprimé après coup.

je vous ai mille obligations des sixième et septième tomes de votre *Encyclopédie*, que j'ai reçus. Si le style de Voiture était encore à la mode, je vous dirais que le père des muses est l'auteur de cet ouvrage, et que l'approbation est signée du dieu du goût. J'ai été fort surpris d'y trouver mon nom [1], que par charité vous y avez mis. J'y ai trouvé quelques paraboles moins obscures que celles de l'Evangile, et je me suis applaudi de les avoir expliquées. Cet ouvrage est admirable, et je vous exhorte à le continuer. Si c'était un discours académique, assujetti à la révision de la Sorbonne, je serais peut-être d'un autre avis.

Travaillez toujours; envoyez vos ouvrages en Angleterre, en Hollande, en Allemagne et en Russie; je vous réponds qu'on les y dévorera. Quelque précaution qu'on prenne, ils entreront en France; et vos Welches auront honte de ne pas approuver ce qui est admiré partout ailleurs.

J'avais un très-violent accès de goutte quand vos livres sont arrivés, les pieds et les bras garrottés, enchaînés et perclus : ces livres m'ont été d'une grande ressource. En les lisant, j'ai béni mille fois le ciel de vous avoir mis au monde.

Pour vous rendre compte du reste de mes occupations, vous saurez qu'à peine eus-je recouvré l'articulation de la main droite, que je m'avisai de barbouiller du papier; non pour éclairer, non pour instruire le public et l'Europe, qui a les yeux très-ouverts, mais pour m'amuser. Ce ne sont pas les victoires de Catherine que j'ai chantées, mais les folies des confédérés. Le badinage convient mieux à un convalescent que l'austérité du style majestueux. Vous en verrez un échantillon. Il y a six chants [2]. Tout est fini; car une maladie de cinq semaines m'a donné le temps de rimer et de corriger tout à mon aise. C'est vous ennuyer assez que deux chants de lecture que je vous prépare.

« Ah! que l'homme est un animal incorrigible! » direz-vous en voyant encore de mes vers. La Valachie, la Moldavie, la Tartarie, subjuguées, doivent être chantées sur un autre ton que les sottises d'un Crazinski, d'un Potoski, d'un Oginski, et de toute cette multitude imbécile dont les noms se terminent en *ki*.

Comme je me crois un être qui possède une liberté mitigée, je m'en suis servi dans cette occasion; et comme je suis un hérétique excommunié une fois pour toutes, j'ai bravé les foudres du Vatican : bravez-les de même, car vous êtes dans le même cas.

Souvenez-vous qu'il ne faut point enfouir son talent : c'est de quoi jusqu'ici personne ne vous accuse; mais je voudrais que la postérité ne perdît aucune de vos pensées, car combien de siècles s'écouleront avant qu'un génie s'élève, qui joigne à tant de goût tant de connaissances! Je plaide une belle cause, et je parle à un homme si éloquent, que, s'il jette un coup d'œil sur ce sujet, il saisira d'abord tous les arguments que je pourrais lui présenter. Qu'il continue donc encore à étendre sa réputation, à instruire, à éclairer, à consoler, à persifler,

---

[1] A l'article *Gloire*. (Éd.)
[2] Il est intitulé la *Poloniade, ou la Guerre des confédérés*, et fait partie des *Œuvres posthumes de Frédéric II*. (Éd.)

à pincer (selon que la matière l'exige) le public, les cagots, et les mauvais auteurs! Qu'il jouisse d'une santé inaltérable, et qu'il n'oublie point le solitaire Semnon habitué à Sans-Souci ! FRÉDÉRIC.

MMMMMCCXXXVI. — DE M. DALEMBERT.

A Paris, ce 18 novembre.

Je ne sais, mon cher maître, par quelle fatalité je n'ai reçu que depuis deux jours votre lettre du 19 d'octobre, et le paquet qui y était joint. J'ai lu le beau *Discours d'Anne Dubourg*, qui ne corrigera point les fanatiques, mais qui du moins rendra le fanatisme odieux; les *Pourquoi*[1], auxquels on ne répondra point, parce qu'il n'y a point de bonne réponse à y faire que de réformer les Welches, qui resteront Welches encore longtemps; et *la Méprise d'Arras*, qui me paraît bien modestement appelée *méprise*, et qui n'empêchera point que les successeurs de ces assassins, aussi fanatiques, plus ignorants et plus vils, ne fassent souvent des *méprises* pareilles, sans compter tout ce qui nous attend d'ailleurs. Quand je vois tout ce qui se passe dans ce bas monde, je voudrais aller tirer le Père éternel par la barbe, et lui dire, comme dans une vieille farce de la Passion : *Père éternel, quelle vergogne ?* etc. Je suis navré et découragé. Je finirai, et je crois bientôt, par ne plus prendre aucun intérêt à toutes les sottises qui se disent et à toutes les atrocités qui s'exercent de Pétersbourg à Lisbonne, et par trouver que tout ira bien quand j'aurai bien digéré et bien dormi. Je vous en souhaite autant, mon cher ami. Je fais du genre humain deux parts, l'opprimante et l'opprimée; je hais l'une et je méprise l'autre. Que ne suis-je au coin de votre feu pour épancher mon cœur dans le vôtre! je suis bien sûr que nous serions d'accord sur tous les points.

Il y a ici un abbé du Vernet, bon diable, zélé pour la bonne cause, et votre admirateur enthousiaste depuis longtemps, qui se propose d'élever à votre gloire, non pas une statue, comme Pigalle, mais un monument littéraire, et qui vous a écrit pour cet objet. Il dit que vous l'invitez d'aller à Ferney. Je vous demande vos bontés pour lui, et j'espère que vous l'en trouverez digne.

C'est samedi prochain 23 que nous donnerons un successeur à ce prince dont le nom a si stérilement chargé notre liste. Je ne vous réponds pas que nous ayons un bon poëte; nous en aurions un et même deux si j'en étais cru, mais je tâcherai du moins que nous ayons un homme de lettres honnête, et qui prenne intérêt à la cause commune. C'est à peu près tout ce que nous pouvons faire dans les circonstances présentes; et vous penseriez de même, si vous voyiez de près l'état des choses. Adieu, mon cher et illustre maître; je vous embrasse tendrement.

1. L'article POURQUOI des *Questions sur l'Encyclopédie*. (ÉD.)

MMMMMCCXXXVII. — A M. Hennin.

18 novembre.

Le vieux malade et Mme Denis font bien leurs compliments à monsieur Hennin, et souhaitent un bon voyage à M. et Mme Le Gendre.

Le parlement de Grenoble est réduit à quarante membres.

L'impôt sur la nouvelle noblesse est perçu depuis longtemps par les subdélégués. Il produit beaucoup, et n'est point affermé trois cent mille livres.

L'impôt de soixante livres par quintal, sur les livres étrangers, est enregistré depuis longtemps.

Le conseil supérieur de Lyon a été reçu à sa rentrée avec des battements de mains.

C'est une compagnie de Paris qui a traité des nouvelles charges d'agent de change à Lyon.

L'impératrice de Russie a payé les artistes de Ferney.

La peste n'est point à Moscou; du moins on ne veut pas que ce soit peste.

Je reçois une lettre. Ce n'est point la peste.

La peste est au trésor royal à Paris.

MMMMMCCXXXVIII. — A M. DE LA HARPE.

A Ferney, 23 novembre.

« Autant que l'Université de Paris était autrefois célèbre et brillante, autant est-elle tombée dans l'avilissement. La faculté de théologie surtout me paraît le corps le plus méprisable qui soit dans le royaume. » Ces paroles sont tirées de l'*Histoire critique de la philosophie*, par M. Deslandes, t. III, p. 299.

Nous sommes bien loin, vous et moi, mon cher ami, de penser comme l'auteur de cette histoire. Nous respectons tous deux, comme nous le devons, le conseil perpétuel des Gaules, et surtout le père du concile qui a daigné vous reprendre et vous faire sentir la vérité. Il est triste pour moi d'ignorer son nom, et de ne pouvoir lui rendre la justice qu'il mérite.

J'ignore aussi le nom du jeune homme égaré qui préfère le talent de faire de bons vers à la dignité de cuistre de collége[1]. Boileau certainement ne travaillait pas si bien à son âge. Il lui manque très-peu de chose pour égaler le Boileau du bon temps.

Je voudrais peut-être qu'il changeât *ici sa main d'une onde;* cet hémistiche n'est pas heureux.

Et son bras demi-nud est armé. On prononce *nu est*, et cela est rude.

Je ne sais si on aimera la *voix langoureuse* : la chaleur du baiser est dans Vertumne : ainsi j'aimerais mieux *donne un baiser* que *prend un baiser.* Ovide a dit : *Dedit oscula*[2].

1. Saint-Ange, traducteur des *Métamorphoses* d'Ovide. (ÉD.)
2. *Métamorphoses*, XIV, 658. (ÉD.)

Je voudrais que le mariage de la vigne et de l'ormeau fût écrit avec plus de soin. *Ces feuillages verts, dans les airs*, sont un peu faibles. Il faut que ce morceau l'emporte sur celui de l'opéra des *Sens*.

Essayer à la fin sa douceur fortunée. Cette douceur fortunée est un peu faible.

Jamais belle n'eût vu tant d'amants sur ses pas. Cela veut dire : « Si vous étiez mariée, vous auriez plus d'amants que personne. » Cela n'est ni honnête, ni de l'intérêt de Vertumne. Ovide dit [1] : « Si vous vouliez vous marier, Hélène n'aurait pas plus de prétendants. » Il ne dit pas *si vous vouliez essayer.*

Peut-être que le discours de Vertumne est un peu trop long dans l'auteur français; j'ai peur qu'il ne languisse un peu. Il fera plus d'effet s'il est plus resserré.

Voilà toutes mes réflexions sur un très-bel ouvrage. Il me semble qu'il faudrait faire une souscription pour engager l'auteur à suivre un si beau talent. Je souscris pour deux cents francs, parce que je suis devenu pauvre; ma colonie m'a ruiné.

Je vous embrasse tendrement, mon cher ami; *macte animo* [2]. La carrière est rude, mais elle est belle.

MMMMMCCXXXIX. — A M. SABATIER DE CAVAILLON, PROFESSEUR D'ÉLOQUENCE A TOURNON.

Au château de Ferney, 25 novembre.

Je ne sais, monsieur, ce que c'est que le libelle dont vous me faites l'honneur de me parler. Quand je l'aurais eu, je n'aurais pas pu le lire, étant devenu presque entièrement aveugle, d'ailleurs fort près de ma fosse, et n'ayant pas de temps à perdre. J'ai ouï dire que cette rapsodie était d'un nommé La Beaumelle, ci-devant apprenti pasteur à Genève, et devenu loup en France. Je suis fort étonné qu'on ose mettre une telle infamie sous le nom d'un homme tel que vous. Toutes ces pauvretés-là ne font de mal à personne. M. de Fontenelle disait que sa chambre ne contiendrait pas tous les livres qu'on avait faits contre lui; ceux qu'on imprima contre Louis XIV n'auraient pas tenu dans le château de Versailles. Je rends grâce au polisson qui m'a valu toutes vos politesses, auxquelles je suis fort sensible.

J'ai l'honneur d'être, avec tous les sentiments que je vous dois, monsieur, votre, etc.

MMMMMCCXL. — A M. DALEMBERT.

27 novembre.

Mon cher philosophe, je vous envoie ce rogaton, qui sort de la presse. Il y a quelques articles qui pourront vous amuser. Vous n'avez pas été content de Memmius [3], car vous n'en dites mot. Il me paraît

1. *Métamorphoses*, XIV, 669. (ÉD.) — 2. Æn. IX, 641. (ÉD.)
3. *Lettres de Memmius*. (ÉD.)

clair pourtant qu'il y a dans la nature une intelligence; et, par les imperfections et les misères de cette nature, il me paraît que cette intelligence est bornée; mais la mienne est si prodigieusement bornée, qu'elle craint toujours de ne savoir ce qu'elle dit; elle respecte infiniment la vôtre; elle gémit, comme vous, sur bien des choses; elle vous est tendrement attachée. V.

MMMMMMCCXLI. — A M. LE CARDINAL DE BERNIS.

A Ferney, 27 novembre.

On me mande, monseigneur, qu'un Anglais, très-Anglais, qui s'appelle Muller, homme d'esprit, pensant et parlant librement, a répandu dans Rome qu'à son retour il m'apporterait *les oreilles du grand inquisiteur* dans un papier de musique; et que le pape, en lui donnant audience, lui a dit : « Faites mes compliments à M. de Voltaire, et annoncez-lui que sa commission n'est pas faisable; le grand inquisiteur à présent n'a plus d'yeux ni d'oreilles. »

J'ai bien quelque idée d'avoir vu cet Anglais chez moi, mais je puis assurer Votre Éminence que je n'ai demandé les oreilles de personne, pas même celles de Fréron et de La Beaumelle.

Supposé que M. Muller ou Milles ait tenu ce discours dans Rome, et que le pape lui ait fait cette réponse, voici ma réplique ci-jointe. Je voudrais qu'elle pût vous amuser : car, après tout, cette vie ne doit être qu'un amusement. Je vous amuse très-rarement par mes lettres, car je suis bien vieux, bien malade, et bien faible. Mes sentiments pour vous ne tiennent point de cette faiblesse; ils ne ressemblent point à mes vers. Agréez mon très-tendre respect, et conservez vos bontés pour le vieillard de Ferney.

Le grand inquisiteur, selon vous, très-saint père,
  N'a plus ni d'oreilles ni d'yeux :
Vous entendez très-bien, vous voyez encor mieux,
Et vous savez surtout bien parler et vous taire.
Je n'ai point ces talents, mais je leur applaudis.
Vivez longtemps heureux dans la paix de l'Église;
  Allez très-tard en paradis :
Je ne suis point pressé que l'on vous canonise.
Aux honneurs de là-haut rarement on atteint.
Vous êtes juste et bon, que faut-il davantage?
C'est bien assez, je crois, qu'on dise : « Il fut un sage. »
  Dira qui veut : « Il fut un saint. »

MMMMMMCCXLII. — A M. LE MARÉCHAL DUC DE RICHELIEU.

A Ferney, 27 novembre.

Vraiment, mon héros, quand je vous envoyai le *Bolingbroke* par la poste de Toulouse, ce fut plutôt pour amuser le politique que pour instruire le philosophe. Vous êtes tout instruit; cependant il n'est pas mal de répéter quelquefois son cathéchisme, pour s'affermir dans cette bonne doctrine qui fait jouir de la vie et mépriser la mort.

Un autre Anglais, nommé Muller, qui m'était venu voir à Ferney, et qui croit être partout dans le parlement de Westminster, s'est avisé de dire depuis peu, dans Rome, qu'il s'était chargé de me rapporter les oreilles du grand inquisiteur dans un papier de musique. Le pape, en ayant été informé, lui a dit : « Faites bien mes compliments à M. de Voltaire; mais dites-lui que sa commission est infaisable : le grand inquisiteur n'a plus d'yeux ni d'oreilles. »

Moi, qui n'avais pas du tout chargé mon Anglais de cette mauvaise plaisanterie, j'ai été tout confondu du compliment de Sa Sainteté. J'ai pris la liberté de lui écrire que je lui croyais les meilleures oreilles et les meilleurs yeux du monde, *un ingegno accorto, un cuore benevolo*, et que je comptais sur sa bénédiction paternelle *in articulo mortis*.

A vue de pays, votre cour des pairs ne sera pas longtemps le parlement de M. Muller. Voilà une grande révolution faite en peu de mois; c'est une époque bien remarquable dans l'histoire des Welches.

Vous savez, sans doute, tous les détails de l'assassinat du roi de Pologne; c'est bien là une autre affaire parlementaire. Je vous supplie de remarquer que voilà cinq têtes couronnées, cinq images de Dieu, assassinées en très-peu de temps[1] dans ce siècle philosophique. On ne peut pas dire pourtant que les philosophes aient eu beaucoup de part à ces actions d'Aod et de Ravaillac.

Conservez-moi vos bontés, monseigneur; il faut que ceux qui ont encore la vigueur du bel âge aient pitié de ceux qui l'ont perdue.

MMMMMMCCXLIII. — DE CATHERINE II.

A Pétersbourg, 18-29 novembre.

Monsieur, pour faire tenir votre lettre au seigneur Moustapha, le maréchal Romanzof a envoyé, le mois passé, le général-major Veismann au delà du Danube. Après avoir fait sauter en l'air deux petits forts qui barraient son chemin, il a marché vers Balada, où le grand vizir était campé; il a pris cette place, a battu les troupes du vizir, s'est emparé du canon fondu l'an passé par M. Tott à Constantinople; ensuite il est entré poliment dans le camp du vizir pour le voir et lui parler, mais il ne l'y a pas trouvé.

Nos troupes légères se sont portées jusqu'au mont Hémus sans rencontrer à qui s'adresser. Alors M. Veismann, croyant sa commission achevée, retourna vers Isacki, qu'il rasa. Pendant ce temps-là un autre général-major a pris les forts de Matelina et de Girsova; et le lieutenant général Essen s'amusait à battre quarante mille Turcs comman-

---

1. Louis XV, en 1757; Joseph, roi de Portugal, en 1758; Pierre III, empereur de Russie, en 1762; Ivan, empereur de Russie, détrôné l'année même de sa naissance, puis emprisonné jusqu'en 1764 qu'il fut poignardé; Stanislas-Auguste roi de Pologne, attaqué le 3 novembre 1771. (ÉD.)

dés par Moussou-Ouglou, ci-devant vizir, qui s'était avancé en Valachie.

Après la défaite de Moussou, Giurgi fut repris. Les deux rives du Danube, depuis cet endroit jusqu'à la mer Noire, sont présentement nettoyées de Turcs, comme une maison hollandaise l'est de la poussière. Tout ceci s'est passé du 20 au 27 octobre, vieux style.

Consolez-vous, monsieur; votre cher Ali-Bey est maître de Damas. Mais quelle honte pour vos compatriotes, pour cette noblesse française si remplie d'honneur, de courage, et de générosité, de se trouver parmi les bandits de Pologne, qui font serment, devant des images miraculeuses, d'assassiner leur roi, quand ils ne savent pas le combattre! Si après ce coup M. de Vioménil et ses compagnons ne quittent pas ces gens-là, que faudra-t-il penser? Nous avons ici présentement le haïga sultan, frère du kan indépendant de la Crimée, par la grâce de Dieu et des armes de la Russie : c'est un jeune homme de vingt-cinq ans, plein d'esprit et du désir de s'instruire.

J'ai à vous dire que les maladies à Moscou sont réduites, par les soins infatigables du comte Orlof, à un dixième de ce qu'elles étaient. Ses frères ont fait le diable à quatre dans l'Archipel; ils ont partagé leur flotte en deux : l'aîné a fait plusieurs descentes depuis le cap Matapan jusqu'à Lemnos, a enlevé à l'ennemi des magasins et des bâtiments, et a détruit ce qu'il n'a pu emporter; le cadet en a fait autant sur les côtes d'Asie et d'Afrique, mais sa maladie, très-sérieuse, l'a obligé de revenir à Livourne.

Si ces nouvelles, monsieur, peuvent vous rendre la santé, elles auront un nouveau mérite à mes yeux, parce qu'on ne saurait s'intéresser plus vivement que je le fais à tout ce qui vous regarde.

Dites-moi, je vous prie, si l'édition de l'*Encyclopédie* qu'on fait à Genève est avouée par les auteurs de la première; les éditeurs nouveaux m'ont demandé des mémoires sur la Russie pour les y insérer.

CATERINE.

MMMMMMCCXLIV. — A M. TRONCHIN.

Au château de Ferney, le 1ᵉʳ décembre.

Mon cher successeur des Délices[1], je m'en rapporte bien à vous sur la statue; personne n'est meilleur juge que vous. Pour moi, je ne suis que sensible; je ne sais qu'admirer l'antique dans l'ouvrage de M. Pigalle; nu ou vêtu, il ne m'importe. Je n'inspirerai pas d'idées malhonnêtes aux damas, de quelque façon qu'on me présente à elles. Il faut laisser M. Pigalle le maître absolu de la statue. C'est un crime en fait de beaux-arts de mettre des entraves au génie. Ce n'est pas pour rien qu'on le représente avec des ailes; il doit voler où il veut et comme il veut.

Je vous prie instamment de voir M. Pigalle, de lui dire comme je pense, de l'assurer de mon amitié, de ma reconnaissance, et de mon

1. Tronchin avait acheté la terre des Délices, qui avait appartenu à Voltaire. (ÉD.)

admiration. Tout ce que je puis lui dire, c'est que je n'ai jamais réussi dans les arts que j'ai cultivés que quand je me suis écouté moi-même.

MMMMMMCCXLV. — A M. LE COMTE D'ARGENTAL.

2 décembre.

Mon cher ange, Florian arrive; il m'apporte votre lettre. Je suis bien faible, bien misérable, bien accablé de tous les horribles détails de ma colonie, qui ne conviennent guère à un vieux malade; mais je vous réponds sur-le-champ comme je peux, et cela article par article, comme un homme qui fait semblant d'avoir de l'ordre.

Je ne savais pas que IV et V[1] vous manquassent : vous les aurez par la première occasion; mais vous n'aurez pas sitôt ni *Pélopides*, ni *Mlle Lenclos*[2], ni *Sophonisbe*.

C'est une terrible chose qu'une colonie; je n'aurais pas conseillé à Sophocle d'en établir: et je suis devenu, de plus, si questionneur, que je n'ai fait que des *Questions* depuis deux mois.

Je répondrai à la question de votre ami : « Pourquoi *les Guèbres* et *Sophonisbe* ne sont-ils pas dans le recueil? » C'est que ces ouvrages n'étaient pas encore faits quand le marquis[3] imprimait mes facéties théâtrales sans consulter ni le prince ou son frère, ni moi; et ce qui vous étonnera, c'est que je n'ai pas vu une page de son édition.

Je suppose que Mlle Daudet est auprès de Mme de Strogonof. En ce cas, elle est avec la personne la plus riche de la Russie. Si c'est Mme Stagarof, comme vous l'écrivez, je ne la connais pas. Tout ce que je sais, c'est que je suis au désespoir d'avoir été inutile à Mlle Daudet.

J'ai encore un petit mot à dire pour M. le marquis de Monteynard. J'ai retrouvé le mémoire qu'il avait la bonté de me demander, et je le lui ai envoyé accompagné d'un autre que j'ai présenté hardiment à tous les juges. Dans ce nouveau mémoire[4], j'ai l'insolence de proposer de faire une loi générale sur la mainmorte, et d'abolir cet usage qui jure avec le nom de France, et surtout avec celui de Franche-Comté. J'ose indiquer un moyen de dédommager les seigneurs en augmentant un peu les redevances, et en rendant les vassaux libres : je prends même la liberté d'ajouter que ce règlement mettrait le comble à la gloire du ministère. M. le chancelier a poussé la bonté jusqu'à m'écrire à ce sujet. J'espère beaucoup. Je mourrai heureux si je puis avoir contribué à briser les fers de plus de deux cent mille sujets du roi : c'est un de mes rêves.

Je viens à présent à l'article des montres. M. Le Gendre[5], de Versailles, comme je vous l'ai mandé, doit vous en remettre une, ou à Mme d'Argental. M. le baron Duben, seigneur suédois, en a trois au-

1. Des *Questions sur l'Encyclopédie*. (ÉD.)
2. *Le Dépositaire*, comédie dont Ninon est le principal personnage. (ÉD.)
3. Sobriquet par lequel Voltaire désignait Cramer le jeune. (ÉD.)
4. Ce doit être l'écrit intitulé *Coutume de Franche-Comté*. (ÉD.)
5. Beau-frère de Hennin. (ÉD.)

tres qu'il doit remettre à Mme d'Argental ou à vous. Il n'en reste plus qu'une qu'on ne tardera pas à vous envoyer. Je ne savais pas que de ces cinq montres il y en eût eu une nommément pour M. de Thibouville. Je croyais que c'était une commission qu'il donnait pour une autre personne.

Il ne me reste qu'à vous parler de l'abbé, mon historien. Je lui ai écrit; je l'ai invité à venir chez moi : j'ignore s'il a reçu ma lettre.

Voilà tous les articles traités sommairement. Celui de la santé de Mme d'Argental est le plus intéressant. Mme Denis et moi nous nous mettons tous deux à l'ombre des ailes de nos anges.

Ne nous oubliez pas auprès de votre ami.

MMMMMMCCXLVI. — A M. DE BELLOY.

2 décembre.

Le vieux chantre des pays étrangers fait ses tendres compliments au chantre brillant des Français. C'est une belle époque pour la littérature qu'un simple fils d'Apollon succède à un prince du sang, et que celui qui célèbre si bien la gloire des Capets remplace un descendant de Hugues. Le vieux malade est enchanté d'avoir un tel confrère, cela seul est capable de le rajeunir; le discours de réception achèvera de lui rendre la santé. Son T : H : O : S : LE VIEUX MALADE DE FERNEY.

MMMMMMCCXLVII. — A CATHERINE II.

A Ferney, 3 décembre.

Madame, voilà sans doute une belle action que les confédérés ont faite[1]. Je ne doute pas que le R. P. Ravaillac et le R. P. Poignardini n'aient été les confesseurs de ces messieurs, et qu'ils ne les aient munis du pain des forts, comme le dit le R. P. Strada, en parlant du bienheureux Balthasar Gérard, assassin du prince d'Orange. Du moins votre pauvre archevêque de Moscou n'a été tué que par des gueux ivres, par une populace effrénée, que la raison ne peut jamais gouverner, et qu'il faut emmuseler comme des ours; mais le roi de Pologne a été trahi, assailli, frappé par des gentilshommes qui parlent latin, qui lui avaient juré obéissance.

On dit qu'on a imprimé dans les États de Votre Majesté Impériale une relation de cette conspiration étonnante. Oserais-je vous supplier de daigner m'en faire parvenir un exemplaire? Il pourrait me servir en temps et lieu, supposé que j'aie encore quelque temps à vivre. J'avoue que j'ai la faiblesse d'aimer la vie, quand ce ne serait que pour voir l'estampe de votre temple de Mémoire, et celle de votre statue érigée vis-à-vis celle de Pierre le Grand.

Nous sommes inondés de tant de nouvelles que je n'en crois aucune. La Renommée est une déesse qui n'acquiert le sens commun qu'avec le temps; encore même ne l'acquiert-elle pas toujours. L'histoire la

1. Le 3 novembre 1771. (ÉD.)

ANNÉE 1771.

plus vraie est mêlée de mensonges, comme l'or dans la mine est souillé par des métaux étrangers; mais les grandes actions, les grands monuments restent à la postérité. La gloire se dégage des lambeaux dont on la couvre, et paraît à la fin dans toute sa splendeur. Heureux l'écrivain qui donnera dans un siècle l'histoire de Catherine II !

Nous avons toujours dans notre voisinage un comte Orlof, en Suisse, avec sa famille; tandis que les autres vous servent sur terre et sur mer. M. Polianski nous fait l'honneur de venir quelquefois à Ferney; il nous enchante par tout ce qu'il nous dit de la magnificence de votre cour, de votre affabilité, de votre travail assidu, de la multiplicité des grandes choses que vous faites en vous jouant. Enfin il me met au désespoir d'avoir près de quatre-vingts ans, et de ne pouvoir être témoin de tout cela. M. Polianski a un désir extrême de voir l'Italie, où il apprendrait plus à servir Votre Majesté Impériale que dans le voisinage de la Suisse et de Genève; il attend sur cela vos ordres et vos bontés depuis longtemps. C'est un très-bon esprit et un très-bon homme, dont le cœur est véritablement attaché à Votre Majesté.

Nous voici dans un temps, madame, où il n'y a pas moyen de prendre de nouvelles provinces à mon cher ami Moustapha. J'en suis fâché; mais je le prie d'attendre au printemps.

Je renouvelle mes vœux pour la constante prospérité de vos armes, pour votre santé, pour votre gloire, pour vos plaisirs. Je me mets aux pieds de Votre Majesté Impériale avec la plus sensible reconnaissance et le plus profond respect. LE VIEUX MALADE DE FERNEY.

MMMMMCCXLVIII. — A STANISLAS-AUGUSTE PONIATOWSKI,
ROI DE POLOGNE.

A Ferney, 3 décembre.

Sire, Votre Majesté m'a honoré de trop de bontés pour que je ne mêle pas ma voix à toutes celles qui font des vœux pour votre conservation et pour votre bonheur. Ma voix, à la vérité, n'est que celle qui crie dans le désert, mais elle est sincère; elle part du cœur. Et quel cœur en effet ne doit pas être sensible à tout ce qui intéresse votre personne ! il faut être barbare pour ne pas vous aimer; il faut entendre bien mal ses intérêts pour ne vous pas servir. Mais la vraie bonté et la vraie vertu triomphent de tout à la fin.

Permettez-moi de faire les vœux les plus sincères pour votre félicité, dont vous êtes si digne.

Je suis avec la plus parfaite reconnaissance et le plus profond respect, etc.

MMMMMCCXLIX. — A M. PHILIPON.

4 décembre.

Je commence, monsieur, par vous faire mon très-sincère compliment. Vous serez dans votre patrie l'avocat général des gens de bien et des gens sensés, encore plus que du bureau des finances.

Je ne me souviens point du tout d'avoir demandé à M. Muller les oreilles du grand inquisiteur. La réponse du pape est fort jolie; mais il doit trouver, au fond, la prétendue demande très-indiscrète, et le cardinal inquisiteur ne doit pas trouver bon qu'on demande ses oreilles sur les frontières de la Suisse. J'ai écrit à M. le cardinal de Bernis pour le supplier de s'informer bien exactement de la vérité de cette plaisanterie : il est bon de savoir jusqu'où elle a été poussée. *Timeo Danaos dona ferentes, et Romanos ridentes.*

J'ai l'honneur d'être, avec tous les sentiments que je vous dois, monsieur, votre, etc.

MMMMMMCCL. — A Frédéric II, roi de Prusse.

A Ferney, ce 6 décembre.

Sire, je n'ai jamais si bien compris qu'on peut pleurer et rire dans le même jour. J'étais tout plein et tout attendri de l'horrible attentat commis contre le roi de Pologne, qui m'honore de quelque bonté. Ces mots qui dureront à jamais : *Vous êtes pourtant mon roi, mais j'ai fait serment de vous tuer*, m'arrachaient des larmes d'horreur, lorsque j'ai reçu votre lettre et votre très-philosophique poëme[1], qui dit si plaisamment les choses du monde les plus vraies. Je me suis mis à rire malgré moi, malgré mon effroi et ma consternation. Que vous peignez bien le diable et les prêtres, et surtout cet évêque, premier auteur de tout le mal!

Je vois bien que quand vous fîtes ces deux premiers chants, le crime infâme des confédérés n'avait point encore été commis. Vous serez forcé d'être aussi tragique dans le dernier chant que vous avez été gai dans les autres, que Votre Majesté a bien voulu m'envoyer. Malheur est bon à quelque chose, puisque la goutte vous a fait composer un ouvrage si agréable : depuis Scarron, on ne faisait point de vers si plaisants au milieu des souffrances. Le roi de la Chine ne sera jamais si drôle que Votre Majesté, et je défie Moustapha d'en approcher.

N'ayez plus la goutte, mais faites souvent des vers à Sans-Souci dans ce goût-là. Plus vous serez gai, plus longtemps vous vivrez : c'est ce que je souhaite passionnément pour vous, pour mon héroïne, et pour moi chétif.

Je pense que l'assassinat du roi de Pologne lui fera beaucoup de bien. Il est impossible que les confédérés, devenus en horreur au genre humain, persistent dans une faction si criminelle. Je ne sais si je me trompe, mais il me semble que la paix de la Pologne peut naître de cette exécrable aventure.

Je suis fâché de vous dire que voilà cinq têtes couronnées assassinées en peu de temps dans notre siècle philosophique. Heureusement, parmi tous ces assassinats, il se trouve des Malagrida, et pas un philosophe. On dit que nous sommes des séditieux; que sera donc l'évêque de Kiovie? On dit que les conjurés avaient fait serment sur une image de la sainte Vierge, après avoir communié. J'ose supplier instamment Votre

1. *La Poloniade.* (Éd.)

Majesté, si ingénieuse et si diabolique, de daigner m'envoyer quelques détails bien vrais de cet étrange événement, qui devrait bien ouvrir les yeux à une partie de l'Europe. Je prends la liberté de recommander à vos bontés l'abbaye d'Oliva. Je me mets à vos pieds (pourvu qu'ils n'aient plus la goutte) avec le plus profond respect, et le plus grand ébahissement de tout ce que je viens de lire.

MMMMMMCCLI. — A Stanislas-Auguste Poniatowski, roi de Pologne.

A Ferney, 6 décembre.

Sire, permettez à mon sincère attachement pour votre personne, pour votre cause, pour vos vertus, de dire encore un mot à Votre Majesté.

Tous les papiers publics disent que Kosinski avait fait serment à la sainte Vierge, ainsi que les autres conjurés, de consommer leur attentat sacrilége. Je respecte fort la sainte Vierge; je suis seulement fâché que Poltrot, Jean Châtel, Ravaillac, Damiens, le R. P. Malagrida, etc., etc., aient eu tant de religion.

Oserais-je demander à Votre Majesté s'il n'est pas vrai que votre aspect, vos discours, le souvenir de vos vertus, enfin l'humanité, aient réveillé dans le cœur de l'assassin les sentiments naturels que la dévotion à la sainte Vierge avait un peu endormis? La religion avait part au crime, et la nature l'a empêché.

Au reste, on est persuadé que cette horrreur tournera à votre avantage. Le bien sort du mal comme les moissons viennent de la fange. Il sera désormais trop honteux d'être rebelle. Les confédérés eux-mêmes vous aimeront comme tous les esprits bien faits de l'Europe vous aiment.

Si Votre Majesté daigne répondre en deux lignes à ma question, je la supplie d'adresser sa lettre à Genève.

Je suis avec le plus profond respect et avec un attachement qui redouble tous les jours, sire, de Votre Majesté, etc.

MMMMMMCCLII. — A M. Laurent, ingénieur, et chevalier de l'ordre du roi.

6 décembre.

Je savais, monsieur, il y a longtemps, que vous aviez fait des prodiges de mécanique; mais je vous avoue que j'ignorais, dans ma chaumière et dans mes déserts, que vous travailliez actuellement par ordre du roi aux canaux qui vont enrichir la Flandre et la Picardie. Je remercie la nature, qui nous épargne les neiges cette année; je suis aveugle quand la neige couvre nos montagnes; je n'aurais pu voir les plans que vous avez bien voulu m'envoyer; j'en suis aussi surpris que reconnaissant. Votre canal souterrain surtout est un chef-d'œuvre inouï. Boileau disait à Louis XIV, dans le beau siècle du goût:

J'entends déjà frémir les deux mers, étonnées
De voir leurs flots unis au pied des Pyrénées.
Ép. I, v. 146.

Lorsque son successeur aura fait exécuter tous ses projets, les mers ne s'étonneront plus de rien, elles seront très-accoutumées aux prodiges.

Je trouve qu'on se faisait peut-être un peu trop valoir dans le siècle passé, quoique avec justice, et qu'on ne se fait peut-être pas assez valoir dans celui-ci. Je connaissais le poëme de l'empereur de la Chine, et j'ignorais les canaux navigables de Louis XV.

Vous avez raison de me dire, monsieur, que je m'intéresse à tous les arts et aux objets du commerce :

Tous les goûts à la fois sont entrés dans mon âme [1].

Quoique octogénaire, j'ai établi des fabriques dans ma solitude sauvage ; j'ai d'excellents artistes qui ont envoyé de leurs ouvrages en Russie et en Turquie; et si j'étais plus jeune, je ne désespérerais pas de fournir la cour de Pékin du fond de mon hameau suisse.

Vive la mémoire du grand Colbert, qui fit naître l'industrie en France,

Et priva nos voisins de ces tributs serviles
Que payait à leur art le luxe de nos villes !
Boileau, ép. I, v. 141-2.

Bénissons cet homme qui donna tant d'encouragement au vrai génie, sans affaiblir les sentiments que nous devons au duc de Sulli, qui commença le canal de Briare, et qui aima plus l'agriculture que les étoffes de soie. *Illa debuit facere, et ista non omittere* [2].

Je défriche depuis longtemps une terre ingrate ; les hommes quelquefois le sont encore plus ; mais vous n'avez pas fait un ingrat, en m'envoyant le plan de l'ouvrage le plus utile.

J'ai l'honneur d'être, avec une estime égale à ma reconnaissance, etc.

---

1. *Épître à une dame ou soi-disant telle*. (ÉD.)
2. Il y a dans Matthieu, XXIII, 23 : « Hæc opportuit facere, et illa non omittere. » (ÉD.)

MMMMMMCCLIII. — A M. DE LA CROIX, AVOCAT A TOULOUSE.

Le 6 décembre.

Votre éloquence, monsieur, et vos raisons ont fait enfin rendre une justice complète à mon ami Sirven. Vous avez acquis de la gloire, et lui du repos. Ce sont deux bons oreillers sur lesquels on peut dormir à son aise.

J'ai l'honneur de remercier M. le premier président. Je fais mes tendres compliments à M. Sirven. Je l'attends avec impatience. Le triste état de ma santé ne me permet pas d'en dire davantage.

J'ai l'honneur d'être avec tous les sentiments que je vous dois, etc.

MMMMMMCCLIV. — A M. BERTRAND.

A Ferney, 10 décembre.

Je vous envoie, monsieur, par le coche de Berne, un petit article nouveau sur la superstition [1], dans lequel on rend aux révérends pères dominicains, confrères de Jacques Clément, toute la justice qui leur est due.

Cela se trouve dans le huitième tome des *Questions sur l'Encyclopédie*, que vous pourrez envoyer à monsieur votre neveu pour son édification.

Ne croyez-vous pas que cette horrible aventure pourra devenir très-utile au roi de Pologne? Rien n'est plus avantageux que d'avoir des ennemis détestés du genre humain.

Les confédérés ont amassé des charbons ardents sur leur tête [2], et ont affermi la couronne sur la tête du roi. Mais que dites-vous de cinq têtes couronnées assassinées en peu de temps dans ce siècle de la philosophie?

Pour moi, je dis que Lucrèce vivait du temps des proscriptions. *Tantum relligio* [3], etc.

Le très-malade vieillard vous embrasse de tout son cœur.

MMMMMMCCLV. — DE CATHERINE II.

Ce 3-14 décembre.

Monsieur, je viens de recevoir votre lettre du 18 novembre. Grâce aux arrangements pris par le comte Orlof à Moscou, il n'y avait, le 28 de ce même mois, que deux personnes de mortes, dans cette ville, de la contagion dont vos pays méridionaux ont si grand effroi, et avec

---

1. Formant aujourd'hui la troisième section de l'article SUPERSTITION; mais ce morceau ne fut imprimé que dans le neuvième tome des *Questions sur l'Encyclopédie*. (ÉD.)
2. *Épître aux Romains*, chap. XII, v. 20. (ÉD.)
3. Le vers entier de Lucrèce, I, 102, est :
    « Tantum relligio potuit suadere malorum ! » (ÉD.)

raison. Mais il y a encore des malades; les médecins assurent que les deux tiers en réchapperont. Ce qu'il y a de singulier, c'est qu'aucune personne de qualité n'en a été attaquée, et qu'il est mort plus de femmes que d'hommes. Dans les corps disséqués on a trouvé que le sang s'était réfugié dans le cœur et les poumons; qu'il n'y en avait pas une goutte dans les veines; que tous les remèdes étaient mortels, hors ceux qui provoquaient la sueur.

Je vous enverrai incessamment des noix de cèdre de Sibérie; j'ai fait écrire au gouverneur de m'en envoyer de toutes fraîches. Vous les aurez vers le printemps.

Les contes de l'abbé Chappe ne méritent guère de croyance. Je ne l'ai jamais vu; et cependant il prétend dans son livre avoir mesuré, dit-on, des bouts de bougie dans ma chambre, où il n'a jamais mis le pied. Ceci est un fait.

Votre lettre me tire d'inquiétude au sujet de l'argent des montres, puisque enfin il est arrivé. Pour ce qui regarde le commerce des montres de la Chine, je crois qu'il ne serait pas impossible d'y parvenir en s'adressant à quelque comptoir d'ici, qui trouvera bien le moyen de les faire parvenir à la frontière de la Chine; car, quoi qu'en disent certains écrivains, la couronne ne fait plus ce commerce.

Les tableaux que j'ai fait acheter en Hollande, de la collection de Braamcamp, ont tous péri sur les côtes de Finlande. Il faudra s'en passer. J'ai eu du guignon cette année; en pareil cas, il n'y a d'autre ressource que de s'en consoler.

Je vous ai mandé les nouvelles que j'ai reçues de mes armées de terre et de mer : il ne me reste donc en ce moment, monsieur, que de vous renouveler tous les sentiments que vous me connaissez.

CATERINE.

MMMMMCCLVI. — A CATHERINE II.

A Ferney, 16 décembre.

Madame, j'importune Votre Majesté Impériale de mes félicitations et de mes battements de mains : on n'a jamais fait avec elle. Une ville n'est pas plus tôt prise, qu'une autre est rendue. A peine les Turcs sont-ils battus sur la rive gauche du Danube, qu'ils sont défaits sur la rive droite; si on leur prend cent canons à Giorgiova, on leur en prend cent cinquante dans une bataille. Voilà du moins ce qu'on me dit, et ce qui me comble de joie.

J'espère, par-dessus tout cela, que l'attentat des confédérés sera pour vous un nouveau sujet de gloire.

Votre Majesté me permettrait-elle de joindre à ce petit billet une requête de mes colons? Vous vous souvenez que vous trouvâtes dans leurs caisses plus de montres qu'il n'en avaient spécifié dans leurs factures. Les artistes qui, par l'oubli de leur facture, n'ont pas été compris dans le payement ordonné par Votre Majesté, se jettent à vos pieds; ce sont des gens dont toute la fortune est dans leurs doigts. Il ne s'agit que de deux cent quarante-sept roubles, à ce que je crois.

Il y a un de mes artistes qui fait des montres en bagues, à répétition, à secondes, quart et demi-quart, et à carillon. C'est un prodige bien singulier; mais ces bagatelles difficiles ne sont pas dignes de l'héroïne qui venge l'Europe de l'insolence des Turcs, malgré une partie de l'Europe.

Le roi de Prusse s'est amusé à faire un poëme épique contre les confédérés [1]. Je crois que M. l'abbé d'Oliva [2] payera les frais de l'impression.

Que Votre Majesté Impériale daigne agréer le profond respect, l'attachement, l'admiration, la reconnaissance du vieux malade de Ferney.

MMMMMMCCLVII. — A M. LE MARÉCHAL DUC DE RICHELIEU.
A Ferney, 16 décembre.

Me voilà chargé d'une rude commission pour mon héros. Un brave brigadier suisse, nommé M. Constant d'Hermenches, et, si l'on veut, Rebecque, lieutenant-colonel du régiment d'Inner, ayant servi très-utilement en Corse, est venu à Ferney sur le cheval que montait autrefois Paoli, et je crois même qu'il a monté sur sa maîtresse : voilà deux grands titres.

Comme je me vante partout d'être attaché à mon héros, il s'est imaginé que vous lui accorderiez votre protection auprès de M. le duc d'Aiguillon. Il s'agit vraiment d'un régiment suisse; ce n'est pas une petite affaire. Il y a là une file de tracasseries dans lesquelles je suis bien loin de vous prier d'entrer, et dont je n'ai pas une idée bien nette.

Tout ce que je sais, monseigneur, c'est que, pour soutenir ma vanité parmi les Suisses, et pour leur faire accroire que j'ai beaucoup de crédit auprès de vous, je vous supplie de vouloir bien donner à M. le duc d'Aiguillon la lettre ci-jointe, avec le petit mot de recommandation que vous croirez convenable à la situation présente. J'ignore parfaitement si M. le duc d'Aiguillon est chargé de cette partie; je sais seulement que je suis chargé de vous présenter cette lettre, et que je ne puis me dispenser de prendre cette liberté.

Je présume que vous êtes accablé de requêtes d'officiers, et je vous demande bien pardon de vous parler d'un régiment suisse, pendant que les Français vous obèdent; mais, après tout, il ne vous en coûtera pas plus de donner cette lettre qu'il ne m'en a coûté à moi d'avoir la hardiesse de vous l'envoyer.

Je suis si enterré dans mes déserts, que je ne sais si vous êtes premier gentilhomme d'année en 1772. Si vous l'êtes, je vous demanderai votre protection pour ma colonie.

Croiriez-vous que le roi de Prusse a fait déjà deux chants d'un poëme épique [3], en vers français, sur l'assassinat du roi de Pologne? Le roi de la Chine et lui sont les deux plus puissants poëtes que nous ayons.

J'ai commencé à établir entre Pétersbourg et ma colonie un assez gros commerce, et je n'attends qu'une réponse pour en établir un avec Pékin par terre; cela paraît un rêve, mais cela n'en est pas moins

---

1. *La Pologniade.* (ÉD.)
2. Oliva était un couvent de la Prusse polonaise. (ÉD.)
3. *La Pologniade.* (ÉD.)

vrai. Je suis sûr que, si j'étais plus jeune, je verrais le temps où l'on pourrait écrire de Paris à Pékin par la poste, et recevoir réponse au bout de sept ou huit mois. Le monde s'agrandit et se déniaise. Je demande surtout que quand mon crédit s'étend jusqu'à Archangel, M. le duc d'Aiguillon ait la bonté de me recommander à M. d'Ogny.

Je vous demande en grâce, monseigneur, d'exiger absolument de monsieur votre neveu ce petit mot de recommandation, sans quoi mes grandes entreprises seraient arrêtées, ma colonie irait à tous les diables, les maisons que j'ai bâties pour loger mes artistes deviendraient inutiles, et tout l'excès de ma vanité serait confondu. Si on me protége, je suis homme à bâtir une ville; si on m'abandonne, je reste écrasé dans une chaumière, et bien puni d'avoir voulu être fondateur à l'âge de soixante-dix-huit ans passés : mais il faut faire des folies jusqu'au dernier moment; cela amuse un vieux malade qui est toujours passionné pour votre grandeur, pour votre gloire et pour vos plaisirs, et qui vous aimera jusqu'au dernier moment de sa vie, avec le plus profond respect.

Je vous demande encore pardon de la lettre suisse, qui me paraît un peu hasardée.

MMMMMMCCLVIII. — A M. LE COMTE DE ROCHEFORT.

Décembre.

Je n'ai point changé d'avis, monsieur, depuis que je vous ai vu. Je déteste toujours les assassins[1] du chevalier de La Barre, je respecte le gouvernement du roi. Rien n'est si beau que la justice gratuitement rendue dans tout le royaume, et la vénalité supprimée. Je trouve ces deux opérations admirables, et je suis affligé qu'on ne leur rende pas justice. La reine de Suède disait que la gloire d'un souverain consiste à être calomnié pour avoir fait du bien.

Monsieur le premier président de Toulouse[2] me mande que la première chose qu'il a faite avec son nouveau parlement a été de rendre une entière justice aux Sirven, et de leur adjuger des dépens considérables. Songez qu'il ne fallut que deux heures pour condamner cette famille au dernier supplice, et qu'il a fallu neuf ans pour faire rendre justice à l'innocence.

J'apprends que les assassins du roi de Pologne avaient tous communié, et fait serment à l'autel de la sainte Vierge d'exécuter leur parricide. J'en fais mes compliments à Ravaillac et au R. P. Malagrida.

Mais j'aime mieux me mettre aux pieds de Mme Dix-neuf ans, que je soupçonne avoir vingt ans, et que vous avez empêchée de rester vierge.

Quand vous serez à Versailles, je pourrai vous envoyer un abrégé de l'*Histoire du parlement*[3], très-véridique. Vous pourrez en parler à M. le chancelier, qui permettra que je vous fasse tenir le paquet à son adresse.

1. C'est-à-dire les membres de l'ancien parlement. (ÉD.) — 2. Bastard. (ÉD.)
3. L'*Histoire du parlement de Paris*, publiée en 1769. (ÉD.)

MMMMMMCCLIX. — DU CARDINAL DE BERNIS.

A Rome, le ....

Le pape, mon cher confrère, a très-bien pris vos plaisanteries en prose et en vers : c'est une preuve de la supériorité de son esprit; car, en général, les Italiens et les Romains modernes n'entendent pas trop la plaisanterie. Le pape donc voudrait que vous fussiez un peu plus saint que vous ne l'êtes; mais, au surplus, il est flatté de votre estime, et désire sincèrement votre conservation pour l'honneur des lettres et de notre siècle. Ménagez votre santé, puisque le souverain pontife le veut, et que je le désire encore plus ardemment que le souverain pontife.

MMMMMMCCLX. — A M. LE COMTE D'ARANDA.

A Ferney, 20 décembre.

Monsieur le comte, vos manufactures sont fort au-dessus des miennes; mais aussi Votre Excellence m'avouera qu'elle est un peu plus puissante que moi.

Je commence par la manufacture de vos vins, que je regarde comme la première de l'Europe. Nous ne savons à qui donner la préférence du Canarie, ou du Garnacha, ou du Malvasia, ou du muscatel de Malaga. Si ce vin est de vos terres, il s'en faut bien que la terre promise en approche. Nous avons pris la liberté d'en boire à votre santé, dès qu'il fut arrivé.

Jugez quel effet il a dû faire sur des gens accoutumés aux vins de Suisse.

Votre manufacture de demi-porcelaine est très-supérieure à celle de Strasbourg. Ma poterie est, en comparaison de votre porcelaine, ce qu'est la Corse en comparaison de l'Espagne.

Je fais aussi des bas de soie, mais ils sont grossiers, et les vôtres sont d'une finesse admirable.

Pour du drap, je ne vas pas jusque-là. Vos beaux moutons sont inconnus chez nous. Votre drap est moelleux, aussi ferme que fin, et très-bien travaillé, sans avoir cet apprêt qui gâte, à mon gré, les draps d'Angleterre et de France, et qui n'est fait que pour tromper les yeux.

Agréez avec bonté mes remercîments, mes observations, et mon admiration pour un homme qui descend dans tous ces petits détails, au milieu des plus grandes choses. Il me semble que, du temps des ducs de Lerme et des comtes d'Olivarès, l'Espagne n'avait pas de ces fabriques.

Je conserve précieusement l'arrêt solennel du 7 de février 1770, qui décrie un peu les fabriques de l'inquisition; mais c'est à l'Europe entière à vous en remercier.

Si jamais vous voulez orner le doigt de quelque illustre dame espagnole d'une montre en bague, à répétition, à secondes, à quart et demi-quart, avec un carillon, le tout orné de diamants, cela ne se fait que dans mon village, et on y sera à vos ordres. Ce n'est pas par vanité ce que j'en dis, car c'est le pur hasard qui m'a procuré le seul artiste qui travaille à ces petits prodiges. Les prodiges ne doivent pas vous déplaire.

J'ai l'honneur d'être avec un profond respect, etc.

MMMMMMCCLXI. — A M. LE COMTE D'ARGENTAL.
21 décembre.

Mon cher ange, IV, V et VIII vous seront rendus par milord Dalrymple, à moins qu'ils ne soient saisis aux portes. Milord Dalrymple est un Écossais modeste, chose assez rare; jeune homme simple et même un peu honteux, avec beaucoup d'esprit; philosophe comme Spinosa, doux comme une fille. Il est neveu de milord Stair, et l'aîné de la maison; il n'a pas le nez si haut, mais je crois qu'il l'aura plus fin.

Voilà tout ce que le vieux malade de Ferney peut dire aujourd'hui à ses anges, auxquels il souhaite cent bonnes années.

MMMMMMCCLXII. — A M. SISSOUS DE VALMIRE[1].
A Ferney, 27 décembre.

J'ai reçu, monsieur, ces jours passés, la lettre dont vous m'avez honoré, avec un livre qui sert à m'instruire. J'y découvre beaucoup de profondeur, de finesse et d'esprit.

Je ne suis pas surpris de ne pas voir l'approbation d'un docteur de Sorbonne, suivie d'un privilége. J'ignore si les philosophes sont aussi effarouchés que les docteur..

Vous avez su, par la sagacité de votre esprit, résoudre des problèmes qui sont fort au-dessus de la plupart de nos raisonneurs, et même des gens raisonnables.

Deux et deux font quatre : c'est un principe d'où résultent beaucoup de vérités.

L'égalité des angles qui ont même base et même hauteur : voilà aussi une belle proposition.

Mais pour le quaternaire de Pythagore et le ternaire de Timée, je suis leur serviteur.

Au reste, personne, à mon gré, n'a mieux réussi que vous à rectifier ces idées chimériques, et à porter des traits de lumière dans les rêveries des anciens.

Vous vous êtes élevé bien haut :

Sub pedibusque videt nubes et sidera Daphnis.
VIRG., ecl. v, v. 57.

Je n'aurais point osé prendre ce vol; mais il est aussi ferme que difficile.

Plût à Dieu que le platonisme n'eût jamais produit d'autre livre que le vôtre ! Vous savez combien de maux il a causés, sans que Platon s'en soit jamais douté. C'est ainsi qu'après la mort des gens il arrive

1. Auteur d'un ouvrage intitulé : *Dieu et l'homme*. (ÉD.)

souvent bien des maux qu'ils n'auraient pas soupçonnés pendant leur vie.

Je suis, monsieur, avec toute l'estime que je vous dois, etc.

MMMMMMCCLXIII. — A M. PERRET, AVOCAT AU PARLEMENT DE DIJON.

A Ferney, le 28 décembre.

Je vous remercie, monsieur, de nous avoir fait connaître nos usages barbares. J'ai lu ce qui regarde l'esclavage de la mainmorte, avec d'autant plus d'attention et d'intérêt que j'ai travaillé quelque temps en faveur de ceux qu'on appelle *Francs*, et qui sont esclaves, et même esclaves de moines. Saint Pacôme et saint Hilarion ne s'attendaient pas qu'un jour leurs successeurs auraient plus de serfs de mainmorte que n'en eut Attila ou Genseric. Nos moines disent qu'ils ont succédé aux droits des conquérants, et que leurs vassaux ont succédé aux peuples conquis. Le procès est actuellement au conseil. Nous le perdrons sans doute, tant les vieilles coutumes ont de force, et tant les saints ont de vertu!

On rit du péché originel, on a tort. Tout le monde a son péché originel. Le péché de ces pauvres serfs, au nombre de plus de cent mille dans le royaume, est que leurs pères, laboureurs gaulois, ne tuèrent pas le petit nombre de barbares visigoths, ou bourguignons, ou francs, qui vinrent les tuer et les voler. S'ils s'étaient défendus comme les Romains contre les Cimbres, il n'y aurait pas aujourd'hui de procès pour la mainmorte. Ceux qui jouissent de ce beau droit assurent qu'il est de droit divin; je le crois comme eux, car assurément il n'est pas humain. Je vous avoue, monsieur, que j'y renonce de tout mon cœur; je ne veux ni mainmorte ni échute dans le petit coin de terre que j'habite; je ne veux ni être serf ni avoir des serfs. J'aime fort l'édit de Henri II, adopté par le parlement de Paris: pourquoi n'est-il pas reçu dans tous les autres parlements? Presque toute notre ancienne jurisprudence est ridicule, barbare, contradictoire. Ce qui est vrai en deçà de mon ruisseau est faux au delà. Toutes nos coutumes ne sont bonnes qu'à jeter au feu. Il n'y a qu'une loi et qu'une mesure en Angleterre.

Vous citez *l'Esprit des lois*. Hélas! il n'a remédié et ne remédiera jamais à rien. Ce n'est pas parce qu'il cite faux trop souvent, ce n'est pas parce qu'il songe presque toujours à montrer de l'esprit, c'est parce qu'il n'y a qu'un roi qui puisse faire un bon livre sur les lois, en les changeant toutes. Agréez, monsieur, mes remercîments, etc.

MMMMMMCCLXIV. — DE STANISLAS-AUGUSTE PONIATCWSKI.

Varsovie, ce 28 décembre.

Monsieur de Voltaire, c'est avec le plus grand plaisir que je réponds à votre lettre du 3 du courant. Votre voix doit être assurément distinguée entre toutes celles qui m'ont parlé depuis le 3 novembre dernier.

1. Date de l'attentat commis sur sa personne (ÉD.)

Vous trouverez bon cependant que je ne convienne pas de la comparaison que vous vous donnez. Celui dont la voix criait dans le désert annonçait quelqu'un de plus grand que lui, et c'est ce que vous ne sauriez faire. Mais si l'intérêt le plus constant de ma part à votre conservation et à votre gloire mérite de la reconnaissance, il est vrai que vous m'en devez. Je suis bien véritablement, monsieur, votre très-affectionné,
STANISLAS-AUGUSTE, *roi.*

MMMMMCCLXV. — A M. ***,
Sur le procès criminel intenté dans Lyon contre plusieurs personnes accusées de viol et de parricide.

Le procès criminel concernant la Lerouge et les Perra partage toujours toute la ville et tout le pays de Lyon en deux factions très-animées. On attend du nouveau parlement de Paris un jugement qui éclaire tous les esprits et qui les calme.

L'intérêt que j'ai été obligé de prendre à cette cruelle affaire sera mon excuse auprès de monsieur le rapporteur, à qui je prends la liberté d'exposer mes réflexions.

Je crois apercevoir que cet événement horrible, avec toutes ses circonstances, est fondé sur un fait dont il n'a pas encore été question dans tout le procès.

Il me semble très-probable que la fille Lerouge, allant chercher son chat chez sa voisine la Forobert, à neuf heures du soir, dans une allée obscure qui conduisait à une fosse de latrines que l'on curait alors, soit tombée dans cette fosse, et ait été étouffée sur-le-champ.

C'était le temps où les vidangeurs avaient quitté leur ouvrage, qu'ils reprirent deux heures après. Ils avaient vraisemblablement oublié de fermer cette fosse. Ils y trouvent le cadavre d'une fille: ils craignent d'être repris de justice, ayant contrevenu à la loi de police qui leur ordonne de fermer l'entrée de la fosse toutes les fois qu'ils quittent le travail.

Ils prennent le parti d'aller jeter le cadavre dans le Rhône; ce qui n'est que trop commun dans la ville de Lyon.

Je ne vois qu'une seule manière d'expliquer le fait avec vraisemblance. Toutes les accusations de viol et d'assassinat me paraissent le comble de l'absurdité et de la contradiction.

Je supplie monsieur le rapporteur de vouloir bien peser ma conjecture, et de la comparer avec toutes les pièces qu'il a sous les yeux.

Je crois que les chirurgiens de Lyon qui ont fait le rapport sur le cadavre trouvé dans le Rhône se sont trompés, et qu'en voulant soutenir leur erreur ils ont exposé les accusés à la haine publique, et au danger d'un arrêt de mort.

Je ne doute pas que monsieur le rapporteur n'ait lu le mémoire sur la cause de la mort des noyés, par le médecin Duchemin de l'Étang. Ce mémoire est très-contraire à celui des chirurgiens de Lyon.

Les étonnantes dépositions d'un enfant de cinq ans et demi contre sa mère me semblent également horribles et frivoles.

Je sais d'un avocat, qui eut la permission d'interroger cet enfant, qu'il lui fit toujours dire oui à toutes les questions qu'il lui faisait. « N'as-tu pas vu violer debout la petite Claudine Lerouge? — Oui. — Ne lui avait-on pas lié les jambes l'une sur l'autre avec une grosse corde pour la mieux violer? — Oui. — Ne disait-elle pas certaines paroles d'amitié quand on la violait? — Oui. »

Toutes les dépositions de l'enfant sont de nulle valeur.

Toutes les autres dépositions justifient les accusés.

L'huissier Constant, qui a conduit cette affaire épouvantable, a été condamné à être pendu en 1769, un an après la mort de Claudine Lerouge.

Je soumets toutes mes idées aux lumières de monsieur le rapporteur, et je le supplie d'agréer ma confiance et mon respect.

MMMMMMCCLXVI. — A CATHERINE II.

A Ferney, 1er janvier 1772.

Madame, je souhaite à Votre Majesté Impériale, pour l'année 1772, non pas augmentation de gloire, car il n'y a plus moyen, mais augmentation de croquignoles sur le nez de Moustapha et de ses vizirs, quelques victoires nouvelles, votre quartier général à Andrinople, et la paix.

La lettre de Votre Majesté Impériale, du 18 novembre, v. st., peut me faire vivre encore pour le moins cette année bissextile. Si vous aviez pris la mode des anciens Romains en tout, vos lettres seraient toujours farcies de lauriers. Je voudrais que le frère du nouveau Thoas de la Tauride[1] pût voyager dans nos climats, et que je pusse l'entendre. Je serais bien charmé d'apprendre à nos Welches qu'il y a un bel esprit dans le pays où Iphigénie égorgeait, en qualité de religieuse, tous les étrangers en l'honneur d'une vilaine statue de bois, toute semblable à Notre-Dame miraculeuse de Czenstokova.

Je ne sais pas encore, madame, si c'était la vraie peste qui s'était emparée de Moscou, mais elle est dans notre voisinage. Elle a envoyé devant Dieu cinq cent cinquante personnes à Crémone en un jour, à ce que dit la renommée. Pour peu qu'elle ait duré huit jours, il n'y a plus personne dans cette ville. On prétend qu'elle est venue de la foire de Sinigaglia, pays appartenant à mon saint-père le pape, sur la côte de la mer Adriatique. Les papes, ne pouvant plus détrôner les princes, leur envoient ce fléau de Dieu pour les amener à résipiscence. Mais la peste étant venue par le voisinage de Notre-Dame de Lorette, elle pourra bien passer par Rome. Il serait triste que le grand inquisiteur et le sacré collège eussent le charbon.

Le fait est que Genève, ma voisine, tremble de tout son cœur, attendu qu'elle a plus de commerce avec Crémone qu'avec Rome; mais sûrement les processions des catholiques auront purifié l'air avant que la peste vienne à Ferney, qui est tout au beau milieu des hérétiques.

Une autre peste est celle des confédérés de Pologne; je me flatte que

1. Le baïga sultan, frère du kan de la Crimée. (ÉD.)

Votre Majesté Impériale les guérira de leur maladie contagieuse. Nos chevaliers welches, qui ont porté leur inquiétude et leur curiosité chez les Sarmates, doivent mourir de faim s'ils ne meurent pas du charbon. Voilà une plaisante croisade qu'ils ont été faire. Cela ne servira pas à faire valoir la prudence et la galanterie de ma chère nation.

Votre Majesté me demande si les auteurs de l'*Encyclopédie* avouent l'édition de Genève : ils la souffrent, mais ils n'en sont pas les maîtres. Elle devait se faire à Paris; notre inquisition ne l'a pas permis. Les libraires de Paris se sont associés avec ceux de Genève pour cet ouvrage, qui ne sera fait de plusieurs années. Ils en sont les maîtres, et ils font travailler des auteurs à tant la feuille, comme je fais travailler mes manœuvres dans mon jardin à tant la toise. Ils ont fait écrire à M. le prince Galitzin à la Haye, et lui ont demandé sa protection pour obtenir des suppléments; ils ont raison : les articles de Russie donneront du lustre à leur édition, en dépit des canons fondus par M. de Tott. Ce M. de Tott, au reste, est un homme de beaucoup d'esprit; c'est dommage qu'il ait pris le parti de Moustapha.

Je suis fâché qu'Ali-Bey, le prince Héraclius, le prince Alexandre, ne connaissent point les fêtes de nos remparts, nos admirables opéras-comiques, notre fax-hall perfectionné, et qu'ils ne sachent pas danser le menuet proprement.

Je me mets aux pieds de Votre Majesté Impériale pour l'année 1772, dont je compte voir le premier jour, car elle commence aujourd'hui, et personne n'est sûr du second.

Votre admirateur et votre très-humble et très-passionné serviteur,

LE VIEUX MALADE DE FERNEY.

La peste de Crémone vient de cesser; on dit que ce n'est rien; peut-être demain recommencera-t-elle.

MMMMMMCCLXVII. — A M. HENNIN.

A Ferney, le 1er de 1772.

Pacatumque nitet diffuso lumine cœlum [1].

Nous n'aurons donc point la peste comme le bonhomme David; Dieu soit loué! Je m'imagine que ce sont les marchands italiens qui ont fait courir ce vilain bruit pour vendre plus cher leurs aromates, comme les *stoks-jobbers* [2] débitent de mauvaises nouvelles sur la compagnie des Indes, pour faire tomber les actions.

Toute la petite peuplade de Ferney souhaite à M. Hennin une année 1772 toute pleine de plaisirs, pendant trois cent soixante-cinq jours de suite, sans interruption.

Le pauvre vieux malade est bien étonné de voir commencer cette année 1772; il ne s'y attendait pas.

1. Lucrèce, liv. I, vers v. (ÉD.) — 2. Agioteurs. (ÉD.)

MMMMMMCCLXVIII. — DE STANISLAS PONIATOWSKI.

Varsovie, le 1ᵉʳ janvier.

Monsieur de Voltaire, j'ai répondu par Paris, il y a cinq jours, à votre lettre du 3 décembre. J'ai reçu depuis votre seconde du 6, et je crois ne pouvoir mieux répondre à celle-ci qu'en vous envoyant les pièces ci-jointes[1], dont je vous garantis la vérité exacte.

Je mets au nombre des vœux les plus chers à mon cœur de vous voir conservé à tout ce siècle que vous avez éclairé.

C'est avec la plus véritable reconnaissance que je reçois les témoignages si affectueux de vos sentiments pour moi, et que je suis, monsieur, votre affectionné, STANISLAS-AUGUSTE, roi.

MMMMMMCCLXIX. — A M. MARMONTEL.

5 janvier.

Je regrette Helvétius avec tous les honnêtes gens, mon cher ami; mais ce que les pauvres honnêtes gens ne peuvent faire à Paris, je l'ai toujours fait au mont Jura. J'ai crié que les pédants absurdes, insolents, et sanguinaires, ces bourgeois tuteurs des rois qui l'avaient condamné, et qui se sont souillés du sang du chevalier de La Barre, sont des monstres qui doivent être en horreur à la dernière postérité. J'ai crié, et des têtes couronnées m'ont entendu. Je n'avais cependant pas trop à me louer de cet innocent d'Helvétius.

Je vous prie d'embrasser pour moi M. Dalembert, M. Duclos, M. Thomas, M. Gaillard, M. de Belloy, et tous ceux qui veulent bien se souvenir de moi dans l'Académie.

Je vous enverrai par cet Émery ce que vous voulez bien avoir. Je serais bien fâché de mourir sans causer avec vous.

MMMMMMCCLXX. — DE GUSTAVE III.

A Stockholm, ce 10 janvier.

Monsieur de Voltaire, vous jetez donc aussi quelquefois un coup d'œil sur ce qui se passe dans le Nord! Soyez persuadé que du moins nous y connaissons le prix de votre suffrage, et que nous le regardons comme le plus grand encouragement à bien faire dans tous les genres. Je prie tous les jours l'Être des êtres qu'il prolonge vos jours, si précieux à l'humanité entière, et si utiles aux progrès de la raison et de la vraie philosophie.

Sur ce, je prie Dieu qu'il vous ait, monsieur de Voltaire, en sa sainte garde, étant votre affectionné, GUSTAVE.

MMMMMMCCLXXI. — DE FRÉDÉRIC II, ROI DE PRUSSE.

A Berlin, le 12 janvier.

Je conviens que je me suis imposé l'obligation de vous instruire sur le sujet des confédérés, que j'ai chantés, comme vous avez été obligé

---

1. Relatives à l'attentat du 3 novembre. (ÉD.)

d'exposer les anecdotes de la Ligue, afin de répandre tous les éclaircissements nécessaires sur *la Henriade*.

Vous saurez donc que mes confédérés, moins braves que vos ligueurs, mais aussi fanatiques, n'ont pas voulu leur céder en forfaits. L'horrible attentat entrepris et manqué contre le roi de Pologne s'est passé, à la communion près, de la manière qu'il est détaillé dans les gazettes. Il est vrai que le misérable qui a voulu assassiner le roi de Pologne en avait prêté le serment à Pulawski, maréchal de la confédération, devant le maître autel de la Vierge à Czenstokova. Je vous envoie des papiers publics, qui peut-être ne se répandent pas en Suisse, où vous trouverez cette scène tragique détaillée avec les circonstances exactement conformes à ce que mon ministre à Varsovie en a marqué dans sa relation. Il est vrai que mon poëme (si vous voulez l'appeler ainsi) était achevé lorsque cet attentat se commit; je ne le jugeai pas propre à entrer dans un ouvrage où règne d'un bout à l'autre un ton de plaisanterie et de gaieté. Cependant je n'ai pas voulu non plus passer cette horreur sous silence, et j'en ai dit deux mots en passant au commencement du cinquième chant; de sorte que cet ouvrage badin, fait uniquement pour m'amuser, n'a pas été défiguré par un morceau tragique qui aurait juré avec le reste.

J'ai poussé la licence plus loin; car, quoique la guerre dure encore, j'ai fait la paix d'imagination pour finir, n'étant pas assuré de ne pas prendre la goutte lorsque ces troubles s'apaiseront. Vous verrez, par le troisième et le quatrième chant, que je vous envoie, qu'il n'était pas possible de mêler des faits graves avec tant de sottises. Le sublime fatigue à la longue, et les polissonneries font rire. Je pense bien comme vous que plus on avance en âge, plus il faut essayer de se dérider. Aucun sujet ne m'aurait fourni une aussi abondante matière que les Polonais; Montesquieu aurait perdu son temps à trouver chez eux les principes des républiques ou des gouvernements souverains. L'intérêt, l'orgueil, la bassesse, et la pusillanimité, semblent être les fruits du gouvernement anarchique. Au lieu de philosophes, vous y trouvez des esprits abrutis par la plus stupide superstition, et des hommes capables de tous les crimes que les lâches peuvent commettre. Le corps de la confédération n'agit point par système. Ce Pulawski, dont vous aurez vu le nom dans mes rapsodies, est proprement l'auteur de la conspiration tramée contre le roi de Pologne. Les autres confédérés regardent le trône comme vacant, quoiqu'il soit rempli; les uns y veulent placer le landgrave de Hesse; d'autres, l'électeur de Saxe; d'autres encore, le prince de Teschen. Tous ces partis différents ont autant de haine l'un pour l'autre que les jansénistes, les molinistes, et les calvinistes entre eux. C'est pour cela que je les compare aux maçons de la tour de Babel. Le crime qu'ils viennent de tenter ne les a pas discrédités chez leurs protecteurs, parce qu'en effet plusieurs de ces confédérés l'ont ignoré; mais qu'ils aient des protecteurs ou non, ils n'en sont pas plus redoutables; et par les mesures que votre souveraine vient de prendre, dans peu leur mauvaise volonté sera confondue.

Il semble que pour détourner mes yeux des sottises polonaises et de la scène atroce de Varsovie, ma sœur la reine de Suède ait pris ce temps pour venir revoir ses parents, après une absence de vingt-huit années. Son arrivée a ranimé toute la famille; je m'en suis cru de dix ans plus jeune. Je fais mes efforts pour dissiper les regrets qu'elle donne à la perte d'un époux tendrement aimé, en lui procurant toutes les sortes d'amusements dans lesquels les arts et les sciences peuvent avoir la plus grande part. Nous avons beaucoup parlé de vous. Ma sœur trouvait que vous manquiez à Berlin; je lui ai répondu qu'il y avait treize ans que je m'en apercevais. Cela n'a pas empêché que nous n'ayons fait des vœux pour votre conservation; et nous avons conclu, quoique nous ne vous possédions pas, que vous n'en étiez pas moins nécessaire à l'Europe.

Laissez donc à la Fortune, à l'Amour, à Plutus, leur bandeau : ce serait une contradiction que celui qui éclaira si longtemps l'Europe fût aveugle lui-même. Voilà peut-être un mauvais jeu de mots; j'en fais amende honorable au dieu du goût qui siége à Ferney : je le prie de m'inspirer, et d'être assuré qu'en fait de belles-lettres je crois ses décisions plus infaillibles que celles de Ganganelli pour les articles de foi. *Vale.* FÉDÉRIC.

MMMMMCCLXXII. — A M. L'ABBÉ DU VERNET.

Le 13 janvier.

Le vieillard de Ferney a été malade pendant un mois; il est dans l'état le plus douloureux, et n'en est pas moins sensible aux bontés et au mérite de M. l'abbé du Vernet. Privé presque entièrement de la vue et enterré dans les neiges, il se console en voyant qu'un philosophe aimable et plein d'esprit veut le faire revivre dans la postérité. Il s'en faut beaucoup que ce vieillard approche de Despréaux; mais, en récompense, M. l'abbé du Vernet vaut beaucoup mieux que Brossette[1].

Mon ancien ami Thieriot, si monsieur l'abbé veut prendre la peine de l'aller voir, le mettra au fait de tout ce qui peut avoir rapport au duc de Sulli et au chevalier de Rohan, qui passait pour faire le métier des juifs; il lui donnera aussi des anecdotes sur Julie, devenue la comtesse de Gouvernet, et sur la bagatelle *des Tu et des Vous*. Il est très-vrai que, dans ma seconde retraite à la Bastille, il me pourvut de livres anglais, et qu'il lui fut permis de venir dîner souvent avec moi. Il est encore très-vrai que son amitié, du fond de la Normandie, où il était alors, dans une des terres du président de Bernières, le fit voler à mon secours au château de Maisons, où j'avais la petite vérole. Gervasi, le Tronchin de ce temps-là, fut mon médecin. La limonade et lui me tirèrent d'affaire.

M. de Cideville, dont vous me parlez, était conseiller au parlement de Rouen. Il avait alors beaucoup d'amitié pour moi : il est à Paris, très-vieux, très-infirme, et très-dévot : c'était un magistrat intègre, et la dévotion ne l'a pas empêché de me rendre justice, et d'avouer que la cupidité de Jore gâta tout et me donna de grands embarras.

1 Brossette avait reçu de Boileau des éclaircissements sur ses ouvrages. (ÉD.)

Cet imprimeur me demanda pardon d'avoir signé un mémoire grossier qu'avait forgé l'abbé Desfontaines. M. Hérault, alors lieutenant de police, intercéda pour lui : je lui pardonnai, et le tirai de la misère.

MMMMMCCLXXIII. — A CATHERINE II.

A Ferney, 14 janvier.

Madame, quoi! votre âme partagée entre la Crimée, la Moldavie, la Valachie, la Pologne, la Bulgarie, occupée à rosser le grave Moustapha, et à faire occuper une douzaine d'îles dans l'Archipel par vos Argonautes, daigne s'abaisser jusqu'à être en peine si les horlogers de mon village ont reçu l'argent de leurs montres? Vous êtes comme Tamerlan, qui, le jour de la bataille d'Ancyre, ne put s'endormir jusqu'à ce que son nain eût soupé.

J'ai mandé cependant à Votre Majesté Impériale qu'ils avaient tous été très-bien payés, excepté trois ou quatre pauvres diables dont on avait oublié la facture. Ma lettre est du mois de novembre. Je me flatte qu'elle n'a pas été interceptée par M. Pulawski[1]. En tout cas, il aura vu qu'une impératrice qui entre dans les plus petits détails comme dans les plus grands est une personne qui mérite quelques considérations et quelques ménagements.

Je me souviens même de vous avoir proposé dans une de mes lettres un commerce de montres avec le roi de la Chine, ce qui serait plus convenable qu'un commerce de vers, tout grand poëte qu'il est.

Le roi de Prusse, qui a fait un poëme contre les confédérés, et qui fait assurément mieux des vers que tous les Chinois ensemble, peut lui envoyer ses écrits; mais moi je ne lui enverrai que des montres.

J'avouerai même que, malgré la guerre, mon village a fait partir des caisses de montres pour Constantinople; ainsi me voilà en correspondance à la fois avec les battants et les battus.

Je ne sais pas encore si Moustapha a acheté de nos montres; mais je sais qu'il n'a pas trouvé avec vous l'heure du berger, et que vous lui faites passer de très-mauvais quarts d'heure. On dit qu'il a fait pendre un évêque grec qui avait pris votre parti. Je vous recommande le mufti à la première occasion.

Permettez-moi de dire à Votre Majesté que vous êtes incompréhensible. A peine la mer Baltique a-t-elle englouti pour soixante mille écus de tableaux, que vous faisiez venir pour vous de la Hollande, que vous en faites venir de France pour quatre cent cinquante mille livres. Vous achetez encore mille raretés en Italie. Mais, en conscience où prenez-vous tout cet argent? Est-ce que vous auriez pillé le trésor de Moustapha sans que les gazettes en eussent parlé? Nos Français sont en pleine paix, et nous n'avons pas le sou. Dieu nous préserve de la guerre! Il y a quatre ans qu'on recommande à nos charités les soldats et les officiers français pris par les troupes de l'empereur de Maroc. Il y a un an qu'une petite frégate du roi, établie sur le lac de Genève, à quatre pas de mon village, fut confisquée pour dettes dans un

---

1. Polonais, principal auteur de l'attentat contre le roi de Pologne. (ÉD.)

port de Savoie : je sauvai l'honneur de notre marine en rachetant la frégate ; le ministère ne me l'a point payée. Si vous avez le courage de Tomyris, il faut que je vous soupçonne d'avoir les trésors de Crésus, supposé pourtant que Crésus fût aussi riche qu'on le dit, car je me défie toujours des exagérations de l'antiquité, à commencer par Salomon, qui possédait environ six milliards de roubles, et qui n'avait pas d'ouvriers chez lui pour bâtir son temple de bois.

Je n'ai pas répondu sur-le-champ aux deux dernières lettres dont Votre Majesté Impériale m'a honoré, parce que les neiges dont je suis entouré me tuent. Voilà pourquoi je voulais m'établir sur quelque côte méridionale du bosphore de Thrace; mais vous n'avez pas voulu encore aller jusque-là, et j'en suis bien fâché.

Je me mets à vos pieds; permettez-moi de les baiser en toute humilité, et même vos mains, qu'on dit que vous avez les plus belles du monde. C'est à Moustapha de venir les baiser avec autant d'humilité que moi.

LE VIEUX MALADE DE FERNEY.

MMMMMMCCLXXIV. — A MADAME DU VOISIN[1].

Au château de Ferney, le 15 janvier.

Cette lettre, madame, sera pour vous, pour M. du Voisin, et pour madame votre mère. Toute la famille Sirven se rassembla chez moi hier en versant des larmes de joie ; le nouveau parlement de Toulouse venait de condamner les premiers juges à payer tous les frais du procès criminel : cela est presque sans exemple. Je regarde ce jugement, que j'ai enfin obtenu avec tant de peine, comme une amende honorable. La famille était errante depuis dix années entières; elle est, ainsi que la vôtre, un exemple mémorable de l'injustice atroce des hommes. Puissent Mme Calas, ainsi que ses enfants, goûter toute leur vie un bonheur aussi grand que leurs malheurs ont été cruels ! Puisse votre vie s'étendre au delà des bornes ordinaires; et qu'on dise après un siècle entier : « Voilà cette famille respectable qui a subsisté pour être la condamnation d'un parlement qui n'est plus ! »

Voilà les vœux que fait pour elle le vieillard qui va bientôt partir de ce monde.

MMMMMMCCLXXV. — A M. LE COMTE D'ARGENTAL.

19 janvier.

Or, mes anges, voici le fait. Cette lettre sera pour vous et pour M. de Thibouville, puisqu'il a trouvé son jeune homme[2]; et je suppose que ce jeune homme lira bien, et fera pleurer son monde.

Mon jeune homme à moi m'est venu trouver hier, et m'a dit ces propres paroles :

« A l'âge où je suis, j'ai grand besoin d'avoir des protections à la

---

1. Cette dame était la fille cadette de Calas; son fils, Alexandre du Voisin-Calas, s'est tué à Chartres le 20 février 1832. Il venait de publier *Un déjeuner à Ferney en 1765, ou la Veuve Calas chez Voltaire*, esquisses dramatiques en un acte et en vers; au Mans. 1832, in-8°. (*Note de M. Beuchot.*)
2. Pour lire la tragédie au comité du Théâtre-Français. (ÉD.)

cour, comme par exemple auprès du secrétaire de M. le trésorier des menus, ou auprès de MM. les comédiens ordinaires du roi. On m'a dit que *Sophonisbe* n'étant qu'un réchauffé, et *les Pélopides* ayant été déjà traités, ces deux objets me procureraient difficilement la protection que je demande.

« D'ailleurs des gens bien instruits m'ont assuré que, pour balancer le mérite éclatant de l'Opéra-Comique et de fax-hall, pour attirer l'attention des Welches, et pour forcer la délicatesse de la cour à quelque indulgence, il fallait un grand spectacle bien imposant et bien intéressant; qu'il fallait surtout que ce spectacle fût nouveau; et j'ai cru trouver ces conditions dans la pièce ci-jointe[1], que je soumets à vos lumières. Elle m'a coûté beaucoup de temps, car je l'ai commencée le 18 de décembre, et elle a été achevée le 12 de janvier.

« Il serait triste d'avoir perdu un temps si précieux. »

J'ai répondu au jeune candidat que je trouvais sa pièce fort extraordinaire, et qu'il n'y manquait que de donner bataille sur le théâtre; que sans doute on en viendrait là quelque jour, et qu'alors on pourrait se flatter d'avoir égalé les Grecs.

« Mais, mon cher enfant, quel titre donnez-vous à votre tragédie?
— Aucun, monsieur. On ferait cent allusions, on tiendrait cent mauvais discours, et les Welches feraient tant, que ma pièce ne serait point jouée; alors je serais privé de la protection du secrétaire de M. le trésorier des menus, et de celle de MM. les comédiens ordinaires du roi; et je serais obligé d'aller travailler aux feuilles de M. Fréron, pour me pousser dans le monde. »

J'ai eu pitié de ce pauvre enfant, et je vous envoie son œuvre, mes chers anges. Si M. de Thibouville veut se trémousser et conduire cette intrigue, cela pourra l'amuser beaucoup, et vous aussi.

Il y a vraiment dans ce drame je ne sais quoi de singulier et de magnifique qui sent son ancienne Grèce; et si les Welches ne s'amusent pas de ces spectacles grecs, ce n'est pas ma faute; je les tiens pour réprouvés à jamais. Pour moi, qui ne suis que Suisse, j'avoue que la pièce m'a fait passer une heure agréable dans mon lit, où je végète depuis longtemps.

Je vous remercie, mes chers anges, des ouvertures que vous me donnez avec tant de bonté pour établir un bureau d'adresse en faveur de mes montriers. Mme Lejeune ne pourrait-elle pas être la correspondante? on s'arrangerait avec elle.

Il est arrivé de grands malheurs à notre colonie; je m'y suis ruiné, mais je ne suis pas découragé. J'aurai toujours dans mon village le glorieux titre de fondateur. J'ai rassemblé des gueux; il faudra que je finisse par leur fonder un hôpital.

Je me mets à l'ombre de vos ailes plus que jamais, mes divins anges.

Vous devez recevoir la drôlerie de mon jeune homme par M. Bacon, non pas le chancelier, mais le substitut du procureur général, lequel

1. *Les Lois de Minos.* (Éd.)

doit l'avoir reçue dûment cachetée de la main de M. le procureur général. Si ces curieux ont ouvert le paquet, je souhaite qu'ils aiment les vers, mais j'en doute.

MMMMMMCCLXXVI. — A madame de Saint-Julien.

A Ferney, 22 janvier.

Le vieillard, madame, que vous honorez de tant de bontés, vous parlera aussi librement dans sa lettre que s'il avait le bonheur de vous entretenir au coin du feu. Nous n'avons, vous et moi, que des sentiments honnêtes; on peut les confier au papier encore mieux qu'à l'air, qui les emporte dans une conversation qui s'oublie.

Un petit mot, glissé dans votre lettre, que M. Dupuits m'a apportée, m'oblige de vous ouvrir tout mon cœur.

Je dois à M. le duc de Choiseul la reconnaissance la plus inviolable de tous les plaisirs qu'il m'a faits. Je me croirais un monstre si je cessais de l'aimer passionnément. Je suis aussi sensible à l'âge de près de quatre-vingts ans qu'à vingt-cinq.

Je ne dois pas bénir la mémoire de l'ancien parlement comme je dois chérir et respecter votre parent, votre ami de Chanteloup. Il était difficile de ne pas haïr une faction plus insolente que la faction des Seize.

M. Seguier, l'avocat général, me vint voir au mois d'octobre 1770, et me dit, en présence de Mme Denis et de M. Hennin, résident du roi à Genève, que quatre conseillers les pressaient continuellement de requérir qu'on brûlât l'*Histoire du parlement*, et qu'il serait forcé de donner un beau réquisitoire vers le mois de février 1771. On requit autre chose en ce temps-là de ces messieurs, et la France en fut délivrée.

Il eût fallu quitter absolument la France, s'ils avaient continué d'être les maîtres. M. Durey de Meynières, président des enquêtes, m'avait écrit, dix ans auparavant, que le parlement ne me pardonnerait jamais d'avoir dit la vérité dans l'*Histoire du siècle de Louis XIV*.

Vous savez combien il était dangereux d'avoir une terre dans le voisinage d'un conseiller, et quels risques on courait, si on était forcé de plaider contre lui.

Joignez à ces tyrannies leurs persécutions contre les gens de lettres, la manière aussi infâme que ridicule dont ils en usèrent avec le vertueux Helvétius; enfin le sang du chevalier de La Barre dont ils se sont couverts, et tant d'autres assassinats juridiques. Songez que, dans leurs querelles avec le clergé, ils devinrent meurtriers, afin de passer pour chrétiens; et vous verrez que je ne suis pas payé pour les aimer.

La cause de ces bourgeois tyrans n'a certainement rien de commun avec celle de votre parent aussi aimable que respectable.

Il y a deux ans que je ne sors guère de mon lit. J'ai rompu tout commerce. J'attends la mort, sans rien savoir de ce que font les vivants : mais je croirais mourir damné, si j'avais oublié un moment mes sentiments pour mon bienfaiteur. C'est là ma véritable profession de foi que je fais entre vos mains; c'est là ce que j'ai crié sur les toits au temps de son départ.

Je l'ai dit à la terre, au ciel, à Gusman même.
Alzire, acte III, scène IV.

Je mourrai en l'aimant; et je vous supplie, par mon testament, d'avoir la bonté de le lui faire savoir si vous lui écrivez; c'est la seule grâce que mon cœur puisse implorer, et je me jette à vos pieds, madame, pour l'obtenir. LE VIEUX MALADE DE FERNEY.

MMMMMMCCLXXVII. — A M. MARMONTEL.
26 janvier.

Je vous écris bien tard, mon cher ami; mais je n'ai pas un moment à moi. Mes maladies et mes travaux, qui ne les soulagent guère, occupent tout ce malheureux temps; ces travaux sont devenus forcés, car quand on a commencé un ouvrage, il faut le finir. J'envoie les tomes VI, VII et VIII[1] aux adresses que vous m'avez données, et j'espère que ces rogatons vous parviendront sûrement.

Je verrai bientôt cet Helvétius que les assassins du chevalier de La Barre traitèrent si indignement, et dont je pris le parti si hautement. Je n'avais pas beaucoup à me louer de lui, et d'ailleurs je ne trouvais pas son livre trop bon; mais je trouvais la persécution abominable. Je l'ai dit et redit vingt fois. Je ne sais si M. Saurin a reçu un petit billet que je lui ai écrit sur la mort de son ami[2].

Je dois de grands remercîments à M. l'abbé Morellet pour une dissertation très-bien faite que j'ai reçue de sa part. Je n'ai pas la force de dicter deux lettres de suite; chargez-vous, je vous en prie, de ma reconnaissance, et dites-lui combien je l'estime et je l'aime.

Ma misère m'empêche aussi d'écrire à M. Dalembert. Embrassez-le pour moi, aussi bien que tous mes confrères qui veulent bien se souvenir que j'existe.

Dites à Mlle Clairon que je ne l'oublierai qu'en mourant, et aimez votre ancien ami V., qui vous est tendrement attaché, jusqu'à ce qu'il aille fumer son jardin après l'avoir cultivé.

MMMMMMCCLXXVIII. — A M. LE MARÉCHAL DUC DE RICHELIEU.
A Ferney, 28 janvier.

Mon héros, je viens de lire, dans le discours de Belloy, un trait de vous que je ne connaissais pas[3], et qui est bien digne de vous. Mon héros m'avait caché celui-là. Il entrera pourtant dans l'histoire, malgré vous. Quand vous avez fait une belle action, vous ne songez plus qu'à vous divertir, et vous semblez oublier la gloire, comme si elle était ennuyeuse; cependant vous deviez bien me dire un mot de cette

1. Des *Questions sur l'Encyclopédie*. (ÉD.)
2. Helvétius, qui venait de mourir. (ÉD.)
3. C'est l'ordre du jour publié devant Minorque, à la tête de l'armée, et portant que tous les soldats qui s'enivreraient seraient privés de la gloire de monter à l'assaut. (ÉD.)

aventure, car elle est aussi plaisante que glorieuse, et tout à fait dans votre caractère.

Je n'ai pas trop consulté votre caractère, quand je vous ai ennuyé de requêtes pour des choses dont je me soucie assez médiocrement; mais, comme tout le monde, jusqu'aux Suisses, sait que vous m'honorez de vos bontés depuis environ cinquante-cinq ans, on m'a forcé de vous importuner.

Je présume que vous avez daigné disposer M. le duc d'Aiguillon en faveur de ma colonie; car M. d'Ogny lui donne toutes les facilités possibles. Ma colonie réussit, du moins jusqu'à présent; elle travaille dans mon village pour les quatre parties du monde, en attendant qu'elle meure de faim.

Je n'ai nulle nouvelle de la succession de Mme la princesse de Guise. Je ne sais rien de ce qui se passe en France; mais je suis fort au fait des Turcs et des Russes.

Que dites-vous du roi de Prusse, qui m'a envoyé un poëme en six chants contre les confédérés de Pologne? Les contributions qu'il tire de tous les environs de Dantzick pourront servir à faire imprimer son poëme, avec de belles estampes et de belles vignettes.

Le roi de Pologne n'est pas comme vous, qui ne m'écrivez point; il m'a écrit une lettre pleine d'esprit et de plaisanterie sur son assassinat : il est digne de régner, car il est philosophe.

Croiriez-vous qu'une partie des confédérés a proposé pour roi le landgrave de Hesse, que vous avez vu à Paris? Voilà ce que c'est que d'être bon catholique.

Je finis ma lettre de peur d'ennuyer mon héros, qui se moquerait de moi. Je le supplie d'agréer le tendre et profond respect d'un vieux malade qui n'en peut plus.

MMMMMMCCLXXIX. — A M. DE LA HARPE.

28 janvier.

Mon cher champion de bon goût, je ne savais pas que vous eussiez été malade; car je ne sais rien dans mon lit, dont je ne sors presque plus.

N'y a-t-il pas une place vacante à l'Académie, et ne l'aurez-vous point? car les arrêts du conseil passent[1], et le mérite reste.

Je ne suis pas plus pour les gravures que vous. Ce que j'aime du beau *Virgile* d'Angleterre, c'est qu'il n'y a point d'estampes.

Ne faisiez-vous pas une tragédie? mais faites donc des actrices. On dit qu'il n'en reste plus que la moitié d'une.

J'aime tout à fait un élan *qui expire sous une combinaison*; cela m'enchante. J'avais autrefois un père qui était grondeur comme Grichard[2]; un jour, après avoir horriblement et très-mal à propos grondé son jardinier, et après l'avoir presque battu, il lui dit : « Va-t'en, coquin ; je souhaite que tu trouves un maître aussi patient que moi. »

---

1. L'*Éloge de Fénelon*, par La Harpe, avait été supprimé par un arrêt du conseil. (ÉD.)
2. Personnage du *Grondeur*, comédie de Brueys et Palaprat. (ÉD.)

Je menai mon père au *Grondeur*; je priai l'acteur d'ajouter ces propres paroles à son rôle, et monbon homme de père se corrigea un peu.

Faites-en autant aux *Précieuses ridicules*, faites ajouter *l'élan de la combinaison*; menez-y l'auteur, quel qu'il soit, et tâchez de le corriger

Le vieux malade vous embrasse de tout son cœur.

MMMMMMCCLXXX. — A M. LE CARDINAL DE BERNIS.

Ferney, 28 janvier.

Voici, monseigneur, une affaire qui est de la compétence d'un archevêque, d'un cardinal, et d'un ambassadeur. Il s'agit d'acquérir une jolie sujette au roi, et d'empêcher un ancien officier du roi de se damner.

Je ne sais si Florian a l'honneur d'être connu de Votre Éminence; il dit qu'il a celui d'être allié de votre maison. Il a ci-devant épousé une de mes nièces, et, après la mort de sa femme, il est venu passer quelques mois dans mon ermitage. Lucrèce-Angélique a essuyé ses larmes; tous deux, et moi troisième, nous demandons votre protection; sans quoi Philippe et Lucrèce sont exposés à des péchés mortels qui font trembler.

Moi, qui ne peux plus faire de péchés mortels, je m'intéresse à deux âmes qui courent risque de perdre leur innocence baptismale, si le saint-père n'y met la main [1].

Je sais que le pape est *intra et extra jus*. Je sais que vous êtes plein de bonté, et que vous favorisez, autant qu'il est en vous, les sacrements et les amours; j'entends les amours légitimes.

Quoi qu'il en soit, et de quelque manière que la requête des deux amants soit reçue, je supplie Votre Éminence d'agréer le respect et le tendre attachement du vieux malade de Ferney.

Que je vous trouve heureux d'être à Rome! On dit que la plupart de ceux qui sont à Versailles et à Paris enragent.

Mémoire qui accompagnait cette lettre. — Philippe-Antoine de Claris de Florian, ancien capitaine de cavalerie, chevalier de Saint-Louis, pensionnaire du roi, né à Sauve en Languedoc, diocèse d'Alais;

Et Lucrèce-Angélique, fille de Jean-Antoine de Normandie et de Lucrèce-Madeleine Courtonne, née à Roterdam;

Tous deux majeurs, et sans père ni mère, veulent s'épouser.

Le sieur de Florian est catholique;

Lucrèce-Angélique est protestante; mais elle consent de se confesser et de se faire instruire, pourvu qu'elle se marie avant d'être instruite, espérant que la grâce descendra sur elle, et que le mari fidèle convertira la femme infidèle.

Elle a eu le malheur d'épouser ci-devant un calviniste [2] à Genève; mais elle a obtenu un divorce selon les lois de Genève, et est libre.

---

[1]. Le saint-père refusa d'y prêter la main; on s'en passa. Le mariage se fit devant un ministre luthérien. (ED.)

[2]. Théodore Rilliet. (ED.)

Ils sont tous deux dans le diocèse de Genève, sur terre de France; ils demandent une dispense de Sa Sainteté pour se marier.

MMMMMMCCLXXXI. — A M. LE DOCTEUR MARET.

A Ferney, le 1er février.

Monsieur, le souvenir dont vous m'honorez est une grande consolation pour moi dans le triste état où tous les maux attachés à la vieillesse m'ont réduit. Je vous supplie de vouloir bien ajouter à vos bontés celle de dire à M. le président de Ruffey et à M. de Gerland que je leur serai bien tendrement attaché jusqu'au dernier moment de ma vie.

Je n'ai point encore reçu un petit paquet que M. de Gerland voulait bien m'envoyer. J'aurai l'honneur de lui écrire incessamment : agréez mes remercîments et mon respect pour l'Académie et pour vous. C'est avec ces sentiments que j'ai l'honneur d'être, monsieur, votre très-humble et très-obéissant serviteur. VOLTAIRE.

MMMMMMCCLXXXII. — A M. LE MARQUIS DE CONDORCET.

A Ferney, 1er février.

Le vieux malade de Ferney a eu l'honneur, monsieur, de vous envoyer les fadaises du questionneur par la voie que vous lui avez indiquée. Je ne sais si vous aurez des moments pour lire des choses si inutiles. Un homme qui ne sort pas de son lit, et qui dicte au hasard ses rêveries, n'est guère fait pour amuser.

Il me paraît que tous les honnêtes gens ont été d'autant plus sensibles à la perte d'Helvétius, que les marauds d'ex-jésuites, et les marauds d'ex-convulsionnaires, ont toujours aboyé contre lui jusqu'au dernier moment. Je n'aimais point son livre, mais j'aimais sa personne.

Vous avez grande raison, monsieur, de dire qu'on a souvent exagéré la méchanceté de la nature humaine; mais il est bon de faire des caricatures des méchantes gens, et de leur présenter des miroirs qui les enlaidissent : quand cela ne servirait qu'à en corriger un ou deux sur vingt mille, ce serait toujours un bien.

Quant aux barbares qui veulent des tragédies en prose, ils en méritent. Qu'on leur en donne à ces pauvres Welches, comme on donne des chardons aux ânes.

Pour les autres Welches qui se passionnent pour ou contre les parlements, cela passera comme le jansénisme et le molinisme; mais ce qui ne passera qu'après ma mort, c'est mon tendre et sincère attachement pour vous, monsieur, qui méritez autant d'amitié que d'estime.

MMMMMMCCLXXXIII. — A FRÉDÉRIC II, ROI DE PRUSSE.

A Ferney, le 1er février.

Sire, mon cœur, quoique bien vieux, est tout aussi sensible à vos bontés que s'il était jeune. Vos troisième et quatrième chants[1] m'ont presque guéri d'une maladie assez sérieuse; vos vers ne le sont pas.

1. *De la Pologniade.* (ED.)

Je m'étonne toujours que vous ayez pu faire quelque chose d'aussi gai sur un sujet si triste. Ce que Votre Majesté dit des confédérés dans sa lettre inspire l'indignation contre eux autant que vos vers inspirent de gaieté. Je me flatte que tout ceci finira heureusement pour le roi de Pologne et pour Votre Majesté. Quand vous n'auriez que six villes pour vos six chants, vous n'auriez pas perdu votre papier et votre encre.

La reine de Suède ne gagnera rien aux dissensions polonaises; mais elle augmentera le bonheur de son frère et le sien. Permettez que je la remercie des bontés dont vous m'apprenez qu'elle daigne m'honorer, et que je mette mes respects pour elle dans votre paquet.

La veuve du pauvre cher Isaac[1] m'a fait part des bontés dont vous la comblez, et du petit monument qu'elle érige à son mari, le panégyriste de l'empereur Julien, de très-respectable mémoire. C'est une virtuose que cette Mme Isaac; elle sait du grec et du latin, et écrit dans sa langue d'une manière qui n'est pas ordinaire.

Votre Majesté finit sa dernière lettre par de belles maximes de morale; mais vous conseillez à un impotent de ne pas marcher trop vite. Il y a deux ans que je ne sors presque point de mon lit. Je serais tenté de vous dire comme Le Nôtre au pape Alexandre VII : « Saint-père, donnez-moi des tentations au lieu de bénédictions. » La santé, la santé, voilà le premier des biens dans quelque condition qu'on soit, et à quelque âge qu'on soit parvenu.

Je supplie Votre Majesté de n'avoir plus la goutte, à moins que cela ne produise quelque nouveau poëme en six chants.

Agréez, sire, le profond respect et l'inviolable attachement d'un pauvre vieillard qui a pis que la goutte.

MMMMMMCCLXXXIV. — A M. SAURIN.

2 février.

Nous sommes, mon cher philosophe, un petit nombre d'adeptes qui aimons encore les bons vers. Votre petit recueil[2], moitié gai, moitié philosophique, m'a fait grand plaisir. Comment! vous parlez de la vieillesse comme si vous la connaissiez. Pour moi, je sais ce qui en est; j'en éprouve toutes les misères, et, avec cela, je vous dirai que je n'ai trouvé la vie tolérable que depuis que je vieillis dans ma retraite.

Vous faites des vers comme si vous n'écriviez point en prose, et vous écrivez en prose comme si vous ne faisiez point de vers. Votre comédie du *Mariage de Julie* est une des plus agréablement dialoguées que j'aie jamais lues.

Adieu, mon cher philosophe; vieillissez, quoi que vous en disiez. Je m'amuse à établir des colonies et à marier des filles; cela me rajeunit.

J'ai toujours oublié de vous demander si Mlle de Livry, votre ancienne amie, vit encore. Je me souviens que, du temps de l'aventure horrible des Calas, j'écrivis à M. de Gouvernet pour le prier de s'inté-

1. Le marquis d'Argens. (ÉD.)
2. *Epîtres sur la Vieillesse et sur la Vérité*, suivies de quelques pièces fugitives en vers, et d'une comédie nouvelle en prose et en un acte, ayant pour titre : *le Mariage de Julie*, par M. Saurin, de l'Académie française. (ÉD.)

resser à cette famille infortunée. Il ne me fit point de réponse, et ne voulut point voir Mme Calas. Il ne mérite pas de vieillir ; cependant je ne souhaite pas qu'il soit mort.

Je vous embrasse bien tendrement.

MMMMMMCCLXXXV. — A M. LE COMTE D'ARGENTAL.
5 février.

Ce jeune homme, mes chers anges, quoi qu'on die, est un fort bon garçon ; et, quoiqu'il se soit égayé quelquefois aux dépens des Nonotte, des Fréron, et des Patouillet, il a un fonds de raison et de justice qui me fait toujours plaisir.

Ce jeune Crétois était donc avec moi lorsqu'on m'apporta les remarques de vos quatre têtes dans un bonnet ; il les lut avec attention.

« Je ne suis point, me dit-il, de ces Crétois dont parle saint Paul ; il les appelle menteurs, méchantes bêtes, et ventres paresseux [1] ; c'était bien lui, pardieu! qui était un menteur et une méchante bête. Je ne sais pas s'il était constipé, mais je suis bien sûr qu'il n'aurait jamais fait ma tragédie crétoise [2], quelque peu qu'elle vaille ; il n'aurait pas fait non plus les remarques des quatre têtes ; elles me paraissent fort judicieuses ; il faut qu'il y ait bien plus d'esprit à Paris que dans nos provinces, car je n'ai trouvé personne, ni à Mâcon, ni à Bourg-en-Bresse, qui m'ait fait de pareilles observations. »

Aussitôt il prit papier, plume, et encre ; et voilà mon jeune homme qui se met à raturer, à corriger, à refaire. Il est fort vif ; c'est un petit cheval qui, au moindre coup d'éperon, vous court le grand galop. Je n'ai pas été mécontent de sa besogne, mais je ne puis rien assurer qu'après qu'elle aura été remise sous vos yeux.

Ce qui me plaît de sa drôlerie, c'est qu'elle forme un très-beau spectacle. D'abord des prêtres et des guerriers disant leur avis sur une estrade, une petite fille amenée devant eux qui leur chante pouilles, un contraste de Grecs et de sauvages, un sacrifice, un prince qui arrache sa fille à un évêque tout prêt à lui donner l'extrême-onction ; et, à la fin de la pièce, le maître autel détruit, et la cathédrale en flammes : tout cela peut amuser ; rien n'est amené par force, tout est de la plus grande simplicité, et il m'a paru même qu'il n'y avait aucune faute contre la langua, quoique l'auteur soit un provincial.

Mon candidat veut que je vous envoie sa pièce le plus tôt que je pourrai, mais il faut le temps de la transcrire. Il m'a dit qu'il avait des raisons essentielles que son drame fût joué cette année. Je prie donc M. de Thibouville de me mander si son autre jeune homme est prêt, et si on peut compter sur lui.

A l'égard de votre ami, qui est à la campagne, je vous dirai qu'il ne peut avoir été choqué d'un petit mot [3], d'ailleurs très-juste et très à sa place, à l'article *Parlement*, puisque ce petit mot n'a paru que depuis environ un mois, et est probablement entièrement ignoré de lui

1. *Épître à Tite*, chap. I, verset 12. (ÉD.)
2. *Les Lois de Minos*, où la scène est en Crète. (ÉD.)
3. L'éloge du chancelier Maupeou. (ÉD.)

Quoi qu'il en soit, je vous aurai une obligation infinie, si vous voulez bien faire en sorte qu'il soit persuadé de mes sentiments.

Mon jeune homme vous prie de répondre sur M. de Thibouville, ou qu'il fasse répondre lui-même, supposé qu'on puisse lire son écriture; car je crains toujours que ce candidat, qui est fort vif, comme je vous l'ai dit, n'ait la rage de faire imprimer son drame, dès qu'il en sera un peu content.

Interim je me mets à l'ombre de vos ailes.

LE VIEUX MALADE DE FERNEY.

MMMMMCCLXXXVI. — A M. SERVAN.

Ferney, 9 février.

Comme vous rêvez, monsieur, et que vos rêves sont beaux! vos songes sont les veilles de Cicéron. Mais est-ce un songe que vous soyez à Lyon? Quoi! l'envie est venue vous attaquer jusque dans votre sanctuaire de Grenoble! En ce cas, je devrais adresser ma lettre à Linterne [1].

Vous dites que votre petite maison de Suisse n'est pas encore achetée : vraiment, monsieur, je le crois bien; il n'est point du tout aisé d'acheter un bien-fonds dans le canton de Berne. Nos lois, dont nous nous moquons souvent avec justice, sont du moins plus honnêtes que celles des Suisses. Un Suisse protestant peut acheter en France une terre d'un ou deux millions, et un Français catholique ne peut pas rester trois jours dans un canton calviniste sans la permission d'un magistrat, qui est quelquefois un cabaretier. Les Suisses sont heureux à leur manière, mais ils ne sont point du tout hospitaliers.

J'avais forcé la loi à Lausanne et à Genève, et enfin j'ai trouvé que je n'étais véritablement libre qu'à Ferney. *Ubicumque calculum ponas, ibi naufragium invenies* [2]. Je suis dans un heureux port depuis vingt ans, et dans une retraite qui convient à un homme né malade.

Si vous prenez le parti de la retraite, soit chez vous, soit dans un autre pays, il est certain que vous vivrez plus heureux et plus longtemps : voilà le grand point; tout le reste est pure chimère. Les hommes ne méritent guère qu'on se tue pour eux; et peut-être le travail forcé de votre place vous aurait-il tué. Vous aurez à vos ennemis l'obligation de vivre. Vous êtes dans la fleur de votre âge et de votre réputation; votre nom est précieux à quiconque aime l'équité et l'humanité. Dans quelque lieu que vous soyez, vous serez sur un grand théâtre; vous nous instruirez sur le droit public des nations, au lieu de vous enrhumer à résumer les procès des Dauphinois, dont le reste de la terre se soucie médiocrement; vous parlerez au genre humain, au lieu de parler à des conseillers de Grenoble; les rayons de votre gloire iront à Pétersbourg, au lieu qu'une partie peut-être se serait perdue dans le Grésivaudan.

Il y a encore un autre parti à prendre, c'est celui d'aller écraser des ennemis du poids de votre mérite. La chose est assurément très-aisée;

---

[1]. C'est à Linterne qu'est mort Scipion l'Africain. (ÉD.)
[2]. Pétrone, chap. CXV. (ÉD.)

mais cela demande autant de santé que vous avez de courage. Quoi que vous fassiez, soyez bien sûr, monsieur, que je mourrai plein du plus tendre respect pour vous; que j'aimerai jusqu'au dernier moment votre éloquence, votre philosophie, et la bonté de votre cœur.

Agréez tous les sentiments et la vénération du vieux malade qui n'en peut plus. VOLTAIRE.

MMMMMMCCLXXXVII. — DE CATHERINE II.

Le 30 janvier-10 février

Monsieur, vous me demandez un exemplaire imprimé de l'attentat des révérends pères poignardins confédérés pour l'amour de Dieu; mais il n'y a point eu de relation de cette détestable scène imprimée ici. J'ai ordonné de remettre à M. Polianski, votre protégé, l'argent pour son voyage d'Italie; j'espère qu'il l'aura reçu à l'heure qu'il est, de même que vos colons, auxquels j'ai dit d'envoyer deux cent quarante-sept roubles qui manquent au compte qui leur a été payé ci-devant.

Dans une de vos lettres vous me souhaitez, entre autres belles choses que votre amitié pour moi vous inspire, une augmentation de plaisirs; je vais vous parler d'une sorte de plaisir bien intéressant pour moi, et sur lequel je vous prie de me donner vos conseils.

Vous savez (car rien ne vous échappe) que cinq cents demoiselles sont élevées dans une maison ci-devant destinée à trois cents épouses de Notre-Seigneur. Ces demoiselles, je dois l'avouer, surpassent notre attente : elles font des progrès étonnants, et tout le monde convient qu'elles deviennent aussi aimables qu'elles sont remplies de connaissances utiles à la société. Elles sont de mœurs irréprochables, sans avoir cependant l'austérité minutieuse des recluses. Depuis deux hivers on a commencé à leur faire jouer des tragédies et des comédies; elles s'en acquittent mieux que ceux qui en font profession ici : mais j'avoue qu'il n'y a que très-peu de pièces qui leur conviennent, parce que leurs supérieures veulent éviter de leur en faire jouer qui remuassent trop tôt les passions. Il y a trop d'amour, dit-on, dans la plupart des pièces françaises, et les meilleurs auteurs même ont été souvent gênés par ce goût ou caractère national. En faire composer, cela est impossible; ce ne sont pas là des ouvrages de commande, c'est le fruit du génie. Des pièces mauvaises et insipides nous gâteraient le goût. Comment faire donc? je n'en sais rien, et j'ai recours à vous. Faut-il ne choisir que des scènes? mais cela est beaucoup moins intéressant, à mon avis, que des pièces suivies.

Personne ne saurait mieux en juger que vous, monsieur; aidez-moi, je vous prie, de vos conseils.

J'allais finir cette lettre, lorsque je reçois la vôtre du 14 janvier. Je vois à regret que je n'ai point répondu à quatre de vos lettres; cette dernière est écrite avec tant de vivacité et de chaleur, qu'il semble que chaque nouvelle année vous rajeunit. Je fais des vœux pour que votre santé se rétablisse dans le cours de celle-ci.

Plusieurs de nos officiers, que vous avez eu la complaisance d'admettre à Ferney, sont revenus enchantés et de vous et de l'accueil que vous leur avez fait. En vérité, monsieur, vous me donnez des preuves bien sensibles de votre amitié ; vous l'étendez jusqu'à nos jeunes gens, avides de vous voir et de vous entendre : je crains qu'ils n'abusent de votre complaisance. Vous direz peut-être que je ne sais ce que je veux et ce que je dis, et que le comte Théodore Orlof a été à Genève sans entrer à Ferney; mais j'ai bien grondé le comte Théodore de n'être point allé vous voir, au lieu de passer quatorze heures à Genève : et, s'il faut tout dire, c'est une mauvaise honte qui l'a retenu. Il prétend qu'il ne s'explique pas en français avec assez de facilité. A cela je lui ai répondu qu'un des principaux mobiles de la bataille de Tchesme était dispensé de savoir exactement la grammaire française, et que l'intérêt que M. de Voltaire veut bien prendre à tout ce qui regarde la Russie, et l'amitié qu'il me marque, me fait supposer que peut-être il n'aurait point eu de regret (quoiqu'il n'aime pas le carnage) d'entendre les détails de la prise de la Morée, et des deux journées mémorables du 24 et 26 juin 1770, de la bouche même d'un officier général aussi aimable qu'il est brave ; et qu'il lui aurait pardonné de ne pas s'expliquer exactement dans une langue étrangère que bien des naturels commencent à ignorer, s'il en faut juger par tant d'ouvrages insipides et mal écrits qu'on imprime tous les jours.

Vous vous étonnez de mes emplettes de tableaux : je ferais mieux peut-être d'en acheter moins, mais des occasions perdues ne se retrouvent plus. Mes deniers d'ailleurs ne sont pas confondus avec ceux de l'État, et avec de l'ordre on vient à bout de bien des choses. Je parle par expérience.

Je m'aperçois que ma lettre devient trop longue. Je finis en vous priant de me continuer votre amitié, et d'être persuadé que, si la paix n'a point lieu, je ferai tout mon possible pour vous donner le plaisir de voir Moustapha encore mieux accommodé qu'il ne l'a été ci-devant. J'espère que tous les bons chrétiens s'en réjouiront avec nous, et que, de façon ou d'autre, ceux qui ne le sont point se rangeront à la raison par des démonstrations aussi convaincantes que deux et deux font quatre.

MMMMMCCLXXXVIII. — A CATHERINE II.

A Ferney, 12 février.

Madame, j'ai peur que Votre Majesté Impériale ne soit bien lasse des lettres d'un vieux raisonneur suisse qui ne peut vous servir à rien, qui n'a pour vous qu'un zèle inutile, qui déteste cordialement Moustapha, qui n'aime point du tout les confédérés polaques, et qui se borne à crier, dans son désert, aux truites du lac de Genève : « Chantons Catherine III »

Il m'est tombé entre les mains une petite pièce de vers d'un jeune Courlandais ou Courlandois qui est venu dans mon ermitage, et que j'aime beaucoup, parce qu'il pense comme moi. Il m'a dit qu'il n'osait pas mettre à vos pieds ce rogaton ; mais que, puisque j'avais la hardiesse de vous ennuyer quelquefois en prose, il ne m'en coûterait pas davantage d'ennuyer Votre Majesté Impériale en vers.

Je cède donc à l'empressement qu'a ce bon Courlandais de vous faire bâiller; vous recevrez son ode au milieu de cent paquets qui vous arriveront de la Valachie, des îles de l'Archipel, d'Archangel, et de l'Italie; mais les vers ne veulent être lus que quand on n'a rien à faire; et je ne pense pas que ce soit jamais le cas de Votre Majesté.

Après tout, elle ne doit pas être surprise qu'un Courlandais fasse des vers, puisque le roi de Prusse et l'empereur de la Chine en font tous les jours. Il est vrai que les vers de l'empereur de la Chine ne sont pas sur les confédérés, mais c'est aux confédérés que le roi de Prusse et mon Courlandais s'adressent.

Au reste, madame, nos nouvellistes disent que, voyant enfin qu'il ne paraissait aucun Godefroy de Bouillon, aucun Renaud, aucun Tancrède pour seconder vos héros, et que personne ne voulait gagner des indulgences plénières en allant reprendre Jérusalem, vous vous amusez à négocier une trêve avec ces vilains Turcs. Tout ce que vous ferez sera bien fait; mais je voudrais qu'ils fussent tous au fond de la mer Égée.

Je ne vous parle point des autres nouvelles qu'on débite; elles me déplairaient beaucoup si elles étaient vraies; mais je ne crois point à cette bavarde qu'on appelle la Renommée, je ne crois qu'à la Gloire; elle est toujours auprès de vous : elle sait de quoi il s'agit, elle bâtit le temple de Mémoire à Pétersbourg, et je l'encense du fond de ma chaumière.

Je me mets aux pieds de la déesse et de la fondatrice du temple, avec la reconnaissance, le profond respect, et l'attachement que mon cœur lui doit.

MMMMMMCCLXXXIX. — A M. LE MARÉCHAL DUC DE RICHELIEU.

12 février.

Comment donc! mon héros daigne, du milieu de son tourbillon, m'écrire dans ma caverne une lettre toute philosophique! Je suis persuadé que le duc d'Épernon, votre devancier en Aquitaine, dont je vous ai vu autrefois si entiché, et qui ne vous valait pas à beaucoup près, n'aurait point écrit une pareille lettre de quatre pages à Malherbe ou à Gassendi.

J'avoue qu'il y a un peu de ridicule à moi à me mêler des affaires des autres; mais je suis comme ces vieilles catins qui ne peuvent rien refuser, et qui sont trop heureuses qu'on leur demande quelque chose. D'ailleurs, vous savez comme la destinée est faite, et comme elle nous ballotte. Elle m'adressa les Calas et les Sirven, sans que je cherchasse pratique. Je me pris de passion pour ces infortunés; et, Dieu merci, je réussis, ce qui m'arrive bien rarement.

J'ai eu la même faiblesse pour deux ou trois cents Génevois sur qui leurs compatriotes tiraient comme sur des perdreaux; ils se réfugièrent dans mon village; je leur bâtis une vingtaine de maisons de pierre. J'ai établi quatre manufactures; ce sont les hochets de ma vieillesse; et si M. le contrôleur général ne m'avait pas pris dans ma poche, ou plutôt dans celle de M. Magon, deux cent mille francs qu'il avait à moi en dépôt (ce qui s'appelle, dit-on, chez les Welches, une opération de finances), ma colonie aurait été très-florissante presque en naissant. Elle se soutient pourtant, malgré cette perte épouvantable; et, si le ministère voulait bien nous protéger, et surtout si je n'étais pas si vieux, mon village deviendrait une ville dans peu d'années.

Je vois donc que la destinée fait tout, et que nous ne sommes que ses instruments. Elle vous a choisi pour les plus brillants événements en tout genre, pour tous les plaisirs, et pour toutes les sortes de gloire, et elle me fait faire des sauts de carpe dans un désert.

Vraiment je ne savais pas que M. le duc d'Aiguillon n'avait point la surintendance des postes. Je ne sais rien de ce qui se passe dans votre brillante cour. Je ne suis en relation qu'avec les climats de l'Ourse. Je sais plus de nouvelles d'Archangel que de Versailles. J'ignore même si vous êtes cette année premier gentilhomme de la chambre en exercice. Si vous l'étiez, je sais bien ce que je vous proposerais pour vous amuser; mais je pense que c'est M. le duc de Fleury, et je ne le crois pas si amusable que vous, j'oserais même dire si amusant; car enfin il faut bien qu'il y ait des nuances entre les confrères, et chacun a son mérite différent.

Quoi qu'il en soit, monseigneur, conservez vos bontés pour un vieillard cacochyme qui vous est attaché avec le plus tendre respect, jusqu'au moment où il ira revoir ou ne pas revoir tous ceux qui ont vécu avec vous, et qui sont engloutis dans la nuit éternelle.

MMMMMMCCXC. — A M. DE LA HARPE.

25 février.

Mon cher ami, qui devriez être mon confrère, je vois par votre lettre du 15 février, que vous avez été malade. Vos maladies, Dieu merci, sont passagères. Je ne relèverai pas de la mienne, qui me conduit tout doucement dans l'autre monde. Je vous avertis que, si vous ne me succédez pas à l'Académie, je serai très-fâché.

Je ne vois pas pourquoi vous ne vous chargeriez pas du roi de Prusse, en laissant aux militaires le soin de parler de ses campagnes, et en vous bornant à la partie littéraire. Il me fait l'honneur de m'écrire, tous les quinze jours, des lettres pleines d'esprit et de connaissances; il fait encore quelquefois des vers français : tout cela est de votre ressort. Vous êtes dans le beau printemps de votre âge, et ma vieille main ne peut plus tenir le pinceau.

Je n'ai presque jamais lu dans le *Mercure* que les articles de votre façon. Je ne connais guère que vous et M. Dalembert qui sachiez écrire. La raison en est que vous savez penser; les autres font des phrases. Ils sont tous les élèves du P. Nicodème, qui disait à Jeannot :

Fais des phrases, Jeannot; ma douleur t'en conjure.

On écrit à peu près en prose comme en vers, en style allobroge et inintelligible. La précision, la clarté, les grâces, sont passées de mode il y a longtemps. Tâchez de ranimer un peu ce malheureux siècle, qui ne subsiste plus que de l'opéra-comique.

Croiriez-vous qu'on va jouer *Mahomet* à Lisbonne avec la plus grande magnificence ? c'est une belle époque dans le pays de l'inquisition. Le Visigoth Crébillon avait fait ce qu'il avait pu pour qu'on ne le jouât pas à Paris; il avait raison.

Adieu, mon cher successeur; on ne peut vous être plus attaché que

Le vieux malade de Ferney.

MMMMMCCXCI. — Du cardinal de Bernis.

A Rome, le 25 février.

J'aurais fort désiré, mon cher confrère, de rendre service à M. de Florian, qui est allié de mon beau-frère, et votre parent; mais l'affaire ne peut réussir, elle ne peut pas même être proposée ici.

J'aime beaucoup mieux en effet le séjour de Rome, où l'on n'ose pas m'inquiéter, que celui de Versailles, où je ne serais pas tranquille. Mon étoile (si étoile il y a) est singulière, mais elle n'est pas malheureuse. Vous vous souvenez que je dis au cardinal de Fleury : *J'attendrai*. Ce mot explique la conduite de toute ma vie. C'est parce que j'ai eu de la patience et de la modération que j'ai souvent réussi, et que je vis heureux et tranquille. Quoique votre santé soit délicate et que vous en ayez quelquefois abusé, j'espère que vous vivrez autant que Fontenelle, et cela est bien juste. Vous jouissez de votre réputation et de vous-même; vous rendez heureux ceux qui vous environnent, après avoir illustré votre siècle. Vivez donc cent ans sans radoter, et aimez toujours le plus fidèle de vos serviteurs et le plus sincère de vos admirateurs.

MMMMMCCXCII. — De Frédéric.

Cassel, le 28 février.

Monsieur, M. Mallet[1] me remit ces jours passés votre lettre. Il m'a paru être un jeune homme très-sage, et qui s'énonce très-bien. Enfin, pour faire son éloge, il n'y a qu'à dire qu'il m'a été recommandé par le Nestor de notre littérature. Que je serais charmé de vous voir ici ! Je tâcherais de vous en rendre, autant que je pourrais, le séjour agréable; mais je me bornerai à espérer de vous revoir un de ces jours à Ferney, et à tâcher de mériter par vos leçons le caractère de philosophe, le plus beau qui soit attaché à l'humanité, et que votre politesse veut bien me donner.

Je suis, avec les sentiments de l'amitié la plus sincère, monsieur, votre, etc. Frédéric.

MMMMMCCXCIII. — De Frédéric II, roi de Prusse.

A Potsdam, le 1ᵉʳ mars.

Je suis, en vérité, tout honteux des sottises que je vous envoie; mais puisque vous êtes en train d'en lire, vous en recevrez de diverses espèces : le cinquième chant de *la Confédération*[2], un discours acadé-

---

1. Mallet-Dupan. (Éd.) — 2. *La Pologniade.* (Éd.)

mique sur une matière assez usée [1], pour amener l'éloge de l'illustre auditoire qui se trouvait à la séance de l'Académie, et une épître à ma sœur de Suède au sujet des désagréments qu'elle a essuyés dans ce pays-là. Elle a reçu la lettre que vous lui avez adressée; elle n'a pas voulu me confier la réponse, qui sans cela se serait trouvée incluse dans ma lettre.

Ce n'est pas seulement en Suède que l'on essuie des contre-temps; la pauvre Babet, veuve du défunt Isaac, en a bien éprouvé en Provence. Les dévots de ce pays doivent être de terribles gens : ils ont donné l'extrême-onction par force à ce bon panégyriste de l'empereur Julien; on a fait des difficultés de l'enterrer, et d'autres encore pour un monument qu'on voulait lui ériger. La pauvre Babet a vu emporter par une inondation la moitié de la maison que son mari lui a bâtie; elle a perdu ses meubles, perte considérable relativement à sa fortune, qui est mince; elle a acquis quantité de connaissances pour complaire à son mari; elle ne peint pas mal, et elle est respectable pour avoir contribué, autant qu'il était en elle, aux goûts de son mari, et lui avoir rendu la vie agréable. Un soir, en revenant de chez moi, le marquis rentre chez sa femme, et lui demande : « Eh bien ! as-tu fait cet enfant? » Quelques amis, qui se trouvèrent présents, se prirent à rire de cette étrange question; mais la marquise les mit à leur aise en leur montrant le portrait d'un petit morveux que son mari l'avait chargée de faire.

Je viens encore d'essuyer un violent accès de goutte, mais il ne m'a pas valu de poëme, faute de matière. Pour vous, ne vous étonnez point que je vous croie jeune : vos ouvrages ne se ressentent point de la caducité de leur auteur; et je crois qu'il ne dépendrait que de vous de composer encore une *Henriade*. Si les insectes de la littérature vous donnaient de l'opium, ils n'auraient pas tort; car, mettant Voltaire de côté, ils en paraîtraient moins médiocres : et que de beaux lieux communs on pourrait répéter, en faisant la liste de tous les grands hommes qui ont survécu à eux-mêmes ! On dirait que l'épée a usé le fourreau, que le feu ardent de ce grand génie l'a consumé avant le temps, qu'il faut bien se garder d'avoir trop d'esprit, parce qu'il s'use trop vite. Que de sots s'applaudiraient de ne pas se trouver dans ce cas ! et qu'une multitude d'animaux à deux pieds, sans plumes, diraient : « Nous sommes bien heureux de n'être point des Voltaire ! » Mais heureusement vous n'avez point de médecin premier ministre, qui vous donne des drogues pour régner en votre place; je crois même que la trempe de votre esprit résisterait aux poisons de l'âme.

Je fais des vœux pour votre conservation; s'ils sont intéressés, vous devez me le pardonner en faveur du plaisir que vos ouvrages me font.
Vale. FÉDÉRIC.

[1]. *De l'Utilité des sciences et des arts dans un État*, discours prononcé à l'Académie de Berlin le 27 janvier 1772. (ÉD.)

MMMMMMCCXCIV. — A M. LE COMTE D'ARGENTAL.
2 mars.

Messieurs du quatuor, j'ai montré au jeune avocat Duroncel[1] les pouilles que vous lui chantez. Voici comment il a plaidé sa cause, et mot pour mot ce qu'il m'a répondu :

« Je suis très-occupé dans ma province, et il me serait impossible d'être témoin à Paris de l'histrionage en question. Mon seul plaisir serait de contribuer deux ou trois fois à l'amusement de messieurs du quatuor à qui vous êtes si justement attaché; mais cela devient absolument impossible. On doit jouer le mercredi des cendres la pièce de M. Le Blanc[2], qui traite précisément le même sujet. Voici ce qu'un connaisseur qui a vu cette tragédie m'en écrit :

« Le sujet en est beau; c'est l'abolition des sacrifices humains dont
« nos ancêtres se rendaient coupables. On la jouera le mercredi des
« cendres; et, en attendant mieux, nous aurons le plaisir de voir sur
« le théâtre un peuple détrompé qui chasse ses prêtres, et brise des
« autels arrosés de son sang. Je vous enverrai cette pièce aussitôt qu'elle
« sera imprimée. L'auteur, M. Le Blanc, est un véritable philosophe,
« un brave ennemi des préjugés de toute espèce et des tyrans de toutes
« les robes; et, ce qui est bien plus nécessaire pour écrire une tragédie,
« il est vraiment poëte. »

« Il ne me reste donc d'autre parti à prendre que celui de me joindre à M. Le Blanc, de montrer que je ne suis point son plagiaire, et que deux citoyens, sans s'être rien communiqué, ont plaidé chacun de leur côté la cause du genre humain. Je regarde le supplice des citoyens qui furent immolés à Thorn en 1724, à la sollicitation des jésuites, la mort affreuse du chevalier de La Barre, la Saint-Barthélemy, et les arrêts de l'inquisition, comme de véritables sacrifices de sang humain; et c'est ce que je me propose de faire entendre dans une préface et dans des notes, d'une manière qui ne pourra choquer personne. Voilà le seul but que je me propose dans mon ouvrage. Je l'aurais livré de tout mon cœur aux comédiens de Paris, si je ne me voyais prévenu; mais ils n'accepteraient pas à la fois deux pièces sur le même sujet. Le réchauffé n'est jamais bien reçu; et vous savez d'ailleurs combien de gens s'ameuteraient pour faire tomber mon ouvrage. Je me pique seulement d'écrire en français; c'est un devoir indispensable que tout le monde a négligé depuis Racine. On m'assure que M. Le Blanc a rempli ce devoir indispensable pour quiconque veut être lu des gens de goût.

« Je suis fâché que vous ayez envoyé déjà ma tragédie à messieurs du quatuor, je ne la trouve pas digne d'eux. »

Voilà, messieurs, mot pour mot, ce que m'a dit ce jeune homme, et je vous avoue que je n'ai pas eu le courage de lui rien répliquer. J'ai trouvé qu'il avait raison en tout, et j'ose croire que vous penserez comme moi. Si la pièce de M. Duroncel vaut quelque chose, vous serez

1. C'était sous ce nom qu'il voulait donner *les Lois de Minos*. (ÉD.)
2. *Les Druides*, tragédie. (ÉD.)

bien aises que le petit nombre de connaisseurs qui restent encore à Paris voie à la fois deux ouvrages sur un objet si intéressant.

Quant aux autres dont M. de Thibouville parle, ce sera l'affaire de M. le maréchal de Richelieu quand il sera d'année, et quand il y aura des acteurs; j'ajoute encore quand les temps seront plus favorables, et quand les cabales seront un peu apaisées.

Pour réussir en France, il faut prendre son temps.
Voltaire, *Épître au roi de la Chine.*

Vous savez comme on a voulu, pendant vingt ans, étouffer *la Henriade*, et ce que toutes mes tragédies ont essuyé de contradictions. On doit tâcher de bien faire, et se résigner.

Je ne me suis fait que pour les pays étrangers. *La Henriade* ne fut bien reçue qu'en Angleterre. Crébillon empêcha *Mahomet* d'être joué. C'est Mme Necker [1], née en Suisse, qui m'a fait un honneur que je ne méritais pas.

Ce sont aujourd'hui les rois de Suède, de Danemark, de Prusse, de Pologne, et l'impératrice de Russie, qui me protègent. Nul n'est prophète en son pays.

MMMMMCCXCV. — A M. LE MARQUIS DE THIBOUVILLE.

Ferney.

Mon jeune candidat est venu chez moi tout effaré. « On va jouer, m'a-t-il dit, *les Druides* d'un illustre auteur de Paris, nommé M. l'abbé Le Blanc [2], qui a déjà donné un *Mogol* avec beaucoup de succès. Ces *Druides* sont précisément la même chose que mes *Crétois :* ils veulent immoler une jeune fille, on les en empêche. Je me vois dans la douloureuse nécessité d'imprimer ma pièce avant que celle de M. l'abbé Le Blanc soit jouée. » Mon pauvre jeune homme m'a assuré qu'il avait fondé de grandes espérances sur son île de Candie [3]. Il est fort affligé; je l'ai consolé comme j'ai pu; mais, au fond, je ne vois pas qu'il ait d'autre parti à prendre. Je lui ferai part des conseils que vous voudrez bien lui donner. Comme je ne connais point Paris, et que tout est changé depuis environ vingt-quatre ans que j'ai passé par cette ville, je ne puis lui rien dire sur le parti qu'il doit prendre.

Mes respects au quatuor. V.

MMMMMCCXCVI. — A M. VASSELIER.

A Ferney, 2 mars.

Je ne plains, mon cher correspondant, ni le conseiller qui s'est pendu [4], ni celui qui n'a pris conseil de personne; ils ont tous deux

---

1. C'était chez cette dame qu'avait été formé le projet de la statue de Voltaire. (ÉD.)
2. L'abbé Le Blanc, auteur d'*Abensaïd*, est autre que Leblanc de Guillet. (ÉD.)
3. C'est dans l'île de Crète, aujourd'hui de Candie, qu'est la scène des *Lois de Minos*. (ÉD.)
4. Duval, conseiller au Châtelet, exilé à Montargis, avait été trouvé, le 14 février, pendu dans son grenier. (ÉD.)

suivi leur goût. Je plains ceux qu'on empoisonne avec du vert-de-gris, parce que ce n'était pas leur intention.

Je vous confie qu'un jeune avocat, nommé M. Duroncel, m'a remis un manuscrit fort singulier¹ dont vous pourriez gratifier votre protégé Rosset². Il obtiendrait certainement une permission sans difficulté, et je puis vous assurer que cela lui vaudrait quelque argent. J'ai eu beaucoup de peine à engager M. Duroncel à donner la préférence à Lyon sur Genève. Ce que M. Duroncel vous demande surtout, c'est le plus profond secret; il n'en faut parler ni à votre père ni à votre maîtresse; je suis sûr de votre confesseur.

MMMMMCCXCVII. — A M. L'ABBÉ DU VERNET.

A Ferney, le 4 mars

Il faut, monsieur, que chacun fasse son testament; mais vous vous doutez bien que celui qu'on m'impute n'est point mon ouvrage. *L'Ancien et le Nouveau Testament* ont fait dire assez de sottises sans que j'y ajoute le mien. Mes prétendues dernières volontés sont d'un avocat de Paris, nommé Marchand, qui fait rire quelquefois par ses plaisanteries. J'espère que mon vrai testament sera plus honnête et plus sage. Le malheur est qu'après avoir été esclave toute sa vie, il faut l'être encore après sa mort. Personne ne peut être enterré comme il voudrait l'être : ceux qui seraient bien aises d'être dans une urne, sur la cheminée d'un ami, sont obligés de pourrir dans un cimetière ou dans quelque chose d'équivalent; ceux qui auraient envie de mourir dans la communion de Marc Aurèle, d'Épictète et de Cicéron, sont obligés de mourir dans celle de Luther, s'ils meurent à Upsal, et d'aller dans l'autre monde avec de l'huile d'un patriarche grec, si la fièvre les prend dans la Morée. J'avoue que depuis quelque temps on meurt plus commodément qu'autrefois dans le petit pays que j'habite. La liberté de penser s'y établit insensiblement comme en Angleterre. Il y a des gens qui m'accusent de ce changement : je voudrais avoir mérité ce reproche depuis Constantinople jusqu'à la Dalécarlie. Il est ridicule de troubler les vivants et les morts : chacun, ce me semble, doit disposer de son corps et de son âme à sa fantaisie; le grand point est de ne jamais molester le corps ni l'âme de son prochain; notre consolation, après la mort, est que nous ne saurons rien de la manière dont on nous aura traités. Nous avons été baptisés sans en rien savoir; nous serons inhumés de même. Le mieux serait peut-être de n'avoir jamais reçu cette vie dont on se plaint si souvent, et qu'on aime toujours. Mais rien n'a dépendu de nous : nous sommes attachés, comme dit Horace, avec les gros clous de la Nécessité³.

1. *Les Lois de Minos.* (ÉD.) — 2. Libraire à Lyon. (ÉD.)
3. Horace, vers 17 et 18 de l'ode XXV du livre I. (ÉD.)

MMMMMMCCXCVIII. — A CATHERINE II.

À Ferney, 6 mars.

Madame, j'ai été sur le point de délivrer pour jamais Votre Majesté Impériale de l'ennui de mes inutiles lettres : et tandis que le roi de Prusse achevait son poëme contre les confédérés; tandis qu'un de nos Français ¹ entrait, dit-on, par un trou comme un blaireau dans Cracovie; tandis que Moustapha s'obstinait à se faire battre, et que l'aventure de Copenhague ² étonnait toute l'Europe, je me mourais tout doucement dans mon ermitage, et je partais pour aller saluer ce Pierre le Grand qui prépara tous les prodiges que vous faites, et qui ne se doutait pas qu'ils dussent aller si loin.

Permettez qu'en recouvrant ma faible santé pour un temps bien court je mette à vos pieds mes respects et mes chagrins. Ces chagrins sont que des gens de ma nation s'avisent d'aller combattre chez des Sarmates contre un roi légitimement élu, plein de vertu, de sagesse et de bonté, avec lequel ils n'ont rien à démêler, et qui ne les connaît pas. Cela me paraît le comble de l'absurdité, du ridicule, et de l'injustice.

Mon autre chagrin, c'est que les Grecs soient indignes de la liberté, qu'ils auraient recouvrée s'ils avaient eu le courage de vous seconder. Je ne veux plus lire ni Sophocle, ni Homère, ni Démosthène. Je détesterais jusqu'à la religion grecque, si Votre Majesté Impériale n'était pas à la tête de cette église.

Je vois bien, madame, que vous n'êtes pas iconoclaste, puisque vous achetez tant de tableaux, tandis que Moustapha n'en a pas un. Il y a dans le monde un portrait que je préfère à toute la collection des tableaux dont vous allez embellir votre palais; je l'ai mis sur ma poitrine lorsque j'ai cru mourir, et j'imagine que ce topique m'a conservé un peu de vie. J'emploie le peu qui m'en reste à gémir sur la Pologne, à faire des vœux pour Ali-Bey, à dire des injures à Moustapha, à vous souhaiter une longue file de prospérités, tous les plaisirs possibles, et tous les lauriers, dont vous avez déjà une collection plus grande que celle de vos tableaux.

Que Votre Majesté Impériale daigne agréer, avec sa bonté ordinaire, le profond respect, l'attachement et les bavardages de l'ermite du mont Jura.

J'apprends dans le moment que mes horlogers de Ferney ont eu la hardiesse d'écrire à Votre Majesté; je ne doute pas qu'elle ne pardonne à la liberté qu'ils ont prise de la remercier.

1. Choisy. (ÉD.)
2. L'affaire de la reine Caroline-Mathilde et de Struensée. Jean-Frédéric, comte de Struensée, né en 1737, médecin, puis premier ministre de Christian VII, et son favori, fut accusé d'adultère avec la reine Caroline-Mathilde, et de malversations. Arrêté le 17 janvier 1772, ainsi que la reine, il fut, le 25 avril, condamné à être décapité. La sentence, confirmée par Christian VII le 27, fut exécutée le lendemain. Caroline-Mathilde, sœur de Georges III, roi d'Angleterre, avait été, le 6 avril, déclarée coupable d'adultère; détenue encore pendant quelque temps, elle fut ensuite renvoyée en Hanovre, et mourut à Zell le 11 mai 1775. (*Note de M. Beuchot.*)

ANNÉE 1772.

MMMMMMCCXCIX. — DE M. DALEMBERT.

A Paris, ce 6 mars.

Il y a un siècle, mon cher maître, que je ne vous ai rien dit. Je vous sais fort occupé, et je respecte votre temps, à condition que vous vous souviendrez toujours que vous avez en moi l'admirateur le plus constant et l'ami le plus dévoué.

Vous ignorez peut-être qu'un polisson, nommé Clément, va de porte en porte lisant une mauvaise satire contre vous. Je ne l'ai point lue, quoiqu'on assure qu'elle est imprimée. On dit, et je le crois de reste, qu'elle ne vaut la peine ni d'être imprimée ni d'être lue. On ajoute que la plupart de vos amis y sont maltraités; mais on ajoute encore, et on assure même, que le grand prôneur de la pièce, le grand protecteur de l'auteur, est M. l'abbé de Mably, qui mène M. Clément sur le poing de porte en porte, et qui le présente à toutes ses connaissances. Ce M. l'abbé de Mably est frère de l'abbé de Condillac, dont il n'a sûrement pas pris les conseils en cette occasion. La haine que ce protecteur de Clément affiche contre les philosophes est d'autant plus étrange qu'assurément personne n'a plus affiché que lui, et dans ses discours et dans ses ouvrages, les maximes antireligieuses et antidespotiques qu'on reproche à tort ou à droit à la plupart de ceux que Clément attaque dans sa rapsodie. Voilà, mon cher confrère, ce qu'il est bon que vous sachiez; car enfin il est bon de ne pas ignorer à qui l'on a affaire.

Je n'ajouterai rien à ce détail, sinon que la littérature est dans un état pire que jamais; que je deviens presque imbécile de découragement et de tristesse; mais que cet imbécile vous aimera et vous admirera toujours.

Adieu, mon cher ami; je vous embrasse et vous recommande les polissons et leurs protecteurs.

MMMMMMCCC. — A M. DE CHABANON.

A Ferney, le 9 mars.

Vous me faites un très-beau présent, mon cher ami. Vous rendez un grand service aux lettres, en faisant connaître Pindare. Votre traduction est noble et élégante, vos notes très-instructives. Je vous avoue que j'ai de la peine à m'accoutumer à voir ce Pindare couper si souvent ses mots en deux, mettre une moitié du mot à la fin d'un vers, et l'autre moitié au commencement du vers suivant.

Je sais bien que vous me direz que c'est en faveur de la musique; mais je ne suis pas moins étonné de voir, dès la première strophe:

> Χρυσέα φόρμιγξ, ’Απόλλω-
> νος καὶ ἰοπλοκάμων.
> Pyth. I.

Voudriez-vous mettre, dans un opéra:

> Lyre d'or d'Apol-
> lon, et des cheveux violets?

Que dites-vous de

> Ἀμφί τε Λα-
> τοΐδα.
> Pyth. I.
> Le fils de La-
> tone ?

On aurait pu, ce me semble, faire de la musique grecque sans cette étrange bigarrure. Les odes d'Anacréon étaient chantées, et Anacréon ne s'avisa jamais de couper ainsi les mots en deux.

On prétend aussi que les rapsodes chantaient les vers d'Homère, et il n'y a pas un seul vers d'Homère taillé comme ceux de Pindare.

Ce qui me paraît bien étrange, c'est de voir dans Horace :

> *Jove non probante u-*
> *xorius amnis.*
> Lib. I, od. II, v. 19-20.
> Jupiter condamnait le cour-
> roux du fleuve amant de sa femme.

Il se donne souvent cette licence. Il n'y a pas moyen de réprouver une méthode qu'Horace adoptait. Tout ce que nous pouvons dire, c'est que les Français se moqueraient de nous, si nous prenions la liberté que Pindare et Horace ont prise. Passe pour Chapelle, qui écrit au courant de la plume :

> A cet agréable repas
> Petit-Val ne se trouva pas.
> Et sais-tu bien pourquoi ? c'est parce-
> Qu'il est toujours avec sa garce.

Au reste, je doute fort qu'on ait chanté toutes les odes d'Horace. Croyez-vous que les dames romaines et les hommes du bon ton eussent goûté un grand plaisir à chanter à table cette chanson : *Persicos odi* [1], que Dacier a traduite ainsi :

« Laquais, je ne suis point pour la magnificence des Perses. Je ne puis même souffrir les couronnes qui sont pliées avec de petites bandelettes de tilleul. Cesse donc de t'informer où tu pourras trouver des roses tardives. Je ne demande que des couronnes de simple myrte, sans que tu y fasses d'autre façon. Le myrte sied bien à un laquais comme toi ; et il ne me sied pas mal lorsque je bois sous l'épaisseur d'une treille. »

Je doute encore que la bonne compagnie de Rome ait répété en chorus les horreurs qu'Horace reproche à la sorcière Canidie [2] et à quelques autres vieilles.

Plusieurs savants prétendent que les trois quarts des odes d'Horace n'étaient point faites pour la musique. Mais enfin ode signifie chanson, et qu'est-ce qu'une chanson qu'on ne peut chanter? On nous dit

1. Livre I, ode XXXVIII. (ÉD.) — 2. Épode XVII. (ÉD.)

que c'est ainsi qu'on en use dans toute l'Europe; on y fait des stances rimées qui ne se chantent jamais : aussi les amateurs de la musique répondent que c'est un reste de barbarie.

L'abbé Terrasson demandait sur quel air Moïse avait mis son fameux cantique au sortir de la mer Rouge : *Chantons un hymne au Seigneur, qui s'est manifesté glorieusement.*

Il faut que je vous fasse une petite querelle sur votre discours préliminaire, qui me paraît excellent. Vous appelez Cowley le Pindare anglais; vous lui faites bien de l'honneur : c'était un poëte sans harmonie, qui cherchait à mettre de l'esprit partout. Le vrai Pindare est Dryden, auteur de cette belle ode intitulée *la Fête d'Alexandre, ou Alexandre et Timothée*. Cette ode, mise en musique par Purcell (si je ne me trompe), passe en Angleterre pour le chef-d'œuvre de la poésie la plus sublime et la plus variée; et je vous avoue que, comme je sais mieux l'anglais que le grec, j'aime cent fois mieux cette ode que tout Pindare.

C'est assez blasphémer contre le premier violon du roi de Sicile Hiéron. Je voudrais bien savoir seulement si on chantait ses odes en partie. Il est très-probable que les Grecs connaissaient cette harmonie que nous leur nions avec beaucoup d'impudence. Platon le dit expressément, et en termes formels : pardon de faire avec vous le savant.

D'un certain magister le rat tenait ces choses,
Et les disait à travers champs, etc.
La Fontaine, liv. IX, fab. VIII.

Gardez-vous bien de me prendre pour un Grec sur tout ce que je vous dis là, car je suis l'homme du monde le moins grec. Je devine seulement que vous devez avoir eu une peine extrême à rendre en prose agréable et coulante votre sublime chantre des cochers grecs et des combats à coups de poing.

Je ne connais point les vers de Clément, ni ne les veux connaître. Je suis émerveillé qu'un pareil petit gredin, qui n'a jamais rien fait qu'une détestable tragédie[1], refusée par les comédiens, se soit avisé d'insulter MM. de Saint-Lambert, Watelet, Delille, et *tutti quanti*, avec autant de suffisance que d'insuffisance. Marsyas n'en avait pas tant fait quand Apollon l'écorcha. Il faut que ce polisson soit un bâtard de Fréron, comme Fréron est un bâtard de Desfontaines.

Adieu, mon cher ami; il faut qu'après avoir prêté des grâces, de l'ordre, de la clarté à votre inintelligible et boursouflé T ébain qu'on dit sublime, vous vous remettiez à faire quelque tragédie ou quelque opéra français. Notre langue a autant de vogue qu'en avait autrefois la langue grecque. On parle français dans tout le Nord, où les Grecs étaient inconnus. Ranimez un peu nos muses, qui languissent en plus d'un genre; soutenez notre honneur, qui se recommande à vous.

Je vous embrasse avec la plus tendre et la plus constante amitié. Mme Denis se joint à moi.

1. *Médée.* (Éd.)

MMMMMMCCCI. — A CATHERINE II.

A Ferney, 12 mars.

Madame, la lettre de Votre Majesté Impériale du 30 janvier, vieux style, bien ou mal datée, semble m'avoir ranimé, comme vos lettres à vos généraux d'armée semblent devoir faire tomber Moustapha en faiblesse.

L'article de vos cinq cents demoiselles m'intéresse infiniment. Notre Saint-Cyr n'en a pas deux cent cinquante. Je ne sais si vous leur faites jouer des tragédies; tout ce que sais, c'st que la déclamation, soit tragique, soit comique, me paraît une éducation excellente, qui donne de la grâce à l'esprit et au corps, qui forme la voix, le maintien, et le goût; on retient cent passages qu'on cite ensuite à propos, cela répand des agréments dans la société, cela fait tous les biens du monde.

Il est vrai que toutes nos pièces roulent sur l'amour : c'est une passion pour laquelle j'ai le plus profond respect; mais je pense, comme Votre Majesté, qu'il ne faut pas qu'elle se développe de très-bonne heure. On pourrait, ce me semble, retrancher de quelques comédies choisies les morceaux les plus dangereux pour de jeunes cœurs, en laissant subsister l'intérêt de la pièce ; il n'y aurait peut-être pas vingt vers à changer dans *le Misanthrope*, et pas quarante lignes dans *l'Avare*.

Si ces demoiselles jouent des tragédies, un jeune homme de mes amis en a fait une[1] depuis peu, dans laquelle on ne peut pas dire que l'amour joue un rôle : ce sont deux espèces de Tartares qui se regardent plutôt comme époux que comme amants; je l'enverrai à Votre Majesté Impériale dès qu'elle sera imprimée. Si elle juge qu'on puisse former un théâtre de nos meilleurs auteurs pour l'éducation de votre Saint-Cyr, je ferai venir de Paris des tragédies et des comédies en feuilles; je les ferai brocher avec des pages blanches, sur lesquelles je ferai écrire les changements nécessaires pour ménager la vertu de vos belles demoiselles. Ce petit travail sera pour moi un amusement, et ne nuira pas à ma santé, toute faible qu'elle est. Je serai d'ailleurs soutenu par le plaisir de faire quelque chose qui puisse vous plaire.

Je suppose que votre bataillon de cinq cents filles est un bataillon d'amazones, mais je ne suppose pas qu'elles bannissent les hommes; il faut bien qu'en jouant des pièces de théâtre la moitié pour le moins de ces jeunes héroïnes fasse des personnages de héros; mais comment feront-elles celui de vieillard dans les comédies? En un mot, j'attends les instructions et les ordres de Votre Majesté sur tout cela.

Je doute que Moustapha donne une si bonne éducation aux filles de son sérail. Je le crois d'ailleurs, en comique, un fort mauvais plaisant; et, en tragique, je ne le crois pas un Achille.

Ce que j'admire, madame, c'est que vous satisfaites à tout; vous rendez votre cour la plus aimable de l'Europe, dans le temps que vos troupes sont les plus formidables. Ce mélange de grandeur et de grâces, de victoires et de fêtes, me paraît charmant. Tout mon chagrin est

---

1. *Les Lois de Minos*. (ÉD.)

d'être dans un âge à ne pouvoir être témoin de tous vos triomphes en tant de genres, et d'être obligé de m'en rapporter à la voix de l'Europe.

J'ai bien un autre chagrin, c'est que mes compatriotes soient dans Cracovie, au lieu d'être à Paris. Je ne peux pas dire que je souhaite qu'ils vous soient présentés avec le grand vizir par quelques-uns de vos officiers : cela ne serait pas honnête, et on dit qu'il faut être bon citoyen. J'attends le dénoûment de cette affaire, et celui de la pièce que l'on joue actuellement en Danemark.

Le vieux malade se met aux pieds de Votre Majesté Impériale avec le profond respect et l'attachement qu'il conservera jusqu'au dernier moment de sa vie.

MMMMMCCCII. — A M. DALEMBERT.

12 mars.

Mon très-cher philosophe, je conçois par votre lettre, et par ce qu'on m'écrit d'ailleurs, que la littérature et la philosophie sont, comme nos finances, un peu sur le côté. Notre gouvernement a besoin d'économie, et les philosophes, de patience. C'était dans ce temps-ci qu'il vous fallait voyager. Pour moi, dans tous les temps il faut que je reste dans ma retraite; ma santé s'affaiblit tous les jours. Il n'y a pas d'apparence que je vienne vous faire une visite à Paris, et j'en suis bien fâché.

Je n'ai point vu *la Clémentine*; M. de La Harpe m'en parle, M. de Chabanon aussi, et ils n'en disent pas plus de bien que vous. S'il y a de bons vers, j'en ferai mon profit, car j'aime toujours les bons vers, tout vieux que je suis : mais on prétend que l'ouvrage est très-ennuyeux; c'est un grand mal. Une satire doit être piquante et gaie. J'ai peur que ce Clément ne soit un petit pédant, fort vain, fort sot, fort étourdi, de fort mauvaise humeur. Il se flatte qu'à force d'aboyer contre d'honnêtes gens il sera entendu à la cour, et qu'il obtiendra une pension comme le savetier Nuttelet en eut une du clergé pour avoir insulté des jansénistes dans la rue.

M. de Condorcet m'a parlé d'une tragédie des *Druides*, qui est, dit-on, l'abolition de l'ancienne prêtraille. Il dit que la pièce est philosophique; c'est peut-être pour cela qu'on ne la joue point. Il y a deux choses que je voudrais voir à Paris, vous et l'opéra de *Castor et Pollux*; mais il faut que je renonce à tous les plaisirs.

Mme Denis et moi nous vous embrassons, nous vous regrettons, nous vous aimons très-tendrement.

J'ai arrangé avec Gabriel Cramer la petite affaire avec l'enchanteur Merlin.

A l'égard de ses tomes de *Mélanges*, il faut que vous sachiez que ce sont bêtises de typographie, tours de libraire, mensonges imprimés. Il a plu à Gabriel de débiter, sans me consulter, tous les rogatons qu'il a trouvés sous mon nom dans les *Mercures* et dans les feuilles de Fréron. Il en a même farci son édition in-quarto. Je l'ai grondé terriblement, et il n'en fait que rire; il dit que cela se vend toujours, que cela s'achète par les sots pendant un certain temps, qu'ensuite cela se vend quatre sous et demi la livre aux épiciers, et qu'il y a peu à perdre pour lui. Je suis une espèce d'agonisant qui voit vendre sa garde-robe avant d'avoir rendu le dernier soupir. Bonsoir; mon agonie est votre très-humble servante.

MMMMMMCCCIII. — A M. LE COMTE D'ARGENTAL.
15 mars.

J'ai montré au jeune avocat la lettre du 9 mars, qui est bien plus pour lui que pour moi. Il est bien difficile de le guérir de la prévention où il est que sa pièce ne sera que du réchauffé; et je l'ai vu tout prêt à quitter la poésie, ainsi que le barreau. Je l'ai ranimé autant que je l'ai pu; mais je n'ai rien eu à lui dire sur la reconnaissance et l'attachement qu'il a pour le quatuor. Il m'a paru de ce côté-là beaucoup plus parfait que sa pièce.

J'ai tiré de lui quelques changements à la fin du second acte : je vous les envoie. Ces corrections me paraissent nécessaires : le dialogue est plus pressé et plus vif; l'aristocratie des Crétois me semble bien mieux développée. Je vous supplie donc, avec lui, de faire porter ces changements sur la pièce que vous avez.

Mme Denis a examiné la pièce avec les yeux les plus sévères; elle pense fermement qu'elle vaut mieux que tous les plaidoyers de nos avocats; elle dit qu'il est bien à désirer qu'on la joue immédiatement après Pâques, pour des raisons qui sont fort bonnes, et que je ne puis détailler ici.

Je n'ai point reçu le bon *Bourru*[1], du bon Goldoni. Je l'ai acheté. Cette comédie m'a paru infiniment agréable. C'est une époque dans la littérature française qu'une comédie du bon ton faite par un étranger.

Je suis enchanté de l'approbation du duc d'Albe[2]. Ma colonie est à vos pieds, et vous remercie de vos bontés. Je me joins à elle et à notre jeune avocat pour vous dire que, si j'avais un peu de santé, nous viendrions tous faire nos Pâques dans votre paroisse.

MMMMMMCCCIV. — AU MÊME.
20 mars.

Mes divins anges, si cette lettre du pays des neiges parvient jusqu'à vous, si, parmi les sottises de Paris, vous daignez vous intéresser un peu aux sottises de la Crète, vous saurez que le jeune avocat Duroncel est toujours reconnaissant, comme il doit l'être, des bontés du quatuor. Il lui est venu un petit scrupule qu'il m'a confié, et sur lequel je vous consulte. Il a peur que Teucer ayant paru déterminé, dès le second acte, à étendre son autorité trop bornée, et à ne pas souffrir le sacrifice d'Astérie, ne paraisse se démentir au troisième acte, lorsque la violence de Datame a changé la situation des affaires. Il craint qu'on ne reproche à Teucer de changer aussi trop aisément; il prétend que Teucer ne saurait trop insister sur les raisons qui le forcent à souffrir le supplice d'Astérie, contre lequel il s'était déclaré d'abord si hautement.

1. *Le Bourru bienfaisant.* (ÉD.) — 2. Le duc de Choiseul. (ÉD.)

Cet avocat ne plaide que pour vous plaire ; il craint même que son factum ne paraisse à l'audience des comédiens. Il est toujours dans l'idée que ces messieurs n'ont ni goût, ni sentiment, ni raison ; qu'ils ne se connaissent pas plus en tragédies que les libraires en livres, et qu'en tout ils sont aussi mauvais juges que mauvais acteurs ; qu'enfin il est honteux de subir leur jugement, et plus honteux d'en être condamné. C'est à vous de juger de ces moyens que mon avocat emploie ; je ne puis lui donner de conseil, moi qui suis absent de Paris depuis vingt-quatre ans, et qui ne suis au fait de rien.

On m'a dit d'étranges nouvelles d'un autre *tripot* plus respectable. Je ne sais si on me trompe ; mais on m'assure que tout va changer : je ne crois que vous en vers et en prose.

Je me mets à l'ombre de vos ailes. Si cette facétie vous a amusés un peu, je me tiens très-content.

FIN DU QUARANTE-TROISIÈME VOLUME.

RAPPORT

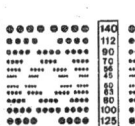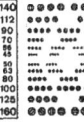

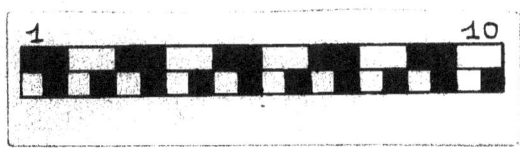

BIBLIOTHEQUE
NATIONALE

CHÂTEAU
de
SABLÉ
1981

www.ingramcontent.com/pod-product-compliance
Lightning Source LLC
Chambersburg PA
CBHW060543230426
43670CB00011B/1671